CHEZ LE MEME EDITEUR :

Les jardins aquatiques

Fleurir son jardin

Les plantes grimpantes

Les persistants

Le potager

Le calendrier du jardinage

Aménager, fleurir, fenêtres, balcons et terrasses

Réussir son bonsaï

Réussir plantes grasses et cactus

Soigner, entretenir vos plantes d'intérieur

Connaître les arbres

EDITIONS DORMONVAL :

Créations florales

Fleurs séchées et bouquets secs

le GUIDE du JARDIN facile

Pierre NESSMANN

Jean-Paul LAUTER

Eric CHARTON

Marie-Luce HUBERT

Jean-Louis KLEIN

Michel SAUR

Dominique BRENOT

Coordination des textes : Christine MICHEL.

Coordination de l'ouvrage : Jean-Luc SYREN.

EDITIONS S.A.E.P. 68040 INGERSHEIM - COLMAR

 # SOMMAIRE

Avant d'entreprendre l'agencement de votre jardin, il est utile de bien connaître le climat régional, afin d'installer les végétaux adaptés et de les planter dans un endroit correspondant à leurs exigences.

Renseignez-vous sur les variations saisonnières de températures, en tenant compte des minima hivernaux et des maxima estivaux. Puis, en fonction de l'emplacement de votre terrain, étudiez la circulation des vents. Après cela, vous prendrez soin de vous promener dans les environs immédiats et d'observer le type de végétation qui s'y trouve, tant à l'état sauvage que dans les autres jardins de proximité. Cette petite observation sera suivie de visites chez les spécialistes locaux (pépiniéristes, graineteries, jardineries) pour y trouver des produits de qualité.

Il convient de déterminer précisément le type de jardin que vous désirez créer, ceci en tenant compte de la surface disponible, du style de votre maison et de la vocation que vous souhaitez lui attribuer, en ayant toujours le souci de conserver une harmonie d'ensemble.

Le jardin d'ornement comprend une foule de végétaux, allant des plantes annuelles, bisannuelles et vivaces, aux arbres et arbustes, en passant par les conifères. Le potager a avant tout un côté utilitaire, ce qui ne signifie pas que l'esthétique doit être négligé. Il est plus accueillant s'il est bordé d'une rangée de fruitiers bien taillés, si les plates-bandes sont entourées de bordures, si un ou plusieurs carrés sont réservés aux fleurs à couper, et si quelques framboisiers ou groseilliers rompent sa monotonie. Tout ceci sera installé progressivement, sans précipitation et utilement. Les haies délimitent autant une parcelle qu'elles font office de brise-vent protégeant ainsi les cultures plus délicates.

Si l'espace est suffisant, un verger sera envisagé, rentabilisant ainsi un terrain de loisir et de détente.

LE JARDIN DANS SON ENVIRONNEMENT

LE CLIMAT ET
SES REPERCUSSIONS AU JARDIN

Jean-Paul LAUTER

La France comporte différents types climatiques. L'Ouest surtout, et le Centre, sont sous la domination d'un climat océanique doux, où vents forts et pluies sont quelquefois violents. Le Sud bénéficie du climat méditerranéen très chaud et sec en été, et humide l'hiver. L'Est est continental, c'est-à-dire froid en hiver, sec et chaud en été. Reste le climat montagnard, plus frais et généralement plus humide, mais surtout très froid en hiver.

Les époques de semis et de plantations sont généralement indiquées en fonction d'un climat moyen, correspondant à celui du centre de la France. Vous estimerez les différences en tenant compte de l'endroit où vous vous trouvez. Ainsi, comptez une quinzaine de jours de retard pour l'Est, les basses Alpes et le Massif Central, trois semaines pour les régions de hautes montagnes et les Ardennes, une dizaine de jours pour la Bourgogne et la Franche-Comté, trois semaines d'avance pour le Midi et la Côte d'Azur, et dix jours pour la Bretagne.

Selon votre situation géographique, le jardin aura donc une certaine "personnalité".

LES ELEMENTS CLIMATIQUES

Le temps et ses variations influencent la vie d'un jardin. Il convient de tenir compte de tous les facteurs déterminants, comme le soleil, la pluie, la neige, le vent et les gelées.

Pour cela, il est nécessaire d'avoir quelques appareils de mesure, qui, par leur indications, apportent des données utiles voire indispensables, permettant d'éviter bien des désagréments. Ces données pourront être notées avec les observations faites au jardin.

L'eau

Cet élément indispensable à tout organisme vivant est apporté naturellement par la pluie, la neige, le brouillard et les rosées. Sa quantité varie selon les saisons : abondante en hiver et en automne, elle l'est moins certains printemps, rare en été.

La quantité d'eau tombée se mesure grâce à un pluviomètre. Sur ce récipient étalonné, chaque repère correspond à 1 millimètre et équivaut à 1 litre d'eau au m². Ces données précieuses permettent de savoir si les précipitations sont suffisamment abondantes, ou s'il convient au contraire de les compléter par des arrosages. Faut-il rappeler que l'eau est précieuse et qu'elle le sera davantage encore dans les années à venir. N'hésitez pas à la stocker dans des grands récipients, couplés aux tuyaux de la gouttière. Ne les recouvrez pas, vous éviterez la formation d'algues et d'autres micro-organismes se développant dans l'obscurité.

La neige apporte elle aussi de nombreux bienfaits : elle distribue un peu d'azote au sol, tout en formant une couverture protectrice profitable à de nombreux végétaux. Cependant, lorsqu'elle s'amasse sur les branches, elle risque de les briser, et il convient de l'enlever délicatement.

La température

Elle se mesure avec un thermomètre. Le modèle vraiment indispensable aux jardiniers indique les minima et maxima. Disposant de repères mobiles, il enregistre les variations les plus extrêmes, même si les températures ont alors évolué. Fixez-le à environ 1,70 m du sol (à hauteur des yeux), dans un endroit abrité des vents.

Ces indications sont dites moyennes et seront interprétées en tenant compte de certains facteurs essentiels. Sachez qu'en hiver, la température au sol est inférieure aux indications d'environ 5 °C et, en été, supérieure de près de 10 °C.

Au printemps, les gelées ont souvent des effets désastreux sur des départs de végétation trop précoces ou des cultures trop hâtives. Dans bien des cas, le jardinier reste impuissant face à ce phénomène. Lorsque le ciel est dégagé, les gelées blanches sont fréquentes. En fait, le processus se passe de la façon suivante : durant la journée, le soleil émet des infrarouges qui pénètrent le sol et le réchauffent. Le soir, ces rayons remontent. S'ils sont alors stoppés par une couche nuageuse, la terre ne refroidira pas suffisamment pour qu'il y ait risque de gelée. Au contraire, si le ciel est dégagé, ils poursuivront leur ascension et la surface du sol va alors geler. En vous équipant un peu, vous pourrez conserver localement ces infrarouges et protéger ainsi quelques cultures. Pour ce faire, n'hésitez pas à utiliser l'un des nombreux systèmes de protection que nous détaillerons plus loin.

A l'inverse, les excès de chaleur peuvent aussi être nuisibles aux végétaux. Pour réduire leur action, pensez à l'ombre, à arroser en soirée et aux brise-vent pour éviter le dessèchement.

Le vent

Il transporte le pollen, donc favorise la fécondation des plantes, et amène les nuages comme il les chasse. Sa direction est indiquée par la girouette installée sur le toit de la maison ou de la cabane de jardin. Si vous êtes passionné de météorologie, rajoutez un anémomètre, mesurant sa vitesse. Cela permet de prévoir d'éventuels changements de temps, mais aussi d'analyser les influences du vent sur la végétation, en tenant compte du dessèchement qu'il occasionne. Lorsqu'il vient du nord, c'est signe de froid en hiver et généralement au printemps. Le vent de l'est n'est pas plus doux en hiver et peut apporter la sécheresse en été. Le vent du sud est synonyme de chaleur intense en été et éventuellement de neige en hiver. Le vent d'ouest amène la pluie, une légère fraîcheur en été et une neige fondante en hiver.

Lorsque vous aménagez un jardin, ne créez pas de cloisonnement ou de couloir, surtout dans le sens nord-sud, pour éviter les grands courants d'air. Au contraire, freinez le vent en plantant des haies.

Un vent fort cause souvent des dégâts, en abîmant les branches et en arrachant les feuilles. En été, il assèche rapidement le sol.

Le soleil

Il a une action très importante sur la vie des végétaux et d'ailleurs sur tout l'environnement du jardin. En prenant possession d'un nouveau jardin, il est primordial de connaître son orientation, pour l'installer en toute connaissance de cause.

Le soleil se lève à l'est, s'élève progressivement pour s'atténuer en fin de journée côté ouest. Les rayons seront doux en matinée sur toute la partie est de votre terrain, mais accentueront leur puissance dès midi et toute l'après-midi sur la partie ouest. Cela paraît évident, mais vous permettra l'installation propice des cultures qui ont besoin de chaleur dans les régions à climat montagnard, continental et même océanique. On évitera ces zones de chaleur intense dans les régions méditerranéennes. Par contre, les jeunes plants seront placés côté est, pour bénéficier d'un ensoleillement plus modéré ; le nord sera destiné aux plantes plus rustiques et le sud à celles qui requièrent davantage de douceur.

Comme vous le savez, le cheminement solaire diffère selon les saisons, il est nettement plus bas en hiver. En entourant votre propriété d'arbres à feuillage persistant, les rayons solaires seront arrêtés en grande partie et votre jardin risque d'être froid et ombragé. A l'inverse, les arbres à feuillage caduc en laissent passer une très grande partie. En été, ce phénomène est contraire puisque les caducs, alors recouverts de feuilles, formeront un écran plus important que les persistants. Vous tiendrez compte de cela au moment des plantations, en prévoyant des coins plus ensoleillés et d'autres plus ombragés offrant une aire agréable pendant les fortes chaleurs.

Les microclimats

On parle de microclimat pour un endroit bénéficiant de conditions climatiques particulières. Il s'agit généralement d'un lieu très localisé et restreint, bien exposé, abrité par quelques collines à pentes douces.

Il faut tenir compte des effets du voisinage : si votre jardin est situé à proximité d'un lac, d'un étang ou simplement d'une rivière, l'humidité sera davantage présente, ce qui apportera sans doute un plus en été, mais quelques désagréments en hiver, dus en particulier à la formation de brumes ou à des gelées tardives au printemps.

On peut créer un microclimat dans son jardin en installant des haies, afin de cultiver dans de meilleures conditions, créer des zones chaudes (des cultures à côté d'un mur blanc emmagasinant la chaleur de la journée pour la rediffuser pendant la nuit) et d'autres plus ombragées. Cela peut être aussi un jardin citadin, protégé par des constructions.

FAIRE FACE AUX RIGUEURS CLIMATIQUES

Nous avons vu précédemment que si l'on bénéficiait d'un microclimat, il était possible de cultiver des espèces qui ne sont pas particulièrement adaptées à la région. Cependant, le cas n'est pas fréquent et vous aurez certainement plus de satisfactions si vous vous contentez de choisir des végétaux locaux. Ne cherchez pas l'originalité à tout prix, il y a suffisamment de plantes répondant aux exigences locales.

Un jardinier doit se tenir à un choix de variétés précises, que pourra lui conseiller un spécialiste local, et au suivi d'un calendrier rigoureux des semis et des plantations, répondant aux exigences de sa région. Des végétaux d'ornement et des espèces fruitières à maturité tardive seront installés de préférence dans les endroits situés au nord supportant le froid ou l'ombre. Le sud est réservé aux plantes affectionnant la chaleur et ne craignant pas le soleil (ainsi des espèces fruitières telles les agrumes, les pêchers ou encore les abricotiers). A l'est, on trouvera des végétaux décoratifs par leur feuillage et des vivaces de mi-ombre, et enfin à l'ouest, des végétaux solides aimant l'humidité.

L'installation du jardin par rapport au vent

Au moment de prévoir la conception de son jardin, il est important de tenir compte du vent et de ses effets positifs et négatifs. Une zone de courants d'air froid aura de graves répercussions sur les cultures. Le vent est alors originaire du nord ou d'est, mais peut aussi se refroidir en traversant une montagne (c'est le cas du vent du sud et des Pyrénées). Son action est le plus souvent de longue durée, car l'air froid s'installe dans les zones basses, alors qu'au contraire l'air chaud s'élève plus vite dans l'atmosphère. Si votre terrain est sujet à ce type de couloir de fraîcheur, il est important de laisser un lieu d'ouverture dans la partie sud, pour laisser le vent circuler. Si votre jardin se trouve dans un lieu de turbulences, ce qui est fréquent au bas d'une pente, ou pire dans un courant naturel, au bas d'une montagne, sur une ligne nord-sud où règne en permanence un flot d'air froid, il vous reste la solution des brise-vent.

Se protéger du vent est donc une notion importante, à entreprendre avec précaution. Il est indispensable de connaître toutes les incidences qu'occasionnent la plantation d'une haie ou la fabrication d'un muret.

Les abris pour les cultures

❑ La serre

Elle s'installe progressivement dans les jardins d'amateurs, permettant d'exploiter davantage de possibilités de jardiner : semis, bouturages, stockage des plantes. Elle prouve son utilité tout au long de l'année. De nombreux modèles, à ossature de bois ou plus fréquemment en aluminium, sont proposés. Certaines sont prévues pour être adossées contre un mur et sont alors composées d'un toit à une seule pente, d'une paroi latérale et de deux faces, l'une d'elle étant munie d'une porte coulissante. Il est important de l'orienter côté sud, sud-est ou encore sud-ouest, afin qu'elle bénéficie d'un maximum d'ensoleillement. Le mur emmagasine la chaleur durant la journée, et en restitue une partie durant la nuit. Ce type de serre est chaud, quoique moins lumineux qu'une serre à double versant. A l'intérieur, disposez votre installation comme suit : plate-bande contre le mur, où seront cultivés des végétaux de grand développement (comme par exemple des tomates) et en face, côté vitré, fixez des tablettes, sur un ou deux étages, pour y disposer les terrines de semis et les plantes repiquées en pots et en godets.

La serre à double versant est "indépendante", puisqu'elle se bâtit en dehors de toute construction existante. Elle comporte un toit à deux pentes, deux parois latérales, une face à l'arrière et une à l'avant disposant de l'ouverture. Les parois latérales sont, selon les modèles, verticales ou obliques. Les premières brisent un tant soit peu les rayons solaires, en n'en réfléchissant qu'une partie, alors que les obliques laissent entrer toute la lumière. Cette serre entièrement vitrée est très éclairée, mais son isolation plus modeste, se ressent davantage durant les saisons froides ou fraîches. Disposez-la en positionnant l'axe central nord-sud, afin que le côté est soit éclairé le matin, et le côté ouest l'après-midi. Observez bien son proche voisinage, pour éviter qu'elle ne soit dans une zone d'ombre due à de grands arbres ou à un bâtiment (lequel est souvent situé à proximité afin de bénéficier d'installations électriques et de conduites d'eau). Evitez les endroits trop venteux accentuant le refroidissement.

La serre en aluminium a certes moins de charme qu'une construction en bois, mais son montage, tout comme son entretien, est simplifié. Sa structure, plus légère et solide, n'a pas besoin d'être peinte. Les divers montants profilés soutiennent le vitrage, maintenu par des clips. Les étagères sont fixées à l'armature et leur hauteur est réglable, alors que les tablettes, disposant de pieds, supportent des planchettes en bois ou des plaques métalliques pouvant aussi servir de tables de travail.

Pour profiter pleinement de sa serre, il est préférable d'installer un chauffage. Le plus pratique est le radiateur électrique muni d'un thermostat, évitant une consommation trop élevée. Rien ne vous empêche cependant de compartimenter ce local, en ne chauffant que des endroits précis, protégés par un rideau en plastique. Vous pouvez aussi concevoir un chauffage au sol (câbles chauffants) afin de maintenir une température constante de 18 °C.

En été, l'excès de chaleur est néfaste. L'aération se fait par l'ouverture des fenêtres et, éventuellement, en brassant l'air à l'aide d'un ventilateur. Les vitres amplifient la chaleur. Il convient d'atténuer leur action, en les équipant de claies placées à l'extérieur se déroulant sur le toit et sur les côtés, ou en peignant toute la surface vitrée avec une peinture à ombrer, laquelle disparaîtra progressivement pour ne plus être visible en automne.

❏ Les couches

Si vous êtes bricoleur, vous pouvez confectionner une ou plusieurs couches en montant un coffre, en bois ou en éléments cimentés, dans un endroit privilégié de votre jardin. Creusez d'abord une fosse de 20 cm de profondeur, afin que la base se situe sous le niveau du sol et conserve par la suite davantage de chaleur. Posez les côtés, l'arrière étant plus haut que l'avant, afin que les éléments vitrés les recouvrant soient en pente, bien éclairés et que l'eau de pluie s'écoule facilement. Etalez au fond une couche drainante de sable ou de gravier. Il faut cependant envisager en début de saison un moyen de chauffer pour hâter la germination des premiers semis. Dans ce cas, on dispose une couche de fumier frais, tassé et mouillé, avant de la combler de terreau. En fermentant, il va dégager de la chaleur, qui sera conservée au maximum en couvrant le tout de paillassons et s'il fait très froid, en entourant la couche de paille. Ce système était très employé autrefois, mais a comme défaut de ne pas être régulier, puisque la chaleur augmente considérablement, avant de se stabiliser un moment pour s'atténuer progressivement. On préfère alors les câbles chauffants, garantissant une chaleur constante du terreau à 18 °C. Leur pose n'est pas compliquée, mais demande un tant soit peu de préparation. Etalez le câble sur la couche de sable, recouvrez-le de 5 cm de sable et d'un fin grillage, pour ne pas l'endommager avec un outil au cours de travaux ultérieurs.

❏ Les châssis

Ce terme peut s'appliquer aux couches en ciment ou en bois, recouvertes de vitres, mais il désigne plutôt les caissons vendus dans le commerce, prêts à poser. Les plus classiques ont une armature en aluminium profilé dans laquelle se glissent les verres. Leur taille varie selon les modèles, mais en général ils ne sont pas très grands, ne dépassant pas 1,50 m de longueur pour 1 m de large. Leur utilisation est vaste. Ils sont opérationnels dès les premiers semis printaniers et pourront, par la suite, offrir un abri aux replants ou aux végétaux. Des modèles plus sophistiqués sont munis d'un voilage, servant d'ombrage ou empêchant l'accès d'insectes.

❏ Les tunnels

C'est un moyen simple et peu coûteux pour protéger des légumes établis ou des nouveaux replants. Il s'agit d'un film de plastique transparent maintenu par des arceaux et coulissant entre des ficelles, de façon à pouvoir être soulevé lors d'aérations ou d'arrosages. Il épouse la largeur de la plate-bande, et s'étire généralement de 5 m.

Citons aussi les tunnels rigides, fermés de part et d'autre par une paroi amovible. Ce sont des éléments s'utilisant individuellement, ou s'emboîtant en ligne pour constituer un abri continu. Leur faible poids facilite le déplacement, selon le besoin, sur une autre culture. Les plus pratiques sont pourvus d'ouvertures escamotables, évitant de devoir les enlever au moment de l'arrosage, et agrémentant la circulation de l'air.

La côtière

C'est un tout petit morceau de terrain situé dans un endroit privilégié du jardin, si possible contre un mur orienté plein sud, qui captera et restituera ensuite la chaleur. Pour parfaire les choses, donnez à cette plate-bande une légère pente, pour qu'elle soit encore mieux ensoleillée. Installez deux piquets, enfoncés à chaque extrémité et reliés entre eux par un fil de fer, sur lequel vous pourrez dérouler, si besoin, un paillasson. Vous aurez là un micro-climat pour semer ou planter un peu plus tôt en saison.

LA VIE DANS LE SOL

Marie-Luce HUBERT - Jean-Louis KLEIN

LE SOL

Qu'est-ce que le sol ?

Ce terme recouvre l'ensemble du milieu dans lequel les végétaux développent leurs racines. D'une façon plus concrète, il désigne la couche de quelques centimètres à plusieurs mètres, issue de l'altération physique et chimique de la roche mère, parfois aussi d'apports extérieurs, lœss (érosion éolienne) ou alluvions (érosion hydrique). Un sol est composé à 95 % (en poids) de ces composants minéraux. Les 5 % restants sont représentés par des matières organiques issues de la transformation biologique ou biochimique des résidus animaux et végétaux.

Il n'existe pas un sol unique et homogène. La science qui se consacre à l'étude des sols, la pédologie, révèle plusieurs types de sols très différents selon la nature de la roche mère, le relief, la pente, l'exposition, l'altitude, le climat, l'hydrologie, la durée de formation du sol, le type de couvert végétal, l'activité animale, et enfin les interventions humaines.

Pour cultiver son jardin, il est indispensable de bien connaître la nature du sol. En effet, les végétaux sont totalement dépendants du terrain sur lequel ils se sont installés et doivent s'adapter à ses caractéristiques. En retour, ils peuvent nous renseigner sur la nature et les propriétés du sol en place (plantes indicatrices).

Constitution d'un sol : les profils

La désagrégation des roches fait place à la formation du sol : la pédogenèse (voir schéma n° 1).

Sous l'action de facteurs climatiques, de la végétation et de la faune, le sol croît à la fois par la base que forme la roche mère et par la surface constituée par la litière. Peu à peu, le mélange des éléments s'organise en couches de couleur, d'épaisseur et de compositions différentes. A la surface, la matière organique plus ou moins décomposée est entraînée dans le sol par lessivage. En profondeur, se forme une zone d'accumulation. Ces différentes couches se nomment des "horizons" (voir schéma n° 2).

Le profil d'un sol est formé de l'ensemble des horizons, notés A, B et C, qui vont de la surface à la roche mère.

Horizon A : généralement riche en matière organique et pauvre en argile, en fer et en aluminium, à cause du lessivage dont il est le siège. On le divise généralement en :

Horizon B : il est caractérisé par l'accumulation de substances provenant soit du lessivage des horizons supérieurs, soit de l'altération de la roche mère sous-jacente. Souvent de couleur rouille, due à la présence du fer, on peut aussi le diviser en horizons B1, B2...

Horizon C : roche mère en voie d'altération plus ou moins avancée.

ANALYSE DU SOL

L'analyse du sol fournit des indications utiles sur sa composition physique et chimique, indiquant ainsi avec précision sa nature et éventuellement ses carences en éléments fertilisants.

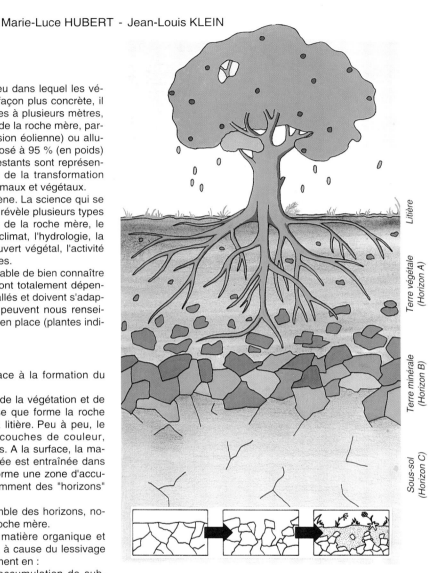

Litière

Terre végétale (Horizon A)

Terre minérale (Horizon B)

Sous-sol (Horizon C)

1. LA PEDOGENESE

Les propriétés physiques du sol

❏ La texture

Le sol, appelé communément terre végétale ou terre arable, est constitué de particules minérales de taille variable, issues de la dégradation d'une roche, mêlées à la matière organique.

Les éléments minéraux ne jouent pas le même rôle s'ils sont gros ou au contraire de très petites dimensions. La texture rend compte de leur grosseur. Entre ces éléments se trouvent des

13

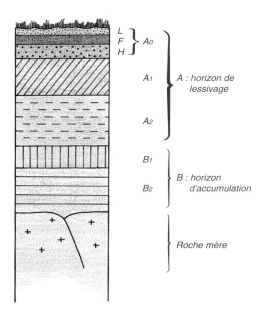

vides contenant de l'air et de l'eau. La texture joue donc un rôle important dans les problèmes de circulation de l'eau et de l'air dans le sol.

Suivant le diamètre des éléments, on distingue les catégories granulométriques suivantes : argiles, limons fins, limons grossiers, sables fins, sables grossiers.

La "terre fine" désigne l'ensemble des éléments de taille inférieure à 2 mm.

Taille des éléments	Eléments texturaux
2 cm à 20 cm	*cailloux*
2 mm à 2 cm	*graviers*
0,2 mm à 2 mm	*sables grossiers*
0,05 mm à 0,2 mm	*sables fins*
0,02 mm à 0,05 mm	*limons grossiers*
0,002 mm à 0,02 mm	*limons fins*
inférieur à 0,002 mm	*argiles ou colloïdes minéraux (oxydes de Fe et d'Al).*

On distingue donc des terres sableuses, limoneuses, argileuses ou équilibrées.

. Les **textures argileuses** forment des sols lourds, collants, mal aérés, de couleur brun-ocre et difficiles à travailler. Ces sols ont tendance à être trop compacts et humides si bien que les racines manquent d'air et d'espace. La terre attache aux doigts.

. Les **textures sableuses** sont poreuses, à faible pouvoir de rétention. Les sols sont secs, légers, blanchâtres, assez pauvres mais bien aérés et propices au développement des racines. Ils perdent facilement leurs éléments nutritifs par lessivage et se dessèchent rapidement car leur perméabilité favorise l'infiltration d'eau de pluie. La terre s'effrite et coule en grains entre les doigts.

. Les **textures limoneuses** sont également peu favorables : les colloïdes minéraux sont insuffisants pour permettre la formation de grumeaux (agrégats) et cependant assez abondants pour colmater la porosité du limon, d'où une aération et une perméabilité insuffisante. Souvent secs en été et détrempés en hiver, on dit qu'ils sont "battants". Seul un enrichissement en humus peut corriger ces défauts.

. Un **sol à texture équilibrée** correspond à une "terre franche". Il comporte assez de colloïdes permettant une structure grumeleuse et assez d'éléments sableux assurant une bonne porosité. L'aération et le régime hydrique de ce type de sol sont très favorables à la croissance des plantes.

L'ensemble des combinaisons de différentes catégories granulométriques est de grande importance en pédologie ; on parlera par exemple d'un sol à texture argilo-limoneuse.

Test

Une détermination précise de la texture d'un sol demande une étude en laboratoire. On peut néanmoins l'apprécier en confectionnant une boulette de terre entre les doigts avec un échantillon modérément humide.

- Un sol sableux crisse entre les doigts et s'effrite.

- Un sol limoneux laisse une pellicule ayant la consistance du talc.

- Un sol argileux peut se rouler en boudins fins et denses.

- Une terre franche s'agglomère en motte qui se brise en tombant au sol.

❑ **La structure**

La structure d'un sol détermine la façon dont les éléments texturaux sont placés les uns par rapport aux autres. Ceux-ci peuvent être groupés en agrégats de taille et de forme variables qui laissent entre eux des vides plus ou moins importants. Ces agrégats peuvent se constituer grâce à un ciment composé d'argile et d'humus (complexe argilo-humique) et sont édifiés

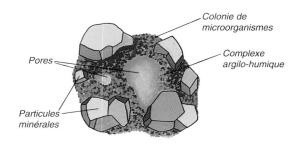

3. LA STRUCTURE D'UN AGREGAT

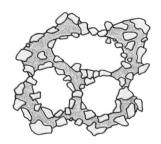

*Structure
grumeleuse*

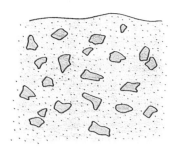

*Structure
dispersée*

très lentement par les micro-organismes ; l'humus assurant ensuite la stabilité de la texture.

Les agrégats représentent un des éléments constitutifs essentiels de la terre végétale. Ils ont une surface énorme qui peut atteindre jusqu'à 500 000 km² par hectare ! C'est sur cette surface que s'opèrent tous les échanges d'ions nutritifs et autres processus métaboliques.

On peut définir deux grandes familles de sols en fonction de la structure (voir schéma n° 4).

- **les sols à structure grumeleuse** dont les agrégats sont bien formés, aérés et perméables grâce aux vides entre les grumeaux. Ils peuvent donc bien retenir l'eau dans les vides les plus petits. L'entraînement des éléments fins est difficile, car ils sont retenus par les agrégats. Ces sols sont donc peu sensibles à l'érosion et au lessivage.

- **les sols à structure dispersée** dans lesquels les agrégats sont pratiquement inexistants. Les sols pauvres en éléments fins sont perméables (sols sableux). L'érosion et le lessivage y sont importants. Ceux riches en éléments fins ont une perméabilité très faible (sols argilo-limoneux). En saison humide, ces derniers sont asphyxiants et cohérents ; en saison sèche, il se produit une fissuration de la masse qui augmente temporairement l'aération.

Plus que la texture, la structure est responsable de la compacité du sol, donc de la possibilité d'enracinement des plantes et des arbres en particulier. Elle joue un rôle primordial dans l'aération du sol, la perméabilité, la pénétration des racines, la résistance à l'érosion et au lessivage.

Texture et structure déterminent l'abondance et la taille des lacunes où l'air et l'eau peuvent circuler. Elles régissent donc en grande partie les propriétés biologiques des différentes couches du sol.

❑ **La porosité**

La vie de la pédofaune comme celle des plantes dépend étroitement de la porosité du sol.

La structure grumeleuse d'un sol permet la formation d'espaces lacunaires. C'est la porosité du sol. Ces innombrables pores sont de tailles différentes (macropores, pores moyens, micropores) et peuvent occuper jusqu'à la moitié du sol. Ces espaces interstitiels déterminent les capacités d'aération et de rétention d'eau des sols (voir schéma n° 3).

❑ **L'eau et le sol**

Les végétaux ont des exigences en eau variées. La disponibilité de celle-ci dans le sol est un facteur fondamental de leur répartition. Dans les pores, l'eau ne circule pas librement, elle est retenue par des forces physiques qui sont d'autant plus grandes que les pores sont petits.

Selon la façon dont l'eau est retenue dans le sol, on différencie l'eau de gravité et l'eau capillaire.

- **L'eau de gravité** : cette eau, après des précipitations importantes, remplit momentanément les pores les plus grossiers du sol puis s'écoule sous l'effet de la pesanteur. L'eau de gravité entraîne les éléments les plus fins (lessivage).

- **L'eau capillaire** : elle provient des précipitations et des nappes. Cette eau reste dans le sol comme dans une éponge et y est retenue par capillarité. Elle est enfermée dans les pores et les canaux les plus fins et constitue une réserve d'eau utile à la végétation. Cependant, dans les interstices les plus petits, les racines des plantes ne peuvent plus absorber l'eau, la capacité de rétention d'eau de ces pores étant trop forte.

Quand les réserves d'eau ne sont plus renouvelées, il arrive que l'eau retenue dans le sol soit à une pression supérieure à celle développée par les racines des plantes : on atteint le "point de flétrissement", les plantes fanent.

Les plantes ne disposent donc pas de toute l'eau d'infiltration. La "réserve utile" du sol est la quantité d'eau que les plantes peuvent effectivement absorber.

La structure et la texture influencent la rétention d'eau. Les sols argileux retiennent très bien l'eau grâce à leurs nombreux pores très fins. Ils peuvent renfermer jusqu'à 40 % de leur poids sec en eau utile (avec le risque d'hydromorphie : asphyxie des racines), alors que les sables beaucoup plus poreux ne retiennent que 10 à 15 % et perdent facilement leurs éléments nutritifs par lessivage.

On peut classer les végétaux d'après leur besoin en eau : les hygrophiles nécessitent une alimentation constante en eau à partir de la nappe phréatique et ne peuvent donc pousser que dans des lieux constamment humides.

Les mésophiles ont des besoins moyens en eau et se contentent des réserves du sol.

Les xérophiles peuvent survivre avec de faibles quantités d'eau et résister aux sécheresses prolongées. Ces espèces sont adaptées aux climats arides.

□ **Température du sol**

Les variations de température extérieure sont atténuées au fur et à mesure que l'on s'enfonce dans le sol. La température du sol dépend étroitement de la température de la station. Elle s'élève beaucoup en surface et à mesure que l'on s'enfonce, l'onde de chaleur est réduite d'une part et retardée dans le temps d'autre part. Ainsi, à 50 cm on ne sent plus les variations quotidiennes, à 2 m il n'y a plus de variations annuelles. Les variations de température ont un effet sur la faune qui migre verticalement à la recherche d'une température préférentielle.

La composition chimique

La composition chimique est un facteur tout à fait essentiel pour la végétation. Elle dépend étroitement de celle de la roche mère sous-jacente quand le sol s'est formé sur place.

□ **Les sels minéraux**

Les éléments nécessaires à la nutrition des plantes sont l'azote (N), le phosphore (P), le potassium (K), le calcium (Ca), les trois premiers étant fondamentaux. Leur dosage dans un échantillon du sol est une opération courante en agronomie pour porter un jugement sur la fertilité et les potentialités d'un terrain.

- **L'azote** est le seul élément absent de la roche mère. Il provient de l'atmosphère ou de la décomposition de la matière organique (humus). Certaines plantes comme l'Aulne ou les Légumineuses peuvent fixer directement l'azote de l'air grâce à des champignons à longs filaments qui vivent en symbiose avec leurs racines (voir encart page 24).

L'azote favorise le développement du feuillage, accroit la taille des plantes et leur rendement. Il accélère la végétation et stimule la croissance.

- **Le phosphore** est présent dans la roche mère et dans l'humus en concentration assez faible. Il joue un rôle important dans l'assimilation chlorophyllienne et la respiration. Il règle en outre, la nutrition et la croissance des plantes, favorise le développement des racines et des bulbes et joue le rôle de régulateur des phénomènes de reproduction.

- **La potasse** provient essentiellement des minéraux du sol. La synthèse chlorophyllienne est impossible hors de sa présence. En outre, elle régule la circulation de la sève et les fonctions d'assimilation, favorise l'élaboration et l'accumulation de substances de réserve (sucres, amidons,...) et améliore la résistance au vent et aux parasites.

- **Le calcium** est abondant dans les couches supérieures de l'écorce terrestre. C'est un élément indispensable à la vie car il intervient dans la nutrition des plantes et conditionne leur répartition.

A partir d'une certaine dose, le calcium peut devenir toxique pour quelques plantes, soit parce qu'elles sont incapables d'absorber les autres sels minéraux, soit parce qu'elles ne supportent pas la présence du calcium dans le sol. Celles-ci sont appelées pour cette raison calcifuges (Fraisier, Glycine, Hortensia, Mimosa, Rosiers...).

Inversement, les plantes calcicoles aiment le calcaire soit pour ses propriétés physiques (les sols calcaires ont tendance à se réchauffer rapidement), soit pour ses propriétés chimiques (Frêne, Cerisier, Chou, Salade, Oignon...).

D'autres éléments sont nécessaires mais en quantités très inférieures voire infinitésimales : ce sont les oligo-éléments. Exemples : le cuivre (Cu), le soufre (S), le bore (B), le fer (Fe), le magnésium (Mg) et le manganèse (Mn).

- Le magnésium est surtout utile aux Rosiers et est capable de guérir certaines formes de chlorose.
- Le fer active la formation de la chlorophylle.
- Le sodium sous forme de chlorure augmente le rendement de certaines plantes.
- Le soufre agit comme antiseptique.

□ **L'acidité du sol**

L'acidité du sol, mesurée par le pH (potentiel Hydrogène), est une notion particulièrement importante qui dépend directement de la richesse minérale. Un élément chimique joue un rôle d'une importance considérable à cet égard : le calcium, sous forme de carbonate de calcium $(CaCO_3)$ qui est un constituant essentiel du calcaire. L'abondance du calcaire dans un sol se traduit par un pH élevé (sol basique) et inversement par un pH bas (sol acide).

Les sols acides, pauvres en sels minéraux, conviennent peu à la culture de la plupart des légumes : les Choux prennent mal, les Céleris sont sensibles aux maladies, l'Ail et l'Oignon pourrissent facilement... A l'inverse d'autres plantes, dites acidiphiles, nécessitent impérativement un terrain à acidité élevée (Rhododendron, Azalée...).

Test

On mesure le gradient d'acidité d'un sol à l'aide d'un pH-mètre ou de papier universel. Seuls les ions H_3O^+ libres peuvent agir sur le pH-mètre. La quantité d'ions H_3O^+ représentent donc l'acidité réelle du sol.

Prendre 20 g de terre et les placer dans un becher de 150 ml. Ajouter 50 ml d'eau distillée. Remuer pendant une minute et laisser reposer. Déposer un peu de cette eau sur un papier indicateur (à acheter en pharmacie) et comparer le changement de couleur avec l'échelle de couleurs.

ph 0	7	14
acide pur 3,0	neutralité 8,4	base pure

En vert, fourchette du pH d'un sol.

- pH entre 6,5 et 7 : la plupart des plantes peuvent être cultivées.
- pH au-dessous de 6 : le sol ne convient qu'aux plantes acidiphiles.
- pH au-dessus de 8 : de nombreuses plantes risquent d'être atteintes de chlorose.

La vie biologique

□ **La décomposition de la matière organique**

La matière organique issue de la photosynthèse retourne au sol où elle se décompose pour former de l'humus. Cette décomposition se fait de deux façons, par la minéralisation ou l'humification.

- **La minéralisation** : c'est une transformation rapide de composés minéraux solubles à partir de débris végétaux. Elle peut se réaliser en présence ou en absence d'oxygène et produit principalement du gaz carbonique et du méthane.

- **L'humification** : il s'agit d'une transformation beaucoup plus lente aboutissant à la formation de composés organiques colloïdaux. Ceux-ci participent à la formation de la structure. C'est un processus très complexe qui dépend des conditions du milieu et de la composition de la matière organique humifiable.

La teneur en azote des feuilles joue un rôle important dans ce processus. Les essences dont les feuilles sont riches en azote (Orme, Robinier, Aulne,...) sont dite "espèces améliorantes".

❑ **L'humus**

L'humus est la substance noire ou brun foncé, engendrée par la décomposition de restes animaux et surtout végétaux, telles que les racines mortes, les feuilles tombées, les débris de plantes... Principal constituant de la partie organique du sol, il se compose d'acides humiques et fulviques, de moisissures, bactéries, enzymes et autres substances organiques à divers stades de dégradation et de constitution.

Il est essentiellement formé de complexes argilo-humiques, mélanges intimes de matières organiques et minérales, conférant au sol une structure aérée et meuble. Par leurs capacités de stockage, ces composés stables assurent des réserves d'eau et l'approvisionnement en éléments nutritifs. L'humus se forme lentement, sous l'action de bactéries, tandis qu'une partie se détruit continuellement en libérant des éléments fertilisants assimilables par les plantes.

En résumé, on peut considérer l'humus comme un stade intermédiaire, à fonction de réservoir, et dont la présence est fondamentale pour la fertilité du sol.

La nature de l'humus donne une bonne indication de la vitesse avec laquelle la matière organique retourne à l'état minéral et donc la vitesse avec laquelle les éléments minéraux sont recyclés ; cela constitue un précieux renseignement sur la fertilité du sol.

On peut classer les humus en fonction de leur aspect :

- **Mull** (pH 5 à 7,5) : cet humus correspond aux milieux les plus actifs. La matière organique est complètement incorporée (pas de litière), la structure est composée d'agrégats, les lombrics sont abondants, la décomposition est très rapide. Les espèces améliorantes contribuent à la formation d'un humus de ce type.

- **Moder** (pH 4 à 5) : humus de type intermédiaire, biologiquement peu actif, particulièrement riche en larves d'insectes. La structure est dispersée ; on note la présence de petits grains de sable.

- **Mor** (pH 3 à 4) : l'accumulation de matière organique est très importante. Les espèces acidifiantes comme l'Epicéa et le Pin contribuent à la formation d'un humus de ce type. Le mor ou humus brut est un humus acide. Il forme un horizon AO où l'on peut facilement distinguer trois couches :
  . une couche de litière presque intacte, à structure organisée parfaitement reconnaissable (L),
  . une couche de matière organique plus ou moins décomposée contenant de nombreux filaments blancs –mycélium de champignons– (F),
  . une couche d'humification, formée de composés humiques à minéralisation très lente (H), (voir schéma n° 2).

- **Tourbe** (pH 3 à 7) : elle se forme en milieu constamment immergé où la matière organique ne se décompose pas et s'accummule sur de grandes épaisseurs (tourbières à sphaignes). La structure est fibreuse.

❑ **L'activité biologique**

La plupart des jardiniers ne prêtent guère attention aux organismes vivant dans le sol et, à part les taupes et les vers de terre, ignorent souvent tout des habitants souterrains.

Que ce soit au jardin, à la campagne ou en forêt, nous foulons aux pieds un monde largement méconnu, invisible et fourmillant d'une multitude presque inimaginable d'organismes végétaux et animaux. Malgré leur très petite taille, ils jouent un rôle fondamental, puisque ce sont eux qui décomposent et minéralisent la matière organique. Nous avons donc sous nos pieds une des plus formidables usines de recyclage de déchets où tous les restes de plantes et d'animaux sont remis en circulation sous forme d'éléments nutritifs disponibles pour perpétuer la vie.

Chaque année, une forêt mixte à feuilles caduques telle une hêtraie, dépose à l'automne une quantité impressionnante de litière : pour un hectare, 25 millions de feuilles, soit 3 à 4 tonnes de matière sèche. Les phénomènes de désintégration, de décomposition et de transformation de la matière organique sont dus à l'action d'environ 25 tonnes d'organismes qui vivent dans les 30 premiers centimètres d'un hectare de sol !

Ce volume contient approximativement :
- 10 tonnes de bactéries et d'actinomycètes,
- 10 tonnes de champignons,
- 4 tonnes de vers de terre,
- 1 tonne d'autres organismes (acariens, isopodes, araignées, coléoptères, escargots, souris,...).

De ces organismes, dont l'éventail va des bactéries aux vertébrés, seuls les plus gros peuvent se frayer un chemin à travers le sol. Les plus petits se déplacent à l'intérieur de vides. Plus on s'enfonce, plus les animaux deviennent lilliputiens et de morphologie assez surprenante. Presque tous craignent la lumière et la chaleur.

- **Les bactéries** : ce sont des petits organismes unicellulaires d'une taille de l'ordre de 1 à 3 micromètres. Pour s'imaginer le nombre impressionnant de bactéries, il suffit de penser qu'un seul point de ponctuation de cette page pourrait contenir un nombre d'individus de l'ordre de 250 000.

Les bactéries sont les incontournables artisans du sol grâce à leur extraordinaire variabilité biochimique.

Elles s'installent et entrent en action les premières, aussitôt que la pluie a suffisamment ramolli la litière. Elles transforment les végétaux morts en éléments directement assimilables par les plantes ou participent à la constitution de l'humus.

Parmi les fonctions les plus importantes des bactéries, nous ne citerons ici que :
- la minéralisation de la matière organique,
- l'oxydation de substances minérales,
- la réduction de substances minérales.

Sans les bactéries, l'azote de l'atmosphère, pourtant très abondant (79 % de l'atmosphère) ne pourrait pas entrer dans le monde vivant. Cette fixation d'azote par les bactéries peut atteindre 200 kg de N2 par hectare.

"Il est douteux qu'il existe beaucoup d'autres animaux ayant joué dans l'histoire de la terre un rôle aussi important que celui de ces créatures à l'organisation si primitive".

Charles Darwin, 1882.

Les vers de terre jouent certainement le rôle le plus important dans le profil d'un sol et descendent parfois jusqu'à 2 m de profondeur. Un mètre carré peut contenir plus de 100 individus, ce qui représente un poids de l'ordre d'1 tonne à l'hectare. Ainsi, sans que l'on s'en doute, il y a plus lourd de vers que de vaches dans nos prés !

Ces fouisseurs accomplissent un énorme travail de fragmentation et d'incorporation de végétaux dans le sol. En 1 an, sur 1 hectare de terre végétale, ils en consomment jusqu'à 300 tonnes et la rejettent sous forme de déjections en surface (on a estimé la masse de turricules rejetés à la surface d'une prairie de 7,5 à 10 kg/m²). Au bout d'une soixantaine d'années, ils auront brassé toute la couche superficielle du sol en la faisant transiter à travers leur tube digestif.

Leurs déjections riches en complexes argilo-humiques améliorent nettement la fertilité du sol et sa capacité de rétention d'eau. En outre, leur action de brassage grâce à leur technique perfectionnée de forage, aère et mélange le sol.

- **Les végétaux inférieurs** : ils comprennent les actinomycètes, les algues et les champignons.

. Les **champignons**. Ce sont des organes hétérotrophes et la plupart sont constitués d'une espèce de feutre formé de filaments cylindriques microscopiques (hyphes). Les champignons sont très actifs dans la décomposition de substances organiques complexes. Ce sont les seuls organismes sur terre, à part quelques rares bactéries, capables de décomposer la lignine des plantes, principale source d'humus. D'autre part, ils sont en partie responsables de la formation des agrégats du sol.

Les mycorhizes s'associent par symbiose aux racines de certaines plantes. Les racines offrent aux mycorhizes un support ainsi qu'une réserve appréciable de nourriture. Le champignon apporte à l'hôte des sels minéraux, augmente la résistance de la plante à la sécheresse et au froid et la protège contre des organismes pathogènes grâce à la sécrétion d'antibiotiques.

- **La pédofaune**

. Les **micro-arthropodes**. Ils constituent trois groupes : les insectes aptérygotes (Collemboles, Protoures, Diploures), les acariens et les myriapodes.

Ce sont d'actifs prédécomposeurs qui fragmentent la matière organique et augmentent les surfaces ultérieurement attaquées par les micro-organismes. Grâce à leur transit digestif, les déchets organiques sont incorporés au sol, permettant la formation des complexes argilo-humiques. De plus, ils stimulent ou régularisent l'activité fongique et bactérienne.

Parmi les arthropodes de la litière, les acariens et les collemboles jouent un rôle particulièrement important dans la fragmentation et la dégradation des débris végétaux.

Les **acariens** sont de petits animaux au corps globuleux muni de quatre paires de pattes, appartenant à la classe des arachnides et donc parents des araignées. On peut compter jusqu'à plusieurs dizaines de milliers d'individus par m². Leur taille est comprise entre 0,1 et 1 mm. La plupart s'attaquent aux feuilles en décomposition et autres débris végétaux (macrophytophages). Certains broutent des champignons ou des colonies de bactéries (microphytophages). D'autres enfin sont des prédateurs actifs.

Les **collemboles** jouent dans la litière un rôle assez analogue à celui des acariens. Ils forment un groupe très varié d'insectes primitifs, dépassant rarement 5 mm. Ils se caractérisent par la présence à l'extrémité de l'abdomen d'une fourche à ressort, appelée furca, généralement maintenue repliée sous l'abdomen par un crochet. Lorsqu'ils sont dérangés, leur furca projetée en arrière leur permet d'exécuter de grands bonds. Seuls ceux qui vivent en surface disposent de cet appendice.

. Les **macro-invertébrés**. Ils comprennent les oligochètes (Lumbricidae), les arachnides (Pseudoscorpions, aranéides, Opilions), les insectes (surtout à l'état larvaire et nymphal), les myriapodes, les crustacés (Isopodes terrestres), les mollusques (nombreux Gastéropodes).

Les **cloportes** sont des crustacés terrestres appartenant à l'ordre des Isopodes, communs dans les litières humides. Aisément identifiables à leur sept paires de pattes, ces petits animaux sont de taille variable (de 2,5 à 20 mm). Avec leurs puissantes mandibules, ils s'attaquent aux débris durs de la litière (phytosaprophages).

Les **myriapodes** sont plus connus sous le nom de millepattes. Les diplopodes possèdent deux paires de pattes par segment et se nourrissent de végétaux en décomposition. Les chilopodes qui n'ont qu'une paire de pattes par segment, sont carnivores et trouvent dans la litière des invertébrés en abondance.

Les densités de cloportes, diplopodes et chilopodes sont communément de l'ordre de quelques dizaines à quelques centaines d'individus par m² de litière. A l'inverse des insectes, ils ne possèdent pas de couche cireuse imperméable protégeant leur tégument et nécessitent donc une forte humidité pour leur survie.

. La **macro-faune**. Elle est surtout représentée par les rongeurs souterrains, tels les mulots ou campagnols et les insectivores, taupes et musaraignes.

Ils sont utiles par leurs immenses réseaux de galeries où ils circulent, s'abritent et se reproduisent, favorisant une meilleure pénétration de l'eau et de l'air dans le sol.

LES AUXILIAIRES DU JARDIN

Les auxiliaires du jardin ont tous un rôle utile. La plupart sont des prédateurs qui contribuent à limiter le développement trop important des espèces indésirables, dites "nuisibles" car elles consomment ou dégradent les végétaux cultivés. Ils nous aident donc tous, sans le savoir, dans notre activité, à nous de les reconnaître.

LES MAMMIFERES

- Le **hérisson**. Au jardin, il trouve l'essentiel de sa nourriture : de nombreux insectes, chenilles, papillons, coléoptères, larves diverses. Il ne dédaigne pas les lombrics, limaces et escargots de petite taille. Occasionnellement, il capture des batraciens, mulots, souris et campagnols. L'été, il se régale d'oisillons et d'œufs trouvés au sol ainsi que de fruits.

- La **taupe**. Sur son territoire de chasse de près d'un hectare, elle creuse jusqu'à 20 m de galerie en 24 heures.

Quotidiennement, la taupe consomme son poids de nourriture qu'elle découvre sous terre en creusant. Les lombrics constituent une grande part de son alimentation, viennent ensuite les vers blancs (larves du hanneton), les vers "fil de fer" (larves du taupin), les mille-pattes, chenilles, larves de tipules et de carabes. Ses proies exceptionnelles sont les grillons, courtilières et jeunes rongeurs.

Pourchassée et considérée à tort comme nuisible, la taupe est heureusement réhabilitée. Elle retourne le terrain, aère le sol, et fait le plus gros du travail de terrassement.

- La **Musaraigne carrelet**. Son régime alimentaire est très varié. Elle a bien sûr une préférence pour les coléoptères et leurs larves, mais elle se délecte des courtilières, limaces, taupins et tipules. Elle s'attaque régulièrement aux petits rongeurs et consomme aussi quelques végétaux.

- La **fouine**, l'**hermine** et la **belette** sont présentes au jardin. Elles sont les principales consommatrices de rongeurs : mulots et campagnols.

LES OISEAUX

Dans les vergers et les jardins où les oiseaux sont régulièrement présents, les dégâts causés aux végétaux par les différents insectes et leurs larves sont limités.

- Les **mésanges**, **fauvettes** et **pics** consomment beaucoup d'insectes nuisibles (notamment les aleurodes, les noctuelles, les piérides et leurs chenilles dévoreuses des feuilles et fleurs, les carpocapses, les cochenilles et les fourmis qui entretiennent les pucerons).

- Le **faucon crécerelle** le jour et les **chouettes effraie** et **chevêche** la nuit, sont de grands destructeurs de petits rongeurs et de gros insectes.

LES INSECTES

Les insectes utiles sont nombreux. Ils jouent un rôle important au jardin et au verger. Les uns sont prédateurs d'insectes parasites et les autres sont les pollinisateurs.

- Les grands **carabes**, gros coléoptères noirs de 4 cm, s'attaquent aux limaces, escargots, lombrics, larves d'insectes et hannetons.

- Les **chrysopes**. Ce sont surtout leurs larves qui nous servent bien en détruisant durant leur croissance de 4 à 500 pucerons.

- Les **forficules**, appelés communément perce-oreilles, sont aussi des consommateurs de pucerons et d'autres insectes.

- Les **coccinelles** sont connues de tous. Elles et leurs larves se nourrissent principalement de pucerons et de cochenilles, de 5 à 600 jusqu'à leur nymphose. La plus connue est la coccinelle rouge-orange à 7 points noirs. C'est aussi la plus bénéfique au potager.

- Les **syrphes** peuvent enrayer la prolifération des pucerons car leurs larves en consomment jusqu'à 800 durant leur évolution. Ils ressemblent à de petites guêpes de 10 à 15 mm. Pour les attirer, on installera au jardin des bandes d'ombellifères telles que l'angélique, l'aneth, le fenouil et la carotte.

- Les **araignées** sont les grands destructeurs de nos parasites. Mouches, papillons, pucerons, chenilles, sauterelles et petits hannetons en sont les proies habituelles.

- Les **acariens prédateurs** combattent les araignées rouges qui sucent les feuilles des plantes du potager.

- Les **abeilles** et les **bourdons** sont les acteurs principaux de la pollinisation entomophile de nos jardins et vergers. Ils transportent du pollen d'une étamine sur un stigmate et permettent ainsi la fructification.

LES AUTRES

- Le **crapaud** fréquente les endroits humides et se régale de fourmis et hannetons.

- L'**orvet** est gourmand de limaces, de vers blancs, de chenilles défoliatrices, de cloportes et d'escargots.

- Le **lézard** se nourrit de nombreux insectes et de leurs larves.

Dominique BRENOT

LES ANIMAUX DU SOL

Mégafaune (> 100 mm)	Vertébrés : Rongeurs et Insectivores terricoles.
Macrofaune (4 à 100 mm)	Lumbricidae, Enchytraeidae, Mollusques. Macro-arthropodes : Insectes Ptérygotes, Myriapodes. Crustacés : Isopodes.
Mésofaune (0,2 à 4 mm)	Micro-arthropodes : Insectes Aptérygotes, Acariens, Myriapodes.
Microfaune (< 0,2 mm)	Protozoaires, Nématodes, Rotifères, Tardigrades.

1. Escargot
2. Carabe doré
3. Limace
4. Bolet
5. Glomérule
6. Araignée
7. Cocon de papillon
8. Lombric
9. Myriapode
10. Cloporte
11. Taupe
12. Mulot

LE VEGETAL, UN ETRE VIVANT

Marie-Luce HUBERT - Jean-Louis KLEIN

LE REGNE VEGETAL

La classification des végétaux a pour but d'attribuer un nom aux plantes selon un ordre déterminé appelé "la systématique".

En 1753, le naturaliste suédois Linné (1707-1778) crée la classification fondée sur les caractères des organes reproducteurs des végétaux. Il propose en même temps la nomenclature binomiale : chaque espèce est nommée par son nom générique suivi de son nom spécifique.

Le règne végétal est réparti selon les divisions suivantes : Embranchement, Classe, Ordre, Famille, Genre, Espèce.

L'embranchement des Spermatophytes (plantes à graines) est celui qui nous intéresse dans cet ouvrage. Ils constituent le groupe des végétaux les plus évolués et se divisent eux-mêmes en 2 sous-embranchements :

1er sous-embranchement : les Gymnospermes.

Comme le nom l'indique (gymnos : nu et sperma : graine), il s'agit de plantes à ovules nus. Les Gymnospermes sont la subdivision la plus ancienne et ne comprennent que des plantes ligneuses, aux morphologies très diverses. Ils sont surtout représentés par les conifères et certaines autres plantes tel le ginkgo, considéré comme un fossile vivant.

2e sous-embranchement : les Angiospermes.

Ce sont les plantes à fleurs proprement dites et à graines renfermées totalement dans des fruits (les ovules sont enfermés dans un ovaire clos). A la différence des Gymnospermes, ils comprennent non seulement des plantes ligneuses, mais aussi de nombreuses plantes herbacées. De nos jours, ce sont ces plantes à fleurs, apparues il y a plus de 100 millions d'années, qui prédominent. Elles ont une extraordinaire variété de formes et colonisent presque tous les habitats terrestres.

Avec leurs 170 000 espèces réparties en 10 000 genres et 300 familles, elles constituent la majorité des plantes terrestres.

La division des Angiospermes en deux classes est fondée sur le nombre de cotylédons :
- les Dicotylédones (plantes à 2 cotylédons),
- les Monocotylédones (plantes à un seul cotylédon).

On subdivise ces classes en ordres puis en familles, surtout d'après la nature des pièces florales.

Exemple, le Cerisier :

embranchement :	Spermatophytes
sous-embranchement :	Angiospermes
classe :	Dicotylédones
ordre :	Rosales
famille :	Rosacées
genre :	Prunus
espèce :	Prunus cerasus.

Les botanistes utilisent également une autre classification générale qui se base sur le comportement biologique des plantes et plus spécialement sur la manière dont elles passent l'hiver. Suivant la position des bourgeons de renouvellement par rapport au sol, on distingue 5 types biologiques.

1. LES TYPES BIOLOGIQUES DE RAUNKISER

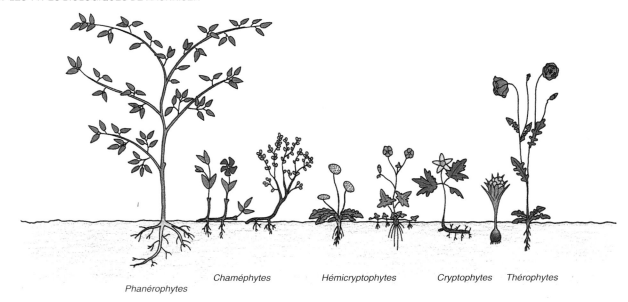

Phanérophytes   Chaméphytes   Hémicryptophytes   Cryptophytes   Thérophytes

DISTINCTION ENTRE LES PLANTES HERBACEES ET LIGNEUSES

Les tissus dont les cellules sont imprégnées de lignine acquièrent une rigidité qui se retrouve dans l'organe lignifié (tronc, branches...) et le végétal dit ligneux (arbres, arbustes, lianes...). Quand les cellules lignifiées meurent, elles assurent un rôle de soutien. Les plantes herbacées ont généralement des tiges vertes et souples.

Certains végétaux paraissent faire transition entre les végétaux herbacés et ligneux. C'est le cas des chamaephytes comme la Ronce où les rameaux et les tiges supérieures sont herbacés et la base de la tige ligneuse. En principe, les végétaux herbacés régénèrent chaque année ou tous les 2 ans leur appareil aérien. Les ligneux accumulent d'année en année rameaux et tiges d'âge croissant les uns au-dessus des autres.

LA BIOLOGIE DU VEGETAL : ANATOMIE ET FONCTIONNEMENT

L'appareil végétatif des plantes possède trois organes fondamentaux : les racines, la tige et les feuilles.

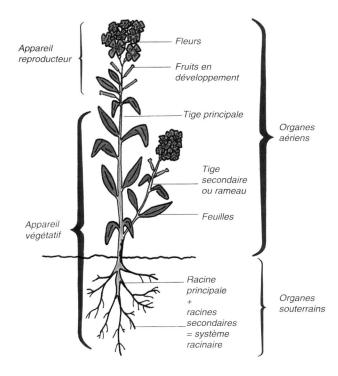

*2. LES ORGANES D'UNE PLANTE
EXEMPLE DE LA GIROFLEE SAUVAGE*

Le système racinaire

❏ La racine
La racine est ordinairement la partie souterraine de la plante.

Elle se présente souvent sous la forme d'un organe allongé correspondant à la racine principale qui se raccorde aux parties aériennes du végétal par une région intermédiaire, le collet. De la racine principale partent des ramifications plus petites dirigées obliquement, les racines secondaires, qui elles-mêmes se divisent pour se terminer en radicelles. L'ensemble des radicelles forme le chevelu racinaire.

Racines principales et secondaires sont de couleur blanchâtre, ce qui indique qu'elles ne contiennent pas de chlorophylle. Leurs extrémités inférieures sont protégées par une sorte de capuchon brunâtre, la coiffe, formée de cellules à parois subérifiées et recouvrant le sommet végétatif, siège de l'allongement de la racine. La région située juste au-dessus de la coiffe est la région de croissance en longueur de la racine. Au-dessus de celle-ci se trouve la région pilifère recouverte de poils extrêmement fins et fragiles de quelques millimètres de longueur : les poils absorbants.

❏ Différents types de racines
La racine pivotante est caractérisée par une racine principale, longue et volumineuse. Ce système radiculaire est courant et typique des Dicotylédones. Exemples : Haricot, Giroflée, Chêne, Carotte...

La racine fasciculée présente une racine principale très peu développée mais dont les radicelles nombreuses forment un chevelu important appelé faisceau. Exemples : Blé, Marguerite...

Les racines adventives ou latérales se développent sur les flancs de la tige d'une plante. Une tige en contact avec un sol humide peut produire des racines adventives. Exemples : Fougère, Bégonia. Le bouturage et le marcottage (procédés de multiplication végétative des plantes) sont basés sur ce principe.

❏ Les fonctions des racines
- **La fixation.** Les racines ont pour fonction d'ancrer la plante au sol. Suivant le type racinaire, cette fixation sera plus ou moins bien assurée : les plantes les plus difficiles à arracher sans casser leurs racines ont toutes un solide enracinement (ex. : Luzerne), d'autres, comme certaines herbes, s'extirpent facilement car leurs racines fasciculées ne s'enfoncent pas profondément dans le sol (ex. : Blé). La puissance d'enracinement dépend étroitement des caractéristiques du sol et en particulier de sa profondeur. Certains arbres se contentent de sols superficiels (ex. : Tremble : 40 cm) alors que d'autres nécessitent des sols profonds (ex. : Chêne : 2 m).

- **La nutrition.** Au niveau des poils absorbants des radicelles, a lieu l'assimilation de l'eau et des éléments nutritifs pour constituer la sève brute ascendante, aliment de base de la plante. La source naturelle des substances nutritives indispensables est le sol qui recèle outre les substances organiques de l'humus, différents sels minéraux produits par la décomposition de la roche mère (azote, phosphore, potassium, calcium), ainsi que des oligo-éléments (cuivre, zinc, bore, fer, soufre, manganèse, magnésium). Les racines nécessitent aussi de l'oxygène pour respirer. Cet oxygène provient de l'atmosphère interne du sol, d'où l'importance d'un sol bien aéré (voir chapitre sol : les propriétés physiques et la composition chimique).

- **Fonctions secondaires**. Certaines racines assurent en plus de leur fonction d'ancrage et de nourrissage, des fonctions nouvelles comme le stockage des matières nutritives, la fixation aérienne, etc.

Les racines respiratoires se rencontrent chez les plantes de la mangrove, où elles assurent l'absorption d'oxygène ; les racines aériennes existent surtout chez les plantes grimpantes et les épiphytes. Quant aux racines en vrille, elles naissent sur la tige des plantes grimpantes, s'enroulent sur elles-mêmes et permettent à la plante de se fixer au support (Vigne). De même, le Lierre de nos régions émet des racines adventives munies de poils (racines crampons) qui lui permettent de s'accrocher.

La racine tubérisée : la racine principale pivotante ou parfois même les radicelles peuvent devenir énormes car elles se chargent de matières nutritives de réserve (sucre, amidon). Appelées raves, nous consommons ces racines tubéreuses pour leur teneur en substances nutritives sucrées (Carotte, Betterave). Les racines adventives peuvent aussi se transformer en organes de réserve, les tubercules (Ficaire, Orchidées).

Mycorhizes et nodosités

Certains champignons peuvent aider les plantes dans leurs possibilités nutritionnelles en se fixant au niveau de leurs racines. Le champignon profite de substances photosynthétisées par la plante qu'il ne peut élaborer lui-même. En retour, il met à la disposition de la plante des substances nutritives (produits azotés et phosphorés, substances de croissance,...) et augmente sa capacité de nutrition.

Il s'agit donc d'une véritable symbiose entre le champignon et la plante-hôte, d'où le nom de mycorhize, qui signifie littéralement racine-champignon.

Les Légumineuses et quelques autres familles végétales présentent de petits renflements sur leurs racines secondaires. Ces radicelles particulières, courtes et renflées, appelées nodosités, sont remplies de colonies de bactéries du genre Rhizobium, capables d'absorber l'azote gazeux contenu dans l'atmosphère du sol. Ainsi ces plantes (ex. : Pois, Luzerne, Trèfle, Haricot, Mélilot, Robinier) profitent d'un apport nutritif essentiel et peuvent s'établir sur des sols pauvres tout en les améliorant (engrais vert).

La tige

La tige est généralement la partie aérienne de la plante et se dirige le plus souvent verticalement. Elle porte les feuilles, les fleurs, les fruits, les graines. La présence de feuilles, même réduites à l'état de minces écailles est le caractère morphologique le plus important, car une racine n'en porte pas. La tige a une croissance indéfinie, sa taille varie de quelques centimètres à plusieurs dizaines de mètres selon la plante considérée.

❑ **Description de la tige**

On distingue une tige principale qui continue la racine principale vers le haut (à partir du collet) et des tiges secondaires ou rameaux. Plus petites que la tige principale, ces dernières sont ordinairement insérées obliquement ou horizontalement.

La tige principale est un organe allongé, généralement de couleur verte dans sa jeunesse.

Le point où s'attache une feuille est un nœud et l'espace compris entre 2 nœuds, un entre-nœuds. Ces derniers se raccourcissent de plus en plus à mesure que l'on s'approche du sommet de la tige. Au sommet même, les entre-nœuds sont très courts et les feuilles jeunes pressées les unes contre les autres forment une rosette terminale protégeant le sommet végétatif par où se fait l'allongement de la tige.

L'ensemble de la rosette terminale et du sommet végétatif constitue un renflement appelé bourgeon terminal ; à l'aisselle des feuilles, fixés aux nœuds, se trouvent les bourgeons axillaires ou latéraux.

La ramification de la tige est généralement réduite chez les plantes herbacées et atteint son développement maximum chez les plantes ligneuses (arbre, arbuste). Les rameaux se développent à partir des bourgeons axillaires. Ils présentent les mêmes parties que la tige principale : feuilles, bourgeons axillaires et bourgeon terminal. Les rameaux de premier ordre sont insérés directement sur la tige principale, les rameaux de second ordre sur un rameau de premier ordre, et ainsi de suite.

❑ **Diverses sortes de tiges**

a) **Les tiges aériennes** se développent dans l'air. On distingue :
- des **tiges dressées** qui s'élèvent verticalement (tronc d'arbre, chaume des céréales, tiges herbacées) ;
- des **tiges rampantes** : trop faibles pour se soutenir, elles restent couchées à terre (les tiges rampantes ou stolons du Fraisier rampent à l'horizontale et développent des racines adventives à chaque nœud, ainsi naissent des pieds nouveaux par marcottage naturel) ;
- des **tiges grimpantes** (également trop faibles pour se soutenir), s'élèvent en s'accrochant à des supports soit au moyen de racines adventives (Lierre), soit par des piquants (Ronce), soit encore par des vrilles qui sont des rameaux solidifiés (Vigne) ou des feuilles modifiées (Bryone, Pois). Les tiges volubiles s'enroulent sur elles-mêmes autour d'un support (Houblon, Liseron).

b) **Les tiges souterraines** ne sont pas vertes et ressemblent à des racines. Mais elles portent bien des bourgeons et des feuilles réduites à des écailles incolores et brunâtres.
- Les **rhizomes** poussent le plus souvent horizontalement et s'accroissent en donnant des racines adventives et des rameaux aériens dressés portant feuilles et fleurs. Les rhizomes sont des organes de réserve, mais servent aussi souvent à la multiplication végétative (voir chapitre reproduction).
- Les **tubercules** peuvent se former à la suite du renflement local d'une tige souterraine (Pomme de terre, Topinambour, Colchique). Il s'agit bien de tiges car ils portent des bourgeons (yeux) placés dans de petites dépressions et pouvant développer à nouveau tiges et feuilles grâce aux substances nutritives accumulées.
- Les **bulbes** sont des tiges souterraines courtes et renflées (Tulipe, Oignon, Lis, Jacinthe...). Le bulbe forme un plateau qui porte sur la partie supérieure un bourgeon entouré de feuilles réduites à l'état d'écailles charnues et sur sa face inférieure des racines adventives.

c) **Les tiges aquatiques** se développent dans l'eau. Une même plante peut avoir une partie de sa tige aérienne et une partie aquatique (Cresson).

❏ **Les fonctions de la tige**

La tige peut avoir un rôle de soutien de la plante. Le port dressé de certaines plantes (arbres, céréales...) est dû à la rigidité de leur tige grâce aux tissus de soutien : le collenchyme, dont les angles des cellules sont épaissis en cellulose et le sclérenchyme avec ses cellules aux parois épaissies par la lignine.

D'autre part, la tige porte les feuilles, les fleurs, les fruits et les graines.

La circulation de la sève brute. Composée d'eau et de substances dissoutes, elle est aspirée par les poils absorbants des racines et acheminée par osmose de cellule en cellule jusqu'aux feuilles.

L'ascension de la sève brute se fait d'une part par l'aspiration exercée directement par les feuilles (phénomène de transpiration) qui agit comme pompe aspirante et d'autre part par la poussée radiculaire (osmose au niveau des poils absorbants) qui joue le rôle de pompe foulante. L'action combinée de ces pompes provoque dans la tige un courant de sève ascendant. La sève peut aussi s'élever d'elle-même jusqu'à un certain niveau grâce au phénomène de capillarité qui n'a lieu que dans les vaisseaux de très faible diamètre.

*3. CIRCULATION DE LA SEVE,
TRANSPIRATION, RESPIRATION ET
ASSIMILATION CHLOROPHYLLIENNE
CHEZ UNE PLANTE*

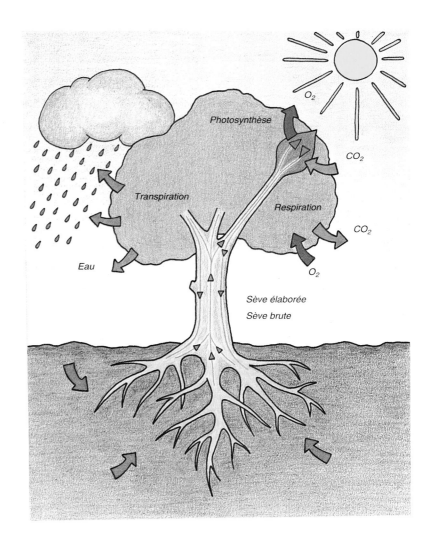

Subtile combinaison de cellulose et de lignine, le bois confère à la plante une bonne résistance à la pression et à la traction lui permettant de s'élever vers le ciel. La tige des végétaux ligneux s'accroît non seulement en longueur mais aussi en épaisseur grâce à la présence d'assises génératrices (cambium). Alors que le bois proprement dit (xylème) est chargé du transport de la sève brute des racines jusqu'aux feuilles, le liber (phloème) est responsable de la circulation descendante de la sève élaborée, enrichie des substances photosynthétisées par les feuilles. Les cernes annuels représentent le bois de printemps et le bois d'automne. La partie physiologiquement active du bois de l'aubier est de coloration souvent plus claire que le duramen, qui constitue l'ossature de la tige.

La feuille

❏ Morphologie

La feuille est composée de deux parties : le pétiole et le limbe.

Le pétiole est la partie étroite qui unit le rameau au limbe. Il se prolonge et se ramifie dans le limbe constituant une nervure principale et des nervures secondaires (nervation pennée). Quand le pétiole manque, la feuille est dite sessile. A sa base, il peut être muni d'appendices verts, les stipules (voir schéma n° 4).

Le limbe et la nervation qu'il porte sont de forme et de dimension très variables ; ainsi, ils constituent les critères majeurs d'identification des plantes. Les feuilles sont généralement de larges lames vertes, mais elles peuvent aussi avoir la forme d'aiguilles (ex. : Sapin), d'écailles (ex. : Cyprès). Elles sont simples quand le limbe est fait d'une seule pièce (ex. : Tilleul), ou composées si les découpures atteignent la nervure principale (ex. : Robinier). D'autre part, les bords du limbe peuvent être plus ou moins sinueux, lisses, dentés, crénelés, épineux, etc. Suivant leur disposition sur la tige, elles sont dites alternes (ex. : Pois), opposées (ex. : Lilas, Oeillet), verticillées (ex. : Laurier rose) ou en rosettes (ex. : Pissenlit, Jacinthe).

4. LA FEUILLE

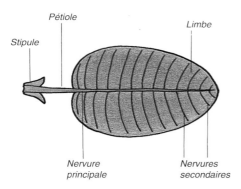

Stipule — Pétiole — Limbe — Nervure principale — Nervures secondaires

❏ L'anatomie d'une feuille

Sur la face supérieure du limbe, sous une cuticule imperméable de protection, se trouve le tissu palissadique, très riche en chloroplastes (près d'un demi-milliard dans 1 g de feuille !). Ces corpuscules verts renferment des pigments divers dont le plus important est la chlorophylle, assez comparable chimiquement à l'hémoglobine de notre sang. Celle-ci a la propriété de capter l'énergie lumineuse du soleil nécessaire à la photosynthèse.

Sur la face inférieure, se trouve le tissu lacuneux, dont les cellules moins riches en chloroplastes, mal jointives, permettent la circulation des gaz. Sa fonction est de stocker les matières organiques élaborées avant qu'elles ne soient redistribuées au reste de la plante.

Un double système de tuyauteries, inséré dans les nervures principales et secondaires, dessert le limbe, prolongement des vaisseaux du bois, apportant la sève brute, et les tubes criblés du liber, évacuant la sève élaborée, riche en substances organiques dissoutes (voir schéma n° 3).

❏ Les rôles des feuilles

La feuille représente une véritable usine chimique : elle respire, transpire et conduit la sève ; à son niveau s'effectue l'assimilation chlorophyllienne permettant la transformation de la sève brute en sève élaborée.

Les cotylédons formés dans la graine sont des feuilles de forme élémentaire. Ils renferment des substances nutritives qui en font un élément approprié pour l'homme (ex. : amidon : céréales, légumes secs ; graisses : colza, noisette ; protéines : légumes secs). D'autres feuilles accumulent des réserves d'eau (ex. : "feuilles-réservoirs" des épiphytes, feuilles succulentes des Sédums). Enfin, les feuilles peuvent se modifier au point de former les pièces florales.

- **La photosynthèse**. Un Chêne adulte porte quelque 250 000 feuilles. Chacune d'elles est le lieu de l'une des plus complexes synthèses vitales : l'assimilation chlorophyllienne. Sans elle, aucune vie ne serait possible sur le globe, car ce phénomène est à la base de tout ce qui vit : végétaux, animaux, dont les êtres humains.

Le carbone est un élément essentiel du corps des végétaux : il entre dans la proportion de 45 % de leur poids sec. Considérées dans leur ensemble, les plantes constituent donc un énorme réservoir de carbone.

Une feuille exposée à l'énergie lumineuse, absorbe le gaz carbonique (dioxyde de carbone) de l'atmosphère, grâce à la chlorophylle. Le gaz carbonique est alors combiné aux éléments de la sève brute pour produire des matières organiques : les sucres ou glucides, qui produisent ensuite non seulement d'autres hydrates de carbone (amidons) mais aussi des protides, des lipides (matières grasses), des vitamines et des enzymes, indispensables à toute croissance. Cette opération produit un "déchet", l'oxygène, libéré dans l'atmosphère (voir schéma n° 3).

Ce processus apparemment simple, est en fait une chaîne compliquée de réactions chimiques.

En résumé :

Gaz carbonique + eau + énergie lumineuse →
glucides + oxygène.

- **La respiration**. Comme tous les êtres vivants, les végétaux respirent à travers les tissus épidermiques. Pour cela, ils consomment de l'oxygène et rejettent du gaz carbonique. Globalement, il s'agit du processus inverse de la photosynthèse. Les substances organiques formées par les feuilles vont être dégradées ou "brûlées" au niveau des organes en cours de croissance et l'énergie ainsi libérée permettra la formation de jeunes tissus (fleurs, racines, bois...). La respiration a lieu jour et nuit, mais n'est perceptible qu'en absence de lumière, masquée de jour par le processus de photosynthèse. Malgré cette combustion permanente, les plantes permettent que l'air reste toujours aussi riche en oxygène (voir schéma n° 3).

- **Evaporation et transpiration**. L'évaporation est un phénomène purement physique qui ne dépend que des conditions climatiques du moment. Par contre, la transpiration est un phénomène physiologique plus complexe. Pour lutter contre les élévations excessives de température, les feuilles sont capables de rejeter de l'eau dans l'atmosphère sous forme de vapeur

d'eau grâce à la présence de pores microscopiques, les stomates. En réglant l'ouveture de ses stomates, la feuille contrôle
les échanges d'eau, de gaz carbonique et d'oxygène avec l'atmosphère. L'énergie nécessaire à la transformation de l'eau en
vapeur est fournie directement par le soleil. La transpiration provoque un déficit en eau dans la feuille. En réaction, cette dernière puise immédiatement dans la plante, engendrant un phénomène d'aspiration qui se répercute jusque dans les racines et
assure, en partie, l'ascension de la sève brute (voir chapitre : la
circulation de la sève et schéma n° 3).

❏ **La chute des feuilles**

Les feuilles des espèces caducifoliées tombent chaque année généralement à l'automne. Cette chute est précédée de
phénomènes de vieillissement dont le plus impressionnant est
la coloration du limbe. Au niveau du point d'attache de chaque
pétiole au rameau, se forme une couche de cellules liégeuses,
la couche d'abscision, qui freine puis stoppe l'arrivée de sève.
Privée d'eau, la chlorophylle de la feuille se dégrade puis disparaît peu à peu : le limbe jaunit, rougit, brunit et se détache.

Chez d'autres végétaux, les feuilles ne tombent pas toutes
en même temps, elles sont persistantes (ex. : Rhododendron,
Buis, Laurier rose).

La fleur

La fleur est l'organe sexuel de la plante. Si de nombreux végétaux portent des fleurs unisexuées (fleurs mâles et fleurs femelles séparées), d'autres en revanche portent des fleurs bi-
sexuées ou hermaphrodites (pourvues à la fois d'organes femelles, pistils, et d'organes mâles, étamines).

Quand les fleurs unisexuées sont portées par des pieds différents, on parle d'espèces dioïques (ex. : If, Saule). Au contraire,
l'espèce est monoïque, lorsqu'elle porte à la fois les fleurs unisexuées des deux sexes (ex. : Bouleau, Chêne) ou hermaphrodite lorsqu'elle porte des fleurs hermaphrodites (ex. : Pommier,
Coquelicot).

LA REPRODUCTION

La reproduction d'une plante peut être sexuée ou asexuée.

La reproduction asexuée

Appelée encore reproduction végétative, il s'agit d'un mode
de reproduction bien répandu chez les végétaux. Il permet un
accroissement numérique des individus dans des conditions
particulièrement difficiles. Les nouvelles plantes issues de cette
multiplication végétative servent plus à la survie qu'à la propagation de l'espèce.

Quelques modes de multiplication végétative :

Chez les Spermaphytes herbacés, plusieurs rameaux peuvent
devenir autonomes, lorsqu'un pied se ramifie et que les parties
âgées du végétal dégénèrent. Il est possible de multipler de la
même façon les végétaux ligneux, comme le prouvent les applications horticoles : le bouturage se produit quand une branche
cassée (ou un fragment de l'appareil végétatif) tombe au sol ou
s'y trouve plantée par la main de l'homme et prend racine. Le
greffage se traduit par une opération de "soudure" entre deux
branches ou deux racines et a pour but d'améliorer les races.

La multiplication à distance nécessite l'existence d'organes
allongés : certains végétaux comme l'Iris jaune ou le Lamier
blanc développent des rhizomes (tiges souterraines vivaces),
d'autres comme le Fraisier ou la Renoncule rampante, des stolons à partir de bourgeons situés à l'aisselle des feuilles (tiges
aériennes rampantes). Quand les stolons meurent, les jeunes
plants ainsi produits se trouvent isolés de la plante mère. Il
s'agit d'un marcottage naturel. Fréquemment, les stolons produisent des tubercules, organes de réserve assurant également
la multiplication (Pomme de terre). Les plantes vivaces comme
la Tulipe, le Lis ou la Jacinthe se multiplient grâce aux bulbilles
qu'elles forment chaque année. La plupart de ces plantes à
bulbes peuvent se multiplier par dispersion de leurs cayeux (petits bulbes qui apparaissent sous les écailles périphériques du
gros) souvent utilisés par l'horticulteur.

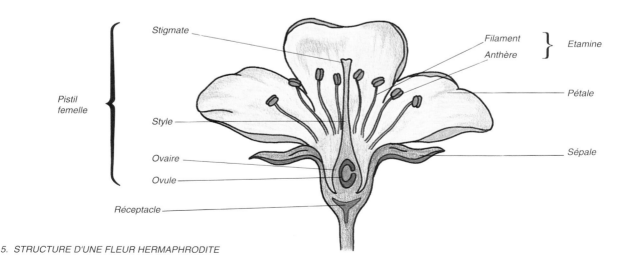

5. *STRUCTURE D'UNE FLEUR HERMAPHRODITE*

La reproduction sexuée

Les plantes à fleurs sont caractérisées par leur mode de reproduction sexuée. La nécessité de mettre en contact les cellules mâles et femelles est à l'origine de l'évolution des fleurs. La reproduction sexuée permet le mélange du patrimoine héréditaire et favorise l'adaptation des végétaux aux changements du milieu.

Les fleurs hermaphrodites sont théoriquement capables de se reproduire par autopollinisation, mais la nature semble répugner à cette autofécondation et met en place plusieurs obstacles : décalage dans le temps de la maturité du pistil et des étamines, empêchement physique du pollen à atteindre l'organe femelle, autostérilité, avortement de l'un ou l'autre organe sexuel... Les sélectionneurs utilisent toutefois l'autogamie en milieu artificiel pour obtenir de bons résultats au niveau de leur créations et afin d'éviter la variabilité de plantes cultivées.

❏ La pollinisation

Les grains de pollen issus de l'anthère doivent être transportés jusqu'au stigmate d'une autre fleur pour qu'une fécondation s'opère.

La pollinisation se fait principalement par l'intermédiaire du vent : on parle d'anémophilie. Le grain de pollen, muni de ses sacs aériens, devient le jouet des courants d'air et a tellement peu de chances d'atterrir sur le stigmate d'une fleur de la même espèce, que les plantes sont obligées d'en produire des quantités très importantes ("pluies de soufre" du printemps).

Une inflorescence de graminée peut produire une dizaine de millions de grains de pollen, quand à celles du Noisetier, elles lâchent au vent jusqu'à 500 millions de grains par arbre !

Seconde alternative : l'entomophilie.

Alors que les fleurs soumises à l'anémophilie sont petites, discrètes et peu colorées, celles qui confient la dissémination de leur pollen aux insectes, développent les organes de l'enveloppe florale (pétales et sépales), les parfument ou les colorent. A la recherche du nectar, les insectes se chargent de pollen et pollinisent les fleurs en passant de l'une à l'autre.

En plus d'une signalisation adéquate de leur présence (couleur, parfum, forme...), les fleurs offrent aux insectes une récompense pour leur visite : nectar et pollen. Certaines les guident vers la source de nectar (lignes convergentes, taches...) ou leur proposent un "terrain d'atterrissage" grâce à la forme de leurs pétales.

Notons que les insectes ne sont pas les seuls animaux pollinisateurs. Dans les régions tropicales et subtropicales, des chauves-souris, des oiseaux (colibris) et de petits marsupiaux accomplissement également ce travail.

❏ La fécondation

Le stigmate est relié par le style à l'ovaire. Dès leur réception sur le stigmate, les grains de pollen germent et produisent un tube qui pénètre dans le style jusqu'à l'ovaire et l'ovule. La fécondation se produit quand le noyau reproducteur d'un grain de pollen fusionne avec celui d'un ovule (voir dessin n° 5) de la fleur.

❏ La graine

La graine contient une petite plante prête à grandir, mais qui vit au ralenti.

Elle se compose essentiellement d'un embryon issu de la fécondation de l'ovule par un grain de pollen, et d'une enveloppe appelée testa. L'embryon peut être divisé en une petite racine, le radicule et une pousse comprenant une courte tigelle portant une ou deux masses identiques, les cotylédons, véritables réserves nutritives destinées à nourrir la plantule durant sa croissance (Pois, Haricot, Vesce...). En plus de l'embryon et de la testa, il peut exister une autre réserve d'aliments, l'endosperme (céréales...). L'humanité a profité de cette ressource que nous retrouvons sous forme de farine et d'autres produits.

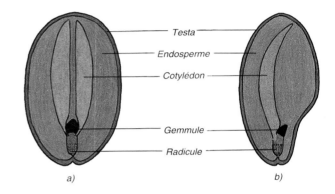

6. GRAINES A ENDOSPERME
a) D'UNE DICOTYLEDONE ET
b) D'UNE COTYLEDONE.

❏ Le fruit

Chez les Angiospermes, les graines sont incluses dans un fruit. Celui-ci correspond aux parois transformées et développées de l'ovaire ou plus exactement du carpelle qui entoure l'ovule.

Le fruit peut jouer un rôle protecteur de la graine, mais en général il facilite sa dispersion.

Le type de fruit sec le plus répandu est la capsule, qui s'ouvre par des fentes ou des petits trous (Pavot, Digitale, Jacinthe...). Les plus visibles sont les fruits charnus car leurs parois, épaissies, sont savoureuses et attirent les animaux autant que les hommes.

Certains fruits sont plus complexes. La fraise, par exemple, est un faux-fruit : il s'agit en fait du réceptacle bombé de la fleur, qui en grossissant a emmagasiné beaucoup de sucre et d'eau. A sa superficie, sont répartis les akènes (petits fruits secs).

Au type du Fraisier, se rattachent la Ronce et le Framboisier. La chair des pommes et des poires est également formée par l'épaississement du réceptacle de la fleur. Les graines (pépins) sont entourées d'une enveloppe coriace et parcheminée qui correspond à la paroi du fruit proprement dit.

La graine est soumise à la dissémination qui s'effectue souvent grâce au vent (anémochorie).

Insérées dans un cône et protégées par une enveloppe dure, les graines des résineux (Gymnospermes) sont généralement munies d'une aile qui les fera planer à la moindre brise lorsque les écailles s'ouvriront sous l'effet de la chaleur.

Quant aux Angiospermes, la graine protégée dans un fruit est munie des inventions les plus diverses qui faciliteront sa propagation par le vent : Saule et Peuplier, mais aussi les épilobes, parent leurs fruits d'un épais duvet laineux qui assure le transport sur des kilomètres, les samares de l'Erable, du Frêne ou de l'Orme sont pourvues d'ailes allongées ou circulaires ; les dispositifs les plus perfectionnés sont les parachutes que l'on observe surtout chez les Valérianacées et les Composées, les plus belles aigrettes étant celles du Pissenlit et du Salsifis des prés.

Dans certains cas, ce n'est pas la graine qui est transportée mais le fruit. Trop lourd pour s'abandonner aux caprices du vent, il tombe par terre à proximité de l'arbre et y germe, à moins qu'un animal ne s'en régale ou le transporte plus loin

(zoochorie). Les fruits constituent une bonne part de la nourriture des animaux (écureuil, mulot, merle...). Baies et drupes colorées (Sorbier, Sureau, Cerisier, Abricotier...) attirent les oiseaux qui en sont très friands. Les graines, protégées par des mucilages contre les sucs digestifs de l'oiseau, seront rejetées donc disséminées avec leurs excréments.

Les animaux assurent également la dissémination quand les graines s'accrochent sur leur corps. Les parois des fruits ou les organes persistants de la fleur sont modifiés en forme de crochets ou de barbes (Gratteron, Benoîte).

Le transport par l'eau (hydrochorie) n'est vraiment intéressant que pour des plantes aquatiques et certaines espèces hygrophiles qui disposent de graines flottantes pouvues de coussins d'air (Nénuphar blanc, Aulne) ou aux tissus remplis d'air (Jonc fleuri).

De nombreuses plantes ont inventé leur propre système de dissémination (Genêt à balai, Impatiente-ne-me-touchez-pas). Le fruit, dit déhiscent, se déchire brutalement, ses parois s'enroulent ou s'écartent en propulsant les graines à 1 ou 2 m.

POLLINISATION PAR UN INSECTE

La Sauge, de la famille des Labiées, ne présente que deux étamines ; chacune d'elles porte deux sacs polliniques à l'extrémité d'un long connectif. A l'autre extrémité, les deux autres sacs sont avortés, donc stériles et les deux connectifs se réunissent en une lame qui ferme l'accès au nectar situé au fond de la corolle. Chaque connectif forme un levier articulé sur le court filet de l'étamine. Le tout forme un dispositif génial : la balançoire à pollen.

Quand un bourdon entre dans la corolle, il appuie sa tête sur la lame et fait basculer le levier. A ce moment, les sacs polliniques se déversent sur son corps.

S'il se pose par la suite sur des fleurs plus âgées, leur stigmate qui descend plus bas touche son dos, la pollinisation pourra s'effectuer et le bourdon aura accompli son travail d'artisan bénévole de la fécondation.

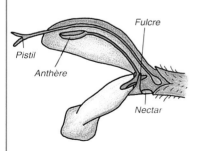

Structure d'une fleur de Sauge.

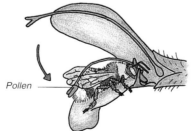

Mécanisme du "balancier à pollen" de la fleur de Sauge.

EXEMPLE DE POLLINISATION PAR UN INSECTE

LA GERMINATION

Au moment de tomber au sol, la graine de nombreuses espèces n'a pas encore atteint sa capacité de germer : elle est en "dormance". Une période de froid hivernal est l'un des stimulus nécessaires pour lever cette dormance, évitant ainsi aux plantules de germer avant le début de l'hiver (phénomène de la vernalisation).

La germination désigne le passage d'une plantule de la vie ralentie à la vie active. Néanmoins, les conditions pour mener à bien cette ultime étape sont nombreuses : la graine doit être saine, avoir gardé son pouvoir germinatif et trouver des conditions optimales de température, d'aération, de lumière et d'humidité.

Au cours de la germination, l'embryon sort du tégument déchiré et la radicule s'ancre rapidement au sol pour donner la racine. Le gemmule apparaît, la tigelle s'allonge. Si la graine ne "lève" pas, c'est-à-dire si les cotylédons restent dans la graine, ils servent de réserves alimentaires à la plantule : c'est une germination hypogée. Les enzymes digèrent l'amidon des réserves et le transforment en sucres qui alimenteront racines et pousse (Graminées, Cerisier, Marronnier...). La première pousse qui paraît est alors en réalité la première feuille. Au contraire, si les cotylédons sont repoussés en dehors de la graine, la germination est dite épigée. Les feuilles cotylédonaires apparaissent, de morphologie souvent très différente de celle des "vraies" feuilles.

L'EVOLUTION DES PLANTES CULTIVEES

Les légumes désignent toutes les plantes potagères dont certaines parties entrent dans l'alimentation humaine. Il s'agit en fait souvent de fruits, mais également de racines, tubercules et bulbes et plus rarement de graines, tiges ou fleurs.

La plupart des fruits et des légumes que nous utilisons aujourd'hui ("plantes utiles") comme matière première, produit alimentaire ou d'agrément, sont le résultat d'expériences qui débutèrent il y a quelques millénaires, à partir des plantes sauvages et se poursuivent encore de nos jours. Le Colza, pour ne citer qu'un exemple, est le produit d'un croisement entre le Chou-fleur et le Navet.

Basées sur une alternance "mutation-sélection", ces recherches visent à améliorer les particularités morphologiques et physiologiques des plantes utiles : diminution du temps de germination, ralentissement du développement, élimination de substances toxiques ou amères (ex. : la saponine de la Betterave rouge), augmentation de la variabilité et surtout l'accroissement de la taille : épis de Céréales, fruits des Tomates, fleurs des plantes d'agrément, feuilles du Chou et de la Salade, racines des Betteraves sucrières et des Carottes, tiges des Pommes de terre et du Chou-rave...

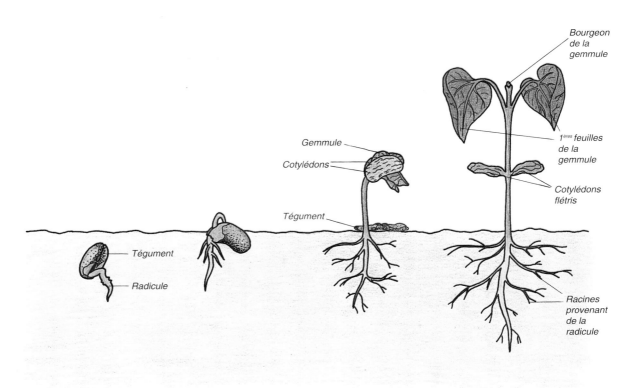

7. GERMINATION DU HARICOT

Pierre NESSMANN

Par définition, un jardin est un terrain clos où l'on cultive des végétaux. Il peut s'agir d'un jardin potager si l'on cultive des légumes, ou d'un jardin d'agrément si l'on cultive des fleurs.

Généralement situé autour d'une habitation, il peut aussi être installé en périphérie d'une ville. Il s'agit alors de jardins dits familiaux, dont la première utilité est de cultiver les fruits et légumes nécessaires à la consommation des ménages habitant en milieu urbain. Aujourd'hui, un jardin représente bien plus qu'un simple terrain de culture de végétaux. A l'heure où l'on prend conscience que la nature se dégrade, le jardin est le premier lieu où chacun d'entre nous essaie d'appliquer les règles de sauvegarde de notre environnement. De plus, le rythme de notre vie s'étant considérablement accéléré, le jardin et ses activités reste un bon moyen de retrouver des moments de calme et de détente. Evoluant au rythme des saisons, il nous enseigne la patience et la modestie.

Par ailleurs, le jardin est une zone d'activité pour les enfants, les jeux de plein air se mêlant aux possibilités de découverte de la nature. Pour les plus grands, le jardin s'impose de plus en plus comme un lieu d'expression artistique. Le dessin des plates-bandes, le choix des fleurs, des arbustes ainsi que leurs associations permettent d'exprimer grandeur nature ce qu'un peintre exprime sur une toile.

Aussi, nous pouvons actuellement considérer qu'un jardin est composé de deux parties : le jardin-loisir et le jardin décoratif. L'importance de ces deux parties varie selon la situation et la taille du jardin, le mode de vie de ses occupants.

Le jardin-loisir regroupe le potager, le verger, le coin des aromatiques, mais aussi les zones de détente. Sa vocation est utilitaire puisqu'il possède des zones de cultures de fruits et de légumes qui seront consommés.

Si l'échelonnement des récoltes est réussi, une partie de celles-ci pourra être conservée et constituera des réserves pour la mauvaise saison. Le jardin-loisir aura alors largement rempli son rôle utilitaire. Mais c'est également, comme son nom l'indique, un lieu de détente. Un simple bac à sable ou une balançoire destinés aux enfants peuvent le transformer en terrain de jeux. Selon la surface disponible, celui-ci peut accueillir les jeux de ballons, croquet ou boules. Le jardin-loisir est pratique, conçu de manière très fonctionnelle, un entretien minimum suffit à le maintenir en bon état.

Le jardin décoratif quant à lui est un jardin plus travaillé, dans le sens où sa configuration, son dessin et les végétaux qui le composent sont le fruit d'une longue réflexion. Il demande, par conséquent, beaucoup plus d'attention, de soins et révèle les talents de son créateur. En effet, non seulement il permet d'exprimer ses propres goûts artistiques, mais la réussite et le succès des plantations sont le signe que le jardinier qui en a la charge possède les doigts verts.

Le jardin décoratif évolue au rythme des saisons, mais aussi au rythme des coups de cœur de son propriétaire pour telle ou telle plante. Dans tous les cas, il s'intègre parfaitement au style des bâtiments qui l'entourent et s'inspire directement des jardins de style anglais, italien, japonais ou français. Son entretien est considérable si l'on souhaite le maintenir en parfait état.

Mais la tendance veut que l'homme laisse faire la nature et qu'il s'efface au profit de la végétation, se limitant à discipliner les arbustes les plus envahissants. Le charme et la poésie y trouvent alors leur place.

LES DIFFERENTS TYPES DE JARDINS

Les grands jardins

D'une superficie de 40 à 50 ares et plus, ce type de jardin est surtout un jardin paysagé et par conséquent un jardin décoratif. Les vastes pelouses permettent le choix de végétaux à grand développement. Une partie de ces jardins est consacrée au jardin-loisir. Il comprend un potager, un verger ainsi qu'une zone de jeux.

Couramment accompagné d'une vaste demeure, il est disposé de la manière suivante :

- le jardin décoratif est situé de telle sorte qu'il mette en valeur l'architecture de la maison et qu'il soit visible des pièces principales de celle-ci,

- le jardin-loisir est généralement discrètement situé dans une zone moins visible de la propriété.

Ce type de jardin, par sa taille et l'importance des massifs, impose l'utilisation de matériel d'entretien adapté. Très souvent, celui-ci sera autoporté (mini-tracteur de jardin par exemple). Les massifs et la pelouse bénéficieront d'un arrosage automatique programmable. Un réseau électrique distribuera l'électricité nécessaire aux différents points du jardin nécessitant l'utilisation d'un taille-haie ou d'une pompe électrique.

Les jardins de quartiers résidentiels

D'une superficie de 6 à 10 ares, ce type de jardin s'équilibre entre la zone de loisir et la zone décorative. La première comprend généralement un potager, accompagné de quelques arbres fruitiers, et un terrain de jeux assez réduit qui se limite aux jeux de boules ou au ping-pong.

La seconde partie se partage entre l'entrée de la maison et les abords des pièces principales. L'entrée du jardin est accueillante et met en valeur la façade de la maison. Les abords extérieurs seront conçus de manière fonctionnelle : les surfaces dallées des terrasses sont intégrées aux massifs de fleurs et d'arbustes. L'échelonnement des floraisons ainsi que l'attrait des feuillages créent un décor permanent.

L'entretien de ce type de jardin, bien que relativement important, peut être malgré tout parfaitement assumé par ses occupants sans qu'il soit nécessaire de faire appel à une entreprise. Les points d'eau seront judicieusement installés de manière à pouvoir desservir le potager et les massifs avec une longueur raisonnable de tuyau.

Les jardins familiaux

D'une superficie de 1 à 2 ares, ce type de jardin est généralement installé à proximité de zones urbaines. Ces parcelles sont destinées aux habitants des cités qui souhaitent cultiver des légumes pour leur propre consommation, tout en s'adonnant à un loisir : le jardinage. Principalement utilitaires, leur surface est réduite et par conséquent rentabilisée au maximum. Les cultures se succèdent du printemps à l'automne afin d'obtenir le plus de rendement possible.

Au-delà de leur vocation vivrière, les jardins familiaux sont des lieux où chaque jardinier peut partager ses expériences, ses succès ou ses échecs avec ses voisins. C'est un lieu de convivialité dans un cadre naturel.

L'aspect esthétique n'est cependant pas en reste, puisque bien souvent les abords sont fleuris, tant pour créer un décor agréable que pour fournir la maison en fleurs de saison fraîches.

Les jardins en ville

D'une superficie de 50 à 250 m², les jardins en ville sont des lieux souvent difficiles à aménager.

Cependant, l'intérêt que nous portons à notre environnement ne nous laisse plus indifférent à ces surfaces, aussi petites soient-elles, que l'on peut transformer en havres de verdure.

Les jardins en milieu urbain sont ingrats quant à leur situation et la qualité du sol. Les végétaux ont souvent beaucoup de difficultés à se développer par manque de lumière, présence de courants d'air ou carences en éléments nutritifs. Il est malgré tout possible, à force de soins et grâce au choix de plantes adaptées, de créer des décors surprenants.

Ces jardins valorisent l'habitat et sont surtout décoratifs, mais il est fréquent d'y voir des plantes potagères comme quelques plants de tomates, de courgettes, de rhubarbe ou encore quelques plantes condimentaires. Ce sont autant de végétaux qui contribuent aux charmes particuliers d'un jardin de ville.

Il faut choisir des plantes se contentant d'un minimum de soins et s'accommodant de conditions particulièrement difficiles.

Les jardins sur terrasse

D'une superficie de 10 à 100 m², les jardins sur toit ou jardins en terrasse sont des jardins qui reproduisent à plusieurs dizaines de mètres de hauteur ce que l'on trouve au niveau du sol.

Les conditions de culture sont particulières et le plus souvent très artificielles. Le choix du substrat, des végétaux, puis l'entretien doivent être entrepris avec le plus grand soin. Dans ce cas également, quelques plantes potagères peuvent trouver leur place. Il s'agit alors de susciter l'étonnement ou la surprise du visiteur plus que de fournir le ménage en légumes frais.

Enfin la création et l'entretien d'un tel jardin sont plus délicats que dans n'importe quel autre. La manipulation des végétaux ou du substrat au moment de l'aménagement ainsi que l'évacuation des déchets de taille ou de nettoyage sont difficiles à entreprendre vu la configuration des lieux.

Cependant, le résultat est souvent proportionnel aux efforts effectués et un jardin suspendu est toujours très apprécié et envié.

LA CONCEPTION D'UN JARDIN

Selon la taille du jardin, l'importance des travaux envisagés et l'état des lieux, il peut être préférable de faire appel à un professionnel pour l'aménager. Cependant, certains ne reculent pas devant l'éventualité de concevoir eux-mêmes leur jardin.

Avant d'entreprendre quoi que ce soit, il va falloir établir un plan sur lequel seront indiqués les bâtiments, les végétaux existants, les allées et les zones dallées. Ce plan permet de positionner les massifs, de se rendre compte des surfaces que vont occuper le potager, les plates-bandes et les végétaux à grand développement. Il s'agit ensuite d'apprécier les incidences de telles ou telles plantations sur leur environnement. Ainsi, un arbre peut être planté trop près de la maison ou porter ombrage au potager. Il est alors plus facile de le déplacer sur un plan que de le faire quelques années après la plantation.

Le plan du jardin peut être conçu par un paysagiste. L'étude sera alors plus complète et détaillée. Les risques d'erreurs seront très réduits et de plus, il pourra donner d'excellents conseils quant au choix des végétaux et leur utilisation.

Dans les deux cas, le plan constitue la base du projet d'aménagement. En effet, l'entrepreneur sollicité pour les travaux de construction établira son devis à partir des indications, des surfaces et des mesures indiquées sur ce plan. Par la suite, les chefs de chantier s'y référeront pour positionner les terrasses, les allées et les massifs.

Enfin, si l'on confie la plantation à une entreprise, les chefs d'équipe tiendront compte du plan pour planter les végétaux.

Ainsi ce document sera utile à tous et chacun le consultera pour que soit respecté l'esprit du jardin, ses caractéristiques et son identité.

Enfin, en plus des indications quant au dessin des massifs ou des allées, il permet de projeter les installations électriques nécessaires à l'alimentation des lampes, pompes ou cisailles à haies, mais aussi d'envisager l'installation d'un système d'arrosage.

Si le plan est utile au moment de la conception et de l'aménagement d'un jardin, il l'est également durant toute la vie de celui-ci. Il peut être consulté après plusieurs années pour restaurer une partie du jardin ou compléter des plantations. Au moment de la vente d'une propriété, par exemple, le plan rendra d'utiles services aux nouveaux propriétaires pour connaître le nom des végétaux et pouvoir ainsi mieux les entretenir.

Ce document n'est pas seulement réservé aux jardins d'agrément, il peut apporter une aide précieuse au jardinier désireux de rentabiliser au maximum son potager.

La durée des cultures, leur rotation, le choix des variétés les mieux adaptées à succéder à d'autres, sont autant d'éléments à prendre en compte sur le papier pour réussir son potager l'année suivante.

LA REALISATION D'UN JARDIN

La réalisation d'un jardin débute par le piquetage du terrain. Cette opération consiste à visualiser les surfaces qu'occuperont les différentes parties du jardin. Ce travail est la continuité même du plan puisque c'est à partir de ce dernier que l'on va marquer le terrain.

A ce moment, il est encore possible de modifier la forme ou le positionnement des zones à aménager.

Ensuite, il pourra être nécessaire de modifier le relief du terrain. Il s'agit là d'effectuer la mise en forme du terrain tout en respectant les différentes couches du sol. Les travaux importants seront réalisés à l'aide d'une machine, ceux d'une moindre importance et les travaux de finition le seront à la main.

Les constructions, telles que les terrasses, pavages, pergolas ou bassin seront entreprises après la mise en forme du terrain. Dès leur achèvement, la terre végétale ou de surface, que l'on aura pris soin de stocker à part, peut être mise en place et nivelée.

Le jardin commence alors à prendre forme.

On délimite ensuite les parties plantées de celles à engazonner et les premières plantations peuvent démarrer.

Celles-ci sont réalisées en automne ou au printemps. Actuellement, si les végétaux cultivés en pot ou en conteneur permettent une plantation toute l'année, il est plus sage d'éviter de les planter en plein hiver ou pendant les chaleurs estivales.

Dès que les plantations sont terminées, les zones engazonnées seront ensemencées après une minutieuse préparation du sol.

La surveillance des végétaux est décisive durant les premiers mois, voire la première année.

LE STYLE DU JARDIN

Au moment de la conception d'un jardin, le choix du style s'impose. Ce dernier contribue à donner au jardin une identité qui sera complétée par les thèmes des végétaux utilisés.

Il existe des styles que l'on pourrait qualifier d'académiques, qui puisent leurs racines dans divers pays ou époques. Ces styles sont reconnus et font office de référence pour les paysagistes. Mais le jardinier amateur va bien souvent créer son jardin en fonction de ses propres goûts et de ses aspirations. Dans de nombreux cas, le style du jardin correspond à l'environnement proche, aux types de végétaux que l'on trouve dans la région, ou répond tout simplement à des critères tels que la commodité d'entretien.

Il faut néanmoins savoir que ces styles existent car un jour le jardinier souhaitera peut-être repenser son jardin en lui donnant une nouvelle identité et en s'inspirant ainsi de tel ou tel style.

Certains pays sont reconnus pour posséder un style de jardin qui leur est propre. Ainsi les jardins italiens, anglais ou japonais possèdent des caractéristiques spécifiques quant aux dessins, au choix ou à l'association de végétaux. Dans la plupart des cas, les paysagistes ne font que s'en inspirer, ce qui les amène à sélectionner les éléments qui les intéressent pour établir les lignes directrices du futur projet. Les végétaux et leur association seront alors le fruit d'une réflexion personnelle.

LES DIFFERENTS STYLES DE JARDINS

Le jardin du Moyen Age

Inséré dans l'enceinte d'un château féodal ou d'un monastère, le jardin médiéval se caractérise par sa petite taille et son agencement rigoureux.

Il n'autorise que la culture de plantes essentielles : les plantes potagères, fruitières et médicinales. Quelques fleurs, dont le choix jusqu'à la fin du XVe siècle est limité, étaient destinées à la confection de bouquets. L'aspect esthétique n'était pas pour autant négligé, puisque en plus de leur intérêt culinaire ou médicinal, les plantes étaient cultivées pour leur couleur ou leur odeur.

Les arbres fruitiers, dont la forme rappelle les dessins un peu naïfs des enfants, sont reconnaissables à leur couronne ronde et dense portée par un tronc épais.

Cette forme particulière est caractéristique du jardin du Moyen Age et se retrouve dans de nombreuses gravures de l'époque.

Le jardin médiéval est dessiné d'une manière très géométrique. Il a le plus souvent la forme d'un damier composé de carreaux séparés les uns des autres par des bancs de pelouse et des allées. Pour augmenter l'effet de cloisonnement, certains carreaux sont entourés de treillages bas sur lesquels se développent la vigne mêlée à quelques rosiers.

Mais le jardin du Moyen Age est aussi un jardin d'agrément où les bancs incitent le visiteur à s'arrêter pour écouter le gargouillement des fontaines ou pour contempler les arbustes patiemment taillés qui marquent les angles du damier.

Les allées sont recouvertes de gravier ou de pierres plates, parfois disposées en "pas japonais".

L'eau, source de vie, est toujours présente, réellement ou symboliquement, représentée par un lit de sable ou de galets. Pour augmenter cette impression, quelques passerelles et pontons sont installés.

Les seuls éléments décoratifs sont les lanternes, les bassins en pierres naturelles, des poteries finement peintes contenant des bonsaïs et des claies en bambou pour séparer le jardin de l'extérieur.

Le jardin japonais

Le jardin japonais est un jardin paysager. Contrairement au jardin anglais, ce n'est pas une copie de la nature mais une succession de paysages reconstitués à échelle réduite.

Le caractère fondamental est le rapport étroit entre le jardin et la maison : l'harmonie entre les deux est parfaite.

La maison s'ouvre sur le jardin et se fond avec lui. Il est un havre de tranquillité, de réflexion et de méditation. Toutes les couleurs violentes sont bannies : le jardin japonais est monochrome, mais tous les tons de vert sont utilisés.

Les fleurs pour les bouquets (ikebana) sont réservées à la décoration de la maison et proviennent toujours de l'extérieur.

Pour reconstituer les paysages, l'art des jardins japonais utilise des matériaux bruts, tels que la pierre, le bois et les galets.

Le jardin arabe

De taille assez réduite, les jardins arabes sont agencés de manière logique, bien proportionnés, et témoignent de beaucoup de recherches et de sensibilité. Ils s'intègrent judicieusement aux bâtiments qu'ils prolongent comme une pièce de plein air. Leurs dessins sont très réguliers, intégrant la maçonnerie. Ils sont dominés par l'eau, la couleur et les parfums.

L'eau a un rôle important. Elle est utile à l'arrosage, rafraîchit l'atmosphère et crée un fond sonore. Elle se présente sous la forme de bassins, de canaux, de vasques et de fontaines.

Les couleurs, très vives, sont obtenues grâce aux fleurs mais aussi par l'utilisation de céramiques dans le revêtement des murs, des allées et des bassins.

Les parfums, fortement présents dans ce style de jardin, sont émis par des plantes odorantes qui exhalent leurs effluves de jour comme de nuit.

Ces jardins sont soit de minuscules patios, délicatement décorés, soit des cours plus importantes, ornées d'un unique bassin et de quelques haies géométriques, soit enfin de véritables jardins d'intérieur aux dessins parfaitement géométriques.

De nombreux paysagistes se sont inspirés des jardins arabes pour concevoir et aménager des cours intérieures ou des petits jardins. Ce style de jardin est toujours au goût du jour, c'est le jardin à vivre.

Le jardin italien

C'est une autre dimension de jardin. Il ne s'agit plus d'un jardin de taille réduite, agréablement proportionné à l'échelle humaine, nous entrons dans un jardin monumental.

Ses horizons ne sont pas clos ou murés, mais largement ouverts sur les paysages environnants. Généralement réalisés sur un terrain en pente, de larges terrasses se succèdent en gradins, possédant chacune un thème bien particulier.

La présence de l'eau est permanente, sous la forme d'un bassin avec des jeux d'eau, ou d'une fontaine monumentale. Des escaliers ou des rampes relient les terrasses.

De nombreux éléments de décor ornent cet ensemble : statues, colonnes, urnes ou pergolas. Les végétaux sont cultivés en pleine terre, mais également dans des bacs ou des vasques. Ce décor est très fleuri, parfumé et mis en valeur par des haies denses et géométriques.

On se réfère à ce style de jardin lorsque le terrain est en pente ou lors de l'aménagement d'un jardin sur toit.

Le jardin à la française

Le jardin à la française est conçu comme un monument. Sa superficie est importante et son dessin en fait un véritable élément architectural, axé sur le palais ou le château et équilibré autour de l'allée centrale.

L'agencement du jardin et l'effet de perspective ont une importance primordiale. Le végétal quant à lui est considéré comme un matériau de construction (haie, futaie) ou de décoration (art topiaire et massif de fleurs). L'ensemble est souvent rehaussé de statues, urnes, colonnes, balustrades, berceaux en treillage et d'un escalier majestueux.

L'eau est présente au travers de bassins aux formes géométriques, de canaux et de jets d'eau.

Le style des jardins à la française apparaît au XVIIᵉ siècle et connaît son apogée à l'époque de Le Nôtre. Depuis, ce style inspira de nombreux paysagistes et évolua jusqu'à nos jours, s'associant bien souvent au style du jardin romantique.

Le jardin romantique ou jardin anglais

Les jardins et parcs anglais sont largement inspirés de la nature. Ils reproduisent fidèlement des scènes rencontrées dans les campagnes. Etangs, rocailles, landes et sous-bois forestiers sont autant de thèmes que l'on rencontre dans ces jardins.

Les végétaux sont laissés libres, créant des jeux d'ombre, de lumière et des effets de perspective.

La recherche méticuleuse de variétés et d'espèces rares les rendent encore plus attractifs.

Leurs dessins, plutôt simples, sont traversés par des allées sinueuses qui vont d'un point d'intérêt à un autre. Le promeneur est ainsi pris par le charme et le romantisme qui s'en dégage.

Les fleurs sont largement représentées par les fameux mixed-borders anglais qui ont fait la renommée des jardins anglais.

Les éléments du décor ne sont pas en reste, car chaque point d'intérêt possède un banc, une gloriette ou un pavillon.

A CHAQUE JARDIN SON STYLE

Les grandes catégories de jardins citées ont directement inspiré de nombreux autres styles de jardins. Ainsi le jardin alpin avec ses rocailles, le jardin naturel ou le jardin de cottage s'inspirent en partie ou en totalité du jardin anglais. Le jardin méditerranéen porte quant à lui son nom en raison des végétaux qui le composent, et peut être un mélange de jardin italien, arabe, voire de jardin à la française.

Les jardins contemporains où le minéral est fortement représenté s'inspire du jardin japonais. Enfin, le jardin de curé ne manque pas de rappeler, par sa forme ou le choix des essences, les jardins médiévaux.

La liste pourrait être plus longue, car le jardin que l'on aime et où l'on se sent bien est souvent un jardin sorti de notre imagination, façonné au fil des années. Force est de reconnaître qu'il existe peut-être autant de styles de jardins qu'il y a de jardiniers.

LES THEMES DU JARDIN

Le style du jardin choisi, il est nécessaire de sélectionner les thèmes. Il s'agit là du choix des végétaux, car ce sont eux qui constituent la trame d'un thème et créent l'ambiance. Dans un jardin, il est fréquent de regrouper plusieurs thèmes, mais il peut n'y en avoir qu'un seul.

Les thèmes sont très nombreux. Ils peuvent concerner la couleur des fleurs, des feuillages, l'époque de floraison, le type de végétaux employé, les parfums, les baies ou les fruits décoratifs...

Enfin, le but d'un thème peut être de réunir des végétaux d'une même famille, les rosiers, les érables ou les rhododendrons et de constituer une véritable collection.

Les couleurs et les feuillages

La plupart des plantes vivaces, annuelles ou des arbustes sont décoratifs pour leur floraison. C'est l'un des attraits du jardin. La floraison apporte des notes de couleur qu'il est nécessaire de choisir et de sélectionner avec beaucoup d'attention.

Les couleurs véritables sont le bleu, le rouge et le jaune. Les teintes qui en découlent sont appelées tons. Ainsi la couleur jaune possède une infinité de tons : le jaune d'or, le jaune soufre, le jaune pâle, le jaune orangé, etc.

Certaines couleurs s'opposent, créant un contraste, d'autres au contraire s'harmonisent.

Un massif peut être unicolore ou multicolore. S'il est unicolore, il se caractérise par une couleur et sa déclinaison de tons.

Les feuillages ont également leur importance dans l'atmosphère que dégagera un massif. Les feuillages grisâtres adoucissent les couleurs vives. Les feuillages verts associés à une seule couleur produisent un effet chatoyant, alors qu'associés à plusieurs couleurs, ils créent un effet de contraste.

La couleur dans un jardin peut également souligner le dessin d'un massif ou détourner l'attention. Une tache vive dans une masse aux tons plus doux attirera le regard.

Pour augmenter l'effet de perspective, il est conseillé d'utiliser une couleur vive en avant-scène de massif, et des couleurs plus atténuées à l'arrière-plan.

Enfin, la couleur possède une influence sur le comportement humain. Les jaunes et les rouges sont réputés pour être toniques alors que les bleus, roses ou blancs sont connus pour être plus reposants. Il faudra en tenir compte au moment de la conception des massifs selon que l'on se situe dans une zone de détente ou de jeux.

LES MURETS ET LES ESCALIERS

Dans un jardin en pente, il est souvent agréable de disposer de quelques surfaces horizontales ou tout au moins d'adoucir les pentes. Par contre dans un jardin plat, il peut être intéressant pour rompre la monotonie, de créer du relief artificiel. Ceci peut être réalisé grâce aux murets.

Les matériaux de construction sont aussi variés que la pierre naturelle, le béton ou le bois.

Les murets en pierres sèches

D'un très bel effet décoratif, ce type de muret est plus délicat à construire. Il s'effectue pierre après pierre sans utiliser de ciment.

Quelques cavités peuvent être laissées çà et là et être plantées avec des plantes de rocaille qui animeront le muret au fil des saisons.

Il faut respecter quelques règles si ce genre de muret est destiné à maintenir de la terre.

- La base du mur doit être égale aux 2/3 de la hauteur et composée de pierres plus importantes.
- La partie intérieure du muret peut être cimentée afin d'assurer une meilleure stabilité.
- Créer du "fruit" : technique qui consiste à incliner le mur en arrière afin de lui conférer une meilleure résistance à la poussée de la terre qu'il retient.
- Eviter de le monter trop haut ou préférer une construction en dur.

- Placer un drainage efficace sur la face intérieure avec récupération et évacuation des excès d'eau.

Les murets en maçonnerie

Leur construction demande plus d'expérience et de matériel, aussi il peut être préférable de s'en remettre à un maçon. Ce type de mur est conseillé lorsque l'on souhaite un mur plus haut ou lorsque le terrain est peu stable. Il peut être construit en pierres naturelles jointoyées, en briques ou agglomérés et crépis ou en béton brut.

Les murets en éléments préfabriqués

Ces éléments sont disponibles dans le commerce sous de nombreuses formes et coloris très variés, ce qui facilite leur utilisation. Leur principal défaut réside dans leur poids qui les rend difficiles à manipuler.

Les murets en bois

Les traverses de chemin de fer posées verticalement ou horizontalement sont très souvent utilisées pour créer des murs s'associant très bien au minéral et aux végétaux. Leur résistance aux intempéries et aux ravageurs du bois est garantie par un traitement.

Il existe actuellement une vaste gamme de rondins de 10 à 20 cm de diamètre, traités contre la pourriture en autoclave, très faciles à poser soi-même. Plantés à même le sol ou scellés dans une semelle de béton, il est conseillé

d'appliquer une toile géotextile à l'arrière afin d'éviter des coulées de terre entre les rondins.

Dès lors qu'un jardin possède des différences de niveau, qu'il soit en pente ou tout simplement que l'accès à la maison ne soit pas au même niveau que le terrain, la construction d'un escalier s'avère indispensable. Autant dire que rares sont les jardins qui ne possèdent pas d'escaliers. Que celui-ci soit monumental, en pierres taillées ou en simples rondins, nombreuses sont les possibilités de relier deux niveaux différents. Dans tous les cas, ils doivent être pratiques et s'intégrer harmonieusement au décor.

Certains principes sont à respecter pour réussir un tel ouvrage :

- Pour que l'escalier soit agréable à utiliser il y a une règle à suivre impérativement : "Deux hauteurs + 1 foulée = 65 cm". C'est-à-dire que si la hauteur des marches peut varier entre 14 et 18 cm, la longueur d'une marche sera comprise entre 37 et 29 cm.
- Eviter une trop longue succession de marches en intégrant des paliers toutes les 6 à 8 marches.
- En cas de dénivellation importante, il est conseillé de planter les abords de l'escalier afin d'atténuer le sentiment de vide environnant.
- Lorsque la dénivellation est peu importante il est préférable d'opter pour la formule des gradins qui consiste à installer une succession de paliers.

LES DALLAGES par Michel SAUR

Bien que ce mot fasse en général penser à la pierre, il évoque indistinctement l'ensemble des revêtements de sol du jardin, les dalles n'en étant que l'un des multiples aspects.

Les revêtements de sol sont utilisés pour revêtir en "dur" les circulations (accès garage, accès habitation, allées, passages, etc.) et les espaces à vivre (terrasse, coin repos, abords de piscine, etc.). Ils assurent à ces lieux confort et propreté.

Il n'y a pas si longtemps, on ne parlait que d'allées en sable ou en gravier. Dans notre pays, l'élément pierre (naturel ou reconstitué) en tant que revêtement "horizontal" mit du temps à être utilisé. Aujourd'hui, les jardins sont de plus en plus marqués par leurs surfaces en dur.

De taille souvent modeste, le jardin actuel, devenu espace à vivre alors qu'il n'était souvent que décor accessoire, doit avant tout être confortable et fonctionnel, permettant d'en profiter pleinement. Justement, ce confort s'exprime en particulier par la facilité des circulations et la qualité des revêtements des allées, des terrasses, du coin repos, etc.

Le minéral joue un rôle important dans ces petits jardins, et pour que ceux-ci soient bien équilibrés, il doit être présent sans excès.

Intégration et non domination.

Les circulations principales ou secondaires, les aires de dégagement, etc., ne doivent plus avoir la place importante souvent envahissante qu'elles avaient autrefois. De plus, elles brisaient l'unité du jardin en le morcelant à l'excès. Le rôle des revêtements de sol sera satisfaisant s'il y a harmonie avec le reste du décor et association intime avec la végétation.

Justification.

Bien dosés, donc justifiés - nécessité de répondre à un besoin -, ils apportent douceur et finesse et contribuent même à la création d'une notion d'intimité. Imaginez une aire (cour, terrasse, coin repos..) dont les pavés, par exemple, sont sertis d'un gazon ras ou léchés par mille petites fleurs ! Voilà un tableau plein de charme. Ce n'est qu'un exemple, mais un dallage ou pavage, doit s'inspirer de ce naturel et s'en éloigner le moins possible.

Dans le jardin contemporain, les revêtements de sol sont devenus incontournables tant ils offrent de qualités :
- facilité d'entretien,
- commodité de circulation,
- combinaisons illimitées permettant de résoudre quasiment tous les cas particuliers,
- mariage du fonctionnel et de l'esthétique.

LE CHOIX DES MATERIAUX

Celui-ci est capital. Aussi, avant d'entreprendre quoi que ce soit, il est bon d'avoir à l'esprit ces réflexions :
- le jardin ne doit pas être l'accessoire de la maison, il en est au contraire un composant essentiel,
- le "bricolage" est toujours onéreux financièrement et fâcheux esthétiquement.

Le choix des matériaux détermine à la fois l'aspect décoratif, la solidité, la technique de pose et le coût final.

Un seul conseil : consultez les spécialistes, outre un large choix, ils vous guideront et vous conseilleront.

LES PIERRES NATURELLES

Chaque carrière de terroir offre un type de pierre particulier, c'est dire une extraordinaire variété de matériaux possibles. Selon leur origine, leur teinte est variable et selon leur mode d'extraction, elles se délitent naturellement ou sont sciées.

On distingue :
- Les calcaires (comblanchien, travertin, etc.). Ils sont généralement sciés. Attention ! Le calcaire souffre du gel dans les régions froides.

LA BRIQUE

Matériau artificiel issu de traitements industriels, elle est très décorative et existe en de nombreux coloris et en de nombreuses formes. Idéale pour les jardins anciens ou classiques. Pose assez longue et pas toujours évidente.

LA TERRE CUITE

Ce terme regroupe les carrelages de toutes sortes qui sont surtout utilisés pour recouvrir les terrasses. A part quelques-uns, ils sont glissants par temps de pluie. Pose facile et bonne fiabilité. Le grès cérame est le carrelage le plus résistant. Il peut véritablement subir les contraintes les plus sévères.

LE BETON

Ce matériau passe-partout et bon marché a l'avantage de se patiner avec le temps et ainsi de ressembler à la pierre. Attention, toutefois, aux grandes chappes uniformes qui engendrent tristesse, monotonie et laideur.

LE BOIS

Des rondelles d'essences dures (Châtaignier, Chêne, Hêtre...), de diamètre variable et d'épaisseur suffisante, permettent la constitution de sols originaux. Le bois s'utilise aussi sous la forme de caillebotis (assemblage de lattes en carré), en dalles que l'on pose en damier sur un sol dur et déjà façonné (béton par exemple), sur du sable compacté ou sur des gravillons. Le bois sera soit de Pin traité à cœur, soit de teck ou de red cedar naturellement insensibles aux aléas en tous genres.

LES GALETS

Seuls ou en association, ils ont également leur place au jardin. Dûment calibrés et enrobés de ciment, les galets se font dallage.

- Les schistes (sermone, schiste des Glyères, etc.). De teinte foncée, ils sont durs et résistants à l'usure, bon marché, mais glissants par temps de pluie.
- Les grès gris ou roses (grès des Ardennes, des Vosges, de Bretagne, etc). Ils ne glissent pas et se trouvent souvent en forte épaisseur.
- Les basaltes. Pierre très tendre, le plus souvent sombre et épaisse.
- Les marbres. Malgré leur coût et leur présentation généralement polie, le marbre italien et français, et plus particulièrement celui des Pyrénées, offrent des possibilités intéressantes.
- Le granit. Proposé le plus souvent sous forme de pavés, c'est un matériau extrêmement résistant.

Les pierres naturelles sont vendues d'autant plus chères qu'elles sont épaisses.

Les revêtements clairs (calcaire par exemple) conviennent bien avec les façades sombres ainsi qu'en situation peu ensoleillée.

Les revêtements foncés (type ardoise) ont tendance à attrister les compositions. Par contre, les pierres grises, ocre ou rouille se fondent en général bien au décor.

Pour les petites surfaces, il est bon de créer des contrastes (deux couleurs par exemple).

LES PRINCIPALES FORMES OU DISPOSITIONS POSSIBLES

L'opus incertum : dalles brutes d'extraction aux contours incertains dont l'assemblage produit une forme très variée.

L'opus rives sciées : opus incertum dont les côtés sont sciés bien droit mais dont les formes restent irrégulières.

L'opus romain : dalles rectangulaires ou carrées, de tailles très différentes. Pour une bonne esthétique, l'assemblage doit constamment croiser les joints.

Le dallage régulier : les dalles préfabriquées et les carreaux de céramique.

Le pavage : pavés disponibles en différents matériaux : béton, granit, porphyre, etc., et formes : cubes, autobloquants, etc.

Les assemblages de briques : en chevrons (briques sur chant, damier contrarié, briques sur chant ou briques à plat).

Le dallage mixte : pierre ou béton avec galets ; pierre ou béton avec pavés ; gravillons lavés et briques, etc.

LA POSE

Les pierres naturelles se posent sur une chape en béton. La jointure est délicate et demande beaucoup de soins. On peut aussi, lorsque les pierres sont suffisamment épaisses, les poser sur sable ou directement au sol. Les joints, plus larges, pourront être alors engazonnés. Un beau dallage est un mélange varié de petites et de grosses pierres.

Les dalles préfabriquées, les pavés en pierre ou en bois, les caillebotis, les briques, se posent simplement sur un lit de sable préalablement réglé. Leur mise en place est relativement aisée. Après la pose, les pavés sont vibrés mécaniquement afin de bien les chausser dans le lit de sable.

En fait, la pose est le véritable problème. Sans compétence particulière, il vaut mieux choisir des éléments standardisés dont l'épaisseur sera toujours la même. La mise à niveau sera nettement plus facile. Sur ce plan précis, ce sont les dalles et les pavés préfabriqués, les briques et les carreaux de terre cuite qui offrent les meilleures garanties.

Pour conclure, disons que l'important consiste à intégrer les revêtements de sol au jardin et à la maison, à partir d'une bonne connaissance des ressources régionales et locales, d'un choix judicieux du matériau et de son assemblage.

LES DALLAGES OU LES PAVAGES PREFABRIQUES (pierres artificielles)

Préfabriqués en usine, selon des modules géométriques et des épaisseurs variables, ces matériaux ont l'énorme avantage d'offrir une forme rigoureusement identique d'une dalle à l'autre. Leur pose est extrêmement facile du fait de cette similitude.

En raison de leur faible coût et de la multiplicité de leurs combinaisons, ils sont particulièrement bien appropriés aux jardins modernes asymétriques et aux grandes surfaces.

Les plus courants sont les dalles de gravillons lavés, roulés ou concassés, les dalles en pierres reconstituées, type "roche", colorées ou non, lisses ou rugueuses, cannelées ou bouchardées. On trouve également sur le marché des dalles alvéolées qui laissent pousser le gazon dans les ouvertures prévues à cet effet et qui supportent le passage et la charge des véhicules.

On ne peut clore ce paragraphe sans évoquer les pavés préfabriqués autobloquants ou non. Tous les fabriquants proposent une gamme très large d'éléments, différentes structures de surfaces, des coloris attrayants et des formes attractives. Les applications sont sans limites. L'épaisseur varie en fonction de leur destination. D'une manière générale, les pavés peuvent s'intégrer harmonieusement dans tous les projets et se combinent très bien aux autres matériaux.

LE GRAVIER

Concassé ou rond, de 0,5 à 1 cm de diamètre, maintenu par des bordures, il est un matériau intéressant à double titre : il est bon marché et le résultat est spectaculaire. Par contre, il demande de l'entretien (désherbage, ratissage...) et supporte mal les courses folles des enfants et des animaux voire les manœuvres de véhicules.

L'ENROBE BITUMEUX

Rouge ou noir, il est relativement coûteux et de pose délicate. Il ne faut pas en abuser et le réserver plutôt aux accès garage ou aux parkings.

LA PELOUSE par Michel SAUR

A la fois revêtement de sol et toile de fond du décor, la pelouse est la parure de base du jardin. Si sa couleur verte repose l'œil, si son tapis moelleux et confortable incite à la détente, l'espace qu'elle dégage assure aussi la mise en valeur et la liaison entre les différents éléments du décor. En fonction de sa destination, du temps ou des moyens qu'on pourra lui consacrer, elle sera : agrément, simple décor, terrain de jeux, prairie ou décor fonctionnel.

Pour créer une pelouse, quatre formules sont possibles :
- le semis,
- le placage,
- la domestication d'une prairie ou d'une friche herbeuse,
- la rénovation sans labour.

LE SEMIS

La préparation du terrain est capital pour un placement à long terme. A l'issue des travaux de terrassement et de nivel- lement, le sol doit être ameubli, amendé et fertilisé puis aplani et mis en forme dé- finitivement à la griffe ou au rateau. A ce stade des travaux, le semis peut alors in- tervenir, mais quel mélange choisir ?

Les spécialistes - n'hésitez pas à les consulter - proposent des mélanges par- faitement équilibrés qui permettent de ré- soudre pratiquement tous les problèmes que posent par exemple, les terrains à l'ombre, les terrains de jeux, les terrains du Midi de la France, les terres sèches et maigres... Les meilleures époques pour semer sont avant l'été et après l'été. D'autre part, les semis par grand vent, très forte chaleur ou par temps de pluie doivent être évités.

Avant de semer, les futurs massifs sont délimités sur le sol par un petit sillon (filet) que l'on ensemence assez dru. Les graines sont, bien entendu, recouvertes de terre. Ce filet constitue l'arrêt propre et net de la partie engazonnée. Tout le reste de la surface est ensuite ensemencé le plus régulièrement possible à raison de 3 à 5 kg/are pour un mélange avec Ray- grass, ou de 2 à 3 kg/are s'il n'en contient pas. Un léger coup de râteau ou de griffe enfouiera la semence. Enfin, toute la sur- face est roulée pour bien fixer les graines à la terre et permettre ainsi une levée ré- gulière. L'arrosage est évidemment con- seillé, à condition toutefois qu'il puisse être suivi, sinon il vaut mieux s'abstenir, et dans ce cas les graines ne lèveront que lorsque le moment sera favorable.

Les mauvaises herbes seront élimi- nées dès les premières tontes ou au moyen d'un désherbant sélectif. Il semble souhaitable de passer le rouleau dès que le gazon a environ 5 cm de hauteur et ceci pour fixer les plantes et favoriser l'enraci- nement.

La première tonte peut être envisagée dès que le gazon atteint une hauteur moyenne de 8 à 10 cm.

LE PLACAGE

Le placage est un moyen simple, ra- pide et efficace pour obtenir immédiate- ment une pelouse. En outre, cette méthode offre la possibilité d'engazonner hors saison.

C'est une formule d'avenir bien que le prix du m² soit sensiblement plus élevé que celui du gazon semé. Il faut ensuite prendre en compte le fait qu'il doit être posé dès réception, ce qui suppose un terrain prêt.

Justement, celui-ci aura été labouré et fumé, puis nivelé et enfin tassé au rouleau, mais en évitant de compacter. Suit un arrosage destiné à humidifier sur près de 10 cm. Dès que la surface ne sera plus collante, un léger griffage précédera la pose.

Les rouleaux de gazon sont déroulés bord à bord sans se chevaucher. A l'issue de la pose, le passage du rouleau permet de chasser l'air et de bien faire adhérer les plaques. Un arrosage copieux termine l'opération. On pourra fouler cette pelouse une semaine plus tard. Les 15 jours suivants, l'arrosage devra être régulier et suffisamment important pour assurer une humidification en profondeur. Enfin, l'épandage d'un engrais "gazon" pendant cette période de reprise semble tout à fait indiqué et la première tonte pourra avoir lieu dès que le gazon résistera correctement à l'arrachement.

LA "DOMESTICATION" D'UNE PRAIRIE OU D'UNE FRICHE HERBEUSE

A moindre coût, on peut sans trop de problèmes transformer une prairie naturelle ou une friche herbeuse en pelouse respectable, à condition toutefois qu'il reste sur le terrain suffisamment de Graminées.

Avant de débroussailler ou de tondre, il convient de s'assurer qu'aucun objet ou matériau (grosses pierres, ferraille...) ne soit dissimulé par la végétation. Selon l'état des lieux, plusieurs coupes successives seront nécessaires. La dernière coupe sera plus rase et permettra d'effacer les "barbes" et les inégalités laissées par les fauches précédentes. Suit un examen de la surface tondue, afin de voir s'il y a lieu d'envisager des corrections de dénivellation : réduction de bosses ou remise à niveau de petites dépressions.

Par la suite, il suffira de tondre régulièrement puis de faire suivre ces coupes d'un roulage afin d'améliorer la planéité de l'ensemble. Après quelques coupes, les Graminées reprennent le dessus et, seules persistent les mauvaises herbes que la tondeuse ne peut couper (pissen-

lits, plantains...). Celles-ci seront éliminées au moyen d'un désherbant sélectif (prendre conseil auprès des commerçants spécialisés).

LA RENOVATION SANS LABOUR

Si l'on décide de refaire sa pelouse, cette formule sans labour limite le coût et les désagréments d'un chantier plus important. L'herbe en place est détruite au moyen d'un herbicide non rémanent.

L'idéal consiste à traiter en automne (début novembre) lorsque la température gravite autour des 10° et sur une repousse feuillue encore en activité. Au printemps, le sol est débarrassé des débris végétaux puis très légèrement travaillé en surface (uniquement dans le but de préparer un lit pour les graines). Suit l'épandage d'un engrais de fond, l'ensemencement et enfin un roulage destiné à fixer les graines au sol. Jusqu'à la levée, l'arrosge sera régulier et suffisamment important pour humidifier en profondeur. Dès la première tonte, l'entretien sera normal.

L'ENTRETIEN DES PELOUSES

Le gazon est sans conteste l'élément du jardin qui nécessite le plus de soins et d'attention. Si l'on souhaite un beau tapis dru, moelleux et vert, un programme de soins s'impose : tonte, roulage, arrosage, aération, scarification, fertilisation, désherbage. Certaines de ces interventions ne sont pas forcément obligatoires, d'autres n'entraînent que des actions sectorielles et ponctuelles. En fait, c'est l'état de la pelouse et le diagnostic établi après un examen minutieux qui conduiront le jardinier à prendre telle ou telle mesure.

Un minimum de matériel d'entretien est indispensable : citons pour mémoire, la tondeuse, le rouleau, l'arroseur, plus quelques outils accessoires, tels le balai à gazon, la cisaille à gazon à main ou électrique, le râteau scarificateur ou encore le coupe-bordures à fil nylon et le fil à couper l'herbe.

La TONTE s'effectue de mars à fin octobre. Elle rajeunit constamment l'herbe, l'obligeant ainsi à pousser en épaisseur et en longueur. Cela dit, on ne doit jamais enlever plus d'un tiers de la hauteur du gazon à chaque coupe.

Trois raisons majeures rendent le ROULAGE nécessaire :
- il agit sur la planéité,
- il favorise le tallage des Graminées,
- il "raccommode" l'arrachage.

Le gazon, gros consommateur d'eau, implique un ARROSAGE. Il faut arroser pour la plante elle-même et pour la terre, support du gazon. A chaque arrosage, l'eau fournie doit pénétrer entièrement la couche de terre occupée par les racines. Il doit se faire avec mesure, le soir ou encore mieux la nuit s'il est programmable, ceci dans un souci d'efficacité et d'économie. Bien entendu, le matériel sera adapté à la pelouse. Prendre conseil auprès des spécialistes.

S'il a besoin d'eau, le gazon a aussi besoin d'air, élément capital pour sa bonne santé. L'AERATION s'avère indispensable dès que la pelouse est dure, asphyxiée, que l'herbe est clairsemée, frêle, jaunâtre. Cette opération s'effectue au début ou en fin de période de tonte. Selon la surface, les outils utilisés vont de la simple fourche-bêche que l'on enfonce dans le sol tous les 20 cm, au rouleau perforateur que l'on roule devant soi, en passant par l'aérateur qui agit à la manière d'un emporte-pièce.

La SCARIFICATION consiste à inciser le sol de façon à sectionner le feutre de la pelouse produit essentiellement par les Graminées (Agrostis, Fétuques...), par l'utilisation en surface de composts trop riches, par un mauvais drainage ou une acidité excessive de la couche superficielle du sol. Ce feutre entraîne un épaississement du tapis végétal avec pour conséquence une mauvaise pénétration de l'eau et des engrais. La scarification peut être envisagée au printemps, après deux ou trois tontes, ou en début d'automne sur un terrain légèrement humide. Pour inciser les zones feutrées, on utilise, soit une bêche que l'on enfonce tous les 20 cm et sur 10 cm de profondeur, soit un râteau scarificateur muni de petites lames qui tranchent le sol sur 3 à 4 cm de profondeur.

La pelouse, en tant qu'élément vivant, a également beoin de se nourrir, aussi la FERTILISATION est importante. L'amateur pourra résoudre ce problème en utilisant un engrais spécial gazon "longue durée" et en respectant scrupuleusement les consignes du fabricant.

Quant au DESHERBAGE, toutes les pelouses, tôt ou tard, ont tendance à être envahies par les mauvaises herbes Une seule solution : les désherbants sélectifs. Pour être efficace, cette opération doit intervenir en pleine période de végétation (avril/mai), sous une température d'environ 20°. Précisons aussi que l'efficacité du traitement sera amoindrie s'il pleut dans les heures qui suivent.

LES CLOTURES par Michel SAUR

Le clôture doit joindre l'utile à l'agréable. Reflet de l'habitation et de son propriétaire, elle est le premier décor avancé du jardin et doit être considérée comme un élément important de notre environnement.

Un peu d'imagination, de bon goût, de créativité, de justesse doivent suffire pour atteindre cet objectif :

UNE BONNE CLOTURE EST
UNE CLOTURE DISCRETE.

Quelle clôture choisir ?

Cela dépend d'abord de l'environnement proche (cadre, style de l'habitat...) et des éventuelles servitudes ou obligations qui s'y rattachent. Il faut s'enquérir de cela auprès de la mairie ou de la préfecture.

La clôture sera également choisie en fonction du rôle, mis à part celui de marquer les limites du terrain, que l'on voudra lui voir tenir.

Cela dépend enfin du goût de chacun, du prix que l'on consent à payer et de l'entretien futur de l'ouvrage.

LES DIFFERENTES SORTES DE CLOTURES

Les clôtures végétales

Représentées par les haies taillées ou libres, leur rôle est multiple. Bien que d'abord utilitaires, elles sont devenues un ornement de base du jardin : les deux fonctions étant en outre associées.

Néanmoins, dans la réalité, le rôle le plus fréquemment assigné à une haie délaisse l'aspect décoratif au profit de la protection ou de la dissimulation. La haie, qui désigne un alignement d'arbustes, est malheureusement et trop souvent synonyme d'uniformité.

- **Les haies uniformes** : ce sont toutes ces haies invariables et généralement taillées, basses, moyennes ou hautes, de Thuya, Troène, Cyprès.

- **Les haies défensives** : on désigne ainsi les clôtures végétales faites d'arbustes épineux et touffus (Aubépine, *Pyracantha, Berberis* et, pour les climats doux : *Agave americana, Opuntia...*) pouvant être taillées ou non. Pour remplir leur office, ces plantes doivent constituer un obstacle quasiment impénétrable.

- **La haie armée** : il s'agit d'une haie défensive artificielle constituée d'arbustes non épineux (Troène, *Spirea vanhouttei, Cotoneaster franchetii,* etc.) et de fil de fer barbelé noyé à l'intérieur de la haie. Les végétaux auront été plantés de part et d'autre des rangées de fil de fer.

- **Les haies libres** : c'est une plantation d'espèces du pays, habituellement rencontrées dans les haies sauvages (Erable, Merisier, Prunellier, Genêt, Aubépine...), mélangées à des arbres et arbustes plus ornementaux (*Kolwitzia,* Spirée, *Weigela, Eleagnus,* Forsythia, Cotonéaster...). Il va de soi que les espèces du pays seront plantées à la périphérie de la haie alors que les espèces ornementales garniront plutôt l'intérieur du ter-

rain. Ces haies denses, très naturelles, n'exigent que peu d'entretien : elles sont simplement modelées et contenues par la taille lorsqu'elles prennent trop d'ampleur.

- **La bande boisée** : d'une plus grande largeur, cette haie libre est envisageable dès que l'on dispose d'un espace suffisant ou lorsqu'il devient impossible de se protéger du vent, de la poussière ou de la vue. Le mélange dans ces bandes d'au moins une douzaine d'espèces et l'incorporation de quelques arbres et conifères menés en haut jet semble souhaitable.

- **La haie libre taillée** : il s'agit d'associer trois persistants différents (Cotonéaster, *Eleagnus,* Fusain ou *Pyracantha,* Troène, Laurier, par exemple) ou encore de mélanger persistants et caducs (*Pyracantha, Eleagnus,* Hêtre pourpre...). Ce type de haie taillée convient bien aux petits jardins et pour des haies de taille moyenne (1 à 2 m).

- **La haie brise-vent** : disposée du côté du vent dominant et destinée à s'en protéger, cette haie constituée d'une association de végétaux caducs et persistants (Charme pyramidal, Cyprès, Peuplier, Thuya...) peut être conduite jusqu'à 5-6 m de haut, voire plus.

- **La haie fleurie** : elle se présente sous la forme d'un simple alignement d'arbustes à fleurs de port compact et de hauteur moyenne (Hibiscus, *Abelia,* Rosier, Lilas, Laurier-rose...). Cela étant, on peut également ne choisir qu'une seule espèce destinée à fleurir pendant une période bien précise.

- La haie sculptée : il s'agit d'une haie taillée de façon fantaisiste (arcades, représentations animales, formes abstraites, etc.). Les plantes qui s'y prêtent le mieux s'avèrent être le Buis, l'If, le Houx, *Lonicera nitida*, ...

- Les haies décoratives : plus ornementales que de protection, elles soulignent le dessin du jardin, l'ordonnent et le structurent, ceci grâce à la diversité de formes, de volumes et de couleurs offerte par les arbutes qui les constituent.

- La haie fruitière : elle peut parfaitement doubler et habiller un haut mur ou encore séparer le potager du jardin d'agrément. Les petits fruits (groseillers, cassissiers, etc.), associés ou non à des arbustes peuvent former de ravissantes petites haies séparatives.

On ne peut clore le chapitre des clôtures végétales sans parler des plantes grimpantes (Lierre, Chèvrefeuille, Bougainvillée...) qui, associées à un support, forment des clôtures semi-végétales, efficaces et esthétiques de 1 à 2 m de hauteur. Il faut évoquer aussi, pour être complet, la haie libre temporaire qui répond à un besoin précis de protection pour une période donnée ou qui est utilisée à l'intérieur du jardin comme clôture séparative. Le Tournesol, le Maïs, les Graminées ornementales..., sont quelques-unes des plantes qui s'y prêtent le mieux.

Les clôtures en dur

Faites de bois, de fer forgé, de béton, de pierres naturelles..., ces clôtures doivent être adaptées au terrain et s'intégrer à l'environnement proche.

- Les clôtures simples : elles sont composées par un seul élément dominant : bois, fer, béton ou pierre...

- Les clôtures en bois : construites à base d'échalas pour les clôtures rustiques, ou à base de planches, de lattes sciées, clouées ou vissées, pour celles issues de la menuiserie artisanale ou industrielle, pleines ou à claire-voie, elles se révèlent solides dès lors qu'elles sont correctement posées et entretenues.

Les clôtures pleines existent sous forme de traverses de chemin de fer, de poteaux télégraphiques, de vieilles poutres, fichées dans le sol, ou encore de planches ou de voliges disposées verticalement ou horizontalement sur une structure.

Les clôtures à claire-voie, quant à elles, offrent moins d'intimité mais sont plus décoratives car elles procurent un cadre commode pour les plantes grimpantes en particulier. Ce sont les panneaux préfabriqués en bois tressé ou les panneaux préfabriqués à lattes entrelacées en bois de Chêne, de Cèdre ou de Pin. Ces derniers, très décoratifs, n'exigent aucun entretien et sont garantis par les fabricants contre les intempéries. Fixés sur des montants verticaux, ils assurent une excellente protection.

Réalisés avec des pales pointus, sous forme de planches ou de demi-échalas, espacés et cloués sur des barreaux, les palis composent également d'excellentes clôtures. Tout cela est complété par les clôtures en châtaignier à l'assemblage en croisillon dont la longévité à toute épreuve (30 à 40 ans) en réduit l'entretien.

Quant aux lices, ces simples barres de bois ou planches grossièrement équarries fixées sur des poteaux verticaux, elles permettent de clore la propriété de manière rustique.

Parfois clôture, surtout décor, les treillages en bois sont assez fragiles (les treillages en plastique sans entretien tendent à les supplanter) et doivent donc être placés dans les endroits protégés. Ils sont fixés sur deux rangs de traverses, elles-mêmes clouées sur des montants verticaux.

- Les grillages : leur gamme est très étendue aussi bien au niveau des dimensions que dans celui de la texture (fil plus ou moins gros), de l'assemblage ou de la forme et de la taille des mailles (losange, carré...). Ce genre de clôture se pose rapidement. Le grillage se déroule sur des fils de fer préalablement tendus entre des poteaux métalliques scellés dans le sol. Les meilleurs grillages sont en acier galvanisé ou recouverts de matière plastique. Certains types s'installent même directement entre les poteaux sans vis ni boulon. Se renseigner auprès de revendeurs spécialisés.

- **Le fer forgé** : il vaut mieux le réserver aux jardins urbains classiques dont le style est particulier : approprié au décor, il est inégalable. Cette clôture s'avère assez coûteuse du fait du support qu'elle exige (souvent un muret) et de l'entretien qu'elle nécesite (rouille et peinture).

- **Le PVC** : vendu sous forme de kit complet facile et rapide à monter, ce matériau moderne, utilisé avec mesure, est tout à fait recommandable pour clore efficacement et esthétiquement les petits jardins. L'entretien se limite au lavage, toutefois le coût initial est relativement élevé.

- **L'aluminium** : du fait de l'anodisation qui la protège, une telle clôture est totalement insensible à la corrosion et donc assurée d'une grande longévité. Cependant, le maintien de la structure aluminimum nécessite des travaux de maçonnerie, aussi l'intervention d'un installateur agréé est recommandée car lui seul pourra assurer une finition sans vis ni soudure. Comme le PVC, ce matériau est assez coûteux.

- **Béton et clôtures maçonnés** : traité avec joliesse et inspiration, le béton est un matériau à l'apparence changeante et d'un emploi acceptable dans le jardin. Il est plutôt destiné aux jardins des maisons contemporaines car il s'harmonise bien avec les lignes sobres de l'architecture moderne. Il peut être utilisé sous forme de béton coulé sur place ou sous

forme de parpaings pouvant être creux, pleins ou ajourés de multiples manières. Les plus beaux murs bétonnés sont ceux de béton brut de décoffrage, et plus encore lorsqu'ils sont formés de cannelures verticales, régulières ou non.

- **Les murs en matériaux préfabriqués** : en parpaings ou en briques, ils sont sans aucun doute les plus répandus car on peut les monter facilement soi-même. Toutefois, en fonction de leur hauteur, ils devront être renforcés avec des fers à béton ou des piliers. Les briques comme les parpaings sont posés sur une solide fondation en béton.

- **Les murs à base d'éléments préfabriqués de béton coloré** : ils constituent un système mural idéal pour des clôtures de faible hauteur grâce à sa technique d'emploi facile qui consiste à poser sur une fondation de béton, des rangées de blocs solidarisées entre elles par des anneaux d'écartements. Ce matériau d'une grande résistance et d'une grande longévité ne nécessite aucun entretien.

Très en vogue à la fin du siècle dernier, les **claustras** réapparaissent peu à peu, mais davantage comme écran à l'intérieur du jardin que comme clôture. Ils sont couramment utilisés pour séparer les espaces loisirs de ceux réservés au travail ou aux services et peuvent être habillés de plantes grimpantes.

Les **murs maçonnés** sont les plus répandus. L'appareillage des pierres, qu'elles soient rondes ou carrées, brutes ou taillées, rappelle un peu celui des dallages. Les pierres sont maintenues entre elles par un liant - mortier - plus ou moins apparent selon leur aspect. A moins d'être un amateur vraiment averti, la construction d'un mur maçonné doit être réservée aux "pros". Ils sont érigés sur des fondations de béton coulé d'une épaisseur de 25 à 30 cm et ayant une largeur égale à deux fois l'épaisseur du mur, voire plus si le mur doit dépasser 0,80 m de hauteur. D'une solidité à toute épreuve, d'un entretien quasiment nul, les murs maçonnés en pierres sciées ou taillées peuvent être réalisés avec des pierres de couleurs contrastées. Le coût de tels murs est extrêmement variable. Si les matériaux sont à proximité et qu'il est encore possible de les ramasser pour rien, si l'on construit son mur soi-même et à condition de n'être pas trop pressé, alors oui, c'est une formule peu coûteuse. Dans le cas contraire, si l'on additionne le coût du matériau, le transport et la main-d'œuvre, ce type de

mur, selon ses dimensions, devient un article de luxe.

- **Les murs en pierres sèches** : ces murs, dont la splendide simplicité émane directement de l'artisanat antique, ne sont pas d'un accès facile. Les règles d'édification, souvent empiriques, furent fixées d'après les caractéristiques des différents types de pierres (formes, grains, dimensions, solidité). Chacun de ces types s'associe avec un style propre de construction. Les murs en pierres sèches sont plutôt réservés à la campagne ou à la montagne. La pose se fait pierre sur pierre sans aucun liant, sa stabilité est conditionnée par le poids des éléments. La répartition des pierres et l'équilibre entre les vides et les pleins donnent à ces constructions un cachet incomparable.

- **Les murs antibruit** : pour se protéger du bruit, ou en tout cas pour en diminuer les effets, il est nécessaire d'interposer un système de protection acoustique entre la propriété et la rue. En dehors des barrières végétales et des murs maçonnés, qui d'ailleurs ne font que renvoyer le bruit, on trouve actuellement sur le marché une nouvelle génération de produits à base d'éléments préfabriqués creux. Leur remplissage se fait au fur et à mesure de l'édification, et la plantation intervient à l'issue de la construction du mur. Habillés de végétaux, ces murs décoratifs garantiront une bonne protection acoustique par absorption des bruits.

- **Les clôtures mixtes** : on désigne par ce terme, les clôtures élevées à partir d'un soubassement ou d'un mur bahut sur lequel vient s'ajouter un élément plus aérien et moins opaque. Toutes les combinaisons sont possibles (grille en fer forgé scellée sur un muret de pierre, grillages divers / murets maçonnés, palissade en bois ou en PVC sur muret en parpaings, en pierres de taille, en béton, etc.). La clôture mixte reste le type le plus répandu, non sans méfait, car elle permet au plus mauvais goût de s'exprimer.

Bien que les besoins d'isolement et de protection paraissent, de nos jours, de plus en plus justifiés, restez simples dans vos constructions, vous ferez des économies et gagnerez énormément sur le plan esthétique. Ne prônez pas à tout prix la carte de l'originalité, ne transformez pas votre propriété en château fort. Recherchez surtout une certaine homogénéité, en particulier dans les zones où les habitations sont très proches les unes des autres.

LE JARDINIER EN ACTION

Jean-Paul LAUTER

LE TRAVAIL DE LA TERRE ET LA FERTILISATION

La grande majorité des plantes vivent harmonieusement avec tous les éléments qui les entourent (air, terre, eau et lumière). Les racines prospèrent dans le sol, lequel a une importance capitale, puisqu'il doit autant servir de maintien que de garde-manger. Une des premières tâches du jardinier est de travailler la terre, et cela dans de bonnes conditions.

Il est indispensable de tenir compte à la fois de l'époque où ce travail doit être fait et de l'état du terrain. En effet, les bêchages et les labours importants ont lieu à l'automne pour qu'ensuite l'action du gel et du dégel améliorent la structure des mottes. Une terre lourde ne doit alors pas être trop humide, faute de quoi, elle deviendra encore plus compacte. Une terre légère, au contraire, ne devra pas être bêchée à l'automne, et en cours de saison, on évitera de trop la travailler sous peine de la rendre trop fine et de lui faire perdre sa tenue.

Le jardinage biologique recommande de recouvrir les plates-bandes et les parcelles libérées de toutes cultures, d'un engrais vert (voir page 49). Il est vrai que dans la nature sauvage, un sol est toujours recouvert, ce qui lui évite de subir l'érosion et lui assure un renouvellement permanent de matières humifères.

La faune souterraine et notamment les vers de terre sont des agents très actifs de l'amélioration de la structure du sol.

LE TRAVAIL DU SOL

Le but des travaux du sol (bêchage, labourage, sarclage, etc.) est d'ameublir la terre, afin qu'elle soit suffisamment aérée et poreuse, pour que la circulation de l'eau et de l'air soit optimale.

Choisir le bon moment pour la travailler en contrôlant son état, tout simplement en prenant une motte entre les doigts, qui ne doit pas être collante, mais plutôt friable.

L'époque la plus propice suit généralement une phase humide, plus rapprochée sur sol léger qu'en terre lourde. Il est primordial de bien vérifier son état pour ne pas trop attendre et risquer de trouver un terrain en poussière, ou à l'inverse, compact et collant. Si l'automne ne pose pas de problème, il n'en est pas de même au printemps, lors de la préparation de planches de culture.

Il convient de retenir essentiellement :

a) Un sol lourd (argileux), s'il n'est pas couvert par un engrais vert, le bêchage (ou labourage) à grosses mottes doit avoir lieu en automne. Si on attend par contre le printemps pour retourner la terre, elle restera compacte toute la saison, malgré les travaux suivants.

b) Un sol léger (sableux). Il est généralement peu humifère et est bêché au printemps pour éviter que les intempéries hivernales (pluies) ne bouleversent les structures préétablies par les racines des végétaux et la faune souterraine. Un bêchage d'automne pourrait au contraire le rendre dur.

c) Une terre idéale (humifère et moyennement argileuse), se travaille en automne ou au printemps. Cependant, les plates-bandes labourées avant l'hiver sont plus rapidement cultivables.

Action du climat

Le gel et le dégel accomplissent un travail mécanique très important. En effet, les grumeaux de terre contiennent de l'eau, laquelle se dilate en gelant, prenant de ce fait davantage de volume. Au dégel, l'eau reprend sa forme initiale, alors que la structure reste dilatée. Ces changements augmentent l'élasticité de la terre, tout en améliorant sa friabilité. Si ces actions sont répétées, la structure du sol s'en trouvera améliorée.

Action du dessèchement : par temps chaud et sec, la surface du sol se durcit en fomant une croûte imperméable. Tassée progressivement par les arrosages, elle devient si "étanche" qu'elle ne laisse plus l'eau s'infiltrer. Pour parer à ce phénomène, il convient de biner la surface, pour briser la croûte, et favoriser la libre cirulation de l'air et de l'eau.

Les différentes méthodes et techniques

❑ Le bêchage ou labourage

Indispensable en terre lourde, il ne l'est pas en terre légère. Il constitue en fait le premier travail à effectuer lors de la préparation d'un terrain cultivable et requiert sans doute le plus d'effort.

Ses buts sont multiples puisqu'il permet l'ameublissement du sol sur une profondeur allant jusqu'à 25 ou 30 cm. En même temps, il détruit les mauvaises herbes, qui sont alors déracinées puis enlevées ou enfouies sous terre. Il facilite aussi la pénétration des engrais et des amendements, dispersés en surface à l'automne, ou incorporés au printemps ou par la suite, selon la continuité des cultures.

Pour bêcher, on emploie une bêche plate, ou en terrain très lourd ou pierreux, une fourche-bêche à quatre dents. Le travail consiste à retourner les mottes. Il ne faut pas travailler le sol trop en profondeur. La partie cultivable ou couche de terre arable ne dépasse pas 30 cm d'épaisseur. C'est uniquement dans cette zone qu'il convient de travailler, en évitant de ramener en surface le sous-sol, différent par sa structure physique et biologique.

> *Lorsque, en cours de saison, vous devez bêcher une parcelle venant d'être libérée de sa culture, n'enfoncez pas la bêche au-delà de 15 cm de profondeur, pour éviter de bouleverser les couches établies.*

Lorsque la surface le justifie, le retournement de la terre se fait avec une charrue tractée par une cellule motrice. Dans ce cas aussi, il est déconseillé de travailler trop en profondeur. Il suffit de former des grosses mottes et d'enfouir les herbes. Au printemps, l'affinage se fera au moyen d'une motobineuse, munie de lames rotatives tranchantes (les fraises).

❏ L'émiettage

Après le bêchage, et avant de mettre un sol en culture, il convient de briser les mottes et d'affiner la terre. On emploie pour cela une griffe à quatre dents, ou encore une subraclette (ou émietteur) munie de quatre dents étoilées tournant parallèlement. La griffe permet de niveler la surface et de retirer les gros cailloux et tout ce qui n'a pas lieu d'être (racines, mauvaises herbes, etc.)

❏ Le ratissage

Pour parfaire le travail de la griffe, un passage au râteau est utile. Il affine davantage encore la surface, ce qui est particulièrement utile avant de semer.

Les couvertures du sol

❏ Les engrais verts

Le fumier frais est de moins en moins employé pour fertiliser les potagers. Il en résulte une baisse du taux de matière organique, laquelle peut être compensée par les engrais verts. Il s'agit de plantes fourragères (Légumineuses, Crucifères, Graminées, etc.) cultivées pour être enfouies en terre.

- **Les engrais verts améliorent la qualité du terrain.** Leur incorporation (feuilles et racines) apporte sans nul doute un volume considérable de matières organiques pouvant aller jusqu'à 500 kg à l'are.

- **Ils sont riches en éléments minéraux** : leurs tissus végétaux renferment une accumulation d'éléments minéraux prélevés dans le sol et dont vont bénéficier toutes les cultures suivantes, sous forme rapidement assimilable.

- **Ils favorisent l'activité biologique du sol** : leur enfouissement stimule la vie microbienne, indispensable à l'alimentation des plantes, et augmente la prolifération des vers de terre, lesquels s'alimentent en digérant les débris végétaux, qu'ils transforment en très bon compost.

- **Ils protègent la structure du sol** : ils recouvrent rapidement la surface du terrain, et de ce fait la protègent contre l'impact des fortes pluies en évitant la formation des croûtes. Ils évitent aussi la prolifération des mauvaises herbes et ameublissent les sols lourds par l'action mécanique de leurs racines.

- **Ils ont une réelle action écologique** : après chaque récolte, le sol contient encore des engrais n'ayant pas été consommés par les cultures. Certes la potasse et le phosphate, se dissolvant plus difficilement, restent en place, mais l'azote, très soluble, est rapidement entraîné par les pluies d'automne et d'hiver vers la nappe phréatique (pollution par les nitrates !). Or, les engrais verts ensemencés en fin d'été, ont la capacité d'absorber ces restes d'azote pour les stocker dans leurs tissus, évitant la perte de cet engrais indispensable tout en préservant le sol de la pollution. Pour cette raison, aucun jardin (ou aucun champ) ne devrait rester sans couverture végétale pendant l'hiver.

- **Les différents types d'engrais verts** font partie des grandes familles suivantes :
. les Crucifères,
. les Légumineuses,
. les Graminées.

Les engrais verts les plus utilisés sont : la moutarde, la phacélie, les épinards, le seigle, la vesce d'hiver, la navette Perko.

❑ **Le mulching**

Ce terme anglais employé couramment par les jardiniers signifie en fait pailler le sol. Son but est, dans un sens plus large, de protéger la terre du soleil et du vent qui la dessèche (conservation de l'humidité = favorable pour les végétaux + économies d'arrosage), ou des pluies qui la tassent. Il évite en plus la pousse des mauvaises herbes, stimule l'action de la faune souterraine, et, ce qui n'est pas négligeable, conserve les fruits et les légumes propres.

Avant d'étaler un mulching, la terre doit être binée, désherbée et réchauffée.

- **Diverses sortes de "mulch"** :
. Les écorces de pin vendues dans le commerce prêtes à l'emploi : on les étale aux pieds des arbustes sur une épaisseur de 5 cm.
. Les déchets végétaux passés au broyeur : à étaler tout au long de l'année sur une épaisseur de 10 cm. Les déchets doivent être sains. Ils favorisent le travail des vers de terre, tout en apportant de l'humus.

LES AMENDEMENTS

Les amendements ont comme rôle principal l'amélioration de la structure du sol (consistance, degré d'acidité, propriétés physiques), et parfois l'apport d'éléments fertilisants.

Les amendements calcaires

Le chaulage signifie : apport de chaux ou de calcaire.

Il est destiné à corriger un excès d'acidité (pH du sol inférieur à 7). De plus, la chaux évite que la terre s'agglomère, en la rendant plus friable, ce qui augmente aussi sa perméabilité. En allégeant un sol trop argileux, elle facilite son travail, ainsi que celui de la micro-flore et faune, entraînant une décomposition plus rapide des matières organiques que les végétaux peuvent ensuite assimiler.

❑ **Chaulage, mode d'emploi**

Il convient de chauler en automne, après le labour, après avoir pris soin d'analyser le pH pour connaître les besoins précis du sol. Si le terrain est très acide, ne pas tenter de rétablir l'équilibre en un seul apport. Seuls des épandages progressifs, d'années en années, sont recommandés afin d'éviter tout excès dangereux pour le bon équilibre biologique du sol.

Attention

Ne jamais faire un apport de chaux en même temps qu'un engrais azoté. En effet, la chaux libère l'azote, ce qui annule l'effet de l'engrais minéral, ou empêche le fumier de se décomposer correctement.

Sol	pH	Quantité de chaux à apporter
Sol à consistance idéale	< 7	150 g/m² de chaux magnésienne (entretien)
	< 6	200 g/m² de chaux magnésienne (petite correction)
	< 5	300 g/m² de chaux magnésienne (grande correction)
Sol argileux	< 7	200 g/m² de chaux magnésienne (entretien)
	< 6	250 g/m² de chaux magnésienne (petite correction)
	< 5	400 g/m² de chaux magnésienne (grande correction)
Sol humifère	< 7	200 g/m² de chaux magnésienne (entretien)
	< 6	250 g/m² de chaux magnésienne (petite correction)
	< 5	400 g/m² de chaux magnésienne (grande correction)
Sol sableux	< 7	100 g/m² de calcaire broyé (entretien)
	< 6	150 g/m² de calcaire broyé (petite correction)
	< 5	250 g/m² de calcaire broyé (grande correction).

❑ **Les différents amendements calcaires**

- La chaux magnésienne (ou dolomie) est couramment vendue dans le commerce. Comme son nom l'indique, elle contient de la magnésie.
- La chaux agricole convient bien aux sols humifères ou argileux où elle agit rapidement du fait de sa consistance fine et poudreuse, laquelle implique l'emploi de lunettes et d'un masque de protection lors de son épandage.
- Le calcaire broyé est plus facile à épandre. Il se dissout plus lentement que la chaux agricole, mais sa durée d'action est plus longue. Il peut être conseillé en terre sableuse, pauvre en humus.

Les amendements organiques

Indispensables à la bonne fertilisation du terrain, ils ont pour but de conserver ou d'apporter des matières humifères. L'humus a aussi l'avantage de modifier les caractéristiques structurelles du sol, en améliorant les terres trop lourdes et compactes. A l'inverse, il donne du "corps" aux terres sableuses et lié à l'argile, évite ainsi le lessivage des fertilisants. Il procure également de l'azote, rend la potasse et le phosphore plus disponibles par les plantes, tout en favorisant la prolifération des micro-organismes, qu'il utilise pour sa transformation. Cependant, du fait de son assimilation, il s'épuise progressivement, et les apports doivent se suivre régulièrement pour maintenir son action.

❑ Les différents amendements organiques

- Le **compost**. De nombreux déchets de jardin ou ménagers peuvent être compostés, au lieu d'être brûlés ou jetés aux ordures. Ils représentent en effet une source importante de matière organique exploitable.

- Le **fumier naturel**. Ce produit humique traditionnel et de surcroît excellent, manque souvent dans les jardins urbains. Il s'agit là d'un engrais-amendement, puisqu'il modifie la structure du sol en même temps qu'il apporte des éléments fertilisants. Les fumiers d'ovins et d'équidés sont recommandés pour les sols lourds et argileux, alors que celui des bovins convient mieux aux terres calcaires.

Dès la réception du fumier frais, le mettre en tas en le tassant et le couvrir d'une bâche pour éviter son lessivage par la pluie. Penser à l'arroser régulièrement pour accélérer la fermentation qui le transforme en humus. Son utilisation est possible au bout de 2 mois. Il est préférable de l'étaler en surface en automne, sur un sol bêché, pour qu'il enrichisse progressivement la couche de terre arable.

- Les **fumures déshydratées**. D'origine naturelles, elles proviennent de fumiers de chevaux, de vaches ou de basses-cours, ou encore de compost. Remplaçant le fumier frais, leur emploi est plus aisé et leur épandage facilité. Il est certain que ce type de fumure ne joue pas le même rôle que les amendements organiques frais, agissant mécaniquement sur le terrain, mais ils stimulent tout de même l'activité microbienne.

- La **tourbe**. Cet amendement humique dont le rôle consiste à ameublir les sols lourds, à donner du corps aux sols légers, permet aussi d'augmenter la capacité de rétention d'eau du sol. Conditionnée en balles, la tourbe est facile d'utilisation et incorporée au bêchage ou plus tard, par griffage.

- La **terre de bruyère**. Sa vocation est d'acidifier le terrain, du fait de son pH voisin de 4. Les plantes calcifuges (Rhododendrons, Azalées, etc.) doivent être plantées dans de la terre de bruyère. Il faudra remplacer sur une bonne épaisseur la terre existante par de la terre de bruyère sur toute la parcelle prévue pour ces cultures.

LA FERTILISATION

Si la fonction principale des amendements est d'améliorer la structure du sol, celle de la fertilisation est d'apporter des éléments nutritifs indispensables à la croissance des végétaux : principalement de l'azote (N), de l'acide phosphorique (P) et de la potasse (K).

Les cultures successives épuisent ces réserves naturellement présentes dans le sol. Le jardinier doit compenser par des apports qu'il convient de déterminer par des analyses régulières du sol.

Il y a deux types d'éléments enrichissants : les engrais organiques et minéraux. Leur concentration en N, P et K varie selon les produits.

Tous les végétaux n'ont pas les mêmes besoins, et les apports d'engrais ne doivent pas tenir du hasard. Il est important de respecter l'époque d'épandage, la quantité et le type d'engrais.

Les composants

Dans le chapitre sur le sol tous les composants sont très précisément décrits. Cette partie n'aborde que les différents types d'engrais rencontrés dans le commerce.

- L'**azote**. Selon la nature de l'engrais, l'azote se trouve sous forme organique, nitrique ou ammoniacale.

Les engrais d'origine végétale ou animale contiennent des éléments organiques, lesquels ne sont pas immédiatement disponibles pour les plantes, et doivent tout d'abord être transformés par les micro-organismes en azote ammoniacale puis en nitrates. Leur action est progressive. Il est recommandé de les incorporer au terrain en automne pour qu'ils soient assimilables au printemps.

L'azote nitrique, au contraire, est immédiatement prélevé par les plantes pour favoriser leur développement. Cependant, sa très grande solubilité fait qu'il est rapidement entraîné en profondeur, loin des racines qui ne peuvent dès lors plus en bénéficier. Son apport doit uniquemen avoir lieu en période de croissance.

- La **potasse** et l'**acide phosphorique**.

Ces deux éléments restent bien stockés dans le sol où ils constituent des réserves. Ils sont donc essentiellement incorporés lors du bêchage d'automne et constituent la fumure de fond, disponible pour les futures cultures.

Les engrais organiques

L'engouement pour le jardin naturel fait que de nombreux fabriquants complètent leur gamme d'engrais minéraux par des produits plus naturels, d'origine animale ou végétale conditionnés en sacs de 3 à 50 kg.

Leur utilisation a pour but de stimuler le développement et le rendement des végétaux, tout en favorisant l'activité de la faune microbienne.

❑ Les "organiques complets"

Pour toutes les cultures, comme fumure ou comme appoint, les engrais organiques complets en granulés (NPK = 5-6-12) ou en poudre (4-6-8) s'épandent à raison de 100 g/m². Certains sont enrichis de différents composants comme le guano (déjections d'oiseaux marins) ou les algues marines.

On trouve des engrais pour tous les usages spécifiques.

A cela s'ajoutent les fumures à base de fumiers de différentes origines et d'algues marines. Elles sont adaptées à toutes les cultures et apportées en automne ou au début du printemps.

❑ Les "suppléants"

Utilisés depuis longtemps en jardinage biologique, ces engrais simples voient leur usage se démocratiser.

Le **sang desséché** est un engrais organique riche en azote. Il favorise la croissance et la densité de la couleurs des fleurs. Son action est progressive et de longue durée.

La **poudre d'os** apporte également de l'azote et surtout du phosphore, régularisant la croissance, sans pour autant l'accélérer. Il rend aussi les végétaux plus résistants au froid et aux attaques d'insectes ou de maladies. Son action est durable, progressive et non agressive.

La **corne torréfiée** contient de l'azote fortement apprécié par les arbres et les arbustes tant à la plantation qu'à l'entretien : agit sur la croissance, la densité et la couleur du feuillage. Elle est aussi conseillée comme fertilisant pour les plantes de rocailles. Son activité est progressive et persistante. Elle ne risque pas de brûler les racines.

La **poudre de roche ou basalte micronisé** est riche en magnésium, en silice et en oligo-éléments. Elle régularise le pH du sol (neutralise les sols acides ou basiques). Son rôle est important car elle facilite rapidement l'absorption par le végétal des éléments nutritifs contenus dans le sol.

Les **algues marines**, souvent présentes dans des fumiers organiques, sont de véritables fertilisants (au moins trois fois plus riches que le fumier). Elles sont riches en oligo-éléments, et renforcent la résistance des plantes aux maladies et aux insectes. Elles équilibrent l'humidification, et de plus, en les incorporant au terrain, au moment d'un semis de carotte, elles peuvent jouer un rôle de répulsif en incommodant les mouches parasites.

Les engrais minéraux

Les engrais minéraux sont très souvent qualifiés d'engrais "chimiques". Cette dénomination, tant soit peu péjorative, englobe en fait les engrais industriels. La plupart d'entre eux sont couramment employés par les jardiniers et ne nuisent pas à l'environnement, mais il convient pour cela de respecter scrupuleusement le dosage indiqué par le fabricant.

Leur conditionnement varie de 1 kg à 25 kg. N'achetez que la quantité nécessaire, la partie inutilisée risquant de durcir au contact de l'humidité.

Ils se présentent sous forme de granulés et de poudres à incorporer directement au sol ou à diluer préalablement.

❑ Les engrais "universels" ou complets

Sous cette dénomination on trouve des produits adaptés à de nombreuses cultures : légumes, fleurs, arbres et arbustes d'ornement, fruitiers, pelouse, etc.

Les engrais de fond, incorporés au terrain en automne, ont une décomposition lente qui les rend disponibles par les végétaux dès le début du printemps. Les quantités d'azote, de phosphore et de potasse notées correspondent à 4-6-10, c'est-à-dire 4 % d'azote, 6 % de phosphore et 10 % de potasse. Cet apport phosphopotassique est valable tant au potager que dans le verger et le jardin d'ornement.

Les engrais apportés en début de saison ont une concentration supérieure en azote (N). Certains, baptisés "coup de fouet", renferment jusqu'à 18 % d'azote. Leur action consiste à stimuler rapidement la végétation. Leur emploi excessif rend les végétaux plus sensibles aux parasites. Préférer au contraire un engrais équilibré de type 14-12-16 amené à la préparation du sol et en cours de culture, lors du griffage.

❑ Les "spécialisés"

A côté de ces engrais universels existent des engrais adaptés spécifiquement à certaines espèces.

- Pour les **légumes** en général, un engrais riche du type 15-12-22 doit être apporté au printemps à raison de 30 g/m². La proportion élevée des différents éléments fertilisants favorise autant la pousse que la production.

- Les **tomates** ont droit à un engrais spécifique, le plus souvent sous forme de poudre, pouvant être incorporé au terrain lors de sa préparation ou apporté en cours de culture, dilué à l'eau d'arrosage. Selon les fabricants, sa composition varie entre un simple 12-15-30 et un 19-9-21 additionné de magnésie et de bore. L'ajout de magnésie et de bore à la richesse en potasse, est particulièrement bénéfique à la fructification.

- Un dosage 4-10-18 pour l'engrais de **pomme de terre**, faible en azote, car le contraire n'aurait comme résultat que d'amplifier le volume du feuillage, et riche en potasse et en phosphore pour favoriser le grossissement des tubercules. On l'apporte à la plantation, puis une seconde fois au moment du buttage.

- Les **fraisiers** ont surtout besoin de potasse (7-5-15) à la formation des fruits, afin qu'ils soient plus nombreux et volumineux. Mais il n'est pas rare que cet engrais soit additionné d'un insecticide destiné à lutter contre les vers blancs s'attaquant aux racines. Cette prévention serait souhaitable, sauf lorsqu'il s'agit d'un produit à base de lindane. Il est en effet plus sage d'éviter ce genre d'insecticide.

- L'engrais spécial **rosier**, essentiellement riche en potasse et en phosphore, contribue à la fabrication du bois. S'il contient en plus du magnésium, cela augmente la coloration des fleurs. La composition n'est pas toujours identique d'une marque à l'autre. Eviter un granulé trop riche en azote. Préférer une formule s'approchant de 7-14-10, convenant également aux arbres fruitiers et à tout autre végétal ligneux. Remarquez que les engrais spécial arbres sont d'une formulation absolument identique, seul leur conditionnement diffère.

- L'engrais spécial **conifère**, plus riche en azote, stimule le développement des nouvelles pousses. Il affiche un pourcentage d'azote de 18 % lorsqu'il est uniquement minéral. Dans ce cas, un apport annuel est suffisant, après la plantation ou en entretien, au départ de la végétation.

- En ce qui concerne les **plantes de terre acide**, il y a des engrais polyvalents, pour les azalées, hortensias, rhododendrons, camélias, etc., certains étant additionnés de chélate de fer, pour corriger ou éviter les chloroses. Pour les hortensias on trouve en plus des engrais permettant de renforcer la couleur des fleurs.

- Les engrais spécial **bulbes** ont une composition (4-12-20) se rapprochant de celle de l'engrais pour les pommes de terre, et pour cause. Ils sont prévus pour renforcer et prolonger la floraison des tulipes, glaïeuls, dahlias, bégonias, etc.

- Les **géraniums** ont toute une collection de produits de beauté, parmi lesquels des engrais en poudre (15-17-19) à mélanger en bonne proportion à la terre au moment de la plantation ou du rempotage, puis à diluer ensuite, en cours de végétation, pour des apports fertilisants hebdomadaires.

- Enfin le **gazon** est choyé puisqu'il bénéficie de toute une panoplie de produits allant de l'engrais "coup de fouet", très riche en azote et à action rapide, à l'engrais longue durée, préférable, libérant doucement l'azote en fonction des besoins réels des plantes, sans pour autant accélérer leur pousse. A ceux-là s'ajoutent les produits mixtes contenant en plus un désherbant ou un antimousse.

❑ Les engrais "simples"

Les engrais minéraux contiennent un fort pourcentage d'un seul des trois éléments, au dosage très précis.

On trouve ainsi une forte concentration d'azote dans l'amonitrate (26 %), complété par du magnésium (10 %). Il n'en faudra pas plus d'une poignée au m² au départ de la végétation.

Le nitrate de chaux contient un peu plus de 15 % d'azote. Sa formule basique lui permet d'équilibrer des sols trop acides, sans dépasser 25 g/m².

Le sulfate d'ammoniaque (21 % d'azote) fertilise les sols pour les légumes-feuilles et les pelouses à raison de 30 g/m². Il est également épandu sur le tas de compost pour accélérer la décomposition des matières.

Le sulfate de potassium, riche en potasse (50 %), est appliqué en automne, notamment aux pieds des arbres et des arbustes, à raison de 30 g/m². Il renforce la résistance des jeunes rameaux aux gelées et aux maladies.

Le nitrate de potassium contient à la fois de l'azote (13 %) et de la potasse (44 %). Il convient à toutes les cultures à raison de 50 g/m² en cours de végétation.

Le phosphate d'ammoniaque, engrais également binaire, mais riche en azote (18 %) et en phosphore (46 %), est destiné à la fertilisation des fruitiers et des fleurs en général. On en met à deux reprises : 30 g/m² au printemps, dès le départ de la végétation, puis à la floraison.

Les scories potassiques (P = 12 % et K = 12 %) seront distribuées aux labours d'automne, à la dose de 100 g/m², pour tous les types de culture ainsi que les gazons.

L'application des engrais

Ce que nous qualifions de "théorie nature" est une réflexion basée sur l'observation, répondant dans bien des cas aux questions que vous vous posez.

En ce qui concerne les engrais, on constate que la nature s'autofertilise : tous les déchets végétaux tombent sur le terrain et se décomposent lentement à l'air libre, rendant le sol plus fertile lorsque les éléments organiques le pénètrent. Les animaux eux-mêmes le fertilisent par leurs déjections, la plupart du temps en surface.

Il ne nous reste plus qu'à imiter la nature et épandre les engrais et amendements en surface, afin que dilués progressivement par les intempéries, les éléments fertilisants pénètrent la couche de terre cultivable.

Cette technique est surtout valable à l'automne, où le temps est suffisamment long pour que cette fertilisation soit parfaite. Tous les apports se font alors sur le terrain venant d'être labouré ou bêché.

Au printemps et en cours de saison, ce travail est différent, car l'effet doit être plus rapide. Il convient alors d'incorporer à la griffe les différents engrais, sans pour autant les enfouir profondément.

Les engrais liquides

Utilisés fréquemment comme nourriture pour plantes d'intérieur (spécial plantes vertes, fleuries, bonsaïs, agrumes, azalées, cactées, orchidées) et de balcons (géranium), on les rencontre aussi à l'extérieur sous forme similaire ou mieux, organo-minérale enrichie.

L'utilisation exclusive de ces liquides, certes pratiques à l'emploi et ne risquant pas de brûler les racines, n'est en aucun cas recommandée au jardin.

Ces fertilisants sont rapidement assimilables par les végétaux, sans qu'ils aient besoin d'être digérés et transformés par toutes les bactéries et microbes souterrains. Ceux-ci sont donc privés de nourriture, et cela peut entraîner leur disparition. Or, nous avons vu qu'ils étaient indispensables au bon équilibre du sol. Il convient donc de favoriser leur multiplication. C'est pour cela que les engrais liquides ne pourront être apportés qu'en complément d'autres fumures.

LA CULTURE DES VEGETAUX

LE SEMIS

Le semis, mode de production ou de reproduction à partir de graines, est le moyen le plus économique pour obtenir un grand nombre de plantes ornementales, potagères ou autres. Il permet aussi de choisir des variétés précises, sélectionnées et répondant parfaitement aux besoins et aux conditions de culture. Certes, pour obtenir une bonne germination, il faut utiliser des semences fraîches, d'excellente qualité, et les cultiver dans de bonnes conditions : un bon substrat, de la chaleur, de l'eau et de la lumière en quantités suffisantes.

Choix des semences

Le prix des semences varie selon les marques, pour une même espèce, et quelquefois pour une variété identique. Cela vient du soin et de la sélection apportés à ces semences, de l'obtention au conditionnement comprenant le dépoussiérage, la pureté variétale, et la vitalité. La sélection s'applique surtout à retenir des variétés performantes, tant pour leur rendement, que pour leur résistance à certaines maladies. Elle demande une main-d'œuvre et une technique de pointe, ce qui justifie la différence de prix, rentabilisée par le résultat obtenu. La faculté germinative doit être correcte quel que soit le coût des graines. Par contre, les dates inscrites sur les sachets de semences ne sont qu'indicatives et ne doivent pas être prises à la lettre. En effet, elles correspondent à la date d'emballage et non pas à l'année effective de la récolte. Une graine peut avoir deux ans lors de son conditionnement. Il est préférable de s'approvisionner chez un spécialiste conditionnant lui-même ses semences, après avoir testé leur germination.

Les hybrides sont obtenus par fécondations artificielles à partir de plants pères et mères retenus pous différents facteurs (rendements, résistance aux maladies, homogénéié des coloris ou des fruits, taille, etc.). On note que la variété hybride obtenue amplifie encore les caractères positifs de ses deux parents. Leur prix de vente est supérieur à celui des semences traditionnelles, mais leur rentabilité fait que les jardiniers amateurs sont de plus en plus nombreux à les utiliser. On y trouve bien sûr de nombreux légumes et de plus en plus de fleurs.

Conservation des graines

Vous conserverez le surplus de semences à l'abri de l'humidité et au frais, en prenant soin de placer les graines de pétunias et de bégonias dans des bocaux hermétiques en verre pourvus de sachets renfermant des cristaux absorbeurs d'humidité. Evitez surtout de les stocker dans des tiroirs ou sur des étagères en bois stratifié, car les vapeurs de formol stérilisent les semences.

Contrôle de germination

Avant d'utiliser des graines de votre stock, vérifiez leur capacité germinative. Prenez des petites soucoupes et garnissez le fond d'un papier buvard. Dans chacune d'elles, disposez un nombre précis de graines, de préférence 25, pour pouvoir facilement évaluer le pourcentage. Prenez soin d'identifier chacun de ces tests. Humidifiez le buvard à l'aide d'un petit vaporisateur, puis mettez le tout dans une caissette recouverte d'une vitre, entreprosé dans un local tempéré. Entretenez l'humidité. Selon les espèces, la germination est plus ou moins rapide. Vous la vérifierez au bout de 8 à 15 jours, et vous compterez les graines ayant germé. Si le pourcentage de réussite ne dépasse pas les 50 %, il est préférable de jeter le lot. Le taux de réussite minimum est de 70 %.

Comment semer ?

Il faut semer des graines en fonction de l'époque de culture indiquée, dans de bonnes conditions pour favoriser la germination.

Il est donc impératif de semer dans un substrat de qualité ou une terre ameublie, bien préparée et enrichie des engrais nécessaires. Veillez aussi à ce que l'atmosphère soit tempérée et l'humidité présente pour hâter la germination puis la pousse et le développement des végétaux.

❏ Semis en caissette (ou en terrine)

Cette méthode permet de semer tôt en saison, dans un endroit abrité, les variétés les plus délicates qui seront ensuite repiquées en pépinière ou en petits pots de tourbe, pour être enfin mis en place lorsque les conditions climatiques le permettront. Utilisez un récipient propre, préalablement désinfecté à l'eau de javel. Garnissez-le de terreau spécial pour semis, parfaitement stérile, et dont le pH est neutre. Les graines sont étalées en surface, puis recouvertes, pour la plupart des variétés, d'une fine pellicule de terre, que l'on tasse légèrement avant d'humidifier. Recouvrez d'une vitre, à essuyer quotidiennement pour enlever la buée. Retirez-la dès l'apparition des germes. Pour que les plantules se développent bien, il leur faut de la chaleur, des arrosages réguliers et mesurés et de la lumière. Lorsqu'elles mesurent environ 5 cm de haut, elles sont déterrées délicatement avec une motte de terre, puis séparées pour être repiquées séparément en godets ou dans une autre terrine, en leur laissant davantage d'espace. On les garde ainsi à l'abri, en les arrosant jusqu'à la mise en place définitive.

❏ Semis en pépinière

On désigne sous l'appellation de pépinière un endroit privilégié du jardin, telle une couche ou une plate-bande adossée contre un mur ou située à l'abri des vents frais. Les plantes y sont semées pour être ensuite repiquées au bon endroit.

❏ Semis en pleine terre

Il a lieu à la bonne époque, à l'emplacement définitif. Le terrain est d'abord préparé (engrais, affinage), puis les graines sont dispersées à la volée sur toute la largeur de la plate-bande ou mieux en ligne, dans des rayons dont la profondeur varie selon l'espèce cultivée. Le semis en ligne est plus pratique, car il facilite l'entretien tout en économisant la quantité de semence utilisée. Le semis en poquet se pratique pour des plantes à fort développement. On creuse des petits trous dans lesquels on dispose quelques graines, et selon le cas, on éclaircit après la levée pour ne conserver à chaque fois qu'un ou deux plants.

LA PLANTATION DES SUJETS ACHETES

Périodes d'achat et fournisseurs

On trouve de plus en plus de végétaux vendus "prêts-à-planter", tant pour les légumes que pour les fleurs, les arbustes d'ornement ou les arbres fruitiers. Les époques de plantation étant précises, il ne s'agit pas de suivre aveuglément ce que proposent certains fournisseurs peu soucieux des résultats obtenus. Il n'est pas rare de voir des plants de tomates dès le mois d'avril, ce qui n'est pas gênant dans la moitié sud du pays, mais assez risqué dans les régions plus froides. Nous ne pouvons que vous recommander d'acheter vos produits chez un fournisseur local sérieux, assurant lui-même leur culture ou veillant tout au moins à ce que les végétaux soient de bonne qualité et adaptés au climat local. Les sujets conditionnés en conteneurs peuvent être plantés pratiquement toute l'année. Vérifier s'ils n'ont pas séjourné trop longtemps dans leur pot. Dans ce cas leurs racines ont formé un "tissus" autour de la motte, qui empêchera leur installation correcte dans le sol.

Les plantations

❏ Les bulbes

Les grandes périodes de plantation des bulbes sont l'automne pour toutes les espèces vivaces et le printemps pour les variétés à floraison estivale, souvent moins rustiques.

Avant d'enterrer les bulbes, posez-les sur le terrain pour voir l'effet qu'ils produiront et les espacer correctement. La profondeur de plantation qui convient le mieux pour la plupart d'entre eux est égale à trois fois leur hauteur (le bulbe d'une tulipe de 5 cm sera enterré dans un trou de 15 cm de profondeur). Ce trou doit être à fond plat, afin que la base du bulbe repose parfaitement, ce qui n'est pas le cas lorsque l'on utilise un plantoir conique. Il reste alors un espace entre la base du bulbe et la terre où se formera de la condensation qui provoquera sa pourriture. Servez-vous uniquement d'un plantoir en "emporte-pièce" : il est creux et cylindrique. Enfoncez-le en opérant une rotation du poignet à la profondeur désirée, puis retirez-le. Il conserve la terre dans le cylindre, dégageant le trou où il suffit de poser le bulbe. Il ne vous reste plus qu'à repousser cette terre pour recouvrir le bulbe.

❏ Les plantes vivaces

Commercialisées en godets au printemps et en automne, elles sont dépotées puis mises en place en tenant compte de leur développement, tant en hauteur qu'en largeur.

Lors de la réception des plantes en godets, trempez-les un moment dans une bassine d'eau pour bien humidifier la motte. Pendant ce temps, creusez les trous à l'aide d'un transplantoir dans la plate-bande préalablement ameublie. Posez ensuite les plantes après les avoir dépotées, recouvrez les mottes avec la terre prélevée en tassant pour former une cuvette retenant l'eau d'arrosage. Pour finir, vous nivèlerez le terrain autour des nouvelles plantations avec une petite griffe.

❏ Les arbustes d'ornement

Les arbustes d'ornement sont commercialisés au printemps et en automne, en conteneurs ou en motte dans laquelle les racines sont entourées de tourbe humide et emballées dans une poche plastique. Dans le cas d'un arbuste vendu en motte, enlevez les emballages dès réception, puis trempez les racines dans de l'eau boueuse avant la mise en place. S'ils sont en conteneurs, plongez la motte sans la dépoter dans un seau d'eau pour que la terre soit bien humidifiée, puis installez-les dans des trous dont la taille correspond exactement à celle de la motte. Recouvrez ensuite cette dernière d'un peu de terre pour conserver l'humidité.

Les **arbustes acidiphiles** sont plantés dans de la terre de bruyère. Creusez une fosse conséquente que vous tapisserez d'un film plastique pour éviter que la terre apportée ne se mélange avec celle qui l'entoure. Remplissez le tout de terre de bruyère, installez les végétaux et arrosez abondamment.

Les **conifères** se mettent en place au printemps ou en septembre et octobre. Il n'est pas nécessaire de changer la terre à la plantation, mais vous apporterez un engrais spécial plantation pour stimuler le démarrage. Arrosez régulièrement pour favoriser l'enracinement.

Les **rosiers** se plantent en automne, à partir du mois d'octobre et tant que l'état du terrain le permet puis à nouveau au printemps. Ils sont conditionnés dans des sachets, la motte entourée de tourbe et d'un film plastique, ou dans des mottes prêtes à planter, ne nécessitant aucune préparation particulière et prolongeant l'époque de plantation jusqu'au début de l'été.

Si le plant est vendu seul, raccourcissez légèrement le bout des tiges et l'extrémité des racines. Plongez les racines dans de l'eau boueuse (pralinage). Pendant ce temps, creusez le trou suffisamment profond pour que les racines prennent une position naturelle et installez au fond un monticule de bon terreau. Placez le rosier en positionnant le point de greffe à 5 cm en-dessous du niveau du sol, de façon à ce qu'il se trouve à ras de terre, lorsqu'elle se sera tassée. Positionnez les racines sur la butte de terre, puis comblez le trou en tassant pour former une cuvette. Arroser copieusement. Dès que l'eau s'est écoulée, nivelez la terre autour des tiges. Si la plantation a lieu en automne, formez une butte pour protéger la base du rosier pendant l'hiver et enlevez-la au printemps.

❑ Les arbres fruitiers

Les époques de plantation sont l'automne et le printemps. Préférez des sujets cultivés dans votre région, donc chez un pépiniériste local. Rafraîchissez tout d'abord les racines et les rameaux en les raccourcissant légèrement, surtout pour leur donner une forme. Trempez les racines dans de l'eau boueuse. Creusez un grand trou, bêchez le fond, puis étalez un monticule de terre du jardin, enrichi d'un peu d'engrais. Installez un tuteur, qui soutiendra l'arbre et l'empêchera de bouger par grands vents. Ensuite positionnez l'arbre, les racines posées sur le monticule, et le bourrelet de greffage au-dessus du niveau du sol. Rebouchez le trou, tassez et arrosez (10 à 20 litres par arbre).

LES SOINS A APPORTER AUX PLANTES

L'arrosage

Nos cultures, qu'elles soient ornementales, fruitières ou potagères, demandent des soins et l'apport d'un complément en eau selon leurs besoins spécifiques. Pour cela, sachez faire le nécessaire pour que le sol puisse retenir une certaine quantité d'eau (quelquefois en paillant dès que possible) et bien sûr, mesurez les précipitations à l'aide d'un pluviomètre.

L'arrosage, lorsqu'il est nécessaire, aura lieu de préférence le matin au printemps (en raison des nuits fraîches) et en soirée l'été, évitant ainsi une évaporation rapide due au soleil et au vent.

En arrosant trop souvent, l'enracinement des végétaux reste superficiel. En réduisant les arrosages, les racines sondent le sol en profondeur et améliorent de ce fait la tenue de la plante et sa rusticité.

En résumé, trois principes essentiels doivent guider la conduite de l'arrosage :
- observer les plantes : les signes de flétrissement du feuillage constituent le moyen le plus pratique,
- effectuer des sondages dans le sol et consulter le pluviomètre,
- fournir l'eau nécessaire aux cultures, selon les espèces et la profondeur de l'enracinement.

Le binage

Ce travail s'effectue à l'aide d'une binette. Son rôle principal est de couper les mauvaises herbes pour nettoyer le sol autour des cultures.

Mais le binage est aussi très intéressant lorsqu'il fait sec, car il brise la croûte formée en surface et facilite la pénétration de l'humidité atmosphérique, des rosées matinales et de l'eau d'arrosage. Un dicton dit d'ailleurs très justement que "un binage vaut deux arrosages".

Les autres soins à prodiguer

Dans les différents dictionnaires des plantes, ainsi que dans les chapitres les précédant, sont présentés les soins plus spécifiques, comme la taille, les pincements, l'éboutonnage, le tuteurage, etc. Ainsi les détails de chaque culture sont plus facilement accessibles pour l'utilisateur.

La taille a pour but de former, d'équilibrer un arbre ou un arbuste, ainsi que de provoquer ou d'améliorer sa floraison et sa mise à fruit.

Les pincements consistent à supprimer un tronçon de branche ou de tige, pour provoquer sa ramification (exemple : pincement des tiges de tomates).

L'éboutonnage s'effectue manuellement et consiste à supprimer certains boutons floraux pour privilégier les fleurs en cours d'épanouissement ou celles mieux placées (exemple : géranium ou dahlia).

Le tuteurage est destiné à soutenir des plantes ou des tiges grêles. On utilise pour cela un tuteur en bois, en plastique ou en métal, contre lequel on fixe le rameau ou le tronc sans trop le serrer.

LA PROTECTION DES VEGETAUX

L'importance du bon diagnostic

Les végétaux sont sujets aux attaques d'un grand nombre de parasites et de maladies d'origine cryptogamique ou bactérienne. Si le jardinier n'agit pas, il favorise leur prolifération, réduisant selon le cas la production, détériorant l'aspect général de la plante ou entraînant sa mort. Il s'agit donc de contrôler régulièrement l'état sanitaire des plantes et de déterminer, s'il y a lieu, les symptômes pour lutter rapidement contre le parasite ou la maladie. Certes, rien ne vaut la prévention consistant à prodiguer les soins adaptés afin que les plantes soient plus vigoureuses : préparation du terrain et fumures, assolement ou rotation des cultures, arrosages, etc.

Il est important de pouvoir reconnaître rapidement les maux dont souffrent les plantes. Cela n'est pas toujours chose facile, d'autant plus que les maladies sont nombreures et que les parasites animaux ne sont pas toujours visibles à l'œil nu.

Dans les différents dictionnaires des plantes qui suivent, les parasites et maladies les plus courants sont indiqués pour chacune d'entre elles. Ceci devrait constituer un départ en ce qui concerne l'établissement du diagnostic. En cas de doute, n'hésitez pas à consulter un spécialiste qui puisse vous renseigner et vous conseiller un remède adéquat, donc efficace.

Les produits phytosanitaires

La plupart d'entre eux ont une action préventive, évitant, grâce à un traitement préalable, l'apparition des maladies. Les plus performants opèrent aussi curativement.

Ces différents produits sont commercialisés soit en poudre et prêt à l'emploi pour des traitements rapides et sans trop de gravité, soit en poudre soluble ou en liquide à diluer selon la dose prescrite et à diffuser à l'aide d'un pulvérisateur. L'action des traitements pulvérisés est toujours renforcée par l'addition d'un mouillant destiné à fixer le produit sur la plante. Si certains produits sont biologiques ou peu dangereux, d'autres, au contraire, sont toxiques. Il convient de respecter les précautions élémentaires : ne jamais laisser traîner un tel produit à la portée des enfants, traiter lorsqu'il n'y a pas de vent, ne pas manger ni fumer pendant le traitement, se couvrir, si nécessaire porter un masque. Bien se laver ensuite et rincer le pulvérisateur.

Les produits en poudre se diluent mal si on les verse tout simplement dans l'eau. Pour y remédier, mettre la dose dans un bol, rajouter un peu d'eau et mélanger pour faire une pâte, qui sera diluée avec la quantité d'eau prévue pour le traitement.

Les liquides ne posent pas ce genre de problème, mais il faut penser à bien les stocker en hiver, car ils gèlent et perdent leur efficacité.

Comment agissent ces produits de traitement ?

- **Par ingestion**, contre les parasites piqueurs suceurs (comme les pucerons) : la matière active du produit est absorbée par la plante et véhiculée par la sève. C'est un produit systémique qui peut être insecticide, acaricide, fongicide... L'intérêt de son emploi réside dans la capacité de la plante à le maintenir dans la sève pour en "nourrir" le parasite.

- **Par contact**, contre les parasites (œufs, larves, adultes) ou les cryptogames (spores, mycélium). Il est important à ce niveau de savoir lutter à la fois contre l'adulte et la larve, de préférence au même moment.

- **Par asphyxie** : un produit huileux stoppe le passage de l'oxygène.

- **Par inhalation**, agissant par vapeurs gazeuses. Produits très utilisés pour les cultures sous serre, appelés fumigants.

Cependant la toxicité des produits chimiques pour l'homme et les animaux est un facteur limitant leur usage et nécessitant des recommandations de prudence.

Choisir des produits insecticides et fongicides biodégradables, ce qui veut dire qu'une fois dilués, leur efficacité ne dépasse pas deux ou trois jours. Pour cette raison, il est déconseillé de préparer d'avance de grandes quantités de produit. Prévoir au contraire une quantité minimum pour ne pas avoir de restes.

Il existe des produits systémiques sous forme de granulés que l'on incorpore au sol, au pied de la plante, et qui seront absorbés par les racines, pour être véhiculés par la sève dans toutes les parties aériennes de la plante. Ce type de produit est très efficace durant cinq à six semaines, détruisant tout parasite suceur s'attaquant au végétal ainsi protégé. Mais il est destiné uniquement aux plantes décoratives (dahlias, rosiers, conifères, chèvrefeuille, vigne vierge, etc.) et, en aucun cas, il ne doit être déposé au pied d'une plante potagère.

Le bon emploi des produits phytosanitaires

. Conserver les produits dans leur emballage d'origine.

. Ne jamais les transvaser dans un récipient destiné à recevoir des aliments, même pour animaux.

. Prendre le temps de bien lire les précautions particulières portées sur les étiquettes des produits.

- **La préparation du traitement**

. N'utiliser que des ustensiles (seaux, cuillères,...) affectés exclusivement à ces produits.

. Suivre scrupuleusement les directives concernant les doses et les précautions d'utilisation mentionnées sur l'emballage.

. Porter toujours des gants, voire des lunettes et des vêtements de protection.

. Eviter un contact avec la peau et les yeux.

. Ne pas manger, ni fumer pendant la préparation et le traitement.

. Veiller à l'entretien et au bon fonctionnement du pulvérisateur. Le rincer abondamment à l'eau claire.

. Respecter la dose prescrite, la dépasser ne sert à rien et peut au contraire causer des dommages.

La protection des cultures environnantes

- Ne traitez que quand il y a peu ou pas de vent.

- Consultez les arrêtés du Code de l'environnement : renseignez-vous à la Direction Régionale de l'Environnement.

- Tout déversement dans les réseaux d'égouts est rigoureusement interdit.

LES MATIERES ACTIVES

Dans les insecticides et acaricides :

. **Alphaméthrine** : pyréthrinoïde de synthèse. Action par contact et ingestion sur pucerons, aleurodes, etc. Efficace à faible dose. Utilisable jusqu'à la récolte, sauf sur vigne (attendre une semaine).

. **Bacillus thuringiensis** : composition biologique à base de bactéries, très actif sur chenillles et pucerons. Utilisable jusqu'à la récolte.

. **Bifenthrine** : insecticide et acaricide, agissant par ingestion durant plus de 3 semaines.

. **Cyperméthrine** : pyréthrinoïde, action par contact et ingestion sur de nombeux insectes. Attendre 3 semaines pour la consommation des légumes traités.

. **Dicofol** : acaricide agissant par contact. Attendre au moins 15 jours avant la récolte.

. **Diméthoate** : insecticide-acaricide agissant par ingestion mais aussi par contact. Ne pas traiter pendant la floraison (abeilles), et le réserver pour les plantes décoratives plutôt que pour les légumes.

. **Disulfoton** : insecticide-acaricide sous forme de granulés à épandre aux pieds des végétaux. Action de 6 semaines. A utiliser **uniquement** sur les espèces décoratives.

. **Roténone** : insecticide d'origine végétale, agissant par contact et ingestion. Utilisable jusqu'à la récolte (non dangereux pour les abeilles).

Dans les insecticides et acaricides :

. **Bénomyl** : fongicide systémique préventif et curatif, pénétrant par les racines et le feuillage. Lutte contre l'oïdium. Utilisable pratiquement jusqu'à la récolte.

. **Sulfate de cuivre (bouillie bordelaise)** : fongicide de contact à action préventive et curative, contre le mildiou et autres maladies cryptogamiques. Utilisable jusqu'à la récolte.

. **Dithianon** : fongicide foliaire préventif et éventuellement curatif efficace contre la tavelure et autres maladies cryptogamiques. Attendre une semaine avant de récolter.

. **Manèbe** : fongicide préventif et curatif pour de très nombreuses maladies. Attendre une semaine avant de récolter.

. **Soufre** : fongicide minéral contre l'oïdium. Il a une action non négligeable contre les acariens. Utilisable jusqu'à la récolte.

. **Thirame** : fongicide polyvalent conseillé préventivement contre la cloque du Pêcher et curativement contre d'autres maladies (tavelures, etc.). Attendre 8 jours avant récolte.

- L'application des produits

. Par arrosage à l'aide d'un arrosoir muni d'une rampe.

. Par pulvérisation à l'aide d'un pulvérisateur de capacité moyenne.

. Par poudrage à l'aide d'une poudreuse en portant un masque antipoussière.

. Par épandage manuel pour les granulés.

. Par mélange avec l'air avec un fumigène ou un aérosol, mais uniquement en serre.

En ce qui concerne la personne ayant procédé au traitement, il lui est recommandé de bien se laver les mains et le visage, de changer de vêtements, avant de manger, de boire ou de fumer.

En cas de malaise ou d'intoxication, consulter immédiatement un médecin ou le centre antipoison le plus proche. Conserver l'étiquette ou l'emballage du produit utilisé.

- Le stockage

. Placer les produits dans un local spécialement affecté à cet usage, distinct des locaux contenant des aliments pour l'homme ou les animaux.

. Ce local doit présenter **des conditions de température et d'humidité convenables**. De nombreux produits sont détériorés par le gel ou la chaleur. L'ambiance d'un garage convient mieux à la conservation des produits qu'une cave trop humide ou qu'une serre trop chaude.

. Le local ou l'armoire contenant les produits doit être fermé à clef, la clef étant détenue par une personne adulte.

. Ne collectionnez pas trop de produits. Procurez-les vous au fur et à mesure de vos besoins. Pensez néanmoins aux ruptures de stock éventuelles dans les lieux de vente, dues à l'apparition massive de parasites tels les pucerons quand le temps est chaud.

LA MULTIPLICATION DES VEGETAUX

Il s'agit ici de la multiplication végétative, excepté le semis précédemment exposé. Elle se fait quelquefois naturellement (par des organes de renouvellement, comme les stolons ou les bulbes par exemple), soit par l'intervention du jardinier. Elle aboutit à l'obtention d'une nouvelle plante ayant les mêmes caractéristiques que le plant mère. Ainsi, il est relativement facile de multiplier certaines espèces légumières (comme les pommes de terre), des espèces ornementales vivaces, bulbeuses ou arbustives et de nombreuses espèces fruitières (groseillier, pommier...).

La récupération de bulbilles

Ce mode de multiplication, simple et efficace, s'effectue par prélèvement d'organes de réserves : ce terme regroupe les bulbes proprement dits, les tubercules, les cormes, les rhizomes et les griffes ou racines fasciculées.

La multiplication racinaire se fait en fragmentant des rhizomes portant des bourgeons (Iris), en divisant des tubercules (Dahlia), ou en détachant des parties de bulbes (Glaïeul, Tulipe, Crocus). Après une mise en culture, dont le but est de les faire grossir, les bulbes et autres deviennent autonomes et capables de produire une belle floraison (conditions nécessaires : un bulbe de bon diamètre et une période de basses températures suffisamment longue).

Le bouturage

Le but du bouturage est de provoquer l'enracinement d'un morceau de plante, tige ou feuille. Cette technique largement utilisée en culture ornementale est très intéressante et assez spectaculaire.

Le prélèvement de la bouture se fait avec un petit greffoir ou un couteau préalablement désinfecté. Selon les espèces, on prélève différents types de boutures.

LES DIFFERENTS TYPES DE BOUTURES

Bouture de tête (Géranium)

Bouture de bois sec (Groseillier à fleurs)

Bouture de bois vert (Laurier-rose)

L'habillage de la bouture. Juste avant la mise en place de la bouture dans le substrat, il s'agit de l'habiller, c'est-à-dire de diminuer la transpiration en réduisant la surface de feuille et en dégageant la tige qui sera placée en terre. Dans certains cas, on conseille de tremper préalablement la tige dans une poudre d'hormones, pour favoriser la reprise.

La disposition dans le substrat et les conditions de culture. Le substrat doit être indemne de micro-organismes car la bouture présente des blessures qui facilitent la pénétration des microbes. Un mélange sable-tourbe ou un terreau spécial permet un drainage et une aération convenables, indispensables à la croissance radiculaire.

La disposition des boutures dépend de leur nature :
. les tiges herbacées sont insérées au tiers de leur longueur (environ 5 cm),
. les tiges ligneuses sont introduites à la moitié (10 à 15 cm),
. les boutures de bois sec sont enterrées en laissant le bourgeon hors du substrat.

Les conditions de culture (humidité et température) sont à surveiller sans cesse les premiers temps. Si nécessaire, pour assurer une température stable et éviter les courants d'air, un sachet plastique percé de petits trous pourra être placé sur la bouture.

L'ENRACINEMENT DE LA BOUTURE

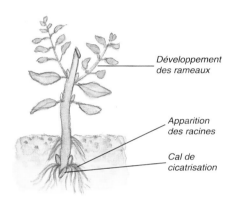

Développement des rameaux

Apparition des racines

Cal de cicatrisation

Le bouturage dans l'eau est la méthode la plus simple. Elle consiste à tremper un morceau de tige dans de l'eau, puis de la rempoter dans un terreau léger additionné de sable dès que les racines sont formées.

Le marcottage

A l'inverse de la bouture, le marcottage permet de provoquer l'émission de nouvelles racines, le plus souvent au niveau d'un nœud qui bénéficiera de l'alimentation de la plante mère et qui sera séparée d'elle après sevrage en la coupant au sécateur. C'est une méthode de multiplication sans danger pour les plantes qui n'auront pas à souffrir même en cas d'échecs, lesquels sont plutôt rares. Elle est employée pour les espèces ornementales et fruitières.

❑ Le marcottage par couchage

Il est utilisé pour la multiplication des végétaux sarmenteux (Ronces) dont les branches souples peuvent être couchées sur le sol et enterrées en partie. Effectué en mars, il consiste à choisir un rameau relativement long et souple, à l'automne précédant, à le courber et à l'enterrer à 10 cm de profondeur en le fixant avec un crochet ; l'extrémité de la tige émerge et est fixée sur un tuteur. Ensuite le pied mère nourrit la marcotte et le sevrage se fait l'année suivante.

LE MARCOTTAGE PAR COUCHAGE

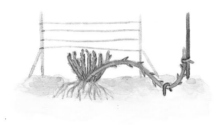

L'année suivante, le sevrage.

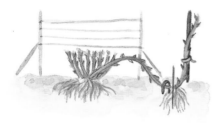

LE MARCOTTAGE EN BUTTE

Au printemps, début du buttage,

en automne, les racines se forment et le sevrage aura lieu en décembre.

❑ Le marcottage en butte ou en cépée

Il permet de multiplier les espèces ornementales (Cognassier) et fruitières (Groseillier à maquereaux). Il s'effectue au printemps, lorsque le pied mère commence à former de nouvelles pousses. Il faut recouvrir tout d'abord le centre de la souche d'un terreau léger et riche. Au fur et à mesure du développement des rameaux, la butte est consolidée. L'enracinement est provoqué par l'obscurité, une humidité et une température suffisantes. Les racines apparaissent en automne et le sevrage peut se faire en décembre. Les plants taillés assez courts passent l'hiver en dormance pour mieux repartir au printemps.

On parle de marcottage par étranglement lorsque la butte de terre est recouverte d'un grillage à mailles fines qui provoque l'étranglement des jeunes pousses.

❑ Le marcottage aérien

Il se pratique souvent sur les plantes d'appartement et quelquefois en extérieur sur les conifères et le Magnolia. On pratique une incision de 2,5 cm de long environ. La plaie est recouverte d'hormones de bouturage. Cette partie de la branche est ensuite glissée dans un manchon en plastique rempli de mousse humide. Le tout est bien fixé de façon à éviter le dessèchement. La marcotte est sevrée 2 mois plus tard et sera replantée dans un pot garni de terre légère et sableuse.

Le greffage

Le but du greffage est d'assembler un sujet, le porte-greffe, avec un fragment du végétal à multiplier, le greffon.

Le porte-greffe est généralement choisi pour ses aptitudes d'adaptation au sol et au climat ; le greffon pour ses qualités esthétiques (espèces ornementales) ou gustatives (espèces fruitières).

La symbiose est effectuée dans des conditions sanitaires optimales : sécateur et greffoir désinfectés à l'alcool, cicatrisation au mastic. Le greffon doit posséder au moins un œil qui se développera par la suite.

❑ La greffe en couronne

On la pratique surtout sur les arbres fruitiers âgés que l'on désire rajeunir. L'hiver précédant, on coupe le porte-greffe à la hauteur voulue. On prépare également des greffons d'environ 20 cm taillés à la base en biseau, juste à l'opposé d'un œil.

En avril-mai, quand la circulation de la sève permet de soulever facilement l'écorce du porte-greffe, les greffons y sont glissés tous les 5 cm en formant la couronne, puis ligaturés et englués de mastic. Il est préférable de protéger la greffe en fixant des branches ramifiées ou un arceau au-dessus d'elle.

❑ La greffe en fente

Elle se pratique au printemps, sur des arbres fruitiers ou sur des conifères d'ornement. Le porte-greffe est scié à l'horizonale puis fendu en son milieu pour y glisser le greffon taillé en biseau. Cette opération est assez délicate à réaliser. Le ligaturage et le masticage terminent le travail et assurent une bonne reprise du greffon.

❑ La greffe par approche

On cherche de cette manière à souder deux rameaux non séparés de leur pied d'origine. Cette opération s'effectue en début de végétation. Il s'agit d'entailler l'écorce des deux sujets sur 5 à 6 cm puis de faire coïncider les deux coupes. Mises en contact, elles sont ensuite solidement ligaturées jusqu'à la soudure et au sevrage du greffon quelques mois plus tard. Ce type de greffe est utilisé pour certaines variétés fruitières.

❑ La greffe à l'anglaise

Elle est utilisée lorsque le greffon et le sujet à greffer ont un même diamètre (0,5 à 1,5 cm). En mars-avril, les deux sections sont coupées en biseau aigu, puis assemblées et mastiquées.

❑ La greffe en écusson

Effectuée en juillet-août, à la rigueur jusqu'en septembre, elle se pratique essentiellement sur les rosiers, mais aussi sur des arbres fruitiers. Elle consiste à insérer sous l'écorce taillée en "T" du porte-greffe, un œil dormant accompagné d'un peu d'écorce et à ligaturer l'ensemble.

Le choix de la date est assez important pour la réussite de l'opération. Il faut tenir compte de l'activité végétative ralentissante des sujets et du fait que le bouton écussonné ne doit plus évoluer avant la fin de l'hiver.

L'ensemble est ligaturé avec une bandelette en caoutchouc ou du raphia et doit se souder en 3 ou 4 semaines.

Par la suite, les branches émises par le porte-greffe seront immédiatement rabattues.

Il est préférable de greffer ensemble les sujets d'une même famille botanique ; leur cycle végétatif doit être identique et le greffon doit au moins posséder un œil qui se développera par la suite.

On utilise un greffoir, couteau à lame affûtée finement en biseau et pourvu également d'une petite spatule, ainsi qu'une serpette, une scie ou un sécateur. N'oubliez pas le raphia, indispensable pour ligaturer, et le mastic, favorisant la cicatrisation et évitant d'éventuelles maladies.

LA GREFFE EN COURONNE : le greffon est glissé sous l'écorce du porte-greffe.

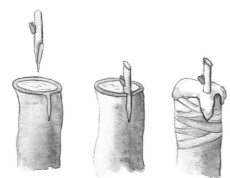

LA GREFFE EN FENTE : le greffon taillé en biseau est placé sur un porte-greffe scié et taillé en son milieu.

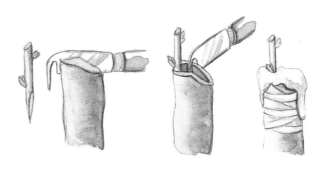

LA GREFFE PAR APPROCHE : deux rameaux sont entaillés puis ligaturés.

LA GREFFE EN ECUSSON (écussonnage) : un œil accompagné d'un petit d'écorce est glissé dans une entaille en T.

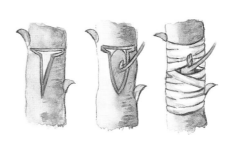

LES PLANTES

de

A à Z

LE JARDIN D'ORNEMENT

Pierre NESSMANN

LE POTAGER

Jean-Paul LAUTER

LE VERGER

Eric CHARTON

LES 4 VIVACES

Les plantes vivaces sont des plantes dont la souche reste sur place durant l'hiver pour repousser au printemps suivant. Il n'est pas nécessaire de les remplacer d'une année à l'autre. Pour la plupart d'entre elles, les tiges et le feuillage se dessèchent en automne pour ne réapparaître qu'au printemps. D'autres sont persistantes, c'est-à-dire que leur feuillage reste en hiver (*Bergenia* par exemple). Enfin, certaines sont ligneuses et possèdent des rameaux lignifiés comme un petit arbuste (Hélianthème par exemple).

La floraison des vivaces est abondante, mais généralement de courte durée (1 à 2 mois). Celle-ci se produit au printemps, en été ou en automne.

Pour augmenter l'effet décoratif d'un massif, il est conseillé d'y associer des espèces dont les floraisons s'échelonnent. Il est également judicieux d'utiliser des espèces à feuillage décoratif qui apportent d'autres couleurs.

Les plantes vivaces gagnent à être associées avec des plantes annuelles, bisannuelles et bulbeuses qui apporteront des notes colorées au fil des saisons. Pour donner une structure à un massif, il est possible d'y intégrer quelques arbustes d'ornement ou quelques rosiers.

L'aptitude des plantes vivaces à s'adapter à de nombreuses situations, du fait de leur origine et de leur diversité, les rend très recherchées par les jardiniers. De nombreuses espèces s'accommodent du plein soleil ou à l'inverse d'une ombre plus ou moins légère. D'autres préfèrent les sols humides et frais, alors que certaines se contentent d'un sol pauvre et sec. Les possibilités d'utilisation des vivaces sont par conséquent très nombreuses et on peut dire qu'elles offrent toujours une solution aux problèmes d'aménagement de massifs, même pour ceux qui semblent particulièrement délicats.

LA MULTIPLICATION ET L'ACHAT DES PLANTES VIVACES

Multiplier soi-même les plantes vivaces demande du temps et de la patience. Même si certaines espèces sont faciles à diviser ou à semer, il n'en reste pas moins que la plupart des jardiniers préfèrent acheter des jeunes plants chez des pépiniéristes ou des producteurs spécialisés. La qualité des plantes, leur état sanitaire ainsi que l'origine des variétés sont garantis et chacun

sait que les premiers mois de la vie d'une plante vivace sont décisifs quant au succès de sa culture.

De nombreux producteurs proposent la vente par correspondance : pratique, simple et rapide, cette technique est tout à fait valable pour l'expédition de plantes vivaces. Il faut cependant éviter les transports en période de gel ou de fortes chaleurs.

LA PLANTATION

EPOQUE

Les meilleures périodes pour effectuer la plantation d'un massif sont le printemps, de mars à mai, et l'automne, de septembre à novembre.

Actuellement, la culture des plantes vivaces en godet permet d'étendre ces périodes à l'ensemble de l'année tout en évitant bien entendu les périodes de gel et de fortes chaleurs. Mais ces époques sont très arbitraires et dépendent de nombreux facteurs régionaux (climat, sol, environnement). Chaque jardinier saura mieux que quiconque déterminer le moment idéal pour entreprendre des plantations.

MODE DE PLANTATION

Les plantes vivaces sont destinées à rester en place durant plusieurs années. Aussi, il est important que le sol soit débarrassé des mauvaises herbes, afin que le désherbage soit restreint au cours des années suivantes. Il est conseillé d'effectuer un désherbage chimique tout en respectant scrupuleusement les dosages prescrits.

Dès que le terrain est propre, le travail du sol peut débuter. Un profond labour des massifs, précédé d'un éventuel amendement selon la nature du sol, est conseillé.

Niveler le sol et disposer les plantes en jugeant de leurs positions par rapport à l'effet décoratif recherché et à l'environnement.

Planter les sujets en tassant le sol autour de la motte et arroser copieusement.

> *Si la motte est sèche au moment de la plantation, il est vivement recommandé de l'arroser ou de la faire tremper dans un seau d'eau.*

L'ENTRETIEN

Le système radiculaire d'une plante vivace peut être plus ou moins important selon les espèces, mais dans la plupart des cas, il est suffisamment développé pour chercher les éléments nutritifs, et surtout l'eau, en profondeur. Cependant il est possible qu'en été, il n'arrive pas à satisfaire les besoins de la plante. Il est alors prudent d'arroser afin de compenser ce manque d'eau.

Les apports d'engrais sont indispensables. Une plante vivace possède un feuillage assez développé et une floraison plus ou moins abondante qui ont besoin d'éléments nutritifs pour s'épanouir harmonieusement. Cet engrais est apporté au printemps sous la forme de corne broyée, de fumier bien décomposé ou de terreau de feuilles que l'on enfouit légèrement autour de la souche. Les éléments seront diffusés par les pluies et les arrosages successifs puis absorbés par les racines.

Le maintien des plantes vivaces à grand développement est conseillé ; sans cela les hampes florales s'inclinent sans jamais pouvoir reprendre leur forme initiale. Le tuteurage discret au moyen de tuteurs en bambou ou plastifiés est à entreprendre au fur et à mesure de la croissance des tiges.

L'hivernage des espèces délicates (Pivoine par exemple) doit être entrepris dès le mois de novembre avec des feuilles mortes, des branches de sapin ou de la paille maintenue par un film géotextile. Les espèces craignant le gel sont à rentrer dès les premières gelées.

> *Certains emplacements rendent la culture des plantes difficile (un sol caillouteux par exemple) et ne peuvent bénéficier d'une préparation du sol telle qu'elle est décrite plus haut. Il faudra alors apporter du terreau disposé dans une poche de plantation où la plante sera elle-même installée.*

L'UTILISATION

LES MIXED-BORDERS

Cette appellation nous vient d'Angleterre et signifie en français : bordure mélangée. En fait, il s'agit de plantes vivaces réunies pour créer un décor attractif le plus longtemps possible. Ces massifs peuvent être agrémentés dans certains cas de plantes annuelles, bisannuelles ou bulbeuses, mais également d'arbustes à feuillage persistant ou de conifères. Ils sont découpés dans une pelouse qui sert d'écrin aux plantes et sont généralement adossés à un mur ou à une haie. Selon le dessin du jardin, leurs formes sont régulières ou libres et sinueuses.

> ### Principes à respecter pour réussir un mixed-border
>
> - *Les plantes doivent être groupées par 3, 5 ou 7.*
> - *Placer les espèces les plus hautes à l'arrière et dégrader les hauteurs jusqu'aux plantes les plus basses qui seront placées au premier plan.*
> - *Echelonner les floraisons du printemps à l'automne.*
> - *Utiliser des plantes à feuillage décoratif.*
> - *Associer les couleurs de fleurs, ou au contraire les opposer en créant un contraste.*

LES PLATES-BANDES

Les plates-bandes accompagnent généralement un massif d'arbustes, une allée ou une clôture. Elles se découpent dans la pelouse et se caractérisent par des formes plus géométriques que les mixed-borders.

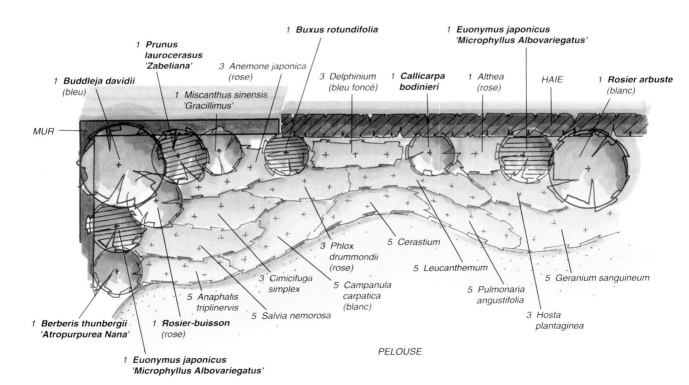

1 *Prunus laurocerasus* 'Zabeliana'

1 *Buxus rotundifolia*

1 *Euonymus japonicus* 'Microphyllus Albovariegatus'

3 *Anemone japonica* (rose)

3 *Delphinium* (bleu foncé)

1 **Callicarpa bodinieri**

1 *Althea* (rose)

HAIE

1 *Rosier arbuste* (blanc)

1 *Buddleja davidii* (bleu)

1 *Miscanthus sinensis* 'Gracillimus'

MUR

3 *Phlox drummondii* (rose)

5 *Cerastium*

5 *Leucanthemum*

5 *Geranium sanguineum*

3 *Cimicifuga simplex*

5 *Campanula carpatica* (blanc)

5 *Pulmonaria angustifolia*

5 *Anaphalis triplinervis*

5 *Salvia nemorosa*

3 *Hosta plantaginea*

1 **Berberis thunbergii 'Atropurpurea Nana'**

1 **Rosier-buisson** (rose)

1 *Euonymus japonicus* 'Microphyllus Albovariegatus'

PELOUSE

LES BORDURES

Les bordures accompagnent un muret, une allée ou limitent un petit massif d'arbustes. Elles sont composées de plantes basses souvent rehaussées d'arbustes sur tige ou de petits conifères.

LES ROCAILLES

Les rocailles utilisent le relief d'un jardin. Leur fonction est de décorer une zone en pente reliant deux parties d'un jardin, ou un talus particulièrement accidenté, en s'inspirant des rocailles alpines façonnées par le temps. Dans les jardins plats, il est possible de créer des mouvements de terrain permettant la création d'une rocaille.

Une rocaille comprend non seulement l'élément végétal, mais aussi l'élément minéral, voire aquatique. En effet, composée de plantes vivaces associées aux conifères et arbustes à petit développement, elle est également ornée de pierres, d'enrochements, ou d'éléments en bois (rondins). Ceux-ci ont pour

but de stabiliser le terrain et d'accentuer l'effet de paysage alpestre. Les plantes finissent par épouser la forme des rochers, et émergent des pierres comme pour en adoucir les angles.

L'eau, sous la forme d'un ruisseau, peut apporter un élément sonore et visuel très attractif.

Principes à respecter pour réussir une rocaille

- *Placer les pierres les plus importantes à la base de la rocaille afin de lui donner une bonne assise.*
- *Eviter le principe du semis de cailloux : une pierre par-ci, par-là. Préférer l'assemblage de plusieurs pierres entre elles recréant une veine mourant dans la végétation.*
- *Sélectionner des arbustes et des conifères à petit développement pour créer un fond de verdure.*

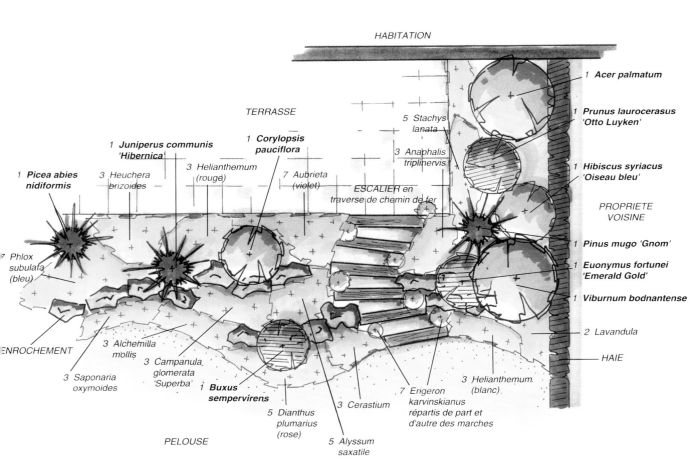

LES CONTENANTS

Les plantes vivaces à petit développement peuvent s'accommoder de conditions de culture particulières : bac, auge, jardinière et vasque.

Plantes vivaces pour bacs et auges

- *Acaena*	- *Achillea*	- *Adjuga**
- *Alchemilla**	- *Alyssum*	- *Anaphalis*
- *Anchusa*	- *Androsace*	- *Antenneria*
- *Arabis*	- *Armeria*	- *Artemisia*
- *Aster*	- *Astilbe**	- *Aubrieta*
- *Bergenia**	- *Brunnera**	- *Campanula*
- *Cerastium*	- *Ceratostigma**	- *Chrysanthemum*
- *Convalaria**	- *Coreopsis*	- *Crucianella**
- *Dianthus*	- *Diascia*	- *Dryas*
- *Epimedium**	- *Erigeron*	- *Erinus*
- *Euphorbia*	- *Gaura*	- *Gentiana*
- *Geranium**	- *Geum*	- *Gypsophila*
- *Helianthemum*	- *Helleborus**	- *Helxine**
- *Hemerocallis**	- *Heuchera*	- *Heucherella*
- *Hieracium*	- *Hosta**	- *Houttuynia**
- *Iberis*	- *Iris*	- *Lamium**
- *Leontopodium*	- *Liatris*	- *Malva*
- *Melisse*	- *Mentha*	- *Muehlenbeckia**
- *Nepeta*	- *Oenothera**	- *Ophiopogon*
- *Origanum*	- *Pachysandra**	- *Phlox*
- *Phygelius*	- *Polygonum*	- *Potentilla*
- *Primula*	- *Prunella**	- *Sagina*
- *Salvia*	- *Santolina*	- *Saponaria*
- *Saxifraga*	- *Scabiosa*	- *Sedum*
- *Sempervivum*	- *Silene*	- *Sisyrinchium*
- *Teucrium*	- *Thymus*	- *Tiarella**
- *Tradescantia*	- *Veronica*	- *Vinca**
- *Viola*	- *Waldsteinia**	

* convenant en situation ombragée.

LES SCENES A THEMES

Les scènes à thèmes regroupent des plantes de la même famille ou non, associées dans un même espace, dont on essaiera de faire contraster la couleur des fleurs, la forme ou le coloris du feuillage.

Ce type de regroupement peut avoir pour thème les graminées, les fougères, les plantes à feuillage gris ou à feuillage odorant.

LES MASSIFS DE FLEURS COUPEES

Si l'importance des massifs dans un grand jardin permet la cueillette de fleurs fraîches sans nuire à l'esthétique de l'ensemble, il n'en est pas de même dans un petit jardin qui se verrait très vite dépourvu de ses fleurs. Aussi il est conseillé de consacrer un endroit du jardin spécialement affecté aux fleurs coupées où l'on plantera les espèces présentant le plus d'intérêt pour la coupe.

LES MURS ET MURETS FLEURIS

Les plantations dans un mur ou un muret ont pour but de faire oublier l'austérité d'une telle construction. Progressivement, la pierre s'effacera au profit des corbeilles de fleurs.

Ceci est possible si l'on a pris soin, au moment de la construction, de laisser des ouvertures entre les pierres. Il faut que ces orifices communiquent avec la terre se trouvant à l'arrière du mur afin que les racines puissent s'y développer.

Plantes vivaces pour garnir murs et murets

- *Alyssum*	- *Anaphalis*	- *Androsace*
- *Antennaria*	- *Arabis*	- *Armeria*
- *Aubrieta*	- *Bergenia**	- *Campanula*
- *Cerastium*	- *Crucianella**	- *Dianthus*
- *Draba*	- *Erinus*	- *Euphorbia*
- *Gentiana*	- *Geranium**	- *Helianthemum*
- *Helxine**	- *Heuchera*	- *Heucherella*
- *Iberis*	- *Lamium**	- *Leontopodium*
- *Muehlenbeckia**	- *Phlox*	- *Potentilla*
- *Prunella**	- *Sagina**	- *Salvia*
- *Santolina*	- *Saponaire*	- *Saxifraga**
- *Sedum*	- *Sempervivum*	- *Thymus*
- *Waldsteinia**		

* mur en situation ombragée.

Plantes vivaces convenant pour la fleur coupée

- *Acanthus*	- *Achillea*	- *Aconitum*
- *Anaphalis*	- *Anemone*	- *Anthemis*
- *Aquilegia*	- *Arum*	- *Aruncus*
- *Asclepias*	- *Bergenia*	- *Campanula*
- *Carlina*	- *Catananche*	- *Centaurea*
- *Chelone*	- *Chrysanthemum*	- *Coreopsis*
- *Delphinium*	- *Dianthus*	- *Dicentra*
- *Dictamnus*	- *Doronicum*	- *Echinops*
- *Eryngium*	- *Filipendula*	- *Gaillardia*
- *Gaura*	- *Geum*	- *Gypsophila*
- *Helenium*	- *Helianthus*	- *Heliopsis*
- *Helleborus*	- *Heuchera*	- *Iris*
- *Jasione*	- *Kniphofia*	- *Lathyrus*
- *Leontopodium*	- *Liatris*	- *Limonium*
- *Lobelia*	- *Lunaria*	- *Lupinus*
- *Lychnis*	- *Lythrum*	- *Malva*
- *Monarda*	- *Oenothera*	- *Paeonia*
- *Papaver*	- *Penstemon*	- *Phlox*
- *Physalis*	- *Physostegia*	- *Platycodon*
- *Polemonium*	- *Rudbeckia*	- *Scabiosa*
- *Solidago*	- *Trollius*	- *Veronica*

LES COUVRE-SOLS

Les plantes vivaces tapissantes peuvent rendre d'utiles services en meublant un sous-bois austère ou des pieds d'arbustes souvent dégarnis. La diversité de leur feuillage, souvent complété par une floraison, apporte un plus à un massif en créant un tapis végétal et en masquant les imperfections du terrain.

Plantes vivaces tapissantes

- *Acaena*	- *Aegopodium**	- *Adjuga**
- *Alchemilla**	- *Antennaria*	- *Astilbe**
- *Bergenia**	- *Brunnera**	- *Cerastium*
- *Cerastostigma**	- *Epimedium**	- *Geranium**
- *Hosta**	- *Lamium**	- *Muelenbeckia**
- *Nepeta*	- *Omphalodes*	- *Ophiopogon**
- *Pachysandra**	- *Polygonum*	- *Prunella**
- *Rubus**	- *Santolina*	- *Sedum*
- *Symphytum*	- *Teucrium*	- *Thymus*
- *Tiarella*	- *Vinca**	- *Waldsteinia**

* convenant en situation ombragée.

TERMES UTILISES DANS LE DICTIONNAIRE

DESCRIPTION :

● **Description du port de la plante**

- Plante tapissante : plante se développant au ras du sol, pouvant atteindre jusqu'à 30-40 cm de haut. Elle se propage au moyen de racines ou de tiges drageonnantes, et forme un tapis au fil des années. Elle peut également se développer en coussin. Les fleurs apparaissent au niveau du feuillage ou au contraire, émergent des feuilles portées par des hampes florales.

- Plante buissonnante : plante dont le feuillage et les tiges forment une touffe d'une hauteur variable. Les fleurs se développent soit au niveau du feuillage, soit sur des hampes florales émergeant des feuilles.

● **Description du feuillage**, de ses couleurs, de sa forme et de sa persistance ou non.

● **Description des fleurs**, de leurs caractéristiques, de leurs principaux coloris et de leur époque de floraison. Celle-ci peut varier d'une région à l'autre selon le climat ou l'exposition. Ces variations sont de l'ordre de 1 à 3 semaines.

EXIGENCES :

● Indications portant sur **le type de sol** dans lequel la plante se développe au mieux.

● Indications sur **les besoins en lumière** :

- Situation ensoleillée : exposition sud, est et ouest avec plus d'une demi-journée de soleil.

- Situation mi-ombragée : exposition est et ouest avec moins d'une demi-journée de soleil.

- Situation ombragée : exposition nord ou en sous-bois par exemple.

UTILISATION :

Principales utilisations conseillées.

ENTRETIEN :

Principaux soins à apporter.

CULTURE :

● **Les modes de multiplication** garantissant les meilleurs taux de réussite.

● **Distance de plantation** recommandée entre chaque plante.

PARASITES ET MALADIES :

Sensibilité particulière à l'encontre des insectes ravageurs ou des maladies nécessitant une intervention.

ESPECES ET VARIETES :

● **Descriptif du feuillage et des fleurs** des espèces et variétés les plus couramment rencontrées.

● **Indication de la hauteur** comprenant la hauteur du feuillage et celle des hampes florales.

● **Diamètre de développement** des espèces tapissantes, indiquant l'importance du développement horizontal des plantes. Ces dimensions peuvent varier selon de nombreux critères : le sol, la fumure, les arrosages, l'environnement ou la région.

ACÆNA

ROSACEES

Description : plante vivace tapissante. Feuillage persistant, finement découpé et très décoratif, en épis globuleux. Fleurs minuscules réunies en épis, s'épanouissant en juin-juillet. Fruits en épis globuleux.

Exigences : tout type de sol. Situation ensoleillée ou mi-ombragée.

Utilisation : rocaille, plate-bande, bordure, jardinière et bac.

Entretien : plante facile à cultiver.

Culture : division de touffe et bouturage de rameaux au printemps. Distance de plantation : 25 à 30 cm.

Espèces et variétés :

A. adscendens : fleurs pourpres en juin-juillet. Feuillage argenté. Hauteur : 15 à 20 cm. Diamètre : 20 à 25 cm.
A. buchananii : fleurs jaunes en juin-juillet. Feuillage gris argenté. Hauteur : 10 à 15 cm. Diamètre : 20 à 25 cm.
A. microphylla : fleurs pourpres en juin-juillet. Feuillage cuivré. Hauteur : 10 à 15 cm. Diamètre : 20 à 25 cm.

ACANTHUS

Acanthe

ACANTHACEES

Description : plante vivace, touffue et vigoureuse. Feuillage ample et profondément découpé. Fleurs roses réunies en épis, s'épanouissant de juillet à août, enveloppées dans des bractées épineuses.

Exigences : sol profond, riche et frais. Supporte le calcaire. Situation ensoleillée ou mi-ombragée.

Utilisation : massif de plantes vivaces, isolé, convient pour la fleur coupée.

Entretien : à protéger du froid. Tuteurer les hampes florales.

Culture : semis en mai-juin. Division et bouturage en automne. Distance de plantation : 70 à 80 cm.

Espèces et variétés :

A. mollis : Acanthe à feuilles molles. Hauteur : 130 à 140 cm.
A. spinosus : Acanthe du Portugal. Feuillage très ample et épineux. Hauteur : 150 à 160 cm.

ACHILLEA

Achillée

COMPOSEES

Description : plante vivace dont certaines espèces sont tapissantes et d'autres buissonnantes. Feuillage découpé ou simple. Fleurs réunies en corymbes, s'épanouissant de juin à septembre.

Exigences : tout type de sol. Supporte le calcaire. Situation ensoleillée.

Utilisation : massif de plantes vivaces, isolé, convient pour la fleur coupée fraîche ou séchée. Rocaille pour les espèces basses.

Entretien : rabattre les tiges à 5 à 10 cm du sol au printemps. Tuteurer les hampes florales pendant la floraison. Arrosage en période chaude pour obtenir des fleurs plus volumineuses.

Culture : semis de mai à juillet. Division de souche au printemps. Distance de plantation : 40 à 50 cm.

Espèces et variétés :

Espèces hautes :
A. filipendulina : fleurs jaunes de juillet à septembre. Feuillage argenté et odorant. Hauteur : 60 à 70 cm. Excellente variété pour la fleur séchée.
A. filipendulina 'Coronaria Gold' : fleurs jaune d'or.
A. millefolium : Achillée millefeuille. Fleurs rose-pourpre de juillet à septembre. Hauteur : 60 à 70 cm.
A. millefolium 'Cerise Queen' : fleurs rose foncé.
A. millefolium 'Red Beauty' : fleurs rouge foncé.
A. ptarmica : fleurs blanches de juin à août. Feuilles vertes et fines. Hauteur : 50 à 60 cm.
A. ptarmica 'La Perle' : fleurs en pompon blanc-crème.
A. ptarmica 'Perrys White' : fleurs en pompon blanc pur.

Espèces basses :
A. tomentosa : fleurs blanches de mai à juillet. Feuilles duveteuses et grisâtres. Hauteur : 20 cm. Diamètre : 25 à 30 cm.

Achillea filipendulina

ACONITUM
Aconit

RENONCULACEES

Description : plante vivace buissonnante, à racines tubéreuses. Feuillage vert foncé, profondément découpé. Fleurs réunies en épis, s'épanouissant en juillet-août ou en automne.

Exigences : sol riche, frais et humifère. Situation ensoleillée ou mi-ombragée.

Utilisation : massif de plantes vivaces, isolé. Convient pour la fleur coupée.

Entretien : rabattre les tiges à 5-10 cm du sol au printemps. Tuteurer les hampes florales pendant la floraison.

Culture : semis en octobre-novembre (levée au printemps suivant). Division de souche au printemps. Distance de plantation : 70 à 80 cm.

Espèces et variétés :
A. arendsii : fleurs bleu violacé en septembre-octobre. Hauteur : 120 à 140 cm.
A. lycoctonum : Aconit-Tue-Loup. Fleurs jaunes de juin à août. Hauteur : 130 cm.
A. napellus : Casque de Jupiter. Fleurs bleues de juin à août. Hauteur : 130 cm.
A. napellus 'Album' : fleurs blanches de juin à août. Hauteur : 130 cm.

ADONIS
Adonide de printemps

RENONCULACEES

Description : plante vivace tapissante. Feuillage palmé et vert. Fleurs jaune vif s'épanouissant en mars-avril.

Exigences : sol frais, humifère et légèrement humide. Situation mi-ombragée. Supporte temporairement le soleil.

Utilisation : bordure, rocaille et plate-bande.

Entretien : facile à cultiver pour peu qu'elle soit en situation fraîche et dans un sol adéquat.

Culture : semis ou division de touffe en mars. Distance de plantation : 20 à 30 cm.

Espèces et variétés :
A. vernalis : fleurs jaune vif en mars-avril. Hauteur : 25 à 30 cm. Diamètre : 30 à 40 cm.

AEGOPODIUM
Herbe aux Goutteux

OMBELLIFERES

Description : plante vivace tapissante. Feuillage vert ou panaché de blanc (quelquefois de jaune), persistant. Fleurs jaunes s'épanouissant de juin à août.

Exigences : sol très frais, riche et légèrement humide. Situation ensoleillée.

Utilisation : bordure, rocaille, couvre-sol et plate-bande.

Entretien : plante très facile à entretenir, mais ayant tendance à devenir trop envahissante : la rabattre sévèrement tous les 3 ou 4 ans.

Culture : Division de souche au printemps. Bouture de tige au printemps. Distance de plantation : 40 à 50 cm.

Espèces et variétés :
A. podagraria 'Variegata' : feuillage vert panaché de jaune. Fleurs jaunes en été. Hauteur : 25 à 30 cm. Diamètre : 40 à 50 cm.

Aegopodium podagraria 'Variegata'

AETHIONEMA

Aethionéma

CRUCIFERES

Description : plante vivace tapissante. Feuillage persistant, vert à reflet bleuté. Fleurs roses s'épanouissant de mai à juin.

Exigences : préfère les sols bien drainés, voire secs et pierreux. Supporte le calcaire. Situation ensoleillée.

Utilisation : rocaille en plein soleil, mur et muret, bordure, bac.

Entretien : plante facile à entretenir.

Culture : semis et bouture de rameaux au printemps. Distance de plantation : 15 à 20 cm.

Espèces et variétés :
A. armenum 'Warley Rose' : fleurs rose vif en mai-juin. Hauteur : 15 cm.

AJUGA

Bugle

LABIACEES

Description : plante vivace tapissante. Feuillage persistant vert ou pourpre. Fleurs bleu violacé d'avril à septembre.

Exigences : sol frais et humifère. Situation mi-ombragée à ombragée.

Utilisation : bordure, rocaille, plate-bande et bac à l'ombre. Convient très bien en couvre-sol (sous-bois, talus).

Entretien : rabattre tous les 2 ou 3 ans.

Culture : division de souche au printemps. Distance de plantation : 20 à 30 cm.

Espèces et variétés :
A. reptans : fleurs bleues en épis de juin à septembre. Feuillage vert. Hauteur : 30 cm. Diamètre : 40 à 50 cm.
A. reptans 'Atropurpurea' : fleurs bleues en épis. Feuillage pourpre. Hauteur : 30 cm. Diamètre : 40 cm.
A. reptans 'Burgundy Glow' : feuillage rouge-brun panaché de rose. Hauteur : 25 à 35 cm. Diamètre : 30 à 40 cm.

ALCEA
ALTHÆA

Rose trémière, Althée

MALVACEES

Description : plante vivace décorative pour ses tiges élancées garnies de grandes fleurs. Feuillage cordiforme et vert. Fleurs simples ou doubles, s'épanouissant le long d'une tige de juillet à août.

Exigences : sol riche, bien drainé et chaud. Situation ensoleillée.

Utilisation : massif de plantes vivaces, plate-bande, isolé.

Entretien : au printemps, rabattre les tiges à 10-15 cm du sol. Tuteurer les hampes florales pendant la croissance et la floraison. Protéger la souche avec des branches de sapin ou de la paille en hiver dans les régions froides.

Culture : semis en février-mars ou en juillet-août. Distance de plantation : 40 cm.

Parasites et maladies :
Très sensible à la rouille des Malvacées.

Espèces et variétés :
A. rosea : fleurs simples ou doubles. Hauteur : 180 à 200 cm.
Les variétés *A. rosea* sont très nombreuses, tout comme les coloris qui vont du blanc au rouge. Il existe également des jaunes et des bicolores.

Alcea rosea

Alyssum saxatile 'Compactum'

ALYSSUM
Alysse, Corbeille d'or

CRUCIFERES

Description : plante vivace tapissante. Feuillage persistant, vert grisâtre. Fleurs jaunes réunies en corymbes, s'épanouissant d'avril à mai.

Exigences : tout type de sol. Préfère les sols secs et bien drainés. Situation ensoleillée.

Utilisation : rocaille, mur et muret, plate-bande, bordure, bac et jardinière.

Entretien : supprimer les fleurs fanées après la floraison. Régénérer les plantes âgées par un rabattage sévère tous les 4 à 5 ans.

Culture : semis en mai-juin. Distance de plantation : 30 cm.

Espèces et variétés :
A. montanum : fleurs jaune pâle en avril-mai. Hauteur : 10 à 15 cm. Diamètre : 20 à 30 cm.
A. saxatile 'Citrinum' : fleurs jaune citron en avril. Hauteur : 20 cm. Diamètre : 40 à 50 cm.
A. saxatile 'Compactum' : fleurs jaune d'or en avril-mai. Hauteur : 20 cm. Diamètre : 30 à 40 cm.

ALCHEMILLA
Alchémille

ROSACEES

Description : plante vivace tapissante. Feuillage palmatilobé, vert clair et souvent grisâtre. Fleurs jaune verdâtre réunies en corymbes, s'épanouissant de juin à août.

Exigences : tout type de sol. Supporte le calcaire. Situation ensoleillée ou mi-ombragée.

Utilisation : bordure, plate-bande, rocaille, massif de plantes vivaces, couvre-sol et bac. Convient en montagne.

Entretien : demande peu d'entretien à l'exception d'un rabattage au printemps.

Culture : division de souche au printemps. Distance de plantation : 40 cm.

Espèces et variétés :
A. alpina : Alchémille des Alpes. Fleurs jaune verdâtre de juin à août. Feuillage vert et argenté. Hauteur : 30 cm
A. mollis : fleurs jaune clair en juin. Feuilles très grandes, amples et très décoratives. Hauteur : 40 cm. Convient pour la fleur coupée.

ANAPHALIS
Bouton d'argent

COMPOSEES

Description : plante vivace buissonnante particulièrement résistante à la sécheresse. Feuillage argenté et duveteux. Fleurs blanches s'épanouissant de juillet à octobre.

Exigences : tout type de sol. Convient très bien pour sol sec. Situation ensoleillée.

Utilisation : bordure, rocaille, mur et muret plantés, escalier fleuri, plate-bande, bac et fleur coupée fraîche ou séchée.

Entretien : supprimer les fleurs après leur épanouissement. Plante très facile à entretenir.

Culture : semis et division au printemps. Distance de plantation : 30 cm.

Espèces et variétés :
A. margaritacea : Immortelle de Virginie. Fleurs blanches de juillet à septembre. Hauteur : 40 à 50 cm.
A. triplinervis : fleurs blanc argenté de juillet à octobre. Feuilles grisâtres et duveteuses possédant 3 veines fortement marquées. Hauteur : 30 à 40 cm.

Anaphalis triplinervis

ANCHUSA
Buglosse
BORRAGINACEES

Description : plante vivace buissonnante. Feuillage vert et gaufré. Fleurs bleues s'épanouissant de juin à août.

Exigences : sol bien drainé. Supporte le calcaire. Situation ensoleillée. Supporte la mi-ombre.

Utilisation : bordure, rocaille, plate-bande, massif de plantes vivaces et fleur coupée.

Entretien : rabattre les tiges à 10 cm du sol au printemps. Supprimer les fleurs fanées. Tuteurer les hampes florales au cours de leur développement. Protéger les souches avec des branches de sapin et des feuilles dans les régions froides.

Culture : semis en mai. Division de souche au printemps. Distance de plantation : 40 cm.

Parasites et maladies : sensible à l'oïdium.

Espèces et variétés :
A. azurea 'Dropmore' : grandes fleurs bleu pur. Hauteur : 70 cm.
A. azurea 'Loddon Royalist' : fleurs bleu gentiane. Hauteur : 70 à 80 cm.
A. azurea 'Pride of Dover' : fleurs bleu foncé. Hauteur : 70-80 cm.

ANDROSACE
PRIMULACEES

Description : plante vivace tapissante. Feuillage gracieux, duveteux et très dense. Fleurs uniques ou réunies en ombelles, s'épanouissant de mai à juin.

Exigences : tout type de sol. Situation ensoleillée.

Utilisation : rocaille, mur et muret, bordure, scène alpine et bac.

Entretien : plante très facile à entretenir.

Culture : semis ou division de souche au printemps. Distance de plantation : 20 cm.

Espèces et variétés :
A. alpina : fleurs blanches ou roses en juin. Hauteur : 5 à 10 cm. Espèce plus difficile à réussir.
A. sarmentosa : fleurs roses à violettes en mai-juin. Hauteur : 15 cm. Diamètre : 25 à 30 cm.

Les Androsaces forment au fil des années des coussins denses qui se couvrent de fleurs au printemps. On les observe en montagne où elles constituent une partie de la flore indigène. Certaines espèces sont protégées, notamment l'Androsace des Alpes (A. alpina).

ANEMONE
Anémone
RENONCULACEES

Description : plante vivace buissonnante à floraison printanière ou automnale. Feuillage vert plus ou moins volumineux selon les espèces. Fleurs blanches, roses ou rouges, s'épanouissant d'avril à mai ou de septembre à octobre.

Exigences : sol riche, frais et bien drainé. Situation ensoleillée, mi-ombragée ou ombragée pour les espèces à floraison printanière. Situation ensoleillée ou mi-ombragée pour les espèces à floraison automnale.

Utilisation : massif de plantes vivaces, plate-bande, isolé et fleur coupée.

Entretien : rabattre les tiges à 10 cm du sol au printemps. Supprimer les hampes florales après la floraison. Tuteurer les espèces à floraison automnale. Protéger la souche avec des branches de sapin ou des feuilles dans les régions à hiver froid.

Culture : division de souche au printemps ou à l'automne. Distance de plantation : 40 cm.

Parasites et maladies : sensible à l'oïdium, aux pucerons sur les jeunes feuilles et aux chenilles.

Espèces et variétés :

Espèces à floraison printanière :
A. blanda : fleurs blanches, roses ou bleues en avril-mai. Hauteur : 15 à 20 cm.
A. sylvestris 'Grandiflora' : Anémone des bois. Fleurs blanches d'avril à juin. Hauteur : 20 à 30 cm.

Espèces à floraison automnale :
A. hupehensis 'Splendens' : fleurs rouge carmin d'août à septembre. Hauteur : 60 à 70 cm.
A. japonica - Hybride 'Honorine Jobert' : fleurs blanches en septembre-octobre. Hauteur : 100 cm.
A. japonica - Hybride 'Reine Charlotte' : fleurs roses en septembre-octobre. Hauteur : 80 à 90 cm.
A. japonica - Hybride 'Rubra' : fleurs rouges en septembre-octobre. Hauteur : 80 à 90 cm.
A. japonica - Hybride 'Rubra Plena' : fleurs doubles, rouges, en septembre-octobre. Hauteur : 80 cm.

Anemone japonica - Hybride

ANTENNARIA

Antennaire, Pied de Chat

COMPOSEES

Description : plante vivace tapissante particulièrement vigoureuse. Feuillage persistant et grisâtre. Fleurs blanches ou roses s'épanouissant en mai-juin.

Exigences : sol sablonneux et bien drainé. Supporte les sols pauvres. Situation ensoleillée.

Utilisation : mur et muret plantés, escalier fleuri, plate-bande, bordure, rocaille et couvre-sol.

Entretien : plante facile à cultiver.

Culture : semis et division au printemps. Distance de plantation : 20 cm.

Espèces et variétés :
A. dioica 'Rosea' : fleurs rose foncé en mai. Hauteur : 10-15 cm. Diamètre : 20 à 30 cm.
A. dioica var. *borealis :* fleurs blanches en mai. Hauteur : 10 cm. Diamètre : 20 à 30 cm.

ANTHEMIS

Camomille

COMPOSEES

Description : plante vivace buissonnante. Feuillage persistant, denté et légèrement velu à la face inférieure. Fleurs jaune d'or ou blanches portées par des hampes anguleuses s'épanouissant de juin à août.

Exigences : tout type de sol. Préfère les sols pauvres. Situation ensoleillée ou mi-ombragée.

Utilisation : plate-bande, bordure, rocaille et fleur coupée.

Entretien : tuteurage des hampes florales durant la floraison. Supprimer les fleurs fanées.

Culture : division de souche au printemps. Semis en avril-mai. Distance de plantation : 30 à 40 cm.

Espèces et variétés :
A. nobilis : Camomille romaine. Fleurs blanches de juin à août. Hauteur : 40 cm.
A. nobilis 'Flore-pleno' : fleurs doubles et blanches. Hauteur : 40 cm.

A. tinctoria 'Buxton' : Camomille Oeil-de-Bœuf. Fleurs jaune citron. Hauteur : 70 cm.
A. tinctoria 'Grallagh Gold' : fleurs jaunes de juin à septembre. Hauteur : 80 cm.

AQUILEGIA

Ancolie

RENONCULACEES

Description : plante vivace buissonnante. Feuillage vert d'aspect très fin et très décoratif. Fleurs rouges, blanches, jaunes, bleues ou bicolores, s'épanouissant en mai-juin.

Exigences : sol riche et frais. Situation ensoleillée. Supporte la mi-ombre et la fraîcheur.

Utilisation : massif de plantes vivaces, plate-bande, bordure et fleur coupée.

Entretien : tuteurer les hampes florales des espèces hautes. Rabattre les tiges à 10 cm du sol au printemps.

Culture : semis au printemps. Division de souche en septembre-octobre. Distance de plantation : 40 cm.

Parasites et maladies : sensible aux pucerons et aux chenilles.

Espèces et variétés :
A. alpina : fleurs bleues munies d'un gros éperon. Hauteur : 30 à 40 cm.
A. caerulea : fleurs bleues ou blanches. Hauteur : 40 à 70 cm.
A. caerulea 'Alba' : fleurs blanches.
A. hybrida 'Blue Star' : fleurs bleues et blanches.
A. hybrida 'Crimson Star' : fleurs rouges et blanches.
A. hybrida 'Corall' : fleurs roses.
A. hybrida 'Ministar' : feuillage vert bleuté. Fleurs blanches et bleues. Hauteur : 20 à 30 cm.

Ancolies

ARABIS
Arabette
CRUCIFERES

Description : plante vivace tapissante. Feuillage persistant, vert grisâtre ou panaché. Fleurs simples ou doubles, roses ou blanches, s'épanouissant de mars à mai.

Exigences : plante peu exigeante. Préfère les sols bien drainés. Situation ensoleillée.

Utilisation : bordure, rocaille, mur et muret plantés, escalier fleuri, jardinière et bac.

Entretien : supprimer les fleurs après la floraison. Rabattre les tiges de quelques centimètres chaque année après la floraison pour régénérer la plante.

Culture : semis au printemps. Division de souche et boutures de tige au printemps pour les variétés à feuillage panaché et à fleurs doubles. Distance de plantation : 20 à 30 cm.

Espèces et variétés :
A. alpina : Arabette des Alpes. Fleurs blanc pur en avril-mai. Hauteur : 10 à 20 cm. Diamètre : 30 à 50 cm.
A. alpina 'Flore pleno' : fleurs blanches doubles.
A. alpina 'Rosea' : fleurs roses.
A. caucasica : Corbeille d'argent. Floraison plus précoce que *A. alpina*. Hauteur : 20 cm. Diamètre : 30 à 50 cm.
A. caucasica 'Plena' : fleurs blanches doubles en mars-avril.
A. caucasica 'Rosea' : fleurs roses.
A. caucasica 'Variegata' : feuillage vert panaché de blanc et de jaune. Hauteur : 20 cm.
A. ferdinandi-coburgii 'Variegata' : feuillage vert panaché de crème. Hauteur : 10 à 15 cm. Diamètre : 30 à 40 cm.

> *Rocailles, murs, jardinières et bordures sont les utilisations les plus courantes des Arabis. Pour faire preuve d'originalité, il est possible de les utiliser comme couvre-sol et l'effet sera particulièrement réussi si on les associe aux Tulipes ou Narcisses.*

ARMERIA
Gazon d'Espagne, Oeillet de mer
PLOMBAGINACEES

Description : plante vivace tapissante. Feuillage vert, très fin et persistant. Fleurs en forme de pompon, mauves, rouges, roses ou blanches, s'épanouissant de mai à juillet.

Exigences : tout type de sol. Situation ensoleillée.

Utilisation : bordure, plate-bande, rocaille, mur et muret plantés, escalier fleuri.

Entretien : supprimer les fleurs fanées.

Culture : semis de mars à juin. Division de souche au printemps. Distance de plantation : 25 à 30 cm.

Espèces et variétés :
A. maritima 'Alba' : fleurs blanches d'avril à juin. Hauteur : 15 à 20 cm. Diamètre : 25 à 30 cm.
A. maritima 'Düsseldorfer Stolz' : fleurs rose foncé de mai à juin. Hauteur : 15 à 20 cm. Diamètre : 25 à 30 cm.
A. maritima 'Koster' : fleurs rouges d'avril à juin. Hauteur : 20 cm. Diamètre : 30 cm.
A. maritima 'Rosea' : fleurs roses d'avril à juin. Hauteur : 20 cm. Diamètre : 30 cm.

ARTEMISIA
Armoise
COMPOSEES

Description : plante vivace buissonnante très décorative pour son feuillage persistant. Feuillage découpé, gris, d'un très bel aspect. Fleurs réunies en panicules présentant peu d'intérêt.

Exigences : sol sec et sablonneux. Craint l'humidité. Situation ensoleillée et chaude.

Utilisation : massif de plantes vivaces, plate-bande, bordure.

Entretien : au printemps, rabattre une partie de la souche, afin de régénérer la plante. Protéger la souche dans les régions froides.

Culture : division de souche au printemps. Bouture de tige au printemps. Distance de plantation : 30 à 40 cm.

Espèces et variétés :
A. arborescens : feuillage gris très décoratif. Hauteur : 60 à 70 cm.
A. arborescens 'Powis Castle' : feuillage très découpé, gris, d'une très grande valeur décorative. Hauteur : 70 cm.
A. pontica : Armoise romaine. Feuillage grisâtre profondément découpé. Hauteur : 15 à 20 cm.

Armeria maritima

ARNICA
Arnique des montagnes

COMPOSEES

Description : plante vivace buissonnante aux propriétés médicinales. Feuillage lancéolé en rosette. Fleurs jaune orangé en juillet.

Exigences : sol bien drainé et acide. Situation ensoleillée et protégée.

Utilisation : plate-bande, bordure, rocaille.

Entretien : culture délicate.

Culture : semis au printemps. Distance de plantation : 40 à 50 cm.

Espèces et variétés :
A. montana : fleurs jaune orangé. Hauteur : 60 à 70 cm.

ARUM
Calla, Pied-de-Veau, Gouet d'Italie.

ARACEES

Description : plante vivace buissonnante. Feuillage sagitté, très ample et vert foncé. Fleur jaune (spadice) enveloppée dans une spathe blanche, en mai-juin.

Exigences : sol riche, frais, profond et humide. Situation ensoleillée. Supporte la mi-ombre.

Utilisation : massif de plantes vivaces, isolé.

Entretien : supprimer les fleurs après la floraison. Rabattre le feuillage en automne et protéger la souche avec des feuilles et des branches de sapin.

Culture : division de souche au printemps. Distance de plantation : 40 à 50 cm.

Espèces et variétés :
A. italicum : fleurs jaunâtres enveloppées dans des spathes blanches, en mai-juin. Hauteur : 30 cm.

> *L'Arum est également appelé Zantedeschia, on rencontre cette appellation dans certains catalogues de pépiniéristes.*

Arum

ARUNCUS
Barbe-de-Bouc, Reine-des-Bois.

ROSACEES

Description : plante vivace buissonnante. Feuillage vert profondément découpé. Fleurs blanc-crème réunies en plumet, s'épanouissant de juin à juillet.

Exigences : sol riche, frais et légèrement humide. Situation ensoleillée ou mi-ombragée.

Utilisation : massif de plantes vivaces, isolé, plate-bande et fleur coupée.

Entretien : rabattre les tiges à 10 cm du sol au printemps. Supprimer les fleurs fanées.

Culture : division de touffe au printemps. Distance de plantation : 50 à 60 cm.

Espèces et variétés :
A. aethusifolia : fleurs blanc-crème en avril. Hauteur : 30 cm.
A. dioicus : fleurs blanc-crème en plumet de juin à juillet. Hauteur : 150 cm.

ASARUM
Asaret

ARISTOLOCHIACEES

Description : plante vivace tapissante. Feuillage persistant et brillant. Fleurs brunes très discrètes, s'épanouissant en avril-mai.

Exigences : sol frais et riche. Supporte le calcaire. Situation ensoleillée ou mi-ombragée.

Utilisation : couvre-sol en sous-bois, talus, bordure.

Entretien : plante très facile à entretenir.

Culture : bouturage et division de touffe au printemps. Semis. Distance de plantation : 20 cm.

Espèces et variétés :
A. europaeum : feuillage persistant. Fleurs insignifiantes. Hauteur : 15 cm. Diamètre : 30 cm.

ASCLEPIAS

Asclépiade,
Herbe-aux-Perruches

ASCLEPIADACEES

Description : plante vivace buissonnante. Feuillage vert légèrement cotonneux à la face inférieure. Fleurs roses ou orange réunies en ombelles et parfumées, s'épanouissant de juin à août. Fruits originaux, en forme de perruches.

Exigences : sol bien drainé. Supporte très bien le sol sec. Situation ensoleillée.

Utilisation : isolé, plate-bande et décoration, pour les fruits qui peuvent se conserver plusieurs semaines sur le rebord d'un verre (la tige faisant office de crochet).

Entretien : rabattre les tiges à 10 cm du sol au printemps.

Culture : semis ou division de souche au printemps. Distance de plantation : 70 cm.

Espèces et variétés :
A. syriaca : fleurs roses en juin-juillet. Hauteur : 100 cm. Fruits en forme de perruches, à récolter lorsqu'ils sont encore verts.
A. tuberosa : fleurs orange de juin à août. Hauteur : 40 cm.

ASPERULA

Aspérule odorante

RUBIACEES

Description : plante vivace tapissante. Feuillage étroit et vert clair. Fleurs blanches réunies en ombelles, s'épanouissant de juin à juillet.

Exigences : tout type de sol. Situation ensoleillée. Supporte la mi-ombre.

Utilisation : bordure, couvre-sol, rocaille et bac.

Entretien : plante facile à entretenir.

Culture : division de souche au printemps. Distance de plantation : 20 cm.

Espèces et variétés :
A. odorata : fleurs blanches minuscules de juin à juillet. Hauteur : 5 à 10 cm. Diamètre : 25 à 30 cm.

ASPHODELINE

Bâton de Jacob

LILIACEES

Description : plante vivace buissonnante méditerranéenne. Feuillage canaliculé. Fleurs jaunes, odorantes, s'épanouissant en mai-juin.

Exigences : sol sablonneux et bien drainé. Supporte le sol sec. Situation ensoleillée.

Utilisation : bordure, rocaille, mur et muret plantés, escalier fleuri, talus et couvre-sol.

Entretien : plante nécessitant peu d'entretien.

Culture : semis au printemps. Distance de plantation : 40 cm.

Espèces et variétés :
A. lutea : fleurs jaunes en mai-juin. Hauteur : 80 cm.

ASTER

Aster

COMPOSEES

Description : plante vivace buissonnante. Feuillage simple et vert. Fleurs solitaires ou réunies en corymbes, s'épanouissant en automne ou au printemps.

Exigences : sol léger et bien drainé. Supporte les sols pauvres. Situation ensoleillée.

Utilisation : massif de plantes vivaces, plate-bande, bordure, rocaille, bac et fleur coupée.

Entretien : rabattre les tiges à 10 cm du sol au printemps. Supprimer les fleurs après la floraison. Maintenir les hampes florales pendant leur épanouissement.

Culture : semis de mai à juillet. Division de souche au printemps. Distance de plantation : 40 à 60 cm.

Parasites et maladies : très sensible à l'oïdium (blanc), dès la fin de l'été et en automne.

Espèces et variétés :

Espèces à floraison printanière :
A. X alpellus : croisement entre *A. alpinus* et *A. amellus.* Fleurs bleues en avril-mai. Hauteur : 25 cm.

A. alpinus : fleurs dans de nombreux coloris : bleu, rose ou blanc d'avril à juin. Hauteur : 25 à 30 cm.

Espèces à floraison estivale :
A. amellus : Oeil du Christ. Nombreuses variétés à floraison bleue, violette, rose, mauve ou rouge, de juin à septembre. Hauteur : 60 cm.
'King Georges' : fleurs lilas.
'Lutetia' : fleurs roses.
'Moerheim Gem' : fleurs violet foncé.
'Rudolph Goethe' : fleurs bleu lavande.
A. X frikartii 'Jungfrau' : fleurs violettes.

Espèces à floraison automnale :
A. X domosus 'A. Kippenberg' : fleurs semi-doubles bleues, d'août à septembre. Hauteur : 40-50 cm.
A. X domosus 'Apollo' : fleurs blanches.
A. X domosus 'Alice Haslam' : fleurs roses.
A. X domosus 'Bonanza' : fleurs rouge carmin.
A. X domosus 'Dandy' : fleurs rose-pourpre.
A. X domosus 'Jenny' : fleurs rouge-pourpre, doubles.
A. X domosus 'Lady in Blue' : fleurs bleues, semi-doubles.
A. X domosus 'Lilac Time' : fleurs mauve foncé.
A. X domosus 'Niobé' : fleurs blanches.
A. ericoides 'Monte Cassino' : fleurs blanches en septembre-octobre. Hauteur : 80 cm.
A. novae-angliae 'Alma Potschke' : fleurs rouges en octobre-novembre. Hauteur : 100 cm.
A. novae-angliae 'Constance' : fleurs violet foncé.
A. novae-angliae 'Harrington Pink' : fleurs rose-saumon.
A. novae-angliae 'Septemberrubin' : fleurs rouge foncé.
A. novi-belgii : se distingue de l'espèce précédente par son feuillage beaucoup plus brillant et vert foncé.
'Ada Ballard' : fleurs bleues de septembre à octobre. Hauteur : 100 à 150 cm.
'Crimson Brocade' : fleurs rouges.
'Fair Lady' : fleurs blanches.
'Henriette' : fleurs roses.
'Freda Ballard' : fleurs rouges.
'Marie Ballard' : fleurs bleues doubles.
'Patricia Ballard' : fleurs roses doubles.
'White Ladies' : fleurs blanches semi-doubles.

Asters

ASTILBE

SAXIFRAGACEES

Description : plante vivace buissonnante. Feuillage découpé et vert. Fleurs blanches, roses ou rouges réunies en panicules, s'épanouissant de juin à août.

Exigences : sol riche et frais. Supporte les sols humides et acides. Situation mi-ombragée.

Astilbe chinensis var. pumila

Utilisation : massif de plantes vivaces à l'ombre, plate-bande, bord d'eau, isolé, fleur coupée et bac.

Entretien : rabattre les tiges à 10 cm du sol au printemps. Supprimer les fleurs après leur épanouissement. Arrosage pendant les périodes chaudes.

Culture : division de souche au printemps. Distance de plantation : 30 à 40 cm.

Espèces et variétés :

- Les espèces basses :
A. chinensis var. *pumila* : fleurs rose-lilas en épis denses, d'août à septembre. Hauteur : 30 à 40 cm.
A. simplicifolia - Hybride 'Sprite' : fleurs rose clair de juillet à août. Hauteur : 40 à 50 cm.
- Les espèces hautes :
A. X arendsii : feuillage décoratif. Floraison de juin à septembre. Hauteur : 60 à 100 cm.
A. X arendsii 'Anita Pfeifer' : fleurs rose-saumon.
A. X arendsii 'Cattleya' : fleurs rose-lilas.
A. X arendsii 'Diamant' : fleurs blanches.

A. X arendsii 'Fanal' : fleurs rouge foncé.
A. X arendsii 'Feuer' : fleurs rouges.
A. X arendsii 'Granat' : fleurs rouge carmin foncé.
A. X arendsii 'Reine des lacs' : fleurs rose clair.
A. japonica : feuillage très découpé. Fleurs de juin à août. Hauteur : 50 à 60 cm.
A. japonica 'Deutschland' : fleurs blanches.
A. japonica 'Koblenz' : fleurs rouge carmin.
A. japonica 'Mainz' : fleurs rose-lilas.

ASTRANTIA
Astrantie, Astrance

OMBELLIFERES

Description : plante vivace buissonnante. Feuillage composé et vert. Fleurs réunies en ombelles et enveloppées de bractées colorées, s'épanouissant de juin à août.

Exigences : sol frais. Supporte le calcaire et les terrains lourds. Situation ensoleillée.

Utilisation : massif de plantes vivaces, plate-bande, isolé et fleur coupée.

Entretien : rabattre les tiges à 10 cm du sol au printemps.

Culture : semis ou division de souche au printemps. Distance de plantation : 30 à 40 cm.

Espèces et variétés :

A. major : Grande Astrance, Radiaire. Fleurs rougeâtres en juin-juillet. Hauteur : 70 à 80 cm.

AUBRIETA
Aubriète
CRUCIFERES

Description : plante vivace tapissante très vigoureuse. Feuillage vert, légèrement pubescent et persistant. Fleurs très nombreuses, roses, rouges ou violettes, s'épanouissant de mars à mai.

Exigences : sol riche et frais. Supporte le calcaire. Situation ensoleillée, mais supporte la mi-ombre.

Utilisation : rocaille, bordure, mur et muret plantés, bac, jardinière et escalier fleuri.

Entretien : rabattre court tous les 2 ou 3 ans, afin de régénérer la souche. Supprimer les fleurs fanées.

Culture : semis en mai. Bouturage de tiges ou division de souche en automne. Distance de plantation : 20 à 30 cm.

Espèces et variétés :
A. deltoidea 'Blue Emperor' : fleurs bleues. Hauteur : 10 à 20 cm. Diamètre : 40 à 50 cm.
A. deltoidea 'Clos fleuri' : fleurs mauves et doubles. Hauteur : 10 à 20 cm.
A. deltoidea 'Docteur Mules' : fleurs violettes. Hauteur : 10 à 20 cm.
A. deltoidea 'Fire King' : fleurs rouges. Hauteur : 10 à 20 cm.
A. deltoidea 'Jeanne Cayeux' : fleurs violettes. Hauteur : 10 à 20 cm.
A. deltoidea 'Morheimi' : fleurs rose pâle. Hauteur : 10 à 20 cm.
A. deltoidea 'Alsace' : fleurs rose clair et semi-doubles. Hauteur : 10 à 20 cm.
A. deltoidea 'Rosenteppich' : fleurs rose carmin. Hauteur : 10 à 20 cm.

BERGENIA
SAXIFRAGACEES

Description : plante vivace tapissante. Feuillage persistant, charnu et vert brillant. Fleurs blanches ou roses réunies en cymes, s'épanouissant d'avril à mai.

Exigences : convient dans tous les types de sol. Supporte le calcaire. Situation ensoleillée ou mi-ombragée.

Utilisation : rocaille, bordure, couvre-sol en sous-bois, talus et bac.

Entretien : plante peu délicate, s'accommode d'un minimum de soins. Supprimer les fleurs fanées et les feuilles jaunes ou sèches dès leur apparition.

Culture : semis et division de souche au printemps. Distance de plantation : 30 à 40 cm.

Espèces et variétés :
B. cordifolia : fleurs roses en avril-mai. Hauteur : 30 cm. Diamètre : 30 à 40 cm.
B. Hybride 'Abendglut' : fleurs rouge-pourpre en avril-mai. Hauteur : 40 cm.
B. Hybride 'Silberlicht' : fleurs blanches en avril-mai. Hauteur : 40 cm. Diamètre : 40 à 50 cm.

BRUNNERA
Brunnera
BORRAGINACEES

Description : plante vivace buissonnante. Feuillage vert, cordiforme et légèrement gaufré. Fleurs bleues à cœur jaune, réunies en panicules, s'épanouissant en avril-mai.

Exigences : sol frais, riche et humide. Supporte le calcaire. Situation ensoleillée ou mi-ombragée. Supporte une faible luminosité.

Utilisation : rocaille, bordure, massif de plantes vivaces, couvre-sol en sous-bois et talus.

Entretien : très peu exigeant, le Brunnera s'accommode de peu de soins. Supprimer les fleurs fanées. Rabattre entièrement le feuillage au printemps.

Culture : semis. Distance de plantation : 40 cm.

Espèces et variétés :
B. macrophylla : Buglosse de Sibérie, syn. Myosotis du Caucase. Fleurs bleues en avril-mai. Hauteur : 30 à 40 cm.

BUPHTALMUM
Oeil-de-bœuf
COMPOSEES

Description : plante vivace buissonnante. Feuillage oblong et vert. Fleurs semblables aux Marguerites, s'épanouissant de juin à août.

Exigences : sol riche et frais. Situation ensoleillée ou mi-ombragée. Supporte une faible luminosité.

Utilisation : massif de plantes vivaces, rocaille, plate-bande, fleur coupée et bac.

Entretien : rabattre au printemps les tiges à 5 cm du sol. Tuteurage si nécessaire pendant la floraison. Supprimer les fleurs après la floraison.

Culture : semis et division de souche au printemps. Distance de plantation : 30 à 40 cm.

Espèces et variétés :
B. salicifolium : fleurs jaunes à cœur brun, en juillet-août. Hauteur : 40 à 50 cm.

Aubrieta

CAMPANULA
Campanule

CAMPANULACEES

Description : plante vivace tapissante ou buissonnante. Feuillage simple et vert. Fleurs blanches, bleues ou violacées, s'épanouissant au printemps ou en été.

Exigences : s'accommode de tous les types de sol. Supporte le calcaire. Situation ensoleillée ou mi-ombragée.

Utilisation : bordure, rocaille, mur et muret, escalier fleuri, plate-bande, massif de plantes vivaces, bac et fleur coupée.

Entretien : pour les espèces hautes, rabattre au printemps les tiges à 5 cm du sol et maintenir les hampes florales pendant la floraison. Supprimer les fleurs fanées.

Culture : semis en avril-mai. Distance de plantation : 30 à 50 cm.

Parasites et maladies : limaces, pucerons, chenilles.

Espèces et variétés :

- Les espèces basses :
C. carpatica : fleurs bleues en juillet-août. Hauteur : 30 cm. Diamètre : 30 à 40 cm.
C. carpatica 'Alba' : fleurs blanches de juillet à août. Hauteur : 30 cm. Diamètre : 30 à 40 cm.
C. carpatica 'Clips bleu' : fleurs bleues, aspect dense. Hauteur : 20 cm. Diamètre : 25 à 30 cm.
C. garganica : fleurs bleu clair de juin à juillet. Hauteur : 10 cm. Diamètre : 25 à 30 cm.
C. portenchlagiana 'Muralis' : fleurs bleu violacé de mai à août, aspect très tapissant. Hauteur : 10 à 15 cm.
C. poscharskyana 'Lisduggan' : fleurs bleu soutenu de mai à août. Hauteur : 20 cm. Diamètre : 25 à 30 cm.
C. poscharskyana 'Stella' : fleurs bleu foncé de mai à juillet. Hauteur : 15 cm.

- Les espèces hautes :
C. glomerata 'Alba' : fleurs blanches de juin à août. Hauteur : 50 à 60 cm.
C. glomerata 'Superba' : fleurs bleu foncé de juin à août. Hauteur : 60 cm.
C. latifolia 'Macrantha' : fleurs violet foncé de juillet à août. Hauteur : 100 cm.
C. persicifolia 'Alba Plena' : fleurs blanches doubles. Hauteur : 80 cm.
C. persicifolia 'Grandiflora Alba' : fleurs blanches de juin à juillet. Hauteur : 70 cm.
C. persicifolia 'Grandiflora coerulea' : fleurs bleues de juin à juillet. Hauteur : 70 cm.

Campanula glomerata

Campanula persicifolia

CARDAMINE

CRUCIFERES

Description : plante vivace tapissante à souche stolonifère. Feuillage simple ou composé, persistant. Fleurs blanches réunies en grappes, s'épanouissant d'avril à mai.

Exigences : sol frais, riche et humide. Situation mi-ombragée ou ombragée.

Utilisation : bordure et rocaille à l'ombre, talus et couvre-sol en sous-bois.

Entretien : se contente d'un minimum de soins.

Culture : semis ou division au printemps. Distance de plantation : 20 à 30 cm.

Espèces et variétés :
C. trifoliata : Cardamine à trois folioles. Fleurs blanches en mai. Hauteur : 15 cm. Diamètre : 25 à 30 cm.

CARLINA

Carline

COMPOSEES

Description : plante vivace tapissante. Feuillage profondément découpé et légèrement glauque. Fleurs grisâtres, enveloppées de bractées argentées, s'épanouissant en été et possédant la particularité de se refermer lorsqu'il pleut.

Exigences : s'accommode de tous les types de sol. Supporte le calcaire et préfère les sols pierreux. Situation ensoleillée.

Utilisation : rocaille en montagne. Fleur coupée pour bouquet sec.

Entretien : plante très peu exigeante.

Culture : semis au printemps. Distance de plantation : 30 à 40 cm.

Espèces et variétés :
C. acaulis : fleurs blanches de juin à août. Hauteur : 25 cm. Diamètre : 20 à 30 cm.

> *Les fleurs des Carlines conviennent après séchage pour la confection de bouquets secs.*

CATANANCHE

Cupidone

COMPOSEES

Description : plante vivace buissonnante xérophile. Feuillage linéaire vert, terminé par 2 ou 3 lobes. Fleurs bleues entourées de bractées, s'épanouissant de juillet à septembre.

Exigences : sol bien drainé, plutôt sec et pierreux. Supporte le calcaire. Situation ensoleillée et chaude.

Utilisation : bordure, rocaille, plate-bande et fleur coupée pour bouquet sec.

Entretien : rabattre les tiges à 5 cm du sol au printemps. Protéger la souche avec des branches de sapin ou des feuilles dans les régions aux hivers rigoureux.

Culture : semis au printemps Distance de plantation : 40 cm.

Espèces et variétés :
C. caerulea : fleurs bleues de juillet à septembre. Hauteur : 50 à 60 cm.
C. caerulea 'Alba' : fleurs blanches. Hauteur : 50 à 60 cm.

CENTAUREA

Centaurée

COMPOSEES

Description : plante vivace buissonnante très florifère. Feuillage tomenteux, lancéolé et vert. Fleurs rouges, jaunes ou bleues s'épanouissant de mai à août.

Exigences : sol bien drainé. Supporte le calcaire. Situation ensoleillée.

Utilisation : massif de plantes vivaces, plate-bande, bordure et fleur coupée.

Entretien : rabattre au printemps les tiges à 5 cm du sol et les maintenir pendant la floraison.

Culture : semis et division au printemps. Distance de plantation : 40 cm.

Espèces et variétés :
C. dealbata 'Steenbergii' : fleurs rouge-pourpre de juin à juillet. Hauteur : 60 cm.
C. macrocephala : Barbeau des montagnes. Grandes fleurs jaune soufre de juillet à août. Hauteur : 100 cm.
C. montana : fleurs bleues en juillet. Hauteur : 40 cm.

Centaurea montana 'Grandiflora'

Centaurea montana 'Alba'

C. montana 'Alba' : fleurs blanches.
C. montana 'Carnea' : fleurs roses.
C. montana 'Grandiflora' : grandes fleurs bleues. Hauteur : 50 cm.
C. montana 'Purpurea' : fleurs pourpres.
C. montana 'Rubra' : fleurs rouges.
C. montana 'Sulphurea' : fleurs brunes à cœur jaune.

CERASTIUM

Céraiste, Oreille-de-souris

CARYOPHYLLACEES

Description : plante vivace tapissante et vigoureuse. Feuillage très décoratif, argenté et persistant. Fleurs blanches s'épanouissant en mai-juin.

Exigences : sol bien drainé et sec. Supporte le calcaire. Situation ensoleillée.

Utilisation : bordure, rocaille, mur et muret plantés, escalier fleuri, jardinière et bac.

Entretien : supprimer les fleurs après leur épanouissement. Rabattre court les tiges tous les 2 ou 3 ans, pour régénérer les souches.

Culture : semis et division au printemps. Distance de plantation : 30 cm.

Espèces et variétés :
C. biebersteinii : feuilles blanchâtres, tomenteuses et fleurs blanches en mai. Hauteur : 20 cm. Diamètre : 30 à 40 cm.
C. tomentosum : feuillage grisâtre et fleurs blanches en mai-juin. Hauteur : 10 cm. Diamètre : 30 à 40 cm.

Cerastium biebersteinii

CERATOSTIGMA

Dentelaire

PLOMBAGINACEES

Description : plante vivace tapissante. Feuillage vert-bronze très décoratif. Fleurs bleu vif s'épanouissant d'août à octobre.

Exigences : sol bien drainé. Supporte le calcaire. Situation ensoleillée et chaude.

Utilisation : rocaille, bordure, plate-bande, talus et couvre-sol en situation ensoleillée, bac.

Entretien : rabattre très court les tiges au printemps.

Culture : division de souche au printemps. Distance de plantation : 30 cm.

Espèces et variétés :
C. plumbaginoides : fleurs bleues d'août à octobre. Hauteur : 25 à 30 cm. Diamètre : 30 à 40 cm.

CHELONE

Galane

SCROPHULARIACEES

Description : plante vivace buissonnante. Feuillage légèrement denté et vert. Fleurs blanches ou rouges en épis, s'épanouissant d'août à septembre.

Exigences : sol humide et frais. Situation ensoleillée ou mi-ombragée.

Utilisation : massif de plantes vivaces, plate-bande et fleur coupée.

Entretien : rabattre au printemps les tiges à 4 cm du sol. Maintenir les hampes florales pendant la floraison.

Culture : division de souche au printemps. Distance de plantation : 40 cm.

Espèces et variétés :
C. obliqua : fleurs rose foncé d'août à septembre. Hauteur : 70 à 80 cm.
C. obliqua 'Alba' : fleurs blanches. Hauteur : 70 cm.

CENTRANTHUS

Valériane rouge

VALERIANACEES

Description : plante vivace buissonnante. Feuillage vert grisâtre. Fleurs blanches ou rose carmin s'épanouissant de juin à septembre.

Exigences : sol bien drainé. Supporte le calcaire et les sols secs. Situation ensoleillée.

Utilisation : massif de plantes vivaces, isolé, plate-bande, bordure et bac.

Entretien : supprimer les fleurs après leur plein épanouissement pour provoquer une seconde floraison en automne. Rabattre au printemps les tiges à 5 cm du sol.

Culture : semis au printemps ou sur place en automne. Division de souche au printemps. Distance de plantation : 40 cm.

Parasites et maladies : éviter les excès d'eau qui provoquent la pourriture de la souche.

Espèces et variétés :
C. ruber : fleurs rose carmin de mai à juillet. Hauteur : 60 cm.
C. ruber 'Alba' : fleurs blanches de juin à juillet. Hauteur : 50 cm.
C. ruber 'Coccinea' : fleurs rouges de juin à septembre. Hauteur : 60 cm.

CHRYSANTHEMUM
Chrysanthème, Marguerite
COMPOSEES

Description : plante vivace buissonnante. Feuillage vert, entier ou découpé. Fleurs simples ou doubles, jaunes, rouges, blanches, aux tons variés, s'épanouissant d'août à octobre.

Exigences : convient dans tous les types de sol. Supporte le calcaire. Situation ensoleillée.

Utilisation : massif de plantes vivaces, plate-bande, isolé, bordure et fleur coupée.

Entretien : supprimer les fleurs fanées. Rabattre les tiges au printemps à 5 cm du sol. Maintenir les hampes florales pendant la floraison. Protéger les variétés de *C. hortorum* avec des feuilles ou des branches de sapin dans les régions aux hivers rigoureux.

Culture : division de souche au printemps et semis. Distance de plantation : 40 à 50 cm.

Parasites et maladies : rouille, pucerons et thrips.

Chrysanthemum leucanthemum

Chrysanthemum leucanthemum

Espèces et variétés :
C. coccineum : Pyrètre. Grandes fleurs simples ou doubles aux nombreux coloris de rose, rouge et blanc, en mai-juin. Hauteur : 70 à 80 cm.
C. coccineum 'E.M. Robinson' : fleurs roses.
C. coccineum 'James Kelway' : fleurs rouge foncé.
C. hortorum : Chrysanthème des horticulteurs, Chrysanthème d'automne. Fleurs simples ou doubles aux nombreux coloris, en septembre-octobre.
C. leucanthemum : Marguerite des Prairies. Grandes fleurs blanches à cœur jaune en mai-juin. Hauteur : 50 à 60 cm.
C. maximum : Marguerite d'été. Très grandes fleurs simples ou doubles, blanches à cœur jaune, de juin à août.
C. maximum 'Aglaia' : fleurs doubles blanches. Hauteur : 90 cm.
C. maximum 'Etoile d'Anvers' : grandes fleurs blanches. Hauteur : 90 cm.
C. maximum 'Maxy Daisy' : fleurs simples blanches. Hauteur : 90 cm.
C. maximum 'Reine de mai' : fleurs blanches très précoces.

CHRYSOGONUM

COMPOSEES

Description : plante vivace tapissante. Feuillage ovale, vert et légèrement denté. Fleurs étoilées, jaunes, s'épanouissant de mai à août.

Exigences : sol humide et riche. Situation ensoleillée ou mi-ombragée.

Utilisation : rocaille, bordure, talus et couvre-sol en sous-bois.

Entretien : s'accommode de peu de soins.

Culture : division de souche au printemps. Distance de plantation : 30 cm.

Espèces et variétés :
C. virginianum : fleurs jaune or de mai à août. Hauteur : 30 cm. Diamètre : 50 cm.

CIMICIFUGA
Cierge d'argent

RENONCULACEES

Description : plante vivace buissonnante. Feuillage vert. Fleurs blanches réunies en épis, s'épanouissant en septembre-octobre.

Exigences : sol frais, riche et légèrement humide. Situation mi-ombragée ou ombragée.

Utilisation : massif de plantes vivaces, plate-bande, isolé et fleur coupée.

Entretien : rabattre les tiges au printemps à 5 cm du sol. Maintenir les hampes florales pendant la floraison.

Culture : division de souche au printemps. Distance de plantation : 50 à 60 cm.

Espèces et variétés :
C. cordifolia : fleurs blanc crème de juillet à août. Hauteur : 180 à 200 cm.
C. racemosa 'Simplex' : fleurs blanches et odorantes de septembre à novembre. Hauteur : 150 cm.

Cimicifuga racemosa 'Simplex'

CONVALLARIA
Muguet de mai

LILIACEES

Description : plante vivace tapissante. Feuillage vert. Fleurs blanches et odorantes en forme de clochettes, réunies le long d'une hampe florale. Floraison en avril-mai.

Exigences : sol riche, frais et meuble. Situation mi-ombragée ou ombragée.

Utilisation : rocaille, bordure, talus et couvre-sol en sous-bois, fleur coupée.

Entretien : protéger les souches avec des branches de sapin ou des feuilles pendant l'hiver.

Culture : division de souche au printemps. Distance de plantation : 20 à 30 cm.

Parasites et maladies : botrytis.

Espèces et variétés :
C. majalis : fleurs blanches en avril-mai. Hauteur 15 à 20 cm. Diamètre : 15 à 30 cm.

CRUCIANELLA
Crucianelle

RUBIACEES

Description : plante vivace tapissante. Feuillage linéaire et vert. Fleurs roses ou jaunes, réunies en grappes denses, s'épanouissant de mai à septembre.

Exigences : convient dans tous les types de sol. Situation ensoleillée.

Utilisation : bordure, rocaille, escalier fleuri, mur et muret, bac.

Entretien : s'accommode d'un minimum de soins.

Culture : semis ou division au printemps. Distance de plantation : 30 à 40 cm.

Espèces et variétés :
C. glauca : fleurs jaunes en épis, en juillet. Hauteur : 20 cm. Diamètre : 30 à 40 cm.
C. stylosa : fleurs roses de mai à septembre. Hauteur : 20 cm.
C. stylosa 'Purpurea' : fleurs pourpre de mai à septembre.

COREOPSIS
Coréopsis

COMPOSEES

Description : plante vivace buissonnante. Feuillage fin, vert, très décoratif. Fleurs simples ou doubles, jaunes, s'épanouissant de juin à novembre.

Exigences : convient dans tous les types de sol. Supporte le calcaire. Situation ensoleillée.

Utilisation : massif de plantes vivaces, plate-bande, isolé et fleur coupée.

Entretien : supprimer les fleurs fanées. Rabattre au printemps les tiges à 5 cm du sol. Maintenir les hampes florales au moment de la floraison.

Culture : division de souche au printemps. Semis. Distance de plantation : 40 cm.

Espèces et variétés :
C. grandiflora 'Mayfied' : fleurs simples, jaune d'or, de juin à octobre. Hauteur : 70 cm.
C. grandiflora 'Sunray' : fleurs doubles, jaunes, de juin à novembre. Hauteur : 50 cm.

Coreopsis verticillata

C. lanceolata 'Baby gold' : fleurs jaune d'or de juin à octobre. Hauteur : 30 cm.
C. lanceolata 'Goldenteppich' : fleurs jaunes de juin à août. Hauteur : 25 cm.
C. lanceolata 'Rotkelchen' : fleurs jaunes à cœur brun de mai à septembre. Hauteur : 15 cm.
C. lanceolata 'Sonnenkind' : fleurs jaune d'or très abondantes de juin à octobre. Hauteur : 30 cm.
C. verticillata 'Grandiflora' : grandes fleurs jaunes de juin à septembre. Feuillage très fin et très décoratif. Hauteur : 80 cm.
C. verticillata 'Moonbeam' : fleurs jaune citron de juillet à septembre. Hauteur : 40 à 50 cm.

DELPHINIUM
Pied-d'Alouette

RENONCULACEES

Description : plante vivace buissonnante et vigoureuse. Feuillage découpé, très décoratif et vert. Fleurs simples ou doubles réunies en épis, de couleur blanche, bleu clair ou foncé, mauve, pourpre ou rose, s'épanouissant de juin à septembre. Floraison remontante si l'on prend soin de supprimer les fleurs fanées.

Exigences : sol riche, profond et meuble. Supporte le calcaire. Situation ensoleillée.

Utilisation : massif de plantes vivaces, plate-bande, isolé et fleur coupée.

Entretien : tuteurage indispensable au fur et à mesure de la croissance. Rabattre les tiges à 5 cm du sol au printemps. Supprimer les fleurs après leur plein épanouissement. Arrosage conseillé pendant l'été et les périodes sèches.

Culture : semis en juin-juillet et division de souche au printemps. Bouturage de rameaux au printemps. Distance de plantation : 40 à 50 cm.

Parasites et maladies : sensible aux maladies bactériennes (pourriture de la souche et des tiges). Très sensible à l'oïdium. Surveiller l'apparition de limaces au printemps, qui apprécient les jeunes feuilles.

Espèces et variétés :
D. - Belladona - Hybrides : fleurs bleues ou blanches de juin à septembre. Hauteur : 120 cm.
'Capri' : bleu clair.
'Casa Blanca' : blanc.
'Völkerfrieden' : bleu gentiane.
D. grandiflorum 'Tom Pouce' : fleurs bleu gentiane en juillet. Hauteur : 40 cm.
D. - Pacific - Hybrides : fleurs roses, blanches ou mauves en passant par de nombreux tons de bleu. Hauteur : 150 à 180 cm.
'Astolat' : fleurs roses.
'Black night' : fleurs violet foncé.
'Blue Bird' : fleurs bleu vif à étamines blanches.
'Blue Jay' : fleurs bleu clair.
'Galahad' : fleurs blanches.
'Guinevere' : fleurs mauves.
'King Arthur' : fleurs violet foncé

DIANTHUS
Œillet vivace

CARYOPHYLLACEES

Description : plante vivace tapissante. Feuillage vert ou bleuté très décoratif. Fleurs simples ou doubles de couleur rose, rouge ou blanche, s'épanouissant de mai-juin à août.

Exigences : sol bien drainé. Supporte le calcaire. Situation ensoleillée.

Utilisation : bordure, rocaille, bac, mur et muret, escalier fleuri, plate-bande et fleur coupée (*D. plumarius*).

Entretien : supprimer les fleurs fanées. Rabattre les tiges en respectant une forme en coussin au printemps. Protéger les souches avec des branches de sapin dans les régions aux hivers froids.

Culture : semis d'avril à juin. Division de souche et bouturage de rameaux au printemps. Distance de plantation : 30 cm.

Parasites et maladies : sensible aux pucerons, à la rouille, au thrips et au botrytis.

Espèces et variétés :

D. alpinus : Œillet des Alpes. Grandes fleurs roses de juin à juillet. Hauteur : 20 cm. Diamètre : 25 à 30 cm.
D. caesius : Œillet rampant ou Œillet des Montagnes. Petites fleurs parfumées et simples en mai-juin. Hauteur : 10 à 20 cm. Diamètre : 25 à 30 cm.
D. caesius 'Badenia' : fleurs rouges, variété particulièrement tapissante.
D. caesius 'Feuerhexe' : fleurs rouges odorantes. Hauteur : 20 cm.
D. caesius 'Julia' : fleurs roses. Hauteur : 25 cm.
D. caesius 'Stäfa' : fleurs roses.

Dianthus deltoides

D. deltoides : Œillet des Landes. Fleurs blanches, roses ou rouges. Feuillage vert foncé. Hauteur : 15 à 20 cm.
D. deltoides 'Splendens' : fleurs rouge carmin de juin à août. Hauteur : 15 cm. Diamètre : 30 cm.
D. plumarius : Œillet mignardise. Fleurs simples ou doubles, parfumées, de couleur blanche, rose ou rouge de mai à juillet. Hauteur : 30 cm. Diamètre : 30-40 cm.

'Alba Plena' : fleurs blanches doubles de juin à juillet.
'Annabel' : fleurs roses à cœur rouge foncé de juin à juillet.
'Desmond' : fleurs rouge foncé.
'Gitanea' : fleurs rouges.
'Haytor' : fleurs blanches doubles.
'Helen' : fleurs roses doubles.
'Romeo' : fleurs pourpre et blanches.

Les rocailles surélevées sont peu courantes, mais très pratiques pour séparer deux parties d'un jardin ou meubler la base d'une haie. De plus, les végétaux sont à hauteur d'homme, ce qui facilite les travaux d'entretien. Ce type de rocaille est particulièrement adapté aux personnes âgées qui ont des difficultés à se baisser. Les plantes sont ainsi aisément accessibles pour les soigner et les observer.

Certains collectionneurs d'Œillets vivaces ont choisi ce mode de culture et ce, non seulement pour les raisons pratiques évoquées ci-dessus, mais également pour pouvoir apprécier les délicats parfums qu'exhalent les fleurs. Exposés à l'est ou à l'ouest et adossés contre une haie, les Œillets bénéficient d'une situation adéquate pour se développer. Prévoir un arrosage régulier, surtout en été, car le substrat se dessèche plus vite en rocaille surélevée qu'en situation normale.

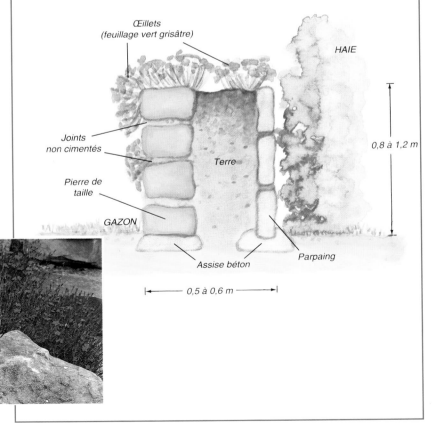

Œillets (feuillage vert grisâtre)

HAIE

Joints non cimentés

Terre

Pierre de taille

GAZON

0,8 à 1,2 m

Assise béton

Parpaing

0,5 à 0,6 m

DIASCA

SCROPHULARIACEES

Description : plante vivace tapissante. Feuillage simple et vert, porté par des rameaux souples qui s'inclinent vers le sol. Fleurs rose-saumon, de juin à septembre.

Exigences : convient dans tous les types de sol. Situation ensoleillée ou mi-ombragée.

Utilisation : massif de plantes vivaces, bordure, rocaille et bac.

Entretien : protéger la souche en hiver avec des branches de sapin ou des feuilles. Les *Diasca* sont très délicats.

Culture : division de souche au printemps. Semis possible au printemps sous abri. Distance de plantation : 30 cm.

Espèces et variétés :

D. barberae : fleurs rose tendre d'aspect très délicates, de juin à septembre sans interruption. Feuillage fin et très décoratif. Hauteur : 20-25 cm. Diamètre : 25- 30 cm.

Le feuillage des Dicentra a tendance à jaunir puis à se dessécher en été. Pour limiter cet inconvénient, il est conseillé de les planter dans un sol frais et riche.

DICENTRA

PAPAVERACEES

Description : plante vivace buissonnante. Feuillage vert tendre, d'aspect très léger, fin et décoratif. Fleurs particulières en forme de cœurs, de couleur rose ou blanche, s'épanouissant de mai à août.

Exigences : sol frais et riche. Situation ensoleillée ou mi-ombragée.

Utilisation : massif de plantes vivaces, plate-bande, bordure, isolé et fleur coupée.

Entretien : maintenir le feuillage et les hampes florales au cours de la végétation. Supprimer les fleurs fanées. Rabattre les tiges en automne, avant de protéger la souche avec des branches de sapin.

Culture : division de souche au printemps. Distance de plantation : 30 à 40 cm.

Espèces et variétés :

D. formosa : feuillage grisâtre. Fleurs roses ou rouges de mai à août. Hauteur : 25 cm.

D. spectabilis : Cœur de Marie, Cœur de Jeannette. Feuillage vert. Fleurs roses et blanches de mai à août. Hauteur : 40 à 60 cm.

D. spectabilis 'Alba' : fleurs blanches de mai à août. Hauteur : 40 à 60 cm.

DICTAMNUS
Fraxinelle

RUTACEES

Description : plante vivace buissonnante caractérisée par une odeur prononcée. Feuillage simple et vert porté par des tiges visqueuses munies de glandes. Fleurs réunies en grappes, roses ou rouges, s'épanouissant en juin-juillet.

Exigences : sol riche et bien drainé. Situation ensoleillée ou mi-ombragée.

Utilisation : massif de plantes vivaces, plate-bande, isolé et colonie libre en sous-bois.

Entretien : supprimer les fleurs fanées. Rabattre les tiges à 5 cm du sol au printemps.

Culture : semis dès la maturité des graines. Division au printemps. Distance de plantation : 40 cm.

Espèces et variétés :

D. albus : fleurs blanches. Hauteur : 60 à 80 cm.

D. albus 'Caucasica' : fleurs roses en été. Hauteur : 60 à 80 cm.

D. albus 'Rubra' : fleurs rose foncé en été. Hauteur : 60 à 80 cm.

Dicentra spectabilis

Digitalis purpurea

DIGITALIS
Digitale,
Gant-de-Notre-Dame

SCROPHULARIACEES

Description : plante vivace buissonnante à tige florale dressée. Feuillage large, vert et légèrement tomenteux. Fleurs en forme de clochettes de couleur blanche, rose et pourpre, à macules plus ou moins foncés, s'épanouissant de juin à août.

Exigences : sol frais, riche et bien drainé. Situation mi-ombragée. Supporte le plein soleil.

Utilisation : massif de plantes vivaces, plate-bande, isolé et fleur coupée.

Entretien : maintenir les hampes florales au moment de leur épanouissement. Supprimer les hampes de fleurs fanées. Rabattre les tiges à 5 cm du sol au printemps.

Culture : semis naturel après la floraison. Semis de mai à juillet. Distance de plantation : 40 cm.

Espèces et variétés :
D. grandiflora : syn. *D. ambigua*. Fleurs jaunes en forme de clochettes de juin à août. Hauteur : 70 à 80 cm.
D. purpurea 'Alba' : fleurs blanches de juin à août. Hauteur : 120 cm.
D. purpurea 'Excelsior' : fleurs aux coloris variés. Hauteur : 120 cm.

Digitalis grandiflora

Digitalis purpurea hybrides

DODECATHEON

Gyroselle de Virginie

PRIMULACEES

Description : plante vivace buissonnante. Feuillage lancéolé, vert, rassemblé en rosettes. Fleurs roses, semblables à celles des Cyclamens, s'épanouissant d'avril à mai.

Exigences : sol frais, tourbeux et humide. Situation mi-ombragée ou ombragée.

Utilisation : isolé, couvre-sol en sous-bois ou colonie libre.

Entretien : supprimer les fleurs après leur épanouissement. Nettoyer les souches après la floraison puisque le feuillage se dessèche pour ne réapparaître qu'au printemps suivant.

Culture : division de souche tôt au printemps. Semis dès la récolte des graines. Distance de plantation : 25 cm.

Espèces et variétés :
D. meadia : fleurs rose-pourpre en mai. Hauteur : 40 cm.

DRABA

Drave

COMPOSEES

Description : plante vivace tapissante. Feuillage vert, minuscule, formant un coussin très dense. Fleurs jaunes s'épanouissant de février à mai.

Exigences : sol bien drainé et rocailleux. Situation ensoleillée.

Utilisation : rocaille, mur et muret, escalier fleuri, bac et jardinière.

Entretien : supprimer les fleurs après la floraison.

Culture : division de souche ou bouture de rameaux au printemps. Semis dès la récolte des graines. Distance de plantation : 15 cm.

Espèces et variétés :
D. aizoides : fleurs jaunes de février à avril. Hauteur : 10 cm. Diamètre : 15 à 20 cm.
D. bruniifolia : fleurs jaunes en mai. Hauteur : 5 à 10 cm. Diamètre : 15 à 20 cm.

Doronicum orientale

DORONICUM

Doronic

COMPOSEES

Description : plante vivace buissonnante. Feuillage vert légèrement duveteux. Fleurs jaunes, précoces, dès la fin de l'hiver.

Exigences : Sol bien drainé. Supporte le calcaire. Situation ensoleillée ou mi-ombragée.

Utilisation : massif de plantes vivaces, plate-bande, bordure, rocaille et bac.

Entretien : supprimer les fleurs fanées. Très peu exigeant quant aux soins à lui fournir.

Culture : semis au printemps ou en automne. Distance de plantation : 40 à 50 cm.

Espèces et variétés :
D. orientale : syn. *D. caucasicum*. Grandes fleurs jaunes semblables aux Marguerites, de mars à mai. Hauteur : 50 cm.
D. plantagineum : feuillage duveteux. Fleurs jaunes en avril-mai. Hauteur : 80 cm.

DRYAS

Dryade

ROSACEES

Description : plante vivace tapissante très vigoureuse. Feuillage dense et persistant. De couleur vert mat à la face supérieure des feuilles, il est argenté à la face inférieure. Il prend en automne des teintes bronze. Fleurs blanches, abondantes en mai-juin. Fruits d'aspect cotonneux en août-septembre.

Exigences : sol bien drainé, sablonneux et caillouteux. Situation ensoleillée ou mi-ombragée.

Utilisation : rocaille, couvre-sol pour talus, bordure, bac et escalier fleuri.

Entretien : supprimer les fruits après l'hiver, dès qu'ils ont perdu leur attrait décoratif.

Culture : semis, bouture et division de souche. Distance de plantation : 30 cm.

Espèces et variétés :
D. octopetala : fleurs très nombreuses, blanc jaunâtre, de mai à juin. Hauteur : 15 cm. Diamètre : 25 à 30 cm.
D. X suendermannii : espèce issue d'un croisement entre *D. octopelata* et *D. drummondii*. Fleurs jaunes en mai-juin. Hauteur : 15 cm. Diamètre : 25 à 30 cm.

Infrutescences cotonneuses des Dryas.

ECHINOPS
Boule azurée, Chardon bleu

COMPOSEES

Description : plante vivace buissonnante. Feuillage très découpé, piquant et légèrement argenté. Fleurs bleu foncé possédant des reflets argentés, s'épanouissant de juin à août.

Exigences : sol bien drainé et caillouteux. Supporte une terre pauvre, mais craint l'humidité. Situation ensoleillée.

Utilisation : massif de plantes vivaces, plate-bande, colonie libre dans une prairie ou dans un jardin champêtre, isolé et fleur coupée pour bouquet sec.

Entretien : maintenir les hampes florales pendant leur épanouissement. Rabattre les tiges à 5 cm du sol au printemps et protéger les souches des excès d'eau.

Culture : semis ou division de souche au printemps. Distance de plantation : 40 cm.

Espèces et variétés :
E. bannaticus 'Taplow Blue' : fleurs bleu intense de juillet à septembre. Hauteur : 120 cm.
E. ritro : fleurs bleu clair de juillet à septembre. Hauteur : 100 cm.
E. ritro 'Veitch's Blue' : fleurs bleu acier de juin à août. Hauteur : 70 cm.

Echinops ritro

EPIMEDIUM
Chapeau d'évêque

BERBERIDACEES

Description : plante vivace tapissante. Feuillage semi-persistant gracieux, vert foncé prenant des teintes rouge lie-de-vin en autonme. Fleurs jaunes très discrètes, s'épanouissant d'avril à mai.

Exigences : sol frais et riche. Situation ensoleillée ou mi-ombragée.

Utilisation : couvre-sol pour talus et sous-bois, rocaille, bordure et bac.

Entretien : rabattre les tiges au ras du sol au printemps.

Culture : division de souche au printemps. Distance de plantation : 30 cm.

Espèces et variétés :
E. pinnatum : fleurs jaune d'or en avril-mai. Hauteur : 30 cm. Diamètre : 30 à 40 cm.
E. X rubrum : feuillage vert prenant de belles teintes rouges en automne. Fleurs rouges et blanches en mai-juin. Hauteur : 30 cm. Diamètre : 30 à 40 cm.
E. X versicolor 'Sulphureum' : fleurs jaune soufre en mai-juin. Feuillage rouge au printemps. Hauteur : 25 cm. Diamètre : 30 à 40 cm.

Eremurus aurantiacus

EREMURUS
Quenouille de Cléopâtre

LILIACEES

Description : plante vivace à tige florale élancée. Feuillage vert, épais, disposé en rosette et persistant. Fleurs réunies en épis, de couleur blanche, jaune, rouille ou rose, s'épanouissant en juin-juillet

Exigences : sol riche, profond et bien drainé. Situation ensoleillée.

Utilisation : isolé, massif de plantes vivaces, plate-bande et fleur coupée.

Entretien : maintenir les hampes florales pendant leur épanouissement. Supprimer les tiges de fleurs fanées uniquement après leur dessèchement. Nettoyer les souches au printemps.

Culture : semis de graines stratifiées. Division de souche au printemps. Distance de plantation : 50 à 60 cm. Plantation conseillée en automne.

Espèces et variétés :
E. aurantiacus : fleurs orange à étamines caractéristiques. Hauteur : 50 à 60 cm.
E. himalaicus : fleurs blanches en mai-juin. Hauteur : 200 cm.
E. isabellinus - Hybrides : fleurs aux coloris variés, de juin à juillet. Hauteur : 150 cm.
E. robustus : fleurs rose tendre de mai à juin. Hauteur : 200 à 250 cm.

ERIGERON

Vergerette

COMPOSEES

Description : plante vivace buissonnante. Feuillage vert semblable à celui des Asters. Fleurs bleues, violettes, rouges, roses ou blanches, s'épanouissant de juin à septembre.

Exigences : sol bien drainé. Supporte le calcaire. Situation ensoleillée.

Utilisation : massif de plantes vivaces, plate-bande, bordure et fleur coupée.

Entretien : tuteurage conseillé pour les espèces hautes. Supprimer les fleurs fanées. Après la floraison estivale, rabattre entièrement les tiges ayant fleuri, afin de provoquer une seconde floraison automnale. Rabattre les tiges à 5 cm du sol au printemps. Protéger les souches avec des branches de sapin pendant l'hiver.

Culture : semis en juin-juillet. Division de souche au printemps. Distance de plantation : 40 cm.

Espèces et variétés :
E. aurantiacus : Erigeron nain : fleurs orange de juin à septembre. Hauteur : 30 à 40 cm.
E. X hybridus 'Darkest of All' : fleurs violet foncé de juin à septembre. Hauteur : 60 cm.
E. X hybridus 'Dignity' : fleurs violet-mauve. Hauteur : 50 cm.
E. X hybridus 'Foerster Liebling' : fleurs semi-doubles, rouges. Hauteur : 40 cm.
E. karvinskianus : multitude de petites fleurs blanc rosé ressemblant aux Pâquerettes. Hauteur : 20 cm.
E. leiomerus : nombreuses fleurs roses à cœur jaune, de juin à septembre. Hauteur : 20 cm.
E. speciosus 'Macranthus' : fleurs bleues. Hauteur : 50 cm.
E. speciosus 'Superbus' : fleurs bleu lavande. Hauteur : 70 cm.

ERINUS

Erine des Alpes

SCROPHULARIACEES

Description : plante vivace tapissante. Feuillage persistant et dense formant un coussin. Fleurs roses, lilas ou blanches s'épanouissant de mai à juin.

Exigences : sol bien drainé. Supporte le sol sec. Situation ensoleillée ou mi-ombragée.

Utilisation : rocaille, mur et muret, escalier fleuri, bac, jardinière, bordure et couvre-sol pour talus.

Entretien : plante alpine demandant peu d'entretien. Supprimer les fleurs fanées.

Culture : semis en été. Distance de plantation : 25 à 30 cm.

Espèces et variétés :
E. alpinus : fleurs blanches en mai-juin. Hauteur : 10 cm. Diamètre : 25 à 30 cm.
E. alpinus 'Dr. Hähnle' : fleurs rouge carmin. Hauteur : 10 cm. Diamètre : 25 à 30 cm.

ERIOGONUM

POLYGONACEES

Description : plante vivace buissonnante. Feuillage ovale de couleur vert grisâtre. Fleurs de petite taille, jaunes, s'épanouissant de juin à septembre.

Exigences : s'accommode de tous les sols. Situation ensoleillée.

Utilisation : rocaille, plate-bande, bordure et bac.

Entretien : supprimer les fleurs fanées. Rabattre les tiges à 5 cm du sol au printemps.

Culture : semis et division au printemps. Distance de plantation : 20 à 30 cm.

Espèces et variétés :
E. umbellatum : fleurs jaunes réunies en ombelles, de juin à septembre. Hauteur : 30 cm.

Erigeron karvinskianus

Erigeron leiomerus

ERYNGIUM
Panicaut

OMBELLIFERES

Description : plante vivace buissonnan-te. Feuillage coriace, découpé, vert foncé et muni de piquants. Fleurs minuscules portées par des bractées réunies en épis très denses et compacts, couvenant très bien à la confection de bouquets secs.

Exigences : sol profond et riche. Sup-porte le calcaire. Situation ensoleillée.

Utilisation : massif de plantes vivaces, plate-bande, bordure, isolé et fleur cou-pée fraîche ou séchée.

Entretien : maintenir le feuillage et les hampes florales en cours de saison. Sup-primer les fleurs après leur épanouisse-ment.

Culture : semis au printemps. Distance de plantation : 40 cm. A planter délicate-ment, car les racines sont très fragiles.

Espèces et variétés :
E. alpinum : Chardon bleu des Alpes. Fleurs bleues de juin à août. Hauteur : 70 cm.
E. planum : espèce possédant de nom-breuses variétés. Hauteur : 60 cm.
E. X zabelii 'Violetta' : fleurs violet-rou-geâtre de juillet à août. Hauteur : 50 cm.

Eryngium alpinum

EUPHORBIA
Euphorbe

EUPHORBIACEES

Description : plante vivace tapissante ou buissonnante selon les espèces. Feuil-lage persistant ou caduque, vert, bleuté ou bronze. Fleurs entourées de bractées jaunes, s'épanouissant de mai à juin, d'un très bel effet décoratif.

Exigences : s'accommode de tous les types de sol. Situation ensoleillée ou mi-ombragée.

Utilisation : massif de plantes vivaces, plate-bande, bordure, rocaille, isolé, bac et fleur coupée.

Entretien : maintenir les hampes florales au fur et à mesure de leur croissance. Supprimer les fleurs après leur épanouis-sement. Rabattre les tiges des espèces à feuillage caduc à 5 cm du sol au prin-temps.

Culture : division de souche au prin-temps. Semis à la récolte des graines. Distance de plantation : 40 à 50 cm.

Espèces et variétés :
E. amydaloïdes 'Purpurea' : feuillage per-sistant vert bleuté et pourpre. Fleurs en-tourées de bractées jaunes particulière-ment décoratives au printemps. Hauteur : 50 cm.
E. amydaloïdes 'Robbiae' : feuillage vert et persistant, fleurs entourées de brac-tées jaunâtres. Hauteur : 50 cm.
E. griffithi 'Dixter' : feuillage glauque et bractées rouge orangé. Hauteur : 80 à 90 cm.
E. lathyris : Epurge. Cette espèce éloigne les taupes. Feuillage glauque disposé en croix autour de la tige. Inflorescence ver-dâtre. Hauteur : 100 cm.
E. myrsinites : Euphorbe de Corse. Feuil-lage persistant, coriace et glauque. Fleurs jaunes en mai-juin. Hauteur : 20 cm Dia-mètre : 30 à 40 cm.
E. polychroma : feuillage caduc. Fleurs jaunes en avril-mai. Hauteur : 40 cm.
E. wulfenii : feuillage allongé vert glauque. Fleurs insignifiantes entourées de remar-quables bractées vert jaunâtre s'épanouis-sant en mai-juin. Hauteur : 60 à 80 cm.

Euphorbia myrsinites

Euphorbia lathyris

Euphorbia wulfenii

FILIPENDULA

ROSACEES

Description : plante vivace buissonnante très décorative. Feuillage lacinié, vert, d'aspect très ample. Fleurs blanches réunies en plumeaux, s'épanouissant de juin à juillet.

Exigences : sol frais, humide, voire marécageux. Supporte le calcaire. Situation ensoleillée ou mi-ombragée.

Utilisation : massif de plantes vivaces, plate-bande, colonie libre en sous-bois et prairie naturelle, isolé et fleur coupée.

Entretien : maintenir les hampes florales pendant leur épanouissement. Supprimer les fleurs fanées après la floraison. Rabattre les tiges à 5 cm du sol au printemps. Arroser pendant les périodes chaudes et sèches.

Culture : semis ou division au printemps. Distance de plantation : 50 cm.

Espèces et variétés :
F. hexapetala : Filipendule. Fleurs blanches de juin à juillet. Hauteur : 50 à 60 cm.
F. rubra 'Venusta' : fleurs rose carmin de juin à septembre. Préfère une situation ombragée. Hauteur : 150 cm.
F. ulmaria : Reine des Prés. Fleurs blanches, odorantes, de juillet à août. Hauteur : 80 à 100 cm.
F. ulmaria 'Aurea' : feuillage vert panaché de jaune.
F. ulmaria 'Flore Pleno' : fleurs doubles blanc jaunâtre. Hauteur : 80 à 100 cm.
F. vulgaris 'Plena' : fleurs blanc crème, doubles, de juin à août. Hauteur : 50 cm.

Filipendula ulmaria

Gaillardia aristata

GAILLARDIA

Gaillarde

COMPOSEES

Description : plante vivace buissonnante. Feuillage allongé et vert. Fleurs très nombreuses de couleur jaune, rouille, rouge et brun à cœur brun jaunâtre, s'épanouissant de juin à septembre.

Exigences : sol riche, meuble et bien drainé. Supporte le calcaire. Situation ensoleillée.

Utilisation : massif de plantes vivaces, plate-bande, rocaille, bordure, bac et fleur coupée.

Entretien : maintenir le feuillage au cours de la végétation. Supprimer les fleurs dès la fin de floraison. Rabattre les tiges à 5 cm du sol au printemps.

Culture : semis et division de touffe au printemps. Bouturage de tige tôt au printemps. Distance de plantation : 25 à 30 cm.

Espèces et variétés :
G. aristata 'Bourgogne' : grandes fleurs rouge-brun de juin à septembre. Hauteur : 60 cm.
G. aristata 'Chloé' : fleurs jaunes. Hauteur : 30 à 40 cm.
G. aristata 'Kobold' : espèce naine n'atteignant que 30 cm. Fleurs rouges et jaunes de juin à septembre.

G. aristata 'The Prince' : très grandes fleurs rouges à taches jaunes.
G. aristata 'Royale' : fleurs rouges et jaunes. Hauteur : 60 cm.

GAURA

Gaura de Lindheimer

ONAGRACEES

Description : plante vivace buissonnante. Feuillage fin et léger. Fleurs blanc rosé réunies en épis souples très décoratifs, s'épanouissant de juin à novembre.

Exigences : s'accommode de tous les types de sol. Supporte le sol sec. Situation ensoleillée ou mi-ombragée.

Utilisation : massif de plantes vivaces, plate-bande, rocaille, bordure, bac et fleur coupée.

Entretien : tuteurage indispensable des tiges au cours de leur développement.

Culture : semis en mars-avril. Distance de plantation : 50 cm.

Espèces et variétés :
G. lindheimeri : fleurs blanches ponctuées de rose, de juin à novembre. Hauteur : 120 cm.

GENTIANA
Gentiane

GENTIANACEES

Description : plante vivace tapissante et buissonnante. Feuillage en rosette, vert, formant un coussin compact. Fleurs bleues ou jaunes s'épanouissant de juin à août.

Exigences : sol bien drainé et rocailleux. Supporte le calcaire. Situation ensoleillée ou mi-ombragée.

Utilisation : isolé, rocaille, bordure, mur et muret, escalier fleuri et bac.

Entretien : supprimer les fleurs après la floraison.

Culture : semis et bouture de racines au printemps. Distance de plantation : 25 à 40 cm.

Espèces et variétés :
G. acaulis : Gentiane acaule. Fleurs bleues en avril-mai. Hauteur : 10 cm. Diamètre : 20 à 30 cm.
G. asclepiadea : fleurs bleu foncé d'août à septembre, pour sols frais. Hauteur : 60 cm. Diamètre : 20 à 30 cm.
G. lagodechiana : fleurs bleues en août-septembre. Hauteur : 15 cm. Diamètre : 15 à 20 cm.
G. lutea : Gentiane jaune. Fleurs jaunes en épis dressés en juin-juillet. Hauteur : 100 cm.
G. sino-ornata : fleurs bleues en septembre-octobre, pour sols acides. Hauteur : 10 cm. Diamètre : 15 à 20 cm.

Gentiana acaulis

Geranium sanguineum 'Striatum'

GERANIUM
Géranium vivace

GERANIACEES

Description : plante vivace buissonnante. Feuillage découpé, vert, prenant de belles teintes automnales, très décoratif. Fleurs roses, blanches, bleues, rouges, mauves et bicolores, très nombreuses, s'épanouissant de mai à juillet.

Exigences : sol léger, frais et bien drainé. Situation ensoleillée ou mi-ombragée.

Utilisation : massif de plantes vivaces, plate-bande, bordure, rocaille, mur et muret plantés, escalier fleuri, colonie libre en sous-bois, couvre-sol pour talus.

Entretien : supprimer les fleurs fanées. Rabattre les tiges à 5 cm du sol au printemps.

Culture : division de souche et bouturage très facile de rameaux au printemps. Distance de plantation : 20 à 40 cm.

Parasites et maladies : sensible aux pucerons.

Espèces et variétés :
G. cinereum var. *subcaulescens* 'Splendens' : fleurs rouge-pourpre en juillet-août. Hauteur : 20 cm.
G. dalmaticum : fleurs roses en juin-juillet. Hauteur : 10 cm.
G. endressii : fleurs roses de juillet à septembre. Excellent couvre-sol. Hauteur : 40 cm.
G. endressii 'Wargrave Pink' : fleurs rose saumon de juin à juillet. Hauteur : 30 cm.
G. grandiflorum 'Nigra' : feuillage brun. Fleurs blanches de juin à juillet. Hauteur : 15 cm.
G. ibericum : syn. *G. platypetalum.* Fleurs bleues en juin-juillet. Hauteur : 70 cm.
G. macrorrhizum : feuillage persistant et odorant. Fleurs roses de mai à juillet. Hauteur : 30 cm.
G. macrorrhizum 'Spessart' : fleurs rouge-violet de mai à juillet. Hauteur : 40 cm.

Geranium sanguineum 'Nanum'

Geranium endressii 'Wargrave Pink'

G. macrorrhizum 'Velebit' : fleurs rouge-violet de mai à juillet. Hauteur : 40 cm.
G. pratense : fleurs bleu-mauve de juin à août. Hauteur : 70 cm.
G. sanguineum : excellent couvre-sol. Feuillage vert foncé. Fleurs rouge sang de mai à août. Hauteur : 20 cm.
G. sanguineum 'Alba' : fleurs blanches de mai à août. Hauteur : 20 cm.
G. sanguineum 'Max Frei' : fleurs rouge-violet de juin à août. Hauteur : 30 cm.
G. sanguineum 'Nanum' : fleurs rouge-violet de juin à août. Hauteur : 15 cm.
G. sanguineum 'Striatum' : fleurs blanc rosé veiné de rose. Hauteur : 20 cm.

Geranium pratense

GEUM
Benoîte

ROSACEES

Description : plante vivace buissonnante. Feuillage caduc ou persistant, vert, composé de plusieurs lobes. Fleurs ressemblant à celles du Fraisier, portées par de longues hampes florales émergeant au-dessus du feuillage. De couleur rouge, orange, jaune ou blanche, simples ou doubles, elles s'épanouissent de mai à août.

Exigences : sol frais et riche. Situation ensoleillée ou mi-ombragée.

Utilisation : massif de plantes vivaces, plate-bande, rocaille, bordure, isolé et bac.

Entretien : rabattre les tiges à 5 cm du sol au printemps. Supprimer les fleurs fanées.

Culture : semis ou division de souche au printemps. Distance de plantation : 30 à 40 cm.

Espèces et variétés :
G. chiloense 'Lady Stratheden' : fleurs doubles, jaunes, de mai à août. Feuillage persistant. Hauteur : 40 à 50 cm.
G. chiloense 'Mrs. Bradschaw' : fleurs doubles, rouges, de mai à août. Feuillage persistant. Hauteur : 40 à 50 cm.
G. coccineum 'Borisii' : fleurs rouge brique, de mai à juillet. Hauteur : 30 cm.
G. coccineum 'Magnificum' : fleurs jaunes de mai à juillet. Hauteur : 20 à 30 cm.
G. Hybride 'Dolly North' : fleurs doubles orange, de juin à juillet. Hauteur : 40 cm.
G. Hybride 'Fire Opal' : fleurs doubles, rouge cuivré, de juin à juillet. Hauteur : 50 cm.

GLOBULARIA
Globulaire

GLOBULARIACEES

Description : plante vivace tapissante. Feuillage simple, vert, disposé en rosette. Fleurs bleues formant une boule dense, s'épanouissant de mai à juillet.

Exigences : sol bien drainé. Supporte le calcaire. Situation ensoleillée.

Utilisation : rocaille, bordure, jardinière, bac, mur et muret plantés, escalier fleuri et couvre-sol.

Entretien : demande très peu d'entretien.

Culture : semis ou division de souche au printemps. Bouturage de rameaux au printemps. Distance de plantation : 20 cm.

Espèces et variétés :
G. cordifolia : petites feuilles en rosette. Fleurs bleues de mai à juillet. Hauteur : 10 cm.
G. cordifolia 'Alba' : fleurs blanches de mai à juillet. Hauteur : 10 cm.

GUNNERA

GUNNERACEES

Description : plante vivace au feuillage exceptionnellement volumineux. Feuillage découpé, gaufré, atteignant 150 à 200 cm d'envergure. Fleurs réunies en cônes, s'épanouissant sous les feuilles dès la fin de l'été.

Exigences : sol frais, meuble, riche et toujours maintenu humide. Situation ensoleillée ou mi-ombragée.

Utilisation : scène de bord d'eau et isolé en sous-bois humide.

Entretien : rabattre le feuillage après son complet dessèchement en automne. Protéger la souche avec des branches de sapin et des feuilles avant chaque hiver.

Culture : division de souche au printemps. Distance de plantation : 2 à 3 m.

Espèces et variétés :
G. chilensis : grandes feuilles atteignant 60 à 80 cm d'envergure. Hauteur : 150 à 200 cm.
G. magellanica : plante tapissante. Feuillage vert brillant, crénelé. Hauteur : 10 cm. Diamètre : 15 à 30 cm.
G. manicata : très grandes feuilles atteignant 200 à 250 cm. Hauteur : 150 à 200 cm.

Gunnera chilensis

GYPSOPHILA
Gypsophile

CARYOPHYLLACEES

Description : plante vivace tapissante ou buissonnante. Feuillage grisâtre et fin. Fleurs simples ou doubles, de très petite taille formant une masse légère au-dessus du feuillage. De couleur blanche ou rose, elles s'épanouissent en juillet-août.

Exigences : sol bien drainé et plutôt sec. Situation ensoleillée.

Utilisation : massif de plantes vivaces, plate-bande, bordure, couvre-sol, rocaille et fleur coupée.

Entretien : maintenir les hampes florales au fur et à mesure de leur développement. Rabattre les tiges à 5 cm du sol au printemps. Protéger de l'humidité en hiver en appliquant une couverture de feuilles sur la souche.

Culture : semis ou division de souche au printemps. Distance de plantation : 30 cm.

Espèces et variétés :
G. paniculata : fleurs simples, blanches, en juin-juillet. Hauteur : 80 cm.
G. paniculata 'Bristol Fairy' : fleurs blanches, doubles, juillet-août. Hauteur : 80 cm.
G. paniculata 'Flamingo' : fleurs doubles, roses, de juillet à août. Hauteur : 90 cm.
G. repens : fleurs blanches de mai à juin. Excellent couvre-sol. Hauteur : 10 cm. Diamètre : 30 à 40 cm.
G. repens 'Rosea' : fleurs roses de mai à juin. Hauteur : 10 cm.
G. repens - Hybride 'Rosenschleier' : fleurs roses, doubles, de juin à septembre. Hauteur : 20 à 30 cm.

HELENIUM
Hélénie

COMPOSEES

Description : plante vivace buissonnante. Feuillage vert légèrement denté. Fleurs en capitules, s'épanouissant de juillet à septembre. Nombreux coloris.

Exigences : sol frais, meuble, pas trop sec. Supporte le calcaire. Situation lumineuse.

Utilisation : massif de plantes vivaces, plate-bande, bordure et fleur coupée.

Entretien : tuteurer les tiges au fur et à mesure de leur croissance. Les rabattre à 5 cm du sol au printemps. Arroser en été lorsqu'il fait chaud et sec.

Culture : division de souche au printemps. Distance de plantation : 40 cm.

Espèces et variétés :
H. - Hybride 'Crimson Beauty' : fleurs rouges de juillet à septembre. Hauteur : 90 cm.
H. - Hybride 'Goldlackzwerg' : fleurs rouges bordées de jaune d'or. Hauteur : 90 cm.
H. - Hybride 'Goldrausch' : fleurs jaunes. Hauteur : 90 cm.
H. - Hybride 'Hoopesii' : fleurs jaune orangé de mai à juin. Hauteur : 60 cm.
H. - Hybride 'Moerheim Beauty' : fleurs rouge-brun. Hauteur : 100 cm.
H. - Hybride 'Riverton Beauty' : fleurs pourpres. Hauteur : 120 cm.
H. - Hybride 'Waltraut' : fleurs jaunes et cuivrées. Hauteur : 100 cm.

Gypsophila paniculata

HELIANTHEMUM
Hélianthème

CISTACEES

Description : plante vivace tapissante. Feuillage persistant vert ou argenté, très décoratif. Fleurs simples ou doubles, blanches, jaunes, roses, rouges ou orange, s'épanouissant de mai à juillet.

Exigences : sol bien drainé et plutôt sec. Supporte le calcaire. Situation ensoleillée.

Utilisation : rocaille, bordure, escalier fleuri, mur et muret, plate-bande et couvre-sol pour talus.

Entretien : supprimer les fleurs après leur floraison. Rabattre les rameaux de 1/3 au printemps en respectant la forme du buisson.

Culture : bouturage de rameaux au printemps. Distance de plantation : 40 cm.

Parasites et maladies : très sensible aux excès d'eau en hiver.

Espèces et variétés :

H. - Hybride 'Fire Ball' : feuillage vert. Fleurs rouges de mai à juillet. Hauteur : 20 cm. Diamètre : 30 à 50 cm.
H. - Hybride 'Fire Dragon' : feuillage grisâtre. Fleurs orange de mai à juillet. Hauteur : 20 cm.
H. - Hybride 'Golden Queen' : fleurs jaunes de mai à juillet.
H. - Hybride 'Jubilée' : fleurs doubles, jaunes, de mai à juillet.
H. - Hybride 'Lawrenson's Pink' : fleurs roses.
H. - Hybride 'Miss Mould' : fleurs saumon. Feuillage grisâtre.
H. - Hybride 'Praecox' : feuillage argenté. Fleurs jaunes. Hauteur : 40 cm.
H. - Hybride 'Rubin' : fleurs rouges, doubles. Hauteur : 30 cm.

HELIANTHUS
Soleil

COMPOSEES

Description : plante vivace buissonnante. Feuillage rugueux et vert. Fleurs simples ou doubles, jaunes à cœur plus ou moins foncé, s'épanouissant de juillet à octobre.

Exigences : convient à tous les types de sol. Situation lumineuse.

Utilisation : massif de plantes vivaces, plate-bande, isolé et fleur coupée.

Entretien : maintenir les tiges florales au fur et à mesure de leur croissance. Arroser en été pendant les périodes chaudes et sèches. Rabattre les tiges à 5 cm du sol au printemps.

Culture : division de souche ou bouturage de racines au printemps. Distance de plantation : 40 à 50 cm.

Espèces et variétés :

H. atrorubens : fleurs jaunes, simples, d'août à octobre. Hauteur : 60 à 100 cm.
H. strumosus : Hélianti. Fleurs jaunes à cœur brun, d'août à octobre. Hauteur : 180 à 200 cm.
H. strumosus var. *multiflorus* 'Soleil d'Or' : fleurs doubles, jaunes, d'août à octobre. Hauteur : 100 à 130 cm.

HELIOPSIS
Héliopside

COMPOSEES

Description : plante vivace buissonnante. Feuillage vert et denté. Fleurs en capitule, simples ou doubles, jaunes, s'épanouissant de juillet à septembre.

Exigences : sol bien drainé. Supporte le calcaire. Situation ensoleillée.

Utilisation : massif de plantes vivaces, isolé et fleur coupée (excellente tenue en vase).

Entretien : maintenir les hampes florales au fur et à mesure de leur croissance. Rabattre les tiges à 5 cm du sol au printemps. Supprimer les fleurs fanées.

Culture : division de souche et bouturage de racines au printemps. Distance de plantation : 40 à 50 cm.

Parasites et maladies : très sensible aux excès d'eau en hiver.

Espèces et variétés :

H. helianthoides 'Goldgrünherz' : fleurs jaunes, doubles. Hauteur : 80 cm.
H. helianthoides 'Sonnenschild' : fleurs jaune foncé. Hauteur : 120 cm.

Helianthus

HELLEBORUS
Hellébore

RENONCULACEES

Description : plante vivace buissonnante. Feuillage persistant, vert, d'aspect coriace et épais. Fleurs blanches, roses ou rouges, s'épanouissant de février à avril.

Exigences : sol riche, profond et bien drainé. Situation mi-ombragée ou ombragée.

Utilisation : rocaille, plate-bande, isolé, colonie libre en sous-bois et fleur coupée.

Entretien : supprimer les fleurs fanées. Protéger la souche avec des feuilles lors des hivers froids.

Culture : semis dès la récolte des graines. Division de souche au printemps. Distance de plantation : 30 à 40 cm.

Parasites et maladies : apparition de taches noires sur les feuilles (anthracnose).

Espèces et variétés :
H. argutifolius : feuillage vert bleuté. Fleurs verdâtres. Hauteur : 40 cm.
H. niger : Rose de Noël. Fleurs blanches en février-mars. Hauteur : 30 cm.
H. - Hybrides : nombreux coloris : blanc, rose ou rouge, floraison en mars-avril. Hauteur : 40 cm.

HEMEROCALLIS
Hémérocalle

LILIACEES

Description : plante vivace buissonnante. Feuillage rubané, vert, formant des touffes denses et vigoureuses. Fleurs jaunes, orange, rouges ou bicolores, de courte durée, ressemblant aux fleurs de Lys, de juin à septembre.

Exigences : s'accommode de tous les types de sol. Situation ensoleillée ou mi-ombragée.

Utilisation : massif de plantes vivaces, plate-bande, bordure, isolé, colonie libre et fleur coupée.

Entretien : supprimer les hampes de fleurs fanées. Rabattre le feuillage à 5 cm du sol au printemps.

Culture : division de souche à l'automne. Distance de plantation : 40 cm.

Espèces et variétés :
H. citrina : fleurs jaune citron de juillet à septembre. Hauteur : 80 cm.
H. flava : Hémérocalle jaune. Fleurs jaune d'or de mai à juin. Hauteur : 80 cm.
H. - Hybrides 'Alan' : fleurs rouges de juin à septembre. Hauteur : 90 cm.
'Abricot' : fleurs jaune-orange.
'Aurantiaca' : fleurs jaunes.
'Autumn Red' : fleurs jaunes et rouges.
'Distachia' : fleurs orange et doubles.
'Luxury Lace' : fleurs roses.
'Ruby Suprême' : fleurs rouge foncé.
'Summer Wine' : fleurs violacées.

> L'épanouissement d'une fleur d'Hémérocalle est éphémère, d'où l'appellation "Lys d'un jour". Cependant, l'abondance des boutons floraux est telle que l'effet décoratif est continu.

Hemerocallis hybrides

Hemerocallis citrina

Heracleum mantegazzianum

HEPATICA
Hépatique

RENONCULACEES

Description : plante vivace tapissante. Feuillage composé de trois lobes dont la particularité est qu'il se développe après les fleurs. Fleurs bleu lavande s'épanouissant de mars à mai.

Exigences : sol frais et riche. Situation mi-ombragée ou ombragée.

Utilisation : rocaille, bordure et colonie libre en sous-bois.

Entretien : demande peu d'entretien, à l'exception de quelques arrosages pendant les périodes chaudes et sèches.

Culture : semis ou division de souche à l'automne. Distance de plantation : 15 à 25 cm.

Espèces et variétés :
H. nobilis : syn. *H. triloba*. Fleurs bleu tendre de mars à mai. Hauteur : 10 cm.

HERACLEUM
Berce géante du Caucase

OMBELLIFERES

Description : plante vivace à très grand développement. Feuillage très découpé, vert et volumineux. Fleurs blanches réunies en ombelles et portées par une hampe florale émergeant à 2,5 m du sol.

Exigences : s'accommode de tous les types de sol. Situation ensoleillée.

Utilisation : isolé, proximité d'étangs ou de rivières, décors originaux pour l'exubérance du feuillage et fleur coupée.

Entretien : arrosage conseillé en été pendant les périodes chaudes et sèches. Rabattre les tiges au niveau du sol au printemps.

Culture : semis très facile de graines dès leur récolte. Semis naturel autour d'une souche âgée. Distance de plantation : 70 à 80 cm.

Espèces et variétés :
H. mantegazzianum : fleurs blanches, de juillet à août, réunies en ombelles pouvant atteindre jusqu'à 1 m de diamètre. Hauteur : 250 à 300 cm.

HEUCHERA
Heuchère

SAXIFRAGACEES

Description : plante vivace tapissante. Feuillage persistant, légèrement denté et vert. Fleurs roses, rouges ou blanches réunies en panicules, s'épanouissant de juin à août.

Exigences : s'accommode de tous les types de sol, avec une préférence pour la fraîcheur. Situation ensoleillée ou mi-ombragée.

Utilisation : rocaille, mur et muret, escalier fleuri, bordure, massif de plantes vivaces, couvre-sol pour talus et fleur coupée.

Entretien : supprimer les fleurs après floraison. Nettoyer les feuilles sèches et jaunies au printemps.

Culture : semis ou division de souche au printemps. Distance de plantation : 30 cm.

Espèces et variétés :
H. X brizoides 'Bouquet rose' : fleurs roses de juin à août. Hauteur : 30 à 40 cm.
H. X brizoides 'Pluie de Feu' : fleurs rouge sang de juin à août. Hauteur : 30 cm.
H. micrantha 'Palace Purple' : remarquable variété à feuillage pourpre très décoratif. Hauteur : 30 cm. Diamètre : 40 à 50 cm.
H. sanguinea : fleurs rouge vif, de juin à juillet. Hauteur : 30 à 40 cm.

Heuchera sanguinea

HEUCHERELLA

SAXIFRAGACEES

Description : plante vivace tapissante, issue d'un croisement entre *Heuchera* et *Tiarella*. Feuillage persistant. Fleurs roses réunies en panicules s'épanouissant en mai-juin.

Exigences : sol rocailleux, sec et bien drainé. S'accommode d'un sol pauvre. Situation ensoleillée.

Utilisation : rocaille, plate-bande, bordure, couvre-sol pour talus, mur et muret, escalier fleuri et bac.

Entretien : supprimer les fleurs fanées après floraison. Nettoyer les souches au printemps.

Culture : semis au printemps et à la récolte des graines. Distance de plantation : 30 cm.

Espèces et variétés :
H. X tiarelloides : feuillage denté vert. Fleurs blanc rosé, en mai-juin. Hauteur : 30 cm. Diamètre : 25 à 30 cm.

HIERACIUM
Epervière

COMPOSEES

Description : plante vivace tapissante. Feuillage denté, vert ou blanchâtre et persistant. Fleurs en forme de capitule, réunies en panicules, s'épanouissant de mai à septembre.

Exigences : sol bien drainé. Supporte le sol sec. Situation ensoleillée.

Utilisation : rocaille, bordure, couvre-sol et talus.

Entretien : supprimer les fleurs fanées.

Culture : semis et division de souche au printemps. Distance de plantation : 30 cm.

Espèces et variétés :
H. aurantiacum : Epervière orangée. Fleurs orange réunies en corymbes denses, de juillet à septembre. Hauteur : 20 cm. Diamètre : 30 cm.
H. chondriliifolium : feuillage vert bleuté. Fleurs jaunes en juillet-août. Hauteur : 30 à 40 cm.
H. pilosella : Oreille de rat. Feuillage persistant, blanchâtre et tomenteux au-dessous. Fleurs jaunes et pourpres au revers des pétales, s'épanouissant de mai à septembre. Hauteur : 20 cm. Diamètre : 30 à 40 cm.

Hosta plantaginea

HOSTA
Funkia

LILIACEES

Description : plante vivace buissonnante. Feuillage très décoratif pour ses coloris vert clair, foncé, panaché ou bleuté. Fleurs blanches ou bleu clair s'épanouissant de juillet à septembre.

Exigences : sol riche et frais. Situation mi-ombragée ou ombragée.

Utilisation : massif de plantes vivaces, bordure, plate-bande, association avec des arbustes de terre de bruyère, couvre-sol en sous-bois et bac.

Entretien : supprimer les fleurs après leur épanouissement. Rabattre le feuillage après les premières gelées automnales.

Culture : division de souche au printemps. Distance de plantation : 30 à 40 cm.

Parasites et maladies : sensible aux limaces et pucerons.

Espèces et variétés :
H. fortunei : feuillage ovale et cordiforme, vert glauque ou panaché de blanc. Fleurs lilas pâle en juillet. Hauteur : 30 à 40 cm.
H. lancifolia : feuillage étroit et vert. Fleurs bleu-lilas d'août à septembre. Hauteur : 30 cm.
H. lancifolia 'Undulata' : feuillage liseré de blanc. Fleurs violet clair de juillet à août. Hauteur : 40 cm.
H. lancifolia 'Univittata' : feuillage panaché de blanc. Fleurs violet clair de juillet à août. Hauteur : 40 cm.
H. plantaginea : feuillage cordiforme vert pâle. Fleurs blanches, en juillet-août. Hauteur : 40 cm.
H. plantaginea - Hybride 'Aureomarginata' : feuillage vert bordé de jaune. Fleurs violet clair de juillet à août. Hauteur : 60 cm.
H. plantaginea - Hybride 'Hyacinthina' : feuillage vert bleuté. Fleurs violet clair. Hauteur : 60 cm.
H. plantaginea - Hybride 'Royal Standard' : feuilles vertes. Fleurs blanches très parfumées. Hauteur : 60 cm.
H. sieboldiana : feuillage vert bleuté. Fleurs lilas de juillet à août. Hauteur 70 à 80 cm.
H. sieboldiana 'Elegans' : feuillage bleuté. Fleurs blanches.
H. sieboldiana 'Francis Willims' : feuillage gris-bleu bordé de jaune. Fleurs lilas en juin-juillet.

Hosta lancifolia 'Univittata'

Hosta sieboldiana

Hosta fortunei

HOUSTONIA

RUBIACEES

Description : plante vivace tapissante. Feuillage lancéolé, vert et persistant. Fleurs bleues s'épanouissant de mai à août.

Exigences : s'accommode de tous les types de sol. Situation mi-ombragée.

Utilisation : rocaille, couvre-sol en sous-bois et bord d'eau.

Entretien : supprimer les fleurs après leur épanouissement. Arrosage conseillé en période chaude et sèche.

Culture : division de souche au printemps. Distance de plantation : 25 cm.

Espèces et variétés :
H. caerulea : fleurs bleues de mai à août. Hauteur : 10 cm. Diamètre : 25 à 30 cm.

HOUTTUYNIA

SAURURACEES

Description : plante vivace tapissante. Feuillage vert ou panaché, cordiforme, se développant sur une tige rougeâtre. Fleurs blanches réunies en épis, s'épanouissant du printemps jusqu'en été.

Exigences : sol humide, peu exigeant quant à la qualité. Situation ensoleillée ou mi-ombragée.

Utilisation : scène de bord d'eau, talus et couvre-sol en sous-bois humide, bordure et massif de plantes vivaces.

Entretien : supprimer les fleurs après leur épanouissement. Rabattre le feuillage au printemps. Protéger les souches avec des feuilles dans les régions à hivers froids.

Culture : division de souche au printemps. Semis en automne. Distance de plantation : 30 à 40 cm.

Espèces et variétés :
H. cordata : feuillage vert. Hauteur : 20 à 40 cm. Diamètre : 30 à 40 cm.
H. cordata 'Variegata' : feuillage vert panaché de jaune et de rouge. Hauteur : 30 cm. Diamètre : 30 à 40 cm.

Iberis sempervirens

Houttuynia cordata 'Variegata'

Houttuynia cordata

IBERIS
Thlaspi, Julienne

CRUCIFERES

Description : plante vivace tapissante. Feuillage persistant, vert sombre. Fleurs blanches s'épanouissant de mars à juin.

Exigences : sol riche et bien drainé. Situation ensoleillée ou mi-ombragée.

Utilisation : bordure, rocaille, plate-bande, mur et muret, escalier fleuri, isolé, couvre-sol pour talus et bac.

Entretien : supprimer les fleurs fanées. Rabattre les tiges tous les 3-4 ans, afin de régénérer les souches.

Culture : bouturage de rameaux et semis au printemps. Distance de plantation : 30 à 40 cm.

Espèces et variétés :
I. saxatilis : fleurs blanches en avril-mai. Hauteur : 10 à 15 cm. Diamètre : 30 à 40 cm.
I. sempervirens 'Fischbeck' : fleurs blanches en avril-mai. Hauteur : 15 cm. Diamètre : 30 à 40 cm.
I. sempervirens 'Snowflake' : fleurs blanches en avril-mai. Hauteur : 30 cm.

INCARVILLEA
Incarvillée

BIGNONIACEES

Description : plante vivace buissonnante. Feuillage vert, découpé et très décoratif. Fleurs roses en forme de trompettes, s'épanouissant de mai à juillet.

Exigences : sol riche, profond et bien drainé. Situation ensoleillée.

Utilisation : massif de plantes vivaces, plate-bande, isolé et colonie libre.

Entretien : supprimer les fleurs fanées. Arrosage conseillé pendant les périodes chaudes et sèches. Rabattre le feuillage au printemps.

Culture : semis au printemps. Distance de plantation : 30 cm.

Espèces et variétés :
I. delavayi : fleurs roses de mai à juin. Hauteur : 50 à 60 cm.

IRIS

IRIDACEES

Description : plante vivace drageonnante. Feuillage linéaire, vert grisâtre et persistant. Fleurs bleues, mauves, roses, blanches, jaunes, rouille, pourpres ou bicolores, s'épanouissant en mai-juin. Il existe plusieurs centaines de variétés.

Exigences : sol riche, meuble et bien drainé. Ne supporte pas l'humidité et s'adapte très bien à la sécheresse. Situation chaude et ensoleillée.

Utilisation : massif de plantes vivaces, rocaille, bordure, plate-bande, isolé, bac et fleur coupée.

Entretien : supprimer les fleurs après la floraison. Nettoyer les souches au printemps et les protéger l'hiver avec des branches de sapin ou des feuilles, dans les régions froides.

Culture : division de souche et bouturage de racines (rhizomes) de juillet à octobre. Distance de plantation : 40 cm.

Parasites et maladies : sensible à la rouille et aux maladies bactériennes.

Espèces et variétés :
Le nombre de variétés d'Iris est important, et il est difficile d'en faire un inventaire précis. Pour choisir parmi la multitude d'espèces et de variétés, il est conseillé de se référer aux catalogues des obtenteurs spécialisés. Les descriptions y sont très précises et détaillées, souvent complétées par d'excellentes photographies. Les Iris sont couramment commercialisés par correspondance, ce qui ne nuit aucunement à leur qualité et n'a aucune insidence sur leur croissance. Ils résistent et s'adaptent très bien à ce mode d'expédition qui rend les échanges entre amateurs et professionnels beaucoup plus aisés.

Iris 'May Orchid'

Iriseraie

Iris 'Grands Rapids'

Iris 'Pride of Irland'

Iris 'Sarong'

Iris 'Bright Hour'

Iris 'Flamingo Lake'

JASIONE

CAMPANULACEES

Description : plante vivace buissonnante. Feuillage lancéolé, vert et persistant. Fleurs bleues réunies en pompons, s'épanouissant de juillet à août.

Exigences : sol bien drainé, riche et non calcaire. Situation ensoleillée.

Utilisation : rocaille, plate-bande, bordure, association avec les plantes de terre de bruyère.

Entretien : supprimer les fleurs après la floraison.

Culture : semis ou division au printemps. Distance de plantation : 30 cm.

Espèces et variétés :
J. perennis : syn. *J. laevis.* Fleurs bleues en juillet-août. Hauteur : 40 cm.

KNIPHOFIA

Tritome

LILIACEES

Description : plante vivace buissonnante. Feuillage rubané et vert. Fleurs blanches, jaunes, orange ou bicolores, s'épanouissant en épis de juillet à octobre.

Exigences : sol riche, meuble et bien drainé. Situation ensoleillée.

Utilisation : massif de plantes vivaces, plate-bande, scène de bord d'eau, isolé et fleur coupée.

Entretien : supprimer les fleurs après la floraison. Nettoyage au printemps. Protéger les souches avec des branches de sapin dans les régions aux hivers froids.

Culture : division de souche au printemps. Distance de plantation : 50 cm.

Espèces et variétés :
K. - Hybride 'Alcazar' : fleurs rouges en juillet. Hauteur : 80 cm.
K. - Hybride 'Royal Standard' : fleurs jaunes et rouges en juillet. Hauteur : 80 à 90 cm.
K. - Hybride 'Yellow Prince' : fleurs jaune d'or de juillet à septembre. Hauteur : 90 cm.

LAMIUM
Lamier

LABIACEES

Description : plante vivace tapissante. Feuillage denté, panaché ou vert, se développant le long de tiges quadrangulaires. Fleurs roses, jaunes ou blanches, s'épanouissant d'avril à juin.

Exigences : peu exigeant quant au type de sol. Situation mi-ombragée ou ombragée.

Utilisation : couvre-sol pour talus ombragé, sous-bois, et massif de plantes vivaces.

Entretien : nettoyage des souches au printemps. Rabattage tous les 3 à 4 ans pour régénérer les plants.

Culture : division de souche au printemps. Bouturage de rameaux au printemps. Distance de plantation : 30 cm.

Kniphofia hybride

Espèces et variétés :
L. galeobdolon : Ortie jaune. Fleurs jaunes en avril-mai. Hauteur : 30 cm. Diamètre : 30 à 40 cm.
L. galeobdolon 'Florentinum' : même variété que la précédente au feuillage panaché de jaune.
L. maculatum 'Aureum' : feuillage vert panaché de jaune. Fleurs roses en avril-mai. Hauteur : 10 cm. Diamètre : 50 à 60 cm.
L. maculatum 'Beacon Sylver' : feuillage argenté. Fleurs roses de mai à juin. Hauteur : 10 cm.
L. maculatum 'Roseum' : feuillage vert à nervures argentées. Fleurs roses d'avril à juin. Hauteur : 20 à 30 cm.
L. maculatum 'White Nancy' : feuillage argenté. Fleurs blanches d'avril à juin. Hauteur : 20 cm.

LATHYRUS
Gesse

LEGUMINEUSES

Description : plante vivace grimpante ou buissonnante. Feuillage ovale, vert glauque, souvent vrillé. Fleurs blanches, roses ou mauves, s'épanouissant de juin à août.

Exigences : s'accommode de tous les types de sol. Situation ensoleillée ou mi-ombragée.

Utilisation : plante à palisser le long d'un mur, treillage, balustrade ou arrière-plan d'un massif de plantes vivaces, et fleur coupée.

Entretien : tuteurage indispensable pour les variétés grimpantes. Rabattre les tiges à 5 cm du sol au printemps.

Culture : semis au printemps ou à l'automne. Division de souche au printemps. Distance de plantation : 40 à 50 cm.

Espèces et variétés :
L. latifolius : Pois vivace. Fleurs rouges et blanches de juin à août. Hauteur : 200 cm.
L. latifolius 'Albus' : fleurs blanches.
L. latifolius 'Roseus' : fleurs roses.
L. vernus : espèce basse atteignant 50 à 60 cm. Fleurs bleu violacé d'avril à mai.

LAVATERA
Lavatère maritime

MALVACEES

Description : plante vivace buissonnante. Feuillage composé de 3 à 5 lobes, semi-persistant et vert. Fleurs roses, blanches ou pourpres, très nombreuses, s'épanouissant de juin à octobre.

Exigences : s'accommode de tous les types de sol. Supporte le calcaire. Situation ensoleillée et chaude.

Utilisation : massif de plantes vivaces, plate-bande, isolé et fleur coupée.

Entretien : supprimer les fleurs fanées après la floraison. Tuteurage conseillé en fin de saison pour maintenir les rameaux qui s'inclinent sous la quantité de fleurs. Rabattre court au printemps. Protection hivernale conseillée.

Culture : semis en été. Distance de plantation : 50 à 60 cm.

Espèces et variétés :
L. - Hybride 'Barnsley' : fleurs blanches à cœur lilas, de juin à octobre. Hauteur : 150 cm.
L. maritima : fleurs lilas à cœur pourpre, de juin à octobre. Hauteur : 150 cm.
L. olbia 'Rosea' : feuillage grisâtre. Fleurs roses de juin à septembre. A protéger du froid en hiver. Hauteur : 120 cm.

LEONTOPODIUM
Edelweiss des Alpes

COMPOSEES

Description : plante vivace tapissante. Feuillage argenté. Fleurs beiges cotonneuses, de mai à juillet.

Exigences : sol rocailleux et bien drainé. Supporte le calcaire. Situation ensoleillée.

Utilisation : rocaille, bordure, mur et muret plantés, escalier fleuri, bac et fleur coupée séchée.

Entretien : plante peu exigeante.

Culture : semis et division de touffe. Distance de plantation : 30 cm.

Espèces et variétés :
L. alpinum : feuillage argenté et duveteux. Fleurs beiges caractéristiques, s'épanouissant de juin à août. Hauteur : 15 cm. Diamètre : 20 à 30 cm.
L. alpinum 'Mignon' : fleurs blanches d'août à septembre. Hauteur : 10 cm.

> L'Edelweiss fait partie de la flore protégée de nos montagnes : la cueillette des fleurs est réglementée. Il est préférable de récolter les fleurs sur des plants achetés et cultivés dans une rocaille.

LIATRIS
Liatride

COMPOSEES

Description : plante vivace buissonnante. Feuillage fin et allongé, d'aspect très décoratif. Fleurs mauves, blanches ou roses, s'épanouissant en épis denses, de juillet à septembre.

Exigences : sol riche et bien drainé. Situation ensoleillée.

Utilisation : massif de plantes vivaces, plate-bande, isolé et fleur coupée.

Entretien : supprimer les fleurs après la floraison. Rabattre les tiges à 5 cm du sol au printemps.

Culture : semis en été. Distance de plantation : 30 à 40 cm.

Parasites et maladies : sensible aux souris qui s'attaquent aux racines.

Espèces et variétés :
L. spicata : fleurs pourpre rosé de juillet à septembre. Hauteur : 70 cm.
L. spicata 'Floristan' : fleurs blanches ou violettes (selon l'origine du semis), de juillet à septembre. Hauteur : 80 cm.

Liatris spicata

LIGULARIA
Ligulaire
COMPOSEES

Description : plante vivace buissonnante. Feuillage arrondi, vert foncé ou finement découpé. Fleurs jaunes réunies en épis, s'épanouissant de juillet à août.

Exigences : sol frais, riche et légèrement humide. Situation ensoleillée ou mi-ombragée.

Utilisation : massif de plantes vivaces, plate-bande, isolé et fleur coupée.

Entretien : maintenir les hampes florales au cours de leur développement. Supprimer les fleurs fanées. Rabattre les tiges à 5 cm du sol au printemps. Protéger les souches en hiver dans les régions froides.

Culture : semis au printemps ou division de souche. Distance de plantation : 50 à 60 cm.

Parasites et maladies : limaces, escargots, provoquant des dégâts sur les feuilles.

Espèces et variétés :
L. dentata : syn. *L. clivorum.* Feuillage arrondi et vert foncé. Fleurs jaune orangé de juillet à septembre. Hauteur : 80 cm.
L. dentata 'Desdemona' : feuillage rougeâtre très décoratif. Fleurs orange. Hauteur : 80 cm.
L. przewalskii : syn. *Senecio przewalskii.* Feuillage très découpé et vert foncé. Fleurs jaunes en juillet-août. Hauteur : 100 à 120 cm.

Les Ligulaires appréciant les sols frais et humides, il est très fréquent de les rencontrer au bord d'une pièce d'eau. Associé aux plantes vivaces d'ombre (Hosta par exemple), leur feuillage ample, très décoratif même s'il a tendance à jaunir en fin de saison, permet la création d'intéressants contrastes de couleurs.

LIMONIUM
Statice
PLOMBAGINACEES

Description : plante vivace buissonnante. Feuillage vert, persistant, se développant en rosette. Fleurs blanches ou bleu violacé, s'épanouissant en juin-juillet.

Exigences : sol bien drainé. Supporte le calcaire. Situation ensoleillée ou mi-ombragée.

Utilisation : massif de plantes vivaces, plate-bande, fleur coupée et bouquet sec.

Entretien : nettoyage des souches au printemps.

Culture : semis au printemps. Distance de plantation : 40 cm.

Espèces et variétés :
L. latifolium : fleurs bleu clair en juin-juillet. Hauteur : 60 cm.
L. tataricum : fleurs blanc rosé en juin-juillet. Hauteur : 40 cm.

LINUM
Lin
LINACEES

Description : plante vivace buisonnante. Feuillage fin, vert ou glauque, d'aspect très gracieux. Fleurs jaunes ou bleues, s'épanouissant de juin à septembre.

Exigences : sol bien drainé. Supporte le sol sec et le calcaire. Situation ensoleillée.

Utilisation : massif de plantes vivaces, plate-bande, rocaille et bac.

Entretien : supprimer les fleurs après leur épanouissement. Rabattre les tiges à 5 cm du sol au printemps.

Culture : semis ou division au printemps. Distance de plantation : 30 cm.

Espèces et variétés :
L. flavum : fleurs jaunes en juin-juillet. Hauteur : 30 cm.
L. perenne : Lin vivace. Fleurs bleues de juin à septembre. Hauteur : 40 cm.
L. perenne 'Saphir' : feuillage glauque et fleurs bleu clair. Hauteur : 50 cm.

Limonium tataricum

LOBELIA

Lobélie

CAMPANULACEES

Description : plante vivace buissonnante. Feuillage rouge-pourpre très décoratif. Fleurs rouge vif s'épanouissant d'août à septembre.

Exigences : sol humide et frais. Situation ensoleillée ou mi-ombragée.

Utilisation : scène de bord d'eau, massif de plantes vivaces, plate-bande et isolé.

Entretien : supprimer les fleurs après leur épanouissement. Rabattre le feuillage à 5 cm du sol au printemps. Arrosage conseillé en été, pendant les périodes chaudes et sèches.

Culture : semis ou division de souche au printemps. Distance de plantation : 40 cm.

Espèces et variétés :

L. cardinalis : feuillage pourpre. Fleurs rouge vif d'août à septembre. Hauteur : 80 cm.

L. cardinalis 'Queen Victoria' : feuillage rouge, fleurs rouge écarlate. Hauteur : 80 cm.

L. fulgens : fleurs rouges de plus grande taille que *L. cardinalis.* Hauteur : 80 cm.

Lobelia fulgens

LUNARIA

Lunaire, Monnaie-du-Pape

CRUCIFERES

Description : plante vivace buissonnante et bisannuelle considérée comme vivace en raison de sa faculté de se réensemencer d'une année à l'autre. Feuillage ovale, denté et vert. Fleurs pourpres, odorantes, s'épanouissant en mai-juin. Fruits aplatis qui, débarrassés de leur membrane, font apparaître de très jolies cloisons nacrées, utilisées dans les bouquets secs.

Exigences : s'accommode de tous les types de sol. Situation ensoleillée.

Utilisation : bouquet sec et fleur coupée.

Entretien : tuteurage des hampes florales nécessaire en cours de développement. Rabattre les tiges à 5 cm du sol au printemps.

Culture : semis en été et division de touffe au printemps. Distance de plantation : 40 cm.

Espèces et variétés :

L. annua : Monnayère. Fleurs pourpres. Fruits blanc nacré en automne. Hauteur : 80 cm.

LUPINUS

Lupin

LEGUMINEUSES

Description : plante vivace buissonnante. Feuillage très découpé, vert et décoratif. Fleurs blanches, roses, rouges, pourpres, mauves, bleu violacé ou bicolores, réunies en épis et s'épanouissant en juin et en septembre.

Exigences : sol riche, profond et bien drainé. Situation ensoleillée ou mi-ombragée.

Utilisation : massif de plantes vivaces, plate-bande, bordure, isolé et fleur coupée.

Entretien : maintenir le feuillage et les hampes florales pendant leur croissance. Arrosage conseillé en été. Supprimer les fleurs de la première floraison (juin) pour provoquer une seconde floraison en septembre. Rabattre les tiges à 5 cm du sol au printemps.

Culture : semis au printemps ou en automne. Distance de plantation : 40 à 50 cm.

Parasites et maladies : sensible à l'oïdium, en fin d'été.

Espèces et variétés :

L. Hybride 'La Châtelaine' : fleurs roses et blanches. Hauteur : 100 cm.

L. Hybride 'Le Chandelier' : fleurs jaunes. Hauteur : 100 cm.

L. Hybride 'La Demoiselle' : fleurs blanc-crème. Hauteur : 80 cm.

L. Hybride 'Le Gentilhomme' : fleurs bleues et blanches. Hauteur : 100 cm.

L. Hybride 'Minarette' : variété naine. Nombreux coloris. Hauteur : 60 à 70 cm.

L. Hybride 'Mon Château' : fleurs rouge orangé.

LYCHNIS
Lychnide

CARYOPHYLLACEES

Description : plante vivace buissonnante. Feuillage vert ou grisâtre. Fleurs rouges, simples ou doubles, s'épanouissant en juin-juillet.

Exigences : s'accommode de tous les types de sol, pas trop secs et pauvres. Situation ensoleillée.

Utilisation : massif de plantes vivaces, plate-bande, bordure, isolé et fleur coupée.

Entretien : tuteurage conseillé au moment de la floraison. Supprimer les fleurs après leur épanouissement. Rabattre les tiges à 5 cm du sol au printemps.

Culture : semis en été. Distance de plantation : 40 cm.

Parasites et maladies : limaces.

Lychnis coronaria

Espèces et variétés :
L. chalcedonica : Croix de Jérusalem. Fleurs rouge vif réunies en boules, de juin à juillet. Hauteur : 80 cm.
L. coronaria : Coquelourde des Jardins. Feuillage argenté. Fleurs rouge carmin, de juillet à août. Hauteur : 70 à 80 cm.
L. viscaria 'Plena Rosea' : fleurs doubles, rouges, de juin à juillet. Hauteur : 20 à 40 cm.

LYSIMACHIA
Lysimaque

PRIMULACEES

Description : plante vivace buissonnante. Feuillage vert et décoratif. Fleurs blanches ou jaunes, de juin à septembre.

Exigences : sol profond, riche et humide. Situation ensoleillée ou mi-ombragée. Supporte l'ombre permanente.

Utilisation : massif de plantes vivaces, plate-bande, scène de bord d'eau, isolé et fleur coupée.

Entretien : tuteurage conseillé pour maintenir les hampes florales pendant leur épanouissement. Arrosage recommandé pendant les périodes chaudes et sèches. Supprimer les fleurs fanées. Rabattre les tiges à 5 cm du sol au printemps.

Culture : semis en été ou division de souche au printemps. Distance de plantation : 40 cm.

Espèces et variétés :
L. clethroides : fleurs blanches en juillet-août. Hauteur : 70 cm.
L. nummularia : Herbe aux écus. Fleurs jaunes en mai-juin. Végétation couvre-sol. Hauteur : 5 cm.
L. nummularia 'Aurea' : feuillage doré. Hauteur : 5 à 10 cm.
L. punctata : fleurs jaunes de juin à août. Hauteur : 80 cm.

LYTHRUM
Salicaire commune

LYTHRACEES

Description : plante vivace buissonnante. Feuillage lancéolé, vert. Fleurs rose foncé ou rouges, s'épanouissant de juin à août.

Exigences : sol humide ou sec. Supporte le calcaire. Situation ensoleillée ou mi-ombragée.

Utilisation : scène de bord d'eau, massif de plantes vivaces, plate-bande, isolé et fleur coupée.

Entretien : supprimer les fleurs après la floraison. Rabattre les tiges à 5 cm du sol au printemps.

Culture : semis ou division de souche au printemps. Distance de plantation : 40 cm.

Espèces et variétés :
L. salicaria : fleurs rose foncé en juillet. Hauteur : 70 cm.
L. salicaria 'Robert' : fleurs rouges de juin à août. Hauteur : 80 cm.

Lysimachia punctata

MACLEAYA

Bocconie

PAPAVERACEES

Description : plante vivace buissonnante. Feuillage simple aux bords découpés, vert glauque sur la face supérieure et blanchâtre sur la face inférieure. Fleurs blanches s'épanouissant en juillet-août.

Exigences : sol frais et légèrement humide. Situation ensoleillée ou mi-ombragée.

Utilisation : isolé, massif de plantes vivaces et fleur coupée.

Entretien : supprimer les fleurs fanées après leur floraison. Rabattre les tiges à 5 cm du sol au printemps. Protéger les souches avec des feuilles ou des branches de sapin dans les régions froides.

Culture : division de souche au printemps. Distance de plantation : 50 à 60 cm.

Espèces et variétés :
M. cordata : feuillage en forme de cœur, vert glauque. Fleurs blanches en panicules, de juin à août. Hauteur : 200 à 250 cm.

MALVA

Mauve

MALVACEES

Description : plante vivace buissonnante. Feuillage vert composé de plusieurs lobes. Fleurs blanches ou roses, seules ou regroupées en cymes, s'épanouissant de juin à septembre.

Exigences : sol bien drainé. Situation ensoleillée.

Utilisation : massif de plantes vivaces, bordure, isolé et bac.

Entretien : supprimer les fleurs après la floraison. Rabattre les tiges à 5 cm du sol au printemps.

Culture : semis à maturité des graines. Distance de plantation : 40 cm.

Espèces et variétés :
M. moschata : fleurs roses de juin à septembre. Hauteur : 50 cm.
M. moschata 'Alba' : fleurs blanches de juin à septembre. Hauteur : 50 cm.

MECONOPSIS

PAPAVERACEES

Description : plante vivace tapissante. Feuillage tendre, vert et découpé. Fleurs ressemblant à celles des Pavots, jaunes, s'épanouissant de mai à septembre.

Exigences : sol frais et riche. Situation ombragée ou mi-ombragée.

Utilisation : rocaille, bordure, colonie libre en sous-bois et massif de plantes vivaces.

Entretien : supprimer les fleurs fanées. Rabattre le feuillage à 5 cm du sol au printemps. Craint les courants d'air.

Culture : semis en automne. Distance de plantation : 30 cm.

Espèces et variétés :
M. betonicifolia : Pavot bleu de l'Himalaya. Feuillage glauque, fleurs bleues et étamines jaunes. Hauteur : 60 à 80 cm.
M. cambrica : fleurs jaunes. Hauteur : 50 cm.

Macleaya cordata

Malva moschata

MELISSA
Mélisse panachée

LABIEES

Description : plante vivace buissonnante. Feuillage vert panaché de jaune. Fleurs blanches de mars à mai.

Exigences : s'accommode de tous les types de sol. Situation ensoleillée.

Utilisation : rocaille, bordure, plate-bande, isolé et plante condimentaire.

Entretien : plante peu exigeante quant à l'entretien. Rabattre les tiges au printemps.

Culture : division de souche ou bouturage de rameaux au printemps. Distance de plantation : 40 cm.

Espèces et variétés :
M. officinalis 'Aurea' : feuillage vert panaché de jaune. Hauteur : 40 à 50 cm.

MENTHA
Menthe panachée

LABIEES

Description : plante vivace buissonnante. Feuillage vert panaché de blanc-crème.

Exigences : sol frais et humide. Situation mi-ombragée.

Utilisation : rocaille ombragée, massif de plantes vivaces, bordure, isolé et plante condimentaire.

Entretien : peu exigeante.

Culture : division de souche et bouturage de rameaux au printemps. Distance de plantation : 40 à 50 cm.

Espèces et variétés :
M. rotundifolia 'Variegata' : feuillage panaché de blanc-crème. Hauteur : 40 cm.

MIMULUS
Mimule

SCROPHULARIACEES

Description : plante vivace tapissante. Feuillage ovale, denté et vert. Fleurs jaunes ou mauves, s'épanouissant de juin à septembre.

Exigences : sol humide. Situation mi-ombragée.

Utilisation : scène de bord d'eau, couvre-sol en terrain humide ou en sous-bois.

Entretien : rabattre le feuillage dès son complet dessèchement.

Culture : semis ou division de souche au printemps. Distance de plantation : 30 cm.

Espèces et variétés :
M. guttatus : fleurs jaunes en grappes, de juin à septembre. Hauteur : 20 cm. Diamètre : 30 à 40 cm.
M. ringens : fleurs mauves de juin à septembre. Hauteur : 30 à 50 cm.

MONARDA
Monarde

LABIEES

Description : plante vivace buissonnante. Feuillage denté, vert et odorant. Fleurs violettes, roses ou rouges, s'épanouissant de juin à septembre.

Exigences : s'accommode de tous les types de sol. Situation ensoleillée.

Utilisation : massif de plantes vivaces, plate-bande, bordure, isolé, bac, fleur coupée et plante aromatique.

Entretien : tuteurage nécessaire pour maintenir les hampes florales en cours de croissance. Supprimer les fleurs fanées et rabattre les tiges à 5 cm du sol au printemps. Protéger les souches avec des branches de sapin dans les régions aux hivers froids.

Culture : semis au printemps. Division au printemps. Distance de plantation : 40 cm.

Monarda X hybrida 'Croftway Pink'

Espèces et variétés :
M. X hybrida 'Blaustrumpf' : fleurs violettes de juin à septembre. Hauteur : 100 cm.
M. X hybrida 'Cambridge Scarlet' : fleurs rouge écarlate. Hauteur : 80 cm.
M. X hybrida 'Croftway Pink' : fleurs rose-saumon. Hauteur : 100 cm.

MUEHLENBECKIA

POLYGONACEES

Description : plante vivace tapissante. Feuillage minuscule, vert foncé et très dense. Fleurs étoilées, jaunes, s'épanouissant en juin-juillet.

Exigences : sol frais, pas trop pauvre. Situation ensoleillée ou mi-ombragée.

Utilisation : couvre-sol pour talus et sous-bois, peut être palissé comme une plante grimpante.

Entretien : taille d'entretien selon la forme souhaitée, au printemps et en été.

Culture : bouturage de rameaux au printemps. Distance de plantation : 40 cm.

Espèces et variétés :
M. axillaris : fleurs verdâtres. Feuillage dense et vert. Hauteur : 5 à 10 cm. Diamètre : 50 à 80 cm.

MYOSOTIS

Myosotis vivace, Myosotis des Marais

BORRAGINACEES

Description : plante vivace tapissante. Feuillage oblong, vert. Fleurs bleues à cœur jaune, réunies en grappes, s'épanouissant de mai à octobre.

Exigences : sol humide. Situation ensoleillée ou mi-ombragée.

Utilisation : scène de bord d'eau, couvre-sol en sous-bois ou terrain humide.

Entretien : supprimer le feuillage après son complet dessèchement en automne.

Culture : semis au printemps. Division de souche de mai à juillet. Distance de plantation : 30 à 40 cm.

Espèces et variétés :
M. palustris : syn. *M. scorpioides.* Fleurs bleues du printemps à l'automne. Hauteur : 30 à 40 cm. Diamètre : 30 à 40 cm.

NEPETA

LABIEES

Description : plante vivace tapissante. Feuillage argenté et odorant. Fleurs bleu clair réunies en épis, s'épanouissant de mai à septembre. Plante mellifère.

Exigences : sol bien drainé et sec. Supporte le calcaire. Situation ensoleillée.

Utilisation : rocaille, mur et muret plantés, escalier fleuri, bordure, plante-bande, massif de plantes vivaces et bac.

Entretien : supprimer les fleurs fanées. Rabattre le feuillage court chaque printemps.

Culture : semis ou division de souche au printemps. Distance de plantation : 30 cm.

Espèces et variétés :
N. cataria : Herbe aux Chats. Fleurs blanches en grappes en juin. Haut. : 60-80 cm.
N. X faassenii : feuillage argenté et odorant. Hauteur : 30 cm.
N. X faassenii 'Superba' : fleurs violettes de mai à septembre. Hauteur : 40 cm.
N. mussinii : feuillage argenté. Fleurs bleues. Hauteur : 25 cm.

Nepeta mussinii

ŒNOTHERA
Œnothère, Onagre

ONAGRACEES

Description : plante vivace tapissante. Feuillage étroit, vert, se développant sur des rameaux rampants. Fleurs jaunes s'épanouissant de juillet à septembre.

Exigences : s'accommode de tous les types de sol. Supporte le calcaire. Situation ensoleillée.

Utilisation : rocaille, bordure, escalier fleuri, mur et muret, bac.

Entretien : rabattre les tiges au ras du sol au printemps.

Culture : semis au printemps ou division de souche. Distance de plantation : 30 cm.

Espèces et variétés :
Œ. missouriensis : fleurs jaunes à teintes rouges. Hauteur : 20 à 30 cm. Diamètre : 40 cm.
Œ. tetragona : fleurs jaunes de juin à août. Hauteur : 50 cm. Diamètre : 40 à 50 cm.

Œnothera missouriensis

OMPHALODES
Nombril de Vénus

BORRAGINACEES

Description : plante vivace tapissante. Feuillage vert clair à développement rapide. Fleurs bleues semblables aux Myosotis, s'épanouissant d'avril à mai.

Exigences : sol frais et léger. Supporte le calcaire. Situation ensoleillée ou mi-ombragée.

Utilisation : rocaille, bordure, couvre-sol en sous-bois et bac.

Entretien : nettoyage des plants au printemps.

Culture : division de souche ou bouturage de racines au printemps. Distance de plantation : 30 cm.

Espèces et variétés :
O. verna : Petite Bourrache. Fleurs bleues en avril-mai. Hauteur : 15 cm. Diamètre : 30 à 40 cm.

OPHIOPOGON
Herbe aux turquoises, Muguet du Japon

LILIACEES

Description : plante vivace tapissante. Feuillage oblong, sombre, presque noir, se développant en touffe. Fleurs blanches, bleues ou violettes, s'épanouissant de juin à septembre. Baies bleues en automne.

Exigences : sol frais et meuble. Supporte l'humidité. Situation mi-ombragée ou ombragée.

Utilisation : rocaille ombragée, bordure, scène de bord d'eau, bac et couvre-sol en sous-bois.

Entretien : ne demande pratiquement aucun entretien, si ce n'est une taille de nettoyage au printemps.

Culture : division de souche au printemps. Distance de plantation : 15 cm.

Espèces et variétés :
O. jaburan : feuillage vert foncé. Hauteur : 20 à 30 cm.
O. jaburan 'Argenteo-Variegatus' : feuillage panaché de blanc.
O. japonicus : feuillage linéaire, vert et étroit. Fleurs lilas en juillet-août. Hauteur : 15 à 20 cm. Diamètre : 25 à 30 cm.
O. japonicus 'Nigrescens' : feuillage très sombre, fleurs blanches. Hauteur : 15 cm. Diamètre : 25 à 30 cm.
O. japonicus 'Variegatus' : feuillage panaché.

ORIGANUM
Origan d'ornement

LABIEES

Description : plante vivace tapissante, aromatique et d'ornement. Feuillage vert ou panaché, d'aspect très décoratif et odorant. Fleurs rose-lilas ou pourpres en juillet.

Exigences : sol bien drainé. Supporte le sol sec. Situation ensoleillée ou mi-ombragée.

Utilisation : rocaille, bordure, mur et muret, escalier fleuri, bac, couvre-sol pour talus et massif de plantes vivaces

Entretien : supprimer les fleurs fanées. Rabattre court au printemps afin de régénérer les souches.

Culture : division de souche et bouturage de rameaux au printemps. Distance de plantation : 20 cm.

Espèces et variétés :
O. laevigatum 'Hopleys' : feuillage bleuté. Fleurs pourpres en juillet. Hauteur : 20 cm. Diamètre : 30 à 40 cm.
O. vulgare 'Compactum' : feuillage vert dense et compact. Fleurs bleues en juillet : Hauteur : 25 cm. Diamètre : 40 cm.

PACHYSANDRA

BUXACEES

Description : plante vivace tapissante. Feuillage denté, vert foncé et persistant. Fleurs blanches réunies en épis, s'épanouissant d'avril à mai.

Exigences : sol frais, meuble et riche. Situation mi-ombragée ou ombragée.

Utilisation : rocaille, bordure, couvre-sol pour sous-bois ou talus et bac.

Entretien : supprimer les fleurs fanées.

Culture : division de souche ou bouturage de rameaux au printemps. Distance de plantation : 25 à 30 cm.

Espèces et variétés :
P. terminalis : feuillage vert brillant. Fleurs blanches en avril-mai. Hauteur : 25 cm. Diamètre : 25 à 30 cm.
P. terminalis 'Variegata' : feuillage vert panaché de blanc-crème. Hauteur : 25 cm.

PÆONIA
Pivoine herbacée

PÆONIACEES

Description : plante vivace buissonnante. Feuillage vert et décoratif. Fleurs simples ou doubles, blanches, roses, rouges, mauves, jaunes ou bicolores, de mai à juin.

Exigences : sol riche, meuble, profond et bien drainé. Situation ensoleillée ou mi-ombragée.

Utilisation : isolé, massif de plantes vivaces, plate-bande et fleur coupée.

Entretien : rabattre les tiges à 5 cm du sol au printemps. Tuteurage indispensa-

ble pour maintenir le feuillage et les hampes florales pendant la floraison. Arrosage conseillé en été pendant les périodes chaudes et sèches. Supprimer les fleurs fanées. Protéger les souches avec des feuilles mortes en hiver.

Culture : semis utilisé pour l'obtention des nouvelles variétés. Division de souche et bouturage de racines munies de bourgeons après la floraison. Distance de plantation : 100 à 120 cm.

Parasites et maladies : sensible au botrytis et à la rouille.

Espèces et variétés :

P. lactiflora : syn. P. albiflora : Pivoine de Chine. Fleurs simples, roses, parfumées, en mai-juin. Hauteur : 50 à 70 cm.

P. lactiflora 'Akalu' : fleurs simples, rouges à cœur jaune. Hauteur : 100 cm.

P. lactiflora 'Albert Crousse' : grandes fleurs doubles, rose carmin, odorantes. Hauteur : 80 cm.

P. lactiflora 'Duchesse de Nemours' : grandes fleurs blanches à cœur jaune, doubles. Hauteur : 90 cm.

P. lactiflora 'Edulis Superba' : fleurs doubles, roses, odorantes. Hauteur : 80 cm.

P. lactiflora 'Karl Rosenfield' : fleurs doubles, rouge foncé. Hauteur : 70 cm.

P. lactiflora 'Martha Bulloch' : fleurs doubles, mauves.

P. lactiflora 'Philippe Rivoire' : fleurs doubles, rouge foncé. Hauteur : 70 cm.

P. lactiflora 'Sarah Bernhard' : fleurs doubles, parfumées, roses. Hauteur : 100 cm.

P. officinalis : Pivoine des jardins. Hauteur : 60 à 80 cm.

P. officinalis 'Maxima rosea' : fleurs doubles, roses. Hauteur : 70 cm.

P. officinalis 'Purpurea Plena' : fleurs rouge foncé. Hauteur : 60 cm.

P. officinalis 'Striata Elegans' : fleurs à deux tons de rose. Hauteur : 70 cm.

Les obtenteurs spécialistes des Pivoines proposent une vaste gamme de variétés. Aussi pour affiner votre choix, seuls leurs catalogues vous permettront de faire un tour d'horizon complet des variétés existantes.

Papaver nudicaule

PAPAVER

Pavot

PAPAVERACEES

Description : plante vivace buissonnante. Feuillage vert glauque, très découpé. Fleurs rouges, orange, jaunes ou blanches, s'épanouissant de juin à juillet.

Exigences : s'accommode de tous les types de sol. Situation ensoleillée.

Utilisation : massif de plantes vivaces, plate-bande, bordure, rocaille (variétés basses), bac et fleur coupée.

Entretien : tuteurage nécessaire pour les espèces hautes au fur et à mesure de leur croissance. Supprimer les fleurs fanées. Rabattre les tiges à 5 cm du sol au printemps.

Culture : semis en mai. Distance de plantation : 30 à 50 cm.

Parasites et maladies : sensible aux pucerons et au mildiou.

Espèces et variétés :

Espèces basses :
P. alpinum : Pavot des Alpes. Nombreux coloris : jaune, orange ou blanc, en mai. Hauteur : 15 cm.

P. nudicaule : Pavot d'Islande. Feuillage argenté, fleurs rouges, jaunes, orange ou blanches, de juin à juillet. Hauteur : 30 cm.

Espèces hautes :
P. orientalis : Pavot d'Orient. Fleurs rouges à macules noires, en juin-juillet. Hauteur : 70 cm.
P. orientalis 'Allegro' : fleurs rouge orangé. Hauteur : 50 cm.
P. orientalis 'Markus Perry' : fleurs orange. Hauteur : 70 cm.
P. orientalis 'Victoria Louise' : fleurs roses. Hauteur : 100 cm.

Le Pavot à opium (Papaver somniferum) est un pavot annuel. Cette espèce est à l'origine de nombreuses variétés décoratives pour leurs fleurs. Ces variétés se déclinent de la fleur simple à la fleur double dite à fleur de Pivoine, en passant par les fleurs à pétales frangés ou laciniés.

D'une année à l'autre, le Pavot annuel se ressème et il n'aime généralement pas être déplacé.

Certains clones ont été sélectionnés puis cultivés depuis l'Antiquité pour la production de l'opium dont les vertus sédatives sont utilisées en pharmacie.

PELTIPHYLLUM

SAXIFRAGACEES

Description : plante vivace buissonnante. Feuillage pelté, très découpé, vert, issu d'une souche possédant des rhizomes. Fleurs roses réunies en ombelles, se développant avant le feuillage en avril-mai.

Exigences : sol frais, riche et humide. Situation ensoleillée ou mi-ombragée.

Utilisation : isolé, scène de bord d'eau, colonie en sous-bois.

Entretien : supprimer le feuillage sec en automne. Protéger la souche avec des feuilles sèches ou des branches de sapin dans les régions aux hivers froids.

Culture : bouturage de rhizome et division de souche au printemps. Distance de plantation : 80 à 100 cm.

Espèces et variétés :
P. peltatum : feuilles peltées. Fleurs roses. Hauteur : 60 à 70 cm.

PENSTEMON

SCROPHULARIACEES

Description : plante vivace buissonnante. Feuillage simple et vert. Fleurs en forme de clochettes retombantes réunies en thyrses, de couleur rouge, s'épanouissant de juin à octobre.

Exigences : sol riche, meuble et profond. Situation ensoleillée.

Utilisation : massif de plantes vivaces, plate-bande, bac et fleur coupée.

Entretien : tuteurage des hampes florales conseillé pendant leur croissance. Supprimer les fleurs fanées. Rabattre les tiges à 5 cm du sol au printemps. Protection hivernale recommandée en région froide.

Culture : division de souche ou bouturage de rameaux au printemps. Distance de plantation : 40 cm.

Espèces et variétés :
P. barbatus : feuillage glauque. Fleurs rouges de juin à septembre. Hauteur : 90 cm.
P. - Hybride 'Friedrich Hahn' : fleurs rouge foncé. Hauteur : 60 cm.
P. - Hybride 'Hidcote' : fleurs rouge écarlate. Hauteur : 70 cm.
P. - Hybride 'Southgate Gem' : fleurs rouge vif. Hauteur : 70 cm.
P. - Hybride 'Schönholzeri' : fleurs rouge brillant. Hauteur : 70 cm.

PETASITES

COMPOSEES

Description : plante vivace buissonnante. Feuilles simples, vertes, se développant après les fleurs. Fleurs roses réunies en grappes, s'épanouissant de janvier à avril.

Exigences : sol frais et humide. Situation ensoleillée ou mi-ombragée.

Utilisation : isolé, massif de plantes vivaces, colonies en sous-bois.

Entretien : nettoyage des souches en automne. Arrosage conseillé en période chaude et sèche.

Culture : division de souche et bouturage de racines au printemps. Distance de plantation : 30 cm.

Espèces et variétés :
P. fragans : Héliotrope d'hiver. Feuillage cordiforme. Fleurs roses en thyrses de décembre à avril. Hauteur : 30 cm.
P. officinalis : feuillage d'une envergure exceptionnelle (diamètre : 100 cm). Fleurs rouges, de mars à mai. Hauteur : 120 cm.

PHLOMIS

LABIEES

Description : plante vivace buissonnante. Feuillage vert grisâtre, légèrement tomenteux. Fleurs jaune d'or réunies en couronnes et situées par étage le long de la tige, s'épanouissant de juin à août.

Exigences : sol bien drainé. Supporte le sec et le calcaire. Situation ensoleillée.

Utilisation : massif de plantes vivaces, plate-bande, isolé et fleur coupée.

Entretien : tuteurage des hampes florales au fur et à mesure de leur croissance. Rabattre les tiges à 5 cm du sol au printemps. Supprimer les fleurs fanées.

Culture : semis ou division de souche au printemps. Distance de plantation : 40 cm.

Espèces et variétés :
P. fruticosa : feuillage gris argenté et persistant. Fleurs jaunes de juin à août. Hauteur : 100 à 120 cm.
P. samia : syn. *P. russeliana*. Fleurs jaunes et bractées vertes tomenteuses se développant par étage de juillet à août. Hauteur : 60 cm.

Petasites officinalis

Phlox paniculata

PHLOX

POLEMONIACEES

Description : plante vivace tapissante ou buissonnante. Feuillage persistant (espèces basses) ou caduc (espèces hautes). Fleurs roses, rouges, mauves, violettes, blanches et bicolores s'épanouissant en mai-juin pour les espèces basses et de juin à septembre pour les espèces hautes.

Exigences : sol riche, frais, meuble et profond. Les espèces basses supportent le calcaire. Situation ensoleillée.

Utilisation : rocaille, mur et muret, escalier fleuri, plate-bande, bordure, massif de plantes vivaces, isolé, couvre-sol et fleur coupée.

Entretien : tuteurage conseillé au moment de la floraison pour les espèces hautes et rabattre les tiges à 5 cm du sol au printemps. Supprimer les fleurs fanées.

Culture : division de souche et bouturage de rameaux au printemps. Distance de plantation : 30 à 50 cm.

Parasites et maladies : sensible à la rouille et aux pucerons.

Espèces et variétés :

- Espèces basses :
P. subulata : feuillage persistant, fin et vert foncé. Floraison : avril-mai. Hauteur : 10 à 15 cm.
P. subulata 'Bijou rose' : fleurs roses.
P. subulata 'Blue Eyes' : fleurs bleues.
P. subulata 'Lilacina' : fleurs lilas.
P. subulata 'Purple Beauty' : fleurs rouge-pourpre.
P. subulata 'White Delight' : fleurs blanches.

- Espèces hautes :
P. maculata et *P. paniculata :* feuillage caduc, allongé et vert. Floraison : de juin à septembre. Hauteur : 70 à 90 cm.
P. maculata 'Amethyst' : fleurs lilas.
P. maculata 'Brigadier' : fleurs rouge orangé.
P. maculata 'E. Arden' : fleurs rose pâle.
P. maculata 'Europa' : fleurs blanches à cœur rouge.
P. paniculata 'Kirchenfurst' : fleurs rouges.
P. paniculata 'Lilac Tim' : fleurs bleues.
P. paniculata 'Mia Ruys' : fleurs blanches.
P. paniculata 'Orange Perfection' : fleurs orange.
P. paniculata 'Othley Purple' : fleurs violettes.
P. paniculata 'Osaka' : fleurs rose vif.
P. paniculata 'Starfire' : fleurs rouge grenat.

PHYGELIUS

Fuchsia du Cap

SCROPHULARIACEES

Description : plante vivace buissonnante. Feuillage vert. Fleurs rouge corail ou roses réunies en panicules, s'épanouissant de juillet à octobre.

Exigences : sol bien drainé. Situation ensoleillée et protégée.

Utilisation : massif de plantes vivaces, plate-bande, isolé et bac.

Entretien : rabattre les tiges à 5 cm du sol au printemps. Tuteurage des hampes florales au fur et à mesure de leur croissance. Protéger la souche avec des branches de sapin et des feuilles en hiver.

Culture : semis ou bouturage de rameaux au printemps. Distance de plantation : 40 cm.

Espèces et variétés :
P. aequalis : fleurs roses d'août à octobre. Hauteur : 80 cm.
P. capensis 'Coccineus' : fleurs rouge corail de juillet à octobre. Hauteur : 80 à 90 cm.

PHYSALIS

Coqueret

SOLANACEES

Description : plante vivace buissonnante. Feuillage simple et vert. Fleurs blanches sans intérêt. Fruits rouge orangé, en forme de lanternes, dès la fin de l'été jusqu'en novembre, contenant une baie comestible.

Exigences : sol riche, bien drainé. Supporte le sol sec. Situation ensoleillée ou mi-ombragée.

Utilisation : isolé, fleur coupée fraîche ou sèche.

Entretien : maintenir les tiges portant les fruits pendant leur croissance. Dès que les fruits arrivent à maturité, couper les tiges qui les portent à leur base pour les faire sécher. Rabattre le feuillage en automne.

Culture : semis et division de souche au printemps. Distance de plantation : 40 cm.

Espèces et variétés :
P. alkekengii : Lanterne japonaise, Amour en cage. Fruits rouge-orange en automne. Hauteur : 60 à 80 cm.
P. franchetii : espèce plus vigoureuse. Fruits rouges, très volumineux. Hauteur : 100 à 120 cm.

PLATYCODON

CAMPANULACEES

Description : plante vivace buissonnante. Feuillage ovale, denté, à reflets bleutés. Fleurs blanches, roses ou bleues en forme d'étoiles, s'épanouissant de juin à août.

Exigences : sol bien drainé et profond. Situation ensoleillée, mi-ombragée ou ombragée.

Utilisation : massif de plantes vivaces, plate-bande, bordure, rocaille et fleur coupée.

Entretien : supprimer les fleurs fanées. Rabattre les tiges à 5 cm du sol au printemps.

Culture : semis au printemps. Distance de plantation : 30 cm.

Espèces et variétés :
P. grandiflorus : fleurs bleues de juin à août. Hauteur : 50 cm.
P. grandiflorus 'Albus' : fleurs blanches. Hauteur : 50 cm.
P. grandiflorus 'Fuji Rose' : fleurs roses. Hauteur : 50 cm.
P. grandiflorus 'Mariesii' : fleurs bleues. Hauteur : 30 cm.

Phygelius capensis

Physalis alkekengii

Platycodon grandiflorus

POLEMONIUM
Valériane grecque

POLEMONIACEES

Description : plante vivace buissonnante. Feuillage composé, vert, d'un très bel effet décoratif. Fleurs bleu-violet, réunies en thyrses, s'épanouissant d'avril à juillet.

Exigences : sol frais, profond. Situation ensoleillée ou mi-ombragée.

Utilisation : massif de plantes vivaces, plate-bande, colonie libre en sous-bois, rocaille, bordure et fleur coupée.

Entretien : supprimer les fleurs après leur épanouissement. Rabattre les tiges à 5 cm du sol au printemps.

Culture : semis ou division de souche au printemps. Distance de plantation : 40 à 50 cm.

Espèces et variétés :
P. cæruleum : fleurs bleu violacé en mai-juin. Hauteur : 60 cm.

POLYGONATUM
Sceau de Salomon

LILIACEES

Description : plante vivace buissonnante. Feuillage ovale, dressé de part et d'autre de la tige, d'un très bel effet décoratif. Fleurs blanc-crème se développant sous les feuilles le long de la tige, s'épanouissant en mai-juin.

Exigences : sol frais. Situation ensoleillée ou mi-ombragée.

Utilisation : rocaille, bordure, couvre-sol en sous-bois et talus, isolé et bac.

Entretien : rabattre les tiges à 5 cm du sol pour les espèces hautes et à feuillage caduc.

Culture : division de souche ou bouturage de rameaux au printemps. Distance de plantation : 30 à 40 cm.

Espèces et variétés :
P. multiflorum : fleurs blanc-crème, en mai-juin. Hauteur : 50 cm.

POLYGONUM
Renouée

POLYGONACEES

Description : plante vivace tapissante ou buissonnante. Feuillage lancéolé et vert, caduc ou persistant. Fleurs blanc-rose réunies en épis, de mai à septembre.

Exigences : sol meuble. Supporte l'humidité. Situation ensoleillée ou mi-ombragée.

Utilisation : talus, couvre-sol en sous-bois, rocaille, bac et bord d'eau *(P. polystachyum)*.

Entretien : supprimer les fleurs fanées. Nettoyage du feuillage au printemps.

Culture : bouturage de rameaux et division de souche au printemps. Distance de plantation : 30 à 40 cm pour les espèces basses, 80 à 100 cm pour les espèces hautes.

Espèces et variétés :
P. affine : feuillage vert et persistant. Fleurs roses en épis, de mai à juillet. Hauteur : 20 cm.
P. affine 'Superbum' : fleurs blanches devenant rouges à maturité. Hauteur : 30 cm.
P. polystachyum : espèce haute atteignant 200 cm. Feuillage caduc vert clair sur tiges rouges. Fleurs blanches en panicules, de juillet à septembre.

Polygonum affine

POTENTILLA
Potentille vivace

ROSACEES

Description : plante vivace tapissante et buissonnante. Feuillage vert ou argenté semblable à celui du Fraisier. Fleurs jaunes, roses, rouges, orange, simples ou doubles, s'épanouissant de mai à septembre.

Exigences : s'accommode de tous les types de sol. Supporte le calcaire. Situation ensoleillée.

Utilisation : massif de plantes vivaces, plate-bande, bordure, rocaille, couvre-sol et bac.

Entretien : rabattre les tiges à 5 cm du sol au printemps. Supprimer les fleurs après la floraison.

Culture : semis et division de souche au printemps. Distance de plantation : 20 à 40 cm.

Espèces et variétés :
- Espèces basses :
P. aurea : feuillage vert sombre et velu. Fleurs jaunes en mai-juin. Hauteur : 10 cm. Diamètre : 30 à 40 cm.
P. megalantha : fleurs jaunes en août-septembre. Hauteur : 10 cm. Diamètre : 30 à 40 cm.
P. tonguei : fleurs abricot de juin à septembre. Hauteur : 10 cm. Diamètre : 30 à 40 cm.

- Espèces hautes :

P. atrosanguinea : feuillage argenté. Fleurs rouges de juin à août. Hauteur : 40 cm.

P. atrosanguinea 'Gibson Scarlet' : feuillage vert. Fleurs rouges de juin à septembre. Hauteur : 40 cm.

P. atrosanguinea 'Emilie' : fleurs rouges doubles de juin à septembre. Hauteur : 40 cm.

P. atrosanguinea 'Versicolor' : fleurs orange et brunes, de juin à septembre. Hauteur : 40 cm.

P. nepalensis 'Miss Wilmott' : fleurs rouge cerise de juin à août. Hauteur : 50 cm.

P. recta warrensii : très grandes fleurs jaunes en juin-juillet. Hauteur : 50 cm.

PRIMULA
Primevère

PRIMULACEES

Description : plante vivace tapissante. Feuillage gaufré, vert, se développant en rosette. Fleurs jaunes, blanches, roses, mauves, rouges ou violettes formant des ombelles sur un ou plusieurs niveaux, s'épanouissant de mars à juillet.

Exigences : sol frais, riche, profond et légèrement humide. Situation mi-ombragée.

Utilisation : rocaille, bordure, plate-bande, colonie libre en sous-bois, isolé et scène de bord d'eau.

Entretien : arrosage conseillé en période chaude et sèche. Supprimer les fleurs fanées. Nettoyer les souches au printemps.

Culture : semis au printemps. Distance de plantation : 20 à 30 cm.

Parasites et maladies : sensible aux botrytis, rouille, pourritures diverses et aux araignées rouges en situation trop sèche.

Espèces et variétés :

P. bulleyana : Primevère à étage. Fleurs rouge-orange, en juin-juillet. Hauteur : 50 à 60 cm. Diamètre : 25 à 30 cm.

P. denticulata 'Grandiflora' : Primevère du Japon. Fleurs en boule, de couleur bleue, rouge ou blanche, en avril-mai. Hauteur : 30 cm. Diamètre : 25 à 30 cm.

P. florindae : Primevère des Marais. Fleurs en forme de clochettes jaunes, de juin à août. Hauteur : 60 à 80 cm.

P. X hortensis : Primevère des Jardins. Nombreux coloris de jaune, rouge, rose, bleu ou blanc en mars-avril. Hauteur : 10 à 20 cm. Diamètre : 30 à 40 cm.

P. japonica : Primevère du Japon. Fleurs rouge carmin de juin à juillet. Hauteur : 50 cm. Diamètre : 25 à 30 cm.

P. juliae 'Wanda' : fleurs violettes en mars-avril. Hauteur : 10 cm.

P. pulverulenta : fleurs rouge carmin en mai-juin. Hauteur : 60 cm.

P. rosea 'Grandiflora' : fleurs rose foncé en mars-avril. Hauteur : 10 cm.

PRUNELLA
Brunelle

LABIEES

Description : plante vivace tapissante. Feuillage vert brillant à teinte pourpre. Fleurs bleu violacé en épis, s'épanouissant en été.

Exigences : s'adapte à tous les types de sol. Supporte le calcaire. Situation ensoleillée ou mi-ombragée.

Utilisation : rocaille, bordure, mur et muret, escalier fleuri, bac et couvre-sol pour sous-bois et talus.

Entretien : supprimer les fleurs après la floraison. Nettoyer les souches au printemps.

Culture : division de souche et bouturage de rameaux au printemps. Distance de plantation : 30 cm.

Espèces et variétés :

P. grandiflora : fleurs violettes de juin à septembre. Hauteur : 20 cm. Diamètre : 40 à 50 cm.

P. webbiana : fleurs roses de juin à septembre. Hauteur : 20 cm. Diamètre : 30 à 40 cm.

PULSATILLA
Anémone pulsatille

RENONCULACEES

Description : plante vivace tapissante. Feuillage très découpé et velu. Fleurs rouges, blanches ou violettes, en forme de clochettes, s'épanouissant en avril-mai. Fruits plumeux en automne.

Exigences : sol léger. Supporte le calcaire. Situation ensoleillée ou mi-ombragée.

Utilisation : rocaille, bordure, plate-bande, bac et colonie libre.

Entretien : supprimer les fleurs fanées. Rabattre le feuillage à 5 cm du sol au printemps.

Culture : semis dès la récolte des graines. Distance de plantation : 20 à 30 cm.

Espèces et variétés :

P. vulgaris : fleurs bleu-violet en avril-mai. Hauteur : 25 cm. Diamètre : 25 à 30 cm.

P. vulgaris 'Alba' : fleurs blanches.

P. vulgaris 'Rote Glocke' : fleurs rouges.

Fruits de l'Anémone pulsatille.

Rheum

RUBUS
Ronce d'ornement

ROSACEES

Description : plante vivace tapissante. Feuillage persistant, vert brillant sur le dessus et brun à la face inférieure. Fleurs blanches en juin-juillet. Fruits rouges en automne.

Exigences : sol frais et meuble. Situation mi-ombragée ou ombragée.

Utilisation : couvre-sol pour sous-bois et talus.

Entretien : rabattre les rameaux au printemps.

Culture : division et bouture de rameaux au printemps. Distance de plantation : 40 cm.

Espèces et variétés :
R. - Hybride 'Betty Ashburner' : feuillage vert foncé. Hauteur : 30 cm.
R. tricolor : grandes feuilles vert foncé, brillantes, duveteuses. Hauteur : 20 à 30 cm. Diamètre : 50 à 100 cm.

RHEUM
Rhubarbe d'ornement

POLYGONACEES

Description : plante vivace buissonnante. Feuilles de très grande taille, vertes ou pourpres. Fleurs blanches réunies en panicules, s'épanouissant sur une tige vigoureuse en juin.

Exigences : sol riche, frais, profond. Situation mi-ombragée ou ombragée.

Utilisation : isolé, scène de bord d'eau, colonie en sous-bois.

Entretien : rabattre les tiges et le feuillage sec en automne et protéger la souche avec des branches de sapin ou des feuilles.

Culture : division de souche au printemps. Distance de plantation : 80 à 100 cm.

Espèces et variétés :
R. palmatum : feuillage vert. Fleurs blanches en mai. Hauteur : 150 à 200 cm.
R. palmatum 'Tanguticum' : feuillage rouge. Fleurs blanc crème. Hauteur : 150 à 200 cm.

Rodgersia podophylla

RODGERSIA

SAXIFRAGACEES

Description : plante vivace buissonnante. Feuillage composé, rappelant celui du Marronnier. Fleurs blanches réunies en panicules, s'épanouissant en juin-juillet.

Exigences : sol frais, riche et humide. Situation mi-ombragée ou ombragée.

Utilisation : isolé, scène de bord d'eau et colonie libre.

Entretien : supprimer le feuillage sec en automne.

Culture : division de souche au printemps. Distance de plantation : 50 cm.

Espèces et variétés :
R. aesculifolia : feuillage vert. Fleurs blanches en juin. Hauteur : 80 cm.
R. podophylla : feuillage bronze dès son apparition, devenant vert par la suite. Fleurs blanches en mai. Hauteur : 70 cm.

RUDBECKIA

COMPOSEES

Description : plante vivace buissonnante. Feuillage vert brillant. Fleurs jaunes, roses, simples ou doubles, à cœur brun, s'épanouissant de juin à septembre.

Exigences : s'accommode de tous les types de sol. Supporte le calcaire. Situation ensoleillée.

Utilisation : massif de plantes vivaces, plate-bande, isolé et fleur coupée.

Entretien : maintenir les hampes florales au fur et à mesure de leur croissance. Supprimer les fleurs après la floraison. Rabattre les tiges à 5 cm du sol au printemps.

Culture : division de souche au printemps. Distance de plantation : 40 à 50 cm.

Espèces et variétés :
R. fulgida 'Deamii' : feuillage duveteux vert. Fleurs jaunes à cœur noir de juillet à septembre. Hauteur : 80 cm.
R. fulgida 'Sullivantii' : fleurs jaunes à disque brun, de juillet à septembre. Hauteur : 150 cm.
R. laciniata 'Gold Ball' : fleurs doubles jaunes, en août-septembre. Hauteur : 180 à 200 cm.
R. laciniata 'Goldquelle' : grandes fleurs jaunes en août-septembre. Hauteur : 150 cm.
R. nitida 'Autumn Glory' : fleurs jaunes en août-septembre. Hauteur : 200 cm.
R. purpurea : fleurs pourpres à cœur brun, de juin à septembre. Hauteur : 60 à 80 cm.

SAGINA

Sagine

CARYOPHYLLACEES

Description : plante vivace tapissante. Feuillage fin semblable à de la mousse. Fleurs blanches de juin à août.

Exigences : sol bien drainé. Situation mi-ombragée.

Utilisation : couvre-sol pour remplacer le gazon, rocaille, escalier fleuri et bac.

Entretien : plante ne demandant aucun entretien.

Culture : division de souche. Distance de plantation : 20 cm.

Espèces et variétés :

S. subulata : fleurs blanches. Hauteur : 5 cm. Diamètre : 20 à 30 cm.

SALVIA

Sauge d'ornement, Sauge officinale

LABIEES

Description : plante vivace buissonnante. Feuillage gaufré et vert. Fleurs violettes en épis denses, s'épanouissant de juin à août.

Exigences : sol riche et bien drainé. Situation ensoleillée.

Utilisation : massif de plantes vivaces, plate-bande, isolé, rocaille, bordure, bac et fleur coupée.

Entretien : supprimer les fleurs après la floraison. Rabattre le feuillage et les tiges à 5 cm du sol au printemps. Protéger les Sauges *officinalis* à feuillage décoratif.

Culture : semis au printemps et division de souche. Distance de plantation : 40 cm.

Espèces et variétés :

- Les Sauges d'ornement :
S. nemorosa 'Blue Night' : fleurs bleues de juillet à novembre. Hauteur : 100 cm.
S. nemorosa 'Lubecca' : fleurs violettes de mai à août. Hauteur : 60 cm.
S. nemorosa 'Superba' : fleurs violet foncé de mai à août. Hauteur : 60 cm.
S. involucrata 'Bethelii' : fleurs rose vif de juillet à septembre. A protéger du froid. Hauteur : 100 cm.

- Les Sauges officinales au feuillage décoratif :
S. officinalis 'Aurea' : feuillage vert panaché de jaune. Hauteur : 50 cm.
S. officinalis 'Purpurea' : feuillage pourpre. Hauteur : 40 cm.
S. officinalis 'Tricolor' : feuillage vert panaché de jaune et de rose. Hauteur : 50 cm.

Salvia nemorosa

Salvia officinalis 'Aurea'

SANTOLINA

Santoline

COMPOSEES

Description : plante vivace tapissante. Feuillage fin, dense, blanc grisâtre et odorant. Fleurs jaunes en forme de boules, s'épanouissant en juillet-août (peu d'intérêt décoratif).

Exigences : sol bien drainé. Supporte le calcaire. Situation ensoleillée et chaude.

Utilisation : rocaille, bordure, plate-bande, couvre-sol pour talus et bac.

Entretien : supprimer les fleurs fanées. Rabattre les touffes tous les 3 à 4 ans afin de les régénérer. Protéger du froid en hiver dans les régions autres que méditerranéennes.

Culture : bouturage de rameaux au printemps et en été. Distance de plantation : 30 cm.

Espèces et variétés :
S. chamaecyparissus : syn. *S. incana*. feuillage blanc grisâtre. Fleurs jaunes en août. Hauteur : 40 cm.
S. virens : feuillage vert. Fleurs jaunes citron en juillet. Hauteur : 40 cm.

Santolina chamaecyparissus

SAPONARIA

Saponaire

CARYOPHYLLACEES

Description : plante vivace tapissante. Feuillage se développant en coussin. Fleurs roses en juin-juillet.

Exigences : sol bien drainé. Situation ensoleillée.

Utilisation : rocaille, bordure, mur et muret, escalier fleuri, couvre-sol pour talus, plate-bande et bac.

Entretien : supprimer les fleurs après leur épanouissement. Rabattre les rameaux tous les 3 à 4 ans afin de régénérer la souche.

Culture : semis dès maturité des graines. Distance de plantation : 40 cm.

Espèces et variétés :
S. ocymoides : fleurs rose vif de mai à juillet. Hauteur : 15 cm.
S. ocymoides 'Splendens' : fleurs vieux rose, de juin à juillet. Hauteur : 10 cm.

SAXIFRAGA

Saxifrage

SAXIFRAGACEES

Description : plante vivace tapissante. Feuillage persistant, vert ou argenté, formant des coussins denses et compacts. Fleurs blanches, roses, rouges ou jaunes, s'épanouisant de mai à juillet. Ce genre compte de nombreuses variétés.

Exigences : sol bien drainé et rocailleux. Situation ensoleillée.

Utilisation : rocaille, bordure, mur et muret, escalier fleuri, jardinière, bac et couvre-sol.

Entretien : les Saxifrages se contentent de très peu d'entretien. Supprimer les fleurs après la floraison.

Culture : division de souche ou bouturage de rameaux, de racines ou de feuilles au printemps. Distance de plantation : 20 à 30 cm.

Espèces et variétés :
S. X arendsii : nombreuses variétés. Feuillage fin, vert, formant des coussins très denses. Diamètre : 30 à 40 cm.
'Tapis de Neige' : fleurs blanches.

Saxifraga X arendsii

'Peter Pan' : fleurs rouges.
'Stanfieldii' : fleurs roses.
'Triumph' : fleurs rouge carmin.
S. eudoxiana 'Haagii' : fleurs jaunes en mars-avril. Hauteur : 10 cm. Diamètre : 15 à 20 cm.
S. paniculata : feuillage argenté. Fleurs blanches ponctuées de rouge en mai-juin. Hauteur : 15 à 20 cm. Diamètre : 25 à 30 cm.
S. umbrosa : syn. *S. X urbium*. Désespoir du Peintre. Fleurs blanc-rose en avril-mai. Hauteur : 30 cm. Diamètre : 30 à 40 cm.
S. umbrosa 'Clarence Elliott' : fleurs rose soutenu en mai-juin. Hauteur : 20 cm.
S. umbrosa 'Variegata' : feuillage vert panaché de jaune. Hauteur : 20 cm.

SCABIOSA

Scabieuse

DIPSACACEES

Description : plante vivace buissonnante. Feuillage persistant, simple ou composé. Fleurs bleu clair, bleu foncé ou blanches, s'épanouissant de juin à septembre.

Exigences : sol bien drainé. Supporte le calcaire. Situation ensoleillée.

Utilisation : massif de plantes vivaces, plate-bande, bordure et fleur coupée.

Entretien : maintenir les hampes florales au fur et à mesure de leur croissance. Rabattre les tiges à 5 cm du sol au printemps.

Culture : semis ou division de souche au printemps. Distance de plantation : 30 à 40 cm.

Espèces et variétés :
S. caucasica 'Miss Willmott' : fleurs blanches de juin à septembre. Hauteur : 80 cm.
S. caucasica 'Perfecta' : fleurs bleu lavande. Hauteur : 80 cm.
S. caucasica 'Stäfa' : fleurs bleu foncé. Hauteur : 80 cm.

SEDUM
Orpin

CRASSULACEES

Description : plante vivace tapissante dont on dénombre des milliers d'espèces. Feuillage épais et charnu, vert, bleuté, panaché ou bronze, le plus souvent persistant. Fleurs jaunes, rouges ou roses, s'épanouissant de mai à septembre.

Exigences : sol rocailleux et bien drainé. Supporte très bien le sol sec. Situation ensoleillée.

Utilisation : rocaille, bordure, mur et muret plantés, escalier fleuri, jardinière et bac.

Entretien : les *Sedum* demandent peu d'entretien, à l'exception d'une taille sévère tous les 5 à 6 ans afin de reformer les touffes.

Culture : division de souche au printemps. Bouturage de rameaux en avril. Distance de plantation : 15 à 30 cm.

Espèces et variétés :

S. acre : Poivre des Murailles. Feuillage vert clair. Fleurs jaunes de mai à juillet. Hauteur : 10 cm. Diamètre : 20 à 30 cm.

Sedum spurium

Sedum acre

S. album : Orpin blanc. Feuillage dense et forme rampante. Fleurs blanches de juillet à août. Hauteur : 10 à 30 cm. Diamètre : 25 à 30 cm.
S. cauticola 'Lidakense' : feuillage gris bleuté à bord rouge. Fleurs rouges de septembre à octobre. Hauteur : 15 cm. Diamètre : 30 cm.
S. cauticola 'Robustum' : feuillage gris bleuté à bord rouge. Fleurs rouges en septembre. Hauteur : 30 cm.
S. dasyphyllum : feuillage particulièrement grisâtre. Hauteur : 5 à 10 cm. Diamètre : 30 cm.
S. kamtschaticum : feuillage caduc. Fleurs jaunes de mai à juin. Hauteur : 20 cm. Diamètre : 30 cm.
S. kamtschaticum 'Variegatum' : feuillage vert panaché de blanc-crème. Fleurs jaunes de mai à juillet. Hauteur : 20 cm.
S. kamtschaticum var. *floriferum* 'Weihenstephaner Gold' : feuillage vert rougeâtre. Fleurs jaune d'or en avril-mai. Hauteur : 20 cm. Diamètre : 30 à 40 cm.
S. lydium : feuillage vert très dense. Fleurs blanches de juin à juillet. Hauteur : 5 à 10 cm. Diamètre : 30 à 40 cm.
S. reflexum : feuillage bleuté. Fleurs jaunâtres. Diamètre : 30 cm.

S. reflexum 'Monstrosum Cristatum' : feuillage bleuté muni d'excroissances. Hauteur : 20 cm.
S. sieboldii : feuillage bleuté à bord rose. Fleurs roses de septembre à octobre. Hauteur : 15 cm. Diamètre : 30 cm.
S. spathufolium 'Purpureum' : feuillage pourpre. Fleurs jaunes de mai à juillet. Hauteur : 10 cm. Diamètre : 20 à 30 cm.
S. spectabile 'Brilliant' : feuillage vert bleuté. Fleurs rouges réunies en corymbes, de juillet à septembre. Hauteur : 40 à 50 cm. Diamètre : 40 à 50 cm.
S. spectabile 'Variegatum' : feuillage vert panaché de jaune. Fleurs roses de juillet à septembre. Hauteur : 40 cm.
S. spurium : fleurs roses de juin à août. Hauteur : 10 cm. Diamètre : 30 cm.
S. spurium 'Album' : fleurs blanches de juin à août. Hauteur : 10 cm.
S. spurium 'Fuldaglut' : feuillage rougeâtre. Fleurs rouges en juillet-août. Hauteur : 10 cm.
S. spurium 'Tricolor' : feuillage vert panaché de rose et de jaune. Fleurs roses de juin à août. Hauteur : 10 cm.
S. telephium - Hybride 'Joie d'automne' : feuillage vert glauque, vigoureux. Fleurs rose-pourpre de juillet à septembre. Hauteur : 40 cm. Diamètre : 40 à 50 cm.

SEMPERVIVUM
Joubarbe

CRASSULACEES

Description : plante vivace tapissante. Feuillage charnu, se développant en rosettes, de couleur verte, bronze ou bleutée. Fleurs roses ou rouges s'épanouissant en juin-juillet.

Exigences : sol rocailleux, bien drainé. Situation ensoleillée.

Utilisation : rocaille, plate-bande, jardinière, bac, mur et muret plantés, escalier fleuri.

Entretien : supprimer les fleurs après la floraison. Nettoyage des souches au printemps.

Culture : division de souche et bouturage de rameaux au printemps. Distance de plantation : 20 à 30 cm.

Espèces et variétés :

S. arachnoïdeum : Joubarbe toile d'araignée. Feuillage terminé en longs poils. Fleurs roses en été. Hauteur : 10 cm. Diamètre : 20 à 30 cm

S. arachnoïdeum 'Rubrum' : feuillage teinté de rouge. Hauteur : 10 cm. Diamètre : 10 à 15 cm.

S. arachnoïdeum 'Tomentosum' : feuillage muni de poils blanchâtres. Fleurs rouges en juillet. Hauteur : 10 cm.

S. calcareum : feuillage grisâtre à bord rouge. Fleurs rouge clair en juillet. Hauteur : 10 cm. Diamètre : 10 à 15 cm.

S. ciliosum : feuillage vert et velu. Fleurs jaunes en juin-juillet. Hauteur : 15 cm. Diamètre : 10 à 15 cm.

S. - Hybride 'Atrovidaceum' : feuillage vert glauque. Hauteur : 10 cm. Diamètre : 10 à 20 cm.

S. - Hybride 'Mexique' : feuillage vert. Fleurs jaunes en juin-juillet. Hauteur : 10 cm.

S. - Hybride 'Othello' : feuillage rouge foncé. Hauteur : 10 cm.

S. - Hybride 'Piliferum' : feuillage gris. Fleurs roses en juin. Hauteur : 10 cm.

S. - Hybride 'Rubin' : feuillage rougeâtre.

S. - Hybride 'Commander Hay' : feuillage brun clair. Fleurs rouges en juin-juillet. Hauteur : 20 cm.

S. marmoreum 'Pseudo Ornatum' : feuillage compact vert à bord rouge. Hauteur : 10 cm. Diamètre : 15 à 20 cm.

S. marmoreum 'Rubrifolium' : feuillage rouge à bord vert. Fleurs roses en juin. Hauteur : 10 cm.

S. tectorum : Joubarbe des toits : feuillage vert en rosettes à extrémités rouge-brun. Hauteur : 10 cm. Diamètre : 20 à 25 cm.

Les Joubarbes se contentent d'un minimum de terre et apprécient les forts ensoleillements. Aussi, il est fréquent de les utiliser sur les murs de pierres sèches. Ils formeront avec les années de véritables chapeaux végétaux décoratifs pour la persistance de leur feuillage et leur floraison.

Autrefois, les Joubarbes étaient plantées sur le toit des maisons afin, disait-on, de les protéger de la foudre. Aujourd'hui encore, les faîtes des toits de chaumes sont plantés d'Iris et de Joubarbes.

SIDALCEA

Sidalcée

MALVACEES

Description : plante vivace buissonnante. Feuillage vert et décoratif. Fleurs rouges ou roses réunies en épis, s'épanouissant de mai à juillet.

Exigences : s'accommode de tous les types de sol. Situation ensoleillée.

Utilisation : massif de plantes vivaces, plate-bande, isolé et fleur coupée.

Entretien : supprimer les fleurs après la floraison. Rabattre les tiges à 5 cm du sol au printemps. Maintenir les hampes florales au fur et à mesure de leur croissance.

Culture : semis ou division de souche au printemps. Distance de plantation : 30 à 40 cm.

Espèces et variétés :

S. malviflora : nombreuses variétés à floraison estivale. Hauteur : 80 cm.
S. malviflora 'Atropurpurea' : fleurs pourpre foncé.
S. malviflora 'Listeri' : fleurs roses.
S. oregana 'Brillant' : fleurs rouges de juillet à août. Hauteur : 80 cm.
S. oregana 'Elise Heugh' : fleurs roses en juillet.

SILENE

Silène

CARYOPHYLLACEES

Description : plante vivace tapissante. Feuillage vert caduc ou persistant *(S. acaulis)*. Fleurs roses ou blanches, s'épanouissant d'avril à juillet.

Exigences : sol riche et meuble. Supporte le calcaire. Situation ensoleillée ou mi-ombragée.

Utilisation : rocaille, mur et muret plantés, bordure, escalier fleuri, bac et couvre-sol.

Entretien : supprimer les fleurs après leur épanouissement. Rabattre les rameaux très court tous les 3 à 4 ans afin de régénérer les souches.

Culture : semis et division de souche au printemps. Distance de plantation : 30 cm.

Espèces et variétés :

S. acaulis : fleurs roses en avril-mai. Hauteur : 15 cm. Diamètre : 30 cm.
S. alpestris : fleurs blanches de juin à août. Hauteur : 10 cm. Diamètre : 30 cm.
S. schafta : feuillage vert. Floraison rose en août-septembre. Hauteur : 15 cm. Diamètre : 30 à 40 cm.
S. schafta 'Splendens' : floraison rouge en août-septembre. Hauteur : 15 cm.

Silene acaulis

SISYRINCHIUM

IRIDACEES

Description : plante vivace tapissante ressemblant à un iris miniature. Feuillage étroit, vert foncé et persistant. Fleurs bleues ou blanc jaunâtre, s'épanouissant de mai à juillet.

Exigences : sol frais. Situation ensoleillée.

Utilisation : rocaille, bordure, colonie libre et bac.

Entretien : supprimer les fleurs après la floraison.

Culture : semis au printemps. Distance de plantation : 20 à 30 cm.

Espèces et variétés :

S. bermudiana : fleurs bleu vif, de mai à juillet. Hauteur : 15 cm. Diamètre : 10 à 15 cm.
S. striatum : fleurs blanc jaunâtre maculées de rose, s'épanouissant de mai à juin. Hauteur : 15 cm. Diamètre : 10 cm.

SOLIDAGO

Verge d'or

COMPOSEES

Description : plante vivace buissonnante. Feuillage allongé et vert. Fleurs jaunes, nombreuses, réunies en panicules, s'épanouissant de juillet à septembre.

Exigences : sol riche, frais et meuble. Supporte le calcaire. Situation ensoleillée ou mi-ombragée.

Utilisation : massif de plantes vivaces, plate-bande, bordure, isolé, colonie en sous-bois et fleur coupée.

Entretien : arrosage et apport d'engrais conseillés pendant la période de végétation. Maintenir les hampes florales pendant la floraison. Supprimer les fleurs après leur épanouissement. Rabattre les tiges à 5 cm du sol au printemps.

Culture : division de souche et semis au printemps. Distance de plantation : 30 à 40 cm.

Espèces et variétés :

S. - Hybride 'Golden Dwarf' : fleurs jaunes. Hauteur : 40 cm.
S. - Hybride 'Golden Mimosa' : fleurs jaune clair de juillet à septembre. Hauteur : 90 cm.
S. - Hybride 'Golden Wings' : fleurs jaune d'or, juillet à septembre. Hauteur : 150 cm.
S. - Hybride 'Strahlenkrone' : fleurs jaune d'or en août-septembre. Hauteur : 50 cm.

STACHYS
Epiaire

LABIEES

Description : plante vivace buissonnante. Feuillage gaufré et argenté, d'un remarquable effet décoratif. Fleurs roses ou rouge foncé, s'épanouissant de juin à juillet.

Exigences : sol bien drainé. Supporte très bien le sec. Situation ensoleillée.

Utilisation : massif de plantes vivaces, plate-bande, bordure, rocaille, bac et couvre-sol pour talus.

Entretien : supprimer les fleurs fanées. Nettoyage des souches au printemps.

Culture : semis ou division de souche au printemps. Distance de plantation : 30 cm.

Espèces et variétés :
S. grandiflora 'Superba' : feuillage gaufré et vert. Fleurs rouge-pourpre en juin-juillet. Hauteur : 40 cm.
S. lanata : Epiaire laineux. Feuillage gris et duveteux. Fleurs roses en juin. Hauteur : 30 cm.
S. lanata 'Silver Carpet' : feuillage grisâtre très duveteux. Hauteur : 20 cm.

Stachys lanata

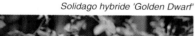

Solidago hybride 'Golden Dwarf'

STOKESIA

COMPOSEES

Description : plante vivace buissonnante. Feuillage allongé, vert et persistant. Fleurs bleues à pétales très découpés, s'épanouissant de juillet à septembre.

Exigences : sol bien drainé et riche. Situation ensoleillée.

Utilisation : massif de plantes vivaces, plate-bande, bordure, isolé, bac et fleur coupée.

Entretien : supprimer les fleurs après floraison. Rabattre les tiges au printemps en respectant la forme buissonnante de la plante. Protéger les souches du froid en hiver avec des branches de sapin ou des feuilles.

Culture : semis au printemps. Distance de plantation : 30 cm.

Espèces et variétés :
S. lævis : syn. *S. cyanea.* Fleurs bleues, blanches, lilas ou pourpres, en juillet-août. Hauteur : 30 cm.
S. lævis 'Blue Star' : grandes fleurs bleues de juillet à octobre. Hauteur : 30 cm.

SYMPHYTUM
Consoude

BORRAGINACEES

Description : plante vivace buissonnante. Feuillage gaufré, velu et vert. Fleurs tubulaires en forme de clochettes, s'épanouissant en mai-juin.

Exigences : sol frais, riche et bien drainé. Situation ensoleillée, mi-ombragée ou ombragée.

Utilisation : plate-bande, massif de plantes vivaces, bordure, colonie libre en sous-bois, couvre-sol pour talus et rocaille ombragée.

Entretien : rabattre les tiges à 5 cm du sol au printemps. Arrosage conseillé pendant les périodes chaudes et sèches.

Culture : semis ou division de souche au printemps. Distance de plantation : 40 cm.

Espèces et variétés :
S. officinale : Consoude officinale. Fleurs blanc jaunâtre ou violacées, en mai. Hauteur : 20 cm.
S. tuberosum : fleurs jaunes. Hauteur : 15 à 20 cm.

TEUCRIUM
Germandrée

LABIEES

Description : plante vivace buissonnante. Feuillage vert et persistant. Fleurs pourpres réunies le long des rameaux, s'épanouissant de juin à septembre.

Exigences : sol bien drainé et riche. Supporte le calcaire. Situation ensoleillée.

Utilisation : rocaille, bordure, bac et couvre-sol pour talus.

Entretien : rabattre le feuillage tous les 3 ou 4 ans afin de régénérer la souche.

Culture : bouturage de rameaux au printemps. Distance de plantation : 30 cm.

Espèces et variétés :
T. chamædrys : Germandrée, Petit Chêne. Feuillage brillant à la face supérieure et velu à la face inférieure. Fleurs roses de juin à août. Hauteur : 50 cm.

THALICTRUM
Pigamon

RENONCULACEES

Description : plante vivace buissonnante. Feuillage composé d'aspect très fin. Fleurs blanches, rose foncé ou lilas, réunies en bouquets ou en panicules, s'épanouissant de juin à août.

Exigences : sol frais et riche. Situation ensoleillée ou mi-ombragée.

Utilisation : massif de plantes vivaces, plate-bande, isolé, rocaille et fleur coupée.

Entretien : supprimer les fleurs après floraison. Rabattre les tiges à 5 cm du sol au printemps.

Culture : semis ou division de souche au printemps. Distance de plantation : 40 cm.

Espèces et variétés :
T. aquilegiifolium : fleurs blanches et lilas en juin-juillet. Hauteur : 80 cm.
T. aquilegiifolium 'Album' : fleurs blanches en juin.
T. aquilegiifolium 'Purpureum' : fleurs très nombreuses, pourpres, en juin-juillet.
T. delavayi : feuillage légèrement glauque. Fleurs pourpres ou lilas, de juillet à août. Hauteur : 100 à 120 cm.

THYMUS
Thym d'ornement

LABIEES

Description : plante vivace tapissante et aromatique. Feuillage vert ou panaché, persistant et odorant. Fleurs blanc rosé, lilas, très nombreuses, s'épanouissant en juin-juillet.

Exigences : s'accommode de tous les types de sol. Situation ensoleillée.

Utilisation : rocaille, bordure, mur et muret plantés, escalier fleuri, bac, jardinière et couvre-sol.

Entretien : rabattre les souches à 5 cm du sol au printemps. Supprimer les fleurs fanées. Arrosage conseillé en sol sec et pendant les périodes chaudes.

Culture : semis, bouturage de rameaux ou division de souche au printemps. Distance de plantation : 20 à 30 cm.

Espèces et variétés :
Il existe de nombreuses espèces décoratives pour la couleur de leur feuillage ainsi que pour leur floraison. De plus, elles possèdent des valeurs gustatives.
T. X citriodorus 'Aureus' : Thym citron. Feuillage doré. Hauteur : 15 cm. Diamètre : 30 cm.
T. X citriodorus 'Doone Valley' : feuillage vert foncé panaché de jaune d'or. Fleurs lilas de juin à août. Hauteur : 15 cm.
T. X citriodorus 'Golden Dwarf' : feuillage vert pâle panaché de jaune. Hauteur : 10 cm.
T. X citriodorus 'Sylver Queen' : feuillage argenté. Fleurs roses de juin à août. Hauteur : 25 cm.

T. serpyllum : Serpolet. Feuillage vert, odorant et fin. Fleurs rose-pourpre de mai à août. Hauteur : 5 à 10 cm. Diamètre : 15 à 30 cm.
T. serpyllum 'Alba' : feuillage vert clair. Fleurs blanches de juin à août. Hauteur : 15 cm.
T. serpyllum 'Coccineus' : fleurs rouges de juin à août. Hauteur : 15 cm.
T. serpyllum 'Minor' : feuillage minuscule et dense, fleurs roses. Hauteur : 5 cm.

TIARELLA

SAXIFRAGACEES

Description : plante vivace tapissante. Feuillage trifolié, vert clair marbré de brun et persistant. Fleurs blanches réunies en épis, s'épanouissant en avril-mai.

Exigences : sol frais, meuble et humide. Situation mi-ombragée ou ombragée.

Utilisation : rocaille, bordure, couvre-sol en sous-bois, isolé et bac.

Entretien : supprimer les fleurs fanées.

Culture : semis et division de souche au printemps. Distance de plantation : 20 cm.

Espèces et variétés :
T. cordifolia : feuillage vert clair prenant de belles teintes orange cuivré en automne. Fleurs blanches en avril-mai. Hauteur : 20 cm. Diamètre : 30 cm.
T. cordifolia 'Purpurea' : feuillage vert maculé de brun. Fleurs roses en avril-mai. Hauteur : 20 cm.

Thymus X citriodorus

TRADESCANTIA
Ephémère de Virginie

COMMELINACEES

Description : plante vivace buissonnante. Feuillage lancéolé, étroit et vert. Fleurs blanches, bleues, carmin ou violettes, réunies en ombelles, s'épanouissant de mai à octobre.

Exigences : sol frais, riche et légèrement humide. Situation ensoleillée ou mi-ombragée.

Utilisation : rocaille, plate-bande, massif de plantes vivaces, bordure, scène de bord d'eau.

Entretien : supprimer les fleurs après la floraison. Rabattre le feuillage au ras du sol au printemps. Protéger les souches dans les régions aux hivers froids.

Culture : division de souche au printemps. Distance de plantation : 30 à 40 cm.

Espèces et variétés :
T. X andersoniana 'Alba Major' : fleurs blanches de mai à septembre. Hauteur : 40 cm.
T. X andersoniana 'Blue Stone' : fleurs bleu nuit.
T. X andersoniana 'Leonora' : fleurs bleu foncé.
T. X andersoniana 'Karminglut' : fleurs carmin vif.
T. X andersoniana 'Rubra' : fleurs rouge léger.
T. X andersoniana 'Zwanenburg Blue' : grandes fleurs bleu violacé.

TROLLIUS
Trolle

RENONCULACEES

Description : plante vivace buissonnante. Feuillage découpé et vert clair. Fleurs jaunes, globuleuses, s'épanouissant de mai à juillet.

Exigences : sol riche, frais et humide. Situation ensoleillée ou mi-ombragée.

Utilisation : massif de plantes vivaces, plate-bande, bordure, isolé, colonie libre en sous-bois et fleur coupée.

Entretien : supprimer les fleurs après leur épanouissement.

Culture : semis et division de souche au printemps. Distance de plantation : 30 à 40 cm.

Espèces et variétés :
T. asiaticus : feuillage vert-bronze. Fleurs orange en mai. Hauteur : 20 cm.
T. X cultorum 'Earliest of All' : fleurs jaune d'or en mai. Hauteur : 60 cm.
T. X cultorum 'Golden Queen' : fleurs jaune orangé de juin à juillet. Hauteur : 80 cm.
T. X cultorum 'Orange Globe' : fleurs orange en mai-juin. Hauteur : 60 cm.
T. X cultorum 'Superbus' : fleurs jaune clair en mai. Hauteur : 60 cm.

Trollius

Tradescantia X andersoniana

Verbascum thapsus

VERBASCUM
Molène

SCROPHULARIACEES

Description : plante vivace buissonnante. Feuillage ample, vert et laineux. Fleurs jaunes ou mauves, très nombreuses, réunies en panicules, s'épanouissant de juin à août.

Exigences : sol bien drainé. Supporte le calcaire. Situation ensoleillée.

Utilisation : massif de plantes vivaces, isolé, colonie libre dans une prairie naturelle.

Entretien : supprimer les fleurs après la floraison. Arrosage conseillé en période chaude et très sèche.

Culture : semis naturel d'une année à l'autre. Distance de plantation : 40-50 cm.

Espèces et variétés :
V. - Hybride 'Densiflorum' : fleurs jaunes de juin à août. Hauteur : 120 cm.
V. - Hybride 'Pink Domino' : fleurs rose lilas. Hauteur : 120 cm.
V. phoeniceum : fleurs violettes à mauves, de juin à août. Hauteur : 50 cm.
V. thapsus : Bouillon blanc. Fleurs jaune pâle se développant sur une tige recouverte d'un duvet blanchâtre. Hauteur : 60 à 100 cm.

VERONICA
Véronique

SCROPHULARIACEES

Description : plante vivace buissonnante. Feuillage allongé, denté, vert ou argenté, souvent persistant. Fleurs blanches, mauves, bleues, réunies en épis denses, s'épanouissant de mai à juin.

Exigences : sol meuble et frais. Situation ensoleillée.

Utilisation : massif de plantes vivaces, plate-bande, bordure, rocaille, couvre-sol et fleur coupée.

Entretien : supprimer les fleurs après la floraison. Rabattre les tiges à 5 cm du sol au printemps.

Culture : semis au printemps. Distance de plantation : 30 à 40 cm.

Espèces et variétés :
V. incana : feuillage argenté très décoratif. Fleurs bleu foncé en juin-juillet. Hauteur : 30 cm.
V. longifolia : feuillage allongé et vert. Fleurs bleues en épis, de juillet à septembre. Hauteur : 70 à 80 cm.
V. prostata : espèce tapissante. Fleurs bleues en mai-juin. Hauteur : 20 cm. Diamètre : 30 à 40 cm.
V. spicata : Véronique en épis. Fleurs bleues en mai-juin. Hauteur : 30 cm.
V. spicata 'Rosea' : fleurs roses en mai-juin. Hauteur : 30 cm.
V. spicata 'Heidekind' : fleurs rose foncé en juin-juillet. Hauteur : 30 cm.
V. teucrium 'Rois des Bleus' : fleurs bleues en épis denses, en juin-juillet. Hauteur : 30 cm.

Veronica spicata

VINCA
Pervenche

APOCYNACEES

Description : plante vivace tapissante. Feuillage vert et persistant. Fleurs blanches, bleues ou roses, s'épanouissant d'avril à juin.

Exigences : sol frais et meuble. Situation mi-ombragée ou ombragée.

Utilisation : couvre-sol en sous-bois et talus à l'ombre, bordure, bac et rocaille.

Entretien : rabattre les tiges au ras du sol au printemps.

Culture : bouturage de rameaux au printemps. Distance de plantation : 30 à 40 cm.

Espèces et variétés :
V. major : Grande Pervenche. Fleurs bleues en mai-juin. Hauteur : 30 cm. Diamètre : 30 à 50 cm.
V. major 'Variegata' : feuillage vert foncé panaché de jaune. Hauteur : 30 cm.
V. minor : Petite Pervenche. Fleurs bleues d'avril à juin. Hauteur : 10 cm. Diamètre : 30 à 40 cm.
V. minor 'Alba' : fleurs blanches.
V. minor 'Atropurpurea' : fleurs mauves.
V. minor 'Variegata' : feuillage panaché de blanc-crème. Hauteur : 15 cm.

Vinca minor

VIOLA
Violette

VIOLACEES

Description : plante vivace tapissante. Feuillage vert et simple. Fleurs jaunes, bleues, souvent odorantes, s'épanouissant d'avril à septembre.

Exigences : sol frais et riche. Situation ensoleillée, mi-ombragée ou ombragée.

Utilisation : rocaille, bordure, escalier fleuri, plate-bande, bac et colonie libre en sous-bois.

Entretien : plante vivace ne demandant pratiquement aucun entretien.

Culture : semis ou division de souche au printemps. Distance de plantation : 20 cm.

Espèces et variétés :
V. cornuta : Violette cornue. Fleurs bleues ou jaunes d'avril à septembre. Hauteur : 15 cm. Diamètre : 15 à 20 cm.
V. cornuta 'Altona' : fleurs jaune-crème. Hauteur : 15 cm.
V. cornuta 'Germania' : fleurs violettes. Hauteur : 15 cm.
V. cornuta 'Hansa' : fleurs bleues. Hauteur : 15 cm.
V. cornuta 'Molly Anderson' : fleurs bleu foncé, presque noires. Hauteur : 15 cm.
V. odorata : Violette odorante. Fleurs simples ou doubles, aux nombreux coloris, d'avril à août. Hauteur : 10 à 15 cm. Diamètre : 15 à 20 cm.
V. odorata 'Double de Toulouse' : fleurs doubles, bleu-lavande.
V. odorata 'Le Czar' : fleurs blanches.
V. odorata 'Cœur d'Alsace' : fleurs rouge-pourpre.

Viola odorata

WALDSTEINIA

ROSACEES

Description : plante vivace tapissante. Feuillage vert, persistant, brillant et décoratif. Fleurs jaunes, semblables à celles du Fraisier, s'épanouissant en avril-mai.

Exigences : sol riche et frais. Situation mi-ombragée ou ombragée.

Utilisation : couvre-sol en sous-bois, rocaille, bordure et colonie libre.

Entretien : plante vivace demandant peu d'entretien.

Culture : division de souche au printemps. Distance de plantation : 30 cm.

Espèces et variétés :
W. ternata : feuillage vert foncé brillant et persistant. Fleurs jaunes en mai. Hauteur : 15 cm. Diamètre : 40 à 50 cm.

LES GRAMINEES

ASchatz

Les Graminées sont des plantes vivaces ou annuelles qui se caractérisent par leur feuillage étroit, fin et très gracieux. Certaines d'entre elles sont persistantes alors que les autres, sans être caduques pour autant, voient leur feuillage prendre de superbes teintes automnales avant de dessécher en hiver. Leurs inflorescences s'épanouissent en fin d'été et en automne et peuvent être utilisées pour la confection de bouquets secs.

On les associe aux plantes vivaces pour la légèreté qu'elles apportent à un massif. Mais il est de plus en plus fréquent de les utiliser entre elles pour créer des scènes particulièrement réussies.

LA PLANTATION

La meilleure époque de plantation des Graminées est le printemps. C'est en effet à ce moment-là que les plantes s'adaptent le mieux à leur nouvelle situation.

Préférer des plants cultivés en godets dont la reprise est garantie. Arroser copieusement après la plantation car les jeunes plants ne doivent pas souffrir de la sécheresse.

> *Il est déconseillé de rabattre les chaumes en automne, car les tiges coupées laissées au gré des intempéries sont plus vulnérables.*
> *Couper les tiges et le feuillage au printemps.*

L'UTILISATION

LES MIXED-BORDERS ET LES PLATES-BANDES

Les Graminées sont souvent associées aux plantes vivaces. Elles apportent une certaine légèreté aux massifs et prolongent l'effet décoratif de ces derniers en hiver par la persistance de leur feuillage.

LES SCENES DE GRAMINEES

Dans ce type d'association, il s'agit surtout de jouer sur les différences de couleurs ou d'aspect du feuillage. Les coloris bleutés contrasteront avec les panachures ou les vert brillant, la rigidité de certains feuillages s'adoucira avec la souplesse de certains autres. En fin d'été, les inflorescences viendront compléter le tableau par des bouquets d'épis soyeux. Enfin, en hiver, les feuillages secs se pareront de givre.

LES GRAMINEES AU BORD DE L'EAU

L'eau dans un jardin ne va pas sans inspirer une certaine forme d'exotisme que l'on associe volontiers aux Graminées.

Leur feuillage et le bruissement de celui-ci complètent parfaitement la scène. Ainsi, au bord d'un bassin ou sur les berges d'un étang, il est courant de créer des massifs de Graminées. Il faut cependant s'assurer que les souches ne soient pas en milieu humide, car la plupart se développent en milieu sec et bien drainé.

LES SUJETS ISOLES

Certaines espèces peuvent être mises en scène sans les associer à d'autres plantes. C'est le cas des Gynériums qui sont souvent plantés seuls avec une pelouse ou un rideau d'arbres comme écrin.

LES BOUQUETS SECS

Les inflorescences des Graminées se conservent longtemps après leur récolte. On les utilise souvent en art floral et notamment pour la confection de bouquets secs.

Récolter les inflorescences juste avant la maturité des fleurs.

TERMES UTILISES DANS LE DICTIONNAIRE

DESCRIPTION :
- **Description du port de la plante**
- Plante tapissante : les Graminées tapissantes atteignent 10 à 20 cm de haut et croissent de manière horizontale. Elles forment avec les années un véritable tapis végétal.
- Plante buissonnante : les Graminées à développement traçant croissent horizontalement par stolon ou drageon. Leur hauteur est plus importante que celle des espèces tapissantes et peut atteindre 100 à 120 cm.
- Plante touffue : les Graminées dont le port est touffu se distinguent des précédentes par leur croissance régulière à partir d'une souche circulaire dont le diamètre augmente chaque année. Leur hauteur varie de 20 à 200 cm.
- **Description du feuillage,** de sa forme, de ses coloris, de sa persistance ou non.

- **Description des fleurs** réunies en épillets et portées par des chaumes (terme utilisé pour désigner la tige dans la famille des Graminées).

EXIGENCES :
- Indications portant sur **le type de sol** dans lequel la plante se développe au mieux.
- Indications sur **les besoins en lumière** :
- Situation ensoleillée : exposition sud, est et ouest avec plus d'une demi-journée de soleil.
- Situation mi-ombragée : exposition est et ouest avec moins d'une demi-journée de soleil.
- Situation ombragée : exposition nord ou en sous-bois par exemple.

UTILISATION :
Principales utilisations conseillées.

ENTRETIEN :
Principaux soins à apporter.

CULTURE :
- **Les modes de multiplication** garantissant les meilleurs taux de réussite.
- **Distance de plantation** recommandée entre chaque plante.

PARASITES ET MALADIES :
Ils sont pratiquement inexistants chez les Graminées.

ESPECES ET VARIETES :
- **Descriptif du feuillage et des fleurs** des espèces et des variétés les plus couramment rencontrées.
- **Indication de la hauteur**. Le premier chiffre indique la hauteur du feuillage alors que le second indique la hauteur maximum que peuvent atteindre les inflorescences.
- **Diamètre de développement des espèces tapissantes** indiquant l'importance de la croissance horizontale du sujet.

AGROSTIS

GRAMINEES

Description : plante annuelle touffue. Feuillage fin très décoratif. Epillets jaunâtres s'épanouissant en été.

Exigences : sol meuble et riche. Situation ensoleillée.

Utilisation : massif de plantes vivaces, rocaille, scène de graminées et fleur coupée pour bouquet sec.

Entretien : peu exigeant quant à l'entretien.

Culture : semis sur place au printemps ou en automne pour l'année suivante, à la volée ou par petit groupe. Distance de plantation : 30 cm.

Espèces et variétés :
A. capillaris : feuillage très fin. Epillets jaunâtres se conservant longtemps, en juin. Hauteur : 30 à 40 cm.

ARUNDO

Canne de Provence

GRAMINEES

Description : plante vivace vigoureuse. Feuillage allongé vert ou panaché.

Exigences : sol sablonneux, frais et humide. Situation ensoleillée .

Utilisation : isolé, rideau végétal en région méditerranéenne.

Entretien : rabattre les chaumes au ras du sol au printemps. Protéger les souches dans les régions froides.

Culture : division de souche et bouturage au printemps. Distance de plantation : 80 à 100 cm. A planter uniquement en région méditerranéenne.

Espèces et variétés :
A. donax : feuillage vert, chaume vigoureuse atteignant 3 à 4 m.
A. donax 'Variegata' : feuillage vert panaché de blanc-crème. Hauteur : 3 à 4 m.

AVENA

Avoine d'ornement

GRAMINEES

Description : plante vivace et touffue. Feuillage bleuté, fin, d'un très bel effet décoratif. Epillets jaune pâle, s'épanouissant en été sur de longues tiges.

Exigences : sol sablonneux et bien drainé. Supporte très bien le sol sec. Situation ensoleillée.

Utilisation : massif de plantes vivaces, rocaille, scène de bord d'eau, bac et fleur coupée pour bouquet sec.

Entretien : supprimer le feuillage au printemps au ras du sol.

Culture : division de souche au printemps. Distance de plantation : 40 cm.

Espèces et variétés :
A. sempervirens : feuillage bleuté. Epillets très gracieux de juillet à août. Hauteur : 40 à 120 cm.

BOUTELOUA

GRAMINEES

Description : plante vivace et touffue. Feuillage très fin, vert. Epillets bruns réunis horizontalement, s'épanouissant en fin d'été.

Exigences : sol sablonneux et bien drainé. Supporte la sécheresse. Situation ensoleillée.

Utilisation : rocaille, massif de graminées, bac, scène de bord d'eau, prairie naturelle et fleur coupée pour bouquet sec.

Entretien : rabattre le feuillage à 5 cm du sol au printemps.

Culture : semis au printemps. Distance de plantation : 30 cm.

Espèces et variétés :
B. gracilis : feuillage vert très décoratif. Epillets de juillet à septembre. Hauteur : 10 à 30 cm.

Arundo donax

Avena sempervirens

BRIZA

Brize

GRAMINEES

Description : plante vivace et touffue. Feuillage vert, linéaire. Epillets blanchâtres et de forme ovale, réunis en panicules, s'épanouissant en été.

Exigences : sol sablonneux, pauvre et bien drainé. Situation ensoleillée.

Utilisation : rocaille, massif de plantes vivaces, plate-bande, bordure, bac, prairie naturelle et fleur coupée pour bouquet sec.

Entretien : rabattre le feuillage à 5 cm du sol au printemps.

Culture : semis sur place au printemps. Distance de plantation : 30 cm.

Espèces et variétés :
B. maxima : Brize Amourette. Feuillage vert en forme de cœur de juillet à août. Hauteur : 20 à 60 cm.
B. media : Brize commune. Plante indigène. Feuillage vert. Epillets teintés de violet en juin. Hauteur : 20 à 60 cm.

BROMUS

Brome

GRAMINEES

Description : plante annuelle touffue. Feuillage allongé et gracieux. Epillets étagés sur la hampe florale, en juin-juillet.

Exigences : sol riche et meuble. Situation ensoleillée.

Utilisation : massif de plantes vivaces, scène de graminées et fleur coupée pour bouquet sec.

Entretien : demande peu d'entretien.

Culture : semis sur place, à la volée ou par groupe en avril. Distance de plantation : 40 cm.

Espèces et variétés :
B. briziformis : épillets brunâtres disposés le long de la hampe. Hauteur : 50 cm.

CAREX

Laîche

CYPERACEES

Description : plante vivace et touffue. Feuillage persistant, vert ou panaché, linéaire, caractérisé par 3 côtés. Epillets bruns s'épanouissant de mai à juillet.

Exigences : sol humide et marécageux ou sablonneux et sec. Situation ensoleillée ou mi-ombragée. Supporte l'ombre permanente.

Utilisation : rocaille, scène de bord d'eau, prairie naturelle et humide, bac, fleur coupée pour bouquet sec.

Entretien : nettoyage du feuillage au printemps.

Culture : division de souche au printemps. Distance de plantation : 30 à 40 cm.

Espèces et variétés :
C. grayii : feuillage vert, persistant et très vigoureux. Fleurs brunes réunies en épis de mai à juillet. Hauteur : 60 à 80 cm.
C. morrowii 'Variegata' : feuillage fin, vert panaché de jaune et persistant. Fleurs fines, brun clair de mai à juin. Hauteur : 30 à 40 cm.
C. pendula : feuillage vert foncé, persistant, vigoureux, dont l'extrémité retombe gracieusement. Fleurs brunes en épis retombants, de juin à juillet. Hauteur : 60 à 100 cm.

Carex pendula

CORTADERIA
Herbe des Pampas

GRAMINEES

Description : plante vivace touffue très vigoureuse. Feuillage étroit, vert, d'un très bel effet décoratif et exotique. Epillets d'aspect soyeux, argentés, s'épanouissant de septembre à octobre.

Exigences : sol sablonneux et bien drainé. Ne supporte pas l'humidité. Situation ensoleillée.

Utilisation : isolé et fleur coupée pour bouquet sec.

Entretien : rabattre les chaumes à 10 cm du sol au printemps. Rassembler le feuillage en automne pour protéger le cœur de la plante de l'humidité.

Culture : semis et division de souche au printemps. Distance de plantation : 100 à 150 cm.

Parasites et maladies :
Pourriture de la souche due aux excès d'eau en hiver.

Espèces et variétés :
C. selloana : syn. *Gynerium argenteum.* Fleurs blanc argenté de septembre à octobre. Hauteur : 100 à 200 cm.
C. selloana 'Aureo-Variegata' : feuillage vert panaché de jaune. Hauteur : 100 cm.
C. selloana 'Rosea' : fleurs roses en septembre-octobre. Hauteur : 100 à 200 cm.

DESCHAMPSIA
Canche

GRAMINEES

Description : plante vivace et touffue formant un coussin. Feuillage vert, linéaire, prenant de très belles teintes orangées en automne. Epillets fins, jaunâtres, d'un remarquable effet décoratif, s'épanouissant de juin à juillet.

Exigences : sol sablonneux et bien drainé. Situation ensoleillée, mi-ombragée ou ombragée.

Utilisation : isolé, massif de plantes vivaces, plate-bande, bac et fleur coupée pour bouquet sec.

Entretien : rabattre le feuillage à 5 cm du sol au printemps.

Culture : semis ou division de souche au printemps. Distance de plantation : 50 cm.

Espèces et variétés :
D. cespitosa : feuillage vert. Epillets fins jaunâtres de juin à juillet. Hauteur : 30 à 100 cm.

Deschampsia cespitosa

ELYMUS
Blé d'azur,
Elyme des sables

GRAMINEES

Description : plante vivace et traçante. Feuillage allongé, glauque. Epillets brun jaunâtre s'épanouissant de juillet à septembre.

Exigences : sol sablonneux et bien drainé. Situation ensoleillée. Supporte les vents marins.

Utilisation : isolé, rideau de verdure à proximité d'une plage ou de dunes en région maritime.

Entretien : rabattre les chaumes à 5-10 cm du sol au printemps.

Culture : semis ou division de souche au printemps. Distance de plantation : 50 à 60 cm.

Espèces et variétés :
E. arenarius : feuillage vigoureux et bleuté. Fleurs en épis semblables à l'orge, de juillet à septembre. Hauteur : 100 à 120 cm.

FESTUCA
Fétuque

GRAMINEES

Description : plante vivace et tapissante. Feuillage fin persistant, vert ou bleuté. Epillets jaunâtres en été.

Exigences : sol sablonneux et bien drainé. Supporte la sécheresse. Situation ensoleillée.

Utilisation : rocaille, bordure, massif de plantes vivaces, plate-bande, colonie libre en zone sèche et pauvre, bac.

Entretien : nettoyage du feuillage au printemps.

Culture : semis ou division de souche au printemps. Distance de plantation : 20 à 30 cm.

Espèces et variétés :
F. glauca : Fétuque bleue. Feuillage bleuté. Hauteur : 20 cm.
F. scoparia : feuillage vert et fin. Fleurs fines réunies en épis de juin à juillet. Hauteur : 20 cm. Diamètre : 40 à 50 cm.

Festuca scoparia

KOELERIA

GRAMINEES

Description : plante vivace et tapissante. Feuillage fin, linéaire et bleuté. Epillets denses, jaunâtres, s'épanouissant en juin.

Exigences : sol sablonneux et sec. Situation ensoleillée.

Utilisation : rocaille, scène de graminées, prairie naturelle, bac et fleur coupée pour bouquet sec.

Entretien : rabattre le feuillage au printemps à ras du sol.

Culture : semis au printemps. Distance de plantation : 30 cm.

Espèces et variétés :
K. glauca : feuillage vert bleuté. Epillets denses en juin. Hauteur : 15 à 30 cm. Diamètre : 30 à 40 cm.

LAGURUS

GRAMINEES

Description : plante annuelle touffue. Feuillage allongé, fin, d'aspect très décoratif. Epis denses, jaune-brun, ovoïdes, ressemblant à du duvet argenté, s'épanouissant en juin-juillet.

Exigences : sol meuble et bien drainé. Situation ensoleillée.

Utilisation : massif de plantes vivaces, scène de graminées et fleur coupée pour bouquet sec.

Entretien : demande peu d'entretien.

Culture : semis sur place, à la volée ou par groupe en avril. Distance de plantation : 40 cm.

Espèces et variétés :
L. ovatus : épis denses de 3 à 4 cm de long, d'aspect soyeux. Espèce indigène en région méditerranéenne. Hauteur : 40 cm.

LUZULA

Luzule

JUNCACEES

Description : plante vivace touffue. Feuillage persistant, vert foncé, légèrement velu. Epillets blancs ou bruns, s'épanouissant en été.

Exigences : s'accommode de tous les types de sol. Supporte le calcaire. Situation mi-ombragée ou ombragée.

Utilisation : rocaille, couvre-sol, scène de bord d'eau, bac, fleur coupée pour bouquet sec.

Luzula sylvatica

Entretien : nettoyer le feuillage au printemps. Supprimer les fleurs après la floraison.

Culture : semis ou division au printemps. Distance de plantation : 40 cm.

Espèces et variétés :
L. nivea : feuillage persistant, vert foncé, rubané et velu. Fleurs blanchâtres en juin-juillet. Hauteur : 20 à 40 cm.
L. sylvatica : Luzule des forêts. Feuillage persistant, vert foncé à bord velu. Fleurs brunes d'avril à mai. Hauteur : 20 à 40 cm.
L. sylvatica 'Marginata' : feuillage vert panaché de jaune. Hauteur : 20 à 40 cm.

MISCANTHUS
Eulalia

GRAMINEES

Description : plante vivace touffue à grand développement. Feuillage rubané, vert ou panaché, d'aspect gracieux et très décoratif. Epillets sans intérêt, s'épanouissant en automne.

Exigences : sol meuble, frais et bien drainé. Situation ensoleillée.

Utilisation : isolé, massif de plantes vivaces et graminées, scène de bord d'eau.

Entretien : rabattre les chaumes à 10 cm du sol au printemps.

Culture : division de souche au printemps. Distance de plantation : 70 à 80 cm.

Espèces et variétés :

M. sinensis 'Condensatus' : décoratif pour ses fleurs réunies en épis brun-violet, d'août à octobre. Hauteur : 150 à 200 cm.
M. sinensis 'Giganteus' : feuillage ample sur tiges vigoureuses. Hauteur : 300 cm.
M. sinensis 'Gracillimus' : feuillage très fin et gracieux. Touffe d'aspect très léger. Hauteur : 150 cm.
M. sinensis 'Variegatus' : feuillage strié de rayures blanches. Hauteur : 150 cm.
M. sinensis 'Zebrinus' : feuillage vert à rayures transversales jaunes. Hauteur : 150 cm.

Miscanthus sinensis

Miscanthus sinensis 'Giganteus'

Miscanthus sinensis 'Zebrinus'

MOLINIA
Mélique bleue, Molinie bleue
GRAMINEES

Description : plante vivace et tapissante. Feuillage vert bleuté ou panaché, formant des touffes denses. Epillets coniques s'épanouissant en été.

Exigences : s'accommode de tous les types de sol. Situation ensoleillée ou mi-ombragée.

Utilisation : rocaille, couvre-sol, massif de plantes vivaces, scène de bord d'eau, massif de graminées et bac.

Entretien : rabattre le feuillage au printemps au ras du sol.

Culture : division de souche au printemps. Distance de plantation : 30 cm.

Espèces et variétés :
M. cærulea 'Moorhexe' : feuillage bleuté. Hauteur : 30 à 60 cm.
M. cærulea 'Variegata' : feuillage vert panaché de jaune. Hauteur : 20 à 150 cm. Diamètre : 50 cm.

PANICUM
Panic effilé
GRAMINEES

Description : plante vivace et touffue. Feuillage vert clair ou vert foncé, fin, d'un bel effet décoratif. Epillets bruns, brillants, s'épanouissant en été.

Exigences : sol riche et profond. Situation ensoleillée.

Utilisation : isolé, plate-bande, massif, bac et fleur coupée pour bouquet sec.

Entretien : rabattre les chaumes à 10 cm du sol au printemps.

Culture : semis ou division de souche au printemps. Distance de plantation : 70 à 80 cm.

Espèces et variétés :
P. virgatum : feuillage vert clair. Hauteur : 60 à 150 cm.
P. virgatum 'Rehbraun' : feuillage vert à reflets rougeâtres, en août-septembre. Hauteur : 50 à 60 cm.

PENNISETUM
GRAMINEES

Description : plante vivace et touffue. Feuillage allongé, étroit, retombant aux extrémités, d'aspect très gracieux. Epis de forme cylindrique, bruns, s'épanouissant d'août à octobre.

Exigences : sol meuble et riche. Ne supporte pas l'humidité. Situation ensoleillée.

Utilisation : isolé, massif de plantes vivaces, scène de bord d'eau, plate-bande de graminées et fleur coupée pour bouquet sec.

Entretien : rabattre le feuillage à 10 cm du sol au printemps.

Culture : division de souche au printemps. Distance de plantation : 40 cm.

Espèces et variétés :
P. compressum : syn. *P. alopecuroides.* Feuillage fin, vert grisâtre. Epis bruns d'août à octobre, convenant très bien pour les bouquets. Hauteur : 60 à 80 cm.

Pennisetum compressum

Phalaris arundinacea 'Picta'

PHALARIS

Phalaris roseau
Ruban de bergère

GRAMINEES

Description : plante vivace et traçante. Feuillage linéaire, large, vert ou panaché. Epillets courts s'épanouissant en été.

Exigences : sol frais et humide. Situation ensoleillée.

Utilisation : isolé, prairie naturelle, scène de bord d'eau et plate-bande de graminées.

Entretien : rabattre les chaumes à 10 cm du sol au printemps.

Culture : division de souche au printemps. Distance de plantation : 40 cm.

Espèces et variétés :
P. arundinacea : feuillage vert. Hauteur : 150 cm.
P. arundinacea 'Picta' : feuillage vert panaché de blanc. Hauteur : 60 à 80 cm. Diamètre : 50 à 80 cm.

SESLERIA

GRAMINEES

Description : plante vivace et tapissante. Feuillage persistant, vert, formant des touffes dressées et denses. Epillets blanchâtres, s'épanouissant de mars à août.

Exigences : sol sablonneux et sec. Supporte le calcaire. Situation ensoleillée.

Utilisation : couvre-sol, bac, rocaille, plate-bande de graminées.

Entretien : nettoyage du feuillage au printemps.

Culture : division de souche au printemps. Distance de plantation : 30 à 40 cm.

Espèces et variétés :
S. caerulea : feuillage vert porté par des tiges bleutées. Fleurs blanches réunies en épis, d'avril à août. Hauteur : 15 à 30 cm. Diamètre : 30 à 50 cm.

UNIOLA

GRAMINEES

Description : plante vivace et touffue. Feuillage lancéolé, vert. Epillets bruns, réunis en panicules, s'épanouissant en fin d'été.

Exigences : s'accommode de tous les types de sols. Situation ensoleillée ou mi-ombragée.

Utilisation : isolé, massif de plantes vivaces, plate-bande de Graminées et fleur coupée pour bouquet sec.

Entretien : rabattre les chaumes à 10 cm du sol au printemps.

Culture : semis ou division de souche au printemps. Distance de plantation : 40 cm.

Espèces et variétés :
V. latifolia : feuillage large et lancéolé. Epillets brunâtres d'août à septembre. Hauteur : 40 à 120 cm.

LES BAMBOUS

ARUNDINARIA

GRAMINEES

Description : plante buissonnante vigoureuse. Feuillage vert allongé, terminé en pointe, persistant. Tiges en forme de tube, rigides et vertes. Epillets très discrets, s'épanouissant en été, sans intérêt décoratif.

Exigences : sol bien drainé, meuble et riche. Ne supporte pas les excès d'humidité. Situation ensoleillée.

Utilisation : isolé, haie et rideau végétal d'aspect exotique, association avec les arbustes d'ornement, scène de bord d'eau en zone non humide et bac.

Entretien : supprimer les cannes sèches au printemps. Protéger le feuillage avec un film en fibres synthétiques, dans les régions exposées au vent. Protéger les bacs sur balcons et terrasses en hiver.

Culture : division de souche au printemps pour les espèces dont la reprise est difficile. Bouturage de morceaux de tige au printemps. Distance de plantation : 100 à 200 cm.

Espèces et variétés :
Les espèces du genre *Arundinaria* sont très nombreuses, il est par conséquent difficile d'en faire ici un inventaire précis. Celle décrite ci-dessous est l'espèce la plus couramment cultivée :
A. nitida : feuillage persistant, vert brillant à la face supérieure et glauque à la face inférieure. Chaumes atteignant 200 cm, de couleur verte, souples et grêles. Espèce très rustique.

PHYLLOSTACHYS

GRAMINEES

Description : plante buissonnante vigoureuse. Feuillage allongé, vert, persistant, se développant sur des tiges (cannes ou chaumes) vertes, noires ou dorées.

Exigences : sol bien drainé, frais et meuble. Craint les excès d'eau. Situation ensoleillée ou mi-ombragée.

Utilisation : isolé, haie et rideau végétal d'aspect exotique, scène de bord d'eau en zone non humide, bac, association avec les arbustes d'ornement.

Entretien : supprimer les chaumes sèches au printemps. Protéger le feuillage contre le vent dans les régions froides. Protéger les bacs en hiver.

Culture : division de souche ou bouturage de morceaux de tige au printemps. Enracinement capricieux et difficile. Distance de plantation : 100 à 150 cm.

Espèces et variétés :
Les espèces du genre *Phyllostachys* sont nombreuses. Celles décrites ci-dessous semblent les plus intéressantes et sont les plus faciles à trouver chez les pépiniéristes.
P. aurea : feuillage vert, allongé et persistant, chaumes vert clair et jaunâtres atteignant 4 à 5 m.
P. aurea 'Albo variegata' : feuillage vert panaché de blanc.
P. nigra : feuillage vert, persistant. Chaumes vertes puis noires, brillantes. Hauteur : 3 à 4 m. Excellent pour bac sur terrasse.

P. viridiglaucescens : feuillage vert brillant à la face supérieure et glauque à la face inférieure. Persistant, il est plus ample que celui des espèces précédentes. Chaumes vert foncé et brillantes, atteignant 4 à 5 cm.
P. viridis : feuillage vert brillant à la face supérieure et glauque à la face inférieure. Chaumes vert clair atteignant 4- 5 m.
P. viridis 'Sulphurea' : chaumes devenant jaune d'or avec l'âge et atteignant 4 à 5 m.

SASA

GRAMINEES

Description : plante buissonnante. Feuillage large et long, vert foncé et persistant. Tiges atteignant 100 cm.

Exigences : sol frais, meuble et bien drainé. Situation ensoleillée ou mi-ombragée.

Utilisation : plate-bande de graminées, scène de bord d'eau, rocaille, isolé, couvre-sol en sous-bois et bac.

Entretien : nettoyage des chaumes au printemps.

Culture : division de souche ou bouturage de rameaux au printemps. Distance de plantation : 50 à 60 cm.

Espèces et variétés :
S. palmata : feuillage allongé et large, glabre, vert et persistant. Hauteur : 100 à 150 cm.
S. pumila : feuillage dense, vert et persistant. Hauteur : 50 à 60 cm.

Sasa pumila   *Phyllostachys*

LES PLANTES AQUATIQUES

Les plantes aquatiques sont des plantes vivaces dont la souche reste sur place plusieurs années.

Chaque automne, le feuillage se dessèche pour réapparaître au printemps suivant. Si certaines d'entre elles sont rustiques, c'est-à-dire supportent les rigueurs de l'hiver, d'autres originaires de pays tropicaux ne supportent pas les températures au-dessous de 0 °C. Aussi, il est nécessaire d'hiverner ces dernières à l'intérieur.

Les plantes aquatiques, comme leur nom l'indique, sont des plantes qui vivent dans l'eau, ou tout au moins en milieu humide, il est donc nécessaire de posséder un bassin ou un étang pour pouvoir les cultiver.

Lorsqu'on ne possède pas de point d'eau, il est possible de le fabriquer. Actuellement, il existe des techniques simples et faciles à mettre en œuvre pour créer son propre bassin. Nous ne pouvons nous étendre ici sur ces nombreuses techniques, mais allons malgré tout donner plus loin quelques conseils concernant la réalisation d'un bassin à l'aide d'une bâche en PVC.

LA MULTIPLICATION ET L'ACHAT DES PLANTES AQUATIQUES

La multiplication des plantes aquatiques s'effectue presque exclusivement au printemps et en été. Elle est assez facile à entreprendre et le taux de réussite est élevé. De nombreux aquaculteurs proposent également de vastes gammes d'espèces et de variétés cultivées en godet dont la reprise est rapide et garantie.

LA PLANTATION

EPOQUE

La période de plantation des plantes aquatiques est vaste. Elle débute au printemps, en mai plus précisément, et s'achève en septembre. Selon les régions, il est possible d'effectuer des plantations en avril. Dans tous les cas, il faut éviter de planter après le mois de septembre afin de permettre à la végétation d'entrer progressivement en période de repos.

SUBSTRAT

Les plantes aquatiques apprécient les sols lourds, glaiseux, et le meilleur substrat que l'on puisse utiliser est celui que l'on trouve sur les berges d'un étang. Formé au fil des années, il convient parfaitement aux jeunes plantes. Malheureusement, il n'est pas toujours possible de s'en procurer, aussi faut-il fabriquer soi-même un substrat qui s'en rapproche. Pour cela il est conseillé de mélanger de la terre de jardin peu calcaire (70 à 80 %) et du terreau (20 à 30 %). On peut l'additionner de sable et l'enrichir de corne broyée ou de fumier bien décomposé.

> *Un substrat trop riche en matières organiques peut provoquer la formation d'algues qui troublent l'eau. De plus, il favorise le développement du feuillage au détriment de la floraison.*

LES MODES DE PLANTATION

LA PLANTATION EN RECIPIENT

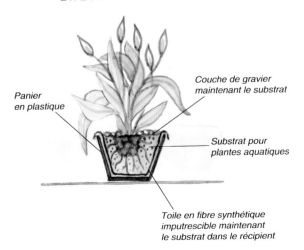

Panier en plastique

Couche de gravier maintenant le substrat

Substrat pour plantes aquatiques

Toile en fibre synthétique imputrescible maintenant le substrat dans le récipient

Les récipients de plantation

De forme arrondie ou carrée, les récipients doivent mesurer au minimum 25 cm de diamètre et entre 15 et 20 cm de profondeur. Les moins onéreux sont les pots en terre cuite ou en plastique. Mais il existe des paniers en plastique qui permettent aux racines de se développer au-delà du contenant. Les plantes volumineuses peuvent être cultivées dans un bac en fibrociment ou en PVC.

> *L'utilisation des pots est recommandée lorsqu'on cultive des espèces délicates qu'il faut rentrer en hiver. La manipulation sera plus aisée et l'hivernage prendra moins de place.*

Les poches de plantation

Au moment du terrassement du bassin, il est possible de créer des zones destinées à recevoir les plantes. La terre sera maintenue par des galets, des poutres en bois imputrescibles ou des briques, formant une poche dans laquelle on pourra planter une ou plusieurs plantes.

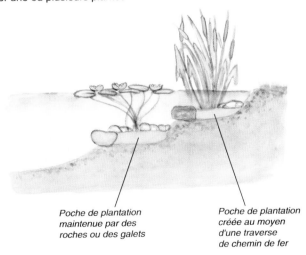

Poche de plantation maintenue par des roches ou des galets

Poche de plantation créée au moyen d'une traverse de chemin de fer

L'avantage de ce système : le volume de terre à disposition des racines est plus important et, par conséquent, le développement de la plante s'en trouvera amélioré. Par contre, ce système favorise l'envahissement. Un sujet particulièrement vigoureux aura tendance à envahir ses voisins.

> *Après la plantation, il est important de recouvrir la surface du substrat avec des galets ou du gravier afin que le terreau soit correctement maintenu dans son contenant.*

L'ENTRETIEN

- **La fertilisation** des plantes aquatiques n'est réservée qu'aux espèces à fleurs. C'est le cas des nénuphars auxquels on apportera un engrais au printemps en l'enfouissant au pied de chaque plante. Utiliser de la corne broyée ou du fumier bien décomposé.

- **La réduction des colonies** consiste à supprimer une partie de la souche ou du feuillage afin de limiter le développement des espèces envahissantes.

- **Le nettoyage d'automne** consiste à supprimer les feuilles brunes des plantes en fin de saison et à débarrasser le bassin des feuilles mortes des arbres environnants.

- **L'hivernage** de certaines espèces doit se faire sous abri. C'est le cas des Papyrus non rustiques, des Nénuphars ou de certaines plantes flottantes. Il faut les rentrer sous abri (5 à 6 °C), à la lumière, les entreposer dans un bac contenant un fond d'eau et surveiller le développement de parasites et de maladies. Certaines espèces supportent de passer l'hiver à l'extérieur, mais au prix d'une protection hivernale. Ainsi les *Gunnera* ou les *Calla* doivent être protégés avec des feuilles mortes, des branches de sapin maintenues par un filet.

LA CONSTRUCTION D'UN BASSIN EN PVC

Ce mode de construction est facile et permet de s'adapter harmonieusement au jardin.

Les bâches sont actuellement résistantes au gel et aux ultraviolets. Elles sont sensibles aux objets tranchants, mais suffisamment résistantes au va-et-vient d'une personne lors de l'entretien des plantes. Disponible en petites surfaces de 10 à 20 m², d'une épaisseur de 0,25 à 0,8 mm, il existe également des surfaces plus importantes soudées en usine et dont l'épaisseur peut atteindre 2 mm.

Pour l'installation du bassin, opérer dans l'ordre suivant :
- niveler le terrain selon la forme désirée et supprimer les cailloux, racines, morceaux de fer ou de verre,

- poser la toile en fibre synthétique afin de stabiliser la couche de sable et d'éviter que des objets tranchants ne viennent perforer la bâche,
- répandre une couche de sable de 5 à 8 cm,
- poser la bâche plastique sans la fixer,
- remplir le bassin. La bâche épouse progressivement la forme du fond et des bords du bassin,
- couper la bâche en laissant une chute de 40 à 50 cm que l'on enfouit sous terre,
- effectuer les derniers réglages des bords en fonction du niveau d'eau définitif.

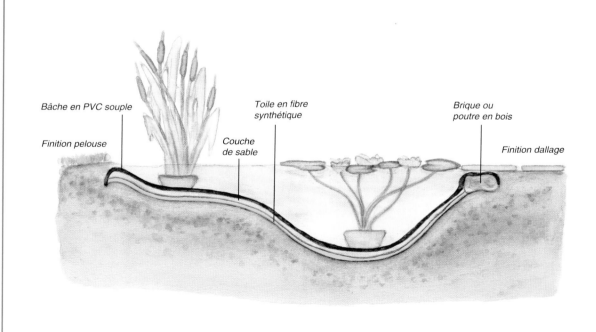

Bâche en PVC souple

Toile en fibre synthétique

Brique ou poutre en bois

Finition pelouse

Couche de sable

Finition dallage

TERMES UTILISES DANS LE DICTIONNAIRE

DESCRIPTION :

● **Description du type de plante**

- Les plantes paludéennes : cette catégorie de plantes, appelées également plantes palustres ou de bord d'eau, rassemble des espèces vivaces. Elles possèdent une souche immergée à partir de laquelle se développent des racines charnues et traçantes, ainsi qu'une ou plusieurs tiges. La partie aérienne composée du feuillage et des fleurs se développe hors de l'eau. Dans l'eau, les racines se développent rapidement et assurent un parfait ancrage de la plante. D'avril à mai, le feuillage apparaît, soit bien plus tard que pour les autres végétaux. En automne, après la période de végétation, le feuillage disparaît, mais la plante reste à l'état végétatif, enfouie dans le sol qui la protège du froid.

- Les plantes flottantes : la plus connue des plantes aquatiques flottantes est sans conteste le Nénuphar, qui possède à lui seul le plus grand nombre d'espèces et de variétés du monde végétal aquatique. Les plantes flottantes se caractérisent par leur feuillage qui flotte à la surface de l'eau. Il est relié par des tiges aux souches qui se développent quelques dizaines de centimètres plus bas, au fond de l'eau. Les feuilles disparaissent en automne et la plante entre alors dans une période de repos. Au printemps suivant, apparaissent les feuilles, suivies dès le mois de juillet par les fleurs.

- Les plantes immergées : cette catégorie regroupe toutes les espèces dont les racines et le feuillage se développent sous l'eau. Si certaines sont enracinées dans le sol, d'autres ne le sont pas et se déplacent au gré des courants. Possédant un feuillage fin et souvent assez dense, ce type de plante possède la particularité de contribuer à l'oxygénation de l'eau. De plus, elles sont appréciées par la faune aquatique, notamment les poissons qui en font des lieux de refuge et de frai.

- Les plantes nageantes : toutes les plantes dont le feuillage et les racines flottent à la surface de l'eau font partie des plantes nageantes. Elles ne sont pas enracinées dans le sol, mais sont équipées de petits flotteurs qui leur permettent d'évoluer librement sur l'eau. Leur système radiculaire est bien développé et dense, permettant de puiser dans l'eau tous les éléments nutritifs dont elles ont besoin pour croître. De plus, ces racines assurent l'équilibre de la plante à l'image de la quille d'un bateau. Les plantes nageantes se développent rapidement et peuvent devenir envahissantes. Il est alors conseillé de limiter leur développement en supprimant une partie de la colonie.

● **Description du feuillage**, de ses formes, de sa couleur et de sa persistance ou non.

● **Description des fleurs**, de leurs caractéristiques, de leurs principaux coloris et de l'époque de floraison. Celle-ci peut varier d'une région à l'autre selon le climat et l'environnement. Ces variations sont de l'ordre de 2 à 3 semaines.

EXIGENCES :

● Indications portant sur **le type de sol** dans lequel la plante se développe au mieux.

● Indications sur **les besoins en lumière** :

- Situation ensoleillée : exposition sud, est et ouest avec plus d'une demi-journée de soleil.

- Situation mi-ombragée : exposition est et ouest avec moins d'une demi-journée de soleil.

- Situation ombragée : exposition nord ou en sous-bois par exemple.

UTILISATION :

Principales utilisations conseillées.

ENTRETIEN :

Principaux soins à apporter.

CULTURE :

● **Les modes de multiplication** garantissant les meilleurs taux de réussite.

● **Distance de plantation** recommandée entre chaque plante.

● **Profondeur d'eau** nécessaire à la plante. Il s'agit de la distance entre le collet de la plante et la surface de l'eau.

PARASITES ET MALADIES :

Les principaux ravageurs ou maladies que l'on risque d'observer sur une espèce.

ESPECES ET VARIETES :

● **Descriptif du feuillage et des fleurs** des espèces les plus couramment rencontrées.

● **Indication de la hauteur** comprenant la hauteur du feuillage et celle des inflorescences.

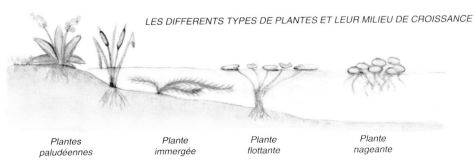

LES DIFFERENTS TYPES DE PLANTES ET LEUR MILIEU DE CROISSANCE

Plantes paludéennes

Plante immergée

Plante flottante

Plante nageante

ACORUS
Acore

ARACEES

Description : plante paludéenne. Feuillage rubané, vert ou panaché de blanc, d'un très bel effet décoratif. Fleurs jaunâtres, réunies en épis, s'épanouissant en été, sans intérêt décoratif.

Exigences : peu exigeante quant à la qualité du sol. Situation ensoleillée ou mi-ombragée.

Utilisation : berge, bassin, étang, bac.

Entretien : supprimer les feuilles jaunes ou sèches en cours de végétation. Division de souche tous les 3 à 5 ans afin de régénérer les souches âgées.

Culture : division de souche en avril-mai. Distance de plantation : 50 à 60 cm. Profondeur d'eau : 0 à - 20 cm.

Espèces et variétés :
A. calamus : Jonc odorant. Feuillage linéaire et vert. Fleurs jaunâtres de juin à juillet. Hauteur : 70 cm.
A. calamus 'Variegatus' : feuillage vert à rayures blanc jaunâtre. Hauteur : 80 cm.
A. gramineus 'Variegatus' : feuillage fin à rayures blanches. Hauteur : 15 à 20 cm.

Acorus calamus

ALISMA
Plantain d'eau, Fluteau

ALISMATACEES

Description : plante paludéenne. Feuillage ovale et vert. Fleurs blanc rosé réunies en verticilles, s'épanouissant en été.

Exigences : sol riche. Situation ensoleillée ou mi-ombragée.

Utilisation : bassin, étang, berge, zone humide, marécageuse, bac, fleur coupée.

Entretien : supprimer les hampes florales après la floraison. Rabattre les tiges au printemps.

Culture : division de souche au printemps. Semis de graines en mars-avril. Distance de plantation : 30 à 40 cm. Profondeur d'eau : 0 à - 20 cm.

Espèces et variétés :
A. plantago-aquatica : feuillage vert. Fleurs blanc rosé de juin à août. Hauteur : 40 à 90 cm.

Alisma plantago-aquatica

APONOGETON

APONOGETONACEES

Description : plante à feuillage flottant. Feuillage lancéolé, vert, issu d'une souche bulbeuse. Fleurs blanches, au printemps, délicatement parfumées.

Exigences : sol riche et non calcaire. Situation ensoleillée, mi-ombragée ou ombragée.

Utilisation : bassin, étang, bac sur terrasse.

Entretien : nettoyage des feuilles au printemps.

Culture : semis naturel de graines qui germent dans l'eau avant de s'enraciner au fond du bassin. Semis dans un substrat humide à la récolte des graines. Profondeur d'eau : - 15 à - 40 cm.

Espèces et variétés :
A. distachyus : feuillage vert et fleurs blanches d'avril à septembre si le sujet est cultivé totalement à l'ombre. Hauteur des hampes florales hors de l'eau : 5 à 10 cm.

BUTOMUS

Butome, Jonc fleuri

BUTOMACEES

Description : plante paludéenne. Feuillage étroit, long, vert devenant cuivre avec l'âge. Fleurs rose vif réunies en ombelle, s'épanouissant en été.

Exigences : peu exigeante quant à la qualité du sol. Situation ensoleillée ou mi-ombragée.

Utilisation : berge, bassin, étang, bac sur terrasse.

Entretien : supprimer les fleurs après la floraison. Rabattre le feuillage au printemps.

Culture : division de souche de mai à septembre. Distance de plantation : 30 cm. Profondeur d'eau : - 10 à - 30 cm.

Espèces et variétés :
B. umbellatus : feuillage vert et étroit. Fleurs rose soutenu en ombelle, de juin à août. Hauteur : 60 à 70 cm.

CALLITRICHE

CALLITRICHACEES

Description : plante immergée. Feuillage minuscule, vert, disposé en rosette de quelques millimètres.

Exigences : eau calme. Supporte les eaux froides. Situation ensoleillée.

Utilisation : bassin, étang, bac sous serre et jardin d'hiver.

Entretien : surveiller le risque d'envahissement en eau tiède (petit bassin par exemple).

Culture : multiplication rapide et naturelle en période chaude. Apparition des racines en moins de 24 heures. Profondeur d'eau : - 40 à - 100 cm.

Espèces et variétés :
C. palustris : feuillage vert immergé ou flottant. Utile à la faune aquatique (poissons et canards).

Butomus umbellatus

CALTHA
Populage des Marais,
Bouton d'or des Marais.

RENONCULACEES

Description : plante paludéenne. Feuillage cordiforme, vert, légèrement denté. Fleurs jaune d'or, blanches, simples ou doubles, s'épanouissant au printemps.

Exigences : peu exigeante quant à la nature du sol. Situation ensoleillée, mi-ombragée ou ombragée.

Utilisation : zone marécageuse, bassin, étang, bac sur terrasse et pièce d'eau en altitude.

Entretien : supprimer les fleurs après leur épanouissement afin de provoquer une seconde floraison en été. Rabattre entièrement les souches au printemps.

Culture : division de souche de mai à juillet. Distance de plantation : 30 cm. Profondeur d'eau : 0 à - 20 cm.

Espèces et variétés :
C. palustris : feuillage cordiforme, vert et tendre. Fleurs simples jaune d'or, de mars à mai. Hauteur : 20 à 40 cm.

Calla palustris

C. palustris 'Alba' : fleurs blanches, simples, en avril-mai puis en juillet. Hauteur : 20 à 30 cm.
C. palustris 'Flore Pleno' : fleurs doubles, jaune d'or, en avril. Hauteur : 30 cm.

CALLA
Calla des Marais,
Arum d'eau

ARACEES

Description : plante paludéenne. Feuillage cordiforme, vert foncé. Fleurs composées d'un spadice et d'une spathe blanche, s'épanouissant en été. Baies rouges en automne.

Exigences : peu exigeante quant à la qualité du sol. Situation ensoleillée ou mi-ombragée.

Utilisation : berge, bassin, étang, zone marécageuse ou humide, bac.

Entretien : supprimer les fleurs après la floraison. Nettoyer la souche au printemps.

Culture : division de souche de mai à juillet. Bouturage de rhizome au printemps et semis après la récolte des graines. Distance de plantation : 30 cm. Profondeur d'eau : 0 à - 20 cm.

Espèces et variétés :
C. palustris : feuillage vert. Fleurs blanches, juin-juillet. Hauteur : 30 à 40 cm.

Caltha palustris

CAREX

Laîche

CYPERACEES

Description : plante paludéenne. Feuillage rubané, vert, d'aspect très gracieux. Fleurs brunes formant des épillets s'épanouissant en fin d'été et en automne.

Exigences : peu exigeante quant à la qualité du sol. Situation ensoleillée, mi-ombragée ou ombragée.

Utilisation : berge, zone marécageuse ou humide, bassin, étang et bac sur terrasse.

Entretien : rabattre le feuillage au printemps.

Culture : division de souche au printemps. Distance de plantation : 30 à 40 cm. Profondeur d'eau : 0 à - 30 cm.

Espèces et variétés :
C. pseudocyperus : feuillage linéraire et vert. Epis brunâtres en septembre. Utile pour la nidification des oiseaux aquatiques. Hauteur 80 à 100 cm.

Carex pseudocyperus

CYPERUS

Espèce non rustique
Papyrus

CYPERACEES

Description : plante paludéenne. Feuillage linéaire, fin, vert foncé, se développant au sommet d'une tige rigide. Fleurs brunâtres en épillets, s'épanouissant en été.

Exigences : sol riche et léger, maintenu humide. Situation ensoleillée.

Utilisation : zone marécageuse, berge, bac sur terrasse, bassin sous serre, jardin d'hiver et véranda.

Entretien : supprimer les feuilles jaunes. Rabattre le feuillage au printemps avant de sortir les sujets. Hivernage indispensable sous abri. Préférer les situations lumineuses et chaudes. Maintenir une humidité constante sans excès pendant l'hivernage.

Culture : division de souche au printemps. Bouturage de feuilles ou semis de graines à la récolte. Distance de plantation : 40 à 50 cm. Profondeur d'eau : 0 à - 20 cm.

Parasites et maladies :
Pucerons pendant l'hivernage.

Espèces et variétés :
C. alternifolius : feuillage fin et vert. Fleurs en épillets en juillet-août. Hauteur : 70 à 100 cm.
C. papyrus : feuillage très fin, en ombelles, se développant au sommet de tiges triangulaires. Fleurs brunes en juillet. Très bel effet décoratif. Hauteur : 150 à 300 cm.

Cyperus papyrus

CYPERUS

Espèce rustique
Souchet odorant

CYPERACEES

Description : plante paludéenne. Feuillage étroit, fin, vert foncé, se développant au sommet d'une tige rigide. Fleurs brunes en épis, s'épanouissant en été.

Exigences : peu exigeante quant à la qualité du sol. Situation ensoleillée et mi-ombragée.

Utilisation : berge, zone marécageuse, bassin, étang, bac sur terrasse.

Entretien : supprimer les feuilles jaunes en cours de végétation. Rabattre à 5-10 cm du sol les tiges au printemps.

Culture : division de souche au printemps. Distance de plantation : 40 à 50 cm. Profondeur d'eau : 0 à - 20 cm.

Espèces et variétés :
C. longus : feuillage fin et très décoratif. Fleurs brunes en épis en juillet-août. Hauteur : 100 à 120 cm.

Cyperus longus

EICHHORNIA
Jacinthe d'eau
PONTEDERIACEES

Description : plante nageante. Feuillage arrondi, porté par un pétiole renflé. Fleurs bleu clair, odorantes, réunies en grappes émergeant au-dessus du feuillage, s'épanouissant en fin d'été.

Exigences : eau calme et chaude (18 °C). Situation ensoleillée.

Utilisation : bassin, étang, bac sur terrasse, pièce d'eau en serre, véranda et jardin d'hiver. Plante oxygénante utile pour assainir l'eau d'un bassin.

Entretien : la Jacinthe d'eau ne supporte pas nos hivers, il est conseillé de la rentrer dès les premières gelées. La placer dans un aquarium ou un bassin d'intérieur (température de l'eau : 8 à 10 °C et température ambiante : 10 à 12 °C).

Culture : division de souche en été. Plante flottante nageant librement sur l'eau. Si l'on souhaite la maintenir au même endroit, il faut la lester avec une pierre.

Parasites et maladies :
Sensible aux pucerons et araignées rouges pendant l'hivernage.

Espèces et variétés :
E. crassipes : feuillage vert et brillant. Pétioles renflés servant de flotteurs. Fleurs bleues apparaissant tardivement. Hauteur des fleurs hors de l'eau : 15 à 25 cm.

Eichhornia crassipes

ELODEA
Elodée du Canada
HYDROCHARITACEES

Description : plante immergée. Feuillage verticillé, vert foncé formant un tapis dense. Plante oxygénante, résistant à la pollution, au froid et au manque de lumière.

Exigences : eau calme. S'accommode d'un léger courant. Situation ensoleillée, mi-ombragée ou ombragée.

Utilisation : bassin, étang, ruisseau, bac sur terrasse.

Entretien : supprimer quelques rameaux pour limiter le développement des sujets.

Culture : bouturage de rameaux ou division de souche de mars à octobre. Enracinement immédiat. Profondeur d'eau : - 40 à - 150 cm.

Espèces et variétés :
E. canadensis : feuillage dense se développant sur des rameaux pouvant atteindre 200 cm. Utile aux poissons pendant le frai.

EQUISETUM
Prêle
EQUISETACEES

Description : plante paludéenne. Tiges cylindriques, rigides, persistantes et vertes. Développement vigoureux et traçant.

Exigences : peu exigeante quant à la qualité du sol. Situation mi-ombragée ou ombragée.

Utilisation : berge, bassin, étang et art floral.

Entretien : supprimer les tiges âgées, souvent jaunes et sèches. Rabattre l'ensemble des tiges au printemps.

Culture : division de souche au printemps. Distance de plantation : 40 cm. Profondeur d'eau : 0 à - 20 cm.

Espèces et variétés :
E. hyemale : Prêle d'hiver. Tiges vertes, rêches. Hauteur : 60 à 70 cm.
E. robustum : tiges vigoureuses, rêches au toucher, vertes prenant des teintes cuivrées en automne. Devient très envahissant. Hauteur : 140 à 150 cm.
E. scirpoides : Prêle à petit développement. Hauteur : 15 à 20 cm.

Elodea canadensis

Equisetum robustum

ERIOPHORUM
Linaigrette

CYPERACEES

Description : plante paludéenne. Feuillage étroit et vert. Fleurs duveteuses se développant en épis au printemps.

Exigences : il existe deux espèces : l'une pour sol calcaire et l'autre pour sol non calcaire. Situation ensoleillée ou mi-ombragée.

Utilisation : zone marécageuse, berge, bassin, étang, bac sur terrasse et fleur coupée pour bouquet sec.

Entretien : rabattre les feuilles et les tiges au printemps.

Culture : semis de mai à septembre. Distance de plantation : 30 cm. Profondeur d'eau : 0 à - 10 cm.

Espèces et variétés :
E. angustifolium : feuilles étroites, vertes. Fleurs duveteuses, blanches, d'avril à mai. Craint le calcaire. Hauteur : 30 à 50 cm.
E. latifolium : feuilles larges et vertes. Fleurs duveteuses, blanches en avril. Supporte le calcaire. Hauteur : 30 à 40 cm.

GLYCERIA
Glycérie

GRAMINEES

Description : plante paludéenne. Feuillage linéaire, d'aspect souple et gracieux. Fleurs jaunâtres réunies en panicules, s'épanouissant en été.

Exigences : peu exigeante quant à la qualité du sol. Situation ensoleillée ou mi-ombragée.

Utilisation : bassin, étang et bac sur terrasse.

Entretien : rabattre le feuillage à 5 cm au printemps. Diviser les souches tous les 5-6 ans pour régénérer les sujets âgés.

Culture : division de souche de mai à juillet. Distance de plantation : 30 cm. Profondeur d'eau : - 10 à - 40 cm.

Espèces et variétés :
G. aquatica : syn. *G. maxima.* Feuillage vert et souple. Fleurs jaunâtres en juillet-août. Utile pour la nidification des oiseaux aquatiques. Hauteur : 150 cm.
G. aquatica 'Variegata' : feuillage vert possédant des rayures jaunes. Hauteur : 50 à 60 cm.

Glyceria aquatica

Eriophorum angustifolium

HIPPURIS
Pesse d'eau

HIPPURIDACEES

Description : plante paludéenne. Feuillage très fin, ressemblant aux aiguilles des conifères, se développant sur une tige raide, émergeant au-dessus de la surface de l'eau. Fleurs verdâtres sans intérêt décoratif.

Exigences : peu exigeante quant à la qualité du sol. Situation ensoleillée ou mi-ombragée.

Utilisation : bassin, étang et berge.

Entretien : supprimer régulièrement des rameaux afin de limiter le développement des sujets.

Culture : division de souche de mai à septembre. Distance de plantation : 30 cm. Profondeur d'eau : - 10 à - 80 cm.

Espèces et variétés :
H. vulgaris : feuillage fin et vert. Utile à la faune aquatique. Hauteur : 20 à 50 cm.

Hippuris vulgaris

HYDROCHARIS

HYDROCHARITACEES

Description : plante nageante. Feuillage cordiforme, épais, ressemblant aux feuilles de Nénuphar mais de taille plus réduite. Fleurs blanches, simples, émergeant au-dessus de la surface de l'eau, sur des petites hampes, s'épanouissant en été et en automne.

Exigences : eau calme et peu profonde. Situation ensoleillée ou mi-ombragée.

Utilisation : bassin, étang, bac sur terrasse et pièce d'eau sous serre, véranda ou jardin d'hiver.

Entretien : pas d'entretien particulier.

Culture : division de souche au printemps. Multiplication naturelle très rapide. Profondeur d'eau : - 10 à - 20 cm.

Espèces et variétés :
H. morsus-ranae : Morène. Feuillage vert et flottant présentant la particullarité de disparaître en automne. La plante hiverne alors sous la forme de bourgeons renflés. Fleurs blanches ponctuées de jaune, de juin à octobre. Hauteur des hampes florales hors de l'eau : 5 cm.

Hydrocharis morsus-ranae
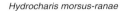

IRIS
Iris des Marais

IRIDACEES

Description : plante paludéenne. Feuillage long, linéaire, vert ou panaché de blanc-jaune. Fleurs jaunes, bleues, blanches, pourpres ou bicolores, s'épanouissant en mai-juin.

Exigences : sol riche et non calcaire. Situation ensoleillée ou mi-ombragée.

Utilisation : berge, zone marécageuse, étang, bassin, bac sur terrasse.

Entretien : apporter régulièrement une fumure, car il faut un sol riche pour obtenir une belle floraison. Supprimer les feuilles jaunes et sèches, ainsi que les fleurs fanées.

Culture : division de souche au printemps ou en automne. Distance de plantation : 30 à 50 cm. Profondeur d'eau :
- 10 à - 50 cm pour les *I. pseudoacorus* ;
- 10 à - 20 cm pour les autres espèces.

Parasites et maladies : sensible aux pucerons au printemps et en été.

Espèces et variétés :
I. chrysographes : ressemble à l'*Iris sibirica*. Feuillage linéaire et vert. Fleurs pourpre foncé de juin à août. Hauteur : 60 à 80 cm.

I. kaempferi : feuillage linéaire. Grandes fleurs plates, rouges, bleues, blanches ou bicolores, de juin à août. Hauteur : 60 à 70 cm.
I. laevigata : ressemble à l'*Iris kaempferi*. Feuillage vert. Fleurs blanches, bleues, violettes ou bicolores, de juin à août. Hauteur : 60 à 70 cm.
I. pseudoacorus : Iris des Marais. Long feuillage vert et linéaire. Fleurs jaunes en mai-juin. Hauteur : 70 à 80 cm.
I. pseudoacorus 'Variegata' : feuillage vert panaché de jaune. Hauteur : 80 cm.
I. sibirica : Iris de Sibérie. Feuillage étroit, dressé et rigide. Fleurs bleu clair, mauves ou blanches, de mai à juin. Hauteur : 70 à 80 cm.

JUNCUS
Jonc des jardiniers

JONCACEES

Description : plante paludéenne. Feuillage cylindrique, rigide et vert. Fleurs rougeâtres, s'épanouissant en été.

Exigences : peu exigeante quant à la qualité du sol. Situation ensoleillée ou mi-ombragée.

Utilisation : berge, zone marécageuse, bassin et étang.

Entretien : rabattre le feuillage au printemps.

Culture : division de souche au printemps. Distance de plantation : 30 à 40 cm. Profondeur d'eau : 0 à - 20 cm.

Espèces et variétés :
J. glaucus : syn. *J. infexus*. Feuillage cylindrique et vert. Fleurs brunâtres en épillets, en juin-juillet. Hauteur : 50 à 60 cm.

Juncus glaucus

Iris pseudoacorus

LEMNA
Lentille d'eau
LEMNACEES

Description : plante nageante. Feuillage minuscule, vert, flottant en masse importante à la surface de l'eau.

Exigences : eau calme. Situation ensoleillée, mi-ombragée ou ombragée.

Utilisation : bassin, étang, pièce d'eau sous serre, véranda et jardin d'hiver.

Entretien : pas d'entretien particulier. Les Lentilles d'eau sont envahissantes et se développent très rapidement.

Culture : multiplication naturelle et rapide par bourgeonnement latéral.

Espèces et variétés :
L. minor : feuillage minuscule, vert et arrondi, possédant quelques racines blanchâtres qui nagent dans l'eau. Les feuilles apparaissent en mai-juin et disparaissent dès l'automne.
L. polyrrhiza : feuillage plus grand que l'espèce précédente (6 à 8 mm), se distinguant par sa coloration rougeâtre sur le dessous des feuilles.

LYSICHITON
syn. **LYSICHITIUM**
ARACEES

Description : plante paludéenne. Feuillage lancéolé, vert, se développant après la floraison. Fleurs composées d'un spadice et d'une spathe jaune ou blanche, s'épanouissant au printemps.

Exigences : sol riche et tourbeux. Situation ensoleillée ou mi-ombragée.

Utilisation : zone marécageuse, bassin et étang.

Entretien : supprimer les feuilles après leur jaunissement.

Culture : semis de graines difficile à réussir. Distance de plantation : 30 à 40 cm. Profondeur d'eau : 0 à - 10 cm.

Espèces et variétés :
L. americanum : feuillage tendre, lancéolé, de couleur verte. Fleurs composées d'un spadice et d'une spathe jaune à forte odeur, en mai-juin. Hauteur : 40-70 cm.
L. camtschatcense : feuillage lancéolé, vert. Fleurs composées d'un spadice jaune et d'une spathe blanche en mai-juin. Hauteur du feuillage : 70 cm. Hauteur des hampes florales : 15 cm.

MARSILEA
MARSILEACEES

Description : plante paludéenne. Feuillage composé de 4 folioles, vert clair, se développant au sommet d'un pétiole dressé. Une partie des feuilles flottent sur l'eau, alors que l'autre partie se développe hors de l'eau.

Exigences : peu exigeante quant à la qualité du sol. Situation ensoleillée ou mi-ombragée.

Utilisation : berge, zone marécageuse, bassin, étang et bac sur terrasse.

Entretien : rabattre le feuillage au printemps.

Culture : division de souche au printemps. Distance de plantation : 40 cm. Profondeur d'eau : 0 à - 10 cm.

Espèces et variétés :
M. quadrifolia : feuillage vert ressemblant à celui du Trèfle d'eau. Hauteur : 10 à 15 cm.

Lemna minor

MENTHA
Menthe aquatique

LABIEES

Description : plante paludéenne. Feuillage vert, denté et odorant. Fleurs roses s'épanouissant pendant tout l'été.

Exigences : s'accommode de tous les types de sol. Situation ensoleillée ou mi-ombragée.

Utilisation : zone marécageuse, berge, bassin, étang, bac sur terrasse.

Entretien : rabattre le feuillage au printemps. Supprimer une partie des rameaux pour limiter le développement des sujets.

Culture : bouturage de rameaux au printemps ou division de souche. Distance de plantation : 30 à 40 cm. Profondeur d'eau : - 10 à - 60 cm.

Parasites et maladies : sensible aux pucerons.

Espèces et variétés :
M. aquatica : feuillage vert et odorant. Fleurs roses de juillet à septembre. Hauteur : 30 à 50 cm.
M. aquatica 'Rubra' : feuillage pourpre s'atténuant en fin de saison pour redevenir vert. Fleurs rose violacé de juillet à septembre. Hauteur : 40 à 50 cm.

MENYANTHES
Trèfle d'eau, Ményanthe

MENYANTHACEES

Description : plante paludéenne. Feuillage composé de 3 folioles, vert, se développant sur une tige courte. Fleurs blanches dont les pétales sont bordés de poils, s'épanouissant au printemps.

Exigences : peu exigeante quant à la qualité du sol. Situation ensoleillée, mi-ombragée ou ombragée.

Utilisation : zone marécageuse, berge, bassin, étang et bac sur terrasse. Convient en montagne.

Entretien : rabattre le feuillage au printemps.

Culture : division de souche de mai à juin. Bouturage de rameaux et de fragments de rhizome au printemps. Distance de plantation : 30 à 40 cm. Profondeur d'eau : - 10 à - 30 cm.

Parasites et maladies : sensible aux pucerons.

Espèces et variétés :
M. trifoliata : feuillage vert, composé de 3 folioles ovales. Fleurs blanches à revers blanc rosé, en avril. Hauteur : 30 à 40 cm.

MYRIOPHYLLUM
Myriophylle

HALORAGIDACEES

Description : plante immergée ou émergée. Feuillage verticillé réparti régulièrement le long d'une tige, ce qui donne à la plante un effet plumeux. Fleurs jaunes ou roses, émergeant au-dessus de la surface de l'eau en fin d'été.

Exigences : eau calme. Situation ensoleillée ou mi-ombragée.

Utilisation : bassin, étang, pièce d'eau sous serre, véranda et jardin d'hiver.

Entretien : limiter le développement des sujets en supprimant quelques poignées de feuillage au cours de la période de végétation.

Culture : division de souche de mai à juillet. Profondeur d'eau : - 30 à - 80 cm.

Espèces et variétés :
M. aquaticum : syn. *M. proserpinacoides.* Myriophylle à feuillage émergé.
M. spicatum : feuillage moins dense que l'espèce précédente. Fleurs roses ou jaunes de juin à septembre.
M. verticillatum : feuillage fin et verticillé. Fleurs émergeant au-dessus de l'eau. Utile à la flore et à la faune aquatiques. Feuillage contribuant à l'oxygénation de l'eau.

> *Les plantes oxygénantes contribuent à améliorer l'état sanitaire de l'eau. Parmi elles, les Ceratophyllum demersum (Cornille ou Cornifle) qui ressemblent aux Myriophylles, possèdent un feuillage vert foncé, immergé, d'aspect plumeux et particulièrement oxygénant.*

Mentha aquatica

Myriophyllum aquaticum

Nelumbo nucifera

Nelumbo nucifera

NELUMBO
Lotus

NELUMBONACEES

Description : plante à feuillage flottant. Feuillage pelté, en forme de coupe, aux bords ondulés. Fleurs remarquables, blanches, roses ou rouges en été.

Exigences : sol vaseux et riche. Situation ensoleillée.

Utilisation : bassin, étang, pièce d'eau sous serre, véranda et jardin d'hiver.

Entretien : apporter chaque année une fumure complète (fumier bien décomposé ou corne broyée) afin de satisfaire la gourmandise des Lotus. Hivernage conseillé. Récupérer les rhizomes en automne et les placer dans du sable à 10-12 °C.

Culture : division de souche au printemps. Distance de plantation : 60 cm. Profondeur d'eau : - 20 - 30 cm.

Parasites et maladies : très sensible aux pucerons.

Espèces et variétés :

N. lutea : Lotus jaune d'Amérique. Feuillage très ample. Fleurs jaunes de juillet à septembre. Hauteur : 50 à 150 cm.
N. lutea 'Flavescens' : fleurs jaunes à centre rouge.
N. nucifera : Lotus des Indes. Fleurs blanches.
N. nucifera 'Alba' : Lotus Magnolia. Grandes fleurs blanches.
N. nucifera 'Alba Plena' : fleurs doubles et blanches.
N. nucifera 'Gigantea' : fleurs rose-pourpre.
N. nucifera 'Pekinense' : fleurs rose-carmin.
N. nucifera 'Pekinense Rubra' : fleurs rose-carmin et doubles.
N. nucifera 'Pygmea Alba' : variété naine. Fleurs blanches.
N. nucifera 'Pygmea Rosea' : fleurs roses.
N. nucifera 'Striata' : fleurs blanches à bord rouge.

Le Lotus, dont la fascination et la valeur sacrée remontent à la plus haute Antiquité, est toujours perçu comme tel dans certaines religions en Chine, au Japon et en Inde.

Nuphar luteum

NUPHAR

NYMPHAEACEES

Description : plante à feuillage flottant. Feuillage ovale, épais et vert. Fleurs globuleuses, jaunes, s'épanouissant en été et au début de l'automne.

Exigences : sol riche et profond. Situation ensoleillée, mi-ombragée ou ombragée.

Utilisation : bassin, étang et rivière calme.

Entretien : rabattre le feuillage au printemps.

Culture : division de souche au printemps. Semis de graines en automne. Distance de plantation : 70 à 80 cm. Profondeur d'eau : - 30 à - 100 cm. S'accommode de fortes variations du niveau d'eau (jusqu'à - 150 à - 200 cm).

Parasites et maladies : pucerons en été.

Espèces et variétés :

N. advena : feuillage ovale et vert. Fleurs globuleuses jaune-ocre de juillet à octobre. Hauteur : 10 à 30 cm au-dessus de la surface de l'eau.
N. japonica : Nuphar du Japon. Feuillage sagitté se développant au-dessus de l'eau. Fleurs jaunes à macules rouges. Hauteur : 20 à 40 cm.
N. luteum : Jaunet d'eau ou Nénuphar commun. Feuillage cordiforme flottant ou émergeant au-dessus de l'eau. Fleurs globuleuses jaunes de juin à octobre. Hauteur : 10 à 20 cm.

NYMPHAEA
Nénuphar, Nymphéa

NYMPHAEACEES

Description : plante flottante. Feuillage arrondi, vert foncé et brillant, souvent marbré de brun rougeâtre. Fleurs blanches, roses, rouges ou jaunes, à la surface de l'eau, de juin à septembre-octobre.

Exigences : sol pas trop riche, alluvionnaire et lourd. Situation ensoleillée.

Utilisation : bassin, étang.

Entretien : supprimer le feuillage au printemps. Supprimer les fleurs fanées et les feuilles jaunes en cours de saison. Hivernage sur place si la souche est à - 40 ou - 50 cm de profondeur.

Culture : division de souche en mars-avril. Bouturage de rhizome au printemps et semis de graines (récoltées en automne) dans un substrat immergé. Les plants obtenus par le semis peuvent mettre jus-

qu'à 4 ans avant de fleurir. Distance de plantation : 1 plant/m². Profondeur d'eau : - 40 à - 80 cm.

Parasites et maladies : pucerons en été, gélarque des Nénuphars et hydrocampes.

Espèces et variétés :

- Fleurs blanches :
N. x 'Alba Plenissima' : fleurs blanches très fournies en pétales.
N. x 'Caroliniana Nivea' : fleurs blanches très parfumées.
N. x 'Hermine' : fleurs blanc pur ressemblant à une Tulipe.
N. x 'Marliacea Albida' : fleurs blanches et port vigoureux.

- Fleurs jaunes :
N. x 'Flava' : fleurs jaune-ocre. Feuillage marbré de brun.
N. x 'Graziella' : fleurs orange-abricot.
N. x 'Marliacea Chromatella' : fleurs jaune vif.
N. x 'Odorata Sulphurea' : fleurs jaunes et odorantes.

N. x 'Pygmaea Helveola' : fleurs jaune vif. Convient très bien en petit bassin.
N. x 'Sioux' : fleurs jaune cuivré.

- Fleurs roses :
N. x 'Madame Wilfron Gonnère' : fleurs doubles et roses.
N. x 'Marliacea Carnea' : fleurs rose tendre.
N. x 'Marliacea Rosea' : fleurs roses bordées de sépales plus foncés.
N. x 'Somptuosa' : grandes fleurs roses, doubles.

- Fleurs rouges :
N. x 'Atropurpurea' : grandes fleurs rouge foncé.
N. x 'Attraction' : grandes fleurs rouge lie-de-vin.
N. x 'Laydekeri Fulgens' : fleurs rouge amaranthe.
N. x 'Laydekeri Lilacea' : fleurs rouge lilas.
N. x 'Pygmaea Rubra' : fleurs rouge clair. Variété de faible vigueur.
N. x 'Sanguinea' : fleurs roses devenant rouges à maturité.

ORONTIUM

ARACEES

Description : plante paludéenne. Feuillage lancéolé, vert. Fleurs en forme de spadice jaune vif porté par une hampe florale blanche et épaisse, s'épanouissant au printemps.

Exigences : peu exigeante quant à la qualité du sol. Situation ensoleillée ou mi-ombragée.

Utilisation : berge, zone marécageuse, pièce d'eau sous serre et véranda.

Entretien : nettoyage des souches au printemps ou à l'automne.

Culture : semis de graines après la récolte dans un substrat humide. Distance de plantation : 30 à 40 cm. Profondeur d'eau : - 5 à - 15 cm.

Espèces et variétés :
O. aquaticum : feuillage vert. Fleurs originales jaunes, ressemblant à des bougies, de mars à avril. Hauteur : 20 à 25 cm.

Pistia stratiotes

Orontium aquaticum

PISTIA
Laitue d'eau

ARACEES

Description : plante flottante. Feuillage pubescent, glauque, en rosettes, dont le système radiculaire présente la particularité d'assainir l'eau. Fleurs minuscules, sans intérêt décoratif.

Exigences : eau calme, peu profonde. Situation ensoleillée ou mi-ombragée.

Utilisation : étang, bassin, bac sur terrasse et bassin sous serre, véranda et jardin d'hiver.

Entretien : hivernage indispensable à l'abri du gel, en situation lumineuse et chaude (15 °C).

Culture : division de souche en été. Multiplication naturelle très rapide en période chaude.

Espèces et variétés :
P. stratiotes : feuillage décoratif et original. Hauteur : 10 à 15 cm.

PHRAGMITES
Roseau commun

GRAMINEES

Description : plante paludéenne. Feuillage linéaire disposé perpendiculairement à la tige. Fleurs brunes réunies en épis, s'épanouissant de septembre à novembre.

Exigences : peu exigeante quant à la qualité du sol. Situation ensoleillée, mi-ombragée ou ombragée.

Utilisation : berge, zone marécageuse, étang.

Entretien : rabattre les tiges au printemps.

Culture : division de souche au printemps. Distance de plantation : 30 à 40 cm. Profondeur d'eau : 0 à - 80 cm.

Espèces et variétés :
P. australis : syn. *P. communis.* Feuillage vert glauque d'aspect léger et exotique. Fleurs brunâtres en épillets en automne, convenant à la confection de bouquet sec.

POLYGONUM
Renouée aquatique ou amphibie

POLYGONACEES

Description : plante paludéenne. Feuillage lancéolé, vert et glauque à la face inférieure. Fleurs roses réunies en épis denses, s'épanouissant en fin d'été.

Exigences : peu exigeante quant à la qualité du sol. Situation ensoleillée ou mi-ombragée.

Utilisation : zone marécageuse, berge, bassin, étang et bac sur terrasse.

Entretien : supprimer les fleurs fanées après leur épanouissement. Rabattre le feuillage au printemps.

Culture : division de souche au printemps. Distance de plantation : 30 cm. Profondeur d'eau : - 10 à - 40 cm.

Espèces et variétés :
P. amphibium : feuillage vert. Floraison rose très abondante et décorative de juillet à septembre. Hauteur : 10 à 20 cm.

RANUNCULUS
Renoncule d'eau

RENONCULACEES

Description : plante paludéenne. Feuillage allongé, vert. Fleurs jaunes, très nombreuses, s'épanouissant en été.

Exigences : peu exigeante quant à la qualité du sol. Situation ensoleillée ou mi-ombragée.

Utilisation : zone marécageuse, berge, bassin, étang, bac sur terrasse, rivière et ruisseau.

Entretien : rabattre le feuillage au printemps.

Culture : division de souche et semis au printemps. Distance de plantation : 40 cm. Profondeur d'eau : 0 à - 30 cm.

Espèces et variétés :
R. flammula : feuillage allongé et vert. Fleurs jaunes de juin à septembre. Hauteur : 20 à 30 cm.
R. lingua : Grande Douve. Feuillage arrondi à la surface de l'eau et allongé le long des tiges. Fleurs jaunes de juin à septembre. Hauteur : 30 à 80 cm.

Pontederia cordata

Ranunculus flammula

PONTEDERIA
Pontédérie

PONTEDERIACEES

Description : plante paludéenne. Feuillage cordiforme, vert et brillant. Fleurs bleues réunies en épis denses, s'épanouissant de juin à octobre.

Exigences : peu exigeant quant à la qualité du sol. Situation ensoleillée ou mi-ombragée.

Utilisation : berge, zone marécageuse, bassin, étang et bac sur terrasse.

Entretien : supprimer les fleurs fanées après la floraison. Rabattre le feuillage au printemps. En hiver, protéger la souche ou la placer suffisamment profond, hors gel.

Culture : division de souche ou semis au printemps. Distance de plantation : 40 à 50 cm. Profondeur d'eau : - 10 à - 50 cm.

Parasites et maladies : sensible aux pucerons.

Espèces et variétés :
P. cordata : feuillage cordiforme, vert, se développant au sommet d'un long pédoncule émergeant de l'eau. Fleurs bleues en épis, très décoratives. Hauteur : 50 à 70 cm.
P. cordata 'Alba' : fleurs blanches en épis de juin à septembre. Hauteur : 50 cm.

SAGITTARIA
Sagittaire

ALISMACEES

Description : plante paludéenne. Feuillage sagitté, vert, se développant sur un pétiole émergeant au-dessus de l'eau. Fleurs simples ou doubles, blanches ou roses, s'épanouissant en été.

Exigences : sol riche et lourd. Situation ensoleillée ou mi-ombragée.

Utilisation : zone marécageuse, berge, bassin, étang et bac sur terrasse.

Entretien : supprimer les fleurs après la floraison. Rabattre les tiges au printemps.

Culture : division de souche dès la fin de l'hiver et au printemps. Distance de plantation : 40 à 50 cm. Profondeur d'eau : - 10 à - 20 cm.

Espèces et variétés :
S. japonica : feuillage vert et sagitté. Fleurs simples et blanches, de mai à juillet. Hauteur : 50 à 60 cm.
S. japonica 'Flore Pleno' : fleurs doubles, blanches, de juin à juillet; Hauteur : 40 à 50 cm.
S. latifolia : feuillage ovale terminé en pointe. Fleurs blanches, de juillet à septembre. Hauteur : 80 à 100 cm.
S. sagittifolia : Flèche d'eau. Feuillage en forme de flèche. Fleurs blanc-rose réunies en grappes denses, de juin à août. Hauteur : 60 cm.

Sagittaria japonica

SALVINIA
Salvinie

SALVINIACEES

Description : plante nageante. Feuillage ovale, vert et pubescent. Généralement réunies en chapelets, les feuilles se multiplient rapidement par bourgeonnement latéral.

Exigences : eau calme et chaude (15 °C). Situation ensoleillée ou mi-ombragée.

Utilisation : bassin, bac sur terrasse et pièce d'eau sous serre, véranda et jardin d'hiver.

Entretien : hivernage indispensable de septembre à juin dans un aquarium ou un bassin à l'intérieur.

Culture : multiplication naturelle rapide.

Espèces et variétés :
S. auriculata : feuillage vert, pubescent et ovale, atteignant 2 à 3 cm.
S. natans : feuillage plus petit que l'espèce précédente, pubescent, vert, se développant en chapelet.

Salvinia natans

SCIRPUS
Scirpe

CYPERACEES

Description : plante paludéenne. Feuillage cylindrique, vert ou panaché de jaune. Fleurs brunes réunies en épillets, s'épanouissant en fin d'été.

Exigences : sol lourd et glaiseux. Situation ensoleillée ou mi-ombragée.

Utilisation : zone marécageuse, berge, bassin, étang et bac sur terrasse.

Entretien : supprimer les tiges sèches au printemps.

Scirpus tabernaemontani 'Zebrinus'

Culture : division de souche au printemps. Distance de plantation : 30 à 40 cm. Profondeur d'eau : 0 à - 30 cm.

Espèces et variétés :
S. lacustris : Jonc des Chaisiers. Feuillage creux et vert. Fleurs brunes en épillets, juin à septembre. Hauteur : 100- 125 cm.
S. lacustris 'Albenscens' : feuillage jaunâtre à rayures. Hauteur : 80 à 100 cm.
S. tabernaemontani 'Zebrinus' : feuillage vert à rayures transversales. Fleurs brunes, juillet à septembre. Hauteur : 80 cm.

STRATIOTES
Aloès d'eau

HYDROCHARITACEES

Description : plante immergée. Feuillage linéaire en rosette, muni d'épines sur les bords. Fleurs blanches s'épanouissant en été.

Exigences : eau calme. Situation ensoleillée.

Utilisation : bassin, étang, bac sur terrasse et pièce d'eau sous serre, véranda ou jardin d'hiver.

Entretien : n'exige aucun entretien particulier.

Culture : division de souche au printemps. Enracinement très rapide dans l'eau tiède.

Espèces et variétés :
S. aloides : feuillage vert en rosette qui remonte à la surface pour fleurir et permettre ainsi la fécondation de la fleur par les insectes. Fleurs blanches en juin-juillet. Hauteur : 15 à 30 cm.

TRAPA
Châtaigne d'eau, Mâcre

TRAPACEES

Description : plante nageante. Feuillage en rosette, vert, flottant librement sur l'eau. Fleurs sans intérêt. Fruits globuleux, épineux et comestibles.

Exigences : eau calme. Situation ensoleillée ou mi-ombragée.

Utilisation : bassin, étang, bac sur terrasse et pièce d'eau sous serre, véranda et jardin d'hiver.

Entretien : hivernage indispensable de septembre à mai, en aquarium ou dans un bassin à l'intérieur.

Culture : division de souche et bouturage de rameaux au printemps.

Espèces et variétés :
T. natans : feuillage vert, devenant rouge en fin d'été et en automne, porté par des pétioles renflés flottant à la surface de l'eau. Fruits comestibles, riches en fer. Hauteur : 5 cm.

Trapa natans

Thypha

TYPHA
Massette

TYPHACEES

Description : plante paludéenne. Feuillage rubané, d'aspect souple et gracieux, vert ou panaché de jaune. Fleurs réunies en épis compacts, bruns, de forme allongée ou arrondie, s'épanouissant en fin d'été.

Exigences : sol riche. S'accommode de variations du niveau d'eau. Situation ensoleillée.

Utilisation : zone marécageuse, berge, étang, bassin et bac sur terrasse.

Entretien : rabattre le feuillage au ras du sol au printemps.

Culture : division de souche au printemps. Distance de plantation : 40 cm. Profondeur d'eau : 0 à - 50 cm.

Espèces et variétés :
T. angustifolia : feuillage étroit, vert, rubané et allongé. Fleurs réunies en épis brun foncé et cylindriques, s'épanouissant en fin d'été et en automne. Hauteur : 120 à 150 cm.

T. latifolia : feuillage plus large que l'espèce précédente, glauque et plat. Fleurs réunies en épis compacts, brun foncé. Hauteur : 120 à 150 cm.
T. latifolia 'Variegata' : feuillage vert à rayures blanc-jaune. Hauteur : 100 à 120 cm.
T. minima : feuillage très étroit, fin et vert. Fleurs réunies en épis arrondis et bruns, s'épanouissant de juillet à septembre. Hauteur : 40 à 50 cm.

LES FOUGERES

Les Fougères sont des végétaux vivaces, possédant une souche et des feuilles mais pas de fleurs. Les graines, remplacées par des spores, sont produites aux faces inférieures du feuillage. Ces spores donnent naissance au prothalle à partir duquel se développe un œuf qui donnera une jeune plante.

Les Fougères sont répandues sur l'ensemble du globe. Certaines sont arbustives et forment un petit arbre avec son tronc et sa couronne de feuilles. D'autres, non rustiques dans nos régions, sont cultivées sous serres dans des conditions d'humidité et de chaleur bien définies.

Sous notre climat, on trouve des Fougères en sous-bois ou dans les landes. Certaines espèces sont plus discrètes et vivent dans les anfractuosités des roches ou des murs. Il faut leur procurer un sol frais, meuble et non calcaire, à l'image du substrat que l'on rencontre en forêt. Elles apprécient l'humidité et supportent les situations ombragées.

Peu utilisées par les paysagistes, les Fougères méritent cependant toute notre attention pour aménager un coin sombre et humide et peuvent rendre service là où les autres plantes ont du mal à se développer.

LA PLANTATION

EPOQUE

Les Fougères se plantent principalement au printemps et plus rarement en automne.

MODE DE PLANTATION

Le substrat doit être léger, riche et tourbeux, à l'image du sol des forêts.

L'UTILISATION

L'utilisation des Fougères est souvent peu répandue, alors qu'elles peuvent rendre d'utiles services en situations peu lumineuses, souvent difficiles à aménager. Ainsi, elles ornent le plus souvent les sous-bois et talus au nord, mais il est également possible de les utiliser en rocaille ombragée, mur et muret plantés ou encore comme couvre-sol sous des arbustes.

TERMES UTILISES DANS LE DICTIONNAIRE

DESCRIPTION :
- **Description du port de la plante**
- Plante tapissante : les fougères tapissantes se développent d'une manière horizontale, formant un tapis dense, et atteignent entre 15 et 40 cm de haut.
- Plante buissonnante : c'est la forme la plus courante des fougères. Les frondes démarrent sur une souche qui augmente de volume au fil des années.
- **Description du feuillage**. Pour la famille des Fougères, le terme exact pour désigner les feuilles est celui de "frondes". Au printemps, celles-ci apparaissent sous la forme de crosses brun-roux ou vertes qui se déroulent progressivement. Sous les feuilles, on peut observer des taches circulaires brunes qui sont en fait les organes de reproduction des Fougères : les spores (graines).

- **Description des fleurs**. Les fougères ne possèdent pas de fleurs, et les organes de reproduction se situent, comme nous l'avons vu, sous les feuilles.

EXIGENCES :
- Indications portant sur **le type de sol** dans lequel la plante se développe au mieux.
- Indications sur **les besoins en lumière** :
- Situation ensoleillée : exposition sud, est et ouest avec plus d'une demi-journée de soleil.
- Situation mi-ombragée : exposition est et ouest avec moins d'une demi-journée de soleil.
- Situation ombragée : exposition nord ou en sous-bois par exemple.

UTILISATION :
Principales utilisations conseillées.

ENTRETIEN :
Principaux soins à apporter.

CULTURE :
- **Les modes de multiplication** garantissant les meilleurs taux de réussite.
- **Distance de plantation** recommandée entre chaque plante.

PARASITES ET MALADIES :
Les fougères sont peu sensibles aux parasites et aux maladies.

ESPECES ET VARIETES :
- **Descriptif du feuillage** des espèces les plus couramment rencontrées.
- **Indication de la hauteur** signalant l'importance de la croissance horizontale du sujet.

ADIANTUM

Capillaire

ADIANTACEES

Description : plante tapissante. Frondes vert clair, arrondies, portées par des tiges noires filiformes. Certaines espèces sont décoratives pour leur teinte rosée au printemps, d'autres pour leurs belles couleurs automnales.

Exigences : sol humide, frais et riche. Situation mi-ombragée ou ombragée.

Utilisation : rocaille à l'ombre, couvre-sol en sous-bois, scène de bord d'eau et feuillage pour bouquet.

Entretien : supprimer les frondes au ras du sol au printemps. Arrosage conseillé en période chaude et sèche.

Culture : division de souche au printemps. Distance de plantation : 30 cm.

Espèces et variétés :
A. pedatum 'Cheveux de Vénus' : frondes vert tendre très décoratives. Hauteur : 40 cm. Diamètre : 30 cm.
A. pedatum 'Japonicum' : frondes roses au débourrement, devenant vertes. A protéger du froid. Hauteur : 20 cm. Diamètre : 30 cm.
A. venustum : frondes vert clair devenant rousses en automne. Hauteur : 40 cm. Diamètre : 30 cm.

ASPLENIUM

Doradille

ASPLENIACEES

Description : plante tapissante. Frondes triangulaires, persistantes, vertes ou panachées, se développant sur des pétioles brunâtres. Se rencontre à l'état naturel dans nos régions.

Exigences : s'accommode de tous les types de sol. Certaines espèces supportent le calcaire. Situation ombragée.

Utilisation : rocaille et mur à l'ombre, couvre-sol en sous-bois, bac ombragé.

Entretien : nettoyage des souches au printemps. Protection hivernale conseillée en région froide.

Culture : division de souche au printemps. Multiplication naturelle. Distance de plantation : 15 à 30 cm.

Espèces et variétés :
A. adiantum-nigrum : Doradille noire. Espèce indigène. Frondes persistantes vertes et triangulaires. Hauteur : 40 cm. Diamètre : 30 cm.
A. trichomanes : Fausse-Capillaire. Indigène dans nos régions sur les vieux murs, fontaines ou puits. Frondes vertes, laciniées, persistantes, portées par des tiges brunes. Hauteur : 15 à 20 cm. Diamètre : 20 à 30 cm.
A. trichomanes 'Incisum' : frondes profondément incisées, vertes et persistantes. Hauteur : 10 cm. Diamètre : 20 cm.

DRYOPTERIS

Fougère mâle

ASPLENIACEES

Description : plante buissonnante. Frondes rousses en forme de crosses au débourrement, devenant vert clair par la suite. Port gracieux et très décoratif.

Exigences : sol frais, riche et humide. Craint l'excès d'humidité. Situation mi-ombragée ou ombragée.

Utilisation : rocaille et sous-bois, scène de bord d'eau et couvre-sol.

Entretien : supprimer les frondes sèches, au printemps. Arrosage conseillé en période chaude et sèche.

Culture : division de souche au printemps. Distance de plantation : 40 cm.

Espèces et variétés :
Il existe de nombreuses variétés de Fougère mâle qui est certainement la plus connue des Fougères.
D. erythrosora : caractérisé par ses crosses brun-roux au débourrement qui se déroulent au printemps pour donner un superbe feuillage vert vif par la suite. Hauteur : 50 cm.
D. filix-mas : Fougère mâle indigène et rustique dans nos régions. Supporte les situations ensoleillées et s'accommode de tous les types de sol. Hauteur : 100 cm.

> *Les Fougères possèdent des frondes particulièrement décoratives et pour les mettre en valeur, il est conseillé de les disposer sur un tapis de plantes comme Acaena, Vinca ou Waldsteinia.*

ATHYRIUM

Fougère femelle

ASPLENIACEES

Description : plante buissonnante. Frondes vert clair, laciniées, semi-étalées, d'aspect très gracieux.

Exigences : sol humide, riche et frais. Situation mi-ombragée ou ombragée.

Utilisation : rocaille et massif de plantes vivaces à l'ombre, couvre-sol en sousbois et feuillage pour bouquet.

Entretien : supprimer les frondes sèches au printemps. Arrosage conseillé pendant les périodes chaudes et sèches.

Culture : division de souche très facile à réussir au printemps. Distance de plantation : 40 cm.

Espèces et variétés :
Il existe d'innombrables espèces et variétés de Fougère femelle. Elle possède la faculté de produire facilement de nouvelles formes.
A. filix-femina : frondes vert clair et fines, très décoratives. Hauteur : 80 à 100 cm.
A. filix-femina 'Plumosum' : frondes encore plus fines et gracieuses que l'espèce précédente.

BLECHNUM

BLECHNACEES

Description : plante tapissante. Fronde persistante, vert foncé et brillante. Au centre de la rosette de feuilles, apparaissent les frondes fertiles érigées au-dessus des frondes stériles.

Exigences : sol riche, humide et tourbeux. Situation mi-ombragée ou ombragée.

Utilisation : rocaille et couvre-sol pour sous-bois.

Entretien : supprimer les frondes sèches au printemps. Arrosage conseillé en période chaude et sèche.

Culture : division de souche au printemps. Distance de plantation : 30 cm.

Espèces et variétés :
B. spicant : Blechnum en épi. Frondes vert foncé, découpées jusqu'à la nervure et persistantes. Hauteur : 30 cm.

Athyrium filix-femina

Dryopteris filix-mas

MATTEUCIA
Fougère Plume d'autruche

ASPLENIACEES

Description : plante buissonnante. Frondes vert tendre, finement découpées, se développant en rosette régulière, formant un entonnoir.

Exigences : sol frais, riche et meuble. Situation mi-ombragée ou ombragée.

Utilisation : rocaille et plate-bande à l'ombre, colonie libre en sous-bois, scène de bord d'eau.

Entretien : supprimer les frondes en hiver au ras du sol, avant que n'apparaissent les nouvelles qui peuvent être assez précoces. Arrosage conseillé en été pendant les périodes chaudes et sèches.

Culture : division de souche au printemps. Distance de plantation : 40 cm.

Espèces et variétés :
M. struthiopteris : Fougère d'Allemagne. Frondes vertes très décoratives et précoces. Hauteur : 100 à 120 cm.

ONOCLEA
Onocléa sensitive

ASPLENIACEES

Description : plante buissonnante. Frondes vert clair, se développant en touffes vigoureuses et envahissantes.

Exigences : sol marécageux et riche. Situation ensoleillée, mi-ombragée ou ombragée.

Utilisation : bord d'eau, sous-bois humide.

Entretien : rabattre les frondes à 5 cm du sol au printemps.

Culture : division de souche au printemps. Distance de plantation : 30 cm.

Espèces et variétés :
O. sensibilis : frondes de forme triangulaire, vertes, se développant à partir de racines traçantes. Hauteur : 50 cm.

OSMUNDA
Osmonde royale, Fougère royale

OSMUNDACEES

Description : plante buissonnante à grand développement. Frondes stériles, très découpées, vertes. Frondes fertiles au cœur de la plante, érigées et brunes.

Exigences : sol acide, riche et humide. Supporte le sol sec en été. Situation mi-ombragée ou ombragée.

Utilisation : isolé, colonie en sous-bois, scène de bord d'eau et massif de plantes vivaces.

Entretien : rabattre les frondes au ras du sol au printemps. Arrosage conseillé en période chaude et sèche.

Culture : division de souche au printemps. Distance de plantation : 50 à 70 cm.

Espèces et variétés :
O. regalis : l'une des plus grandes fougères d'ornement. Frondes vertes prenant de belles teintes jaune orangé en automne. Hauteur : 150 cm.
O. regalis 'Purpurascens' : frondes vertes à nervures rouges. Hauteur : 120 cm.
O. regalis 'Undulata' : frondes d'aspect gaufré. Hauteur : 120 cm.

PHYLLITIS
Langue-de-Cerf

ASPLENIACEES

Description : plante tapissante. Frondes larges, non laciniées, persistantes, vertes et brillantes.

Exigences : sol humide, frais et meuble. Supporte le calcaire. Situation mi-ombragée ou ombragée.

Utilisation : isolé, couvre-sol en sous-bois, rocaille à l'ombre et bord d'eau.

Entretien : nettoyer les frondes au printemps. Arrosage conseillé en période chaude et sèche.

Culture : division de souche au printemps. Distance de plantation : 30 à 40 cm.

Espèces et variétés :
P. scolopendrium : espèce indigène. Frondes larges, vert foncé, brillantes et entières. Hauteur : 40 à 50 cm. Diamètre : 40 cm.
P. scolopendrium 'Crispa' : frondes à bords très ondulés. Hauteur : 30 cm. Diamètre : 30 cm.
P. scolopendrium 'Furcata' : frondes dont les extrémités sont très divisées et laciniées. Hauteur : 30 cm. Diamètre : 30 cm.

Osmunda regalis

POLYPODIUM
Polypode

POLYPODIACEES

Description : plante tapissante. Frondes finement laciniées, vert foncé et persistantes.

Exigences : sol riche, meuble et acide. Situation mi-ombragée.

Utilisation : rocaille à l'ombre, couvre-sol pour sous-bois, mur et muret plantés, scène de bord d'eau.

Entretien : nettoyage des frondes au printemps.

Culture : Division de souche au printemps. Distance de plantation : 30 cm.

Espèces et variétés :
P. interjectum : frondes vertes, coriaces, étalées et persistantes. Hauteur : 30 cm. Diamètre : 30 cm.
P. vulgare : espèce indigène. Frondes vertes, persistantes et laciniées. Racines traçantes et vigoureuses. Hauteur : 40 cm. Diamètre : 30 cm.

Polypodium vulgare

Polystichum aculeatum

POLYSTICHUM
Aspidie, Polistie

ASPLENIACEES

Description : plante buissonnante. Frondes persistantes, vert foncé, profondément laciniées.

Exigences : sol humide, riche et acide. Situation mi-ombragée ou ombragée.

Utilisation : couvre-sol en sous-bois, rocaille à l'ombre, scène de bord d'eau, bac et massif de plantes de terre de bruyère.

Entretien : nettoyage des souches au printemps.

Culture : division de souche au printemps. Distance de plantation : 30 à 40 cm.

Espèces et variétés :
P. aculeatum : Aspidie lobée. Frondes découpées, vert foncé de forme étalée. Hauteur : 60 cm. Très bel aspect décoratif.
P. setiferum : Aspidie à cils raides. Frondes finement laciniées, vertes et persistantes. Hauteur : 50 cm.
P. setiferum 'Plumosum Densum' : frondes vert clair, finement laciniées. Hauteur : 40 cm.
P. setiferum 'Proliferum' : frondes vert foncé délicatement laciniées et persistantes. Hauteur : 40 cm.

LES L'ANNUELLES

Les plantes annuelles sont des plantes qui croissent, fleurissent et meurent l'année même de leur semis. Elles ne vivent ainsi que l'espace d'une saison, soit de mars à octobre.

Certaines sont décoratives pour leur floraison, d'autres pour la forme ou la couleur de leur feuillage. On les associe le plus souvent entre elles dans des jardinières, des vasques, en plate-bande et massif. Mais elles sont également utilisées en art floral ou en association avec des arbustes ou des plantes vivaces. Semées au printemps ou achetées sous forme de jeunes plants, elles poussent et fleurissent durant la belle saison. En automne,

dès l'apparition des premières gelées, ou après la formation et la maturation des graines, elles dépérissent. Ce sont les vraies plantes annuelles.

Il existe des plantes dites annuelles qui sont en réalité des plantes vivaces non rustiques. Elles sont originaires de régions possédant un climat plus doux où elles sont vivaces et ne supportent pas les rigueurs de nos hivers. Mais si l'on prend soin de les rentrer, il est possible de les garder plusieurs années. C'est le cas des Géraniums, des Fuchsias ou des Abutilons que l'on répertorie souvent sous l'appellation de plantes "molles".

LA MULTIPLICATION ET L'ACHAT DES PLANTES ANNUELLES

La multiplication des plantes annuelles s'effectue principalement par le semis ou le bouturage. Il est par conséquent assez facile de multiplier soi-même ce type de plantes.

La période de semis débute en hiver sous abri et s'achève en juin directement sur place pour certaines espèces. Il suffit pour réussir un semis de s'équiper d'une mini-serre munie d'un chauffage (résistance électrique). Ensuite, dès que les graines ont germé, la culture est entreprise sous châssis. Si les semis sont importants et diversifiés, l'acquisition d'une petite serre de jardin peut être envisagée.

Le bouturage est effectué au printemps. Les rameaux sont prélevés sur des pieds mère que l'on a hivernés sous abris. Dans certains cas, il est possible de bouturer en automne et d'hiverner des jeunes plants fraîchement enracinés.

Si l'on ne souhaite pas effectuer soi-même la multiplication des plantes annuelles, on peut les acheter chez un horticulteur ou dans une jardinerie. Ce système permet de gagner plusieurs mois de culture.

Enfin, certains pieds sont conservés d'une année à l'autre, et remis en culture au printemps.

LA PLANTATION

EPOQUE

Les plantes annuelles en godet sont mises en place dès que les risques de gel ne sont plus à craindre. Selon les régions, cette période se situe dès le début du mois de mai jusqu'en juin.

Les plantes annuelles semées directement sur place le sont de mai à juin. Dans les régions froides, il est conseillé de couvrir le sol avec de la tourbe ou un film en fibre synthétique, afin de hâter la culture.

MODE DE PLANTATION

Avant la plantation, le sol doit être travaillé et ameubli. Cette préparation est importante car il est difficile par la suite de remédier aux inconvénients d'un sol mal préparé. Il est donc conseillé de supprimer immédiatement les racines des mauvaises herbes, les cailloux et autres matériaux qui pourraient gêner la croissance des plantes.

> *Dans les massifs importants, il est souvent difficile d'accéder au centre sans marcher sur la terre et par conséquent la tasser. Pour éviter cet inconvénient, il suffit de poser sur le sol une planche qui répartira la charge de la personne sans endommager l'ameublissement de la terre.*

Au fond de chaque trou de plantation, épandre une poignée d'engrais (corne broyée par exemple) que l'on mélange à la terre afin d'apporter à proximité des racines ce dont elles auront besoin pour démarrer.

Ne planter que des végétaux dont la motte est bien humide. Tasser légèrement avant d'arroser copieusement.

L'ENTRETIEN

La fertilisation de base est apportée au moment de la plantation. Par la suite, les éléments diffusés par cette fertilisation s'amenuisent et il est nécessaire de la compléter. On effectue alors une fertilisation d'entretien en cours de saison, dans l'eau d'arrosage. Selon les plantes, leurs situations et leur consommation, ces apports sont effectués tous les 15 ou 20 jours. Ils seront beaucoup plus rapprochés pour les sujets cultivés en bacs, vasques ou jardinières.

L'arrosage doit être régulier car les plantes annuelles sont généralement de très grandes consommatrices d'eau. Une période de sécheresse peut provoquer la perte des sujets. Aussi, il n'est pas rare de devoir arroser une fois par jour, surtout des plantes cultivées en bac et exposées au soleil.

Si la floraison des plantes annuelles est abondante et généreuse, la formation des graines l'est tout autant. Cependant, elle épuise inutilement la plante dont l'énergie se concentre sur cette production de graines, et ce au détriment de la formation d'autres boutons floraux. Il est recommandé de supprimer les fleurs fanées au fur et à mesure de leur apparition.

Le tuteurage des espèces hautes est indispensable avant que le poids du feuillage, des fleurs et des rameaux, souvent aidé par la pluie, provoque l'affaissement de la plante. Il est alors difficile de la redresser sans l'endommager.

UTILISATION

Les plates-bandes, massifs et bordures

Les plantes annuelles sont très largement utilisées pour décorer un jardin de mai à octobre. Associées entre elles en massifs, plates-bandes ou bordures, elles créent très rapidement un décor fleuri.

Selon l'effet décoratif souhaité, on peut associer plusieurs tons d'une même couleur et obtenir ainsi un camaïeu. A l'inverse, on peut choisir des coloris qui s'opposent et créer des contrastes.

Les jardinières, vasques et suspensions

Ces modes de culture sont très fréquemment rencontrés. Du fait de leur floraison abondante mais limitée à quelques mois, les plantes annuelles sont souvent choisies pour décorer un balcon, une terrasse ou un rebord de fenêtre. Les contenants qui peuvent être très variés, doivent s'harmoniser au style de l'habitation ou du jardin. Leur volume étant souvent assez restreint, il est conseillé d'apporter le plus grand soin à la plantation et à l'entretien des plantes qui y sont cultivées.

Le port retombant de certaines espèces incite les jardiniers à cultiver les plantes annuelles dans des pots suspendus.

Les associations avec les plantes vivaces et les arbustes

Certaines plantes vivaces ou certains arbustes ne sont décoratifs que quelques semaines. Les plantes annuelles peuvent alors compenser l'absence de fleurs. On les associe donc avec des plantes vivaces dans les mixed-borders ou avec des arbustes et des conifères dans les rocailles.

La mosaïculture

Cette technique de culture est couramment utilisée par les Services des Espaces Verts des villes pour souhaiter la bienvenue à l'entrée d'une cité ou célébrer un événement particulier. Il s'agit de plantations très denses, effectuées avec des plantes à croissance lente supportant une taille sévère et répétée.

Par extension, certains parterres de fleurs dans les jardins de châteaux ou de monuments s'inspirent des techniques de la mosaïculture. Généralement bordés de Buis, ces massifs représentent des dessins géométriques et décorent richement les jardins à la française.

Les fleurs coupées

Certaines plantes annuelles à hampes florales longues et rigides sont utilisées pour la confection de bouquets. Il est conseillé de planter plusieurs sujets de la même espèce afin d'assurer un approvisionnement permanent sans périodes creuses dues aux fréquentes cueillettes.

Plantes vivaces non rustiques

Les plantes annuelles ont une durée de vie limitée à quelques mois (de mars à octobre). Les plantes vivaces non rustiques cultivées comme annuelles sont des plantes qui peuvent vivre plusieurs années mais qui ne supportent pas le froid de nos hivers. Aussi, elles sont cultivées et associées aux plantes annuelles, pour décorer les massifs d'été. En automne, elles gèlent et meurent si l'on ne prend pas soin de les rentrer. Ainsi, leur durée de vie est identique à celle de plantes annuelles.

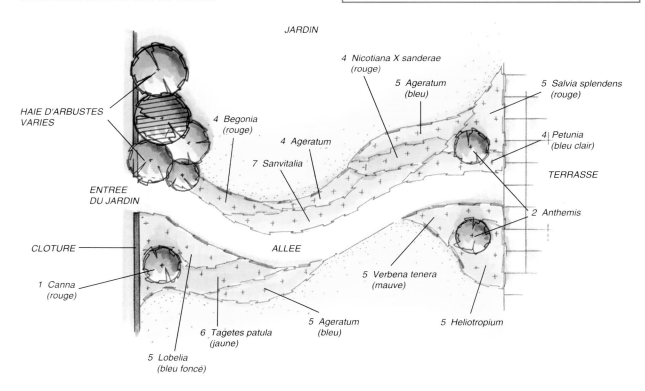

TERMES UTILISES DANS LE DICTIONNAIRE

DESCRIPTION :

● **Description du port de la plante**
- Les plantes tapissantes : elles se dévelopent au ras du sol et peuvent atteindre 20 à 30 cm de haut. Elles forment rapidement un tapis végétal duquel émergent les fleurs.
- Les plantes touffues : ce sont des plantes dont les tiges et les feuilles partent d'une souche et forment une touffe. Les fleurs s'épanouissent au niveau du feuillage ou émergent nettement de celui-ci, portées par des hampes florales.
- Les plantes buissonnantes : plantes dont l'ensemble des tiges, du feuillage et des fleurs forme un buisson.

● **Description du feuillage**, de ses couleurs et de sa forme.

● **Description des fleurs**, de leurs coloris et époque de floraison.

EXIGENCES :

● Indications portant sur **le type de sol** dans lequel il est conseillé de cultiver la plante**.**

● Indications sur **les besoins en lumière** :
- Situation ensoleillée : exposition sud, est et ouest avec plus d'une demi-journée de soleil.
- Situation mi-ombragée : exposition est et ouest avec moins d'une demi-journée de soleil.
- Situation ombragée : exposition nord ou en sous-bois par exemple.

UTILISATION :
Principales utilisations conseillées.

ENTRETIEN :
Principaux soins à apporter.

CULTURE :

● **Les modes de multiplication** garantissant les meilleurs résultats.

● **Distance de plantation** recommandée entre chaque plante.

PARASITES ET MALADIES :
Sensibilité particulière de la plante à l'encontre des ravageurs ou des maladies nécessitant une intervention rapide.

ESPECES ET VARIETES :

● **Descriptif du feuillage et des fleurs** des espèces et des variétés les plus couramment rencontrées.

● **Indication de la hauteur** comprenant la hauteur du feuillage et celle des hampes florales.

● **Diamètre de développement des espèces tapissantes** indiquant l'importance de la croissance horizontale du sujet. Ces dimensions peuvent varier selon les sujets si ceux-ci sont plantés en pleine terre ou dans une jardinière et selon l'environnement.

ABUTILON
Erable annuel

MALVACEES

Description : plante arbustive vivace non rustique cultivée comme annuelle. Feuillage persistant, palmatilobé, vert, marbré ou panaché de blanc ou de jaune. Fleurs rouges, orange, jaunes ou blanches, solitaires et pendantes, s'épanouissant de juillet à octobre.

Exigences : sol riche, léger et bien drainé. Situation ensoleillée.

Utilisation : isolé, massif d'été, bac et véranda.

Entretien : tuteurage conseillé pour former la charpente du buisson. Arrosage régulier tout au long de l'été. Rabattre très court l'ensemble des rameaux au printemps. Supprimer les fleurs fanées. Hivernage indispensable dès les premières gelées. Rentrer les sujets sous serre ou véranda, en situation lumineuse et peu chauffée (5 à 6 °C).

Culture : bouturage de rameaux en automne, dans du sable ou un verre d'eau. Distance de plantation : 50 à 70 cm.

Parasites et maladies : pucerons et mouches blanches.

Espèces et variétés :
A. - Hybrides : nombreuses variétés à fleurs rouges, jaunes, orange ou roses. feuillage diversement panaché de blanc ou de jaune.
A. megapotanicum : fleurs rouges et jaunes. Hauteur : 120 à 150 cm.
A. striatum : fleurs jaune orangé. Hauteur : 120 à 150 cm.
A. striatum 'Thompsonii' : feuillage marbré de jaune.

Abutilon hybride

Ageratum houstonianum

AGERATUM
Agérate

COMPOSEES

Description : plante annuelle tapissante ou buissonnante. Feuillage vert tendre. Fleurs bleues, mauves ou blanches, en forme de pompons réunis en bouquets, s'épanouissant de juin à octobre.

Exigences : sol frais et pas trop riche si l'on souhaite obtenir une floraison abondante. Situation ensoleillée ou mi-ombragée.

Utilisation : massif et plate-bande d'été, bordure, bac, jardinière et fleur coupée (pour les variétés hautes).

Entretien : arrosage régulier pendant l'été. Tuteurage indispensable pour les variétés hautes destinées à la fleur coupée. Supprimer les fleurs fanées après la floraison.

Culture : semis en février sous serre, repiquage en avril et plantation en mai-juin. Bouturage de rameaux prelevés en automne ou sur des sujets hivernés. Distance de plantation : 20 à 30 cm.

Parasites et maladies : mouches blanches, araignées rouges et pourritures dues aux excès d'eau.

Espèces et variétés :
Espèces basses :
A. houstonianum syn. *A. mexicanum :* fleurs bleues, mauves ou blanches. Hauteur : 15 à 20 cm. Diamètre : 30 cm.
A. houstonianum 'Bonnet bleu' : fleurs bleu vif.
A. houstonianum 'Fairy Pinte' : fleurs roses.
A. houstonianum 'Impérial Blanc' : fleurs blanches.
A. houstonianum 'Impérial Bleu' : grandes ombelles bleues.
Espèces hautes :
A. houstonianum 'Blanc' : fleurs blanches sur de longues tiges. Hauteur : 40 à 60 cm.
A. houstonianum 'Bouquet' : fleurs bleues.

AGAPANTHUS
Agapanthe,
Tubéreuse bleue,
Tubéreuse blanche

LILIACEES

Description : plante vivace non rustique cultivée comme annuelle dans certaines régions à hiver froid. Feuillage persistant, linéaire, épais et vert foncé. Fleurs blanches ou bleues réunies en ombelles, s'épanouissant au sommet d'une hampe florale vigoureuse, de juin à septembre.

Exigences : sol meuble, riche et bien drainé. Situation ensoleillée.

Utilisation : isolé, massif d'été, association avec les plantes vivaces, bac et véranda.

Entretien : arrosage régulier en été. Supprimer les fleurs fanées après la floraison. Hivernage indispensable en région à hiver froid ; rentrer les sujets dès les premières gelées, en situation lumineuse et peu chauffée (5 à 6 °C). Réduire les arrosages et ne les reprendre qu'au printemps suivant avant de sortir les plantes.

Culture : division de souche au printemps. Les jeunes plants mettent 1 à 2 ans avant de fleurir. Distance de plantation : 60 à 80 cm.

Espèces et variétés :
A. umbellatus : remarquable floraison bleue ou blanche en été. Hauteur : 80 à 100 cm.

Agapanthus umbellatus

ALSTRŒMERIA

Alstrœmère

AMARYLLIDACEES

Description : plante à souche rhizomateuse, vivace non rustique, cultivée comme annuelle. Feuillage simple et vert. Fleurs en forme de trompettes, réunies en ombelles, jaunes, roses, mauves, pourpres ou blanches, à stries, macules ou marbrures foncées, s'épanouissant de juin à septembre.

Exigences : sol riche, frais et bien drainé. Situation ensoleillée.

Utilisation : massif et plate-bande d'été, fleur coupée.

Entretien : tuteurage indispensable pour maintenir les hampes florales. Arrosage régulier pendant l'été. Supprimer les fleurs fanées après la floraison. Hivernage sur place au prix d'une protection efficace ou sous abri après arrachage des griffes en automne.

Culture : division de souche en automne. Distance de plantation : 40 cm.

Espèces et variétés :

A. aurantiaca : Lis des Incas. Fleurs jaune orangé à taches brunâtres. Hauteur : 60 à 80 cm.

A. - Hybrides : nombreuses variétés aux teintes très variées de plus en plus cultivées. Hauteur : 100 à 120 cm.

A. versicolor : fleurs blanches, roses ou jaunes rayées de rouge. Hauteur : 80 cm.

ALTERNANTHERA

Alternanthère

AMARANTACEES

Description : plante tapissante, vivace non rustique, cultivée comme annuelle. Feuillage très décoratif, fin, brillant, vert panaché de jaune ou de rouge carmin. Fleurs jaunes, insignifiantes.

Exigences : sol riche et bien drainé. Situation ensoleillée ou mi-ombragée.

Utilisation : rocaille, plate-bande et massif d'été, bordure, jardinière, mosaïculture.

Entretien : arrosage régulier en été. Supporte très bien la taille et se laisse ainsi facilement former. Hivernage des sujets possible de novembre à mai en serre.

Culture : bouturage en août, repiquage en godet et hivernage sous serre ou en châssis. Division de souche au printemps. Distance de plantation : 10 à 15 cm.

Espèces et variétés :

A. amoena : feuillage vert fortement marbré de rouge et orange. Hauteur : 8 à 10 cm. Diamètre : 15 à 20 cm.

A. amoena 'Sessilis' : feuillage rouge-pourpre.

A. versicolor : grandes feuilles roses et carmin foncé. Hauteur : 10 à 15 cm. Diamètre : 15 à 20 cm.

A. versicolor 'Aurea' : feuillage doré.

ALTHÆA

Rose trémière annuelle

MALVACEES

Description : plante annuelle buissonnante, à hampes florales dressées. Feuillage blanc grisâtre. Fleurs semi-doubles, rouges, s'épanouissant en été.

Exigences : sol riche et bien drainé. Situation ensoleillée.

Utilisation : massif et plate-bande d'été, isolé, association avec des plantes vivaces.

Entretien : tuteurage conseillé pour maintenir les hampes florales. Arrosage conseillé pendant l'été. Supprimer les hampes des fleurs fanées.

Culture : semis en mars-avril sous serre ou sous couche. Repiquage sur place en mai. Distance de plantation : 30-40 cm.

Parasites et maladies : rouille des Malvacées.

Espèces et variétés :

A. cannabina : fleurs roses de juillet à septembre. Hauteur : 100 à 150 cm.

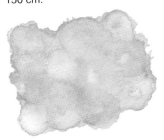

ALYSSUM
Alysse annuel

CRUCIFERES

Description : plante annuelle tapissante. Feuillage linéaire, vert et argenté. Fleurs minuscules blanches, bleues, violettes ou mauves, délicatement parfumées, s'épanouissant en grappes denses de mai à septembre.

Exigences : sol riche et frais. Situation ensoleillée.

Utilisation : massif et plate-bande d'été, bordure, rocaille, jardinière et bac.

Entretien : arrosage régulier pendant l'été.

Culture : semis en avril sous serre, plantation sur place dès mai. Distance de plantation : 20 cm.

Espèces et variétés :
A. maritimum : syn. *A. odoratus*. Floraison ininterrompue de juin à septembre. Nombreuses variétés aux coloris variés. Hauteur : 10 à 15 cm. Diamètre : 20 à 30 cm.

AMARANTHUS
Amarante

AMARANTACEES

Description : plante annuelle buissonnante. Feuillage ovale, vert ou panaché de jaune ou de rouge lie-de-vin. Fleurs rouges minuscules, réunies en épis retombants et denses, s'épanouissant de juillet à octobre.

Exigences : sol riche et frais. Situation ensoleillée.

Utilisation : isolé, massif d'été, association avec des plantes vivaces, fleur coupée.

Entretien : tuteurage conseillé en fin de saison. Arrosage régulier pendant l'été. Supprimer les épis défleuris.

Culture : semis en mars-avril sous serre, repiquage 2 à 3 semaines après en godets et plantation en mai. Distance de plantation : 30 à 40 cm.

Parasites et maladies : sensible aux pourritures, en sol trop humide.

Espèces et variétés :
A. caudatus : Queue de renard. Feuillage vert à nervures rouges. Fleurs rouge lie-de-vin en épis, retombant (racèmes) atteignant plusieurs dizaines de centimètres. Aspect velours. Hauteur : 60 à 100 cm.
A. tricolor : feuillage panaché ou strié de jaune ou de rouge. Hauteur : 60 à 100 cm. Nombreuses variétés aux coloris variés et à très grande valeur décorative.

ANTIRRHINUM
Muflier

SCROPHULARIACEES

Description : plante buissonnante vivace, cultivée comme annuelle. Feuillage vert, ovale ou lancéolé. Fleurs simples ou doubles, rouges, jaunes, roses, blanches ou bicolores, réunies en épis terminaux, s'épanouissant de juin à octobre.

Exigences : sol riche, frais et bien drainé. Situation ensoleillée.

Utilisation : massif et plate-bande en été, isolé, bordure, association avec des plantes vivaces, fleur coupée.

Entretien : maintenir les hampes florales au cours de leur croissance. Supprimer les fleurs après la floraison. Arrosage régulier pendant l'été.

Culture : semis en mars sous serre, repiquage en avril en godets et plantation en mai. Distance de plantation : 40 cm.

Parasites et maladies : rouille.

Espèces et variétés :
A. majus : Gueule de loup. Fleurs pourpres ou blanc-jaune de mai à octobre. Hauteur : 50 à 70 cm. Cette espèce est à l'origine de nombreuses variétés classées selon la taille.

Mufliers hauts :
A. grandiflorum 'Flore Pleno' : fleurs doubles, de juin à octobre. Hauteur : 100 cm.
A. majus 'Maximum' : fleurs blanches, roses, rouges ou jaunes, de juin à octobre. Hauteur : 120 cm.
A. - Hybrides : nombreux coloris. Fleurs simples ou doubles formant des épis particulièrement denses et décoratifs. Hauteur : 90 à 100 cm.

Mufliers nains :
A. grandiflorum 'Nanum' : nombreux coloris. Hauteur : 60 cm.
A. - Hybrides nains : nombreux coloris. Forme tapissante. Hauteur : 30 à 40 cm.

Amaranthus caudatus

Antirrhinum majus

ARCTOTIS

Arctotide

COMPOSEES

Description : plante annuelle buissonnante. Feuillage denté, vert et blanchâtre à la face inférieure. Fleurs jaunes, roses, orange, rappelant les fleurs de marguerite et s'épanouissant de juillet à octobre.

Exigences : sol bien drainé et meuble. Supporte un sol sec. Situation ensoleillée.

Utilisation : massif et plate-bande d'été, isolé et fleur coupée.

Entretien : tuteurage conseillé pour maintenir les tiges pendant la floraison. Supprimer les fleurs fanées.

Culture : semis en mars-avril en serre, plantation en mai sur place. Distance de plantation : 40 à 50 cm.

Espèces et variétés :
A. - Hybrides : nombreuses variétés à grandes fleurs. Hauteur : 60 à 80 cm.
A. - Hybride 'Arlequin' : grandes fleurs simples aux nombreux coloris, port plus trapu. Hauteur : 30 cm.

BEGONIA

Bégonia

BEGONIACEES

Description : plante annuelle touffue ou buissonnante. Feuillage vert, bronze et brillant. Fleurs roses, blanches ou rouges réunies en bouquets, s'épanouissant de juin à octobre.

Exigences : sol riche et frais. Supporte très bien la sécheresse. Situation ensoleillée ou mi-ombragée.

Utilisation : massif et plate-bande d'été, rocaille, bordure, jardinière et bac.

Entretien : supprimer les fleurs fanées après la floraison. Supporte la taille en cours de végétation pour harmoniser les plants entre eux. Arrosage sporadique en cours de croissance.

Culture : semis en février sous serre, repiquage en mars en godets ou sous châssis. Plantation en mai. Distance de plantation : 25 cm.

Parasites et maladies : oïdium, pourritures diverses et anguillules.

Espèces et variétés :
B. X semperflorens cultorum : nombreux hybrides aux couleurs de fleurs et de feuilles variées. Hauteur : 15 à 25 cm.
'Carmen' : feuillage bronze foncé. Fleurs rouges.
'Diamant blanc' : fleurs blanches.
'Diamant rose' : fleurs roses.
'Diamant rouge' : fleurs rouges.

> *Le Bégonia est très employé pour la décoration de vasques et pour les massifs difficiles d'accès ou, tout au moins, dont les possibilités d'arrosage sont réduites.*

Begonia X semperflorens cultorum

BRACHYCOME

COMPOSEES

Description : plante annuelle tapissante. Feuillage très découpé. Fleurs ressemblant à une petite marguerite, s'épanouissant de juin à septembre.

Exigences : sol meuble et bien drainé. Situation ensoleillée ou mi-ombragée.

Utilisation : couvre-sol annuel, massif et plate-bande d'été, bordure, rocaille, jardinière, bac, pot suspendu.

Entretien : supprimer les fleurs après la floraison. Arrosage régulier en été.

Culture : semis en mars-avril et repiquage en mai en godets. Plantation fin mai et en juin sur place. Distance de plantation : 30 cm.

Espèces et variétés :
B. iberidifolia : Brachycome à feuilles d'Ibéris. Feuillage finement découpé. Fleurs bleu intense à taches blanches et à cœur noir. Hauteur : 15 à 30 cm. Diamètre : 40 à 50 cm.

CALCEOLARIA
Calcéolaire

SCROPHULARIACEES

Description : plante buissonnante, vivace non rustique, cultivée comme annuelle. Feuillage lancéolé, vert, d'aspect rugueux. Fleurs jaunes tachetées de rouge orangé, réunies en bouquets terminaux, s'épanouissant de mai à octobre.

Exigences : sol riche et bien drainé. Situation ensoleillée ou mi-ombragée.

Utilisation : massif et plate-bande d'été, bordure, jardinière , bac et pot suspendu.

Entretien : arrosages réguliers pendant la période de croissance et de floraison. Supprimer les fleurs fanées. Hivernage possible mais délicat à réussir.

Culture : en février, bouturage de rameaux prélevés sur des sujet hivernés. Semis en mars sous serre, repiquage en avril et plantation en mai. Distance de plantation : 30 cm.

Parasites et maladies : pucerons, araignées rouges, mouches blanches et pourritures dues aux excès d'eau.

Espèces et variétés :
C. hybrida : nouvelles variétés issues d'hybridations proposant une large gamme de teintes du jaune au rouge.
C. integrifolia : il existe de nombreuses variétés de couleurs jaune, brune ou rouge. Hauteur : 50 cm.
'Pluie d'Or' : fleurs jaunes.
'Triomphe du Nord' : fleurs jaune intense.
'Triomphe de Versailles' : fleurs jaunes.

Calceolaria integrifolia

CALENDULA
Souci des jardins

COMPOSEES

Description : plante annuelle buissonnante. Feuillage oblong, entier, vert et odorant. Fleurs simples ou doubles, en capitule, s'épanouissant de mai à août.

Exigences : sol frais, meuble et riche. Situation ensoleillée ou mi-ombragée.

Utilisation : massif et plate-bande d'été, bordure, fleur coupée.

Entretien : maintenir les hampes florales pendant la floraison. Supprimer les fleurs après leur épanouissement. Arrosage conseillé en période chaude et sèche.

Culture : semis en mars-avril et plantation en mai sur place pour obtenir une floraison de mai à août. Semis en juin-juillet sur place pour obtenir une floraison de juillet à octobre. Distance de plantation : 30 à 40 cm.

Espèces et variétés :
C. officinalis 'Anagoor' : plante trapue à fleurs orange. Hauteur : 30 cm.
C. officinalis 'Ball's Abricot' : fleurs jaune-abricot. Convient pour la fleur coupée. Hauteur : 40 cm.
C. officinalis 'Corniche d'Or' : fleurs jaunes à cœur brun. Excellente tenue en vase. Hauteur : 60 cm.

CALLISTEPHUS
Reine-Marguerite, Aster de Chine

COMPOSEES

Description : plante annuelle buissonnante. Feuillage denté et vert. Fleurs simples ou doubles, bleues, blanches, roses, rouges, mauves ou jaunes, s'épanouissant de juillet à septembre.

Exigences : sol riche, frais et léger. Situation ensoleillée.

Utilisation : plate-bande et massif d'été, bordure, association avec des plantes vivaces. Excellentes fleurs pour les bouquets.

Entretien : tuteurage indispensable pour les espèces hautes. Arrosage régulier en période chaude et sèche. Supprimer les fleurs fanées.

Callistephus chinensis

Culture : semis en février-mars sous serre, repiquage en godet en mars et plantation sur place en mai. Distance de plantation : 30 cm.

Parasites et maladies : fusariose (champignon), rouille et pucerons.

Espèces et variétés :
Il existe de nombreuses espèces classées par types de fleurs :

Variétés à fleurs simples :
C. chinensis : fleurs simples aux coloris très variés. Hauteur : 30 à 70 cm.

Variétés hautes :
Nombreuses variétés à fleurs simples ou doubles, dites "de Pivoine" ou globuleuses. Hauteur : 50 à 80 cm.

Variétés naines :
Fleurs simples ou doubles, en forme de pompons, globuleuses ou étoilées. Hauteur : 25 à 40 cm.

Callistephus chinensis

CELOSIA
Célosie Crête-de-Coq, Célosie à panache

AMARANTACEES

Description : plante annuelle buissonnante. Feuillage vert ou pourpre. Fleurs réunies en panaches ou en crêtes, rouges, orange, jaunes, mauves ou cramoisies, s'épanouissant de juin-juillet à octobre.

Exigences : sol riche, léger et frais. Situation ensoleillée.

Utilisation : massif et plate-bande d'été, bordure et fleur coupée.

Entretien : tuteurage conseillé pour les variétés à panaches. Arrosage régulier en été. Supprimer les inflorescences défraîchies.

Culture : semis en février-mars sous serre, repiquage en avril et plantation en mai. Distance de plantation : 30 cm.

Parasites et maladies : sensible aux pourritures qui se développent au niveau du collet.

Espèces et variétés :
C. argentea var. *cristata* : Crête-de-Coq. Inflorescence en forme de crête. Nombreux coloris. Hauteur : 20 à 40 cm.
'Toreador' : inflorescence rouge.
C. argentea var. *plumosa* : inflorescence en forme de panache, atteignant 30 cm, de couleurs variées. Hauteur : 50 à 60 cm.
'Plume de Feu' : panache orangé.

Celosia argentea var. cristata

Celosia argentea var. plumosa

CENTAUREA
Centaurée ambrette, Centaurée barbeau
COMPOSEES

Description : plante annuelle buissonnante. Feuillage découpé et vert. Fleurs souvent parfumées, en forme de capitules, de couleur bleue, jaune, rose, rouge ou blanche, se développant au sommet d'un long pédoncule et s'épanouissant de juin à octobre.

Exigences : sol bien drainé et riche Situation ensoleillée.

Utilisation : massif et plate-bande de plantes vivaces, isolé et fleur coupée.

Entretien : arrosage régulier en période chaude. Supprimer les fleurs après la floraison.

Culture : semis en avril-mai sur place. Distance de plantation : 30 cm.

Espèces et variétés :
C. moschata : fleurs odorantes et pourpres, de juin à octobre. Hauteur : 70 cm.
C. moschata 'Alba' : fleurs blanches.
C. moschata 'Caerulea' : fleurs bleues à cœur foncé.
C. moschata 'Flava' : fleurs jaunes.
C. moschata 'Rosea' : fleurs roses.
C. moschata 'Rubra' : fleurs rouges.

CHEIRANTHUS
Giroflée annuelle, Giroflée d'été
CRUCIFERES

Description : plante annuelle buissonnante. Feuillage allongé et vert. Fleurs simples ou doubles, parfumées, réunies en épis terminaux denses. De couleur blanche, rose, rouge, mauve, violette ou jaune, elles s'épanouissent de juillet à octobre.

Exigences : sol riche, meuble et bien drainé. Situation ensoleillée.

Utilisation : massif et plate-bande d'été, association avec des plantes vivaces, fleur coupée.

Entretien : arrosage régulier en période chaude et sèche. Tuteurage conseillé en fin de saison. Supprimer les fleurs fanées.

Culture : semis en février-mars sous serre, plantation sur place en mai. Distance de plantation : 30 cm.

Espèces et variétés :
Il existe de nombreuses variétés regroupées en 2 races :
Les Giroflées Quarantaine : grandes fleurs doubles et remontantes. Nombreux coloris. Hauteur : 30 à 50 cm.
Les Giroflées Excelsior : remarquables fleurs réunies en bouquets denses, d'une excellente tenue en vase. Nombreux coloris. Hauteur : 50 à 60 cm.

CHRYSANTHEMUM
Chrysanthème annuel
COMPOSEES

Description : plante annuelle buissonnante. Feuillage épais, denté, glauque. Fleurs en capitules, jaunes, blanches, rouges ou orange, s'épanouissant de juin à septembre.

Exigences : sol bien drainé et meuble. Situation ensoleillée.

Utilisation : massif et plate-bande d'été, association avec des plantes vivaces, scène naturelle ou champêtre et fleur coupée.

Entretien : arrosage conseillé en période chaude. Supprimer les fleurs fanées après la floraison.

Culture : semis en avril-mai en serre ou sous châssis et plantation sur place en mai. Distance de plantation : 30 à 40 cm.

Espèces et variétés :
C. carinatum : Chrysanthème à carène. Grandes fleurs, blanches, jaunes à cœur brun foncé, de juin à septembre. Hauteur : 50 à 60 cm.
C. carinatum 'Flore Pleno' : fleurs doubles blanc crème à cœur brun.
C. carinatum - Hybride 'Burridge' : nombreuses variétés à fleurs pourpres, jaunes, rouges ou blanches.
C. coronarium : Chrysanthème des Jardins. Fleurs blanches ou jaunes, simples, de juillet à septembre. Hauteur : 80 à 120 cm.
C. segetum : Chrysanthème des Moissons. Fleurs jaunes de mai à juillet. Hauteur : 30 à 50 cm. Nombreuses variétés à fleurs blanches ou jaunes.

Chrysanthemum

Chrysanthemum

CHRYSANTHEMUM FRUTESCENS

Chrysanthème frutescent, Anthémis frutescent

COMPOSEES

Description : plante buissonnante vivace, non rustique dans certaines régions, cultivée comme annuelle. Feuillage très fin, vert glauque ou grisâtre, très décoratif. Fleurs blanches ou jaunes, simples, à cœur jaune ressemblant à de petites Marguerites, s'épanouissant de juin à octobre.

Exigences : sol meuble, riche et bien drainé. Situation ensoleillée.

Utilisation : isolé, massif et plate-bande d'été, bac et véranda.

Entretien : tuteurage conseillé en fin de saison pour maintenir les sujets qui s'inclinent sous la quantité de fleurs et le poids du feuillage. Arrosage très régulier en été. Supprimer les fleurs fanées. Hivernage de novembre à mai à l'abri, en situation peu chauffée et lumineuse. Au printemps, rabattre très court les rameaux des sujets hivernés.

Culture : bouturage de rameaux en août-septembre, hivernage, puis rempotage au printemps suivant. Distance de plantation : 40 à 60 cm.

Espèces et variétés :
A. frutescens : feuillage vert bleuté. Fleurs blanches de juin à octobre. Hauteur : 70 à 100 cm.
A. frutescens 'Etoile d'Or' : fleurs jaunes.
A. frutescens 'La Parisienne' : fleurs blanches.

Dans certaines régions où les hivers sont doux, il est possible de conserver sur place un pied de Chrysanthemum frutescens. Il faut protéger la souche avec des feuilles mortes maintenues par des branches de sapin. Au printemps, rabattre sévèrement les rameaux.

CLEOME

Cléome

CAPPARIDACEES

Description : plante annuelle buissonnante à grand développement. Feuillage vert composé, se développant sur des tiges velues et épineuses. Fleurs roses, blanches ou rouges, réunies en grappes terminales, odorantes, s'épanouisssant de juillet à octobre.

Exigences : sol riche, frais et bien drainé. Situation ensoleillée.

Utilisation : isolé, massif et plate-bande d'été, association avec des plantes vivaces.

Entretien : tuteurage conseillé pour maintenir les hampes florales. Arrosage régulier en été. Supprimer les fleurs après leur épanouissement.

Culture : semis en mars sous serre, repiquage en avril et plantation en mai-juin. Distance de plantation : 50 à 60 cm.

Espèces et variétés :
C. spinosa : syn. *C. pungens*. Fleurs composées de pétales étroits et de longues étamines, de juin à juillet.
C. spinosa 'Reine Blanche' : fleurs blanches. Hauteur : 120 cm.
C. spinosa 'Reine Pourpre' : fleurs rouge-pourpre. Hauteur : 120 cm.
C. spinosa 'Reine Rose' : fleurs roses. Hauteur : 120 cm.

Chrysanthemum frutescens

Cleome

COLEUS

Coléus

LABIEES

Description : plante buissonnante, vivace mais non rustique, cultivée comme annuelle. Feuillage cordiforme diversement coloré de rouge, pourpre, vert, jaune, rose, orange ou blanc. Fleurs bleu clair réunies en épis, s'épanouissant en août et sans intérêt décoratif.

Exigences : sol riche, frais et léger. Situation ensoleillée ou mi-ombragée.

Utilisation : massif et plate-bande d'été, isolé, bac, jardinière, véranda.

Entretien : arrosage régulier en période de croissance. Supprimer les fleurs fanées. Supporte très bien la taille en cours de végétation pour harmoniser les hauteurs. Hivernage de novembre à mai sous abri, en situation peu chauffée et lumineuse.

Culture : en février, bouturage de rameaux prélevés sur des sujets sains. Enracinement facile et rapide dans du sable ou de l'eau. Semis possible en janvier-février, repiquage en mars et plantation en mai. Distance de plantation : 20 à 30 cm.

Parasites et maladies : oïdium, pucerons et araignées rouges.

Espèces et variétés :

C. - Hybrides : nombreuses variétés marbrées, panachées ou striées de rouge, blanc, jaune, rose ou pourpre. Hauteur : 30 à 90 cm.

COREOPSIS

Coréopsis annuel,
Coréopsis élégant

COMPOSEES

Description : plante annuelle buissonnante. Feuillage denté se développant en rosette. Fleurs étoilées, jaunes, brunes, pourpres à cœur brun foncé, s'épanouissant de juillet à octobre.

Exigences : sol bien drainé et léger. Situation ensoleillée.

Utilisation : massif et plate-bande d'été, association avec des plantes vivaces, fleur coupée.

Entretien : maintenir le feuillage et les tiges en fin de saison. Arrosage régulier en période chaude et sèche. Supprimer les fleurs après la floraison.

Culture : semis en mars-avril sous serre, repiquage en mai sur place. Semis sur place en mai-juin. Distance de plantation : 30 cm.

Espèces et variétés :

C. drummondii : fleurs jaune foncé à cœur brun. Hauteur : 30 à 40 cm.
C. tinctoria : feuillage linéaire. Fleurs jaunes à cœur brun de juin à octobre. Hauteur : 30 à 70 cm.
C. tinctoria 'Elegant' : fleurs jaune d'or à bords pourpres.
C. tinctoria 'Nana' : fleurs jaunes et pourpres à cœur pourpre. Hauteur : 15 à 20 cm.
C. tinctoria 'Nana Purpurea' : fleurs à taches noirâtres.
C. tinctoria 'Tapis d'Or' : fleurs jaune d'or et rouges. Hauteur : 50 à 70 cm.

COSMOS

COMPOSEES

Description : plante annuelle buissonnante à grand développement. Feuillage très divisé, vert, d'aspect très fin et décoratif. Fleurs simples ou semi-doubles, rouges, roses, mauves ou blanches à cœur jaune, s'épanouissant de juillet à octobre.

Exigences : sol riche et frais. Situation ensoleillée.

Utilisation : massif et plate-bande d'été, association avec les plantes vivaces, isolé et fleur coupée.

Cosmos bipinnatus

Entretien : tuteurage conseillé en fin de saison pour maintenir les tiges. Arrosage régulier pendant l'été. Supprimer les fleurs fanées.

Culture : semis en mars sous serre, repiquage en avril en godets et plantation sur place en mai. Distance de plantation : 40 cm.

Espèces et variétés :

C. bipinnatus : fleurs très élégantes, simples, blanches, roses ou rouges, de juin à octobre. Hauteur : 120 à 150 cm.
C. sulphureus : fleurs jaunes de juillet à octobre. Hauteur : 100 cm.
C. sulphureus 'Diablo' : fleurs rouges.
C. sulphureus 'Goldcrest' : fleurs jaune d'or.

Cosmos bipinnatus

Cucurbita pepo

Datura fastuosa

CUCURBITA

Coloquinte

CUCURBITACEES

Description : plante annuelle grimpante, mais le plus souvent courant sur le sol. Feuillage ample, vert, se développant sur une tige quadrangulaire longue de plusieurs mètres. Fleurs jaunes s'épanouissant de juillet à septembre. Fruits décoratifs, de formes et de couleurs très variées.

Exigences : sol riche et frais. Situation mi-ombragée ou ombragée.

Utilisation : feuillage pouvant former un écran provisoire s'il est palissé, le temps d'un été. Fruits utilisés pour la décoration et la confection d'arrangements secs.

Entretien : arrosage abondant pendant l'été. Tailler des rameaux pour limiter leur développement en fin de saison et permettre aux fruits de s'épanouir.

Culture : semis en mars-avril sous serre et plantation en mai. Semis sur place en mai-juin. Distance de plantation : 100 à 150 cm.

Espèces et variétés :
C. pepo : fruits décoratifs, ronds, ovoïdes, en forme de poire, diversement colorés de vert, blanc, orange ou jaune. Le plus souvent lisses, ils peuvent présenter des excroissances qui augmentent leur aspect original.

DATURA

SOLANACEES

Description : plante arbustive vivace non rustique cultivée comme annuelle. Feuillage volumineux, allongé, vert et légèrement duveteux. Fleurs en forme de cloches pendantes, blanches, roses, orange ou saumon, de juillet à octobre.

Exigences : sol riche, léger et bien drainé. Situation ensoleillée.

Utilisation : massif et plate-bande d'été, bac et véranda.

Entretien : arrosage régulier pendant l'été. Supprimer les fleurs après la floraison. Rabattre les rameaux au printemps après la période d'hivernage. Hivernage sous abri, en situation lumineuse et peu chauffée (5 à 6 °C).

Culture : bouturage de rameaux au printemps. Distance de plantation : 100 à 120 cm.

Parasites et maladies : mouches blanches, pucerons, pourritures dues aux excès d'eau.

Espèces et variétés :
D. arborea : Datura en arbre. Nombreuses variétés à fleurs blanches, roses ou orange. Hauteur : 150 à 200 cm.
D. fastuosa : Datura d'Egypte. Fleurs plus petites, blanches, odorantes, de juillet à septembre. Hauteur : 60 à 100 cm.

Delphinium

DELPHINIUM
Delphinium annuel,
Pied-d'Alouette annuel

RENONCULACEES

Description : plante annuelle buissonnante. Feuillage finement découpé et vert. Fleurs simples ou doubles, bleues, blanches, roses, pourpres, mauves ou violettes, réunies en grappes terminales, s'épanouissant de juin à septembre.

Exigences : sol riche, frais et bien drainé. Situation ensoleillée ou mi-ombragée.

Utilisation : massif et plate-bande d'été, association avec des plantes vivaces, isolé et fleur coupée.

Entretien : maintenir les hampes florales au fur et à mesure de leur développement. Arrosage régulier pendant l'été. Supprimer les fleurs après la floraison.

Culture : semis sur place en avril-mai. Distance de plantation : 40 cm.

Espèces et variétés :
D. ajacis : Pied-d'Alouette des Jardins. Fleurs bleu violacé, de juillet à septembre. Hauteur : 60 à 90 cm.
Nombreuses races classées selon le type de fleurs :
- race 'Hyacinthiflorum' : Pied-d'Alouette à fleur de Jacinthe,
- race 'Minus' : Pied-d'Alouette nain,
- race 'Ranunculiflorum' : Pied-d'Alouette à fleur de Renoncule,
D. consolida : Pied-d'Alouette des Blés. Fleurs doubles aux coloris variés : blanc, bleu, rose, carmin, lilas. Hauteur : 80 à 100 cm.

DIANTHUS
Oeillet de Chine

CARYOPHYLLACEES

Description : plante annuelle touffue. Feuillage lancéolé et vert. Fleurs simples ou doubles, à pétales frangés, rouges, roses, blancs ou bicolores, s'épanouissant de juillet à octobre.

Exigences : sol riche et bien drainé. Situation ensoleillée.

Utilisation : rocaille, bac, jardinière, bordure et plate-bande d'été.

Entretien : supprimer les fleurs fanées. Arrosage régulier en période chaude et sèche.

Culture : semis en mars sous serre, repiquage en avril et plantation en mai. Distance de plantation : 25 à 30 cm.

Espèces et variétés :
Il existe de nombreuses variétés classées par type de fleurs :
Les fleurs doubles :
Race Impérial double. Hauteur : 20 cm.
Race Double de Heddewing. Hauteur : 30 cm.
Race à pétales laciniés. Hauteur : 30 cm.
Les fleurs simples :
Race Nain à fleur simple. Hauteur : 15 cm.
Race à pétales laciniés. Hauteur : 30 cm.

DIMORPHOTHECA

COMPOSEES

Description : plante annuelle touffue à rameaux étalés. Feuillage denté ou découpé, vert. Fleurs en capitules, orangées, pourpres ou violacées, de juin à septembre.

Exigences : sol léger et bien drainé. Situation ensoleillée : les fleurs ne s'ouvrent pas à l'ombre ou par temps couvert.

Utilisation : massif et plate-bande d'été, bordure, rocaille, bac et couvre-sol en situation sèche et chaude.

Entretien : supprimer les fleurs fanées après la floraison.

Culture : semis en février-mars, repiquage en avril et plantation en mai sur place. Distance de plantation : 40 cm.

Espèces et variétés :
D. aurantiaca : fleurs orange à centre noir, de juin à août. Hauteur : 30 à 40 cm.
D. aurantiaca 'Flot d'Or' : fleurs jaunes.
D. aurantiaca 'Goliath' : fleurs orange, de très grande taille, à centre brun.
D. aurantiaca - Hybrides : nombreuses variétés aux coloris très divers.

ECHEVERIA

CRASSULACEES

Description : plante grasse cultivée comme annuelle. Feuillage charnu, épais, vert bleuté en rosette. Fleurs rouge orangé réunies en grappes, s'épanouissant de juin à octobre.

Exigences : sol sablonneux et bien drainé. Situation ensoleillée.

Utilisation : bordure, rocaille et mosaïculture.

Entretien : supprimer les fleurs après leur épanouissement.

Culture : division de souche et bouturage de feuilles au printemps. Distance de plantation : 10 à 15 cm.

Espèces et variétés :

E. glauca : une des seules espèces utilisées en mosaïculture. Feuillage vert glauque. Hauteur : 15 cm.

Echeveria glauca

Dimorphotheca aurantiaca

ESCHSCHOLTZIA
Eschscholtzie

PAPAVERACEES

Description : plante annuelle touffue. Feuillage finement découpé, vert glauque. Fleurs simples ou doubles, jaunes, orange, blanches, roses, rouges ou mauves, s'épanouissant de mai à octobre.

Exigences : s'accommode de tous les types de sol. Situation ensoleillée.

Utilisation : rocaille, massif et plate-bande d'été, bordure, bac, fleur coupée.

Entretien : supprimer les fleurs fanées.

Culture : en mars, semis en godets sous serre et plantation en mai. Semis sur place en mai pour une floraison plus tardive. Distance de plantation : 20 à 30 cm.

Espèces et variétés :

E. californica : Pavot de Californie. Feuillage glauque se développant sur une tige couchée. Fleurs jaune orangé de mai à septembre. Hauteur : 30 à 40 cm.
E. californica 'Honolulu' : fleurs doubles rouges.
E. californica 'Sunlight' : fleurs jaunes.
E. californica 'Tahiti' : fleurs doubles roses.

EUPHORBIA
Euphorbe panachée

EUPHORBIACEES

Description : plante annuelle buissonnante. Feuillage vert joliment panaché de blanc, plus ou moins selon que les feuilles sont âgées ou récentes. Fleurs insignifiantes enveloppées dans des bractées blanc cuivre.

Exigences : sol riche et frais. Situation ensoleillée.

Utilisation : massif et plate-bande d'été, feuillage pour bouquet.

Entretien : maintenir les tiges qui ont tendance à s'incliner en fin de saison. Arrosage conseillé en période chaude et sèche.

Culture : semis sur place en mai. Distance de plantation : 40 cm.

Espèces et variétés :

E. marginata : feuillage bordé de blanc et bractées entièrement blanches. Hauteur : 60 à 80 cm.

FUCHSIA

ONAGRACEES

Description : plante buissonnante vivace non rustique, cultivée comme annuelle. Feuillage ovale, denté, vert foncé et souvent brillant. Fleurs globuleuses, simples ou doubles, rouges, roses, mauves, violettes, blanches ou bicolores, s'épanouissant de juin à octobre.

Exigences : sol riche et bien drainé. Situation ensoleillée ou mi-ombragée.

Utilisation : bac, jardinière, massif et plate-bande d'été, pot suspendu, isolé et véranda.

Entretien : maintenir en cours de végétation les rameaux qui s'inclinent sous le poids des fleurs. Arrosage régulier en été. Supprimer les fleurs après la floraison. Rabattre les rameaux au printemps, dès la fin de l'hivernage. Hivernage d'octobre à avril sous abri, en situation peu chauffée (0 à 5 °C) et lumineuse.

Culture : bouturage de rameaux prélevés en automne et hivernés en vue d'obtenir des plantes suffisamment fortes pour le printemps suivant. Distance de plantation : 40 à 50 cm.

Parasites et maladies : pucerons, mouches blanches, araignées rouges et botrytis.

Espèces et variétés :

F. fulgens : feuillage glabre et légèrement pourpré. Fleurs étroites, rouge vermillon ou roses, de fin juin à octobre. Hauteur : 50 à 70 cm.

F. - Hybrides : feuillage vert foncé et brillant. Fleurs globuleuses aux nombreux coloris. Variétés à port dressé ou retombant. Culture sur tige ou en suspension. Hauteur : 50 à 70 cm.

GAILLARDIA
Gaillarde annuelle
COMPOSEES

Description : plante buissonnante vivace, cultivée comme annuelle. Feuillage légèrement denté et vert. Fleurs en capitule simple ou double, jaunes, orange, rouges à centre brun foncé ou noir, s'épanouissant de juillet à octobre.

Exigences : sol léger et bien drainé. Situation ensoleillée.

Utilisation : massif et plate-bande d'été, fleur coupée.

Entretien : tuteurage conseillé au fur et à mesure de leur croissance. Supprimer les fleurs fanées après la floraison. Arrosage régulier en période chaude.

Culture : semis en mars sous serre ou en couche, repiquage en godets ou en couche en avril et plantation sur place en mai. Distance de plantation : 40 cm.

Espèces et variétés :
G. pulchella : Gaillarde peinte. Fleurs rouge cramoisi à bord jaune. Hauteur : 50 à 60 cm.
On distingue 2 variétés issues de cette espèce :
- var. *picta :* fleurs doubles aux coloris variés. Hauteur : 40 à 50 cm.
- var. *picta* 'Lorenziana' : Gaillarde double. Fleurs doubles aux coloris variés. Hauteur : 40 à 50 cm.

Gazania pinnata

GAZANIA
Gazanie
COMPOSEES

Description : plante tapissante vivace, non rustique dans la plupart des régions et cultivée comme annuelle. Feuillage vert, brillant ou grisâtre et duveteux. Fleurs en capitule, jaunes, orange, blanches, mauves, roses, brunes ou rouille et bicolores, s'épanouissant de juin à octobre.

Exigences : sol léger et bien drainé. Supporte le sol sec. Situation ensoleillée.

Utilisation : massif et plate-bande d'été, rocaille, bordure, couvre-sol pour talus, bac, jardinière et isolé.

Entretien : supprimer les fleurs après la floraison. Hivernage possible de novembre à avril sous abri.

Culture : en mars-avril, bouturage de rameaux prélevés sur des plants hivernés. Semis en février pour les *G.* - Hybrides. Distance de plantation : 25 à 30 cm.

Parasites et maladies : pucerons.

Espèces et variétés :
G. hybrida : grandes fleurs jaunes, rouge-brun, orange, roses ou mauves à macules brunes, de juillet à octobre. Hauteur : 15 à 25 cm. Diamètre : 30 à 40 cm.
G. pinnata : feuillage grisâtre très décoratif. Fleurs jaune vif de juillet à octobre. Hauteur : 5 à 10 cm. Diamètre : 30 à 40 cm.

Gaillardia pulchella

Gazania hybrida

GODETIA

ONAGRACEES

Description : plante annuelle buissonnante. Feuillage lancéolé, vert. Fleurs simples ou doubles, réunies en épis, roses, blanches, rouges, pourpres, violacées à macules foncées, s'épanouissant de juin à septembre.

Exigences : sol meuble et bien drainé. Situation ensoleillée ou mi-ombragée.

Utilisation : plate-bande et massif d'été, fleur coupée.

Gerbera

GERBERA
Gerbéra
COMPOSEES

Description : plante touffue, vivace non rustique, cultivée comme annuelle. Feuillage lancéolé, d'aspect coriace et souvent tomenteux. Fleurs solitaires, en capitules, jaunes, roses, rouges, mauves, s'épanouissant de juillet à septembre-octobre.

Exigences : sol riche et bien drainé. Situation ensoleillée.

Utilisation : massif et plate-bande d'été, bac, jardinière et fleur coupée.

Entretien : supprimer les fleurs fanées. Arrosage régulier en l'été. Hivernage possible avec une importante protection de feuille en région tempérée uniquement.

Culture : semis sous serre en mars, repiquage en godets en avril et plantation en mai. Distance de plantation : 40 à 50 cm.

Espèces et variétés :
G. jamesonii : espèce d'origine à partir de laquelle sont obtenues de nombreuses variétés. Fleurs simples ou doubles, aux coloris variés. Hauteur : 50 à 60 cm.

Gerbera

Entretien : arrosage régulier pendant l'été. Supprimer les fleurs après la floraison.

Culture : semis en avril-mai sur place ou en couche avec plantation en mai-juin. Distance de plantation : 30 cm.

Espèces et variétés :

G. amoena : fleurs simples ou doubles, lilas ou rouge rosé, de juin à septembre. Hauteur : 100 cm.

G. amoena 'Splendens' : fleurs rouge vif à macule foncée. Hauteur : 120 cm.

G. grandiflora : fleurs simples ou doubles, aux coloris variés, de juin à octobre. Hauteur : 25 à 50 cm.

G. grandiflora 'Baucis' : fleurs roses doubles. Hauteur : 25 à 30 cm.

G. grandiflora 'Duke of York' : fleurs simples carmin et blanches. Hauteur : 30 à 40 cm.

G. grandiflora 'Minerve' : fleurs doubles blanc rosé.

G. grandiflora 'Philemon' : fleurs doubles roses.

G. grandiflora 'Phyllis' : fleurs rose violacé.

G. grandiflora 'Robe rouge' : fleurs simples cramoisi. Hauteur : 25 à 30 cm.

Les Godetia sont très proches des Clarkia, la seule différence qui les distingue réside dans la forme des pétales. Aussi, actuellement les spécialistes tentent de les réunir sous un même et unique genre : les Clarkia. Il sera de plus en plus fréquent de les déterminer sous ce nom.

Godetia amoena

HELIANTHUS
Soleil des Jardins, Tournesol
COMPOSEES

Description : plante annuelle à tige élancée. Feuillage ovale, rêche au toucher, vert. Fleurs jaunes en capitules de très grande taille, simples ou doubles, à cœur noir, s'épanouissant en été. Nombreuses graines en automne, appréciées des oiseaux.

Exigences : sol riche et bien drainé. Situation ensoleillée.

Utilisation : isolé, massif et plate-bande d'été, association avec les plantes vivaces, fleur coupée et récolte des graines pour la nutrition des oiseaux en hiver.

Entretien : tuteurage conseillé en fin de saison. Protéger les capitules des oiseaux avec un filet, lorsque les graines arrivent à maturité. Arrosage régulier en période chaude et sèche.

Culture : semis en mars sous serre ou en couche, repiquage et plantation en avril-mai. Semis directement sur place en mai. Distance de plantation : 40 cm.

Espèces et variétés :
H. annuus : fleurs jaunes en capitules, se tournant vers le soleil. Hauteur : 200 cm.
H. annuus 'Géant de Russie' : fleurs simples jaunes. Intéressantes pour leurs graines. Hauteur : 300 cm.
H. annuus 'Globulus Fistulosus' : fleurs en capitules jaune doré. Hauteur : 150 cm.
H. annuus 'Multiflorus Flore Pleno' : nombreuses fleurs doubles, réunies sur la même tige. Hauteur : 150 cm.
H. annuus 'Nanus Flore Pleno' : fleurs doubles, jaune vif. Hauteur : 60 à 80 cm.

HELICHRYSUM
Immortelle
COMPOSEES

Ce genre regroupe deux plantes bien distinctes l'une de l'autre.
Il s'agit d'une part des Gnaphales qui sont en fait des plantes vivaces non rustiques et d'autre part des Immortelles à bractées qui sont des plantes annuelles et décoratives pour leurs fleurs que l'on utilise après séchage pour la confection de bouquets secs.

GNAPHALE

Description : plante vivace buissonnante, non rustique dans certaines régions et cultivée comme annuelle. Feuillage vert, recouvert d'un duvet blanc épais et très décoratif donnant un aspect grisâtre aux feuilles. Il existe des variétés à feuillage panaché. Fleurs en capitules jaunes en été.

Exigences : sol riche et frais. Situation ensoleillée ou mi-ombragée.

Utilisation : massif et plate-bande d'été, bac, jardinière, bordure et véranda.

Entretien : arrosage régulier en période chaude et sèche. Supprimer les rameaux devenant trop envahissants. Hivernage de novembre à mai sous abri, en situation lumineuse et tempérée (10 à 12 °C).

Culture : bouturage de rameaux prélevés en automne ou au printemps sur des sujets hivernés. Distance de plantation : 30 à 40 cm.

Parasites et maladies : pucerons et botrytis.

Espèces et variétés :
H. petiolare : syn. *Gnaphalium lanatum.* Feuillage vert recouvert d'un duvet dense et blanchâtre. Hauteur : 20 à 30 cm.
H. petiolare 'Variegata' : feuillage ovale, vert panaché de jaune, recouvert d'un duvet blanc. Hauteur : 30 cm.

IMMORTELLE A BRACTEES

Description : plante annuelle buissonnante. Feuillage lancéolé et vert, légèrement pubescent. Fleurs en capitule, simples ou doubles, orange, jaunes, rouges, rouille, pourpres, roses ou blanches, s'épanouissant de juin à septembre et pouvant se conserver longtemps.

Exigences : sol meuble et bien drainé. Situation ensoleillée.

Utilisation : fleurs pour bouquets secs à récolter et à laisser sécher quelques jours après les avoir montées sur une tige en fer.

Entretien : arrosage régulier en période chaude et sèche. Maintenir les sujets en fin de saison.

Culture : semis en avril sous couche et plantation en mai. Semis sur place en mai. Distance de plantation : 40 à 60 cm.

Espèces et variétés :
H. bracteatum : syn. *Gnaphalium lanatum.* Fleurs à bractées jaune doré de juin à septembre. Hauteur : 100 à 120 cm.
H. bracteatum 'Flore Pleno' : fleurs doubles à grandes bractées et aux coloris très variés. Hauteur : 30 à 40 cm.

> *Pour conserver les fleurs d'Immortelle, il est conseillé de couper la tige à 5-6 mm de la fleur après la récolte. Piquer ensuite une tige de fer au centre de la fleur en veillant à ne pas transpercer le capitule. Laisser sécher quelques jours : la tige se dessèche, fixant ainsi le fil de fer et garantissant une parfaite tenue.*

Helianthus annuus

HELIOTROPIUM
Héliotrope du Pérou,
Fleurs de Saint-Fiacre

BORRAGINACEES

Description : plante buissonnante viva-ce mais rustique dans certaines régions, cultivée comme annuelle. Feuillage vert foncé, presque roux, à nervures foncées et prononcées. Fleurs bleu foncé, violet-tes ou blanches, réunies en ombelles, s'épanouissant de juin à octobre.

Exigences : sol riche, frais et bien drai-né. Situation ensoleillée.

Utilisation : plate-bande et massif d'été, bac, jardinière, isolé et association avec les plantes vivaces.

Entretien : arrosage conseillé en été. Supprimer les fleurs fanées. Hivernage de novembre à mai sous abri, en situa-tion lumineuse, saine et peu chauffée (5 à 8 °C).

Culture : en automne ou au printemps, bouturage de rameaux prélevés sur des sujets hivernés. Semis en mars-avril sous serre, repiquage en mai en godets et mi-se en place en juin. Distance de planta-tion : 40 cm.

Parasites et maladies : pucerons et mou-ches blanches.

Espèces et variétés :
H. peruvianum : fleurs bleues ou lilas, parfumées, de juin à octobre. Hauteur : 50 à 80 cm.
H. peruvianum 'Marine' : fleurs violet fon-cé.

H. peruvianum 'Regale' : fleurs violet clair.
H. peruvianum 'White Lady' : fleurs blan-ches.

HELIPTERUM

COMPOSEES

Description : plante annuelle buisson-nante. Feuillage linéaire et glauque. Fleurs en capitules, simples ou doubles, rose clair, rose foncé ou blanches, s'épanouis-sant en juillet-août.

Exigences : sol bien drainé et léger. Si-tuation ensoleillée.

Utilisation : bordure, plate-bande, bou-quet sec.

Entretien : arrosage régulier en période chaude et sèche.

Culture : semis en mars sous serre, repi-quage en godets en avril et plantation en mai sur place. Distance de plantation : 40 à 50 cm.

Espèces et variétés :
H. manglesii : Rhodanthe. Fleurs rose foncé à cœur jaune en juillet-août. Hau-teur : 50 à 60 cm.
H. manglesii 'Album' : fleurs blanches.
H. manglesii 'Flore Pleno' : fleurs roses doubles.
H. manglesii 'Maculatum' : fleurs roses et blanches.
H. roseum : Acroclinium syn. *Acroclinium roseum.* Fleurs roses à cœur jaune en juil-let-août. Hauteur : 30 cm.
H. roseum 'Album' : fleurs blanches.

Heliotropium peruvianum

IBERIS
Thlaspi annuel, Julienne
CRUCIFERES

Description : plante annuelle tapissante. Feuillage oblong, denté et vert. Fleurs lilas, blanches, roses, mauves ou violettes, réunies en corymbes, s'épanouissant de juin à septembre.

Exigences : sol frais, léger et riche. Situation ensoleillée.

Utilisation : bordure, rocaille, plate-bande, bac, jardinière.

Entretien : arrosage régulier pendant l'été. Supporte une taille légère en cours de végétation pour contenir la végétation.

Culture : semis en mars sous serre, repiquage en avril en godets et plantation en mai. Semis directement sur place en mai. Distance de plantation : 15 à 20 cm.

Espèces et variétés :
I. umbellata : Thlapsi violet. Fleurs lilas foncé de juin à septembre. Hauteur : 20 cm. Diamètre : 30 cm.
I. umbellata 'Alba' : fleurs blanches.
I. umbellata 'Cardinal' : fleurs rose vif.
I. umbellata 'Dunnettii' : fleurs pourpres.

Iberis umbellata

Impatiens X novae-guinea

IMPATIENS

BALSAMINACEES

Description : plante buissonnante vivace non rustique et cultivée comme annuelle. Feuillage vert, ovale, panaché de jaune, rouge cuivré ou vert foncé selon les espèces. Fleurs simples ou doubles, roses, rouges, blanches, mauves, ou orange, s'épanouissant de juin à octobre.

Exigences : sol riche, frais et léger. Situation ombragée ou mi-ombragée, mais pour l'*Impatiens X novae-guinea,* situation ensoleillée tolérée.

Utilisation : massif et plate-bande d'été, bordure, rocaille, association avec des plantes vivaces ou des arbustes d'ornement, bac, jardinière et pot suspendu.

Entretien : supprimer les fleurs après la floraison. Arrosage très régulier en période chaude et sèche. Supporte la taille et les pincements en cours de végétation pour former les plants ou les maintenir aux dimensions souhaitées. Hivernage de l'*Impatiens X novae-guinea* à l'abri, en situation lumineuse, saine et peu chauffée (5 à 8 °C).

Culture : *I. balsamina :* semis directement sur place en mai. *I. X novae-guinea :* bouturage de rameaux au printemps ou en automne, prélevés sur des pieds-mères. *I. walleriana :* semis en mars-avril sous serre, repiquage en mai et plantation fin mai. Bouturage de rameaux dans de l'eau ou du sable en été, facile à réussir. Distance de plantation : 30 à 40 cm.

Parasites et maladies : pucerons.

Espèces et variétés :
I. balsamina : Impatience balsamine, Balsamine des jardins. Feuillage lancéolé, vert, légèrement denté. Fleurs simples ou doubles, blanches, roses, violacées, mauves ou rouges, de juin à octobre. Hauteur : 50 à 60 cm.
I. balsamina 'Alba' : fleurs blanches de juin à septembre. Hauteur : 50 à 60 cm.
I. balsamina 'Camellia' : nombreux coloris et fleurs doubles.
I. balsamina 'Rosea' : fleurs rose foncé de juin à septembre.
I. X novae-guinea : Impatiens de Nouvelle-Guinée. Feuillage lancéolé, vert panaché de jaune, rouge, vert foncé, d'un remarquable effet décoratif. Fleurs blanches, roses, rouges, mauves, violettes ou orange de juin à octobre. Hauteur : 50 à 70 cm. Nombreux coloris de feuilles.
I. walleriana : feuillage ovale, vert clair ou cuivré, se développant sur des tiges tendres. Fleurs roses, rouges, blanches, mauves ou violacées, de juin à octobre. Nombreuses variétés aux coloris très divers. Hauteur : 30 à 40 cm.

IRESINE

Irésine

AMARANTACEES

Description : plante buissonnante vivace non rustique, cultivée comme annuelle. Feuillage persistant, arrondi ou lancéolé, pourpre, rouge, rose, panaché ou marbré, d'un bel effet décoratif. Fleurs insignifiantes.

Exigences : sol riche et bien drainé. Situation ensoleillée.

Utilisation : plate-bande et massif d'été, bordure, rocaille, bac, isolé et mosaïculture.

Entretien : arrosage régulier en été. Supporte très bien la taille pour maintenir les plants aux dimensions souhaitées. Hivernage d'octobre à mai sous abri en situation lumineuse et peu chauffée (4 à 5 °C).

Culture : bouturage de rameaux en février-mars prélevé sur des sujets hivernés. Distance de plantation : 20 à 30 cm.

Parasites et maladies : pucerons.

Espèces et variétés :

I. herbstii : feuillage ovale, gaufré, de couleur pourpre, étant à l'origine de nombreuses variétés. Hauteur : 30 à 40 cm.
I. herbstii 'Acuminata' : feuillage pourpre à nervures carmin.
I. herbstii 'Aureo-reticulata' : feuillage pourpre à nervures jaunes.
I. herbstii 'Brillantissima' : feuillage rose.
I. herbstii 'Wallisii' : feuillage pourpre-brun fortement gaufré.
I. lindenii : feuillage lancéolé, pourpre-brun. Hauteur : 40 à 50 cm.

Iresine lindenii

Kochia scoparia

KOCHIA

Faux-conifère

CHENOPODIACEES

Description : plante annuelle buissonnante. Feuillage très fin, lancéolé et scillé, vert clair prenant des teintes orange-pourpre en automne. Fleurs insignifiantes et sans intérêt décoratif.

Exigences : sol riche, frais et bien drainé. Situation ensoleillée.

Utilisation : isolé, haie annuelle, association avec des plantes vivaces, plate-bande et massif d'été.

Entretien : tuteurage conseillé en fin de saison. Arrosage régulier pendant l'été.

Culture : semis en mars sous serre ou en couche, repiquage en avril et plantation en mai. Distance de plantation : 30 à 40 cm.

Espèces et variétés :

K. scoparia : feuillage très fin, dense, formant un buisson semblable à un Faux-Cyprès. Belles teintes rouge orangé dès les premières gelées. Hauteur : 50 à 70 cm.

LANTANA

VERBENACEES

Description : plante buissonnante vivace, non rustique dans certaines régions, cultivée comme annuelle. Feuillage ovale persistant, rêche au toucher, odorant et vert foncé. Fleurs jaunes, roses, rouges, blanches ou bicolores, réunies en corymbes, s'épanouissant de mai à novembre.

Exigences : sol riche et bien drainé. Situation ensoleillée.

Utilisation : massif et plate-bande d'été, association avec des plantes vivaces, bac, jardinière, isolé et véranda.

Entretien : tuteurage conseillé pour les sujets âgés. Arrosage régulier en été. Au printemps, rabattre de moitié les rameaux des sujets hivernés. Hivernage d'octobre à mai sous abri, en situation saine, lumineuse et peu chauffée (5 à 6 °C).

Culture : au printemps, bouturage de rameaux prélevés sur des sujets hivernés. Semis en février-mars sous serre, repiquage en avril en godets et plantation en mai sur place. Distance de plantation : 50 cm.

Parasites et maladies : pucerons.

Espèces et variétés :

L. camara : fleurs jaunes à rouges dont l'intensité varie selon la maturité, de juin à octobre.
L. hybrida : fleurs blanches, roses, lilas, rouges ou jaunes, possédant de nombreuses variantes. Hauteur : 40 à 50 cm.

Lantana hybrida

LAVATERA

Lavatère annuelle,
Lavatère à grandes fleurs

MALVACEES

Description : plante annuelle buissonnante. Feuillage trilobé, vert foncé. Fleurs simples, roses, blanches ou bicolores, s'épanouissant de juillet à septembre.

Exigences : sol bien drainé et meuble. Situation ensoleillée.

Utilisation : massif et plate-bande d'été, association avec des plantes vivaces ou des arbustes d'ornement, bac et fleur coupée.

Entretien : tuteurage conseillé au fur et à mesure de la végétation. Arrosage régulier en été. Supprimer les fleurs fanées.

Culture : semis en avril-mai sur place. Distance de plantation : 40 cm.

Espèces et variétés :

L. trimestris : grandes fleurs roses veinées de rouge carmin d'un très bel effet décoratif de juillet à septembre. Hauteur : 80 à 100 cm.
L. trimestris 'Nana' : fleurs blanc rosé. Hauteur 50 à 60 cm.
L. trimestris 'Splendens' : fleurs rose foncé.

LOBELIA

Lobélie

CAMPANULACEES

Description : plante annuelle tapissante. Feuillage vert, légèrement cuivré et brillant. Fleurs bleu foncé, bleu clair, roses ou blanches, de mai à octobre.

Exigences : sol riche et frais. Situation ensoleillée ou mi-ombragée.

Utilisation : rocaille, bordure, plate-bande, bac et jardinière.

Entretien : arrosage régulier en période chaude.

Culture : semis en mars-avril sous couche et repiquage en mai. Plantation mai-juin. Distance de plantation : 20 à 30 cm.

Parasites et maladies : pucerons.

Espèces et variétés :

L. erinus : fleurs bleues à centre blanc, de juin à septembre. Hauteur : 10 à 20 cm. Diamètre : 30 cm.
L. erinus 'Cambridge bleu' : fleurs bleu clair. Hauteur : 10 cm.
L. erinus 'Crystal Palace' : fleurs bleu foncé. Hauteur : 15 cm.
L. erinus 'Dame Blanche' : fleurs blanches. Hauteur : 15 cm.
L. erinus 'Rosamond' : fleurs rose violacé.

LUPINUS

Lupin annuel

LEGUMINEUSES

Description : plante annuelle buissonnante. Feuillage composé, vert, légèrement pubescent. Fleurs parfumées, blanches et violettes, blanches, roses et violettes, réunies en grappes, s'épanouissant de juillet à octobre.

Exigences : sol bien drainé et meuble. Supporte le calcaire. Situation ensoleillée.

Utilisation : massif et plate-bande d'été, association avec des plantes vivaces, fleur coupée.

Entretien : maintenir les hampes florales au cours de leur développement. Supprimer les fleurs après leur épanouissement. Arrosage régulier en été.

Culture : semis sur place en mai-juin. Distance de plantation : 40 cm.

Espèces et variétés :

L. mutabilis : fleurs bleues et violacées, de juillet à septembre. Hauteur : 100 à 120 cm.
L. mutabilis 'Crukshanksii' : nombreuses variétés aux teintes bicolores. Hauteur : 100 à 150 cm.

Lobelia erinus

MALOPE

MALVACEES

Description : plante annuelle buissonnante. Feuillage rond et vert. Fleurs rouge foncé ressemblant à celles des Mauves, striées de pourpre et à cœur foncé, s'épanouissant de juillet à septembre.

Exigences : sol riche et bien drainé. Situation ensoleillée.

Utilisation : isolé, massif et plate-bande d'été, association avec les plantes vivaces.

Entretien : maintenir les hampes florales au fur et à mesure de leur croissance. Supprimer les fleurs après la floraison. Arrosage régulier en été.

Culture : semis sur place en avril-mai. Distance de plantation : 30 cm.

Espèces et variétés :
M. trifida : fleurs rose foncé à stries pourpres. Hauteur : 70 cm.
M. trifida 'Alba' : fleurs blanches.
M. trifida 'Grandiflora' : fleurs rouges de juillet à septembre.

MALVA
Mauve

MALVACEES

Description : plante annuelle buissonnante. Feuillage denté, divisé, vert et légèrement pubescent. Fleurs roses ou rouges, veinées ou striées de rouge-pourpre, réunies en grappes et s'épanouissant de juillet à septembre.

Exigences : sol meuble et bien drainé. Situation ensoleillée.

Utilisation : isolé, massif et plate-bande d'été, association avec les plantes vivaces.

Entretien : arrosage régulier en été. Maintenir les hampes florales pendant leur croissance.

Culture : semis en avril-mai sur place. Distance de plantation : 30 à 40 cm.

Espèces et variétés :
M. mauritania : fleurs roses à veines rouges, de juillet à septembre. Hauteur : 80 à 100 cm.

MIRABILIS
Belle de nuit

NYCTAGINACEES

Description : plante annuelle buissonnante. Feuillage ovale, vert ou panaché. Fleurs blanches, roses, rouges, mauves ou orange, s'épanouissant de juillet à octobre, ayant la particularité de s'ouvrir dès la tombée du jour pour se refermer le lendemain matin.

Exigences : sol meuble et riche. Situation ensoleillée ou mi-ombragée.

Utilisation : massif et plate-bande d'été, isolé, association avec des plantes vivaces.

Entretien : arrosage régulier en été. Supprimer les fleurs fanées.

Culture : semis en avril-mai sur place. Distance de plantation : 30 à 40 cm.

Espèces et variétés :
M. jalapa : fleurs blanches, roses, jaunes, rouges ou bicolores. Hauteur : 80 à 100 cm.

Mirabilis jalapa

MOLUCELLA
Molucelle, Cloche d'Irlande

LABIEES

Description : plante annuelle touffue. Feuillage rond et vert. Fleurs insignifiantes, enveloppées dans des membranes vert grisâtre et réunies en épis compacts d'un effet décoratif original.

Exigences : sol riche et léger. Situation ensoleillée ou mi-ombragée.

Utilisation : massif et plate-bande d'été, association avec des plantes vivaces, fleur coupée et bouquet sec.

Entretien : arrosage régulier en été. Maintenir les hampes florales pendant leur croissance.

Culture : semis en mars-avril sous serre ou en couche, repiquage en avril-mai en godets et plantation sur place en mai-juin. Distance de plantation : 30 à 40 cm.

Espèces et variétés :
M. laevis : Cloche d'Irlande. Fleurs entourées de membranes vert grisâtre en forme de cloches, de juillet à septembre. Hauteur : 30 à 60 cm.

Molucella laevis

Musa acuminata

MUSA
Bananier d'ornement

MUSACEES

Description : plante arbustive, vivace non rustique, cultivée comme annuelle. Feuillage ample, vert ou légèrement pourpre, de grande taille et d'aspect exotique. Fleurs réunies sur un épi retombant.

Exigences : sol riche, léger et bien drainé. Situation ensoleillée.

Utilisation : isolé, massif et plate-bande d'été, véranda.

Entretien : arrosage régulier en été. Supprimer les feuilles jaunes et sèches en cours de saison. Hivernage d'octobre à mai sous abri en situation lumineuse, saine et peu chauffée (5 à 6 °C).

Culture : séparation de jeunes pousses sur des pieds-mères au printemps. Récupération de drageons au printemps. Distance de plantation : 120 à 150 cm.

Espèces et variétés :
M. acuminata : feuillage vert. Fleurs jaunes en été. Hauteur : 120 à 150 cm.
M. ensete : Bananier d'Abyssinie. Feuillage vert et pétioles rougeâtres. Rustique en région méditerranéenne, au prix d'une protection hivernale.

NEMESIA

SCROPHULARIACEES

Description : plante annuelle touffue. Feuillage ovale, vert. Fleurs roses, rouges, jaunes, bleues, orange ou bicolores, réunies en grappes, s'épanouissant de juin à octobre.

Exigences : sol riche et bien drainé. Situation ensoleillée.

Utilisation : massif et plate-bande d'été, bordure, rocaille et fleur coupée.

Entretien : supprimer les fleurs fanées. Arrosage régulier en été.

Culture : semis en mars-avril, en godet sous serre ou en couche, plantation en mai. Distance de plantation : 30 cm.

Espèces et variétés :
N. strumosa : grandes fleurs aux coloris variés. Hauteur : 30 à 60 cm.
N. versicolor : fleurs bleues, jaunes ou blanches, de juin à septembre. Hauteur : 20 à 25 cm.
N. versicolor 'Aurora' : fleurs blanches et rouges.
N. versicolor 'Blue Gem' : fleurs bleues.
N. versicolor 'Compacta' : fleurs blanches ou bleues, de juin à septembre. Port compact. Hauteur : 15 à 20 cm.
N. versicolor 'White Gem' : fleurs blanches.

NIEREMBERGIA

SOLANACEES

Description : plante tapissante vivace, cultivée comme annuelle. Feuillage allongé vert, formant des touffes très denses. Fleurs blanches s'épanouissant de juin à août.

Exigences : sol bien drainé et rocailleux. Situation ensoleillée.

Utilisation : rocaille, bordure, escalier fleuri, mur et muret plantés, bac.

Entretien : supprimer les fleurs après leur épanouissement.

Culture : semis en février-mars sous serre. Repiquage en avril et plantation en mai. Distance de plantation : 20 à 30 cm.

Espèces et variétés :

N. frutescens : fleurs bleu-lilas en été. Hauteur : 50 cm. Diamètre 30 à 40 cm.
N. rivularis : syn. *N. repens.* Grandes fleurs blanches en été. Hauteur : 10 à 20 cm. Diamètre 30 à 40 cm.

NICOTIANA

Tabac d'ornement

SOLANACEES

Description : plante annuelle touffue. Feuillage lancéolé, vert foncé. Fleurs tubulées roses, rouges, mauves ou blanches, s'épanouissant de juin à octobre.

Exigences : sol riche, frais et bien drainé. Situation ensoleillée ou mi-ombragée.

Utilisation : plate-bande et massif d'été, bordure, rocaille, bac et jardinière.

Entretien : arrosage régulier en été. Supprimer les fleurs fanées après la floraison.

Culture : semis en février-mars sous serre, repiquage en godets en mars-avril et plantation en mai. Distance de plantation : 30 cm.

Parasites et maladies : pucerons et viroses.

Espèces et variétés :

N. X sanderae : nombreux hybrides aux coloris, rose, rouge, blanc verdâtre ou mauve, de juin à octobre. Hauteur : 40 cm.

NIGELLA

Nigelle de Damas, Cheveux-de-Vénus

RENONCULACEES

Description : plante annuelle touffue. Feuillage vert, très finement découpé et décoratif. Fleurs bleues, roses ou blanches entourées d'une collerette, s'épanouissant de juin à septembre. Fruits bruns, striés de rouge, à bractées lobées et dentées, apparaissant en automne.

Exigences : sol riche et bien drainé. Situation ensoleillée ou mi-ombragée.

Utilisation : massif et plate-bande d'été, association avec les plantes vivaces, fleur coupée et fruits en bouquet sec.

Entretien : arrosage régulier en été. Supprimer les fleurs fanées.

Culture : semis d'avril à juin sur place. Distance de plantation : 30 cm.

Espèces et variétés :

N. damascena : fleurs bleues, roses, blanches, à collerette décorative, de juillet à octobre. Hauteur : 30 à 40 cm.
N. damascena 'Miss Jeckyll' : fleurs aux coloris variés. Hauteur : 30 cm.
N. hispanica : Nigelle d'Espagne. Fleurs aux coloris proches des Nigelles de Damas. Hauteur : 50 à 60 cm.

Nigella damascena

Nigella damascena

Nicotiana X sanderae

PAPAVER
Pavot annuel

PAPAVERACEES

Description : plante annuelle buissonnante. Feuillage simple, denté, vert glauque. Fleurs simples ou doubles, solitaires, rouges, roses, violettes ou blanches à macules plus ou moins foncés, s'épanouissant en juin-juillet.

Exigences : sol léger et bien drainé. Supporte le sol sec. Situation ensoleillée.

Utilisation : massif et plate-bande d'été, rocaille, bordure, association avec les plantes annuelles.

Entretien : arrosage régulier en été. Supprimer les fleurs fanées après floraison.

Culture : semis en février-mars sous serre et plantation directement sur place en mai. Semis sur place en avril-mai. Distance de plantation : 30 cm.

Espèces et variétés :

P. rhoeas : Coquelicot. Fleurs rouge vif à macules noires en juin-juillet. Hauteur : 40 à 50 cm. Nombreuses variétés aux coloris variés et à fleurs simples ou doubles.

P. somniferum : Grand Pavot des Jardins. Feuillage vert bleuté. Grandes fleurs simples ou doubles, roses, mauves, violettes ou blanches, de juillet à septembre. Hauteur : 60 à 100 cm.

Papaver rhoeas

Papaver somniferum

PELARGONIUM
Géranium-lierre, Géranium des fleuristes, Géranium des Jardins

GERANIACEES

Description : plante touffue vivace non rustique, cultivée comme annuelle. Feuillage odorant, légèrement pubescent, vert à zone concentrique cuivrée, panachée de jaune ou de blanc. Fleurs simples ou doubles, réunies en ombelles, blanches, rose clair ou foncé, rouges, mauves, s'épanouissant de mai à octobre.

Exigences : sol riche, sain et meuble. Situation ensoleillée.

Utilisation : massif et plate-bande d'été, rocaille, bordure, bac, jardinière, association avec des plantes vivaces.

Entretien : arrosage régulier durant l'été. Supprimer les fleurs après la floraison. Hivernage d'octobre à mai en situation sèche, saine, lumineuse et peu chauffée (0 à 5 °C).

Culture : semis de graines d'hybrides F1 en janvier-février. Repiquage en mars en godets et plantation dès fin avril - début mai. Au printemps, pour l'ensemble des espèces, bouturage de rameaux prélevés sur des pieds-mères hivernés. En automne, bouturage de rameaux prélevés sur des sujets plantés au jardin. Les boutures seront alors hivernées pour être plantées l'année suivante. Distance de plantation : 20 à 30 cm.

Parasites et maladies : viroses, maladies bactériennes, rouille, verticilliose, xanthomonas, botrytis. Aleurodes ou mouches blanches, pucerons. Les *Pelargonium* réagissent rapidement à des phénomènes d'ordre physiologiques (froid, humidité, manque de lumière, excès ou carence en éléments nutritifs, excès d'eau).

Espèces et variétés :

P. X domesticum : Géranium des fleuristes. Nombreuses variétés dont :
P. X domesticum 'Aztec' : fleurs blanches et rouge clair.
P. X domesticum 'Black Knight' : fleurs rouges striées de pourpre et de blanc.
P. X domesticum 'Flamingo' : fleurs blanc rosé à macule rose foncé.
P. X domesticum 'Rois des Saumons' : fleurs saumon à macule carmin.
P. X hederaefolium : Géranium-lierre.

Nombreuses variétés dont :

P. X hederaefolium 'Balcon Impérial' : fleurs rouge vif.

P. X hederaefolium 'Roi des Balcons' : fleurs simples, roses.

P. X hederaefolium 'Rouletta' : fleurs semi-doubles, blanches bordées de rouge.

P. X hederaefolium 'Ville de Paris' : fleurs simples, roses, pâlissant à maturité.

P. zonale - Hybrides : syn. *P. X hortorum* - Géranium des Jardins. Nombreux coloris dont :

P. zonale 'Alba' : fleurs blanches.

P. zonale 'Catania' : fleurs doubles, roses.

P. zonale 'Dark Red Irène' : fleurs rouges, doubles.

P. zonale 'Penny Irène' : fleurs simples, rose clair.

P. zonale 'Topscore' : fleurs rouge orangé.

Pelargonium X hederaefolium

Pelargonium X hederaefolium 'Rouletta'

Pelargonium zonale 'Alba'

Pelargonium à feuillage odorant

Cultivé en pleine terre en région méditerranéenne et en pot que l'on rentre en hiver, les *Pelargonium* odorants se caractérisent par les parfums que dégage leur feuillage. Certains possédent une floraison estivale rose clair ou foncé en été.

P. citriodorum : feuillage à odeur de citron.

P. citriodorum 'Prince of Orange' : feuillage à odeur d'orange.

P. denticulatum tomentosum : feuillage à odeur prononcée de menthe.

P. fragrans : feuillage à odeur d'Eucalyptus.

P. graveolens : feuillage à odeur de Rose.

P. odoratissimum : feuillage à odeur de pomme.

P. scabrum : feuillage à odeur d'abricot.

Pelargonium - Hybride F1

Obtentions récentes. Nombreux coloris. Floraison abondante et port régulier. Hauteur : 30 à 40 cm.

PETUNIA

SOLANACEES

Description : plante annuelle buissonnante. Feuillage vert, légèrement duveteux et odorant. Fleurs simples ou doubles, blanches, roses, rouges, mauves, violettes, bleues et bicolores, s'épanouissant de juin à octobre.

Exigences : sol riche et léger. Situation ensoleillée.

Utilisation : massif et plate-bande d'été, rocaille, bac, bordure et jardinière.

Entretien : supprimer les fleurs fanées après la floraison. Arrosage régulier en été. Ne pas mouiller les fleurs qui se tachent de blanc.

Culture : semis en février sous serre, repiquage en mars en godets et plantation en avril-mai. Distance de plantation : 30 cm.

Parasites et maladies : aleurodes ou mouches blanches, pucerons.

Espèces et variétés :
P. hybrida : nombreuses variétés à fleurs simples ou doubles, de taille et de coloris très variés. Hauteur : 30 cm.

Petunia hybrida

Phacelia tanacetifolia

Phlox drummondii

PHACELIA

Phacélie

HYDROPHYLLACEES

Description : plante annuelle buissonnante. Feuillage découpé et pubescent. Fleurs bleu clair ou foncé, en forme de clochettes, s'épanouissant de juillet à septembre.

Exigences : sol riche et bien drainé. Situation ensoleillée.

Utilisation : bac, jardinière, rocaille et bordure.

Entretien : arrosage régulier en été. Supprimer les fleurs fanées.

Culture : semis sur place en mai. Distance de plantation : 30 à 40 cm.

Espèces et variétés :
P. campanularia : fleurs bleues en épis terminaux, de juillet à septembre. Hauteur : 30 à 50 cm.
P. tanacetifolia : fleurs bleu foncé ou lilas, de juillet à septembre. Hauteur : 40 cm.

PHLOX

Phlox de Drummond

POLEMONIACEES

Description : plante annuelle tapissante ou touffue. Feuillage lancéolé, vert. Fleurs roses, rouges, mauves, bleues ou blanches, à pétales scillés, frangés et à macules foncés, s'épanouissant de juillet à octobre.

Exigences : sol riche, léger et frais. Situation ensoleillée ou mi-ombragée.

Utilisation : massif et plate-bande d'été, rocaille, bordure, bac et jardinière.

Entretien : arrosage régulier en période chaude et sèche. Supprimer les fleurs fanées après la floraison.

Culture : semis en mars sous serre, repiquage en avril en godets et plantation en mai-juin. Semis sur place en mai. Distance de plantation : 30 cm.

Parasites et maladies : oïdium.

Espèces et variétés :

Espèces basses :
P. drummondii 'Nana Compacta' : fleurs roses, rouge écarlate, violettes ou blanches, réunies en corymbes, de juillet à octobre. Hauteur : 15 à 20 cm.

Espèces hautes :
P. drummondii 'Grandiflora' : grandes fleurs roses, rouges, mauves ou blanches, de juillet à septembre. Hauteur : 30 à 40 cm. Diamètre : 30 à 40 cm.

PLUMBAGO
Dentelaire

PLOMBAGINACEES

Description : plante buissonnante vivace non rustique dans certaines régions, cultivée comme annuelle. Feuillage allongé, vert, se développant sur des rameaux volubiles. Fleurs bleu clair ou blanches, réunies en grappes, s'épanouissant de mai à octobre.

Exigences : sol riche et bien drainé. Situation ensoleillée.

Utilisation : isolé, bac et véranda.

Entretien : palisser les rameaux au fur et à mesure de leur croissance. Arrosage conseillé en été. Supprimer les fleurs fanées. Hivernage d'octobre à mai sous abri, en situation lumineuse et tempérée (10 °C). Rabattre court les rameaux au printemps.

Culture : bouturage de rameaux au printemps. Distance de plantation : sujet à planter en isolé.

Parasites et maladies : pucerons.

Espèces et variétés :
P. auriculata : feuillage ovale et vert. Fleurs bleu clair de mai à octobre. Hauteur 200 à 300 cm.
P. auriculata 'Alba' : fleurs blanches.

PORTULACA
Pourpier à grandes fleurs

PORTULACACEES

Description : plante annuelle tapissante. Feuillage cylindrique, épais, se développant sur des tiges rampants sur le sol. Fleurs simples ou doubles, jaunes, orange, roses, rouges, blanches, panachées ou striées, de juillet à septembre.

Exigences : sol bien drainé et léger. Supporte le sol sec. Situation ensoleillée.

Utilisation : couvre-sol, rocaille, plate-bande, bordure, bac et jardinière.

Entretien : arrosage conseillé en période chaude et sèche.

Culture : semis en mars sous serre et repiquage en godets en avril. Plantation en mai. Semis sur place en mai. Distance de plantation : 20 à 30 cm.

Espèces et variétés :
P. grandiflora : fleurs pourpres à macule blanche. Hauteur : 15 à 20 cm. Diamètre : 30 à 40 cm.
P. grandiflora 'Aurea' : fleurs jaune d'or.
P. grandiflora 'Flore Pleno' : fleurs doubles. Coloris variés.
P. grandiflora 'Rosea' : fleurs roses.
P. grandiflora 'Splendens' : fleurs saumon à cœur jaune.

RESEDA
Mignognette

RESEDACEES

Description : plante buissonnante vivace, cultivée comme annuelle. Feuillage linéaire et glauque. Fleurs jaune orangé très parfumées, réunies en grappes terminales, s'épanouissant de juin à septembre.

Exigences : sol bien drainé et meuble. Situation ensoleillée ou mi-ombragée.

Utilisation : isolé, massif et plate-bande d'été, bac et fleur coupée.

Entretien : arrosage régulier en été. Supprimer les fleurs fanées après la floraison.

Culture : semis en mars sous serre ou en couche, repiquage en avril et plantation en mai. Distance de plantation : 25 à 30 cm.

Espèces et variétés :
R. odorata : Réséda odorant. Fleurs blanc jaunâtre au parfum délicat, de juin à octobre. Hauteur : 30 à 40 cm.
R. odorata 'Goliath' : fleurs rouges réunies en pyramides.
R. odorata 'Machet' : fleurs rouges, réunies en épis, de juin à octobre. Excellente variété pour jardinière.

Plumbago

Portulaca

RICINUS
Ricin

EUPHORBIACEES

Description : plante arbustive très vigoureuse, vivace mais cultivée comme annuelle. Feuillage palmé, très ample et décoratif, vert ou pourpre. Fleurs jaunes réunies en épis coniques et compacts, s'épanouissant en été, mais sans intérêt décoratif. Fruits épineux et toxiques rassemblés en épis denses, rouges, se développant en automne.

Exigences : sol riche, frais et léger. Situation ensoleillée.

Utilisation : isolé, massif et plate-bande d'été, associaiton avec des plantes vivaces ou des arbustes.

Entretien : tuteurage des tiges principales en fin de saison. Arrosage copieux en été.

Culture : semis en mars-avril en godets sous serre et plantation en mai. Distance de plantation : 60 à 80 cm.

Espèces et variétés :
R. communis : feuillage vert, palmé et très décoratif. Hauteur : 150 à 200 cm.
R. communis 'Gibsonii' : feuillage palmé brun violacé particulièrement décoratif. Tiges rouges et fruits rouges en automne. Hauteur : 150 cm.
R. communis 'Sanguineus' : feuillage rouge-pourpre et très ample. Hauteur : 250 cm.

Ricinus communis 'Gibsonii'

SALPIGLOSSIS

SOLANACEES

Description : plante annuelle buissonnante. Feuillage elliptique et vert. Fleurs en forme d'entonnoir, jaunes, brunes, rouille, rouges, lilas ou violettes, s'épanouissant de juin à août.

Exigences : sol riche, frais et bien drainé. Situation ensoleillée.

Utilisation : massif d'été, rocaille et bac.

Entretien : arrosage très réduit. Ne supporte pas l'excès d'humidité. Supprimer les fleurs après la floraison.

Culture : semis sur place en avril-mai. Distance de plantation : 50 à 60 cm.

Espèces et variétés :
S. sinuata : fleurs brunes et jaunes, de juin à août. Hauteur : 80 à 100 cm.
S. sinuata 'Superbissima' : grandes fleurs aux coloris variés. Hauteur : 80 cm.
S. - Hybrides : nombreux coloris et fleurs plus grandes et abondantes.

SALVIA
Sauge

LABIEES

Description : plante buissonnante vivace, non rustique cultivée comme annuelle. Feuillage allongé ou ovale, vert. Fleurs rouges, bleues, réunies en épis ou isolées, s'épanouissant de juin à octobre.

Exigences : sol riche, frais et bien drainé. Situation ensoleillée ou mi-ombragée.

Utilisation : massif et plate-bande d'été, bordure, rocaille, bac, jardinière et fleur coupée.

Entretien : arrosage régulier en été. Maintenir les rameaux de certaines espèces en fin de saison. Supprimer les fleurs fanées après la floraison. Rabattre court les tiges des sujets hivernés d'octobre à mai sous abri.

Culture : semis en février-mars en serre et repiquage en avril en godet. Plantation sur place en mai-juin. Bouturage de rameaux au printemps *(S. coccinea, S. patens)*. Distance de plantation : 20 à 30 cm.

Parasites et maladies : botrytis, pucerons et araignées rouges.

Espèces et variétés :
S. coccinea : feuillage ovale et tomenteux. Fleurs rouge écarlate réunies en grappes de juin à septembre. Hauteur : 60 à 80 cm.
S. farinacea : feuillage allongé et vert. Fleurs bleues, mauves ou blanches réunies en épis étroits ressemblant aux épis de la Lavande, s'épanouissant de juin à octobre. Hauteur : 40 à 50 cm.
S. patens : feuillage ovale ou lancéolé. Grandes fleurs bleu foncé de juin à septembre. Hauteur : 60 à 80 cm.
S. splendens : fleurs rouges, mauves ou blanches en grappes terminales. Hauteur : 30 cm.
S. splendens 'Brasier' : grandes fleurs rouge vif, de juillet à octobre. Hauteur : 30 cm.
S. splendens 'Fusée' : fleurs rouge écarlate, de juillet à septembre. Port compact. Hauteur : 20 à 25 cm.

Salvia splendens

Salvia farinacea

SANVITALIA

COMPOSEES

Description : plante annuelle tapissante. Feuillage ovale et vert. Fleurs jaunes à cœur brun ressembant à des mini-tournesols, s'épanouissant de juin à octobre.

Exigences : sol riche et léger. Situation ensoleillée ou mi-ombragée.

Utilisation : bordure, rocaille, plate-bande, bac, jardinière et pot suspendu.

Entretien : arrosage régulier en été. Supprimer les fleurs fanées.

Culture : semis en février-mars sous serre, repiquage en avril en godet et plantation en mai. Semis directement en godet en avril et plantation en mai-juin. Distance de plantation : 20 à 30 cm.

Espèces et variétés :

S. procumbens : petites fleurs jaunes à centre brun, très nombreuses de juin à octobre. Hauteur : 20 à 30 cm. Diamètre : 40 à 50 cm.
S. procumbens 'Flore Pleno' : petites fleurs doubles, jaunes, de juin à octobre. Hauteur : 20 cm.

SCABIOSA
Scabieuse des jardins

DIPSACACEES

Description : plante annuelle buissonnante. Feuillage lancéolé ou lobé et pointu. Fleurs en capitules blanches, roses, rouges, bleues, de juillet à octobre.

Exigences : sol bien drainé et léger. Situation ensoleillée.

Utilisation : massif et plate-bande d'été, association avec des plantes vivaces, rocaille, bac.

Entretien : maintenir les tiges en fin de saison. Supprimer les fleurs fanées. Arrosage régulier en période chaude et sèche.

Culture : semis en mars en couche, repiquage en avril et plantation en mai. Distance de plantation : 40 cm.

Espèces et variétés :

S. atropurpurea : fleurs rouge-pourpre, de juin à octobre. Hauteur : 70 à 100 cm. Nombreuses variétés à fleurs simples ou doubles, aux coloris variés d'un très bel effet décoratif.

SCHIZANTHUS

SOLANACEES

Description : plante annuelle buissonnante. Feuillage pinnatiséqué, vert. Fleurs très nombreuses, d'aspect original, roses, rouge carmin, mauves, violettes à macules foncées, s'épanouissant de juin à août.

Exigences : sol riche et meuble. Situation ensoleillée.

Utilisation : massif, plate-bande, bordure, bac et fleur coupée.

Entretien : tuteurage indispensable pour maintenir les hampes florales et le feuillage. Arrosage régulier en été. Pincement conseillé au début de la croissance pour étoffer les plants.

Culture : semis sur place d'avril à mai. Distance de plantation : 30 cm.

Espèces et variétés :

S. X wisetonensis : nombreuses variétés aux coloris unis ou panachés. Hauteur : 40 à 50 cm.
S. X wisetonensis 'Mascarade' : grandes fleurs roses à rouge-pourpre, à macules foncées. Hauteur : 40 cm.

SENECIO
Séneçon cinéraire

COMPOSEES

Description : plante touffue vivace non rustique dans certaines régions, cultivée comme annuelle. Feuillage très découpé, pubescent et grisâtre. Fleurs en capitules jaunes, réunies en corymbes, s'épanouissant de juillet à septembre.

Exigences : sol riche, meuble et bien drainé. Situation ensoleillée ou mi-ombragée.

Utilisation : bordure, rocaille, bac, jardinière et massif d'été.

Entretien : arrosage régulier en été. Supprimer les fleurs après la floraison. Supporte très bien la taille pendant la période de végétation. Hivernage de novembre à avril, en situation lumineuse et fraîche (6 °C).

Culture : semis en mai sous serre ou en couche, repiquage en juin et plantation en juin-juillet. Semis en février-mars sous serre et repiquage en avril. Plantation en mai. Distance de plantation : 25 à 30 cm.

Espèces et variétés :

S. cineraria : syn. *Cineraria maritima.* Feuillage très découpé, pubescent et argenté. Hauteur : 20 à 40 cm.
S. cineraria 'Aurea-marginata' : feuillage vert grisâtre à bord jaune.
S. cineraria 'Diamant' : remarquable feuillage argenté presque blanc.

Senecio maritima

SILENE
Silène à bouquet
CARYOPHYLLACEES

Description : plante annuelle buissonnante. Feuillage ovale et glauque. Fleurs rose soutenu, réunies en bouquets denses au sommet de tiges droites, s'épanouissant de juin à août.

Exigences : sol frais et bien drainé. Situation ensoleillée.

Utilisation : massif et plate-bande d'été, association avec des plantes vivaces, bac et fleur coupée.

Entretien : tuteurage conseillé pour maintenir les hampes florales. Arrosage régulier en été. Supprimer les fleurs fanées.

Culture : semis en mars en godets sous serre ou en couche, plantation en mai-juin. Semis sur place en mai. Distance de plantation : 20 à 30 cm.

Espèces et variétés :
S. armeria : fleurs rose vif de juin à août. Hauteur : 40 à 50 cm.
S. armeria 'Alba' : fleurs blanches.

TAGETES
Tagète
COMPOSEES

Description : plante annuelle touffue ou buissonnante. Feuillage très découpé, vert. Fleurs simples ou doubles, odorantes, de couleur jaune citron, jaune d'or, jaune soufre ou orange, à macules foncées, s'épanouissant de juin à octobre.

Exigences : sol riche, frais et meuble. Situation ensoleillée ou mi-ombragée.

Tagetes erecta

Utilisation : massif et plate-bande d'été, association avec des plantes vivaces, bordure, rocaille, bac et jardinière, fleur coupée.

Entretien : tuteurage conseillé pour les Roses d'Inde. Arrosage régulier en été. Supprimer les fleurs fanées. Supporte bien la taille en cours de végétation pour équilibrer un sujet.

Culture : semis en godets en avril et plantation en mai. Semis sur place en mai-juin. Distance de plantation : 20 à 40 cm.

Parasites et maladies : limaces, botrytis, fusariose, *Phytophthora*.

Espèces et variétés :

T. erecta : **Rose d'Inde.** Grosses fleurs doubles jaune soufre, jaune d'or ou orange, de fin juillet à octobre. Hauteur : 30 à 100 cm. On distingue des variétés basses atteignant 30 à 40 cm et des variétés hautes de plus de 70 cm.

LES ROSES D'INDE HAUTES

Elles sont classées par types de fleurs :

Fleurs à pétales tubulés :
'Lemon Queen' : fleurs jaune citron. Hauteur : 100 cm.
'Orange Prince' : fleurs orange. Hauteur : 100 cm.

Fleurs type "fleur d'œillet" :
'Guinea Gold' : fleurs jaune orangé. Hauteur : 80 cm.
'Indian Chef' : fleurs orange. Hauteur : 80 à 90 cm.
'Jaune Suprême' : fleur jaune soufre. Hauteur : 90 cm.
'Sunset' : très grandes fleurs jaunes.

Fleurs type "fleur de Chrysanthème" :
'Glitters' : fleurs jaunes.
'Orange Glow' : fleurs orange. Hauteur : 70 à 80 cm.

LES ROSES D'INDE BASSES

Elles sont utilisées pour la décoration en bordure, rocaille ou jardinière :

'Cupidon' : fleurs aux coloris variés, du jaune à l'orange. Hauteur : 15 à 20 cm.
'Hawaï' : fleurs orange. Hauteur : 40 cm.
'Mistral' : fleurs doubles, jaune d'or. Hauteur : 40 cm.

Il existe actuellement des Hybrides F1 issus de croisements, particulièrement intéressants pour la taille des fleurs, leur résistance aux maladies et la régularité de leur floraison.

T. patula : **Œillet d'Inde.** Fleurs simples ou doubles, jaune citron, jaune d'or, jaune soufre, orange, très souvent maculées de brun ou de pourpre, s'épanouissant de juillet à octobre et caractérisées par une forte odeur.
Les Œillets d'Inde sont classés par types de fleurs : les fleurs simples, plates, alvéolées ou tubulées, et enfin celles à fleurs de scabieuse.

Variétés à fleurs simples :
'Légion d'Honneur' : fleurs jaune d'or et pourpre. Hauteur : 25 à 30 cm.
'Sunny' : fleurs jaune citron. Hauteur : 30 cm.
'Tête Rouge' : fleurs brunes et jaune d'or. Hauteur : 25 cm.

Variétés à fleurs plates :
'Cordoba' : fleurs jaunes à taches brunes. Hauteur : 30 à 40 cm.
'Goldie' : fleurs orange à macules brunes. Hauteur : 30 cm.

Variétés à fleurs alvéolées ou tubulées :
'Claudia' : fleurs brunes. Hauteur : 30 cm.
'Tangerine' : fleurs orange. Hauteur : 30 à 40 cm.

Variétés à fleurs de scabieuse :
'Golden Boy' : fleurs jaune d'or. Hauteur : 20 cm.
'Lemon Drop' : fleurs jaune citron. Hauteur : 20 cm.

Il existe des variétés Hybrides F1 issues de croisements, particulièrement florifères.

T. tenuifolia : Tagète tacheté. Feuillage très fin et décoratif. Fleurs simples, étoilées, jaunes ou orange à macules pourpre foncé de juin à septembre. Hauteur : 30 cm.
T. tenuifolia 'Gnom' : fleurs orange à taches pourpres. Hauteur : 30 cm.
T. tenuifolia 'Lulu' : fleurs jaune citron. Hauteur : 30 cm.
T. tenuifolia 'Pumila' : fleurs jaune vif. Hauteur : 30 cm.

> *Les Rosœillets sont un croisement entre les Roses d'Inde et les Œillets d'Inde : la gamme des coloris est vaste et leur forme très compacte permet de les utiliser pour décorer vasques, jardinières et bordures.*

Tagetes erecta naine

Tagetes patula

Tagetes erecta

TITHONIA

COMPOSEES

Description : plante annuelle buissonnante. Feuillage simple ou trilobé, vert. Fleurs en capitules, jaunes, orange, s'épanouissant de juillet à octobre.

Exigences : sol meuble et bien drainé. Situation ensoleillée.

Utilisation : massif et plate-bande d'été, isolé et fleur coupée.

Entretien : tuteurage conseillé en fin de saison pour maintenir les tiges. Arrosage régulier pendant l'été. Supprimer les fleurs après la floraison.

Culture : semis en mars-avril sous serre ou en couche, repiquage en mai et plantation en juin. Distance de plantation : 30 à 40 cm.

Espèces et variétés :

T. tagetiflora : feuillage cordiforme vert. Fleurs jaunes de juillet à août. Hauteur : 120 à 150 cm.

T. tagetiflora 'Torch' : fleurs orangé de juillet à août. Hauteur : 120 à 150 cm.

TROPÆOLUM

Capucine naine

TROPÆOLACEES

Description : plante annuelle tapissante. Feuillage rond et vert. Fleurs simples ou doubles, rouges, jaunes, orange, rouge foncé ou saumon, de juillet à septembre.

Exigences : sol bien drainé, riche et léger. Situation ensoleillée.

Utilisation : couvre-sol, talus, rocaille, jardinière et bac.

Entretien : arrosage régulier en été. Supprimer les fleurs fanées.

Culture : semis en février-mars en serre, repiquage en avril en godets et plantation en mai. Semis directement sur place en mai. Distance de plantation : 30 à 40 cm.

Parasites et maladies : pucerons.

Espèces et variétés :

T. minus : fleurs jaunes, jaune abricot, rouge écarlate, de juillet à septembre. Hauteur : 20 à 30 cm. Diamètre : 50 à 80 cm.

T. minus 'Tom Pouce'. Nombreux coloris du jaune au rouge.

VERBENA

Verveine

VERBENACEES

Description : plante tapissante ou buissonnante vivace, non rustique dans certaines régions et cultivée comme annuelle. Feuillage découpé, vert vif à vert foncé. Fleurs roses, mauves, rouges, blanches, bleues, réunies en ombelles ou en épis terminaux, s'épanouissant de juin à octobre.

Exigences : sol riche, meuble et bien drainé. Situation ensoleillée ou mi-ombragée.

Utilisation : massif et plate-bande d'été, rocaille, bordure, bac, jardinière, pot suspendu, association avec des plantes vivaces et fleur coupée.

Entretien : tuteurage nécessaire pour les *V. rigida*. Arrosage très régulier pendant la période de végétation. Supprimer les fleurs après leur épanouissement. Supporte très bien la taille pour équilibrer un sujet. Hivernage d'octobre à mai sous abri, en situation lumineuse et peu chauffée (5 à 6 °C).

Culture : semis en mars sous serre, repiquage en godet en avril et plantation en mai pour les variétés hybrides. Bouturage de rameaux en septembre, hivernage à l'abri et plantation au printemps suivant. En février, bouturage de rameaux prélevés sur des sujets hivernés. Distance de plantation : 30 à 40 cm.

Parasites et maladies : oïdium.

Espèces et variétés :

V. X hybrida : syn. *V. X hortensis.* Nombreuses variétés aux coloris très variés : blanc, bleu, mauve, rouge, pourpre et violet, avec ou sans macule jaune, s'épanouissant de juin à octobre. Hauteur : 20 à 40 cm.

On distingue les variétés basses et les variétés hautes.

Variétés basses : 15 à 20 cm
'Annapolis' : fleurs bleues.
'Crystal' : fleurs blanches.
'Marilyn' : fleurs rouge écarlate.
'Sprite' : fleurs roses.

Variétés hautes : 30 à 40 cm
'Cardinal' : fleurs rouge écarlate à centre jaune.
'Reine des roses' : fleurs roses.
'Royale' : fleurs bleu foncé.

V. rigida : syn. *V. venosa* - Verveine rugueuse. Fleurs bleu violacé réunies en épis se développant sur des tiges rigides, de juin à octobre. Hauteur 40 à 60 cm.
V. tenera : feuillage découpé, décoratif. Fleurs mauves ou bleues s'épanouissant de juin à octobre. Hauteur : 15 à 30 cm. Diamètre : 40 à 60 cm.

Verbena tenera

ZINNIA

COMPOSEES

Description : plante annuelle buissonnante. Feuillage ovale et pointu, vert.
Fleurs en capitules simples ou doubles
aux coloris très variés, du blanc au rouge, à cœur foncé ou à macules, s'épanouissant de juillet à octobre.

Exigences : sol riche, bien drainé et
meuble. Situation ensoleillée.

Utilisation : massif et plate-bande d'été,
association avec des plantes vivaces et
fleur coupée.

Entretien : tuteurage nécessaire des variétés hautes. Arrosage régulier en été.
Supprimer les fleurs fanées.

Culture : semis en mars sous serre, repiquage en avril en godet et plantation en
mars. Distance de plantation : 20 à 40 cm.

Espèces et variétés :
Z. elegans : fleurs doubles, rose violacé
à centre pourpre, de juillet à octobre. Hauteur : 50 à 60 cm.
Nombreuses variétés classées par tailles.

Variétés basses : 20 à 30 cm
Race 'Double Lilliput' : coloris variés.
Fleurs globuleuses, de juillet à octobre.
Z. - Hybrides nains : fleurs doubles, rou-
ge écarlate, roses, blanches, orange ou
pourpre.

Variétés hautes : 60 à 80 cm
Z. 'Double à fleur de Dahlia' : grandes
fleurs de 12 à 14 cm de diamètre. Coloris
variés.
Z. 'Double à fleurs monstrueuses' : grandes fleurs globuleuses de 12 à 14 cm de
diamètre. Coloris variés.
Z. 'Double Géant de Californie' : très grandes fleurs de 15 à 18 cm de diamètre. Coloris variés.
Z. 'Elegant double' : fleurs doubles de 5 à
7 cm de diamètre. Coloris variés.

LES BISANNUELLES

Les plantes bisannuelles sont des plantes dont le cycle végétatif s'étale sur deux années civiles. Elles sont semées en juillet-août, repiquées en septembre et plantées en octobre-novembre. La floraison se produira dès la fin de l'automne mais surtout au printemps de l'année suivante. Ainsi leur cycle végétatif dure 10 à 12 mois mais contrairement aux plantes annuelles, dont le cycle se déroule sur la même année civile, celui-ci s'étale sur deux années civiles.

Pour pouvoir fleurir, il est indispensable que les plantes bisannuelles subissent la vernalisation. Il s'agit d'une période où les températures doivent impérativement être plus fraîches, voire même froides, afin de provoquer la mise à fleurs.

La plupart des plantes bisannuelles sont des plantes vivaces, c'est-à-dire que si elles ne sont pas arrachées après la floraison, elles aborderont une période de repos (été) avant de redémarrer en automne.

Certaines sont par contre de véritables bisannuelles. Elles dépérissent au début de l'été dès lors que la floraison est terminée. Les graines germent dès le mois de septembre pour devenir des jeunes plants qui entameront un nouveau cycle bisannuel.

> *Certaines plantes vivaces sont en fait des plantes bisannuelles : leur cycle végétatif s'étale sur deux ans. Elles se ressèment régulièrement au pied de la plante ce qui donne l'impression qu'il s'agit toujours du même pied. C'est le cas des Roses trémières par exemple.*

LA PLANTATION

Les plantes bisannuelles sont mises en place en automne, après l'arrachage des plantes annuelles. Selon les régions, cette époque peut varier de fin septembre à fin novembre.

Il est possible de les planter au printemps, dès que le sol n'est plus gelé. Il faut cependant éviter de les planter trop tard, pour ne pas compromettre le succès de la culture.

L'UTILISATION

Les plantes bisannuelles sont couramment associées aux plantes bulbeuses dont les floraisons complètent harmonieusement celles des bisannuelles.

Elles sont utilisées en massif, plate-bande, bordure, bac et jardinière.

En automne, elles peuvent être associées aux Bruyères et aux Chrysanthèmes. Les Campanules et les Giroflées sont souvent mélangées dans les mixed-borders avec des plantes vivaces.

BELLIS
Pâquerette
COMPOSEES

Description : plante touffue vivace cultivée comme bisannuelle. Feuillage simple, denté, vert, se développant en rosette. Fleurs en forme de pompon, blanches, roses, rouges ou bicolores, s'épanouissant de mars à mai.

Exigences : sol riche et bien drainé. Situation ensoleillée.

Utilisation : massif et plate-bande de printemps, bac et jardinière, bordure et rocaille.

Entretien : arrosage conseillé en avril si le sol est sec. Supprimer les fleurs après la floraison.

Culture : semis en juillet-août sous serre, repiquage en godet ou en pleine terre. Plantation en automne ou tôt au printemps. Distance de plantation : 20-30 cm.

Espèces et variétés :
B. perennis : il existe de nombreuses variétés regroupées par types de fleurs.

Pâquerette à petites fleurs doubles :
'Tapis blanc' : fleurs blanches à cœur rose.
'Tapis rose' : fleurs roses.

Pâquerette race 'Pomponnette' :
Nombreuses variétés à fleurs précoces en fome de pompon.

Pâquerette à grandes fleurs :
'Radar' : fleurs doubles rouge vif.

Pâquerette race 'Chevreuse' :
Nombreuses variétés à fleurs très grandes et à port compact.

CAMPANULA
Campanule à grosse fleur
CAMPANULACEES

Description : plante touffue. Feuillage ovale, lancéolé, vert. Fleurs en forme de grosses clochettes et tubulées, s'épanouissant le long d'une hampe florale dressée de mai à juillet.

Exigences : sol riche et frais. Situation ensoleillée ou mi-ombragée.

Utilisation : massif et plate-bande de printemps, association avec les plantes vivaces, bordure, isolé et fleur coupée.

Entretien : tuteurage indispensable pour maintenir les hampes florales pendant la floraison. Arrosage conseillé pendant la période de croissance. Supprimer les fleurs fanées.

Culture : semis en mai-juin sous serre, repiquage en godets et plantation soit en automne ou tôt au printemps. Distance de plantation : 30 à 40 cm.

Espèces et variétés :
C. medium : syn. *C. grandiflora.* Feuillage se développant en rosette. Fleurs tubulées, roses, mauves, violettes ou blanches. Hauteur : 50 à 70 cm.
C. medium 'Calycanthema' : fleurs simples ou doubles possédant une large collerette.

CHEIRANTHUS
Ravenelle, Giroflée jaune
CRUCIFERES

Description : plante touffue vivace, cultivée comme bisannuelle. Feuillage allongé, glabre ou couvert d'un duvet. Fleurs simples ou doubles, réunies en grappes le long de la tige, s'épanouissant de mars à mai.

Exigences : sol riche, meuble et bien drainé. Situation ensoleillée.

Utilisation : massif et plate-bande de printemps, rocaille, bordure, bac et jardinière, isolé.

Entretien : tuteurage des tiges conseillé pendant la floraison. Arrosage recommandé dès le mois d'avril. Supprimer les fleurs fanées.

Culture : semis en mai-juin sous serre, repiquage en godets en juin-juillet. Plantation en automne ou au printemps. Distance de plantation : 30 cm.

Parasites et maladies : très sensible à la rouille et aux excès d'eau qui provoquent des pourritures (botrytis).

Espèces et variétés :
C. cheiri : il existe de nombreuses variétés que l'on classe en fonction du type des fleurs.

Les fleurs simples : nombreux coloris : brun, rouge, jaune, violet ou blanc crème. Hauteur : 30 à 60 cm.
'Tom Pouce' : à port plus trapus : 20 cm.

Les fleurs doubles : nombreux coloris de jaune, brun ou violet. Hauteur : 40 à 60 cm.

DIANTHUS
Œillet de Poète, Œillet barbu
CARYOPHYLLACEES

Description : plante touffue vivace, cultivée comme bisannuelle. Feuillage lancéolé, vert. Fleurs roses, rouges, blanches ou bicolores, s'épanouissant en mai-juin. Il existe des variétés à fleurs doubles, d'autres à pétales maculés.

Exigences : sol meuble et bien drainé. Situation ensoleillée.

Utilisation : massif et plate-bande de printemps, association avec les plantes vivaces, rocaille, bordure, bac et jardinière.

Entretien : tuteurage conseillé pour maintenir les hampes florales pendant la floraison. Arrosage conseillé pendant la période de croissance. Supprimer les fleurs fanées.

Culture : semis en avril-mai sous serre, repiquage en juin-juillet en godets et plantation en automne ou tôt au printemps. Distance de plantation : 30 cm.

Parasites et maladies : pucerons, thrips, botrytis et rouille.

Espèces et variétés :
D. barbatus : nombreuses variétés à fleurs simples ou doubles, roses, rouges, blanches, violettes, bicolores, tachées ou marbrées. Hauteur : 40 à 50 cm.
D. barbatus 'Pink Beauty' : fleurs roses.
D. barbatus 'Scarlet Beauty' : fleurs rouges.

MYOSOTIS
BORRAGINACEES

Description : plante touffue vivace cultivée comme bisannuelle. Feuillage lancéolé, légèrement velu et vert. Fleurs minuscules et très nombreuses, bleues, blanches ou roses, s'épanouissant d'avril à juin.

Exigences : sol riche, meuble et frais. Situation ensoleillée ou mi-ombragée.

Utilisation : massif et plate-bande de printemps, association avec les plantes à bulbe, rocaille, bordure, bac, jardinière, fleur coupée.

Entretien : arrosage conseillé pendant la période de floraison et de végétation.

Culture : semis de mai-juin jusqu'en août sous serre, repiquage de juillet à septembre en godets et plantation en automne ou au printemps. Distance de plantation : 30 cm.

Parasites et maladies : très sensible à l'oïdium.

Espèces et variétés :
M. alpestris : Myosotis des Alpes. Feuillage lancéolé, vert. Fleurs réunies en grappes bleues, blanches ou roses, à cœur jaune. Hauteur : de 15 à 30 cm.
M. alpestris 'Express' : grandes fleurs bleues. Hauteur : 30 cm.
M. alpestris 'Merveille Bleue' : tiges vigoureuses et floraison bleue abondante. Convient pour la fleur coupée.
M. alpestris 'Pompadour' : fleurs carmin. Hauteur : 15 cm.
M. alpestris 'Utramarine' : fleurs bleu très vif. Hauteur : 15 cm.

VIOLA
Pensée des jardins

VIOLACEES

Description : plante touffue vivace culti-vée comme bisannuelle. Feuillage rond, allongé et vert. Fleurs mauves, jaunes, rouges, bleues ou blanches, parfois bico-lores ou à macules foncées, s'épanouis-sant de mars à juin.

Exigences : sol meuble, riche et bien drainé. Situation ensoleillée ou mi-om-bragée.

Utilisation : massif et plate-bande de printemps, bordure, rocaille, bac et jardi-nière.

Entretien : arrosage régulier dès le mois d'avril. Supprimer les fleurs fanées après la floraison.

Culture : semis en juillet-août sous ser-re, repiquage en août-septembre en go-dets ou en pleine terre. Plantation en au-tomne ou au printemps. Distance de plan-tation : 15 à 20 cm.

Parasites et maladies : sensible aux pourritures.

Espèces et variétés :

V. X wittrockiana : il existe de nombreuses variétés que l'on classe par époques de flo-raison :

Les Pensées à fleurs géantes à floraison précoce :
'Géante d'Aalsmeer' : floraison précoce et coloris mélangés assez clairs. Hauteur : 15 cm.
'Géante de France' ou 'Rêve' : nombreux coloris sans macule.

Les Pensées à fleurs géantes à floraison mi-précoce :
'Géante de Suisse' : coloris jaunes, rou-ges, lilas et roses. Hauteur : 20 cm.

Les Pensées à fleurs géantes à floraison tardive : nombreuses obtentions issues d'hybridations aux coloris variés.

Les Pensées à grandes fleurs hâtives :
'Hiemalis' : floraison en mars dès les pre-miers rayons du soleil. Nombreux coloris. Hauteur : 15 cm.

Les Pensées à grandes fleurs mi-hâti-ves :
'Trimardeau' : fleurs bleu violacé à macu-les.
'Madame Perret' : fleurs rouge foncé.

LES PLANTES A BULBE

Les plantes bulbeuses sont des plantes vivaces qui possèdent la particularité de pouvoir accumuler des réserves nutritives dans un organe dit de réserve. Celles-ci sont utilisées au départ de la végétation, soit à la fin de l'hiver pour celles fleurissant au printemps, soit à la fin du printemps pour celles fleurissant en été.

Après la floraison, la partie aérienne de la plante se dessèche et la plante entre dans une période de repos. L'organe de réserve peut alors être laissé en pleine terre ou être arraché puis stocké dans un local frais et obscur.

On distingue deux types de plantes à bulbes : celles à floraison printanière dont les plus connues sont les Jacinthes, les Tulipes ou les Narcisses et celles à floraison estivale comme les Dahlias, les Cannas ou les Lis.

LES ORGANES DE RESERVE

Dans le langage courant, les plantes possédant un organe de réserve sont appelées plantes à bulbe ou plantes bulbeuses. Cette appellation n'est pas tout à fait juste puisque certaines fleurs ne sont pas issues d'un bulbe mais d'un corme, d'un rhizome ou de racines charnues.

LE BULBE

Le bulbe peut être tuniqué ou nu. Le bulbe tuniqué possède une membrane sèche souvent cassante qui le protège. Le bulbe nu n'en possède pas.

Les bulbes sont classés en deux catégories : annuels et pérennes. Le renouvellement des premiers est total après chaque période de végétation. C'est le cas de la Tulipe. Les seconds ne sont pas remplacés, c'est le cas des Jacinthes.

LE TUBERCULE

Le tubercule est également appelé tige tubéreuse. Il s'agit en fait d'un épaississement plus ou moins charnu de la tige souterraine. En vieillissant, il augmente de volume et son épiderme devient plus coriace et rugueux. Les racines se développent sur l'ensemble de sa surface. Le tubercule porte des bourgeons dits latents qui donneront les futures tiges. Le plus connu d'entre eux est celui de l'Anémone ; on parle alors de "patte d'Anémone".

LE CORME

Il ressemble extérieurement à un bulbe tuniqué, mais contrairement au bulbe qui possède des écailles, le corme possède des tuniques fibreuses. Sous ces tuniques, 1 ou 2 bourgeons attendent la période de végétation pour se développper. Chaque année, un nouveau corme se forme au-dessus de l'ancien. Le plus connu d'entre eux est celui du Crocus.

LE RHIZOME

Tige charnue et renflée, le rhizome ressemble à une racine dont la croissance est horizontale et à faible profondeur. Il est protégé par un épiderme dur souvent recouvert de feuilles, de part et d'autre duquel se développent des racines. Il possède enfin un bourgeon terminal d'où démarre le feuillage. Les plus connus sont les rhizomes de Canna.

LA RACINE TUBEREUSE

Appelée également tubercule radiculaire, la racine tubéreuse est composée d'un ensemble de racines charnues et épaisses renfermant des réserves. De forme cylindrique et d'aspect rugueux, une souche âgée peut devenir assez volumineuse et comprendre plusieurs bourgeons qui donneront chacun des tiges. Chaque racine au terme de sa période de végétation doit être remplacée par une nouvelle. On dit alors que la racine tubéreuse est annuelle. La plus connue est celle du Dahlia.

LA MULTIPLICATION ET L'ACHAT

Il existe deux modes de multiplication des plantes bulbeuses : l'un est le semis, l'autre est d'ordre végétatif.

Le semis est rarement utilisé pour multiplier les plantes bulbeuses. En effet, il est difficile de fixer définitivement les caractéristiques d'une variété multipliée par semis. On obtient dans la majorité des cas de nombreuses variantes et non la réplique fidèle de la variété d'origine.

La multiplication végétative comprend la division de souches, la récupération de bulbilles se formant autour du bulbe principal, la récupération de stolons ou de drageons et le bouturage.

L'ACHAT

Pour obtenir une belle floraison, le bulbe doit être suffisamment volumineux. Par exemple, la circonférence minimum pour une Jacinthe est de l'ordre de 15 à 16 cm. Au-dessous, la floraison sera moins belle.

Le mode de conditionnement est également important. Au moment de l'achat, il faut s'assurer que le bulbe n'ait pas été endommagé. Il ne doit porter aucune trace de choc ou de blessure qui sont la cause du développement de maladies. Le bulbe doit être ferme et dur.

Il est indispensable de s'assurer que le sachet possède le nom de la variété, ses caractéristiques, ses origines, ainsi que des renseignements sur les soins et la culture.

Enfin, il est nécessaire de traiter préventivement les bulbes afin de les protéger contre les maladies fongiques. Il suffit d'enduire la surface du bulbe avec une poudre de fongicide qui préviendra des maladies comme la sclérotiniose, le botrytis ou le pythium.

LA PLANTATION

Les bulbes à floraison printanière se plantent en automne pour leur permettre de s'enraciner avant l'hiver. Dans les régions aux hivers rigoureux, il est souvent préférable de les planter au printemps lorsque le sol est dégelé.

Les bulbes à floraison estivale sont mis en terre dès la fin du printemps et au début de l'été.

La plantation s'effectue à l'aide d'un plantoir à bulbe. De forme cylindrique et terminé en pointe, le plantoir à bulbe facilite la plantation en creusant un trou d'un diamètre suffisant sans déplacer de terre.

Les bulbes sont disposés en quinconce sur le sol avant leur mise en terre. La distance et la profondeur de plantation varient selon les espères et souvent même d'une variété à l'autre. Ces deux éléments sont mentionnés pour chaque espèce dans le dictionnaire des plantes bulbeuses.

Après la plantation, il est conseillé d'arroser copieusement afin que les particules de terre adhèrent bien autour des bulbes. Selon la fréquence des pluies, la température et l'état du sol, les arrosages seront effectués plus ou moins régulièrement.

Les bulbes à floraison printanière peuvent être protégés du froid par une couche de tourbe, des feuilles ou des branches de sapin. Dans les deux derniers cas, il ne faudra pas oublier de les supprimer au printemps afin qu'elles ne gênent pas les jeunes pousses.

L'ENTRETIEN

L'arrosage

La quantité d'eau à apporter ainsi que la fréquence de l'arrosage dépendent du type de plante et de son développement. Une Tulipe ou un Crocus se contenteront de moins d'eau qu'un Dahlia ou un Bégonia tubéreux. Les besoins en eau d'une plante varient également en fonction de sa croissance. En début de saison, elle demandera moins d'eau qu'en fin de saison où son volume aura doublé, voire triplé.

L'arrosage dépend également de la nature du sol. Un sol sablonneux s'assèchera plus rapidement qu'un sol lourd et compact.

C'est au jardinier d'apprécier tous ces éléments afin de déterminer la bonne période d'arrosage.

La fertilisation

La fertilisation est capitale, puisque c'est elle qui assure en partie la nutrition des nouveaux bulbes garant d'une belle floraison l'année suivante.

Il s'agit d'effectuer un apport d'engrais organique (corne ou fumier) au moment de la plantation, ainsi que des apports réguliers en cours de végétation. Ces engrais devront se caractériser par une proportion importante de potasse (K) nécessaire à la formation du bulbe.

L'hivernage

Après la floraison, les plantes à bulbe se mettent en période de repos : il s'agit de l'hivernage. Ce terme n'est pas tout à fait vrai pour les bulbes à floraison printanière puisque l'hivernage intervient en été. Mais il désigne cette phase de repos en général.

A la fin de la floraison, deux cas de figure peuvent se présenter :

- l'un consiste à arracher les plants et à hiverner les bulbes dans un local,

- l'autre consiste à les laisser sur place.

Certaines espèces, comme les Crocus, les Jacinthes ou les Jonquilles, peuvent être laissées sur place lorsqu'elles sont cultivées en colonie libre. Le bulbe entre dans sa période de repos sans être déplacé. Il faut bien entendu que le sol soit sain et drainé, afin de pouvoir conserver les organes de réserve sans risque de développement de maladies. Les souches prendront alors avec les années des proportions de plus en plus importantes, ce qui permettra de les diviser.

L'hivernage demande un minimum de précautions au moment de déterrer les bulbes, mais également tout au long de leur conservation. Le mode de conditionnement, le choix du local, la surveillance et les soins réguliers sont autant de facteurs à prendre en compte pour réussir un bon hivernage.

❏ Epoque

Les bulbes à floraison printanière sont arrachés après leur épanouissement. Ceux à floraison estivale le sont en automne avant les gelées.

❏ La préparation des bulbes en vue de l'hivernage

En règle générale, il faut attendre que le feuillage soit entièrement sec et fané pour entreprendre l'arrachage.

Cependant, dans certains cas, la mise en place de la culture suivante ou le risque de fortes gelées peut imposer un arrachage rapide. Dans ce cas, il faut enlever les souches et les stocker sur des claies ou dans des caisses laissées à l'air libre jusqu'au complet dessèchement du feuillage.

Dans le cas d'une colonie que l'on laisse en place dans une pelouse, il faut impérativement éviter de tondre les feuilles. Il est préférable de les laisser se dessécher et de n'entreprendre la tonte que quelques semaines plus tard.

❏ L'hivernage au sec

Les bulbes de Tulipe, Jonquille, Jacinthe, Crocus, c'est-à-dire les bulbes tuniqués et les cormes, sont conservés dans un local sec, frais, sombre et aéré. Ils sont disposés sur des claies ou dans des caisses en prenant soin de les protéger des rongeurs et du gel. Ils sont débarrassés du reste de terre qui les entoure, du feuillage que l'on rabat au niveau du sommet des bulbes, mais ceux possédant une tunique de protection doivent la conserver.

❏ L'hivernage dans du sable ou de la tourbe

Les Dahlias, les Anémones ou les Lis, c'est-à-dire les tubercules, les rhizomes et les racines tubéreuses ne peuvent être conservés à l'air libre. Laissés dans de telles conditions, ils se dessècheraient rapidement et compromettraient ainsi le succès de leur culture.

Aussi, il est indispensable de les conserver dans un bac ou dans une caissette remplie de tourbe ou de sable. Les organes de réserve sont plantés dans le substrat que l'on maintiendra humide, mais sans excès, tout au long de l'hivernage. Cet hivernage s'effectue dans un local obscur, sec et aéré.

On surveillera tout particulièrement le développement de parasites ou de maladies durant l'hivernage.

D'autres substrats peuvent être utilisés, comme la sciure et les copeaux de bois, et même du papier journal.

L'UTILISATION

LES MASSIFS PRINTANIERS ET ESTIVAUX

Ces massifs sont des plates-bandes consacrées aux plantes bulbeuses à floraisons printanières et estivales que l'on associe à des plantes vivaces, annuelles ou bisannuelles. Dans certains cas, il est possible d'y associer des arbustes d'ornement ou des conifères.

Une partie du massif peut être réservée aux fleurs destinées à la coupe. Ainsi les Dahlias, les Glaïeuls ou les Iris convenant très bien pour les bouquets de fleurs fraîches peuvent être associés à d'autres plantes fleuries ou cultivées indépendamment dans une zone consacrée à ce type de culture.

LES VASQUES ET LES BACS

Une simple jardinière de Crocus et c'est tout l'aspect d'un balcon qui change. En été, les Bégonias tubéreux supportent très bien la culture en bac ; ils orneront agréablement les abords d'une terrasse ou la façade d'une maison.

La culture en bac permet en outre de forcer les plantes à bulbes. Plantés en hiver, en serre ou à l'intérieur, les bulbes commenceront à se développer. Dès les premiers jours du printemps, ils décoreront une entrée, un rebord de fenêtre, alors que ceux plantés au jardin commenceront à peine à pousser (voir chapitre sur le forçage, pages 252 et 253).

LES COLONIES LIBRES

Les colonies libres, ensembles de bulbes d'une même espèce, créent des taches de couleur sur une pelouse ou sous un massif d'arbustes. Cultivés ainsi, les Crocus, les Jonquilles ou certaines Tulipes botaniques animent les espaces verts d'un jardin, très tôt au printemps.

Au bout de quelques années, le nombre des bulbes et bulbilles augmente et il peut être nécessaire de les éclaircir pour en replanter ailleurs.

LES ASSOCIATIONS AVEC LES PLANTES VIVACES ET LES ARBUSTES

Les fleurs à bulbes peuvent être associées aux plantes vivaces dans une rocaille ou un mixed-border, avec des conifères ou des arbustes d'ornement en pleine terre ou en bac.

TERMES UTILISES DANS LE DICTIONNAIRE

DESCRIPTION :
- **Description du port de la plante** et de son organe de réserve.
- **Description du feuillage** et de sa forme.
- **Description des fleurs**, de leurs caractéristiques, de leurs principaux coloris et de leur époque de floraison. Celle-ci peut varier d'une région à l'autre selon le climat et l'exposition. Ces variations sont de l'ordre de 3 à 4 semaines.

EXIGENCES :
- Indications portant sur **le type de sol** dans lequel la plante se développe au mieux.
- Indications sur **les besoins en lumière** :

- Situation ensoleillée : exposition sud, est et ouest avec plus d'une demi-journée de soleil.
- Situation mi-ombragée : exposition est et ouest avec moins d'une demi-journée de soleil.
- Situation ombragée : exposition nord ou en sous-bois par exemple.

UTILISATION :
Principales utilisations conseillées.

ENTRETIEN :
Principaux soins à apporter.

CULTURE :
- **Les modes de multiplication** garantissant les meilleurs taux de réussite.

- **Distance de plantation** recommandée entre chaque plante.
- **Profondeur de plantation** à laquelle le bulbe doit être planté.

PARASITES ET MALADIES :
Sensibilité particulière à l'encontre des insectes ravageurs ou des maladies.

ESPECES ET VARIETES :
- **Descriptif du feuillage et des fleurs** des espèces et des variétés les plus couramment rencontrées.
- **Indication de la hauteur** comprenant la hauteur du feuillage et celle des hampes florales.

FLORAISON PRINTANIERE

Allium albopilosum

ALLIUM
Ail décoratif, Ail des Jardins

LILIACEES

Description : plante possédant un bulbe tuniqué. Feuillage rubané long et vert. Fleurs roses, lilas ou blanches, réunies en ombelles denses et volumineuses, s'épanouissant au printemps.

Exigences : sol léger, bien drainé, sablonneux. Situation ensoleillée.

Utilisation : isolé, massif de plantes vivaces, fleur coupée et colonie parmi des arbustes.

Entretien : maintenir les hampes florales pendant la floraison. Supprimer les fleurs après leur épanouissement. Hivernage sur place.

Culture : semis en mai-juin. Division de souche au printemps. Distance de plantation : 20 à 30 cm par groupe. Profondeur de plantation : 10 cm.

Parasites et maladies : pourriture du bulbe due à l'excès d'humidité et à un sol trop compact.

Espèces et variétés :
A. albopilosum : feuillage étroit et vert. Fleurs blanc-pourpre réunies en ombelles s'épanouissant en mai. Hauteur : 40 à 50 cm.
A. giganteum : feuillage glauque, rubané et long. Fleurs roses, lilas ou blanches, de mai à juillet. Hauteur : 50 à 80 cm.

ANEMONE
Anémone bulbeuse

RENONCULACEES

Description : plante possédant un rhizome. Feuillage composé, vert, d'aspect très décoratif. Fleurs bleues ou blanches, simples, s'épanouissant en avril-mai.

Exigences : sol frais, riche et meuble. Situation mi-ombragée ou ombragée.

Utilisation : rocaille et massif à l'ombre, colonie libre et couvre-sol en sous-bois.

Entretien : arrosage conseillé en période chaude et sèche. Hivernage sur place.

Culture : division de rhizome au printemps. Distance de plantation : 10 à 15 cm par groupe. Profondeur de plantation : 2 à 5 cm.

Espèces et variétés :
A. blanda : feuillage découpé, vert. Fleurs bleues en avril-mai. Hauteur : 10 à 15 cm.
A. blanda 'White Splendour' : fleurs remarquables, blanc-crème, en avril-mai. Hauteur : 15 à 20 cm.

CHIONODOXA

LILIACEES

Description : plante possédant un bulbe à écailles. Feuillage linéaire et vert. Fleurs simples, bleues, lilas ou blanches, réunies par 5 ou 7, s'épanouissant au printemps.

Exigences : sol meuble et riche. Situation ensoleillée. Supporte la mi-ombre.

Utilisation : colonie sur une pelouse et en sous-bois, en association avec des arbustes ou des plantes vivaces.

Entretien : arrosage régulier pendant la floraison. Rabattre le feuillage après son complet dessèchement. Hivernage sur place.

Culture : division de souche au printemps. Semis dès la maturité des graines. Distance de plantation : 10 à 15 cm par groupe. Profondeur de plantation : 5 à 10 cm.

Espèces et variétés :
C. nana : fleurs blanches et lilas en mars-avril. Hauteur : 15 à 20 cm.
C. luciliae : fleurs bleues en mars-avril. Hauteur : 15 cm.

COLCHICUM
Colchique

LILIACEES

Description : plante toxique possédant un bulbe. Feuillage vert se développant après la floraison de printemps. Fleurs simples ou doubles, mauves, lilas, ou blanches, s'épanouissant en automne et au printemps.

Exigences : peu exigeante quant à la qualité du sol. Situation ensoleillée ou mi-ombragée.

Utilisation : colonie libre en prairie, sur pelouse ou en sous-bois, rocaille et bordure.

Entretien : arrosage conseillé en automne. Supprimer les fleurs fanées. Repos végétatif en été sur place.

Culture : séparation de bulbilles en été. Distance de plantation : 15 à 25 cm par groupe. Profondeur de plantation : 10 à 15 cm.

Espèces et variétés :
C. autumnale : Tue-chien. Fleurs mauves, lilas ou blanches en octobre-novembre, puis au printemps. Indigène dans certaines régions. Hauteur : 10 à 15 cm.

Anemone blanda

Chionodoxa luciliae

Colchicum autumnale

CORYDALIS
Corydale

PAPAVERACEES

Description : plante basse et indigène. Feuillage composé vert bleuté. Fleurs jaunes s'épanouissant de mai à octobre.

Exigences : convient dans tous les types de sol. Situation ensoleillée ou mi-ombragée. Supporte une faible luminosité.

Utilisation : rocaille, mur et muret plantés, escalier fleuri, bordure, colonie libre.

Entretien : minimum.

Culture : division de souche au printemps. Distance de plantation : 30 cm.

Espèces et variétés :
C. cava : feuillage découpé et vert. Fleurs rose clair ou foncé, s'épanouissant en mars-avril. Hauteur : 10 à 30 cm.
C. cava 'Alba' : fleurs blanches, avril-mai.
C. lutea : fleurs jaunes de mai à octobre. Hauteur : 20 cm.

CROCUS

IRIDACEES

Description : plante possédant un corme. Feuillage linéaire, vert, souvent strié d'argent. Fleurs simples, solitaires ou groupées, jaunes, blanches, bleues, mauves, striées ou panachées, s'épanouissant en février-mars ou en automne.

Exigences : sol riche et meuble. Situation ensoleillée ou mi-ombragée.

Utilisation : rocaille, bordure, colonie libre en sous-bois ou sur une pelouse, bac et jardinière. Forçage possible.

Entretien : arrosage régulier en période de floraison. Supprimer les fleurs et le feuillage après leur complet dessèchement. Hivernage sur place ou au sec après arrachage.

Culture : récupération des cormes formés au cours des années au moment de l'arrachage ou en période de repos. Distance de plantation : 5 à 15 cm par groupe. Profondeur de plantation : 5 à 8 cm.

Parasites et maladies : sensible aux excès d'eau.

Espèces et variétés :
C. sativus : Safran. Fleurs pourpres de septembre à novembre. Hauteur : 10 à 15 cm.
C. vernus : fleurs bleues, mauves, jaunes ou blanches en février-mars. Hauteur : 7 à 15 cm.

Crocus

Corydalis cava

Crocus

CYCLAMEN

PRIMULACEES

Description : plante possédant un tubercule arrondi. Feuillage arrondi, vert marbré de gris. Fleurs rouge-pourpre, roses ou blanches, s'épanouissant en janvier-février.

Exigences : sol riche, meuble et léger. Situation mi-ombragée ou ombragée.

Utilisation : rocaille et bordure à l'ombre, colonie libre en sous-bois.

Entretien : arrosage conseillé en période sèche. Hivernage sur place.

Culture : séparation de bulbilles pendant la période de repos. Distance de plantation : 10 à 15 cm par groupe. Profondeur de plantation : 3 à 8 cm.

Espèces et variétés :
C. coum : fleurs rouges, roses, en janvier-février. Si l'été est chaud et sec, le Cyclamen peut démarrer en automne et produire une première floraison en septembre-octobre.
C. coum 'Album' : fleurs blanches.
C. ibericum : floraison plus importante et décorative que l'espèce précédente.
C. neapolitanum : Cyclamen de Naples. Fleurs pourpres et odorantes en automne et au printemps. Feuillage persistant. Hauteur : 20 cm.

ERANTHIS

Eranthe, Helléborine

RENONCULACEES

Description : plante possédant un tubercule. Feuillage vert disposé en collerette au-dessous de la fleur. Fleurs simples, jaunes, s'épanouissant rapidement de janvier à février.

Exigences : sol meuble et frais. Situation ensoleillée, mi-ombragée ou ombragée.

Utilisation : colonie libre en sous-bois, sur pelouse et rocaille à l'ombre.

Entretien : hivernage sur place.

Culture : semis en mars-avril sous abri. Distance de plantation : 5 à 8 cm par groupe. Profondeur de plantation : 3 à 5 cm.

Espèces et variétés :
E. hyemalis : fleurs jaunes de janvier à février. Hauteur : 10 cm.
E. X tubergenii : floraison plus longue jusqu'en mars. Hauteur : 8 à 10 cm.

ERYTHRONIUM

Dent-de-chien

LILIACEES

Description : plante possédant un bulbe tuniqué en forme de canine. Feuillage ovale, vert marbré de taches rouge-brun. Fleurs roses, mauves ou blanches, s'épanouissant en avril-mai.

Exigences : sol riche, sablonneux et bien drainé. Situation mi-ombragée.

Utilisation : rocaille, bordure, colonie libre sous arbustes.

Entretien : supprimer les fleurs fanées après floraison. Arrosage conseillé en période chaude et sèche. Hivernage sur place.

Culture : division de souche au printemps. Distance de plantation : 10 à 15 cm par groupe. Profondeur de plantation : 5 à 8 cm.

Espèces et variétés :
E. dens-canis : fleurs roses, mauves ou blanches en avril-mai. Hauteur : 15 à 20 cm.

Cyclamen coum

Eranthis

Erythronium

FRITILLARIA
Fritillaire impériale,
Couronne impériale.

LILIACEES

Description : plante possédant un bulbe dont l'odeur est désagréable. Feuillage ovale se développant à la base de la hampe florale. Fleurs jaunes, rouges ou orange, se développant au sommet d'une hampe florale et réunies en couronne. En forme de clochettes, elles s'épanouissent en mars-avril.

Exigences : sol bien drainé et riche. Situation mi-ombragée ou ombragée.

Utilisation : en isolé sur pelouse et en massif d'arbustes ou de plantes vivaces. Forçage possible.

Entretien : arrosage conseillé pendant la floraison. Tuteurage indispensable des hampes florales pendant la floraison. Supprimer les fleurs après leur épanouissement. Hivernage sur place ou dans de la tourbe sous abri.

Culture : division de souche au printemps. Distance de plantation : 30 à 40 cm. Profondeur de plantation : 30 cm.

Espèces et variétés :
F. imperialis : fleurs en forme de clochettes jaunes ou rouge orangé en mars-avril. Odeur désagréable qui éloigne les rongeurs. Hauteur : 80 à 100 cm.
Il existe de nombreuses variétés :
F. imperialis 'Aurore' : fleurs orange.
F. imperialis 'Marechal Blücher' : fleurs rouge foncé.
F. imperialis 'Maxima lutea' : fleurs jaunes.

GALANTHUS
Perce-neige, Nivéole

AMARYLLIDACEES

Description : plante possédant un bulbe. Feuillage linéaire, vert grisâtre. Fleurs blanches solitaires, étoilées, en forme de cloches, s'épanouissant en février-mars.

Exigences : sol léger, frais et riche. Situation ensoleillée ou mi-ombragée.

Utilisation : rocaille, jardinière et bac, colonie libre en sous-bois ou sur pelouse. Forçage possible.

Entretien : hivernage sur place ou au sec.

Culture : division de souche et séparation de bulbilles en été. Distance de plantation : 5 à 10 cm par groupe. Profondeur de plantation : 5 à 10 cm.

Espèces et variétés :
G. elwesii : Perce-neige géant. Fleurs plus globuleuses que celles de l'espèce suivante, en janvier-février. Hauteur : 15 à 25 cm.
G. nivalis : fleurs blanches, d'aspect très gracieux en février-mars. Hauteur : 10 à 12 cm.
G. nivalis 'Plena' : fleurs doubles, blanches, février-mars. Hauteur : 10- 12 cm.

HYACINTHUS
Jacinthe

LILIACEES

Description : plante possédant un bulbe dont la teinte correspond à la couleur des fleurs. Feuillage épais, vert et allongé. Fleurs bleues, roses, violettes, blanches ou jaunes, souvent très parfumées, s'épanouissant en grappe au printemps.

Exigences : sol léger, riche et frais. Situation ensoleillée ou mi-ombragée.

Utilisation : massif et plate-bande de printemps, jardinière et bac, colonie libre sur pelouse ou en sous-bois, rocaille et bordure. Convient pour le forçage et la culture en carafe.

Entretien : arrosage régulier pendant la période de végétation et de floraison. Hivernage sur place ou au sec.

Culture : semis possible. Récupération de bulbilles après la période de végétation. Distance de plantation : 10 à 15 cm par groupe. Profondeur de plantation : 10 à 15 cm.

Parasites et maladies : rongeurs au jardin. Pourritures diverses en cours de forçage à l'intérieur.

Espèces et variétés :
H. orientalis : fleurs bleues, violettes, blanches ou roses en mars-avril. Hauteur : 20 à 35 cm.
H. orientalis 'Bismarck' : fleurs bleues.
H. orientalis 'City of Haarlem' : fleurs jaunes.
H. orientalis 'Edelweiss' : fleurs blanches.
H. orientalis 'Lord Balfour' : fleurs violettes.
H. orientalis 'Pink Pearl' : fleurs roses.
H. orientalis 'Yellow Hammer' : fleurs jaunes.

Galanthus nivalis

Fritillaria imperialis

Hyacinthus

IRIS
Iris bulbeux

IRIDACEES

Description : plante possédant un bulbe. Feuillage linéaire et vert. Fleurs bleu foncé, bleu clair, violettes ou blanches, s'épanouissant d'avril à juin.

Exigences : sol riche, bien drainé et non calcaire. Situation ensoleillée ou mi-ombragée.

Utilisation : plate-bande et massif de printemps, rocaille et bordure, colonie en sous-bois ou sur pelouse. Forçage possible et fleur coupée.

Entretien : arrosage conseillé pendant la floraison. Supprimer les fleurs après la floraison. Hivernage sur place ou dans de la tourbe sous abri.

Culture : séparation des bulbilles après la période de floraison. Distance de plantation : 10 cm par groupe. Profondeur de plantation : 10 cm.

Parasites et maladies : pourritures dues aux excès d'humidité.

Espèces et variétés :
Il existe plusieurs groupes nommés sections :

1. La section dite *Juno* :
I. alata, I. bucharica, I. persica, I. sindjarensis : fleurs violettes, mauves et bleues à macules jaunes. Hauteur : 30 à 40 cm.

2. La section dite *Reticulata* :
I. reticulata : fleurs violettes, bleu clair ou foncé et blanches, à macules colorées, parfois parfumées. Hauteur : 15 à 20 cm.
'Cantab' : fleurs bleu clair.
'Harmonie' : fleurs bleu violacé.
'Joyce' : fleurs bleu foncé.
'Violet Beauty' : fleurs violettes.

3. La section dite *Xiphion* :
I. tingitana, I. xiphioides (Iris d'Angleterre), *I. xiphium* (Iris de Hollande) : fleurs blanches, roses à rouge-pourpre. Hauteur : 40 à 60 cm.
'Canarie Bird' : fleurs jaunes.
'Indian Chef' : fleurs bicolores brunes et jaunes.
'King of the blue' : fleurs bleues.
'Le Mogol' : fleurs bronze.
'Perfection' : fleurs blanches.

LEUCOJUM
Nivéole d'été, Nivéole de printemps

AMARYLLIDACEES

Description : plante possédant un bulbe. Feuillage linéaire et vert. Fleurs blanches en forme de clochettes, en mai-juin.

Exigences : sol riche, frais et bien drainé. Supporte le calcaire. Situation mi-ombragée.

Utilisation : rocaille, plate-bande, massif et colonie libre en sous-bois ou sur pelouse.

Entretien : supprimer les fleurs fanées. Hivernage sur place.

Culture : semis après la récolte des graines dès maturité. Distance de plantation : 10 à 20 cm par groupe. Profondeur de plantation : 5 cm.

Espèces et variétés :
L. aestivum : Nivéole d'été. Fleurs regroupées par 3 ou 5, blanches en mai-juin. Hauteur : 30 à 50 cm.
L. vernum : Nivéole de printemps. Fleurs solitaires, blanches en février-mars. Hauteur : 10 à 30 cm.

Leucojum vernum

Iris reticulata

MUSCARI

LILIACEES

Description : plante possédant un bulbe. Feuillage très fin, linéaire et vert. Fleurs bleu clair ou foncé, réunies en épis, souvent odorantes, s'épanouissant de mars à avril.

Exigences : sol bien drainé, frais et meuble. Situation ensoleillée ou mi-ombragée.

Utilisation : bordure, rocaille, plate-bande, bac et jardinière, colonie libre en sous-bois ou sur une pelouse. Forçage possible.

Entretien : hivernage sur place.

Culture : séparation de bulbilles après la période de végétation. Multiplication spontanée par le semis ou les bulbilles. Distance de plantation : 5 à 10 cm par groupe. Profondeur de plantation : 5 à 10 cm.

Espèces et variétés :
M. armeniacum : fleurs bleu foncé en épis, parfumées, de mars à avril. Hauteur : 15 cm.
M. botryoides : Muscari raisin. Fleurs bleu clair en grappes denses, parfumées. Hauteur : 15 cm.
M. racemosum : Muscari à grappes. Espèce indigène dans certaines forêts et campagnes. Fleurs bleues en grappes. Hauteur : 10 cm.

NARCISSUS

Narcisse

AMARYLLIDACEES

Description : plante possédant un bulbe. Feuillage allongé et vert. Fleurs jaunes ou blanches, s'épanouissant de février à avril. Il existe deux grands groupes : les espèces horticoles et les espèces botaniques.

Exigences : sol frais et riche. Situation ensoleillée ou mi-ombragée.

Utilisation : rocaille, massif, plate-bande, bac, bordure, colonie libre sur pelouse ou en sous-bois. Forçage possible.

Entretien : supprimer les fleurs après la floraison. Rabattre le feuillage uniquement lorsque celui-ci est sec. Hivernage sur place ou au sec.

Culture : division de souche au printemps et récupération de bulbilles après la floraison. Distance de plantation : 10 à 25 cm par groupe. Profondeur de plantation : 10 à 15 cm.

Parasites et maladies : pourritures dues aux excès d'eau.

Espèces et variétés :

LES NARCISSES HORTICOLES

● Espèces uniflores :
N. incomparabilis : fleurs simples ou doubles, jaunes, blanches ou légèrement orange à corolle jaune ou blanche. Hauteur : 30 à 50 cm.
N. incomparabilis 'Cheer Fullness' : fleurs doubles, blanches.
N. incomparabilis 'Scarlet' : fleurs jaune foncé et orange.
N. incomparabilis 'White Queen' : fleurs simples ou doubles, jaunes ou blanches. Hauteur : 30 à 50 cm.
N. poeticus : Narcisse des poètes. Fleurs simples jaunes, lisérées de rouge, à corolle blanche. Délicatement parfumées. Hauteur : 30 à 40 cm.
N. poeticus 'Actea' : fleurs jaunes et blanches.
N. pseudonarcissus : Jonquille. Fleurs simples ou doubles, jaunes ou blanches. Hauteur : 30 à 50 cm.
N. pseudonarcissus 'Golden Harvest' : fleurs simples, jaunes.
N. pseudonarcissus 'Mount Hood' : fleurs blanches à cœur jaune pâle.
N. pseudonarcissus 'Van Sion' : fleurs doubles, jaunes.

Muscari racemosum

• Espèces multiflores, dites "à bouquet" :
N. medio-luteus : syn. *N. poetaz.* Fleurs réunies par 3, 5 ou 7, simples ou doubles. Hauteur : 30 cm.
N. medio-luteus 'Geranium' : fleurs simples, orange, à corolle blanche.
N. medio-luteus 'Scarlet Gem' : fleurs simples, orange, à corolle jaune.

LES NARCISSES BOTANIQUES

N. bulbocodium : fleurs en forme d'entonnoir jaune à pétales très fins. Hauteur : 15 à 25 cm.
N. cyclamineus : fleurs jaunes. Hauteur : 10 à 30 cm.
N. tazetta : nombreuses fleurs blanches ou jaunes. Hauteur : 30 cm.
N. tazetta 'Soleil d'Or' : fleurs simples, jaunes à corolle jaune.
N. tazetta 'Totus Albus' : fleurs simples, blanches à corolle blanche.
N. triandus : fleurs blanches ou jaunes, réunies par 3, 5 ou 7. Hauteur : 20 à 30 cm.

Narcissus cyclamineus

Narcissus pseudonarcissus 'Mount Hood'

Narcissus bulbocodium

PUSCHKINIA

LILIACEES

Description : plante possédant un bulbe. Feuillage allongé et vert foncé. Fleurs blanches, striées de bleu clair, s'épanouissant en mars-avril.

Exigences : sol riche, frais et léger. Situation ensoleillée ou mi-ombragée.

Utilisation : colonie libre sur pelouse ou en sous-bois, rocaille, bordure et bac.

Entretien : supprimer les fleurs fanées. Hivernage sur place.

Culture : division de souche au printemps. Distance de plantation : 5 à 10 cm. Profondeur de plantation : 2 à 4 cm.

Espèces et variétés :

P. scilloides : proches des *Scilla* et des *Chionodoxa*, les *Puschkinia* se distinguent par leurs fleurs rassemblées en grappes. Fleurs blanches striées de bleu en mars-avril. Hauteur : 15 à 20 cm.

Puschkinia

Scilla italica

SCILLA

Scille

LILIACEES

Description : plante possédant un bulbe. Feuillage étroit, allongé et vert foncé. Fleurs bleues, blanches ou roses, réunies en grappes, de février à avril.

Exigences : s'accommode de tous les types de sol. Situation ensoleillée ou mi-ombragée.

Utilisation : colonie libre sur pelouse ou en sous-bois, rocaille, bordure, jardinière ou bac. Forçage possible.

Entretien : supprimer les fleurs fanées. Hivernage sur place ou dans du sable à l'abri.

Culture : semis spontané. Division et récupération de bulbilles après la floraison. Distance de plantation : 10 à 20 cm par groupe. Profondeur de plantation : 5 à 10 cm.

Espèces et variétés :

S. autumnalis : floraison automnale.
S. hispanica : fleurs bleues, roses ou blanches, en mai-juin. Hauteur : 15 à 20 cm.
S. hyacinthoides : syn. *S. italica*. Feuillage vert se développant à partir d'un bulbe volumineux. Fleurs bleu lilas, réunies en grappes, s'épanouissant en juillet-août. Hauteur : 30 à 40 cm.
S. peruviana : Scille du Pérou. Grandes fleurs bleues, lilas ou roses, réunies en grappes denses s'épanouissant en avril-mai. Hauteur : 20 à 30 cm
S. siberica : fleurs bleues en février-mars. Hauteur : 10 à 15 cm.

Les Scilles peuvent être forcées en carafe, selon le même principe que les Jacinthes. L'espèce la mieux adaptée à cela est S. peruviana.

Les Scilles peuvent également être forcées en pot. En automne, planter quelques bulbes et les placer au frais (5 °C) afin de provoquer l'induction florale (mise à fleur). Après quelques semaines à l'extérieur, rentrer le pot à 15-17 °C. Arroser au fur et à mesure du développement du feuillage.

TULIPA
Tulipe

LILIACEES

Description : plante possédant un bulbe. Feuillage large, engainant, terminé en pointe, vert et marbré de brun ou panaché. Fleurs blanches, jaunes, roses, rouges ou violacées et panachées, s'épanouissant de mars à mai-juin.

Exigences : sol frais, riche, meuble. Situation ensoleillée ou mi-ombragée. Redoute les vents forts.

Utilisation : plate-bande et massif de printemps, bordure, rocaille, bac et jardinière, colonie libre sur une pelouse et fleur coupée. Forçage possible : culture à l'intérieur dans du sable ou de la mousse.

Entretien : arrosage conseillé pendant la période de végétation et de floraison. Supprimer les fleurs fanées. Rabattre le feuillage lorsque celui-ci est complètement desséché.

Culture : récupération de bulbilles après la floraison. Distance de plantation : 10 à 20 cm par groupe. Profondeur de plantation : 10 à 15 cm.

Parasites et maladies : pourritures dues aux excès d'eau : sclérotiniose, botrytis, pythium. Pucerons.

Espèces et variétés :

LES TULIPES BOTANIQUES et LES TULIPES BOTANIQUES HYBRIDES

T. acuminata : la Tulipe cornue. Fleurs rouges ou roses en avril. Hauteur : 35 cm.
T. gesneriana : la Tulipe des fleuristes. Fleurs blanches, jaunes, roses, rouges ou bicolores, en mai-juin. Hauteur : 50-60 cm.
T. greigii : fleurs rouges, jaunes ou carmin, en mars-avril. Hauteur : 20 cm.
T. kaufmanniana : fleurs rouges, jaunes, blanches et bicolores, en mars-avril. Hauteur : 20 à 30 cm.
T. sylvestris : fleurs jaunes, parfumées, en avril-mai. Hauteur : 40 cm.
T. turkestanica : fleurs blanches et jaune clair, en mars. Hauteur : 20 à 30 cm.

LES TULIPES D'ORIGINE HORTICOLE

● Les Tulipes hâtives (mi-mars à mi-avril) :
T. simple hâtive : fleurs blanches, jaunes, orange, rouges ou pourpres et bicolores. Hauteur : 10 à 40 cm.

T. double hâtive : fleurs blanches, jaunes, orange, rouges et bicolores. Hauteur : 20 à 30 cm.
T. 'Triumphe' : fleurs blanches, rouges, roses, jaunes, à stries, bordures ou rayures de diverses couleurs.

● Les Tulipes mi-hâtives (mi-avril à fin avril) :
T. 'Darwing'-Hybrides : fleurs jaunes, roses, violettes, rouge foncé et vermillon. Hauteur : 60 à 80 cm.
T. 'Cottage' : fleurs blanches, rouges, orange et brillantes, s'épanouissant fin mai. Hauteur : 50 à 70 cm.
T. à fleur de lys : fleurs à segments étroits, effilés et longs. Coloris variés. Hauteur : 50 à 60 cm.
T. crispa : fleurs à pétales dont les bords sont irrégulièrement ondulés et crispés. Hauteur : 50 à 70 cm.

● Les Tulipes tardives (mi-avril à mi-mai) :
T. 'Perroquet' ou *T.* 'Dragonne' : fleurs à pétales irrégulièrement découpés, bicolores, rayées, striées ou flammées. Nombreux coloris. Hauteur : 50 cm.
T. 'Rembrandt' : fleurs lilas, roses ou bleues, tachées, bigarrées ou rayées. Hauteur : 60 cm.

Depuis le XVIe siècle, les Tulipes ont inspiré des générations d'artistes, qui les ont décrites, peintes ou chantées.

Aujourd'hui, la première image qui nous vient à l'esprit lorsqu'on pense Tulipe, c'est bien sûr la Hollande, réputée pour ses étendues aux couleurs multiples qui ne sont autres que des champs de Tulipes. Les raisons pour lesquelles la Hollande est spécialiste des Tulipes, et plus largement pour les fleurs à bulbes, sont d'ordre technique : le sol sablonneux et le climat du pays correspondent parfaitement aux exigences de ces plantes. A partir de là, depuis près de quatre siècles, des générations de producteurs hybrident, sélectionnent, multiplient et cultivent cette fleur fascinante. Leurs travaux sont incessants et, dans le secret de leurs laboratoires, ils découvrent les Tulipes de demain avec à la clef de nouveaux coloris étonnants.

Les associations de couleurs

Un camaïeu s'obtient en associant les différents tons d'une même couleur. A l'inverse les contrastes peuvent être créés en utilisant deux couleurs qui s'opposent.

FLORAISON ESTIVALE

BEGONIA
Bégonia tubéreux

BEGONIACEES

Description : plante possédant un tubercule. Feuillage denté, découpé, vert et légèrement cuivré. Fleurs simples ou doubles, jaunes, rouges, orange, blanches, roses, réunies en grappes ou isolées, s'épanouissant de juin à octobre.

Exigences : sol riche, frais et bien drainé. Situation ensoleillée ou mi-ombragée.

Utilisation : jardinière, bac, bordure, plate-bande et massif d'été. Suspension extérieure.

Entretien : arrosage très régulier pendant la période de végétation. Supprimer les fleurs fanées et maintenir les hampes florales. Hivernage dans de la tourbe ou du sable maintenu légèrement humide.

Culture : division de souche au moment du rempotage ou de la plantation au printemps. Distance de plantation : 20 à 30 cm. Profondeur de plantation : 5 à 8 cm.

Parasites et maladies : sensible à l'oïdium, aux pucerons et aux araignées rouges.

Espèces et variétés :
B. X tuber - hybrida : nombreux coloris. Hauteur : 20 à 50 cm.
'Alice Crousse' : fleurs doubles, jaunes.
'Ami Jean Bart' : fleurs doubles, jaune cuivré.
'Amitié' : fleurs simples, roses.
'Flamboyant' : fleurs doubles, rouge cerise.

CROCOSMIA
Montbretia

IRIDACEES

Description : plante possédant un bulbe. Feuillage rubané, vert et gracieux. Fleurs étoilées, jaunes, orange, rouges, réunies en épis, s'épanouissant de juin à octobre.

Exigences : sol léger, frais et bien drainé. Situation mi-ombragée.

Utilisation : massif et plate-bande d'été, isolé, association avec des plantes vivaces et fleur coupée.

Entretien : arrosage conseillé en période chaude et sèche. Tuteurage recommandé au moment de la floraison pour maintenir les hampes florales. Supprimer les fleurs fanées. Hivernage sur place.

Culture : récupération de bulbilles au printemps. Distance de plantation : 10 à 15 cm par groupe. Profondeur de plantation : 5 à 8 cm.

Espèces et variétés :
C. X crocosmiiflora : nombreux coloris. Hauteur : 50 à 60 cm.
'Etoile de Feu' : fleurs rouges et jaunes.
'Gerbe d'or' : fleurs jaune foncé.
'Imperialis' : fleurs rouge brillant.

CANNA
Balisier

CANNACEES

Description : plante possédant un rhizome. Feuillage épais, ample, vert, pourpre, strié ou panaché, d'un très bel effet décoratif. Fleurs jaunes, orange, rouges ou bicolores, réunies en grappes, s'épanouissant en été.

Exigences : sol riche. Situation ensoleillée.

Utilisation : massif et plate-bande d'été, isolé.

Entretien : arrosage régulier pendant la période de végétation. Supprimer les fleurs après la floraison. Hivernage dans du sable ou de la tourbe maintenue légèrement humide, à l'abri du gel.

Culture : au printemps, division de souche âgée. Distance de plantation : 50 à 80 cm. Profondeur de plantation : 5 à 10 cm.

Crocosmia X crocosmiiflora

Canna X hortensis

Parasites et maladies : pourritures dues aux excès d'humidité.

Espèces et variétés :
C. X hortensis : feuillage vert, pourpre ou panaché. Fleurs rouges de juin à octobre. Hauteur : 60 à 150 cm.
C. X hortensis 'Elisabeth Hoss' : fleurs jaunes piquetées de rouge.
C. X hortensis 'Flamant Rose' : grandes fleurs roses.
C. X hortensis 'Golden Wonder' : remarquable feuillage strié de jaune.
C. X hortensis 'Oiseau de feu' : fleurs rouges.

Canna
X hortensis

DAHLIA

COMPOSEES

Description : plante possédant un tubercule. Feuillage ovale, denté et vert foncé. Fleurs simples ou doubles, jaunes, blanches, orange, rouges, roses, mauves ou violacées, de formes très variées, s'épanouissant de juillet à octobre.

Exigences : sol riche, frais et meuble. Situation ensoleillée.

Utilisation : massif et plate-bande d'été, bordure, isolé et fleur coupée.

Entretien : arrosage régulier en période de croissance et de floraison. Maintenir le feuillage ainsi que les hampes florales au cours de leur développement. Supprimer régulièrement les fleurs fanées. Hivernage dans de la tourbe ou du sable maintenu légèrement humide et à l'abri du gel.

Culture : division de tubercule ou bouturage en serre. Distance de plantation : 50 à 100 cm. Profondeur de plantation : 5 cm.

Parasites et maladies : pucerons, araignées rouges en été. Maladies bactériennes et pourritures lors de l'hivernage.

Espèces et variétés :

Dahlia à fleurs simples : fleurs diversement colorées ou unicolores. Hauteur : 40 à 70 cm.

Dahlia à fleurs d'anémone : fleurs composées de pétales tubulés. Hauteur : 50 à 70 cm.

Dahlia à collerette : fleurs possédant des collerettes blanches. Hauteur : 130 cm.

Dahlia décoratif : les fleurs de cette catégorie peuvent atteindre 20 à 30 cm de diamètre.

- Les variétés naines (60 à 100 cm) :
  'Crack' : fleurs rouges.

- Les variétés hautes (150 à 200 cm) :
  'Dynastie' : fleurs jaune vif.
  'Hamari Girl' : fleurs rose lilas.
  'Midnight' : fleurs rouge foncé.
  'Peace Pact' : fleurs blanches.

Dahlia boule : fleurs globuleuses. Hauteur : 60 à 100 cm.

Dahlia pompon : fleurs en forme de boules régulières, possèdant des pétales semblables à des nids d'abeilles. Hauteur : 80 à 120 cm.

Dahlia cactus :

- Les variétés demi-naines (60 à 80 cm) :
  'Garden Party' : fleurs jaune cuivré.
  'Park Princess' : fleurs rose tendre.

- Les variétés hautes (120 à 150 cm) :
  'Amorette' : fleurs lilas.
  'Chat noir' : fleurs grenat foncé.
  'Jura' : fleurs blanches.
  'Mogador' : fleurs rose saumon.
  'Spassmacher' : fleurs jaunes.

- Les variétés cactus à pétales dentelés :
  'Ambition' : fleurs lilas-pourpre.

GLADIOLUS
Glaïeul

IRIDACEES

Description : plante possédant un corme. Feuillage rubané, vert. Fleurs mauves, roses, blanches, rouges, jaunes, orange ou blanches, de juillet à octobre.

Exigences : sol riche et frais. Situation ensoleillée.

Utilisation : isolé, massif et plate-bande d'été, fleur coupée.

Entretien : arrosage conseillé pendant la période de croissance et de floraison. Tuteurage indispensable pour maintenir les hampes florales. Supprimer le feuillage dès que celui-ci est sec.

Culture : récupération de bulbilles. Floraison seulement après 2 ans de culture. Distance de plantation : 20 à 30 cm. Profondeur de plantation : 8 à 10 cm. Plantation par séries successives de mars à juin afin d'obtenir une floraison étalée pendant l'été.

Parasites et maladies : thrips. Pourriture du corme.

Espèces et variétés :
G. - Hybrides : nombreux coloris. Hauteur : 120 à 140 cm.
'Albert Schweitzer' : fleurs rouge orangé.
'Happy End' : fleurs rouge orangé.
'Jennylind' : fleurs rose clair.
'Lac de Côme' : fleurs bleu violacé.
'Madame Turc' : fleurs blanches.
'Wembley' : fleurs blanches.

Lilium hybrides

LILIUM
Lis, Lys

LILIACEES

Description : plante possédant un bulbe écaillé. Feuillage allongé, vert, réparti régulièrement le long de la tige. Fleurs roses, rouges, jaunes, orange, saumon ou blanches, groupées et parfumées, s'épanouissant en juillet-août.

Exigences : sol frais, bien drainé et sablonneux. Situation ensoleillée.

Utilisation : massif et plate-bande d'été, isolé et fleur coupée.

Entretien : arrosage régulier pendant la période de végétation et la floraison. Supprimer les fleurs fanées après la floraison, en laissant une partie de la hampe florale dont la sève retourne dans le bulbe pour constituer des réserves. Hivernage sur place. Protéger la souche avec des feuilles dès l'automne.

Culture : récupération de bulbilles en automne. Distance de plantation : 20 à 30 cm. Profondeur de plantation : 15 cm.

Parasites et maladies : pucerons, criocère du Lis et pourriture du bulbe.

Espèces et variétés :
L. - Hybrides : nombreux coloris. Hauteur : 80 à 120 cm.

Oxalis

Lilium

OXALIS

OXALIDACEES

Description : plante possédant un tubercule comestible. Feuillage composé de 4 folioles vertes à macule pourpre, ressemblant aux feuilles du Trèfle. Fleurs roses ou pourpres, simples, de juin à septembre.

Exigences : sol riche, frais et sablonneux. Situation ensoleillée ou mi-ombragée.

Utilisation : jardinière, bac et potée fleurie.

Entretien : arrosage régulier pendant la période de croissance. Supprimer les fleurs fanées. Hivernage au sec et à l'abri du gel, ou à l'extérieur sous un climat doux.

Culture : division de souche au printemps. Distance de plantation : 10 à 15 cm par groupe. Profondeur de plantation : 3 à 5 cm.

Espèces et variétés :
O. deppei : fleurs roses. Hauteur : 20 à 30 cm.

TIGRIDIA

Oeil-de-Paon, Lis de Tigre

IRIDACEES

Description : plante possédant un bulbe. Feuillage allongé et vert. Fleurs blanches, jaunes, roses, lilas ou pourpres, réunies par 2 à 4, s'épanouissant rapidement mais de manière ininterrompue de juin à octobre.

Exigences : sol sablonneux, bien drainé. Situation ensoleillée.

Utilisation : plate-bande, rocaille, bordure, colonie libre sur une pelouse.

Entretien : supprimer les fleurs fanées. Arrosage régulier en période de floraison. Hivernage sur place.

Culture : séparation de bulbilles en automne. Distance de plantation : 20 à 25 cm. Profondeur de plantation : 6 à 8 cm.

Espèces et variétés :
T. pavonia 'Alba' : fleurs blanches. Hauteur : 20 à 40 cm.
T. pavonia 'Liliacea' : fleurs rose-lilas.
T. pavonia 'Speciosa Rubra' : fleurs pourpres.

LE FORÇAGE

Certaines plantes cultivées à l'extérieur, telles que les Crocus, les Jacinthes ou les Tulipes peuvent également être cultivées à l'intérieur. On dit alors qu'elles sont forcées. Plantées à l'automne ou au début de l'hiver, elles fleurissent à Noël ou au printemps suivant.

Les réserves contenues dans le bulbe suffisent à satisfaire les besoins de la plante pour développer son feuillage, ses tiges et ses fleurs. Aussi sont-elles le plus souvent cultivées dans un substrat qui s'apparente plus à un support de culture qu'à un terreau. Il s'agit de sable, de graviers de granulométrie différente, de mousse spéciale ou tout simplement d'eau.

Après la floraison, les feuilles jaunissent et finissent par dessécher. Les bulbes entament alors une période de repos durant laquelle il est conseillé de les conserver de la même manière que ceux cultivés à l'extérieur.

Le substrat de culture

Le substrat de culture le plus simple à obtenir et le plus facile à manipuler est certainement le sable. Parfaitement neutre, il est drainant, tout en maintenant une humidité suffisante. L'enracinement des bulbes y est rapide et abondant, ce qui assure un bon développement et surtout une bonne tenue de la plante. Dans certains cas, le sable peut être remplacé par des gravillons. Enfin pour rendre l'ensemble encore plus attrayant, la culture peut s'entreprendre dans un récipient en verre afin que l'on puisse observer le développement des racines à travers les parois.

L'emploi de terre de jardin peut être envisagé. Facile à trouver, elle reste peu décorative et présente un inconvénient majeur, la germination des graines de mauvaises herbes qu'elle contient.

Le terreau peut aussi être utilisé comme substrat. Auparavant, il faudra y ajouter du sable ou de la terre de jardin pour lui donner plus de consistance.

L'eau est le dernier type de substrat utilisé pour cultiver des bulbes. Maintenu par un support, le bulbe émet des racines directement dans l'eau. Les éléments nutritifs qu'il possède suffisent à assurer la formation du feuillage et des fleurs. Il est conseillé de renouveler l'eau dès que celle-ci se trouble.

Les contenants

Lorsqu'on utilise du substrat comme du sable ou du terreau, de simples pots en terre cuite ou en plastique suffisent.

Par contre lorsqu'on utilise l'eau, mieux vaut choisir une carafe spécialement conçue à cet effet. La partie inférieure de celle-ci est destinée à recevoir l'eau, alors que la partie supérieure en forme de coupe renfermera le bulbe. L'eau ne devra pas immerger totalement le bulbe mais simplement l'effleurer à sa base.

Enfin, il existe des coupes en plastique munies de trous sur les côtés. Dans chacun d'entre eux, on placera un bulbe. Certains modèles sont adaptés aux bulbes de petite taille alors que d'autres sont adaptés aux bulbes plus volumineux. Ces récipients sont remplis de sable, de mousse naturelle ou synthétique.

LES DIFFERENTES PHASES DU FORÇAGE

LA MISE EN PLACE DES BULBES

Les bulbes de Jacinthe peuvent être plantés individuellement. Par contre, les Tulipes, Crocus ou Narcisses créeront un meilleur effet décoratif s'ils sont réunis par 3, 5 ou 7. Il est préférable d'associer des variétés d'une même hauteur afin d'obtenir une floraison homogène.

LA PHASE D'ENRACINEMENT

Dès que la plantation est terminée, la coupe ne doit pas être placée immédiatement dans une pièce chaude. Une température trop élevée provoquerait le développement du feuillage au détriment des fleurs.

Les récipients doivent être placés au frais et surtout dans l'obscurité. Celle-ci est obtenue en recouvrant la coupe d'un carton ou d'une caisse par exemple. Durant cette période, le système radiculaire se développe et ce n'est qu'au terme de 8 à 10 semaines que le forçage va pouvoir démarrer.

LA PHASE VEGETATIVE ET LA FLORAISON

Le forçage débute au moment où l'on place le récipient et son contenu dans une pièce à 18-20 °C. Les feuilles se développent et ce n'est qu'au bout de 20 à 30 jours que les premières fleurs apparaîtront.

Pour prolonger la période de floraison, il faut éloigner la coupe des sources de chaleur et si possible, la placer au frais pendant la nuit.

Pendant la période de végétation, il faut surveiller régulièrement l'humidité du substrat, car il ne doit en aucun cas s'assécher.

Certaines tiges sont souples et ont tendance à s'incliner sous le poids des fleurs. Il est conseillé de les maintenir à l'aide de petits tuteurs.

Surveiller le feuillage et l'apparition de parasites (pucerons) qui sont friands des jeunes pousses tendres et gorgées d'eau.

Avant la plantation, les bulbes à floraison printanière doivent subir une période de froid. Il est nécessaire de les placer au frais (5 à 7 °C) pendant 7 à 8 semaines au minimum. Cette période, passée dans le bac à légumes du réfrigérateur, a pour but de provoquer le départ de la végétation comme s'ils avaient passé l'hiver à l'extérieur.

Actuellement, la plupart des bulbes disponibles dans le commerce ont déjà subi cette période de froid chez les producteurs. Ainsi ils peuvent être plantés sans attendre, juste après leur achat.

LES ARBUSTES D'ORNEMENT

Les arbustes d'ornement sont des végétaux ligneux et vivaces ramifiés dès le sol. Certains d'entre eux ne passent l'hiver que s'ils sont protégés du froid.

Leur port peut être rampant ou buissonnant. Dans ce dernier cas, il s'agit de petits buissons (Potentille, Lavande) ou de buissons de taille plus importante (Forsythia, Genêt).

Lorsqu'ils atteignent plus de 4 m de haut, il s'agit d'arbrisseaux. Ce terme désigne la catégorie de végétaux située entre les arbustes et les arbres. Les arbrisseaux poussent en buisson et peuvent occasionnellement être conduits sur tige comme l'Aubépine ou le Lagerstroemia.

Les arbustes d'ornement constituent la catégorie la plus importante des végétaux qui ornent nos jardins. Leurs intérêts décoratifs sont nombreux et variés. Leur feuillage est caduc ou persistant. Dans le premier cas, les feuilles tombent en automne laissant la plante quelque peu dégarnie. Mais l'attrait des rameaux compense souvent cet inconvénient (Noisetier tortueux). Dans le second cas, les feuilles persistantes tombent également mais sont remplacées au fur et à mesure de leur chute par les jeunes pousses.

Les arbustes d'ornement sont décoratifs pour leur floraison. Celle-ci se produit au printemps, en été ou en automne, parfois même en hiver. Les fleurs, nombreuses et aux coloris variés, diffusent un parfum plus ou moins prononcé selon les espèces et les variétés. Il est conseillé d'associer des arbustes dont les floraisons se succèdent du printemps à l'automne si l'on souhaite un décor fleuri le plus longtemps possible.

Pour mettre en valeur les floraisons et augmenter l'effet décoratif d'un massif, il est judicieux de planter des espèces à feuillage coloré. De nombreux arbustes possèdent des feuilles panachées, marbrées ou ponctuées de blanc ou de jaune. D'autres se caractérisent par un feuillage pourpre ou doré. Enfin, certains se distinguent par des feuilles grisâtres ou argentées. Tous ces coloris viennent s'ajouter à la gamme de couleurs dont dispose le jardinier pour aménager ses massifs.

En automne et en hiver, les fleurs étant rares, les baies et les rameaux prennent la relève dans le décor du jardin. Diversement colorées, les baies peuvent persister jusque tard en hiver, si elles ne sont pas mangées par les oiseaux. Les rameaux à écorce décorative prennent toute leur raison d'être dès la chute des feuilles.

Plus de
8 m

3-4 m
à 8 m

0,2 à
3-4 m

Arbuste   Arbrisseau   Arbre

LA MULTIPLICATION ET L'ACHAT

La multiplication des arbustes d'ornement est assez facile à réaliser, à l'exception du greffage ou de l'écussonnage demandant plus d'habileté et d'expérience.

LE BOUTURAGE

Il existe plusieurs techniques de bouturage qui sont le plus souvent adaptées au type de végétaux que l'on souhaite multiplier (voir chapitre "Multiplication des végétaux").

Ainsi les arbustes à feuillage persistant seront bouturés dès août jusqu'en octobre par bouturage à talon.

Les arbustes à feuillage caduc quant à eux seront bouturés de novembre à mars. Il s'agit du bouturage ligneux ou bouture en sec.

Le principe consiste à prélever des rameaux de 20 à 30 cm que l'on repique dans du sable au nord d'un mur. Laisser dépasser quelques centimètres de bois. Pendant l'hiver un cal de cicatrisation se formera à la base du rameau sur lequel apparaîtront les racines au début du printemps.

LE MARCOTTAGE

Le marcottage consiste à provoquer l'enracinement d'un rameau alors qu'il est encore relié au pied mère. Il existe plusieurs techniques de marcottage :

- **Le marcottage par couchage** : cette technique s'applique aux arbustes à rameaux souples. Ceux-ci sont inclinés et enterrés afin que seule la partie terminale sorte de terre, maintenue à l'aide d'un tuteur. Après quelques mois, la partie enterrée émettra des racines qui indiqueront que la marcotte pourra être sevrée.

- **Le marcottage en cépée** : utilisée pour les végétaux à rameaux rigides, cette technique consiste à enfouir le collet et la base des rameaux dans un mélange de sable et de copeaux ou de tourbe, de manière à former une petite butte. Après quelques mois, les rameaux se seront enracinés et pourront être séparés du pied mère.

- **Le marcottage aérien** : cette technique consiste à entourer la tige ou un rameau avec un mélange de tourbe et de mousse, le tout maintenu par un sachet en plastique. Après quelques mois, durant lesquels on aura pris soin de surveiller l'humidité du mélange, on observera la formation de racines qui indiqueront que l'on peut sevrer la marcotte.

LE GREFFAGE

Le greffage est un moyen de multiplication souvent nécessaire pour multiplier les variétés dont le système radiculaire est naturellement peu développé.

Il existe plusieurs modes de greffage que l'on entreprend au printemps ou en hiver.

L'écussonnage est également une greffe. Elle diffère des précédentes par le fait qu'il s'agit non pas d'un rameau, mais d'un bourgeon que l'on applique sur le porte-greffe, cette technique est principalement réservée à la multiplication des Rosiers.

LA DIVISION DE SOUCHE

Certains arbustes d'ornement forment avec les années des souches volumineuses qu'il est possible de diviser en plusieurs fragments que l'on replante séparément. La division est entreprise au printemps ou à l'automne.

LE SEMIS

Le semis est employé pour multiplier les arbustes d'ornement lorsque l'on est sûr que les sujets obtenus seront identiques à l'espèce ou à la variété sur laquelle furent prélevées les graines. Mais bien souvent la fidélité des coloris, du port de la plante ou de son feuillage, ne sont pas garantis. Aussi, on a plutôt recours à la multiplication par voie végétative (moyens vus précédemment).

L'ACHAT DE VEGETAUX

Les modes de culture et de conditionnement des végétaux diffèrent selon les espèces achetées et vont avoir des conséquences sur l'époque et la manière de les planter.

Les plantes en racines nues

L'ensemble des arbustes d'ornement à feuillage caduc est commercialisé en racines nues. Au moment de l'arrachage, en automne ou au printemps, le sujet est débarrassé de la terre qui entoure ses racines. Celles-ci doivent être maintenues au frais, à l'abri du soleil et de la déshydratation.

Pour conserver toutes les chances de reprise de l'arbuste, les racines nues doivent être entreposées en jauge (mélange de terreau et de sable ou du sable uniquement).

Les plantes en motte

L'ensemble des arbustes à feuillage persistant ainsi que certains arbustes dont l'enracinement et la reprise sont délicats, sont commercialisés en motte. Il s'agit de conserver un volume de terre proportionnel au volume du sujet dans lequel les racines ne sont ni endommagées, ni dérangées. Cette motte est maintenue par un filet en plastique ou en fibre bio-dégradable, que les pépiniéristes appellent "tontine".

L'arrachage des sujets en motte s'effectue en automne, hors des périodes de gel, et au printemps. Les mottes sont entreposées dans une jauge afin de garantir la reprise des sujets.

Les plantes en conteneurs

La culture des arbustes en conteneurs, dont la technique nous vient des Etats-Unis, est entreprise depuis quelques dizaines d'années. Elle consiste à cultiver les végétaux dans des pots de tailles variables, leurs racines étant ainsi conservées depuis leur plus jeune âge. Ils n'ont donc pas souffert de l'arrachage et poursuivent leur croissance, une fois en pleine terre, sans aucun choc de transplantation. La garantie de reprise est pratiquement totale pour autant que l'on ait cultivé, soigné et conditionné convenablement les végétaux.

Pour garantir la reprise des arbustes, il est conseillé au moment de l'achat de vérifier certains points :

- Contrôler l'état sanitaire de la plante : éliminer les végétaux dont le feuillage est malade, jaune ou endommagé.

- Contrôler l'état des rameaux et des racines : ceux-ci doivent être sains et non déshydratés.

- Contrôler la qualité du conditionnement des végétaux : les racines nues doivent être stockées en jauge et les mottes doivent être compactes et solidaires de la plante.

- S'assurer de l'origine de l'étiquetage qui garantit l'authenticité des variétés.

LA PLANTATION

EPOQUE

L'époque de plantation des arbustes d'ornement varie selon le mode de conditionnement et le sujet à planter :

- les arbustes caducs en racines nues sont plantés en automne, d'octobre à novembre, et au printemps, dès que le sol n'est plus gelé,
- les arbustes à feuillage persistant en mottes sont plantés de septembre à octobre et dès la fin mars jusqu'en avril,
- les arbustes cultivés en conteneurs peuvent être plantés pratiquement tout au long de l'année, à l'exception des périodes de gel ou de chaleur.

Ces époques de plantation sont à moduler selon la région et la situation du jardin. Elles peuvent être modifiées de 1 à quelques semaines suivant que le jardin soit plus ou moins bien protégé.

MODE DE PLANTATION

Le trou de plantation doit être proportionnel au volume de la motte ou à l'envergure des racines. Il faut, en règle générale, prévoir des dimensions de 20 à 30 cm supérieures à celles du pot ou de la motte. Dans tous les cas, plus la terre est ameublie et amendée autour des racines, plus les chances de reprise sont assurées. Positionner l'arbuste de manière à ce que le collet soit au niveau du sol. Reboucher le trou avec un mélange de terre et de terreau en tassant autour des racines.

Habillage et pralinage

L'habillage d'un arbuste consiste à le préparer à la plantation. Au niveau des racines, il faut tailler celles qui ont été endommagées et couper l'extrémité des autres afin de rafraîchir la coupe.

Débarrasser la couronne des rameaux faibles, blessés ou secs. Les autres seront rabattus légèrement afin d'équilibrer le volume du feuillage à venir avec le volume restant des racines.

Le pralinage des racines consiste à les tremper dans un mélange de boue parfois enrichi d'engrais et d'oligoéléments.

LA PLANTATION DES ARBUSTES DE TERRE DE BRUYERE

Les arbustes de terre de bruyère, comme les Rhododendrons ou les Azalées, ne se plaisent qu'en sol acide. Dans les régions où la terre est plutôt calcaire, il est conseillé de les planter dans une fosse remplie d'un mélange de tourbe et de terre de bruyère ou de terreau de feuilles.

Les parois et le fond de cette fosse seront recouverts d'une bâche en plastique afin d'éviter que les racines ne se développent dans le sol environnant. Le fond de la bâche sera percé de quelques trous qui permettront à l'eau de s'évacuer.

Chaque année, lorsque la terre de bruyère se tasse, il est nécessaire d'apporter de la tourbe ou du terreau neuf.

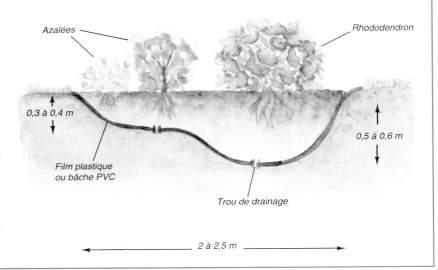

Azalées — Rhododendron
0,3 à 0,4 m — 0,5 à 0,6 m
Film plastique ou bâche PVC — Trou de drainage
2 à 2,5 m

LES SOINS APRES LA PLANTATION

Immédiatement après la plantation, il est conseillé d'arroser copieusement la plante, pour tasser le sol et faire en sorte que la terre adhère aux racines.

La pose d'un tuteur peut être recommandée pour les sujets volumineux car le feuillage, opposant une résistance au vent, risque de faire basculer la plante.

Plus tard, au cours de la saison, il faudra contrôler régulièrement les besoins en eau des végétaux, leur état sanitaire, ainsi que les attaches.

L'ENTRETIEN

La taille

La taille des arbustes d'ornement est nécessaire pour assurer une belle floraison, rajeunir les sujets et maintenir des volumes harmonieux dans un massif. Elle est entreprise selon l'époque de floraison des espèces.

Les arbustes à floraison estivale et automnale sont taillés pendant leur période de repos (en fin d'hiver, de février à mars). Les arbustes à floraison printanière le sont après la floraison et, enfin, ceux à feuillage persistant ou décoratif sont taillés si nécessaire au printemps. Il s'agit alors de supprimer les rameaux âgés et ceux devenant trop envahissants.

Les haies sont taillées deux fois dans l'année, une première fois en avril et une seconde fois en août.

L'arrosage

Le système radiculaire des arbustes d'ornement se développe suffisamment en profondeur pour permettre de puiser dans les réserves d'eau du sol. Cependant, en été, certaines espèces peuvent tout de même souffrir de la sécheresse. Il est conseillé d'arroser copieusement (20 à 30 litres d'eau) au pied de ces plantes, plutôt que d'arroser un peu chaque jour.

Pour limiter l'évaporation de l'eau au niveau du sol et maintenir un certain état de fraîcheur, il est recommandé d'épandre des écorces broyées, du terreau, de la paille ou des copeaux de bois. Cette technique pemet non seulement d'économiser des arrosages mais limite aussi le développement des mauvaises herbes.

La fertilisation

Un apport d'engrais est nécessaire en cours de culture. Il est effectué au moment du bêchage des massifs à la fin de l'hiver et au début du printemps. Les engrais utilisés peuvent être d'origine organique ou chimique, ou encore plus spécifiques à un groupe de végétaux. Ainsi les engrais pour Rhododendrons apportent plus de phosphore et de potasse qu'un autre, car ce sont ces éléments dont la plante a besoin pour fleurir abondamment.

Les traitements

Un traitement ne peut être réussi que s'il est parfaitement apte à soigner tel parasite ou telle maladie. Pour déterminer avec précision l'origine d'un problème, il est parfois plus sûr de confier quelques feuilles ou quelques rameaux à un professionnel pour qu'il puisse conseiller le traitement le plus efficace. L'Institut National de la Recherche Agronomique (I.N.R.A.), ainsi que le Service de la Protection des Végétaux peuvent aussi être sollicités par le jardinier pour résoudre les problèmes de maladies ou de parasites.

L'UTILISATION

Le choix des arbustes d'ornement est vaste et les possibilités d'utilisation le sont également.

Dans tous les cas, il est conseillé d'associer des arbustes à feuillage persistant à raison de 1/3 de ceux-ci pour 2/3 d'arbustes à fleurs. De plus, pour obtenir un meilleur effet décoratif, il est préférable d'échelonner les époques de floraison. Les arbustes à floraison hivernale sont rares, mais ils peuvent rendre d'utiles services pour animer un massif pendant la mauvaise saison. Ils sont souvent associés aux arbustes à écorces décoratives.

LES MASSIFS, BORDURES ET SUJETS ISOLES

Ces utilisations sont les plus courantes. Les massifs regroupent généralement différents arbustes d'ornement, mais aussi des conifères ou des plantes vivaces. Les bordures accompagnent une allée et sont composées d'arbustes nains ou à croissance lente, ainsi que des espèces que l'on taille régulièrement comme le Buis. Les sujets isolés sont généralement des variétés qui possèdent une particularité au niveau du feuillage, du port ou de la floraison, qui mérite d'être mise en valeur sur une pelouse.

> *Pour réussir l'effet décoratif d'un massif, il est conseillé de placer les végétaux à moyen développement au fond ou au centre. Ceux de taille plus réduite seront disposés sur les côtés ou à l'avant de la composition.*

LES HAIES

Les haies sont composées d'arbustes d'ornement dont le but est de créer une clôture. Elles peuvent être défensives en utilisant des végétaux à rameaux épineux pour dissuader les éventuels intrus. Elles peuvent aussi être taillées et prendre ainsi un minimum de place en largeur, pour séparer deux jardins. Enfin, elles peuvent être libres ou variées et rassembler diverses espèces et variétés afin de créer un écran qui se rapproche plus du massif que de la haie de séparation. Les hauteurs et largeurs des haies sont maintenues à l'aide de la taille que l'on effectue 1 à 2 fois dans l'année.

L'écran végétal est composé d'essences plus hautes, qui sont plantées à la manière d'une haie libre.

On associe des arbrisseaux avec des arbustes afin de créer un rideau végétal pour se protéger des regards, du vent ou clore la perspective d'un jardin.

LES TALUS ET LES COUVRE-SOLS

Ces utilisations, moins fréquentes que les précédentes, sont pourtant de plus en plus rencontrées dans les jardins. Les descentes de cave ou de garage, les habitations surélevées sont autant d'exemples qui nécessitent l'utilisation de végétaux à port rampant. Ces derniers doivent être pratiques à entretenir et se contenter d'un minimum de soins, car il est peu aisé de travailler sur un talus. Ensuite, ils doivent s'adapter à des situations souvent peu favorables et, enfin, il faut que leur système radiculaire soit bien développé pour maintenir le terrain.

Seuls quelques arbustes peuvent supporter toutes ces contraintes : le plus courant est certainement le *Cotoneaster* et ses variétés rampantes, mais il y a également les *Hypericum, Genista, Euonymus fortunei, Lonicera nitida* et *pilleata, Potentilla, Symphoricarpos* et les Rosiers couvre-sols.

Les arbustes couvre-sols ont pour but de créer un tapis végétal. On peut utiliser pour cela des espèces à petit développement, par exemple la Lavande, le *Caryopteris* ou les Spirées de petites tailles.

LES BACS

Sur les terrasses et les balcons, la culture des arbustes d'ornement ne peut se faire qu'en bac.

Ces techniques de culture particulières impliquent des soins très appropriés et constants pour maintenir au mieux les végétaux.

L'ART FLORAL

De nombreux arbustes possèdent une floraison spectaculaire, des baies particulièrement décoratives ou des rameaux aux formes exceptionnelles.

On utilise ces éléments en art floral, seuls ou en association avec des fleurs fraîches ou en bouquets secs.

TERMES UTILISES DANS LE DICTIONNAIRE

DESCRIPTION :

• **Description du port de la plante**
- Arbuste tapissant : plante se développant au ras du sol et pouvant atteindre 30 à 40 cm de haut. Ses rameaux courent sur le sol et peuvent s'enraciner à son contact. Dans certains cas, la souche est traçante, c'est-à-dire que les rameaux drageonnent et élargissent un peu plus chaque année le diamètre du sujet. Les fleurs se développent au niveau du feuillage ou au contraire émergent de celui-ci, portées par des hampes florales.
- Arbuste et arbrisseau : voir définitions au début de ce chapitre.
- Arbuste non rustique : arbuste dont les rameaux ainsi que la souche peuvent geler s'ils ne sont pas protégés du froid l'hiver.

• **Description du feuillage**, de ses caractéristiques et de sa persistance ou non.
- Arbuste à feuillage caduc : les feuilles tombent en automne.
- Arbuste à feuillage semi-persistant : les feuilles tombent au moment où les nouvelles apparaissent, c'est-à-dire au printemps.

- Arbuste à feuillage persistant : les feuilles restent d'une année à l'autre.

• **Description des fleurs**, de leur époque de floraison et de leurs coloris. La période de floraison peut varier d'une région à l'autre.

• **Description des fruits ou des écorces**. Certains arbustes d'ornement sont décoratifs pour leurs baies ou la couleur de leur écorce.

EXIGENCES :

• Indications portant sur **le type de sol** dans lequel la plante se développe au mieux.

• Indications sur **les besoins en lumière** :
- Situation ensoleillée : exposition sud, est et ouest avec plus d'une demi-journée de soleil.
- Situation mi-ombragée : exposition est et ouest avec moins d'une demi-journée de soleil.
- Situation ombragée : exposition nord ou en sous-bois par exemple.

UTILISATION :
Principales utilisations conseillées.

ENTRETIEN :
Principaux soins à apporter.

CULTURE :

• **Les modes de multiplication** garantissant les meilleurs taux de reprise.

• **Distance de plantation** recommandée entre chaque plante.

PARASITES ET MALADIES :
Sensibilité particulière à l'encontre des insectes ou des maladies nécessitant une intervention.

ESPECES ET VARIETES :

• **Descriptif du feuillage et des fleurs** des espèces et variétés les plus couramment rencontrées.

• **Indications** comprenant la **hauteur du feuillage** et celle **des inflorescences** lorsque celles-ci se développent au-dessus des feuilles.

• **Diamètre de développement** des espèces tapissantes, indiquant l'importance de la croissance horizontale du sujet. Ces dimensions peuvent varier selon le sol, la fumure, les arrosages, l'environnement ou la région.

ABELIA

Abélia

CAPRIFOLIACEES

Description : arbuste à moyen développement. Feuillage persistant, triangulaire, vert brillant et pourpre, d'aspect très fin et gracieux. Fleurs rose violacé, rose clair ou blanc rosé, se développant le long des rameaux, de juillet à octobre.

Exigences : sol léger, riche et bien drainé. Redoute le calcaire. Situation ensoleillée, mi-ombragée et protégée.

Utilisation : isolé, massif, haie vive, bac.

Entretien : taille tous les 3-4 ans, pour rééquilibrer la plante et régénérer la souche. Arrosage régulier en été, surtout pour des plantations en bac.

Culture : bouturage de rameaux en été. Distance de plantation : 80 à 120 cm.

Espèces et variétés :

A. X grandiflora : feuillage pourpre prenant des teintes bronze en hiver. Fleurs tubulées, blanc rosé, de juillet à octobre. Hauteur : 1 à 1,5 m.
A. X grandiflora 'F. Masson' : feuillage vert à panachures jaune d'or d'un très bel effet décoratif. Hauteur : 1 à 2 m.
A. schumanni : grandes fleurs rose vif, de juillet à octobre. Hauteur : 1 m.

Abelia grandiflora

ACER

Erable d'ornement

ACERACEES

Description : arbuste ou arbrisseau à feuillage décoratif. Feuillage caduc, simple ou composé, entier ou découpé, vert, parfois panaché de jaune ou de blanc, ou encore de couleur pourpre. Fleurs jaunes minuscules se développant avant les feuilles en grappes, tôt au printemps. Fruits ailés réunis en grappes en automne.

Exigences : sol frais, riche ou bien drainé. Certaines espèces craignent le calcaire *(A. palmatum, A. japonicum)*. Situation ensoleillée ou mi-ombragée. Redoute les vents hivernaux.

Utilisation : isolé, massif, haie vive ou naturelle, bac.

Entretien : taille de nettoyage au printemps : éclaircir la couronne, supprimer les rameaux âgés ou se dédoublant. Protection hivernale de certaines espèces *(A. palmatum, A. japonicum)*. Arrosage régulier en été pour les sujets cultivés en bac.

Culture : semis de graines stratifiées au printemps. Greffage pour certaines variétés. Distance de plantation : 1,5 à 3 m.

Parasites et maladies : maladies cryptogamiques au niveau des branches. Accidents physiologiques dus à l'environnement (vent, froid, humidité ou excès d'eau).

Acer palmatum 'Atropurpureum'

Acer japonicum 'Aconitifolium'

Acer palmatum 'Dissectum'

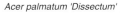

Espèces et variétés :

A. ginnala : Erable de Mandchourie. Arbrisseau à feuillage découpé, vert prenant de très belles teintes rouge-pourpre puis jaunes en automne. Fleurs jaunes réunies en grappes, s'épanouissant tôt au printemps. Fruit à ailettes rouge vif en automne. Hauteur : 4 à 6 m.

A. japonicum : Erable du Japon. Feuillage découpé, vert, se parant de belles teintes automnales. Hauteur : 4 à 6 m.

A. japonicum 'Aconitifolium' : arbuste à feuillage fortement lacinié vert clair prenant des teintes rouge vif en automne. Hauteur : 2 à 3 m.

A. japonicum 'Aureum' : Arbuste à feuillage très décoratif jaune. Situation protégée et ombragée. Hauteur : 1 à 2 m.

A. palmatum : arbrisseau à feuillage composé de 5 à 7 lobes vert clair prenant des teintes rouge orangé en automne. Préfère les sols acides et les situations protégées. Hauteur : 4 à 5 m.

A. palmatum 'Atropurpureum' : Erable à feuillage pourpre. Erable pourpre du Japon. Arbuste à feuillage composé de 5 à 7 lobes, rouge-pourpre d'aspect très gracieux et décoratif. Hauteur : 3 à 5 m.

A. palmatum 'Bloodgood' : arbuste à feuillage brun foncé, très joliment lacinié. Hauteur : 2 à 4 m.

A. palmatum 'Dissectum' syn. *A. palmatum* 'Dissectum viridis'. Arbuste à feuillage très découpé, d'aspect très fin, vert clair prenant des teintes jaune orangé en automne. Hauteur : 1 à 2 m.

A. palmatum 'Dissectum Garnet' : Erable du Japon pourpre à feuilles laciniées. Arbuste à feuillage fortement découpé et lacinié, rouge-brun. Hauteur : 1 à 2 m.

A. palmatum 'Ornatum' : Arbuste à feuillage fin, rouge-pourpre. Hauteur : 1 à 2 m.

Acer palmatum 'Dissectum Garnet'

Amelanchier canadensis

AMELANCHIER

ROSACEES

Description : arbuste à fleurs. Feuillage caduc, ovale, vert clair, prenant des teintes rouge orangé en automne. Baies bleu foncé presque noires, comestibles en août-septembre.

Exigences : sol frais, bien drainé et riche. Supporte le calcaire. Situation ensoleillée ou mi-ombragée.

Utilisation : isolé, massif, haie naturelle, bac.

Entretien : rabattre 1/3 des branches au printemps afin de régénérer la souche. Arrosage régulier en été.

Culture : semis de graines stratifiées au printemps. Greffage sur *Crataegus* au printemps. Distance de plantation : 150 à 200 cm.

Parasites et maladies : pucerons, chenilles.

Espèces et variétés :

A. canadensis : Amélanchier du Canada. Feuillage ovale, vert clair prenant des teintes jaune orangé en automne. Fleurs blanches en avril-mai. Hauteur : 3 à 4 m.

A. canadensis 'Grandiflora' : grandes fleurs blanches réunies en grappes en avril. Hauteur : 3 m.

A. laevis : feuillage rouge vif en automne. Grandes fleurs blanches en avril. Baies noires en été. Hauteur : 4 m.

A. ovalis : espèce indigène. Feuillage ovale, vert et légèrement tomenteux. Fleurs blanches en avril. Baies noires sans valeur gustative. Hauteur : 2 à 3 m.

AMORPHA

LEGUMINEUSES

Description : arbuste à fleurs. Feuillage caduc, finement découpé ou entier, vert et bleuté. Fleurs violet-pourpre réunies en panicules terminales, s'épanouissant de juillet à août.

Exigences : sol léger et bien drainé. Supporte les terrains pauvres. Situation ensoleillée.

Utilisation : rocaille, talus, massif, isolé et bac.

Entretien : rabattre les rameaux de moitié au printemps. Supprimer les fleurs après la floraison. Arrosage conseillé en été.

Culture : semis de graines stratifiées au printemps. Marcottage et bouturage de rameaux en été. Distance de plantation : 80 à 100 cm.

Espèces et variétés :
A. canescens : feuillage grisâtre. Fleurs bleu violacé en panicules, en juillet-août. Hauteur : 0,6 à 0,8 m.
A. fruticosa : Faux-Indigo. Feuillage allongé et vert. Fleurs violacées réunies en panicules de 15 à 20 cm, de juin à août. Hauteur : 2 à 3 m.

Amorpha fruticosa

ANDROMEDA

Andromède

ERICACEES

Description : arbuste tapissant à feuillage décoratif. Feuillage étroit, persistant, se développant sur des rameaux rampants. Fleurs rose clair, s'épanouissant en mai-juin.

Exigences : sol riche, frais et meuble. Ne supporte pas le calcaire. Situation mi-ombragée.

Utilisation : massif de plantes de terre de bruyère, isolé, rocaille et bac.

Entretien : taille de nettoyage au printemps. Arrosage en été. Supprimer les fleurs après la floraison.

Culture : marcottage ou bouturage de feuilles au printemps. Distance de plantation : 30 à 40 cm.

Espèces et variétés :
A. polifolia : fleurs roses en mai-juin. Hauteur : 0,5 m. Diamètre : 0,4 à 0,6 m.
A. polifolia 'Compacta' : feuillage en forme d'aiguilles persistantes et vertes. Fleurs roses en mai-juin. Hauteur : 0,15 à 0,20 m.

ARALIA

Angélique de Chine

ARALIACEES

Description : arbuste à feuillage décoratif. Feuillage caduc, composé de folioles vertes, se développant sur un pétiole et des tiges épineuses. Fleurs blanches réunies en panicules, s'épanouissant d'août à septembre.

Exigences : sol léger et bien drainé. Supporte les sols secs. Situation ensoleillée ou mi-ombragée.

Utilisation : isolé, rocaille, bac, jardin japonais ou original.

Entretien : supprimer les fleurs fanées et le feuillage sec ou jaune. Rabattre les tiges au ras de la souche lorsque de nouvelles pousses se sont développées indiquant que les anciens rameaux ont gelé. Arrosage conseillé en bac.

Culture : semis au printemps. Bouturage de racines au printemps. Distance de plantation : 60 à 120 cm.

Aralia japonica

Espèces et variétés :
A. elata : grandes feuilles de 80 cm, composées de folioles vertes. Fleurs blanches réunies en panicules, en août-septembre. Hauteur : 2 à 3 m.
A. elata 'Albo-marginata' : feuillage vert panaché de blanc. Hauteur : 2 m.
A. elata 'Aurea-marginata' : feuillage vert panaché de jaune.

A. japonica : syn. *Fatsia japonica*. Feuillage persistant, palmé, vert et brillant, d'aspect exotique. Fleurs blanches réunies en épis terminaux denses, s'épanouissant en été. Hauteur : 2 à 2,5 m.
A. japonica 'Variegata' : feuillage vert à macules blanches. Hauteur : 1,5 m.
A. japonica 'Variegata Aurea' : feuillage vert à panachures jaunes. Hauteur : 1,5 m.

> *Espèces à feuillage décoratif souvent répertoriées sous le nom de Fatsia et utilisées pour la décoration d'un jardin peu lumineux ou d'une véranda en hiver.*

ARBUTUS

Arbousier,
Arbre aux fraises

ERICACEES

Description : arbuste à feuillage décoratif non rustique dans certaines régions. Feuillage persistant, vert foncé, elliptique. Fleurs blanc rosé réunies en grappes pendantes en fin d'été, début d'automne. Fruits rouges, arrondis, arrivant à maturité en automne et au début de l'hiver.

Exigences : sol riche, léger et bien drainé. Ne supporte pas le calcaire. Supporte les embruns. Situation ensoleillée ou mi-ombragée.

Utilisation : isolé, massif et bac.

Entretien : taille de nettoyage au printemps : supprimer les rameaux se dédoublant et rajeunir la couronne. Arrosage régulier en été pour les sujets cultivés en bac. Hivernage sous abri, de novembre à mai dans les régions froides (température 5 °C).

Culture : semis de graines stratifiées au printemps. Marcottage au printemps. Distance de plantation : 120 à 200 cm.

Espèces et variétés :
A. unedo : feuillage elliptique, persistant et vert foncé. Fleurs blanc rosé, d'octobre à novembre. Fruits orange, globuleux et comestibles en hiver. Hauteur : 3 à 4 m.
A. unedo 'Compacta' : feuillage persistant, vert foncé. Port compact et arrondi. Hauteur : 1,5 à 2 m.

ARCTO-STAPHYLLOS

Raisin d'ours, Busserole

ERICACEES

Description : arbuste tapissant à feuillage décoratif. Feuillage persistant, minuscule, arrondi et vert brillant. Fleurs roses réunies par grappes, s'épanouissant au printemps. Baies rouges en automne, persistant en hiver.

Exigences : sol riche, léger et bien drainé. Supporte le calcaire. Situation ensoleillée ou mi-ombragée.

Utilisation : talus, rocaille, bac et couvre-sol efficace sous des arbustes.

Entretien : supprimer les rameaux devenant trop envahissants. Arrosage régulier en été pour les plantes en bac.

Culture : bouturage de rameaux et marcottage. Distance de plantation : 30 à 40 cm.

Espèces et variétés :
A. uva-ursi : feuillage persistant, obovale et coriace. Fleurs roses, de mars à juillet. Hauteur : 0,15 à 0,20 m. Diamètre : 0,4 à 0,5 m.

L'Arctostaphyllos est un arbuste tapissant qui peut remplacer le Cotonéaster couvre-sol. Son feuillage et ses fleurs présentent un attrait décoratif intéressant. Les paysagistes l'utilisent pour remplacer progressivement le Cotoneaster dammeri trop souvent utilisé sur les talus et sensible au feu bactérieur. Il est cependant beaucoup plus lent à se développer et préfère les sols frais et riches en humus.

ATRIPLEX

Arroche

CHENOPODIACEES

Description : arbuste à feuillage décoratif. Feuillage semi-persistant, ovale et grisâtre. Fleurs verdâtres, réunies en grappes, s'épanouissant de mai à août.

Exigences : sol bien drainé et léger. Supporte les sols secs et les embruns. Situation ensoleillée.

Utilisation : isolé, massif, haie, bac en région maritime.

Entretien : taille de nettoyage au printemps. Arrosage conseillé en bac pendant l'été.

Culture : division de souche et semis au printemps. Distance de plantation : 60 à 80 cm.

Espèces et variétés :
A. halimus : Pourpier de mer. Feuillage argenté semi-persistant. Fleurs sans intérêt, de juin à septembre. Hauteur : 2 à 3 m.

Arbutus unedo

Aucuba japonica 'Crotonifolia'

AUCUBA
Aucuba du Japon

CORNACEES

Description : arbuste à feuillage décoratif. Feuillage lancéolé, pointu, luisant, vert ou panaché de jaune. Fleurs sans intérêt décoratif. Baies ovales rouges nécessitant des sujets mâles et femelles (plante dioïque).

Exigences : sol riche, frais et meuble. Ne supporte pas le calcaire. Situation mi-ombragée ou ombragée.

Utilisation : isolé, massif, haie taillée ou naturelle et bac.

Entretien : supprimer les rameaux âgés et taille de rajeunissement tous les 2 ou 3 ans. Arrosage régulier en bac en été. Protection hivernale du feuillage contre les vents en régions froides.

Culture : semis de graines stratifiées au printemps. Bouturage de rameaux en été et en automne sous serre. Distance de plantation : 80 à 150 cm.

Espèces et variétés :
A. japonica 'Crotonifolia' : feuillage coriace et brillant, vert, ponctué de taches jaunes. Hauteur : 1 à 3 m.
A. japonica 'Longifolia' : feuillage particulièrement allongé, vert et denté. Nombreuses baies rouges en automne.
A. japonica 'Picturata' : feuillage vert foncé à macules jaunes. Baies rouge vif sur les plantes femelles en automne. Hauteur : 1 à 2 m.
A. japonica 'Sulphurea' : feuillage vert panaché de jaune. Hauteur : 1 à 2 m.
A. japonica 'Variegata' : feuillage vert brillant irrégulièrement ponctué de jaune. Hauteur : 2 à 3 m.

AZALEA
Azalée

ERICACEES

Description : arbuste à fleurs. Feuillage arrondi, persistant ou caduc, vert, souvent velu et brunâtre à la face inférieure. Fleurs abondantes, roses, rouges, pourpres, mauves, jaunes, orange, violettes, blanches, s'épanouissant de mars à juin.

Exigences : sol frais, riche et bien drainé. Craint le calcaire. Situation mi-ombragée ou ombragée.

Utilisation : massif de plantes de terre de bruyère, rocaille, bac, isolé.

Entretien : taille de nettoyage au printemps. Equilibrer la couronne en supprimant les rameaux âgés et ceux se dédoublant. Supprimer les fleurs fanées après la floraison. Arrosage régulier en été.

Culture : bouturage de rameaux au printemps ou en été. Distance de plantation : 40 à 70 cm.

Espèces et variétés :
Ces groupes de plantes sont souvent associés au genre Rhododendron.
A. japonica : Azalée japonaise. Nombreuses variétés unies ou bicolores, de couleur blanche, rose, pourpre, mauve ou violacée, de mars à juin. Hauteur : 0,5 à 1,5 m.
A. mollis : Azalée de Chine. Feuillage caduc, vert. Fleurs jaunes, orange, roses ou blanches, réunies en grappes, s'épanouissant de mars à juin. Hauteur : 1 à 2 m.
A. knaphill : Azalée de Chine - Hybrides. Nombreuses variétés aux coloris divers et parfumées. Hauteur : 1,5 à 2 m.

Actuellement les Azalées et les Rhododendrons sont regroupés sous la seule dénomination de RHODODENDRON. Il est vrai que leur floraison et leur port se ressemblent et la distinction entre ces deux genres est difficile. Cependant, d'un point de vue botanique, les Rhododendrons se distinguent des Azalées par leur nombre d'étamines. Les Rhododendrons en possèdent 10 alors que les Azalées n'en possèdent que 5.

Azalea mollis

Azalea japonica

Azalea mollis

Azalea japonica

Berberis julianae

Berberis darwinii

Berberis X ottawensis 'Auricona'

BERBERIS
Epine-vinette, Berbéris
BERBERIDACEES

Description : arbuste à feuillage décoratif. Feuillage caduc ou persistant, arrondi, ovale ou allongé, vert, pourpre ou panaché, se développant sur des rameaux épineux. Fleurs jaunes en grappes denses, s'épanouissant en mars-avril. Baies rouges ou bleu foncé en automne.

Exigences : sol léger et bien drainé. S'accommode de terrains pauvres. Situation ensoleillée ou mi-ombragée. Supporte les situations chaudes et très exposées.

Utilisation : isolé, massif, bordure, rocaille, haie naturelle ou défensive et bac.

Entretien : taille de nettoyage au printemps. Taille en avril et en août, des sujets cultivés en haie. Arrosage des plantes en bac en été.

Culture : semis de graines stratifiées au printemps. Bouturage de rameaux en septembre-octobre. Distance de plantation : 80 à 120 cm. En haie : 50 à 60 cm.

Parasites et maladies : très résistant aux parasites et à la pollution de l'air. Sensible à l'oïdium en fin de saison.

Berberis thunbergii

Espèces et variétés :

B. buxifolia 'Nana' : feuillage persistant, vert, arrondi, ressemblant à celui du Buis. Fleurs jaunes en mai. Port compact et trapu. Hauteur : 0,3 à 0,5 m.

B. candidula : feuillage persistant, vert foncé, brillant au-dessus et argenté au-dessous des feuilles. Fleurs jaune d'or en mai-juin. Hauteur : 0,4 à 0,5 m.

B. darwinii : feuillage vert, persistant, découpé et ressemblant à celui du Houx. Fleurs orange en mai-juin. Hauteur : 1 à 1,5 m.

B. X frikartii 'Amstelveen' : feuillage persistant, vert brillant et bleuté à la face inférieure. Fleurs jaune vif en mai-juin. Hauteur : 0,8 à 1 m.

B. gagnepainii : feuillage persistant, lancéolé, à bords épineux, vert clair. Fleurs jaune d'or en avril-mai. Hauteur : 1,5 m.

B. julianae : feuillage allongé, persistant, vert prenant des teintes rousses en automne et se développant sur des rameaux très épineux. Fleurs jaune soufre en mai. Hauteur : 2 à 3 m.

B. julianae 'Dart's Superb' : feuillage persistant vert clair. Hauteur : 2 m.

B. julianae 'Lombarts Red' : feuillage persistant, vert clair et lie-de-vin à la face inférieure. Hauteur : 2 m.

B. media 'Red Jewel' : feuillage pourpre et persistant. Hauteur : 1 à 1,5 m.

B. X ottawensis 'Auricona' : feuillage caduc et pourpre. Fleurs jaune d'or, d'avril à juin. Hauteur : 2 à 2,5 m.

B. X ottawensis 'Superba' : feuillage caduc et pourpre. Fleurs jaune clair d'avril à juin. Baies rouge vif en automne. Hauteur : 2 m.

B. X stenophylla : feuillage persistant, très fin et vert foncé. Fleurs jaune-orange en avril-mai. Hauteur : 1,5 m.

B. thunbergii : feuillage caduc, vert, prenant de belles teintes orangées en automne. Fleurs jaunes en avril-mai. Baies rouges en automne. Hauteur : 1 à 2 m.

B. thunbergii 'Atropurpurea' : feuillage pourpre et caduc. Hauteur : 1,2 à 1,5 m.

B. thunbergii 'Atropurpurea Nana' : feuillage caduc et pourpre. Fleurs jaunes en mai. Hauteur : 0,4 m.

B. thunbergii 'Bagatelle' : feuillage caduc, rouge-pourpre particulièrement lumineux au début du printemps. Fleurs jaunes en mai. Hauteur : 0,2 à 0,3 m.

B. thunbergii 'Green Carpet' : feuillage caduc, vert, à port tapissant. Hauteur : 0,3 à 0,4 m.

B. thunbergii 'Harlequin' : feuillage caduc, pourpre, à macules roses, grises ou blanches. Hauteur : 1 à 2 m.

B. thunbergii 'Kobold' : feuillage caduc, vert brillant possédant des rameaux rouges. Hauteur : 0,4 m.

B. thunbergii 'Pink Queen' : feuillage caduc, pourpre, à macules roses, rouges et blanches. Hauteur : 1,2 à 1,5 m.

B. thunbergii 'Red Chief' : feuillage caduc, rouge-brun se développant sur des rameaux souples. Hauteur : 1,5 m.

B. verruculosa : feuillage persistant, vert foncé, brillant et bleuté à la face inférieure. Hauteur : 1,2 m.

B. wilsoniae : feuillage caduc, vert clair se développant sur des rameaux vigoureux. Fleurs jaunes en avril-mai. Baies rouge corail en automne. Hauteur : 0,8 à 1 m.

BUDDLEJA
Arbuste aux papillons

BUDDLEJACEES

Description : arbuste à fleurs. Feuillage caduc, vert grisâtre ou panaché de jaune, allongé et terminé en pointe. Fleurs blanches, roses, mauves, violettes, bleues ou jaunes, réunies en épis terminaux, s'épanouissant de juin-juillet à septembre-octobre.

Exigences : sol léger et bien drainé. S'accommode des sols pauvres. Situation ensoleillée ou mi-ombragée.

Utilisation : isolé, massif, bac et art floral.

Entretien : rabattre très court tous les rameaux au printemps. Supprimer les fleurs fanées pour provoquer une seconde floraison en automne. Arrosage en été des plantes cultivées en bac.

Culture : semis au printemps. Marcottage ou bouturage de rameaux au printemps et en été. Distance de plantation : 80 à 150 cm.

Espèces et variétés :
B. alternifolia : feuillage caduc, allongé, se développant sur des rameaux souples. Fleurs lilas clair en mai-juin. Hauteur : 2 à 3 m.
B. davidii 'Black Night' : fleurs violet foncé, de juillet à septembre. Hauteur : 2 à 3 m.
B. davidii 'Empire Blue' : fleurs bleu foncé en panicules, de 20 à 30 cm, de juillet à septembre. Hauteur : 2 à 3 m.
B. davidii 'Harlequin' : feuillage vert grisâtre panaché de blanc crème. Fleurs rouges, de juillet à septembre. Hauteur : 1,5 à 2 m.

B. davidii 'Nanho Blue' : port compact. Feuillage étroit et vert grisâtre. Fleurs bleues, de juillet à septembre. Hauteur : 1 à 2 m.
B. davidii 'Nanho Purple' : port compact. Feuillage étroit et vert grisâtre. Fleurs rouges, de juillet à septembre. Hauteur : 1 à 2 m.
B. davidii 'Pink Delight' : très grandes inflorescences roses, de juillet à septembre. Hauteur : 3 m.
B. davidii 'Royal Red' : fleurs rouge-pourpre, de juillet à septembre. Hauteur : 3 m.
B. davidii 'White Profusion' : Fleurs blanches, de juillet à septembre. Hauteur : 3 m.
B. globosa : feuillage allongé et semi-persistant. Fleurs jaune orangé, globuleuses, s'épanouissant en mai-juin. Hauteur : 2 à 3 m.

Buddleja davidii

Buxus sempervirens

BUXUS
Buis

BUXACEES

Description : arbuste à feuillage décoratif. Feuillage persistant, arrondi, allongé, vert foncé, brillant, parfois panaché de blanc ou de jaune, à odeur prononcée. Fleurs blanches, sans intérêt décoratif.

Exigences : sol bien drainé. Situation ensoleillée, mi-ombragée ou ombragée.

Utilisation : isolé, massif, bordure, haie taillée ou naturelle, sous-bois et art topiaire (boule, pyramide).

Entretien : supprimer les rameaux devenant trop envahissants au printemps. Taille des haies en avril et en août. Arrosage régulier en été pour les sujets cultivés en bac.

Buxus sempervirens 'Suffruticosa'

Culture : bouturage de rameaux d'août à février. Distance de plantation : 80 à 100 cm. 50 à 60 cm pour les haies, 15 à 20 cm pour les bordures.

Parasites et maladies : cochenilles et araignées rouges en situation sèche.

Espèces et variétés :
B. sempervirens : Buis commun. Feuillage persistant ovoïde, vert foncé et brillant. Hauteur : 1 à 2 m.
B. sempervirens 'Elegans' : feuillage persistant, vert bordé d'un liseré blanc. Port érigé. Hauteur : 3 m.
B. sempervirens 'Rotundifolia' : grandes feuilles persistantes, arrondies et gaufrées. Hauteur : 1 à 1,5 m.
B. sempervirens 'Suffruticosa' : Buis à bordure. Petites feuilles ovales, vert clair et brillantes. Hauteur : 0,3 à 0,5 m.

CALLICARPA

VERBENACEES

Description : arbuste à baies décoratives. Feuillage caduc, simple, légèrement denté et vert. Fleurs rose-lilas de juin à août. Baies violacées de septembre à novembre, très décoratives.

Exigences : sol léger, meuble. Supporte le calcaire. Situation ensoleillée ou mi-ombragée.

Utilisation : isolé, massif, bac et branches à couper pour l'art floral.

Entretien : supprimer les rameaux envahissants en équilibrant la couronne au printemps. Arrosage conseillé en été.

Culture : bouturage de rameaux ou de racines, et marcottage au printemps. Distance de plantation : 120 à 150 cm.

Espèces et variétés :
C. bodinieri 'Giraldii' : baies pourpre violacé. Hauteur : 2 m.
C. bodinieri 'Profusion' : fleurs rose-lilas, de juin à août. Baies violet foncé dès septembre persistant jusqu'en novembre, très nombreuses et très décoratives. Hauteur : 2 m.

CALLUNA
Bruyère d'été,
Bruyère commune

ERICACEES

Description : arbuste tapissant. Feuillage persistant linéaire, imbriqué, vert ou doré formant un petit buisson. Fleurs simples ou doubles en forme de clochettes, roses, rose foncé, violettes, blanches, s'épanouissant d'août à septembre.

Exigences : sol frais, meuble et riche. Craint le calcaire. Situation ensoleillée ou mi-ombragée.

Utilisation : couvre-sol en sous-bois, association avec des arbustes de terre de bruyère, bac et scène naturelle.

Entretien : rabattre les rameaux après la floraison ou au printemps. Arrosage régulier des plantes cultivées en bac.

Culture : bouturage de rameaux en août-septembre dans du sable. Distance de plantation : 25 à 30 cm.

Espèces et variétés :
C. vulgaris : nombreuses variétés aux coloris variés, du rose au violet. Feuillage vert ou doré. Hauteur : 0,35 à 0,60 m. Diamètre : 0,5 m.
C. vulgaris 'Alba Plena' : fleurs doubles blanches, de septembre à octobre.
C. vulgaris 'Aurea' : fleurs blanches, d'août à septembre. Feuillage jaune d'or.
C. vulgaris 'Cuprea' : fleurs violettes, en août-septembre. Feuillage jaune cuivré et luisant.
C. vulgaris 'Mullion' : fleurs roses et violettes, août-septembre.
C. vulgaris 'Peter Sparkes' : fleurs doubles rose foncé en septembre-octobre.

Calycanthus floridus

CALYCANTHUS
Arbre Pompadour

CALYCANTHACEES

Description : arbuste à fleurs. Feuillage caduc, vert, ovale et duveteux. Fleurs particulières rouge-brun, délicatement parfumées, s'épanouissant en juin-juillet.

Exigences : sol meuble et bien drainé. Situation ensoleillée ou mi-ombragée.

Utilisation : isolé, massif.

Entretien : supprimer les rameaux devenant trop envahissants en équilibrant la couronne. Arrosage régulier en été.

Culture : marcottage de rameaux au printemps. Distance de plantation : 100 à 150 cm.

Espèces et variétés :
C. floridus : rameaux et racines à odeur de clous de girofle. Feuillage simple et vert. Fleurs rouge-brun en juin-juillet, à odeur de fraises. Hauteur : 2 m.

CAMELLIA
Camélia

THEACEES

Description : arbuste à fleurs. Feuillage ample, persistant, denté et vert brillant. Fleurs simples ou doubles, roses, rose foncé, rouges, blanches ou bicolores, s'épanouissant de février à avril.

Exigences : sol riche, meuble et frais. Craint le calcaire. Situation mi-ombragée.

Utilisation : isolé, massif de plantes de terre de bruyère, bac. A cultiver en situation protégée des vents froids et du gel.

Entretien : taille de nettoyage au printemps. Supprimer les fleurs fanées. Arrosage régulier en été.

Culture : bouturage et marcottage de rameaux en août-septembre. Greffage sur des sujets issus de semis. Distance de plantation : 120 à 150 cm.

Parasites et maladies : cochenilles, pucerons, araignées rouges.

Espèces et variétés :
C. japonica : espèce possédant d'innombrables variétés. Hauteur : 3 à 4 m.
C. japonica 'Adolph Adusson' : fleurs doubles rouge vif en mars-avril.
C. japonica 'Chandler's Rustique' : fleurs doubles roses en mars-avril.
C. japonica 'Directeur Moerland' : fleurs doubles rouges.
C. japonica 'Donation' : fleurs doubles rose pâle, de mars à mai.
C. japonica 'Rosa Plena' : fleurs doubles rose pâle en mars-avril.
C. sasanqua : feuillage persistant, vert foncé et étroit. Fleurs simples, blanches ou roses, de novembre à avril. Hauteur : 2 à 3 m.

Calluna vulgaris

Camellia sasanqua

CARAGANA

Acacia jaune

LEGUMINEUSES

Description : arbuste à fleurs. Feuillage caduc, composé de petites folioles vert clair d'aspect gracieux. Fleurs jaunes, réunies en grappes, s'épanouissant d'avril à juin. Fruits en forme de gousses en été.

Exigences : sol meuble et bien drainé. Supporte les sols pauvres et secs. Situation ensoleillée et chaude.

Utilisation : isolé, massif, rocaille et bac.

Entretien : rabattre les rameaux de moitié au printemps. Arrosage des plantes cultivées en bac conseillé en été.

Culture : marcottage ou bouturage de rameaux en été. Greffage sur *C. arborescens*. Distance de plantation : 120 à 150 cm.

Espèces et variétés :
C. arborescens : feuillage caduc, arrondi, très fin et décoratif. Hauteur : 2 m.
C. arborescens 'Lobergii' : feuillage finement lacinié, vert clair, ressemblant à celui du fenouil. Fleurs jaunes en grappes, de mai à août.
C. arborescens 'Pendula' : rameaux pleureurs. Variété cultivée sur tige pour laisser s'épanouir des rameaux retombants.

Caragana arborescens

Caryopteris X clandonensis

CARYOPTERIS

VERBENACEES

Description : arbuste à fleurs. Feuillage caduc, lancéolé, denté, vert bleuté. Fleurs bleu violacé réunies en grappes et disposées régulièrement le long de la tige, de juillet-août à septembre-octobre.

Exigences : sol léger et bien drainé. Situation ensoleillée et chaude.

Utilisation : isolé, massif, rocaille, talus, et bac.

Entretien : rabattre très court les rameaux au printemps. Arrosage régulier en été, des plantes cultivées en bac. Supprimer les fleurs après la floraison.

Culture : semis de graines au printemps. Bouturage de rameaux en été. Distance de plantation : 60 à 80 cm.

Espèces et variétés :
C. X clandonensis : feuillage gris bleuté. Fleurs bleu violacé, de juillet à septembre. Hauteur : 1 m.
C. X clandonensis 'Heavenly Blue' : fleurs bleu foncé, juillet-septembre. Hauteur : 1 m.
C. X clandonensis 'L. Cornuz' : fleurs bleu foncé. Hauteur : 0,6 m.

CEANOTHUS

Céanothe

RHAMNACEES

Description : arbuste à fleurs. Feuillage caduc ou persistant, vert clair ou foncé. Fleurs bleues, bleu foncé, roses, réunies en petites grappes très denses, s'épanouissant de juillet à septembre.

Exigences : sol léger et bien drainé. Situation ensoleillée et chaude.

Ceanothus X delilianus 'Gloire de Versailles'

Utilisation : isolé, rocaille, massif, bac et sujet palissé *(C. impressus)*.

Entretien : rabattre court les rameaux au printemps. Arrosage régulier en été. Supprimer les fleurs après leur épanouissement. Protection hivernale conseillée dans les régions aux hivers froids.

Culture : bouturage et marcottage. Distance de plantation : 80 à 100 cm.

Espèces et variétés :
C. X delilianus 'Gloire de Versailles' : feuillage caduc, vert clair. Fleurs bleu foncé réunies en panicules, de juillet à octobre. Hauteur : 1 à 1,5 m.
C. X delilianus 'Henry Desfossé' : feuillage caduc. Fleurs bleu foncé réunies en panicules plus volumineuses que celles de la variété précédente. Hauteur : 1,5 m.
C. impressus : feuillage vert foncé, brillant, denté et persistant. Fleurs bleu intense, en juin-juillet. Arbuste à palisser. Hauteur : 2 m.
C. X pallidus 'Marie Simon' : feuillage caduc. Fleurs roses en panicules, de juillet à octobre. Hauteur : 0,8 à 1 m.
C. thyrsiflorus : feuillage ovale, vert, denté et persistant. Fleurs bleues en grappes, de mai à juin. Hauteur : 1 à 2 m.
C. thyrsiflorus 'Repens' : feuillage persistant. Fleurs bleu clair en avril. Port rampant. Hauteur : 0,4 à 0,5 m.

Ceanothus impressus

Chænomeles japonica

CHÆNOMELES
Cognassier à fleurs

ROSACEES

Description : arbuste à fleurs. Feuillage caduc, vert, prenant de belles teintes orangées en automne. Fleurs simples ou doubles, réunies en grappes denses, s'épanouissant en avril-mai, avant les feuilles. Fruits non comestibles, en forme de pommes ou de coings, très parfumés et persistant longtemps en hiver.

Exigences : sol léger et bien drainé. Situation ensoleillée ou mi-ombragée.

Utilisation : isolé, massif, couvre-sol pour talus, bac, fleur coupée et palissage (*C. X superba* 'Nicoline').

Entretien : rabattre les rameaux après la floraison en conservant les fruits, afin de favoriser l'émission de nouveaux rameaux qui fleuriront l'année suivante. Arrosage régulier en été des sujets cultivés en bac. Palissage des rameaux tout au long de l'été (sujets palissés).

Culture : bouturage de rameaux sous serre en été. Greffage au printemps. Distance de plantation : 80 à 120 cm.

Espèces et variétés :

C. japonica : Cognassier du Japon. Fleurs rouge-vermillon en avril. Fruits nombreux. Hauteur : 0,8 à 1 m.

C. japonica 'Alba' : fleurs blanches. Hauteur : 0,8 m.

C. japonica 'Grandiflora' : fleurs roses. Hauteur : 0,8 m.

C. speciosa 'Falconnet Charlet' : fleurs semi-doubles, rose clair. Fruits nombreux. Hauteur : 1,5 m.

C. speciosa 'Rubra Grandiflora' : fleurs doubles, rouge brillant. Fruits nombreux. Hauteur : 1,5 m.

C. speciosa 'Umbilicata' : fleurs rouge-saumon, de février à avril. Hauteur : 1,5 à 2 m.

C. X superba 'Crimson and Gold' : fleurs simples, rouge vif à anthères jaunes. Croissance étalée. Hauteur : 1 m.

C. X superba 'Hollandia' : fleurs rouge écarlate en avril. Hauteur : 1,5 m.

C. X 'Nicoline' : fleurs doubles rouge carmin en avril-mai. Fruits côtelés en automne. Hauteur : 1,2 m.

CERCIS
Arbre de Judée

LEGUMINEUSES

Description : arbrisseau à fleurs. Feuillage arrondi, vert glauque. Fleurs roses caractéristiques des Légumineuses, se développant le long des rameaux et avant la feuillaison en avril-mai. Fruits en forme de gousses persistant longtemps en hiver.

Exigences : sol riche, frais. Supporte le calcaire. Situation ensoleillée ou mi-ombragée.

Utilisation : isolé, bosquet, arbre sur tige ou cépée.

Entretien : taille de nettoyage au printemps. Supporte une taille sévère de rajeunissement tous les 5 à 6 ans.

Culture : bouturage de rameaux en été sous serre. Semis au printemps. Distance de plantation : 150 à 300 cm.

Espèces et variétés :

C. siliquastrum : feuillage caduc et arrondi. Fleurs roses, en avril-mai. Craint les hivers froids. Hauteur : 4 à 6 m.

Cercis siliquastrum

CHIMONANTHUS
Chimonanthe

CALYCANTHACEES

Description : arbuste à fleurs. Feuillage caduc, elliptique et vert. Fleurs blanc jaunâtre, maculées de taches pourpres, très parfumées, s'épanouissant de novembre à mars.

Exigences : sol léger et bien drainé. Situation ensoleillée ou mi-ombragée mais protégée.

Utilisation : isolé, massif et art floral.

Entretien : taille de nettoyage après la floraison en conservant les rameaux de 2 ans sur lesquels apparaissent les fleurs.

Culture : marcottage au printemps. Distance de plantation : 80 à 120 cm.

Espèces et variétés :
C. praecox : fleurs jaune pâle à macules pourpres de novembre à mars, très parfumées. Hauteur : 2 à 2,5 m.
C. praecox 'Grandiflorus' : grandes fleurs jaunes moins parfumées. Hauteur : 3 m.

CHIONANTHUS
Arbre de neige

OLEACEES

Description : arbuste à fleurs. Feuillage caduc, oblong et vert. Fleurs blanches réunies en grappes pendantes, s'épanouissant en juin.

Exigences : sol léger, frais et riche. Craint le calcaire. Situation ensoleillée ou mi-ombragée.

Utilisation : isolé, massif et association avec des plantes de terre de bruyère.

Entretien : taille de nettoyage au printemps. Supprimer les fleurs après la floraison. Arrosage conseillé en été.

Culture : bouturage de rameaux en été. Greffage au printemps. Distance de plantation : 100 à 120 cm.

Espèces et variétés :
E. virginicus : longues grappes de fleurs blanches en juin. Hauteur : 3 m.

CHOISYA
Oranger du Mexique

RUTACEES

Description : arbuste à feuillage décoratif. Feuillage persistant, composé de folioles vert clair, dégageant une odeur. Fleurs simples, nombreuses et blanches, réunies en grappes et s'épanouissant en avril-mai.

Exigences : sol léger et bien drainé. Supporte le calcaire. Situation ensoleillée et chaude.

Utilisation : isolé, massif, haie naturelle et bac.

Entretien : taille de nettoyage au printemps. Supprimer les fleurs fanées. Arrosage conseillé en été. Protection hivernale indispensable en hiver dans les régions froides.

Culture : bouturage de feuilles en automne. Distance de plantation : 80 cm.

Espèces et variétés :
C. ternata : feuillage persistant vert clair. Fleurs blanches en avril-mai. Hauteur : 1,2 à 1,5 m.

Les fleurs de Choisya délicatement parfumées comme celles de l'Oranger sont à l'origine de son appellation "Oranger du Mexique".

CISTUS
Ciste

CISTACEES

Description : arbuste à fleurs. Feuillage persistant, épais, souvent duveteux. Fleurs simples ou doubles, parfumées, blanches, roses, pourpres ou violettes, s'épanouissant de mai-juin à août.

Exigences : sol bien drainé et léger. Situation ensoleillée et chaude. Craint les vents et les hivers froids.

Utilisation : isolé, massif, haie naturelle en région méditerranéenne.

Entretien : taille de nettoyage au printemps. Arrosage en été. Protection hivernale indispensable en régions plus froides.

Culture : semis ou bouturage de rameaux. Distance de plantation : 80 à 120 cm.

Espèces et variétés :
C. X hybridus : nombreux coloris : blanc, rose, rouge, pourpre ou mauve, à feuillage vert, grisâtre et souvent tomenteux. Protection hivernale indispensable. Hauteur : 1 à 1,5 m.
C. ladaniferus : feuillage persistant, lancéolé, visqueux et aromatique. Fleurs blanches à macule pourpre, s'épanouissant en été. Hauteur : 1,5 m. Espèce indigène en région méditerranéenne.
C. laurifolius : feuillage lancéolé et velu. Fleurs blanches à macule jaune en été. Hauteur : 2 m.

Cistus X hybridus

CLETHRA

CLETHRACEES

Description : arbuste à fleurs. Feuillage caduc ovale et vert. Fleurs blanches réunies en grappes pendantes, parfumées, s'épanouissant en été.

Exigences : sol frais, riche et bien drainé. Situation mi-ombragée.

Utilisation : isolé, massif et association avec les plantes de terre de bruyère.

Entretien : taille de nettoyage au printemps. Supprimer les fleurs après leur épanouissement. Arrosage conseillé en été.

Culture : bouturage ou marcottage de rameaux au printemps et en été. Distance de plantation : 100 à 120 cm.

Espèces et variétés :
C. alnifolia : fleurs blanches en épis, odorantes, en juillet-août. Hauteur : 2 m.
C. alnifolia 'Paniculata' : fleurs blanches en longues grappes pendantes, parfumées, de juillet à août. Hauteur : 2 à 2,5 m.
C. alnifolia 'Rosea' : fleurs blanc rosé en été.

COLUTEA
Baguenaudier

LEGUMINEUSES

Description : arbuste à fleurs. Feuillage caduc, elliptique et vert. Fleurs jaunes réunies en grappes, s'épanouissant de mai à septembre. Fruits en forme de gousses globuleuses (vessies), jaunes et rougeâtres dès la fin de l'été. Hauteur : 2 à 3 m.

Exigences : sol bien drainé. Supporte le sol sec. Situation ensoleillée ou mi-ombragée.

Utilisation : isolé, massif et bac.

Entretien : taille de rajeunissement tous les 3 à 4 ans.

Culture : semis et bouturage en automne. Distance de plantation : 80 à 150 cm.

Espèces et variétés :
C. arborescens : Baguenaudier commun. Feuillage elliptique. Fleurs jaunes en mai-juin. Fruits en forme de gousses, colorés côté soleil, qui éclatent sous la pression des doigts. Hauteur : 4 m.

CORNUS
Cornouiller

CORNACEES

Description : arbuste ou arbrisseau à fleurs ou à feuillage décoratif. Feuillage caduc, vert, parfois panaché de blanc ou de jaune, se développant sur des rameaux rouges, verts ou jaunes décoratifs en hiver. Fleurs simples, blanches ou roses, s'épanouissant en mai-juin. Baies blanches, rouges ou noires en fin d'été et en automne.

Exigences : sol frais, riche et plutôt acide. Situation ensoleillée ou mi-ombragée.

Utilisation : isolé, massif, bord de bassin et d'étang, association avec des plantes de terre de bruyère et bac.

Entretien : taille de nettoyage au printemps. Arrosage conseillé des sujets plantés en bac.

Culture : marcottage au printemps. Greffage et bouturage de rameaux. Semis de graines stratifiées au printemps. Distance de plantation : 80 à 150 cm.

Parasites et maladies : pucerons, dessèchement brutal de rameaux.

Espèces et variétés :
C. alba : Cornouiller blanc. Feuillage caduc, ovale et vert. Rameaux pourpres à pruine blanchâtre. Fleurs blanches réunies en corymbes en juin. Baies blanches en été. Hauteur : 2 à 2,5 m.
C. alba 'Elegantissima' : syn. *C. alba* 'Argenteomarginata'. Feuillage caduc, vert clair à bords blanchâtres, prenant de belles teintes rouge orangé en automne. Rameaux rouges et fleurs blanches. Hauteur : 1 à 2 m.
C. alba 'Gouchaultii' : feuillage vert panaché de jaune à marge rose, prenant de belles teintes automnales. Fleurs blanches et rameaux rougeâtres.
C. alba 'Sibirica' : rameaux exceptionnellement rouge corail décoratifs en hiver. Feuillage vert et caduc. Fleurs blanches. Hauteur : 1,5 m.
C. alba 'Spaethii' : feuillage jaune d'or, bronzé au printemps. Hauteur : 1 à 2 m.
C. alternifolia : feuillage caduc et vert, se développant sur des rameaux à croissance horizontale. Hauteur : 4 à 5 m.
C. canadensis : Cornouiller du Canada. Feuillage caduc, vert et glabre. Fleurs blanc verdâtre et bractées blanches en été. Port rampant. Hauteur : 0,15 à 0,20 m.

Colutea arborescens

C. controversa : feuillage caduc, vert, se développant sur des rameaux bruns et brillants, à croissance horizonale. Hauteur : 4 à 5 m.

C. florida : Cornouiller à grandes fleurs. Feuillage caduc, vert, prenant des teintes jaunes en automne. Fleurs entourées de bractées blanches, s'épanouissant avant les feuilles d'un remarquable effet décoratif. Craint le froid et le vent. Hauteur : 3 m.

C. florida 'Cherokee Chief' : bractées rouges en mai. Hauteur : 3 m.

C. florida 'Rubra' : bractées roses en mai. Hauteur : 3 m.

C. kousa : arbrisseau à feuillage caduc vert et brillant. Fleurs verdâtres entourées de bractées blanc-crème en juin-juillet, d'un très bel effet décoratif. Hauteur : 5 à 6 m.

C. kousa var. *chinensis :* feuillage caduc, vert clair, prenant des teintes rouges en automne. Fleurs entourées de bractées énormes, blanches, en juillet. Hauteur : 6 à 8 m.

C. mas : Cornouiller mâle. Feuillage caduc et vert. Fleurs jaunes en février-mars, avant les feuilles. Baies comestibles et rouges en automne. Hauteur : 3 à 4 m.

C. nuttalii : arbrisseau à feuillage vert et caduc, prenant des teintes rouge brillant en automne. Fleurs nombreuses, entourées de bractées blanches puis rose clair. Baies rouge écarlate. Hauteur : 5 à 6 m.

C. sanguinea : Cornouiller sanguin. Feuillage caduc, vert, se développant sur des rameaux rouge-brun. Fleurs blanches, parfumées, en mai-juin. Baies noires en été. Hauteur : 2 à 3 m.

C. stolonifera 'Flaviramea' : feuillage caduc, se développant sur des rameaux jaunes particulièrement décoratifs en hiver. Fleurs blanches et baies blanches. Hauteur : 1,5 à 2 m.

C. stolonifera 'Kelsey' : rameaux particulièrement jaunes et fluorescents. Port trapu et compact. Hauteur : 1 m.

Cornus alba 'Spaethii'

Cornus alba 'Elegantissima'

Cornus kousa

Cornus alba 'Gouchaultii'

CORYLOPSIS

HAMAMELIDACEES

Description : arbuste à fleurs. Feuillage caduc, ovale, denté et vert, prenant de belles teintes jaunes en automne. Fleurs jaunâtres réunies en grappes pendantes, s'épanouissant avant les feuilles en février-mars.

Exigences : sol léger, riche et frais. Situation ensoleillée ou mi-ombragée.

Utilisation : isolé, massif, rocaille et bac.

Entretien : taille de nettoyage au printemps. Arrosage en été des sujets cultivés en bac.

Culture : marcottage ou bouturage de rameaux. Distance de plantation : 80 à 120 cm.

Espèces et variétés :
C. pauciflora : feuillage caduc ressemblant à celui du Noisetier. Fleurs jaune vif en février-mars. Port étalé. Hauteur : 1 à 1,5 m.
C. spicata : feuillage caduc et vert. Fleurs jaunâtres en grappes pendantes en février-mars. Hauteur : 2 m.

CORYLUS

Noisetier

BETULACEES

Description : arbuste et arbrisseau à feuillage décoratif. Feuillage caduc, gaufré, vert ou pourpre. Fleurs jaunes en grappes denses et pendantes, au printemps. Fruits comestibles : les Noisettes.

Exigences : sol bien drainé. Situation ensoleillée ou mi-ombragée.

Utilisation : isolé, massif, haie naturelle, rideau végétal, bac, culture des fruits et rameaux en hiver pour l'art floral.

Entretien : taille de nettoyage au printemps. Supporte d'être rabattu au ras du sol tous les 6 à 8 ans pour rajeunir la souche. Arrosage régulier en été pour les plantes cultivées en bac.

Culture : semis, marcottage au printemps. Distance de plantation : 120 à 200 cm.

Espèces et variétés :
C. avellana : Coudrier, Noisetier commun. Feuillage ample, caduc et vert. Hauteur : 5 m.

Corylus avellana 'Contorta'

C. avellana 'Contorta' : Noisetier tortueux. Feuillage caduc, vert, gaufré, souvent crispé. Rameaux tortueux très décoratifs en hiver, lorsque les fleurs appelées chatons s'épanouissent. Hauteur : 2 à 3 m.
C. colurna : Noisetier de Byzance. Arbrisseau à feuillage très ample, vert foncé et caduc, se développant sur des rameaux à écorce argentée. Port pyramidal. Hauteur : 10 m.
C. maxima 'Purpurea' : Noisetier pourpre. Feuillage caduc, pourpre, à reflets brun foncé presque noirs, très décoratif. Hauteur : 3 à 4 m.

Corylus avellana 'Contorta'

Cotinus coggygria

COTINUS

Arbre à perruque

ANACARDIACEES

Description : arbuste à feuillage décoratif. Feuillage caduc, arrondi, vert glauque ou pourpre, se parant de belles teintes rouge orangé en automne. Fleurs jaunâtres réunies en panicules, en juin. Fruits grisâtres et plumeux, réunis en panicules, en juillet-août, très décoratifs et spectaculaires.

Exigences : sol léger et bien drainé. Supporte les sols secs. Situation ensoleillée ou mi-ombragée.

Utilisation : isolé, massif, haie naturelle et bac.

Entretien : taille de nettoyage au printemps. Supprimer les panicules après l'épanouissement des fruits plumeux en septembre. Arrosage en été conseillé pour les sujets en bac.

Culture : semis et bouturage de rameaux. Distance de plantation : 80 à 120 cm.

Espèces et variétés :
C. coggygria : feuillage caduc, arrondi et vert glauque. Infrutescences plumeuses blanc crème, de 20 à 30 cm, en juillet-août. Hauteur : 2 à 3 m.
C. coggygria 'Royal Purple' : feuillage caduc, arrondi et pourpre. Infrutescences plumeuses rougeâtres, en juillet-août. Hauteur : 1,5 à 2 m.

Cotoneaster franchetii

Cotoneaster salicifolius

COTONEASTER

ROSACEES

Description : arbuste tapissant ou buissonnant à fleurs, feuillage et fruits décoratifs. Feuillage persistant ou caduc, allongé, arrondi, ovale, de grande ou de petite taille, vert brillant, tomenteux ou grisâtre. Fleurs blanc rosé, réunies en corymbes ou solitaires, s'épanouissant en mai-juin. Baies orange, rouges, jaunes en été et en automne.

Exigences : sol léger et bien drainé. Situation ensoleillée ou mi-ombragée.

Utilisation : isolé, massif, haie naturelle, haie taillée, talus, couvre-sol et bac.

Entretien : taille de nettoyage au printemps. Arrosage en été des sujets cultivés en bac.

Culture : semis au printemps. Bouturage en été. Distance de plantation : 30 cm pour les couvre-sol, 50 à 60 cm pour les haies taillées, 60 à 120 cm pour les sujets d'ornement.

Parasites et maladies : feu bactérien qui a limité la production et orienté la recherche vers des sujets résistants.

Espèces et variétés :
Les Cotonéasters, très nombreux, sont généralement classés en fonction de leur taille.

Les Cotonéasters bas ou rampants :
C. dammeri : feuillage persistant, ovoïde, vert foncé brillant. Fleurs blanches en mai. Baies rouge écarlate dès l'été jusqu'en automne. Hauteur : 0,2 à 0,3 m. Diamètre : 0,5 à 0,8 m.
C. dammeri 'Coral Beauty' : feuillage persistant. Baies nombreuses et rouge vif. Hauteur : 0,2 m.
C. dammeri 'Eichholz' : feuillage persistant, baies rouge-carmin, variété résistante au feu bactérien. Hauteur : 0,2 m.
C. dammeri 'Major' : feuillage minuscule persistant. Baies rouges. Hauteur : 0,1 à 0,2 m.
C. dammeri 'Skogsholmen' : feuillage elliptique, persistant. Baies rouge vif. Hauteur : 0,6 à 1 m.
C. horizontalis : feuillage arrondi, vert et caduc. Fleurs blanc rosé en mai-juin. Baies rouges en fin d'été. Rameaux à ramification en arêtes de poisson. Hauteur : 0,8 à 1 m. Diamètre : 1 à 1,5 m.

Cotoneaster microphyllus

C. horizontalis 'Variegatus' : feuillage caduc, vert panaché de blanc. Hauteur : 0,8 à 1 m.
C. microphyllus 'Cochleatus' : feuillage persistant, vert foncé. Fleurs blanches en mai-juin. Baies rouges. Hauteur : 0,2 à 0,3 m. Diamètre : 0,6 à 1,2 m.
C. microphyllus 'Streib's findling' : feuillage persistant et vert foncé. Port très rampant. Hauteur : 0,2 m.
C. salicifolius 'Parkeo' : feuillage persistant, lancéolé, vert et très dense. Fleurs blanches en mai. Baies rouge vif persistant longtemps. Hauteur : 0,6 à 0,8 m. Diamètre : 0,6 à 0,8 m.
C. salicifolius 'Parkteppich' : feuillage persistant, allongé, vert clair. Fleurs blanches en mai. Baies rouges en été. Hauteur : 0,4 m.

Les Cotonéasters hauts ou buissonnants :
C. divaricatus : feuillage caduc, vert foncé et velu sur le dessous. Fleurs blanches réunies par 2-3 en mai-juin. Baies rouges et nombreuses en fin d'été. Hauteur : 2 m.
C. franchetii : feuillage persistant, ovale, grisâtre. Fleurs blanches en mai-juin. Baies orange en été. Hauteur : 2 m.
C. lacteus : feuillage persistant, vert foncé et brillant. Fleurs blanches en mai-juin. Baies rouges en grappes. Hauteur : 1,5 à 2 m.
C. salicifolius : feuillage persistant, étroit et lancéolé, vert foncé. Fleurs blanc rosé, parfumées en juin. Baies rouge vif. Hauteur : 2 à 3 m.
C. salicifolius 'Flocosus' : feuillage lancéolé, persistant. Fleurs blanches en juin. Baies rouges, persistant longtemps en hiver. Port retombant et gracieux. Hauteur : 2,5 m.

Cotoneaster horizontalis

CYTISUS
Genêt

LEGUMINEUSES

Description : arbuste à fleurs. Feuillage caduc, lancéolé, très fin et étroit. Fleurs blanches, roses, rouges, jaunes, orange ou bicolores, parfumées et très nombreuses, s'épanouissant en mai-juin.

Exigences : sol léger et bien drainé. Situation ensoleillée et chaude.

Utilisation : isolé, massif, haie naturelle, rocaille, talus et bac.

Entretien : rabattre court l'ensemble des rameaux après la floraison. Arrosage régulier en été des sujets cultivés en bac. Protection hivernale conseillée en régions froides.

Culture : bouturage de rameaux en été. Semis au printemps. Distance de plantation : 60 à 80 cm.

Espèces et variétés :

C. X praecox : feuillage caduc, très fin et lancéolé. Fleurs jaune clair en mai. Hauteur : 1 m.

C. X praecox 'Albus' : fleurs blanches, en avril. Hauteur : 1 m.

C. X praecox 'Algold' : fleurs jaune d'or en avril-mai. Hauteur : 1 m.

C. X praecox 'Hollandia' : fleurs rouge-pourpre et blanc crème en mai. Hauteur : 1 m.

C. X praecox 'Zeelandia' : fleurs lilas et blanc crème en mai. Hauteur : 1 m.

C. X purpureus : feuillage caduc, lancéolé et très fin. Fleurs lilas ou pourpres en mai. Hauteur : 0,3 à 0,5 m.

C. X purpureus 'Albo-carneus' : fleurs roses en mai. Hauteur : 0,5 m.

C. X purpureus 'Atropurpureus' : fleurs rouge foncé en mai. Hauteur : 0,5 m.

C. scoparius : Genêt à balai. Feuillage caduc et vert. Fleurs jaunes en mai-juin. Hauteur : 1 à 1,2 m.

C. scoparius 'Andreanus' : fleurs jaunes et pourpres en mai-juin. Hauteur : 1 à 1,2 m.

C. scoparius 'Boskoop Ruby' : fleurs rose foncé et violacé en mai-juin. Hauteur : 1 à 1,2 m.

C. scoparius 'Burkwoodii' : fleurs rouge-carmin, en mai-juin. Hauteur : 1 m.

C. scoparius 'Golden Sunlight' : grandes fleurs jaunes en mai. Hauteur : 1 à 1,2 m.

C. scoparius 'Roter Favorit' : fleurs rouge-carmin et roses. Hauteur : 1,5 m.

Cytisus scoparius 'Burkwoodii'

Cytisus X praecox 'Hollandia'

Cytisus X praecox 'Algold'

DANAE
Laurier d'Alexandrie

LILIACEES

Description : arbuste à feuillage décoratif. Feuillage persistant, vert foncé et brillant. Fleurs jaunâtres au printemps. Baies rouge vif en automne.

Exigences : sol frais, meuble et riche. Craint le calcaire. Situation mi-ombragée.

Utilisation : isolé, massif et bac, feuillage en art floral.

Entretien : taille de nettoyage au printemps. Arrosage conseillé en été pour les plantes en bac. Protection hivernale conseillée dans les régions aux hivers froids.

Culture : division au printemps. Distance de plantation : 60 à 80 cm.

Espèces et variétés :
D. racemosa : feuillage rappelant celui du Bambou, vert foncé et persistant. Hauteur : 1 à 1,5 m.

Danae racemosa

Daphne cneorum

DAPHNE
Bois-joli

THYMELEACEES

Description : arbuste à fleurs. Feuillage persistant ou caduc, lancéolé, étroit et vert. Fleurs roses ou lilas, très parfumées, s'épanouissant de février à mai. Baies toxiques, rouge vif en automne.

Exigences : sol meuble, frais et bien drainé. Situation ensoleillée, mi-ombragée ou ombragée.

Utilisation : isolé, massif, rocaille et couvre-sol en sous-bois.

Entretien : taille de nettoyage au printemps. Supprimer les rameaux devenant trop envahissants.

Culture : semis ou bouturage de rameaux sous serre en été. Greffage sur *D. mezereum*. Distance de plantation : 50 à 60 cm.

Espèces et variétés :
D. X burkwoodii 'Somerset' : feuillage semi-persistant, lancéolé et vert. Fleurs rose pâle très parfumées en mai-juin. Hauteur : 1 m.
D. cneorum : Camélée des Alpes. Feuillage étroit, vert et persistant. Fleurs rose carmin parfumées en mai-juin. Port rampant. Hauteur : 0,3 m.
D. mezereum : Bois-joli. Feuillage caduc, lancéolé et bleuté sur le dessous. Fleurs violacées en février-mars, se développant avant les feuilles. Baies rouges, toxiques et décoratives en été. Hauteur : 0,8 à 1 m.

DECAISNEA

LARDIZABALACEES

Description : arbuste à feuillage et à fruits décoratifs. Feuillage caduc, composé de folioles elliptiques, vertes et glauques. Fleurs verdâtres, réunies en grappes pendantes, en mai-juin. Fruits en forme de gousses étroites, longues et bleutées.

Exigences : sol bien drainé. Situation ensoleillée ou mi-ombragée.

Utilisation : isolé.

Entretien : taille de nettoyage au printemps.

Culture : semis de graines au printemps. Distance de plantation : 120 à 150 cm.

Espèces et variétés :
D. fargesii : grandes feuilles composées de folioles. Fleurs verdâtres et fruits en forme de haricots. Hauteur : 3 m.

Decaisnea fargesii

**Que faire
en cas d'intoxication ?**

- *Vider l'estomac en provoquant des vomissements.*
- *Ne pas oublier de prélever un échantillon des baies afin que le médecin puisse les identifier rapidement.*

Deutzia gracilis

DEUTZIA

HYDRANGEACEES

Description : arbuste à fleurs. Feuillage caduc, pubescent, rugueux, vert, prenant de belles teintes automnales. Fleurs simples ou doubles, réunies en grappes ou en thyrses, blanches ou roses, en mai-juin.

Exigences : sol riche et frais. Situation ensoleillée ou mi-ombragée.

Utilisation : isolé, massif, haie naturelle et bac.

Entretien : rabattre assez court les rameaux ayant fleuri, afin de provoquer de nouveaux départs. Arrosage régulier en été des sujets cultivés en bac.

Culture : bouturage de rameaux au printemps ou en été. Semis. Distance de plantation : 80 à 120 cm.

Espèces et variétés :
D. crenata 'Nikko' : feuillage caduc vert clair prenant des teintes rouges en automne. Fleurs simples, en grappes, blanches, s'épanouissant en mai-juin. Hauteur : 0,5 à 0,6 m.

D. gracilis : feuillage caduc vert prenant des teintes jaune orangé en automne. Fleurs simples, blanches en mai-juin. Hauteur : 1 m.

D. hybrida 'Mont Rose' : fleurs simples, rose lilas, en mai-juin. Hauteur : 2 m.

D. X rosea 'Carminea' : feuillage vert, se parant de belles teintes rouges en automne. Fleurs roses en mai-juin. Hauteur : 1 à 1,5 m.

D. scabra 'Candissima' : fleurs doubles blanches en mai-juin. Hauteur : 2,5 m.

D. scabra 'Pride of Rochester' : fleurs doubles, blanches et roses. Hauteur : 2,5 m.

Deutzia scabra

ELÆAGNUS
Chalef
ELEAGNACEES

Elsholtzia stauntonii

Description : arbuste à feuillage décoratif. Feuillage persistant ou caduc, ovale ou allongé, vert, grisâtre ou panaché de jaune. Fleurs blanches, parfumées, s'épanouissant en juin-juillet. Fruits de certaines espèces comestibles, jaunes ou bleus, en automne.

Exigences : sol léger et bien drainé. Situation ensoleillée.

Utilisation : isolé, massif, haie naturelle ou taillée, bac.

Entretien : taille de nettoyage au printemps. Taille en avril et en août pour les espèces cultivées en haie.

Culture : semis pour *E. commutata* et *E. angustifolia*. Bouturage de rameaux ou greffage en serre. Distance de plantation : 80 à 120 cm. 60 à 80 cm pour les plantes en haie.

Espèces et variétés :

E. angustifolia : Olivier de Bohème. Feuillage caduc, lancéolé, vert et blanchâtre au-dessous, se développant sur des rameaux tomenteux. Fleurs jaunes, étoilées, parfumées en juin-juillet. Fruits ovoïdes comestibles, jaunes puis noirs sans intérêt décoratif. Hauteur : 4 à 5 m.

E. commutata : syn. *E. argentea :* Chalef argenté. Feuillage caduc, allongé, denté, argenté, se développant sur des rameaux munis d'écailles brunâtres. Fleurs jaunâtres et parfumées en juin-juillet. Fruits argentés en automne. Hauteur : 1 m.

E. ebbingei : feuillage persistant gris argenté au printemps devenant vert foncé. Fleurs brunâtres, parfumées de septembre à octobre. Hauteur : 2 m.

E. ebbingei 'Gilt Edge' : feuillage persistant, marginé de jaune. Hauteur : 2 m.

E. ebbingei 'Limelight' : feuillage persistant, vert panaché de jaune. Hauteur : 2 m.

E. pungens : Chalef piquant. Feuillage persistant vert foncé et brillant, blanchâtre au-dessous, se développant sur rameaux souvent épineux. Fleurs blanc argenté d'octobre à novembre. Hauteur : 2 à 3 m.

E. pungens 'Maculata' : feuillage persistant, vert panaché de jaune vif. Hauteur : 1,5 à 2 m.

E. umbellata : feuillage caduc, grisâtre. Fleurs blanches, très parfumées en mai. Fruits ovoïdes rouges. Hauteur : 2 à 3 m.

ELSHOLTZIA
LABIEES

Description : arbuste à fleurs. Feuillage caduc, oblong, vert, denté et aromatique. Fleurs rose lilas, parfumées, réunies en épis, s'épanouissant de septembre à octobre.

Exigences : sol léger et bien drainé. Situation ensoleillée et chaude.

Utilisation : isolé, massif et bac.

Entretien : rabattre les rameaux après la floraison. Arrosage régulier en été.

Culture : bouturage de rameaux en été. Distance de plantation : 60 à 80 cm.

Espèces et variétés :

E. stauntonii : feuillage caduc vert. Fleurs pourpre clair en automne. Hauteur : 1,2 à 1,5 m.

ENKIANTHUS
ERICACEES

Description : arbuste à fleurs. Feuillage caduc, ovale, vert clair, prenant de très belles teintes rouge feu en automne. Fleurs en forme de clochettes, blanc jaunâtre ponctué de rose, réunies en grappes et s'épanouissant en mai.

Exigences : sol léger, meuble et frais. Craint le calcaire. Situation ensoleillée ou mi-ombragée.

Utilisation : isolé, massif, association avec des plantes de terre de bruyère.

Entretien : taille de nettoyage au printemps. Arrosage conseillé en été. Protection nécessaire dans les régions aux hivers froids.

Culture : bouturage au printemps sous serre. Marcottage avec incision au printemps. Distance de plantation : 100 à 150 cm.

Espèces et variétés :

E. campanulatus : fleurs ressemblant à celles du Muguet, blanc-rose, en mai. Hauteur : 2 à 3 m.

E. campanulatus 'Albiflorus' : fleurs blanc jaunâtre.

E. campanulatus 'Donardensis' : fleurs rouges.

Elæagnus pungens 'Maculata'

ERICA
Bruyère

ERICACEES

Description : arbuste tapissant à fleurs. Feuillage persistant, vert, étroit, ressemblant aux aiguilles des conifères. Fleurs blanches, roses, carmin ou pourpres, s'épanouissant en été ou en hiver.

Exigences : sol meuble, frais et riche. Craint le calcaire. Situation mi-ombragée.

Utilisation : massif, couvre-sol en sous-bois, bac et association avec des plantes de terre de bruyère.

Entretien : rabattre très court les rameaux au printemps pour les espèces à floraison hivernale. Rabattre court après floraison les espèces fleurissant en été. Arrosage conseillé en été.

Culture : bouturage de rameaux en été. Distance de plantation : 20 à 30 cm.

Espèces et variétés :

Les Bruyères à floraison hivernale :

E. carnea : Bruyère alpine. Feuillage fin et persistant. Fleurs tubulées, roses, de mars à mai. Hauteur : 0,15 à 0,25 m.

E. carnea 'Myreton Ruby' : fleurs rouges en mars-avril.

E. carnea 'Praecox Ruby' : fleurs rose foncé de décembre à mars.

E. carnea 'Snow Queen' : fleurs blanches de janvier à mars.

E. carnea 'Vivelli' : feuillage vert foncé prenant des teintes bronze en hiver. Fleurs rouge foncé de janvier à mars.

E. carnea 'Winter Beauty' : fleurs rose foncé de décembre à mars.

E. X darleyensis : feuillage vert foncé et rougeâtre en hiver. Fleurs rose pâle de novembre à mai. Hauteur : 0,3 à 0,5 m.

E. X darleyensis 'Silberschmelze' : fleurs blanches.

Les Bruyères à floraison estivale :

E. cinerea : Bruyère cendrée. Feuillage vert et brun foncé en hiver. Fleurs violacées en juin-juillet. Hauteur : 0,15 à 0,30 m.

E. cinerea 'Coccinea' : fleurs rouge écarlate de juin à juillet.

E. cinerea 'Hookstone White' : fleurs blanches de juillet à août.

E. cinerea 'Rosabella' : fleurs rouge brillant de juin à août.

E. tetralix : Bruyère des Marais. Feuillage persistant vert-gris. Fleurs roses de juillet à septembre. Hauteur : 0,4 m.

E. vagans : Bruyère vagabonde. Fleurs roses d'août à septembre. Hauteur : 0,2 à 0,3 m.

E. vagans 'Lyonesse' : fleurs blanches en grappes à étamines brunes, de juin à septembre. Hauteur : 0,25 m.

E. vagans 'Mrs D.F. Maxwell' : feuillage vert foncé. Fleurs rose foncé d'août à septembre. Hauteur : 0,35 m.

La Bruyère que l'on trouve chez les fleuristes ou les horticulteurs au mois d'octobre est une espèce non rustique sous notre climat. Il s'agit de l'Erica gracilis. Ses fleurs rouge foncé, roses ou blanches, sont abondantes et s'épanouissent d'octobre à décembre. Après la floraison, le feuillage dessèche et la plante dépérit. Pour les conserver le plus longtemps possible, il faut les acheter lorsque les boutons floraux sont encore fermés et il est ensuite conseillé de les arroser régulièrement.

Pour constituer des décorations d'automne, les Bruyères sont souvent associées à d'autres plantes comme :

- les Choux d'ornement (Brassica) au feuillage coloré de blanc, rouge ou rose, vivaces et très originaux pour un effet décoratif pendant tout l'hiver,

- les Véroniques (Hebe) au feuillage persistant, vert ou panaché, possédant des petites fleurs bleu clair réunies en grappes qui s'épanouissent de septembre à novembre,

- les Chrysanthèmes aux coloris très variés qui constituent l'ossature des décorations d'automne.

Ces décors peuvent s'agrémenter de branches de Houx ou de Sapin sur lesquelles seront fixés des nœuds en ruban rouge annonçant les fêtes à venir.

Erica carnea

ESCALLONIA

SAXIFRAGACEES

Description : arbuste à fleurs. Feuillage persistant, ovoïde, finement denté, vert et brillant. Fleurs roses, rose carmin ou rouges, s'épanouissant de juin à octobre.

Exigences : sol léger et bien drainé. Situation ensoleillée et chaude. Supporte les embruns.

Utilisation : isolé, massif, haie naturelle ou taillée et bac.

Entretien : rabattre court les rameaux au printemps.

Culture : bouturage de rameaux en été. Distance de plantation : 80 à 120 cm.

Espèces et variétés :

E. X langleyensis : fleurs rose carmin de juin à août. Variétés résistantes au froid. Hauteur : 2 m.
E. virgata : nombreuses variétés à fleurs plus ou moins roses. Hauteur : 2 m.
'Apple Blossom' : fleurs rosées à centre blanc de mai à juillet.
'C.F. Ball' : fleurs rouge carmin de juin à août.
'Donard Radiance' : fleurs rose foncé presque rouges.
'Donard Seedling' : fleurs rose vif puis blanc rosé.

EUONYMUS

Fusain

CELASTRACEES

Description : arbuste à feuillage décoratif tapissant ou buissonnant. Feuillage caduc ou persistant, vert foncé, brillant, panaché de blanc ou de jaune. Fleurs sans intérêt. Fruits rouges ou orange, décoratifs et originaux.

Exigences : sol riche, meuble et frais. Situation ensoleillée, mi-ombragée ou ombragée.

Utilisation : isolé, massif, rocaille, talus, couvre-sol et haie, bac.

Entretien : taille de nettoyage au printemps. Certaines variétés persistantes peuvent être utilisées en haie. Taille en avril et en août. Arrosage conseillé en été pour les sujets cultivés en bac.

Euonymus europaeus

Culture : bouturage de rameaux en été ou en automne. Distance de plantation : 30 cm pour les espèces rampantes, 80 à 120 cm pour les espèces ornementales, 60 cm pour les plantes en haie.

Parasites et maladies : cochenilles et oïdium.

Espèces et variétés :

E. alatus : Fusain ailé. Feuillage caduc, vert prenant de remarquables teintes rouge vif en automne. Rameaux anguleux et liégeux. Hauteur : 2 m.
E. alatus 'Compacta' : caractéristiques identiques à l'espèce précédente. Port plus dense et taille réduite. Hauteur : 1 à 1,2 m.
E. europaeus : Bonnet carré, Bonnet d'évêque, Fusain d'Europe. Feuillage caduc, ovale, étroit, vert se parant de teintes rouge-pourpre en automne. Fruits rouge-orange en automne. Hauteur : 2-3 m.
E. europaeus 'Red Cascade' : feuillage exceptionnellement rouge en automne.
E. fortunei : syn. *E. radicans.* Feuillage persistant, vert, se développant sur des rameaux rampants sur le sol. Hauteur : 0,4 à 0,5 m. Diamètre : 0,5 à 0,8 m.
E. fortunei 'Coloratus' : feuillage persistant vert se parant de teintes rouge-pourpre en automne. Hauteur : 0,3 à 0,5 m.
E. fortunei 'Emerald Gaiety' : feuillage persistant, vert panaché de blanc crème et prenant des teintes rouge-pourpre en automne. Hauteur : 0,4 m.
E. fortunei 'Emerald Gold' : feuillage persistant, vert, panaché de jaune. Hauteur : 0,5 m.

Euonymus japonicus 'Microphyllus Albovariegatus'

E. fortunei 'Kewensis' : feuillage persistant, minuscule, vert, d'aspect très fin. Hauteur : 0,3 m.

E. fortunei 'Sunshine' : feuillage persistant, vert panaché de jaune. Hauteur : 1 m.

E. fortunei 'Sunspot' : feuillage persistant, vert à macules jaunes, se développant sur des rameaux jaunes. Hauteur : 0,5 à 0,8 m.

E. fortunei 'Vegetus' : feuillage persistant, très fin, vert foncé. Fruits rouges en automne. Hauteur : 0,8 à 1 m.

E. japonicus : Fusain du Japon. Feuillage ovoïde, épais, denté, vert foncé et brillant. Fruits roses et orangés en automne. Hauteur : 2 à 3 m.

E. japonicus 'Aureo Marginatus' : feuillage persistant, vert panaché de jaune vif. Hauteur : 1 à 2 m.

E. japonicus 'Microphyllus Albovariegatus' : feuillage persistant, lancéolé, vert panaché de blanc. Hauteur : 1 à 1,5 m.

E. japonicus 'Microphyllus Aureovariegatus' : feuillage persistant, lancéolé, vert panaché de jaune vif. Hauteur : 1 à 1,5 m.

EXOCHORDA

ROSACEES

Description : arbuste à fleurs. Feuillage caduc, vert, se parant de teintes jaunes en automne. Fleurs blanches en grappes, s'épanouissant au printemps.

Exigences : sol frais, riche et meuble. Craint le calcaire. Situation ensoleillée ou mi-ombragée.

Utilisation : isolé, massif et bac.

Entretien : taille après la floraison. Arrosage en été des sujets plantés en bac. Protection hivernale conseillée dans les régions froides.

Culture : marcottage et semis au printemps. Distance de plantation : 80 à 120 cm.

Espèces et variétés :

E. X macrantha : fleurs blanches en mai, d'un bel effet décoratif. Hauteur : 1 à 2 m.

E. X macrantha 'The Bride' : fleurs exceptionnelles blanches, réunies en longues grappes en mai-juin. Hauteur : 1,5 m.

E. racemosa : fleurs blanches en épis, de mai à juin. Hauteur : 3 m.

FORSYTHIA

OLEACEES

Description : arbuste à fleurs. Feuillage caduc et vert. Fleurs jaunes, jaune pâle ou vif, s'épanouissant au printemps.

Exigences : sol bien drainé. Situation ensoleillée.

Utilisation : massif, isolé, fleur coupée et bac.

Entretien : rabattre les rameaux après la floraison pour provoquer le développement des nouvelles branches qui fleuriront l'année suivante.

Culture : bouturage de rameaux et marcottage au printemps. Distance de plantation : 80 à 120 cm.

Espèces et variétés :

F. X intermedia 'Lynwood' : grandes fleurs jaune d'or foncé en mars. Hauteur : 2 m.

F. X intermedia 'Spectabilis' : grandes fleurs jaune d'or en mars-avril. Hauteur : 2 m.

F. X intermedia 'Spring Glory' : fleurs jaune clair en mars-avril. Hauteur : 2,5 m.

F. ovata : fleurs jaunes en mars. Port compact. Hauteur : 1 m.

F. suspensa : fleurs jaune clair sur des rameaux très longs et retombants. A planter en bac pour laisser retomber les branches dans le vide. Hauteur : 2 m.

Il existe des variétés d'obtentions plus récentes dont certaines ont un port étalé et sont utilisées comme couvre-sol.

FOTHERGILLA

HAMAMELIDACEES

Description : arbuste à fleurs. Feuillage caduc, vert prenant des teintes exceptionnelles en automne. Fleurs blanc crème, réunies en épis, s'épanouissant dès la fin de l'hiver et au début du printemps.

Exigences : sol frais, meuble et riche. Situation ensoleillée ou mi-ombragée.

Utilisation : isolé, massif et bac.

Entretien : taille de nettoyage au printemps. Arrosage en été pour les sujets cultivés en bac.

Culture : bouturage et marcottage de rameaux au printemps. Distance de plantation : 80 à 120 cm.

Espèces et variétés :
F. gardenii : feuillage caduc, vert se parant de teintes rouge-pourpre en automne. Fleurs jaunâtres en épis dès la fin de l'hiver. Hauteur : 1 m.
F. major : feuillage caduc, vert prenant des teintes jaunes, orange et rouges en automne. Fleurs blanches en épis, parfumées, de mars à mai, se développant souvent avant les feuilles. Hauteur : 1 à 2 m.

FUCHSIA

Fuchsia vivace

ONAGRACEES

Description : arbuste à fleurs. Feuillage caduc, vert clair, décoratif. Fleurs simples ou doubles, fines ou globuleuses, rouges, mauves, violettes, roses, blanches souvent bicolores, s'épanouissant de juillet à octobre.

Exigences : sol bien drainé, meuble et frais. Situation ensoleillée et chaude.

Utilisation : isolé, massif, rocaille et bac.

Entretien : rabattre les rameaux au ras du sol au printemps. Arrosage conseillé en été. Protection hivernale indispensable en régions froides.

Culture : division de souche au printemps. Bouturage de rameaux en été. Distance de plantation : 80 à 100 cm.

Espèces et variétés :
F. magellanica 'Gracilis' : feuillage caduc, vert clair. Fleurs d'aspect très fin, rouge carmin, de juillet à octobre. Hauteur : 1 à 1,2 m.
F. magellanica 'Riccartonii' : fleurs globuleuses rouge cramoisi, de juillet à octobre. Hauteur : 1,2 m.
Il existe actuellement de nombreuses variétés récentes aux coloris et aux formes de fleurs particulièrement intéressants, issues de *F. venusta* :

'Alice Hoffmann' : fleurs rouge écarlate et blanches.
'Corallina' : feuillage pourpre. Fleurs rouge écarlate et violettes.
'Genii' : feuillage vert et doré très décoratif. Protection hivernale conseillée.
'Madame Cornelissen' : fleurs rouges et blanches de juillet à octobre. Hauteur : 0,8 m.
'Tom Thumb' : fleurs rouges de juillet à octobre. Port compact. Hauteur : 0,5 à 0,6 m.

Fuchsia magellanica 'Riccartonii'

GARRYA

GARRYACEES

Description : arbuste à feuillage et à fleurs décoratifs. Feuillage persistant, elliptique, vert foncé et brillant. Fleurs blanc crème, réunies en longs chatons pendants, s'épanouissant en février-mars.

Exigences : sol léger et bien drainé. Situation ensoleillée et chaude.

Utilisation : isolé, massif, haie naturelle, écran végétal et bac.

Entretien : taille de nettoyage au printemps. Arrosage conseillé en été. Protection hivernale indispensable en région froide.

Culture : bouturage de rameaux en été. Marcottage et semis. Distance de plantation : 120 à 150 cm.

Espèces et variétés :

G. elliptica : feuillage persistant très décoratif. Fleurs hivernales. A cultiver en région méditerranéenne de préférence. Hauteur : 3 à 4 m.

GAULTHERIA

ERICACEES

Description : arbuste tapissant à feuillage décoratif. Feuillage persistant, arrondi, vert foncé prenant des teintes rouge lie-de-vin en hiver. Fleurs blanc rosé, réunies en grappes, s'épanouissant en mai-juillet. Baies rouge vif, persistant longtemps en automne et en hiver.

Exigences : sol léger, frais et riche. Situation ensoleillée, mi-ombragée ou ombragée.

Utilisation : isolé, couvre-sol, bac et association avec des plantes de terre de bruyère.

Entretien : nettoyage des rameaux et du feuillage au printemps. Arrosage en été pour les sujets cultivés en bac.

Culture : division de souche au printemps. Distance de plantation : 20 à 30 cm.

Espèces et variétés :

G. procumbens : feuillage vert foncé, persistant, se parant de teintes rouge cuivré en automne. Abondante floraison en été et fructification rouge en automne. Hauteur : 0,2 à 0,25 m. Diamètre : 0,3 m.

GENISTA
Genêt

LEGUMINEUSES

Description : arbuste à fleurs. Feuillage caduc, fin, vert, se développant sur des rameaux épineux ou inermes. Fleurs jaunes, jaune clair ou foncé, très nombreuses, s'épanouissant de mai à juillet selon les variétés.

Exigences : sol léger et bien drainé. Situation ensoleillée.

Utilisation : isolé, massif, talus, couvre-sol et bac.

Entretien : taille de nettoyage au printemps. Arrosage conseillé en été pour les plantes cultivées en bac.

Culture : bouturage de rameaux en été. Distance de plantation : 60 à 80 cm.

Espèces et variétés :

G. hispanica : Genêt d'Espagne. Feuillage caduc, fin, se développant sur des rameaux très épineux. Feurs jaune vif en mai-juin. Port compact et bac. Hauteur : 1 m.

G. lydia : feuillage caduc, se développant sur des rameaux inermes et rampants. Fleurs jaune d'or en juin-juillet. Hauteur : 0,5 m.

Genista pilosa

G. pilosa : Genêt poilu. Feuillage vert et tomenteux. Fleurs jaune d'or très nombreuses en mai-juillet. Hauteur : 0,5 m.

G. pilosa 'Vancouver Gold' : fleurs jaune foncé, de juin à juillet. Végétation rampante. Hauteur : 0,2 à 0,3 m.

G. tinctoria : Genêt des Teinturiers. Feuillage caduc, lancéolé et vert. Fleurs jaunes réunies en grappes, en juin-juillet. Hauteur : 0,5 à 1 m.

C. tinctoria 'Royal Gold' : fleurs jaune d'or et nombreuses, en juin-juillet. Hauteur : 1 m.

Gaultheria procumbens

HALESIA

STYRACACEES

Description : arbuste à fleurs. Feuillage caduc, ovale ou elliptique, vert. Fleurs en forme de clochettes, blanches ou roses, s'épanouissant en avril-mai.

Exigences : sol riche, léger et bien drainé. Situation ensoleillée.

Utilisation : isolé, massif, et association avec les plantes de terre de bruyère.

Entretien : taille de nettoyage au printemps.

Culture : marcottage de rameaux au printemps. Distance de plantation : 150 à 300 cm.

Espèces et variétés :
H. carolina : Arbre aux cloches d'argent. Feuillage caduc, ovale et vert. Fleurs en forme de cloches blanches et pendantes, réunies en grappes et s'épanouissant en avril-mai. Hauteur : 5 à 6 m.
H. monticola : feuillage caduc, elliptique et vert. Fleurs blanches en mai-juin. Hauteur : 5 à 8 m.
H. monticola 'Rosea' : fleurs blanc rosé en mai-juin.

HAMAMELIS

HAMAMELIDACEES

Description : arbuste à fleurs. Feuillage caduc, arrondi, légèrement pubescent, vert, prenant de belles teintes rouge orangé en automne. Fleurs jaunes ou rouge-brun, apparaissant avant les feuilles, de février à mars.

Exigences : sol meuble, frais et riche. Situation ensoleillée ou mi-ombragée.

Utilisation : isolé, massif, haie naturelle, bac, rameau et branche à couper pour l'art floral.

Entretien : taille de nettoyage au printemps. Arrosage conseillé en été.

Culture : semis et marcottage au printemps. Distance de plantation : 150 à 200 cm.

Espèces et variétés :
H. X intermedia 'Diane' : feuillage caduc vert se parant de teintes rouges et jaunes

en automne. Fleurs rouge carmin, très nombreuses le long des branches en février-mars. Hauteur : 2 à 3 m.
H. X intermedia 'Jelena' : feuillage caduc se parant de teintes jaunes, orange et rouges en automne. Fleurs orange cuivré de décembre-janvier à mars. Hauteur : 2- 3 m.
H. mollis 'Pallida' : fleurs jaunes, très parfumées, de janvier à février. Hauteur : 2 m.
H. virginiana : feuillage caduc prenant de belles teintes automnales. Fleurs jaunes, parfumées, de septembre à novembre. Hauteur : 2 m.

HEBE
Hébé, Véronique arbustive
SCROPHULARIACEES

Description : arbuste tapissant à feuillage décoratif. Feuillage persistant, vert,

bleuté ou brunâtre. Fleurs blanches, bleu clair ou mauves, s'épanouissant en été.

Exigences : sol sablonneux, frais et léger. Situation ensoleillée ou mi-ombragée.

Utilisation : rocaille, bordure, talus, massif et association avec les plantes de terre de bruyère.

Entretien : taille de nettoyage au printemps. Arrosage conseillé en été. Protection hivernale nécessaire en région à hivers froids.

Culture : bouturage de rameaux sous serre en été. Distance de plantation : 20 à 30 cm.

Espèces et variétés :
H. armstrongii : syn. *H. ochracea.* Feuillage persistant, ressemblant à celui des Cyprès, jaune cuivré prenant des teintes rousses en hiver. Fleurs blanches en juillet. Hauteur : 0,3 à 0,5 m. Diamètre : 0,4 m.
H. pinguifolia : feuillage persistant gris-bleuté, d'aspect très original. Fleurs blanches de juin à août. Hauteur : 0,3 m. Diamètre : 0,4 à 0,5 m.

Hebe armstrongii

HIBISCUS
Hibiscus des jardins

MALVACEES

Description : arbuste à fleurs. Feuillage caduc, ovale composé de trois lobes vert foncé. Fleurs simples ou doubles, blanches, roses, rouges, bleues, mauves, violettes ou bicolores, s'épanouissant de juillet à septembre.

Exigences : sol léger, bien drainé et riche. Situation ensoleillée et chaude.

Utilisation : isolé, massif, haie naturelle et culture sur tige.

Entretien : taille sévère au printemps en ne laissant que 2 à 3 bourgeons sur chaque rameau. Arrosage conseillé en été. Protection hivernale indispensable dans les régions froides (branches de sapin).

Culture : greffage. Distance de plantation : 100 à 120 cm.

Espèces et variétés :

H. syriacus : syn. *Althea frutex.* Feuillage caduc, ovale, composé de plusieurs lobes, vert prenant des teintes jaune orangé en automne. Fleurs très nombreuses et spectaculaires en été. Hauteur : 2 à 3 m.

'Boule de Feu' : fleurs rouge vif de juillet à septembre.

'Hamabo' : fleurs simples, blanches à macules pourpres, de juillet à septembre.

'Oiseau Bleu' : fleurs simples, bleues à macules pourpres, de juin à septembre.

'Red Heart' : grandes fleurs simples, blanches à macules rouge écarlate, de juillet à août.

'Totus Albus' : grandes fleurs blanches.

'Woodbridge' : grandes fleurs simples, rouges à centre pourpre, de juillet à septembre.

Hippophae rhamnoides

HIPPOPHAE
Argousier

ELEAGNACEES

Description : arbuste à feuillage décoratif. Feuillage caduc, allongé, grisâtre, se développant sur des rameaux épineux munis d'écailles brunâtres. Fleurs insignifiantes et dioïques en avril. Baies orange vif réunies le long des rameaux en grappes denses, à forte teneur en vitamine C.

Exigences : sol sablonneux, léger et meuble. Situation ensoleillée.

Utilisation : isolé, massif, haie naturelle, écran végétal et bac.

Entretien : taille de nettoyage au printemps. Supporte d'être rabattu au ras du sol pour rajeunir les souches. Arrosage conseillé en été pour les plantes en bac.

Culture : semis de graines stratifiées au printemps. Marcottage et bouturage, au printemps ou en été. Distance de plantation : 100 à 120 cm.

Espèces et variétés :
H. rhamnoides : feuillage argenté très décoratif. Baies orange en automne sur les pieds femelles. Hauteur : 4 à 6 m. Plante dioïque nécessitant un pied mâle et un pied femelle pour fructifier.

Hippophae rhamnoides

HYDRANGEA
Hortensia

HYDRANGEACEES

Description : arbuste à fleurs. Feuillage caduc, simple ou découpé, vert prenant de belles teintes en automne. Fleurs simples ou doubles, blanches, roses, rouges ou bleues, réunies en corymbes ou en panicules, s'épanouissant de juillet à septembre.

Exigences : sol riche, frais, meuble et bien drainé. Situation mi-ombragée ou ombragée.

Utilisation : isolé, massif, haie naturelle, bac et fleur coupée.

Entretien : rabattre les rameaux de moitié au printemps et supprimer les rameaux âgés pour favoriser le développement de branches jeunes et vigoureuses. Arrosage conseillé en été. Supprimer les fleurs fanées.

Culture : marcottage au printemps. Bouturage de rameaux en avril-mai. Distance de plantation : 100 à 150 cm.

Parasites et maladies : très sensible aux sols trop compacts, humides ou de mauvaise qualité.

Espèces et variétés :
H. arborescens : feuillage caduc, découpé, vert, tomenteux à revers grisâtre. Fleurs blanches réunies en corymbes très larges et décoratifs de juillet à août. Hauteur : 1 m.
H. arborescens 'Annabelle' : remarquables fleurs blanches réunies en corymbes énormes, de juillet à août. Hauteur : 1 à 1,5 m.
H. macrophylla : Hortensia des jardins. Feuillage caduc, ovale, vert, prenant des teintes jaune orangé en automne. Fleurs blanches, roses, rouges, mauves ou violacées, réunies en corymbes en été. Hauteur : 1 à 1,5 m.
Nombreuses variétés aux coloris multiples :
'Ayesha' : fleurs rose foncé ressemblant aux fleurs de Lilas, de juillet à août.
'Blaumeise' : fleurs en corymbes bleu clair, de juillet à août.
'Bouquet Rose' : fleurs roses en panicules, de juillet à septembre.
'Hamburg' : fleurs rose foncé.
'Libelle' : fleurs blanches.
'Mariesi Perfecta' : fleurs roses.
'Masja' : grandes fleurs rouges.

Hydrangea macrophylla

Hydrangea paniculata

Hydrangea macrophylla

'Mousmée' : fleurs rose foncé en ombelles plates à fleurs fertiles au centre. Les fleurs stériles forment une couronne extérieure se développant sur de longs pédoncules.

H. paniculata 'Grandiflora' : grandes fleurs blanches réunies en panicules énormes, s'épanouissant de juillet à septembre. Inflorescences utilisées en bouqueterie fraîche ou sèche. Hauteur : 2 m.

H. paniculata 'Unique' : fleurs blanc rosé, réunies en panicules de 30 à 40 cm, de juillet à septembre. Hauteur : 2 m.

H. quercifolia : feuillage caduc, composé de 5 lobes et ressemblant aux feuilles du Chêne. Remarquables teintes rouges en automne. Fleurs blanches, réunies en grandes panicules, de juillet à septembre. Hauteur : 1 à 1,5 m.

H. sargentiana : syn. *H. aspera*. Feuillage caduc, rugueux et tomenteux, se développant sur des rameaux vigoureux. Fleurs violacées réunies en corymbes, de juillet à août. Hauteur : 2 à 3 m.

H. serrata : feuillage caduc, ovale et lancéolé, vert et finement denté. Fleurs bleues, blanches ou roses, réunies en corymbes plats, s'épanouissant de juillet à septembre. Hauteur : 1 à 1,5 m.

H. serrata 'Blue Bird' : fleurs bleu lavande.

H. serrata 'Preziosa' : feuillage caduc, vert et pourpre, d'un très bel effet décoratif.

Hydrangea macrophylla

Hypericum calycinum

HYPERICUM
Millepertuis

GUTTIFERES

Description : arbuste tapissant ou buissonnant à fleurs. Feuillage caduc ou semi-persistant, vert légèrement glauque. Fleurs jaunes, simples, de juillet à octobre. Baies rouges puis noires en automne.

Exigences : sol léger et meuble. Situation ensoleillée ou mi-ombragée.

Utilisation : isolé, massif, couvre-sol, talus, haie naturelle et bac.

Entretien : rabattre de moitié les rameaux de l'année. Supprimer les rameaux âgés en privilégiant les plus récents afin de rajeunir la souche.

Culture : semis ou bouturage. Distance de plantation : 20 à 30 cm pour les espèces rampantes, 80 à 100 cm pour les espèces buissonnantes.

Espèces et variétés :

H. androsaemum : Androsème officinal. Feuillage semi-persistant, ovale, lancéolé et vert. Fleurs jaunes réunies en grappes, de juillet à septembre. Hauteur : 1 m.

H. androsaemum 'Autumn Blaze' : remarquable par ses fruits rouge-pourpre devenant noirs en automne. Hauteur : 1 m.

H. androsaemum 'Gladys Brabazon' : feuillage lancéolé, vert à marbrures blanches et roses, persistant toute l'année. Fleurs jaunes et baies rouges puis noires. Hauteur : 1 m.

H. calycinum : feuillage persistant, vert, se développant sur des rameaux drageonnants. Fleurs jaunes, très nombreuses, de juillet à septembre. Hauteur : 0,2 m. Diamètre : 0,3 m.

H. X moserianum : feuillage caduc, vert, se développant sur des rameaux rougeâtres. Grandes fleurs jaunes, de juillet à septembre. Hauteur : 1 m.

H. X moserianum 'Tricolor' : feuillage vert panaché de rose, de jaune et de rouge. Fleurs jaune vif, de juillet à octobre. Hauteur : 1 m.

ILEX
Houx

AQUIFOLIACEES

Description : arbuste ou arbrisseau à feuillage décoratif. Feuillage persistant, coriace, vert ou panaché de blanc-jaune, épineux ou inerme. Fleurs blanches s'épanouissant en mai-juin. Baies rouge vif, rouge écarlate ou rouge foncé, en automne.

Exigences : sol riche, frais et meuble. Situation mi-ombragée ou ombragée.

Utilisation : isolé, massif, haie naturelle et défensive, écran végétal, bac et art floral.

Ilex aquifolium

Entretien : taille de nettoyage au printemps. Taille en avril et en août pour les sujets cultivés en haie. Arrosage conseillé en hiver.

Culture : semis de graines stratifiées au printemps. Greffage au printemps. Distance de plantation : 60 à 150 cm.

Espèces et variétés :

I. X altaclarensis : Houx à feuillage panaché. Nombreuses variétés hybrides à feuillage persistant, vert et panaché. Fructification sur les plants femelles.
'Belgica Aurea' : feuillage persistant, presque inerme, vert à marges blanc crème. Hauteur : 1,5 à 2 m.
'Golden King' : feuillage persistant, peu épineux, vert à marges jaune d'or. Hauteur : 1 à 2 m.
I. aquifolium : Houx commun. Feuillage vert, épineux et persistant. Fleurs blanches et baies rouge écarlate. De nombreuses variétés sont issues de cette espèce. Hauteur : 5 à 8 m.
I. aquifolium 'Alaska' : feuillage persistant, très épineux et vert foncé. Baies rouge vif, très nombreuses et persistant tout l'hiver. Hauteur : 2 à 3 m.

I. aquifolium 'Argenteo-marginata' : feuillage persistant, épineux, vert foncé à bordure blanc argenté. Baies rouge vif en automne. Espèce monoïque. Hauteur : 2 m.
I. aquifolium 'Madame Briot' : feuillage persistant, épineux, vert foncé à bordure jaune d'or. Hauteur : 2 à 3 m.
I. aquifolium 'Pyramidalis' : feuillage persistant, de forme irrégulière, peu épineux, vert foncé et brillant. Port dense et régulier. Hauteur : 2 à 3 m.
I. crenata : feuillage persistant, de petite taille, ressemblant à celui du Buis. Hauteur : 1,5 m.
I. crenata 'Golden Gem' : feuillage persistant, arrondi, vert et jaune. Hauteur : 1,5 m.
I. X meserveae : nombreuses variétés hybrides particulièrement intéressantes pour leurs baies et leur rusticité. Fructification uniquement sur les plants femelles.
'Blue Prince' : feuillage persistant et vert foncé. Forme mâle. Hauteur : 3 m.
'Blue Princess' : feuillage persistant et vert foncé, forme femelle à baies rouges. Hauteur : 3 m

INDIGOFERA
Indigo

LEGUMINEUSES

Description : arbuste à fleurs. Feuillage caduc, composé de folioles vert grisâtre. Fleurs rose-pourpre, réunies en grappes de juillet à août.

Exigences : sol léger, meuble et bien drainé. Situation ensoleillée et chaude.

Utilisation : isolé, massif et bac.

Entretien : rabattre les rameaux tous les 2 ou 3 ans. Arrosage conseillé en été. Protection hivernale en région froide.

Culture : semis ou bouturage en été. Distance de plantation : 80 à 120 cm.

Espèces et variétés :

I. gerardiana : syn. *I. floribunda.* Feuillage composé, vert grisâtre, très décoratif. Fleurs rose-pourpre (couleur indigo) de juillet à septembre.
I. tinctoria : Indigo des teinturiers. Espèce à l'origine de la production de la couleur indigo extraite des tiges et des feuilles.

Kalmia latifolia

KALMIA

ERICACEES

Description : arbuste à fleurs. Feuillage persistant, vert brillant, allongé et pointu. Fleurs roses, blanches ou rouge-pourpre, réunies en corymbes, de juin à juillet.

Exigences : sol frais, riche et bien drainé. Craint le calcaire. Situation ensoleillée ou mi-ombragée.

Utilisation : isolé, rocaille, massif, association avec des plantes de terre de bruyère et sous-bois.

Entretien : supprimer les fleurs fanées. Taille de nettoyage au printemps. Arrosage conseillé en été.

Culture : semis de graines au printemps. Distance de plantation : 80 à 120 cm.

Espèces et variétés :
K. angustifolia : Laurier des moutons. Feuillage persistant, vert clair. Fleurs rouge-pourpre en juin-juillet. Hauteur : 1 m.
K. angustifolia 'Rosea' : fleurs roses de juin à juillet. Hauteur : 1 m.
K. angustifolia 'Rubra' : fleurs rouge foncé en juin-juillet. Hauteur : 1 m.
K. latifolia : Laurier américain, syn. Laurier des Montagnes. Feuillage persistant et vert foncé. Fleurs roses et blanches, très nombreuses de mai à juin. Hauteur : 1 à 2 m.
K. latifolia 'Ostbo Red' : fleurs rouge vif.
K. latifolia 'Pink Frost' : fleurs rose soutenu.

KERRIA

Corête du Japon

ROSACEES

Description : arbuste à fleurs. Feuillage caduc, ovale, denté et vert clair. Fleurs simples ou doubles jaunes, se développant le long des branches de juin à octobre.

Exigences : sol léger et bien drainé. Situation ensoleillée ou mi-ombragée.

Utilisation : isolé, massif, haie naturelle et bac.

Entretien : taille de nettoyage au printemps. Supporte une taille sévère tous les 3-4 ans pour rajeunir les souches. Arrosage conseillé en été pour les plantes en bac.

Culture : division de souche ou séparation de drageons au printemps. Distance de plantation : 80 à 120 cm.

Espèces et variétés :
K. japonica : feuillage caduc, vert clair prenant des teintes jaune orangé en automne. Fleurs jaunes, simples et très nombreuses d'avril-mai à juin, puis en été. Hauteur : 1,5 à 2 m.
K. japonica 'Pleniflora' : fleurs jaunes, doubles, en forme de pompons. Hauteur : 2 m.

KŒLREUTERIA

SAPINDACEES

Description : arbrisseau à fleurs. Feuillage caduc, composé de folioles ovales et dentées, se parant de teintes jaune orangé en automne. Fleurs jaunes, réunies en panicules de 30 à 40 cm, en juillet-août. Fruits en forme de capsules vésiculeuses et rougeâtres en automne.

Exigences : sol léger et meuble. Situation ensoleillée.

Utilisation : isolé, massif, haie naturelle et écran végétal.

Entretien : taille de nettoyage au printemps.

Culture : semis ou bouturage. Distance de plantation : 150 à 200 cm.

Espèces et variétés :
K. paniculata : Savonnier. Feuillage remarquable en automne. Fleurs spectaculaires en été. Hauteur : 4 à 5 m.

Kerria japonica

Kœlreuteria paniculata

KOLKWITZIA
Caprifoliacées

CAPRIFOLIACEES

Description : arbuste à fleurs. Feuillage caduc, ovale, vert clair et étroit. Fleurs très nombreuses, rose clair ou foncé, s'épanouissant en mai-juin.

Exigences : sol frais, riche et bien drainé. Situation ensoleillée ou mi-ombragée.

Utilisation : isolé, massif, haie naturelle et bac.

Entretien : rabattre de moitié les rameaux qui ont fleuri. Supprimer les branches âgées. Arrosage conseillé en été.

Culture : semis et bouturage au printemps. Distance de plantation : 80 à 120 cm.

Espèces et variétés :
K. amabilis : Buisson de beauté. Feuillage caduc vert clair très gracieux. Fleurs roses se développant sur des rameaux souples en mai-juin. Hauteur : 2 m.
K. amabilis 'Pink Cloud' : fleurs rose foncé en mai-juin. Hauteur : 2 m.

Kolkwitzia amabilis

Laburnum X watereri 'Vossii'

LABURNUM
Cytise

LEGUMINEUSES

Description : arbrisseau à fleurs. Feuillage caduc, composé de folioles elliptiques, vertes et pubescentes au printemps. Fleurs jaunes réunies en longues grappes pendantes, s'épanouissant en mai-juin.

Exigences : sol meuble et bien drainé. Situation ensoleillée.

Utilisation : isolé, écran végétal et bac.

Entretien : taille de nettoyage après la floraison. Arrosage conseillé en été.

Culture : semis et greffage au printemps, écussonnage en été. Distance de plantation : 150 à 300 cm.

Espèces et variétés :
L. alpinum : Cytise des Alpes. Feuillage caduc et composé. Fleurs jaunes réunies en longues grappes de 40 cm, pendantes en mai-juin. Hauteur : 5 à 6 m.
L. anagyroides : Cytise commun. Feuillage caduc et composé, se développant sur des rameaux souvent arqués et souples. Fleurs jaunes en grappes, de mai à juin. Gousses contenant des graines toxiques. Hauteur : 3 à 4 m.
L. X watereri 'Vossii' : grandes fleurs, parfumées, réunies sur des grappes pendantes atteignant 40 à 50 cm.

LAGERSTRŒMIA

LYTHRACEES

Description : arbuste ou arbrisseau à fleurs. Feuillage caduc, ovale, vert et brillant. Fleurs roses, rouges, blanches, violacées ou crème, réunies en panicules terminales, s'épanouissant en juillet-août.

Exigences : sol léger, riche et meuble. Situation ensoleillée et chaude.

Utilisation : isolé, massif, haie naturelle, bac, culture sur tige et plante d'orangerie.

Entretien : rabattre très court au printemps. Arrosage conseillé en été. Hivernage en orangerie ou véranda de novembre à mai dans les régions froides.

Culture : bouturage de rameaux en été. Distance de plantation : 150 à 200 cm.

Espèces et variétés :
L. indica : Lilas d'été. Feuillage caduc, vert et glabre. Fleurs très nombreuses d'un remarquable effet décoratif en été, roses, rouges, mauves, violacées, orange, crème ou blanches, de juillet à août. Craint le gel. Hauteur : 3 à 6 m.

LAURUS
Laurier

LAURACEES

Description : arbuste ou arbrisseau à feuillage décoratif, persistant, lancéolé, vert foncé, luisant et aromatique. Fleurs blanc verdâtre insignifiantes s'épanouissant au printemps. Baies noires en automne.

Exigences : sol bien drainé, meuble et léger. Situation ensoleillée et chaude.

Utilisation : isolé, massif, écran végétal, bac, plante d'orangerie et utilisation en cuisine.

Entretien : taille de nettoyage au printemps. Arrosage conseillé en été. Hivernage sous abri indispensable, de novembre à avril dans les régions froides.

Culture : semis de graines stratifiées en hiver sous serre. Marcottage au printemps. Distance de plantation : 100 à 150 cm.

Espèces et variétés :
L. nobilis : Laurier noble, Laurier Sauce. Feuillage persistant, vert foncé et brillant. Hauteur : 3 à 6 m.

Lavandula X hybrida

Entretien : rabattre les hampes florales après la floraison. Tous les 4 à 5 ans, rabattre sur le vieux bois afin de rajeunir la souche. Arrosage conseillé en été pour les plantes cultivées en bac.

Culture : semis ou bouturage de rameaux en été. Distance de plantation : 40 à 50 cm.

Espèces et variétés :

L. angustifolia : Lavande vraie, Lavande commune. Feuillage persistant, allongé, vert grisâtre. Fleurs bleues en juillet. Hauteur : 0,3 à 0,6 m.

L. X hybrida : Lavandin. Feuillage persistant et duveteux. Grandes fleurs réunies en épis en août. Hauteur : 0,5 à 0,7 m.

L. X hybrida 'Dutch' : feuillage persistant, allongé et gris-blanc. Fleurs bleu foncé en juillet. Hauteur : 0,6 m.

L. X hybrida 'Hidcote' : fleurs violet foncé en juin. Hauteur : 0,3 à 0,4 m.

L. X hybrida 'Mundstead' : fleurs bleu lavande. Hauteur : 0,6 m.

L. stoechas : Lavande à toupet, Lavande-papillon. Feuillage légèrement duveteux, gris. Fleurs violet-lilas possédant des ligules au-dessus des épis. Très bel effet décoratif. Hauteur : 0,6 m.

LESPEDEZA

LEGUMINEUSES

Description : arbuste à fleurs. Feuillage caduc, composé de folioles elliptiques, vert grisâtre, se développant sur des rameaux souples. Fleurs rose-pourpre en panicules terminales, d'août à septembre.

Exigences : sol léger et bien drainé. Situation ensoleillée et chaude.

Utilisation : isolé, massif, talus, rocaille et bac.

Entretien : rabattre l'ensemble des rameaux au ras du sol tous les printemps. Arrosage conseillé en été. Protection hivernale indispensable en région froide.

Culture : bouturage de rameaux au printemps. Semis et marcottage. Distance de plantation : 80 à 100 cm.

Espèces et variétés :

L. thunbergii : syn. *Desmodium penduliflorum.* Fleurs rose-pourpre, réunies en panicules de 50 à 80 cm, se développant sur des rameaux souples d'aspect très gracieux. Floraison en fin d'été. Hauteur : 1,20 à 1,50 m.

LAVANDULA
Lavande

LABIEES

Description : arbuste à fleurs. Feuillage persistant, allongé, vert bleuté et duveteux en hiver. Fleurs bleues (dans différents tons), réunies en épis, en juin.

Exigences : sol léger et bien drainé. Supporte les sols secs. Situation ensoleillée.

Utilisation : isolé, massif, bordure, rocaille, couvre-sol, talus et bac.

LIGUSTRUM
Troène

OLEACEES

Description : arbuste à feuillage décoratif. Feuillage caduc ou semi-persistant, de taille variable, vert ou panaché de blanc-jaune. Fleurs blanches, réunies en panicules terminales s'épanouissant en juin. Baies noires en été.

Exigences : sol léger et bien drainé. Situation ensoleillée ou mi-ombragée. Supporte les embruns.

Utilisation : isolé, massif, haie naturelle ou taillée, couvre-sol et bac.

Entretien : taille sévère de nettoyage au printemps. Taille en avril et en août des sujets cultivés en haie. Arrosage conseillé en été.

Culture : semis, bouturage, marcottage et greffage. Distance de plantation : 50 à 80 cm. 40 à 50 cm pour les sujets plantés en haie.

Espèces et variétés :

L. delavayanum : syn. *L. ionandrum.* Feuillage persistant, elliptique, de 1 à 2 cm, d'aspect très fin. Fleurs blanches en mai-juin. Baies noires en été. Couramment cultivé sur tige et en forme géométrique. A protéger du froid en hiver. Hauteur : 1 à 2 m.

L. japonicum : Troène du Japon. Feuillage persistant, coriace, vert et brillant. Fleurs blanc crème, en panicules, de juillet à septembre. Convient en région maritime. Hauteur : 3 à 4 m.

L. japonicum 'Variegatum' : feuillage persistant vert panaché de blanc crème.

L. obtusifolium var. *regelianum :* feuillage caduc, vert prenant des teintes rouges avant la chute des feuilles et se développant sur des rameaux presque horizontaux. Fleurs blanches en panicules en juin-juillet. Hauteur : 1,5 m.

L. obtusifolium 'Aureum' : Troène doré. Feuillage caduc, vert à bord jaune d'or. Hauteur : 1,5 à 2 m.

L. ovalifolium 'Elegantissimum Aureum' : feuillage semi-persistant vert à panachures jaunes. Hauteur : 2 à 3 m.

L. vulgare : Troène commun. Feuillage caduc, oblong, vert foncé. Fleurs blanches en juin. Hauteur : 3 m.

L. vulgare 'Argenteo-Variegatum' : feuillage vert panaché de blanc.

L. vulgare 'Atrovirens' : feuillage semi-persistant vert satiné, se développant sur des rameaux vigoureux. Hauteur : 2 à 3 m.

L. vulgare 'Aureum' : feuillage vert panaché de jaune.

L. vulgare 'Lodense' : feuillage vert grisâtre. Port trapu et nain. Hauteur : 0,6 à 1 m.

Ligustrum ovalifolium 'Aureum'

LONICERA

Chèvrefeuille arbuste

CAPRIFOLIACEES

Description : arbuste à feuillage et à floraison décoratifs. On distingue les espèces à feuillage persistant et celles à feuillage caduc.

Exigences : sol léger et bien drainé. Situation ensoleillée ou mi-ombragée.

Utilisation : isolé, massif, haie naturelle ou taillée, couvre-sol, talus, rocaille et bac.

Entretien : taille de nettoyage au printemps. Taille en avril et en août des espèces cultivées en haie. Arrosage en été des sujets cultivés en bac.

Culture : semis et bouturage de rameaux. Distance de plantation : 50 à 60 cm pour les sujets cultivés en haie ou comme couvre-sol, 80 à 120 cm pour les espèces arbustives.

Espèces et variétés :

Variétés à feuillage persistant :
L. nitida : Camerisier. Feuillage rond, fin et vert. Surtout utilisé en haie. Hauteur : 1,2 à 1,5 m.
L. nitida 'Baggesen's Gold' : feuillage doré particulièrement décoratif. Hauteur : 1 m.
L. nitida 'Elegant' : feuillage très fin sur des rameaux nombreux et denses. Hauteur : 1 m.
L. nitida 'Maigrün' : feuillage vert, très fin, se développant sur des rameaux rampant sur le sol. Hauteur : 0,2 à 0,3 m. Diamètre : 0,8 à 1,2 m.

Lonicera xylosteum

L. pileata : feuillage lancéolé, vert foncé se développant sur des rameaux étalés. Fleurs blanches et baies bleu-noir en automne. Hauteur : 30 à 40 cm.
L. pileata 'Mossgreen' : feuillage vert foncé brillant se développant sur des rameaux particulièrement vigoureux et rampants. Hauteur : 0,3 m. Diamètre : 1 à 2 m.

Variétés à feuillage caduc :
L. tatarica : feuillage ovale et vert. Fleurs blanches ou roses réunies en panicules, s'épanouissant en mai-juin. Hauteur : 1 à 2 m.
L. tatarica 'Hack's Red' : fleurs rouge foncé.
L. tatarica 'Rosea' : fleurs roses.
L. xylosteum : Chèvrefeuille des haies. Feuillage ovale, vert foncé et grisâtre. Fleurs blanches ou jaunâtres à taches rouges en mai-juin. Baies rouge foncé en été. Hauteur : 2 à 3 m.

MAGNOLIA

Magnolier

MAGNOLIACEES

Description : arbuste ou arbrisseau à fleurs. Feuillage caduc ou persistant, vert et brillant. Fleurs solitaires, simples ou doubles, blanches, roses, rouge-pourpre, s'épanouissant dès la fin du printemps jusqu'en été.

Exigences : sol riche, bien drainé et frais. Craint les sols lourds. Situation ensoleillée.

Utilisation : isolé, massif, association avec des plantes de terre de bruyère et bac.

Entretien : taille de nettoyage au printemps. Arrosage régulier en été pour les plantes cultivées en bac.

Culture : semis, marcottage et greffage. Distance de plantation : 120 à 300 cm.

Espèces et variétés :

M. grandiflora : Laurier-tulipier. Feuillage persistant, lancéolé, vert foncé et brillant au-dessus, roux et duveteux au-dessous. Fleurs blanches, solitaires, mesurant 15 à 20 cm de diamètre, s'épanouissant en juillet-août. Fruits coniques en automne. Hauteur : 8 à 10 m.
M. grandiflora 'Galissoniensis' : variété rustique à feuillage persistant, vert foncé et brillant. Grandes fleurs blanches, par-

Magnolia soulangiana

fumées de juillet à août. Hauteur : 8 à 10 m.
M. kobus : Magnolia du Japon. Feuillage caduc. Fleurs blanches parfumées en avril-mai, avant les feuilles. Hauteur : 8 à 10 m.
M. X loebneri : arbuste ressemblant au *M. stellata*. Feuillage caduc et vert. Fleurs blanches, parfumées, en avril-mai. Hauteur : 4 à 6 m.
M. X loebneri 'Leonard Messel' : fleurs roses, parfumées, en avri:-mai. Hauteur : 4 à 5 m.
M. X loebneri 'Merrill' : fleurs blanches à pétales très nombreux en avril-mai. Hauteur : 4 à 5 m.
M. X soulangiana : feuillage caduc et vert. Fleurs blanc rosé en avril avant les feuilles. Hauteur : 3 à 4 m.
M. X soulangiana 'Lennei' : fleurs rose foncé en avril. Hauteur : 3 à 4 m.
M. X soulangiana 'Nigra' : Magnolia à fleurs de Lis. Feuillage caduc, ovale, vert foncé et brillant. Fleurs rouge foncé en avril-mai. Hauteur : 3 m.
M. stellata : Magnolia étoilé. Feuillage caduc, ovale, vert et d'aspect très décoratif. Fleurs odorantes, étoilées, blanches, s'épanouissant en avril-mai. A planter en terrain non calcaire. Variété très rustique. Hauteur : 2 m.
M. stellata 'Royal Star' : fleurs blanches, doubles, en avril-mai. Hauteur : 2 m.
M. 'Susan' : variété à fleurs rouge foncé atteignant 15 à 20 cm, parfumées, s'épanouissant de mai à août. Hauteur : 3 m.

MAHONIA

BERBERIDACEES

Description : arbuste à feuillage décoratif. Feuillage persistant, épineux, vert foncé, prenant des teintes rouge lie-de-vin en automne. Fleurs jaunes réunies en grappes denses, s'épanouissant de novembre à mai. Baies bleu foncé de septembre à janvier.

Exigences : s'accommode de tous les types de sol. Situation mi-ombragée ou ombragée.

Utilisation : isolé, massif, bac, haie naturelle ou taillée.

Entretien : taille de nettoyage au printemps. Arrosage conseillé en été.

Culture : semis de graines stratifiées au printemps. Distance de plantation : 60 à 80 cm.

Parasites et maladies : très sensible à l'oïdium en fin d'été.

Espèces et variétés :
M. aquifolium : Mahonia commun. Feuillage persistant, vert foncé et épineux. Fleurs jaunes de mars à mai. Baies bleu foncé en automne. Hauteur : 1,2 à 1,5 m.
M. aquifolium 'Apollo' : feuillage persistant, plus ample que l'espèce précédente, vert foncé. Fleurs jaune orangé en avril-mai. Port étalé. Hauteur : 0,6 à 0,8 m.
M. aquifolium 'Atropurpurea' : feuillage rouge en hiver.
M. aquifolium 'Smaragd' : feuillage persistant, bronze puis vert foncé. Hauteur : 0,8 à 1 m.
M. bealei : feuillage persistant, composé de folioles coriaces et vert bleuté. Nombreuses fleurs jaunes réunies en panicules en juin. Port caractéristique. Hauteur : 2 m.
M. bealei 'Charity' : feuillage persistant et composé. Fleurs jaunes de novembre à mars, parfumées. Hauteur : 1 à 2 m.
M. bealei 'Winter Sun' : fleurs jaunes en grappes, de novembre à janvier. Hauteur : 1 à 2 m.
M. japonica : Mahonia du Japon. Floraison jaune très abondante en février-mars. Baies bleu-pourpre en août. Hauteur : 1 à 1,5 m.

> *Les Mahonias sont des plantes mellifères qu'il est intéressant d'associer aux arbustes à proximité d'un rucher.*

Mahonia aquifolium

Mahonia bealei

MAHOBERBERIS

BERBERIDACEES

Description : arbuste issu d'un croisement entre un Mahonia et un Berberis. Feuillage persistant, épineux, vert foncé et glauque au-dessous. Fleurs très nombreuses et jaunes, s'épanouissant au printemps.

Exigences : sol meuble et bien drainé. Situation ensoleillée ou mi-ombragée.

Utilisation : isolé, massif et bac.

Entretien : taille de nettoyage au printemps. Arrosage conseillé en été pour les plantes en bac.

Culture : bouturage et marcottage. Distance de plantation : 80 à 100 cm.

Espèces et variétés :
M. miethkeana : feuillage persistant, simple ou composé, épineux et vert foncé. Fleurs jaunes en avril-mai. Hauteur : 1,5 m.

MALUS
Pommier d'ornement, Pommier à fleurs

ROSACEES

Description : arbuste ou arbrisseau à fleurs. Feuillage caduc, vert, prenant des teintes orangées en automne. Fleurs simples ou doubles, blanches, roses ou rouges, s'épanouissant au printemps. Pommes minuscules en automne.

Exigences : sol riche et bien drainé. Situation ensoleillée.

Utilisation : isolé, massif, haie naturelle, écran végétal et fleur coupée.

Entretien : rabattre court au printemps les rameaux ayant fleuri l'année précédente.

Culture : greffage. Distance de plantation : 150 à 300 cm.

Parasites et maladies : pucerons, oïdium, tavelure, rouille.

Espèces et variétés :
M. - Hybrides : nombreuses variétés à fleurs et à fruits décoratifs.
'Crittenden' : fleurs blanches. Fruits rouge vif. Hauteur : 3 à 5 m.
'Evereste' : fleurs blanches en mai. Fruits jaune orangé persistant longtemps sur l'arbre. Hauteur : 3 à 5 m.
'Golden Hornet' : fleurs blanches en mai-juin. Fruits jaunes. Hauteur : 3 à 5 m.
'John Downie' : fleurs blanches en mai-juin. Fruits rouge orangé. Hauteur : 3 à 5 m.
'Liset' : fleurs rouge-pourpre en mai-juin. Fruits rouges presque bruns. Hauteur : 3 à 5 m.
'Profusion' : fleurs rouge carmin. Fruits rouge foncé en automne. Hauteur : 3 à 5 m.
'Van Eseltine' : fleurs doubles blanc rosé. Fruits jaune orangé. Hauteur : 5 à 6 m.

Mespilus germanica

MESPILUS
Néflier

ROSACEES

Description : arbuste ou arbrisseau à fleurs et à fruits. Feuillage caduc, simple, vert et pubescent. Fleurs blanches s'épanouissant en mai-juin. Fruits comestibles : les Nèfles.

Exigences : sol riche et bien drainé. Situation ensoleillée ou mi-ombragée.

Utilisation : isolé, massif, haie naturelle et culture fruitière.

Entretien : taille de nettoyage au printemps.

Culture : greffage sur Aubépine. Distance de plantation : 2 à 4 m.

Espèces et variétés :
M. germanica : feuillage vert lancéolé et pubescent. Fleurs blanches et simples en mai. Fruits brun verdâtre, comestibles après les premières gelées automnales. Hauteur : 5 à 6 m.

MORUS
Mûrier

MORACEES

Description : arbre à feuillage décoratif. Feuillage caduc, lobé et denté, vert brillant, prenant de belles teintes jaune orangé en automne. Fleurs monoïques ou dioïques, réunies en épis, s'épanouissant en avril-mai. Fruits rose orangé ou bleunoir, ressemblant aux Fraises ou aux Mûres, en septembre-octobre.

Exigences : sol riche, frais et bien drainé. Situation ensoleillée et chaude.

Utilisation : isolé, arbre sur tige, alignement, haie naturelle ou écran végétal.

Entretien : taille de nettoyage au printemps.

Culture : semis, bouturage ou greffage. Distance de plantation : 300 à 400 cm.

Espèces et variétés :
M. alba : Mûrier blanc. Mûrier commun. Feuillage caduc, très découpé, vert brillant, qui peut servir à nourrir les vers à soie. Très belles teintes automnales. Hauteur : 8 à 15 m.
M. alba 'Laciniata' : feuillage très découpé. Hauteur : 8 à 12 m.
M. alba 'Pendula' : feuillage découpé se développant sur des rameaux retombants. A rabattre court chaque année. Hauteur : 3 m.
M. nigra : Mûrier noir. Feuillage caduc et vert brillant. Port étalé, noueux avec l'âge. Fruits rouges réunis en grappes, plus gros que *M. alba* et comestibles. Hauteur : 5 à 8 m.

Morus nigra

NANDINA

BERBERIDACEES

Description : arbuste à feuillage décoratif. Feuillage persistant, composé de folioles elliptiques, vert glauque. Fleurs blanches, réunies en importantes panicules, s'épanouissant de juin à juillet. Baies rouge vif, très nombreuses, en automne.

Exigences : sol léger, riche et bien drainé. Situation ensoleillée ou mi-ombragée.

Utilisation : isolé, massif, scène originale (exemple : jardin japonais) et bac.

Entretien : taille de nettoyage tous les 3 à 4 ans. Arrosage conseillé en été.

Culture : semis et bouturage de rameaux. Distance de plantation : 80 à 120 cm.

Espèces et variétés :
N. domestica : Bambou sacré. Feuillage persistant, d'aspect très fin et décoratif. Belles teintes rouge lie-de-vin en hiver. Fleurs blanches en juin-juillet. Baies rouge vif en automne. Hauteur : 1,2 à 1,5 m.
N. domestica 'Fire Power' : belles teintes rouges en automne et en hiver. Hauteur : 0,8 à 1 m.
N. domestica 'Richmond' : nombreuses baies rouge vif en automne. Hauteur : 1,2 à 1,5 m.

NEILLIA

ROSACEES

Description : arbuste à fleurs. Feuillage caduc, découpé, vert et dense. Fleurs roses, réunies en épis allongés, s'épanouissant en mai-juin.

Exigences : sol riche, meuble et bien drainé. Situation ensoleillée ou mi-ombragée.

Utilisation : isolé, massif, haie naturelle et bac.

Entretien : taille de nettoyage au printemps. Arrosage régulier en été.

Culture : semis ou bouturage de rameaux en été. Distance de plantation : 120 à 150 cm.

Espèces et variétés :
N. affinis : feuillage caduc et vert. Fleurs rose soutenu, réunies en grappes allongées en mai-juin. Hauteur : 2 à 3 m.

NERIUM

Laurier-rose

APOCYNACEES

Description : arbuste à fleurs non rustiques. Feuillage persistant, allongé et vert foncé. Fleurs simples ou doubles, réunies en grappes s'épanouissant de juin à octobre.

Exigences : sol riche et bien drainé. Situation ensoleillée et chaude. A protéger du froid en hiver.

Utilisation : isolé, massif, haie naturelle dans les régions méditerranéennes. Bac et décoration de véranda dans les régions plus froides.

Entretien : rabattre de moitié les rameaux de l'année précédente en respectant la forme buissonnante de l'arbuste. Supprimer les fleurs fanées. Arrosage régulier en été pour les sujets cultivés en bac. Hivernage indispensable à l'abri, en situation lumineuse et tempérée (5 à 6 °C).

Culture : bouturage de rameaux au printemps sous serre. Distance de plantation : 80 à 100 cm.

Parasites et maladies : cochenilles et pucerons.

Espèces et variétés :
N. oleander : nombreuses variétés à fleurs simples ou doubles, blanches, roses, rouges, jaunes, orange ou bicolores, s'épanouissant de juin à octobre. A protéger du froid en hiver. Hauteur : 2 à 3 m.

Nerium oleander

OLEARIA

COMPOSEES

Description : arbuste à feuillage décoratif non rustique. Feuillage persistant, vert foncé au-dessus et tomenteux au-dessous. Fleurs jaunes, réunies en panicules, s'épanouissant en août-septembre.

Exigences : sol riche, bien drainé et meuble. Situation ensoleillée et chaude, à protéger du froid en hiver.

Utilisation : isolé, massif et haie naturelle en région méditerranéenne. Bac et décoration de véranda dans les régions froides.

Entretien : taille de nettoyage au printemps. Arrosage régulier en été. Hivernage indispensable en région froide, en situation lumineuse et fraîche (0 à 3 °C).

Culture : bouturage de rameaux en juillet-août. Distance de plantation : 80 à 120 cm.

Espèces et variétés :
O. X haastii : feuillage persistant, vert foncé et grisâtre. Fleurs jaunes en été. A protéger du froid en hiver. Hauteur : 1 à 2 m.
O. solandri : feuillage persistant et linéaire. Fleurs blanches, parfumées, en août-septembre. A protéger du froid en hiver. Hauteur : 2 à 3 m.

OSMANTHUS

Osmanthe

OLEACEES

Description : arbuste à feuillage décoratif. Feuillage persistant, coriace, denté et vert foncé. Fleurs blanches, très parfumées, s'épanouissant de septembre à octobre.

Exigences : sol riche et bien drainé. Craint le calcaire. Situation mi-ombragée.

Utilisation : isolé, massif, association avec des plantes de terre de bruyère et bac.

Entretien : taille de nettoyage tous les 2 ou 3 ans. Arrosage conseillé en été.

Culture : bouturage de rameaux en hiver. Distance de plantation : 80 à 120 cm.

Espèces et variétés :
O. heterophyllus : feuillage persistant, denté, coriace et vert foncé. Nombreuses fleurs blanches en automne. Hauteur : 2 à 3 m.
O. heterophyllus 'Gulf Tide' : feuillage persistant très dense, coriace, épineux et vert foncé. Hauteur : 1 m.

PÆONIA

Pivoine ligneuse

PÆONIACEES

Description : arbuste à fleurs. Feuillage caduc, composé de folioles vertes. Fleurs simples ou doubles, roses, blanches, rouges, jaunes, mauves, violacées ou bicolores, s'épanouissant en mai-juin.

Exigences : sol riche, bien drainé et meuble. Situation ensoleillée.

Utilisation : isolé, association avec des plantes vivaces, massif, et fleur coupée.

Entretien : taille de nettoyage tous les 2 ou 3 ans. Arrosage conseillé en été. Tuteurage des rameaux portant des fleurs. Protection hivernale de la souche avec de la paille ou des feuilles.

Culture : marcottage au printemps et greffage. Distance de plantation : 80 à 120 cm.

Espèces et variétés :
P. suffruticosa : Pivoine en arbre, syn. *P. arborea.* Feuillage caduc et composé. Fleurs très variées s'épanouissant en avril-mai. Hauteur : 1 à 1,5 m.
P. suffruticosa 'Baronne d'Alès' : fleurs doubles, rose vif.
P. suffruticosa 'Jeanne d'Arc' : fleurs doubles saumon.
P. suffruticosa 'Reine Elisabeth' : grandes fleurs doubles, rose foncé.

PEROVSKIA

LABIEES

Description : arbuste à fleurs. Feuillage caduc, très découpé, denté, pubescent, grisâtre et aromatique. Fleurs bleues, réunies en épis terminaux, s'épanouissant d'août à octobre.

Exigences : sol bien drainé et meuble. Situation ensoleillée.

Utilisation : rocaille, massif, association avec les plantes vivaces, bordure et bac.

Entretien : rabattre au printemps tous les rameaux au ras du sol. Arrosage conseillé en été pour les plantes cultivées en bac.

Culture : semis, bouturage de rameaux en été et division de souche. Distance de plantation : 40 à 60 cm.

Espèces et variétés :
P. atriplicifolia : feuillage caduc, découpé, grisâtre, d'un très bel effet décoratif. Fleurs bleu violacé en épis, en août-septembre. Hauteur : 1,2 à 1,5 m.
P. atriplicifolia 'Blue Spire' : fleurs bleu foncé, très grandes, en août-septembre. Hauteur : 1,2 à 1,5 cm.

Perovskia atriplicifolia

Philadelphus microphyllus

Philadelphus coronarius

PHILADELPHUS
Seringat

HYDRANGEACEES

Description : arbuste à fleurs. Feuillage caduc, lancéolé, vert clair. Fleurs simples ou doubles, parfumées, réunies en grappes, s'épanouissant de mai à juillet.

Exigences : sol meuble et bien drainé. Situation ensoleillée ou mi-ombragée.

Utilisation : isolé, massif, haie naturelle et bac.

Entretien : rabattre les rameaux ayant fleuri afin de provoquer de nouvelles pousses qui fleuriront l'année suivante. Arrosage conseillé en été.

Culture : semis ou bouturage de rameaux en automne. Distance de plantation : 80 à 120 cm.

Espèces et variétés :
P. coronarius : Seringat des jardins. Feuillage ovale, glabre ou légèrement velu, vert clair. Fleurs simples, parfumées, réunies par 5 ou 7, blanc crème, en juin. Hauteur : 2 à 3 m.
P. coronarius aureus : feuillage caduc, doré, très lumineux. Fleurs blanches, simples et très parfumées. Hauteur : 1 à 2 m.
P. X lemoinei : feuillage ovale et vert. Fleurs simples ou doubles, blanches, parfumées, s'épanouissant en mai-juin.
P. X lemoinei 'Innocence' : grandes fleurs blanches simples, très parfumées en mai-juin. Hauteur : 1 à 3 m.
P. microphyllus : fleurs simples, parfumées, en juin. Hauteur : 1 à 1,5 m.
P. X purpureo-maculatus : feuillage ovale, vert et denté. Fleurs doubles, blanches à taches rose-pourpre, s'épanouissant de mai à juillet. Hauteur : 1 à 3 m.
P. X purpureo-maculatus 'Belle-étoile' : grandes fleurs blanches à macules pourpres, en juin. Hauteur : 1 à 2 m.
P. X purpureo-maculatus 'Nuage rose' : fleurs blanc rosé, en juin. Hauteur : 1- 2 m.
P. X purpureo-maculatus 'Silver Showers' : fleurs simples, blanches, très parfumées, en juin. Port compact. Hauteur : 1 à 2 m.
P. X virginalis : feuillage ovale, denté et vert clair. Fleurs doubles, blanches, en juin-juillet. hauteur : 1 à 3 m.
P. X virginalis 'Bouquet blanc' : fleurs doubles en grappes denses, blanches, en juin. Hauteur : 1 à 2 m.
P. X virginalis 'Minnesota Snowflake' : grandes fleurs doubles, blanches et parfumées en juin-juillet. Hauteur : 2 à 3 m.
P. X virginalis 'Virginal' : grandes fleurs doubles, très parfumées, blanc pur, en juin. Hauteur : 2 à 3 m.

PHILLYREA
Filaria

OLEACEES

Description : arbuste à feuillage décoratif. Feuillage persistant, lancéolé, vert pâle. Fleurs blanches s'épanouissant en avril-mai. Baies bleu-noir en automne.

Exigences : sol riche, meuble et bien drainé. Situation mi-ombragée.

Utilisation : isolé, massif, haie naturelle et bac.

Entretien : taille de nettoyage au printemps. Arrosage en été. Protection hivernale indispensable en région froide.

Culture : bouturage ou greffage. Distance de plantation : 100 à 120 cm.

Espèces et variétés :
P. angustifolia : feuillage persistant et vert clair. Fleurs blanches, en avril-mai. Hauteur : 2 à 3 m.

PHORMIUM
Lin de Nouvelle-Zélande

AGAVACEES

Description : arbuste à feuillage décoratif, non rustique. Feuillage persistant, linéaire, vert, pourpre ou panaché. Fleurs jaune orangé se développant au sommet d'une hampe florale atteignant 2 à 3 m de haut.

Exigences : sol riche, bien drainé et meuble. Situation ensoleillée. A protéger du froid en hiver.

Utilisation : isolé, rocaille, massif et bac.

Entretien : supprimer les feuilles sèches et jaunes dès leur apparition. Arrosage régulier en été. Maintenir les hampes florales pendant leur épanouissement. Placer les sujets sous abri dans les régions à hiver froid.

Culture : division de souche au printemps. Distance de plantation : 50 à 80 cm.

Espèces et variétés :
P. tenax : feuillage persistant, linéaire, rigide et vert. Hauteur : 1,5 à 2 m.
P. tenax 'Dark Delight' : feuillage brun rougeâtre aux extrémités retombant gracieusement.

P. tenax 'Rainbow Maiden' : feuillage vert panaché de rose et de rouge foncé.
P. tenax 'Sundowner' : feuillage bronze à rayures roses et crème.
P. tenax 'Yellow Wave' : feuillage jaune.

PHOTINIA

ROSACEES

Description : arbuste à feuillage décoratif. Feuillage persistant, vert foncé, brillant. Fleurs blanc rose, réunies en ombelles, s'épanouissant en mai-juin. Baies rouges et globuleuses en automne.

Exigences : sol riche, meuble et bien drainé. Situation ensoleillée ou mi-ombragée.

Utilisation : isolé, massif, haie naturelle et bac.

Entretien : taille de nettoyage au printemps. Arrosage conseillé en été pour les sujets cultivés en bac. Protection hivernale en région froide.

Culture : bouturage de rameaux sous serre en fin d'été. Distance de plantation : 80 à 120 cm.

Photinia

Espèces et variétés :
P. X fraseri 'Red Robin' : feuillage particulièrement décoratif au printemps lorsque les feuilles sont rouge vif. Fleurs blanches en mai-juin. Hauteur : 2 à 3 m.
P. serrulata : feuillage persistant, oblong, rouge-brun au printemps, devenant vert foncé et brillant par la suite. Belles teintes hivernales. Fleurs blanches en ombelles en mai-juin. Hauteur : 2 à 3 m.

PHYSOCARPUS

ROSACEES

Description : arbuste à feuillage décoratif. Feuillage caduc, trilobé, vert prenant de très belles teintes jaune orangé en automne. Fleurs blanches à taches roses, réunies en grappes terminales, s'épanouissant en juin.

Exigences : sol riche et meuble. Craint le calcaire. Situation ensoleillée ou mi-ombragée.

Utilisation : isolé, massif, haie naturelle et bac.

Entretien : rabattre les rameaux de moitié après la floraison. Arrosage régulier en été.

Culture : bouturage de rameaux en fin d'été. Distance de plantation : 100 à 120 cm.

Espèces et variétés :
P. opulifolius : feuillage caduc ressemblant à celui du *Viburnum opulus,* prenant de remarquables teintes jaune doré en automne. Fleurs blanches en mai-juin. Hauteur : 2 à 3 m.
P. opulifolius 'Dart's Gold' : feuillage caduc, jaune doré devenant jaune bronze en cours de saison. Hauteur : 2 m.

Les Physocarpus sont des arbustes proches du Spirea, aussi pour les distinguer il suffit d'observer la base du pétiole. Lorsque celui-ci est muni de stipules (paire de petites feuilles) à sa base, il s'agit bien du Physocarpus.

PIERIS

ERICACEES

Description : arbuste à feuillage décoratif rattaché autrefois au genre *Andromeda*. Feuillage persistant, vert foncé ou panaché de blanc crème. Fleurs blanches, réunies en panicules denses, s'épanouissant de mars à mai.

Exigences : sol riche, frais et meuble. Craint le calcaire. Situation mi-ombragée ou ombragée.

Utilisation : isolé, association avec les plantes de terre de bruyère et bac.

Entretien : taille de nettoyage au printemps tous les 2 ou 3 ans. Supprimer les fleurs fanées. Arrosage régulier en été.

Culture : semis, bouturage de rameaux en automne et marcottage au printemps. Distance de plantation : 80 à 120 cm.

Espèces et variétés :
P. floribunda : syn. *Andromeda floribunda.* Feuillage persistant, elliptique, vert foncé et brillant. Fleurs blanches en grappes très denses, de mars à mai. Hauteur : 1,5 à 2 m.
P. X 'Flaming Silver' : feuillage vert à panachures blanc crème dont les jeunes feuilles apparaissent au printemps en rouge vif. Hauteur : 1 à 2 m.
P. X 'Forest Flame' : remarquable feuillage persistant, vert foncé, aux teintes rouge écarlate au printemps. Hauteur : 1-3 m.
P. japonica : Andromède du Japon. Feuillage persistant, lancéolé, bronze au printemps, puis vert foncé par la suite. Fleurs blanches en grappes en mai-juin. Hauteur : 1 à 3 m.
P. japonica 'Mountain Fire' : feuillage rouge brillant au printemps devenant vert foncé ensuite. Hauteur : 1 m.
P. japonica 'Valley Rose' : fleurs blanc rosé en grappes, mai-juin. Hauteur : 1-2 m.

PITTOSPORUM

PITTOSPORACEES

Description : arbuste à feuillage décoratif non rustique. Feuillage persistant, vert ou panaché de blanc crème. Fleurs blanches ou pourpres, réunies en corymbes, s'épanouissant en avril-mai. Baies ovoïdes en automne.

Exigences : sol léger et bien drainé. Situation ensoleillée et chaude. A protéger en hiver.

Utilisation : isolé, massif, haie naturelle ou taillée en région méditerranéenne. Bac et plante d'orangerie en région froide.

Entretien : taille de nettoyage au printemps. Arrosage régulier en été. Taille en avril et en août des sujets plantés en haie. Hivernage sous abri indispensable en région à hiver froid.

Culture : semis en avril-mai sous serre. Marcottage et bouturage. Distance de plantation : 70 à 90 cm.

Espèces et variétés :
P. tenuifolium : feuillage elliptique, vert, à bord ondulé. Fleurs solitaires ou réunies en corymbes, pourpre foncé en avril-mai. Hauteur : 1 à 2 m.
P. tenuifolium 'Tom Thumb' : feuillage persistant, vert foncé à reflets pourpres au printemps devenant brun-pourpre ensuite. Hauteur : 1 à 2 m.

Pieris X 'Forest Flame'

Pittosporum tobira

P. tenuifolium 'Variegatum' : feuillage persistant, vert clair panaché de blanc crème. Très bel effet décoratif. Hauteur : 1 à 2 m.

P. tobira : feuillage persistant, spatulé, vert foncé et brillant. Fleurs blanches, parfumées, en corymbes, en mai-juin. Baies noires en automne. Hauteur : 1 à 2 m.

P. tobira 'Nana' : port compact et dense. Hauteur : 0,6 à 0,8 m.

P. tobira 'Variegata' : feuillage persistant vert panaché de blanc crème. Hauteur : 1 à 1,5 m.

PONCIRUS

RUTACEES

Description : arbuste à fleurs et à fruits décoratifs. Feuillage caduc, trifolié, se développant sur des rameaux lisses, très épineux et verts. Fleurs simples, blanches, s'épanouissant en mars-avril. Fruits jaune orangé, ressemblant à des petits citrons.

Exigences : sol léger, bien drainé et meuble. Situation ensoleillée et chaude.

Utilisation : isolé, massif, haie naturelle ou défensive.

Entretien : taille de nettoyage au printemps. Protection hivernale recommandée en région aux hivers froids.

Culture : semis. Distance de plantation : 80 à 120 cm.

Espèces et variétés :
P. trifoliata : syn. *Citrus trifoliata.* Feuillage caduc et vert clair. Fleurs simples et blanches en mars-avril. Fruits jaunes, non comestibles, en été. Hauteur : 2 m.

POTENTILLA

Potentille

ROSACEES

Description : arbuste à fleurs. Feuillage caduc, composé de folioles vertes souvent pubescentes. Fleurs simples, blanches, jaunes, jaune d'or ou orange, s'épanouissant de juin à octobre.

Exigences : s'accommode de tous les types de sol, même pauvre et sec. Situation ensoleillée.

Utilisation : rocaille, bac, bordure, talus, haie naturelle ou taillée, isolé ou massif.

Entretien : rabattre court au printemps. Arrosage conseillé en été pour les sujets cultivés en bac.

Culture : bouturage de rameaux en été. Distance de plantation : 50 à 60 cm.

Espèces et variétés :
P. fruticosa : feuillage caduc, composé de folioles vertes. Fleurs jaunes de juin à octobre. Hauteur : 1 m. Cette espèce est à l'origine de nombreuses variétés.

P. fruticosa 'Abbotswood' : nombreuses fleurs blanches de juin à octobre. Hauteur : 1 m.

P. fruticosa 'Annette' : fleurs orange devenant jaunes de juin à octobre. Hauteur : 1 m.

P. fruticosa 'Elisabeth' : fleurs jaune clair. Port étalé et rampant. Hauteur : 0,5 m.

P. fruticosa 'Goldfinger' : fleurs jaune d'or de juin à octobre. Hauteur : 0,8 à 1,2 m.

P. fruticosa 'Goldstar' : fleurs jaune d'or. Port mi-étalé. Hauteur : 0,6 à 0,8 m.

P. fruticosa 'Goldteppich' : fleurs jaune d'or, de juin à octobre. Port rampant. Hauteur : 0,4 à 0,5 m. Diamètre : 0,5 à 1 m.

P. fruticosa 'Kobold' : fleurs jaunes. Port dense et compact. Hauteur : 0,4 à 0,5 m.

P. fruticosa 'Princess' : fleurs roses de juin à octobre. Hauteur : 0,6 à 0,8 m.

P. fruticosa 'Red Ace' : fleurs rouge orangé. Hauteur : 0,5 m.

P. fruticosa 'Tangerine' : fleurs orange de juin à octobre. Port étalé. A cultiver en situation mi-ombragée. Hauteur : 0,5 à 0,6 m.

PRUNUS

ROSACEES

Arbustes ou arbrisseaux très nombreux et très variés. Certains possèdent un feuillage caduc, d'autres persistant, tout comme certaines floraisons se produisent au printemps et d'autres en été.

Pour les différencier, on en distingue tout d'abord 2 groupes :
- les *Prunus* à feuillage caduc,
- les *Prunus* à feuillage persistant.

Ensuite, dans ces deux groupes, les *Prunus* à feuillage caduc comprennent les Pruniers d'ornement, les Cerisiers d'ornement ou du Japon et les Amandiers à fleurs. Enfin, les *Prunus* à feuillage persistant regroupent les Lauriers-cerises et les Lauriers du Portugal.

LES PRUNUS A FEUILLAGE CADUC

Description : arbustes ou arbrisseaux à fleurs. Feuillage caduc, pourpre ou vert prenant des teintes rouge orangé en automne. Fleurs simples ou doubles, réunies en grappes, blanches, roses, rouges, s'épanouissant en avril-mai. Fruits ovoïdes, comestibles en été.

Exigences : sol riche, meuble et bien drainé. Situation ensoleillée.

Utilisation : isolé, massif, haie naturelle, écran végétal, bac et fleur coupée.

Entretien : rabattre de moitié les rameaux ayant fleuri, afin de provoquer le départ de nouvelles branches qui fleuriront l'année suivante. Arrosage conseillé en été des sujets cultivés en bac.

Culture : greffage. Distance de plantation : 150 à 400 cm.

Espèces et variétés :

Les Cerisiers à fleurs (Cerisiers du Japon) :

P. X 'Accolade' : issu d'un croisement entre *Prunus sargentii* et *P. subhirtella*. Fleurs rose foncé en avril-mai. Belles teintes jaune orangé en automne. Port évasé. Hauteur : 4 à 5 m.

P. avium : Merisier des Oiseaux. Feuillage oblong et vert. Fleurs blanches, réunies en ombelles, en avril-mai. Fruits ovoïdes, noirs en été, appréciés des oiseaux. Hauteur : 8 à 10 m.

P. avium 'Plena' : fleurs doubles, blanc pur, en avril-mai.

P. padus : Cerisier à grappes. Feuillage elliptique, vert et grisâtre au-dessous. Bel-les teintes automnales. Fleurs blanches parfumées, réunies en longues grappes en avril-mai. Fruits ovoïdes, noirs et acides. Hauteur : 8 à 10 m.

P. serrulata : Cerisier du Japon. Feuillage ovale, vert ressemblant à celui des Cerisiers à fruits. Fleurs blanc rosé, réunies par 3 ou 5, s'épanouissant en avril-mai. Hauteur : 3 à 6 m. Il existe de nombreuses variétés aux coloris divers et aux ports variés.

'Amanogawa' : fleurs semi-doubles, rose pâle, parfumées en avril-mai. Port colonnaire. Hauteur : 3 à 4 m.

'Kanzan' : fleurs doubles, rose foncé, en avril-mai. Feuillage pourpre au printemps puis vert. Hauteur : 4 à 6 m.

'Kiku-shidare-zakura' : fleurs doubles, roses, en mars-avril. Port pleureur. Hauteur : 2 à 3 m.

P. subhirtella 'Autumnalis' : Cerisier d'automne. Feuillage ovale, vert, légèrement bronze au printemps. Fleurs semi-doubles, blanches, s'épanouissant de novembre à avril. Hauteur : 3 à 5 m.

P. subhirtella 'Autumnalis Rosea' : fleurs roses à calice rouge, de novembre à avril. Hauteur : 3 à 5 m.

P. subhirtella 'Fukubana' : fleurs rose foncé, possédant des pétales finement découpés. Hauteur : 2 à 2,5 m.

Les Pruniers à fleurs (Pruniers d'ornement) :

P. cerasifera : Prunier Myrobolan. Feuillage elliptique ou ovale, vert et brillant. Fleurs blanches en avril-mai. Fruits rouges en juin. Hauteur : 4 à 8 m.

P. cerasifera 'Blireana' : feuillage rouge-brun. Fleurs doubles, rouges, en avril-mai. Hauteur : 4 à 5 m.

P. cerasifera 'Pissardii' : syn. P. c. 'Atropurpurea'. Feuillage rouge-brun. Fleurs roses, simples, en avril. Hauteur : 5 à 6 m.

P. cerasifera 'Woodii' : feuillage pourpre foncé. Fleurs roses, simples, en avril. Hauteur : 5 m.

P. X cistena : feuillage pourpre brillant. Fleurs roses en avril. Port compact. Hauteur : 1,5 à 2 m.

P. spinosa : Prunellier, Epine noire. Feuillage vert et lancéolé. Fleurs blanches en avril-mai. Hauteur : 3 m.

Les Amandiers à fleurs :

P. tenella : Amandier nain de Russie. Feuillage lancéolé, vert, brillant. Fleurs rose vif en avril. Hauteur : 1 m.

P. tenella 'Alba' : fleurs blanches en avril. Hauteur : 1 m.

P. tenella 'Fire Hill' : grandes fleurs rouge intense se développant sur des rameaux drageonnants en avril. Hauteur : 1 m.

P. triloba : Amandier de Chine. Fleurs roses, en mars-avril. Hauteur : 1,2 à 1,5 m.

P. triloba 'Multiplex' : fleurs doubles, rose vif, en mars-avril. Hauteur : 1,2 à 1,5 m.

LES PRUNUS A FEUILLAGE PERSISTANT

Description : arbustes à feuillage décoratif. Feuillage persistant, vert foncé et brillant. Fleurs blanches, réunies en épis terminaux, s'épanouissant en mai-juin. Baies noires en été.

Exigences : sol meuble et bien drainé. Situation ensoleillée ou mi-ombragée.

Utilisation : isolé, massif, haie naturelle ou taillée, écran végétal, couvre-sol, talus, rocaille et bac.

Entretien : taille de nettoyage au printemps. Taille en avril et en août des sujets plantés en haie. Arrosage en été des plantes cultivées en bac.

Culture : bouturage de rameaux en été. Semis de graines stratifiées au printemps. Distance de plantation : 80 à 120 cm. 50 à 60 cm pour les sujets en haie.

Parasites et maladies : oïdium perforant.

Espèces et variétés :

P. laurocerasus : Laurier-cerise.

P. laurocerasus 'Caucasica' : feuillage large, ovale, vert et brillant. Fleurs blanches en grappes allongées, en mai. Baies noires en été. Hauteur : 3 à 4 m.

P. laurocerasus 'Otto Luyken' : feuillage étroit, vert foncé et brillant. Fleurs blanches en épis dressés. Port étalé (croissance lente). Hauteur : 1 m.

P. laurocerasus 'Reynvaanii' : feuillage plus large que la variété précédente, vert foncé et brillant. Abondante floraison en mai. Hauteur : 1,5 à 2 m.

P. laurocerasus 'Rotundifolia' : feuillage arrondi, vert foncé et brillant. Fleurs blanches en mai. Hauteur : 3 m.

P. laurocerasus 'Zabeliana' : variété très rustique à feuillage allongé, étroit, vert clair et brillant. Port rampant et étalé. Hauteur : 1 m.

P. lusitanica : Laurier du Portugal. Feuillage oblong, vert foncé et brillant. Fleurs blanches réunies en épis dressés, en mai-juin. Baies ovoïdes pourpre-noir. Hauteur : 3 à 4 m.

P. lusitanica 'Angustifolia' : feuillage étroit, vert foncé et brillant. Port régulier et pyramidal. Hauteur : 2 à 4 m.

P. lusitanica 'Variegata' : feuillage vert à marges blanches. Hauteur : 2 à 3 m.

Prunus serrulata

Prunus lusitanica

Prunus cerasifera 'Blireana'

Prunus cistena

Prunus laurocerasus 'Zabeliana'

Prunus padus

Prunus triloba

Pyracantha hybrides

Pyracantha coccinea

PYRACANTHA
Buisson ardent

ROSACEES

Description : arbuste à feuillage et baies décoratifs. Feuillage persistant, vert brillant, se développant sur des rameaux épineux. Fleurs blanches, réunies en corymbes, s'épanouissant en mai-juin. Baies jaunes, orange ou rouges en automne.

Exigences : sol meuble et bien drainé. Situation ensoleillée ou mi-ombragée.

Utilisation : isolé, haie naturelle ou taillée, massif, bac et palissage le long d'un mur.

Entretien : taille de nettoyage au printemps. Taille en avril et en août pour les sujets plantés en haie.

Culture : semis ou bouturage de rameaux en été. Distance de plantation : 80 à 120 cm. 50 à 60 cm pour les sujets en haie.

Espèces et variétés :
P. angustifolia : feuillage lancéolé, vert brillant. Fleurs blanches en avril-mai. Baies rouges en été. Hauteur : 3 à 4 m.
P. coccinea 'Orange Glow' : baies rouge corail.
P. coccinea 'Red Column' : Buisson ardent. Feuillage vert brillant se développant sur des rameaux vigoureux. Baies rouge vif en été. Hauteur : 3 à 4 m.
P. - Hybrides : baies aux nombreux coloris.
'Golden Charmer' : baies jaune orangé.
'Mohave' : baies orange-rouge.
'Orange Charmer' : baies orange.
'Soleil d'Or' : baies jaune d'or.

PYRUS
Poirier d'ornement

ROSACEES

Description : arbuste à feuillage décoratif. Feuillage caduc, étroit, lancéolé, blanc tomenteux au-dessus et glabre au-dessous. Fleurs blanches en avril-mai.

Exigences : sol meuble, riche et bien drainé. Situation ensoleillée.

Utilisation : isolé, massif, haie naturelle, écran végétal ou bac.

Entretien : taille de nettoyage au printemps.

Culture : semis de graines stratifiées au printemps. Distance de plantation : 200 à 300 cm.

Espèces et variétés :
P. salicifolia : Poirier à feuilles de saule. Feuillage caduc très lumineux dans un massif d'arbustes. Hauteur : 5 à 6 m.

RHAMNUS
Nerprun

RHAMNACEES

Description : arbuste à fleurs. Feuillage caduc, vert, se développant sur des rameaux épineux ou non. Fleurs blanc jaunâtre ou rouge-pourpre en mai-juin. Baies rouge-pourpre.

Exigences : s'accommode de tous les types de sol. Situation ensoleillée ou mi-ombragée.

Utilisation : isolé, massif, haie naturelle et couvre-sol.

Entretien : taille de nettoyage au printemps.

Culture : semis ou bouturage de rameaux. Distance de plantation : 150 à 200 cm.

Espèces et variétés :
R. catharicus : feuillage caduc, elliptique et vert. Fleurs blanc jaunâtre en avril-mai. Fruits noirs. Hauteur : 2 à 3 m.
R. frangula : Bourdaine. Feuillage caduc, ovale et vert. Fleurs pourpres en mai-juin. Baies rouge vif en été. Hauteur : 4 à 5 m.

RHODODENDRON

ERICACEES

Description : Arbuste ou arbrisseau à fleurs. Feuillage persistant, vert foncé et brillant. Fleurs blanches, roses, rouges, mauves, jaunes, violacées ou bicolores, réunies en corymbes, d'avril à juin.

Exigences : Sol riche, frais et bien drainé. Craint le calcaire. Situation ensoleillée, mi-ombragée ou ombragée.

Utilisation : Isolé, massif d'arbustes de terre de bruyère, association avec des *Hydrangea* et Bruyères, bordures et bac.

Entretien : Taille de nettoyage tous les 2 ou 3 ans. Supprimer les fleurs fanées après la floraison. Arrosage conseillé en été. Protection contre le vent en hiver.

Culture : Marcottage, bouturage ou greffage. Distance de plantation : 30 à 40 cm pour les espèces naines. 120-200 cm pour les espèces à grand développement.

Espèces et variétés :

Les Rhododendrons à petit développement :

R. ferrugineum : Laurier-rose des Alpes. Feuillage vert brillant, pubescent au-dessous. Fleurs rose foncé à rouge clair en juin-juillet. Hauteur : 1 m.

R. impeditum : feuillage vert et glauque aux faces inférieures. Fleurs mauves à violet foncé réunies en corymbes en avril. Hauteur : 0,5 à 0,7 m.

R. impeditum 'Azurika' : fleurs bleu clair.

R. impeditum 'Blue Diamond' : fleurs rose-mauve.

R. impeditum 'Blue Tit' : fleurs bleues.

R. impeditum 'Griestede' : fleurs violet foncé.

R. impeditum 'Violetta' : fleurs violet foncé.

R. - Hybrides 'Praecox' : Rhododendron à floraison précoce. Feuillage vert foncé. Fleurs rose-lilas dès mars. Hauteur : 1 à 1,2 m.

R. repens : Rhododendron rampant. Feuillage minuscule, vert. Fleurs rouges ou roses en avril-mai. Hauteur : 0,3 à 1 m.

R. repens 'Baden-Baden' : fleurs rouge vif.

R. repens 'Elisabeth Hobby' : fleurs rouges.

R. repens 'Scarlet Wonder' : fleurs rouge vif.

R. russatum : feuillage vert et de couleur rouille au-dessous. Fleurs violettes ou pourpres en mai. Hauteur : 0,6 à 0,8 m.

R. williamsianum : feuillage vert foncé et glauque au-dessous. Fleurs roses en mars-avril. Hauteur : 0,6 à 1,5 m.

R. williamsianum 'August Lamken' : fleurs rouges.

Les Rhododendrons à moyen développement :

R. yakushimanum : feuillage allongé, vert foncé et pubescent aux faces inférieures. Fleurs blanches ou roses, rouges ou jaunes, réunies en corymbes, s'épanouissant d'avril à juin. Hauteur : 1 à 1,5 m.

R. yak. 'Anilin' : fleurs rouges à cœur blanc.

R. yak. 'Anuschka' : fleurs rouges.

R. yak. 'Bluerettia' : fleurs mauves.

R. yak. 'Flava' : fleurs jaune pâle.

R. yak. 'Grincheux' : fleurs jaunes.

R. yak. 'Kalinka' : fleurs rose foncé.

R. yak. 'Morgenrot' : fleurs rouges.

R. yak. 'Polaris' : fleurs roses à cœur blanc.

R. yak. 'Schneekrone' : fleurs blanches.

R. yak. 'Silberwolke' : fleurs roses à cœur jaune.

R. wardii - Hybrides : feuillage vert foncé. Fleurs jaunes en mai-juin. Hauteur : 1,2 à 2 m.

R. wardii 'Bernstein' : fleurs jaunes.

R. wardii 'Goldbukett' : fleurs jaune canari.

R. wardii 'Goldkrone' : fleurs jaune vif.

R. - Hybrides : Hauteur : 1,2 à 2 m.

R. - Hybride 'Henriette Erika' : fleurs rouges.

R. - Hybride 'Serein Erika' : fleurs jaune sulfureux.

R. - Hybride 'Shoot Erika' : fleurs rouges.

R. - Hybride 'Tarin Erika' : fleurs jaunes.

Les Rhododendrons à grand développement :

Feuillage oblong et vert. Fleurs réunies en grappes, s'épanouissant en mai. Hauteur : 2 à 4-5 m.

R. Hybride 'Albatros' : fleurs blanches.

R. Hybride 'Alice' : très grandes fleurs rose violacé.

R. Hybride 'Brasilia' : grandes fleurs orange feu.

R. Hybride 'Cunningham's White' : grandes fleurs blanches.

R. Hybride 'Diadem' : grandes fleurs rose vif à macule pourpre.

R. Hybride 'Dr H.C. Dresselhuys' : grandes fleurs rose vif à macule pourpre.

R. Hybride 'Gommer Waterer' : fleurs blanc rosé.

R. Hybride 'Hollandia' : fleurs rouge clair.

R. Hybride 'Lees Dark Purple' : fleurs violet foncé.

R. Hybride 'Nova Zembla' : fleurs rouges.

R. Hybride 'Paul Fondateur' : fleurs roses.

R. Hybride 'Pink Perfection' : fleurs mauves.

R. Hybride 'Purple Splendour' : fleurs violet soutenu.

R. Hybride 'Roseum Elegans' : fleurs rose-pourpre.

R. Hybride 'Vulcan' : fleurs jaune orangé.

R. Hybride 'Yellow Hammer' : fleurs jaunes et roses.

R. catawbiense : grandes fleurs rouges, roses, mauves ou violettes, de mi-mai à fin juin. Hauteur : 1,5 à 3 m.

R. cat. 'Album' : grandes fleurs blanches.

R. cat. 'Alfred' : grandes fleurs violettes à macules pourpres.

R. cat. 'Boursault' : grandes fleurs mauves.

R. cat. 'Germania' : grandes fleurs violettes.

R. cat. 'Grandiflorum' : grandes fleurs violet-pourpre.

Rhus typhina 'Laciniata'

RHUS

Sumac

ANACARDIACEES

Description : arbrisseau à feuillage et à fruits décoratifs. Feuillage caduc, composé de folioles glabres ou pubescentes, vertes se parant de teintes rouge orangé en automne. Fleurs rouges ou jaunes, réunies en panicules, s'épanouissant au printemps. Fruits rougeâtres, compressés en panicules denses en automne.

Exigences : sol bien drainé et meuble. Situation ensoleillée.

Utilisation : isolé, haie naturelle, écran végétal et bac.

Entretien : taille de nettoyage au printemps. Arrosage en été pour les sujets plantés en bac.

Culture : bouturage de rameaux en automne. Distance de plantation : 200 à 300 cm.

Espèces et variétés :
R. glabra : feuillage caduc, composé de folioles vertes se développant sur des rameaux glabres. Belles teintes automnales. Fleurs jaunes en panicules à la fin du printemps. Fruits rougeâtres réunis en cônes denses. Hauteur : 4 à 5 m.
R. typhina : Sumac de Virginie. Feuillage caduc, composé de folioles lancéolées, dentées et glauques au-dessous. Belles teintes automnales. Fleurs rouges réunies en panicules, en juin. Hauteur : 4 à 5 m.
R. typhina 'Laciniata' : feuillage caduc, très finement découpé, vert prenant des teintes rouge orangé en automne. Remarquables fruits en cônes denses et rouges en automne. Hauteur : 3 à 4 m.
R. typhina 'Variegata' : feuillage caduc, vert panaché de blanc crème.

RIBES

Groseiller à fleurs, Groseiller d'ornement

SAXIFRAGACEES

Description : arbuste à fleurs. Feuillage caduc, vert, prenant des teintes rouge orangé en automne. Fleurs blanches, roses ou rouges, réunies en longues grappes pendantes, s'épanouissant en avril-mai.

Exigences : s'accommode de tous les types de sol. Situation ensoleillée ou mi-ombragée.

Utilisation : isolé, massif, haie naturelle, écran végétal et bac.

Entretien : rabattre les rameaux ayant fleuri au ras du sol, afin de provoquer le départ de nouvelles branches qui fleuriront l'année suivante. Arrosage conseillé en été.

Culture : bouturage, marcottage et semis. Distance de plantation : 80 à 120 cm.

Espèces et variétés :
R. alpinum : feuillage caduc, ovale et vert. Fleurs jaune verdâtre en avril. Fruits comestibles mais sans saveur particulière. Hauteur : 1,2 à 1,5 m.
R. sanguineum : feuillage caduc, irrégulier, vert prenant des teintes jaune orangé en automne. Fleurs rouges réunies en grappes, en avril-mai. Hauteur : 2 à 3 m.
R. sanguineum 'King Edouard VII' : fleurs rouge vif, réunies en longues grappes, en avril-mai. Hauteur : 2 m.
R. sanguineum 'Pulborought Scarlet' : fleurs rouge foncé, réunies en très longues grappes en avril. Hauteur : 2 m.

Ribes sanguineum

ROSMARINUS
Romarin

LABIACEES

Description : arbuste à feuillage décoratif et odorant, non rustique en région froide. Feuillage persistant, linéaire, vert brillant au-dessus et grisâtre au-dessous, fortement odorant. Fleurs bleu clair, réunies en grappes, s'épanouissant de mars à juillet.

Exigences : sol bien drainé et meuble. Supporte le sec. Situation ensoleillée et chaude. A protéger du froid en hiver.

Utilisation : isolé, massif, rocaille, bordure, petite haie taillée et bac.

Entretien : rabattre de moitié les rameaux après la floraison. Arrosage conseillé en été. Protection hivernale indispensable dans les régions froides, avec des feuilles, des branches de sapin ou un film non tissé.

Culture : semis, bouturage, marcottage. Distance de plantation : 60 à 80 cm.

Espèces et variétés :
R. officinalis : feuillage linéaire, vert glauque et aromatique. Fleurs bleu-lilas, réunies en petites grappes, de mars à mai. Hauteur : 1 à 1,5 m.
R. officinalis 'Prostratus' : feuillage persistant, linéaire, vert glauque se développant de part et d'autre des rameaux rampant sur le sol. Fleurs bleues de mars à mai. Hauteur : 0,4 à 0,6 m.

Rosmarinus officinalis

RUBUS
Ronce arbustive

ROSACEES

Description : arbuste à feuillage décoratif. Feuillage caduc, composé de folioles dentées, vertes, se développant sur des rameaux vigoureux souvent blanc pruineux. Fleurs blanc-rose au printemps.

Exigences : sol meuble, riche et bien drainé. Situation ensoleillée, mi-ombragée ou ombragée.

Utilisation : isolé, massif, haie naturelle, écran végétal et sous-bois.

Entretien : supprimer en hiver les rameaux âgés pour rajeunir la souche.

Culture : bouturage et récupération de drageons. Distance de plantation : 80 à 120 cm.

Espèces et variétés :
R. X 'Fridel Benenden' : feuillage caduc et composé. Fleurs blanches en avril-mai. Hauteur : 2 m.
R. spectabilis 'Flore Pleno' : feuillage caduc et composé. Fleurs rose-pourpre en avril-mai. Hauteur : 2 m.

L'écorce des Rubus est très décorative en hiver lorsqu'il n'y a plus de feuilles. Le contraste est particulièrement intéressant avec d'autres bois décoratifs (Cornus, Salix).

RUSCUS
Fragon

LILIACEES

Description : arbuste à feuillage décoratif. Feuillage persistant, coriace, vert foncé et brillant. Fleurs sans intérêt.

Exigences : sol frais et bien drainé. Situation mi-ombragée.

Utilisation : isolé, massif et feuillage pour bouquet.

Entretien : taille de nettoyage au printemps. Arrosage conseillé en été.

Culture : division de souche au printemps. Distance de plantation : 60 à 80 cm.

Espèces et variétés :
R. aculeatus : Fragon piquant. Feuillage persistant coriace, vert foncé, terminé par une épine. Hauteur : 0,5 à 0,9 m.

SAMBUCUS
Sureau

CAPRIFOLIACEES

Description : arbrisseau à feuillage et à fleurs décoratifs. Feuillage caduc, simple ou lacinié, vert ou panaché. Fleurs blanches, fortement odorantes, réunies en corymbes, s'épanouissant en avril-mai. Baies rouges, blanches ou noires, en été.

Exigences : sol bien drainé et frais. Situation ensoleillée ou mi-ombragée.

Utilisation : isolé, écran végétal, haie naturelle, bac et culture pour les baies.

Entretien : rabattre court les rameaux au printemps, tous les 4 ou 5 ans, afin de rajeunir la souche. Arrosage conseillé en été.

Culture : bouturage de rameaux en automne. Distance de plantation : 150 à 200 cm.

Espèces et variétés :
S. canadensii : Sureau du Canada. Feuillage très large et ample. Fleurs blanches, réunies en ombelles atteignant 30 à 40 cm de diamètre en avril-mai. Hauteur : 4 à 5 m.
S. nigra : Sureau noir. Feuillage caduc, composé de folioles ovales et vertes se développant sur des rameaux à moelle blanche. Fleurs blanches, réunies en

Sambucus nigra

Sambucus racemosa

Skimmia japonica

SKIMMIA

RUTACEES

Description : arbuste dioïque, à baies décoratives. Feuillage persistant, lancéolé, coriace et vert foncé. Fleurs blanches, parfumées, réunies en panicules et s'épanouissant en mars-avril. Baies rouges, réunies en panicules de juin à novembre-décembre.

Exigences : sol frais, riche et bien drainé. Situation mi-ombragée.

Utilisation : isolé, rocaille, bac, massif de plantes de terre de bruyère et couvre-sol en sous-bois.

Entretien : arrosage en été pour les sujets cultivés en bac.

Culture : bouturage de rameaux en automne sous serre. Distance de plantation : 50 à 60 cm.

Espèces et variétés :

S. japonica : feuillage persistant, elliptique, vert foncé et coriace. Fleurs blanches, très parfumées, en mai. Hauteur : 1,5 m.

S. japonica 'Foremanii' : feuillage persistant, vert foncé et coriace. Fleurs blanches, très parfumées, en avril-mai. Port compact. Hauteur : 0,6 à 0,8 m.

S. japonica 'Rubella' : feuillage persistant et vert foncé se développant sur des tiges rougeâtres. Boutons floraux rougeâtres et fleurs blanches en avril-mai. Hauteur : 0,5 m.

corymbes, parfumées, s'épanouissant en avril-mai. Baies noires comestibles en été.

S. nigra 'Albovariegata' : feuillage vert panaché de blanc crème. Hauteur : 4 m.

S. nigra 'Aurea' : Sureau doré. Feuillage caduc, composé de folioles dorées. Hauteur : 3 à 4 m.

S. nigra 'Laciniata' : Sureau à feuille de persil. Feuillage caduc finement découpé et très décoratif. Hauteur : 3 à 4 m.

S. nigra 'Purpurea' : feuillage caduc et pourpre.

S. racemosa : Sureau à grappes. Feuillage caduc, composé de folioles vertes, se développant sur des rameaux à moelle rougeâtre. Fleurs verdâtres en mai. Baies rouges, en été, vénéneuses crues mais comestibles cuites. Hauteur : 5 à 6 m.

S. racemosa 'Sutherland' : feuillage découpé et jaune d'or. Hauteur : 3 à 4 m.

SARCOCOCCA

BUXACEES

Description : arbuste à feuillage décoratif. Feuillage persistant, coriace, vert foncé et lustré. Fleurs blanches, parfumées, réunies en petites grappes, s'épanouissant d'octobre à février-mars.

Exigences : sol riche, frais et bien drainé. Situation mi-ombragée ou ombragée.

Utilisation : isolé, massif, association avec des plantes de terre de bruyère, bac et couvre-sol en sous-bois.

Entretien : taille de nettoyage au printemps. Arrosage en été.

Culture : bouturage de rameaux en été sous serre. Distance de plantation : 50 cm.

Espèces et variétés :
S. ruscifolia : feuillage persistant, vert foncé et elliptique. Fleurs blanches parfumées, d'octobre à mars. Hauteur : 0,8 à 1 m.

SORBARIA

ROSACEES

Description : arbuste à feuillage décoratif et à fleurs. Feuillage caduc, composé de folioles dentées vertes, prenant de remarquables teintes jaune orangé en automne. Fleurs blanches, réunies en panicules, s'épanouissant en juillet-août.

Exigences : sol frais et humide. Situation ensoleillée, mi-ombragée ou ombragée.

Utilisation : isolé, massif, haie naturelle et bac.

Entretien : rabattre de moitié les rameaux ayant fleuri en hiver ou au printemps avant le départ de la végétation. Supprimer les fleurs fanées. Arrosage régulier en été.

Culture : semis de graines stratifiées, bouturage de rameaux en hiver et récupération de drageons. Distance de plantation : 80 à 120 cm.

Espèces et variétés :
S. aitchisonii : feuillage caduc, composé de folioles très fines rappelant les feuilles des Fougères. Abondante floraison de juillet à août. Hauteur : 2 m.

Sorbaria sorbifolia

S. sorbifolia : feuillage caduc, composé de folioles dentées et vertes. Belles teintes automnales. Fleurs blanc crème, en panicules denses, de juillet à août. Hauteur : 1,5 à 2 m.

SPARTIUM

Sparte

LEGUMINEUSES

Description : arbuste à fleurs. Feuillage caduc, peu nombreux, vert, se développant sur des rameaux cylindriques et verts. Fleurs jaune vif ou blanches, parfumées, s'épanouissant de mai à août. Fruits en forme de gousses brunâtres en automne.

Exigences : sol bien drainé et meuble. Situation ensoleillée et chaude. A protéger du froid en hiver en dehors des régions méditerranéennes.

Utilisation : isolé, massif et bac.

Entretien : rabattre les rameaux de moitié au printemps. Arrosage régulier en été pour les sujets cultivés en bac. Protection hivernale indispensable dans les régions froides.

Culture : semis. Distance de plantation : 120 à 150 cm.

Espèces et variétés :
S. junceum : syn. Genêt d'Espagne. Feuillage caduc, oblong et rare se développant sur des rameaux cylindriques. Fleurs jaune vif, très nombreuses et parfumées de mai-juin à août. Hauteur : 2 m.
S. junceum 'Album' : fleurs blanches de juin à août. Hauteur : 1,5 à 2 m.

Spartium junceum

Spirea X bumalda 'Anthony Waterer'

Spirea X vanhouttei

SPIREA

Spirée

ROSACEES

Description : arbuste à fleurs. Feuillage caduc, simple ou composé, vert, prenant de belles teintes jaune orangé en automne. Fleurs blanches, roses, mauves, réunies en ombelles ou en grappes, s'épanouissant au printemps ou en été.

Exigences : sol bien drainé et meuble. Situation ensoleillée.

Utilisation : isolé, rocaille, bordure, bac, massif, haie naturelle et écran végétal.

Entretien : rabattre court les rameaux des Spirées à floraison estivale, dès la fin de l'hiver. Rabattre de moitié les rameaux des Spirées à floraison printanière juste après la floraison. Arrosage conseillé en été.

Culture : bouturage de rameaux en automne. Distance de plantation : 60 à 120 cm.

Espèces et variétés :

Spirées à floraison printanière :

S. X arguta : feuillage caduc, oblong, vert clair d'aspect très fin et décoratif. Fleurs blanches, très nombreuses en avril-mai. Hauteur : 1,5 m.

S. X arguta 'Grefsheim' : feuillage caduc, oblong, vert clair prenant de belles teintes jaune orangé en automne. Fleurs très abondantes, blanches en mars-avril. Hauteur : 1 à 2 m.

S. nipponica 'Snowmound' : feuillage vert. Fleurs blanches, réunies en grappes semi-sphériques de mai à juin. Hauteur : 1 à 1,5 m.

S. prunifolia : feuillage caduc, vert, prenant des teintes rouges en automne. Fleurs blanches, doubles en avril-mai. Hauteur : 1,5 m.

S. thunbergii : feuillage caduc, linéaire, denté et vert, prenant de belles teintes orange en automne. Fleurs blanches en avril-mai. Hauteur : 1 m.

S. trilobata : feuillage caduc, arrondi et denté, vert bleuté, prenant de belles teintes orange en automne. Fleurs blanches en avril. Hauteur : 1,5 m.

S. X vanhouttei : feuillage caduc, arrondi, vert glauque se développant sur des rameaux d'aspect gracieux. Fleurs blanches nombreuses, en avril. Hauteur : 1 à 2 m.

Spirées à floraison estivale :

S. X billardii : feuillage caduc, lancéolé, vert et gris aux faces inférieures. Fleurs rose brillant, réunies en épis dressés, s'épanouissant en juillet-août. Hauteur : 1,5 m.

S. X bumalda 'Anthony Waterer' : feuillage caduc, lancéolé, vert et glauque aux faces inférieures. Fleurs rouge-carmin foncé, réunies en corymbes, de juillet à septembre. Hauteur : 0,8 à 1,2 m.

S. X bumalda 'Crispa' : feuillage caduc, lancéolé, très finement découpé et crispé. Fleurs rouge-pourpre en juillet-août. Hauteur : 0,8 m.

S. X bumalda 'Goldflame' : feuillage caduc, lancéolé, de couleur changeante de l'orange au rougeâtre, d'un remarquable effet décoratif. Fleurs rouge-carmin en juillet-août. Hauteur : 0,8 m.

S. japonica 'Albiflora' : feuillage caduc, lancéolé et vert. Fleurs blanches en juillet-août. Port dense et compact. Hauteur : 0,5 m.

S. japonica 'Bullata' : feuillage caduc, lancéolé et vert très foncé. Fleurs blanches en ombelles de juillet à septembre. Hauteur : 0,5 à 0,8 m.

S. japonica 'Little Princess' : feuillage caduc, lancéolé, vert. Fleurs roses, nombreuses, en juillet-août. Port compact. Hauteur : 0,5 à 0,6 m.

S. japonica 'Shirobana' : feuillage caduc, lancéolé et vert. Fleurs blanches et roses à la fois sur une même ombelle, de mai à août. Hauteur : 0,5 à 0,6 m.

STAPHYLEA

STAPHYLEACEES

Description : arbuste à fleurs. Feuillage caduc, composé de folioles vertes prenant de belles teintes automnales. Fleurs blanc jaunâtre en forme de clochettes, réunies en grappes, s'épanouissant en mai-juin. Fruits vésiculeux en été.

Exigences : sol riche, frais et bien drainé. Situation ensoleillée ou mi-ombragée.

Utilisation : isolé, massif, haie naturelle et bac.

Entretien : taille de nettoyage au printemps. Arrosage conseillé en été.

Culture : bouturage de rameaux en automne. Distance de plantation : 100 à 120 cm.

Espèces et variétés :
S. colchica : Staphilier de Colchide. Feuillage caduc et décoratif. Fleurs blanc jaunâtre en mai-juin. Hauteur : 2 à 3 m.

Staphylea colchica

STRANVÆSIA

ROSACEES

Description : arbuste à fleurs et à fruits décoratifs. Feuillage persistant, oblong, vert foncé, coriace et brillant. Fleurs blanches, réunies en épis terminaux, s'épanouissant en juin. Fruits rouge vif en automne.

Exigences : sol frais, meuble et bien drainé. Situation ensoleillée, mi-ombragée et chaude.

Utilisation : isolé, massif, haie naturelle et bac.

Entretien : taille de nettoyage au printemps. Arrosage conseillé en été pour les

Stranvæsia davidiana

plantes cultivées en bac. Protection hivernale recommandée en région froide.

Culture : greffage en écusson en été. Distance de plantation : 100 à 120 m.

Espèces et variétés :
S. davidiana : feuillage persistant, vert foncé et brillant. Abondante floraison blanche en juin. Fruits rouge vif en forme de petites pommes en automne. Hauteur : 2 à 2,5 m.

STEPHANANDRA

ROSACEES

Description : arbuste tapissant à feuillage décoratif. Feuillage caduc, profondément incisé, vert clair prenant des teintes jaunes en automne. Fleurs blanc rosé, réunies en panicules, s'épanouissant en juin-juillet. Fruits rougeâtres en automne.

Exigences : sol frais, bien drainé et léger. Situation ensoleillée ou mi-ombragée.

Utilisation : couvre-sol, rocaille, talus et bac.

Entretien : taille de nettoyage au printemps. Arrosage très régulier en été.

Culture : bouturage de rameaux en été. Semis. Distance de plantation : 40 à 50 cm.

Espèces et variétés :
S. incisa : feuillage découpé, vert d'aspect très fin et gracieux. Excellent couvre-sol. Hauteur : 0,4 m. Diamètre : 1 m.
S. incisa 'Crispa' : remarquable feuillage finement incisé, vert clair, se parant de belles teintes automnales. Hauteur : 0,4 m.

SYMPHORICAR-POS
Symphorine

CAPRIFOLIACEES

Description : arbuste à baies décoratives non comestibles. Feuillage caduc, simple ou lobé, vert glauque, prenant de belles teintes orangées en automne. Fleurs blanches ou roses, très discrètes en juin. Baies blanches, roses ou pourpres, globuleuses et très nombreuses dès juillet-août jusqu'en septembre-octobre.

Exigences : sol bien drainé et meuble. Situation ensoleillée ou mi-ombragée.

Utilisation : isolé, haie naturelle, massif, couvre-sol, talus et bac.

Entretien : au début du printemps, rabattre de moitié les rameaux ayant porté des fruits l'année précédente. Arrosage conseillé en été pour les sujets plantés en bac.

Culture : bouturage de rameaux en automne. Distance de plantation : 80 à 120 cm.

Espèces et variétés :
S. albus 'White Hedge' : feuillage caduc et vert glauque. Baies blanches, très nombreuses. Hauteur : 1,5 m.
S. X chenaultii 'Hancock' : fruits rouge rosé à points blancs. Végétation rampante et étalée. Hauteur : 1,5 m.
S. X doorenbosii 'Magic Berry' : fruits rose-carmin dès juillet. Hauteur : 1,5 m.
S. X doorenbosii 'Mother of Pearl' : gros fruits roses. Hauteur : 1,5 m.

Symphoricarpos albus 'White Hedge'

SYRINGA
Lilas

OLEACEES

Description : arbuste ou arbrisseau à fleurs. Feuillage caduc, cordiforme, oblong ou lancéolé et vert. Fleurs simples ou doubles, parfumées, blanches, roses, mauves, violacées, réunies en thyrses, s'épanouissant de mai à juin ou en été.

Exigences : sol riche, bien drainé et milourd. Situation ensoleillée ou mi-ombragée.

Utilisation : isolé, massif, haie naturelle, écran végétal, bac et fleur coupée.

Entretien : rabattre quelques rameaux après la floraison pour régénérer progressivement la plante. Supprimer les thyrses après la floraison. Arrosage conseillé en été.

Culture : greffage et bouturage en automne. Distance de plantation : 120 à 150 cm.

Parasites et maladies : pseudomonas (bactérie du Lilas) et phytophtora.

Espèces et variétés :

S. X chinensis sangeana : feuillage caduc, ovale et lancéolé. Fleurs rouge lilas en mai. Hauteur : 3 à 4 m.

S. microphylla 'Superba' : feuillage caduc et vert. Fleurs roses, parfumées, d'avril à septembre. Hauteur : 1,2 à 1,5 m.

S. vulgaris : Lilas des jardins, Lilas commun. Feuillage caduc et vert. Fleurs rose mauve, parfumées, s'épanouissant en avril-mai. Hauteur : 4 m.
De nombreuses variétés sont issues de cette espèce :
- Les fleurs simples :
'Jan Van Tol' : fleurs blanc pur.
'Maréchal Foch' : fleurs rose carmin puis mauves.
'Souvenir de Louis Spaeth' : fleurs violet foncé.
- Les fleurs doubles :
'Charles Joly' : fleurs rouge foncé.
'Katherine Havemeyer' : fleurs bleu lilas et parfumées.
'Michel Buchner' : fleurs lilas-rose.
'Monique Lemoine' : fleurs blanches.

Syringa vulgaris

Tamarix tetandra

Tamarix africana

TAMARIX
Tamaris

TAMARICACEES

Description : arbuste ou arbrisseau à fleurs. Feuillage caduc, très fin, rappelant celui des conifères, vert clair. Fleurs roses ou mauves, réunies en grandes panicules, au printemps ou en été.

Exigences : sol léger et bien drainé. Situation ensoleillée. Supporte les embruns.

Utilisation : isolé, massif, haie naturelle, écran végétal, bac et culture sur tige.

Entretien : rabattre court les rameaux des variétés à floraison printanière (juste après la floraison) et de moitié ceux des vaiétés à floraison estivale (au début du printemps). Arrosage régulier en été pour les sujets plantés en bac.

Culture : bouturage en avril-mai. Distance de plantation : 100 à 150 cm.

Espèces et variétés :

T. africana : feuillage très fin et vert. Fleurs roses en avril-mai. Supporte les embruns, convient pour région maritime. Hauteur : 3 m.

T. ramosissima : syn. *T. petandra* - Tamaris d'été. Feuillage vert grisâtre. Fleurs rose foncé de juillet à septembre. Hauteur : 3 m.

T. tetandra : Tamaris de printemps. Fleurs rose clair en avril-mai. Hauteur : 3 à 5 m.

TIBOUCHINA
ACANTHACEES

Description : arbuste à fleurs non rustique. Feuillage caduc, ovale ou oblong, vert foncé au-dessus et vert clair au-dessous. Fleurs simples bleu violacé ou bleu-pourpre, de juin à octobre.

Exigences : sol riche, bien drainé et léger. Situation ensoleillée et chaude. A protéger du froid en hiver.

Utilisation : isolé, bac à placer à l'extérieur en été et sous une véranda en hiver.

Entretien : rabattre court les rameaux au printemps avant de sortir les sujets. Arrosage très régulier en été. Hivernage indispensable sous abri, en situation lumineuse et peu chauffée (3 à 5 °C).

Culture : bouturage de rameaux au printemps. Distance de plantation : 80 à 100 cm.

Espèces et variétés :

T. urvilleana : syn. *T. semidecandra.* Fleurs bleu-pourpre, de juin à octobre. Hauteur : 1,2 à 1,5 m.

T. urvilleana 'Floribundum' : fleurs bleu violacé, de juin à octobre. Hauteur : 1,2 à 1,5 m.

VACCINIUM
Myrtillier

ERICACEES

Description : arbuste à baies comestibles. Feuillage caduc ou persistant. Fleurs blanc rosé solitaires ou réunies en grappes, s'épanouissant en mai-juin. Baies rouges ou bleu-noir, à chair savoureuse, comestible en été.

Exigences : sol riche, meuble et bien drainé. Craint le calcaire. Situation mi-ombragée.

Utilisation : massif de plantes de terre de bruyère, culture pour les fruits.

Entretien : taille de nettoyage au printemps.

Culture : bouturage de rameaux au printemps et semis. Distance de plantation : 30 à 80 cm.

Espèces et variétés :

V. corymbosum : Myrtille américaine. Feuillage caduc, épais, arrondi, vert foncé. Baies bleu-noir en été. Hauteur : 1 à 1,2 m.

V. myrtillus : Myrtille sauvage. Feuillage caduc, de petite taille et vert. Baies bleu foncé, recouvertes d'une pruine blanchâtre en été. Hauteur : 0,5 m.

V. vitis-idaea : Airelle rouge. Feuillage persistant et vert brillant, se développant sur des rameaux rampant sur le sol. Baies rouges, âcres et acides.

Vaccinium corymbosum

VIBURNUM
Viorne

CAPRIFOLIACEES

Description : arbuste à fleurs, à feuillage et à baies non comestibles. Feuillage caduc ou persistant. Fleurs blanches, roses, réunies en corymbes, souvent parfumées et s'épanouissant au printemps ou en été. Baies rouges, noires ou bleu foncé, en été et en automne.

Exigences : s'accommode de tous les types de sol. Situation ensoleillée ou mi-ombragée.

Utilisation : isolé, massif, rocaille, haie naturelle, écran végétal et bac.

Entretien : taille de nettoyage au printemps. Supprimer les fleurs fanées. Arrosage régulier en été pour les sujets cultivés en bac.

Culture : semis, marcottage ou bouturage au printemps. Distance de plantation : 60 à 150-200 cm.

Espèces et variétés :

Viornes à feuillage caduc :

V. X bodnantense : Viorne odorante. Feuillage vert clair aux nervures fortement marquées. Fleurs roses, très parfumées, réunies en ombelles, de janvier à mars. Hauteur : 3 m.

V. X carlcephalum : feuillage décoratif et rougeâtre. Fleurs blanches, réunies en grappes globuleuses, très parfumées, d'avril à mai. Hauteur : 1,5 m.

V. lantana : Viorne commune, Viorne mancienne. Feuillage ample, vert et tomenteux au-dessous. Fleurs blanc jaunâtre en mai-juin. Hauteur : 3 à 4 m.

V. opulus : Viorne obier. Feuillage se parant de très belles teintes rouge lie-de-vin en automne. Fleurs blanches, réunies en ombelles plates, d'avril à juin. Baies rouges dès juillet jusqu'en automne. Hauteur : 3 m.

V. opulus 'Roseum' : fleurs blanches puis roses, en mai. Hauteur : 3 m. Remarquables coloris d'automne. Pas de baies.

V. opulus 'Xantocarpum' : baies jaunes en automne. Hauteur : 2 m.

V. plicatum : Viorne japonaise, Boule de neige du Japon. Feuillage ovale ou arrondi, vert prenant de très belles teintes rouge foncé en automne. Fleurs blanches, en grappes globuleuses, en mai-juin. Hauteur : 3 m.

Viburnum opulus

V. plicatum 'Lanarth' : feuillage se parant de superbes teintes rouge lie-de-vin en automne. Fleurs blanches en mai. Hauteur : 2 m.

V. plicatum 'Mariesi' : feuillage aux teintes rouges en automne. Fleurs blanches réunies en panicules en mai. Hauteur : 1,5 m.

V. plicatum 'Pink Beauty' : fleurs blanches puis rose foncé, réunies en ombelles plates, en mai-juin. Hauteur : 1,5 m.

V. plicatum 'Wathanabel' : rameaux à développement horizontal caractéristique. Fleurs blanches en ombelles plates, s'épanouissant de mai à octobre. Baies rouge vif en fin d'été. Hauteur : 1,5 à 2 m.

Viornes à feuillage persistant :

V. X burkwoodii : feuillage ovale, vert foncé et brillant. Fleurs blanches, parfumées en avril-mai et en automne. Hauteur : 2 m.

V. davidii : feuillage lancéolé, fortement nervuré, vert foncé et brillant. Fleurs blanc rosé, réunies en corymbes, s'épanouissant en mai-juin. Baies bleutées en automne. Hauteur : 0,6 m.

V. X 'Pragense' : feuillage allongé, d'aspect gaufré et brillant. Fleurs blanches en avril-mai. Hauteur : 1 à 2 m.

V. rhytidophyllum : Viorne à feuilles ridées. Feuillage lancéolé, d'aspect rugueux, vert foncé, brillant et tomenteux aux faces inférieures. Fleurs blanches, réunies en panicules plates, en mai-juin. Baies rouges puis noires en automne. Hauteur : 3 à 4 m.

V. tinus : Laurier tin. Feuillage ovoïde, vert foncé, lisse et brillant. Fleurs blanches, réunies en corymbes, s'épanouissant déjà en novembre jusqu'en avril. Baies bleues en automne. Protection hivernale conseillée en région froide. Hauteur : 2 à 3 m.

Viburnum plicatum 'Wathanabel'

V. tinus 'Bewleys Variegatum' : feuillage vert à marges jaunes. A protéger du froid en hiver.

V. tinus 'Eve Price' : floraison très abondante et port plus compact que l'espèce précédente.

V. utile : feuillage vert foncé et brillant au-dessus, tomenteux au-dessous. Fleurs blanches en mai. Hauteur : 2 m.

Vitex agnus-castus

VITEX

VERBENACEES

Description : arbuste à fleurs. Feuillage caduc, composé de folioles vertes et blanchâtres aux faces inférieures, dégageant une forte odeur poivrée. Fleurs lilas, réunies en panicules, en été.

Exigences : sol bien drainé et léger. Situation ensoleillée.

Utilisation : isolé, massif et haie naturelle.

Entretien : rabattre très court l'ensemble des rameaux au printemps. Arrosage conseillé en été.

Culture : bouturage, semis ou marcottage. Distance de plantation : 100 à 150 cm.

Espèces et variétés :

V. agnus-castus : Gattilier, syn. Poivre sauvage. Feuillage composé, très décoratif. Fleurs lilas en août-septembre. Hauteur : 2 à 3 m.

Weigela florida 'Purpurea'

WEIGELA
Weigelie
CAPRIFOLIACEES

Description : arbuste à fleurs. Feuillage caduc, vert, doré, pourpre ou panaché de blanc, prenant des teintes jaune orangé et rouges, en automne. Fleurs simples, blanc rosé, roses, rouge pourpre, s'épanouissant en mai-juin et en automne.

Exigences : sol léger et bien drainé. Situation ensoleillée ou mi-ombragée.

Utilisation : isolé, massif, rocaille, bordure, haie naturelle et bac.

Entretien : taille de nettoyage au printemps. Rabattre court les rameaux tous les 3 à 4 ans pour rajeunir la souche. Arrosage régulier en été pour les sujets cultivés en bac.

Culture : bouturage de rameaux au printemps. Distance de plantation : 80 à 120 cm.

Espèces et variétés :
W. florida 'Nana variegata' : feuillage vert foncé à marge blanc crème. Fleurs roses et blanches en mai-juin jusqu'en août. Hauteur : 1 m.

W. florida 'Purpurea' : feuillage caduc pourpre foncé. Fleurs roses, de grande taille, réunies en grappes et s'épanouissant en mai-juin. Hauteur : 1 m.

W. florida 'Variegata' : variété identique au *W. florida* 'Nana variegata', mais plus vigoureuse. Hauteur : 2 m.

W. - hybrides :
'Abel Carrière' : grandes fleurs roses.
'Bristol Ruby' : feuillage vert prenant de belles teintes rouge orangé en automne. Fleurs rouge carmin de mai à juillet, puis en septembre-octobre. Hauteur : 2 à 3 m.
'Carnaval' : grandes fleurs à la fois rouges, roses et blanches, de mai à juillet. Remarquable floraison.
'Conquête' : fleurs blanches.
'Eva Ratké' : fleurs rouge carmin.
'Rubidor' : feuillage doré d'une grande valeur décorative.

YUCCA
AGAVACEES

Description : arbuste à feuillage décoratif. Feuillage persistant, linéaire, fibreux, terminé en pointe et vert glauque. Fleurs blanches réunies au sommet d'une tige émergeant de la rosette de feuilles, en été.

Exigences : sol sablonneux, léger et bien drainé. Situation ensoleillée et chaude.

Utilisation : isolé, massif, bac et jardin de plantes grasses ou exotiques.

Entretien : supprimer les feuilles jaunes et sèches. Rabattre la hampe florale après la floraison.

Culture : semis au printemps ou division de souche. Distance de plantation : 50 à 80 cm.

Espèces et variétés :
Y. gloriosa : feuillage persistant, glauque et pointu. Fleurs blanc crème en juillet. Hauteur : 1 à 2 m.
Y. filamentosa : feuillage persistant, acéré, bordé de filaments bleutés. Fleurs blanches en juillet. Hauteur : 0,5 à 1,5 m.
Y. filamentosa 'Variegata' : feuillage vert panaché de blanc-jaune.

Yucca filamentosa

Weigela - Hybride 'Bristol Ruby'

LES ROSIERS

Description : les rosiers sont des arbustes de petite et moyenne tailles, qui peuvent être rampants, grimpants ou cultivés sur tige. Les espèces sauvages sont très nombreuses ainsi que les variétés obtenues par sélections et hybridations.

Feuillage caduc, composé de 3 ou 5 folioles vert mat ou brillant, prenant souvent des teintes rouge lie-de-vie.

Fleurs simples ou doubles, solitaires ou groupées en corymbes ou en thyrses. Les coloris sont nombreux et la floraison se produit soit en juin, on dit alors qu'il s'agit d'un rosier non-remontant, soit de juin à octobre, on dit alors qu'il s'agit d'un rosier remontant.

Fruits appelés cynorrhodons, rouges, jaunes, bruns ou noirs, persistant longtemps en hiver.

Les rameaux sont verts, rougeâtres et lisses au début de leur croissance. Ils deviennent brun grisâtre et rugueux avec l'âge. Ils sont munis de poils piquants et d'aiguillons (épines).

Exigences : sol riche, meuble et bien drainé. Situation ensoleillée.

Utilisation : massif, isolé, association avec des arbustes d'ornement ou des plantes vivaces, pour les variétés buissonnantes.

Rocaille, talus et couvre-sol pour les variétés rampantes.

Pergola, treillage, colonne et guirlande de verdure pour les espèces grimpantes.

Entretien : Fumure d'entretien nécessaire chaque année, en automne (fumier bien décomposé, corne broyée).

Arrosage conseillé en période chaude et sèche.

Taille au printemps : rabattre les rameaux à 3 bourgeons pour les formes buissonnantes. Pour les rosiers grimpants, conserver 5 à 6 rameaux principaux (branches charpentières) sur lesquels on rabat les branches secondaires à 3 bourgeons. Supprimer les fleurs fanées au fur et à mesure de leur apparition pour favoriser la formation de nouveaux boutons floraux.

Traitements réguliers de mars à octobre contre les maladies et les parasites.

Culture : greffage, écussonnage, bouturage et marcottage.

Le semis est réservé à l'obtention de nouvelles variétés, ainsi qu'à la production de porte-greffes.

La multiplication des rosiers est assez délicate à entreprendre par un jardinier amateur.

Distance de plantation :
- les rosiers buissons : 35 à 50 cm,
- les rosiers grimpants : 2 à 4 m.

Parasites et maladies : pucerons, araignées rouges, cochenilles, thrips, chenilles et tenthrèdes sont les principaux parasites.

Oïdium, taches noires *(Marsonia rosae)*, rouille et mildiou sont les principales maladies.

Au niveau des racines, il est fréquent de constater l'apparition de pourritures et de galles d'origine bactérienne, ainsi que des vers blancs et des nématodes.

La chute des boutons floraux, un ralentissement de la croissance ainsi que des taches sur les feuilles (chlorose) sont dus à des accidents physiologiques : déséquilibre nutritif, sol trop compact ou manque de lumière.

Les désherbants peuvent provoquer des taches sur les feuilles et les rameaux. Les rosiers y sont particulièrement sensibles.

Espèces et variétés :
Les Rosiers comptent plusieurs milliers de variétés et d'espèces, aussi les classer devient indispensable. La classification la plus courante est celle établie par les producteurs-obtenteurs et qui regroupe les rosiers en fonction de leur port.

LES ROSIERS BOTANIQUES ou "ROSIERS ANCIENS"

Cette catégorie est certainement celle qui regroupe les plus anciennes variétés.

Cultivés déjà dans l'Antiquité, les Rosiers botaniques étaient les seules espèces que l'on rencontrait au XVIIIe siècle. Leurs coloris se limitaient au blanc-rose et rouge. Progressivement, des hybridations ont été entreprises pour aboutir aujourd'hui à un choix plus vaste en couleurs.

La forme des fleurs, l'abondante floraison, les parfums ou tout simplement l'originalité de leur nom les rendent très appréciés des amateurs et collectionneurs de Roses. Leur succès est croissant et leur utilisation de plus en plus fréquente dans les roseraies ou les jardins.

● LES ROSIERS BOTANIQUES REMONTANTS

Rosa X borboniana : Rosier de l'Ile Bourbon. Fleurs semi-doubles, solitaires ou réunies en corymbes, s'épanouissant de juin à juillet. Hauteur : 2 à 3 m.
'Queen of Bourbons' : fleurs très parfumées, roses, de juin à août. Hauteur : 2 m.
'Mme Pierre Oger' : fleurs parfumées, blanc-lilas, juin-juillet. Hauteur : 1,5 m.
'Souvenir de la Malmaison' : fleurs très parfumées, blanc rosé, de juin à octobre. Hauteur : 2 m.
'Zéphirine Drouhin' : fleurs parfumées, rouge cerise, juin-octobre. Hauteur : 2- 3 m.

Rosa chinensis : Rosier de Chine. Fleurs allant du rose au cramoisi, doubles, solitaires ou réunies en corymbes, s'épanouissant en juin-juillet. Hauteur : 3 à 4 m. Nombreuses hybridations.

Rosa chinensis var. *semperflorens :* Rosier du Bengale. Fleurs cramoisies, s'épanouissant en juin-juillet. Hauteur : 2 m.
'Old Blush' : fleurs roses de juin à Noël. Hauteur : 1 m.
'Le Vésuve' : fleurs rose clair de juin à octobre. Feuillage grisâtre. Hauteur : 1,5 à 2 m.
'Irène Watts' : fleurs rose-saumon de juin à octobre. Hauteur : 0,8 m.

R. - Hybrides de Thé : issus des Rosiers-Thé et des hybrides remontants, les hybrides de Thé sont particulièrement florifères.

'Eva de Grossouvre' : fleurs rose clair, parfumées, de juin à octobre. Hauteur : 1 m.

'Mme Pierre Euler' : grandes fleurs rose soutenu et argentées, très parfumées, de juin à octobre. Hauteur : 1 m.

'La France' : fleurs roses et argentées, de juin à octobre. Hauteur : 1,2 m.

'Mme Jules Finger' : fleurs très doubles, rose blanchâtre, très parfumées, de juin à octobre. Hauteur : 1 m.

Rosa - Hybrides remontants : issus d'hybridations entre les Rosiers Cent Feuilles, les Rosiers de Damas et les Rosiers hybrides de Thé. Végétation vigoureuse et floraison abondante.

'Paul Neyron' : fleurs rose foncé, parfumées, de juin à septembre. Hauteur : 1,2 à 2 m.

'Baronne de Rothschild' : fleurs rose clair, très parfumées, de juin à septembre. Hauteur : 1,2 m.

'Joséphine de Beauharnais' : fleurs rose clair et argentées, de juin à septembre. Hauteur : 2 m.

'Mme Isaac Pereire' : fleurs rose foncé, parfumées, de juin à septembre. Hauteur : 1,5 m.

'Président Briand' : fleurs rose foncé, parfumées, de juin à septembre. Hauteur : 2 m.

'Souvenir d'Alphonse Lavallée' : fleurs pourpres, parfumées, de juin à octobre. Hauteur : 2 à 3 m.

'Triomphe de l'Exposition' : fleurs rouge cramoisi parfumées, de juin à septembre. Hauteur : 1 m.

Rosa moschata : Rosier musqué. Fleurs blanc crème, parfumées, réunies en corymbes, s'épanouissant de juin à octobre. Hauteur : 5 à 6 m. Nombreux hybrides de R. Moschata :

'Robin Hood' : fleurs simples, rouge vif et cramoisies, de juin à septembre. Hauteur : 2 à 3 m.

'Ballerina' : fleurs simples blanches bordées de rose, de juin à octobre. Hauteur : 1,5 m.

'Pénélope' : fleurs semi-doubles, rose orangé devenant blanches, de juin à octobre. Hauteur : 2 à 3 m.

Rosa X noisettiana : Rosier hybride Noisette. Fleurs blanches, roses, rouges ou jaunes, réunies en corymbes, s'épanouissant de juin à octobre. Hauteur : 2 à 4 m.

'Bougainvillée' : fleurs rose foncé, parfumées, de juin à octobre. Hauteur : 1,5 m.

'Mme Alfred Carrière' : fleurs blanches à reflets jaunes, très parfumées, de juin à novembre. Hauteur : 3 à 4 m.

'Pavillon de Pregny' : fleurs rose foncé, parfumées, de juin à octobre. Hauteur : 1 m.

'Mme François Pittet' : fleurs très doubles, blanc crème, de juin à octobre. Hauteur : 1,5 m.

Rosa X odorata : Rosier hybride de Thé, Rosier à odeur de thé. Fleurs blanches, rose pâle ou jaunes, parfumées, réunies par 2 ou 3, s'épanouissant de juin à septembre. Hauteur : 3 à 6 m.

'Catherine Mermet' : fleurs rose foncé, très parfumées, de juin à octobre. Hauteur : 1,5 m.

'Etoile de Lyon' : fleurs jaunes, très parfumées, de juin à octobre. Hauteur : 60 à 80 cm.

'Mme de Watteville' : fleurs blanc rosé, très parfumées, de juin à octobre. Hauteur : 1 m.

'Mme Falcot' : fleurs roses à reflets jaunes, de juin à octobre. Hauteur : 1,5 m.

Rosa X Pernetiana : Rosier hybride de Pernet.

'Soleil d'Or' : fleurs jaune d'or, rose-saumon et orange, parfumées, de juin à octobre. Hauteur : 1,5 m.

Rosa rugosa : Rosier rugueux. Fleurs simples ou doubles, rose violacé ou blanches, s'épanouissant de juin à septembre. Fruits rouges ressemblant à deux petites tomates. Feuillage vigoureux, résistant et vert foncé. Hauteur : 1,5 à 2 m.

Rosa rugosa var. *alba :* fleurs blanches.

Rosa rugosa 'Hansa' : fleurs doubles, rose violacé.

Il existe des Rosiers-Hybrides de *R. rugosa :*

'Conrad Ferdinand Meyer' : fleurs roses, doubles, parfumées, de juin à septembre. Hauteur : 3 m.

'Roseraie de L'Haÿ' : fleurs doubles, pourpres, très parfumées, de juin à octobre. Hauteur : 1,5 à 2 m.

'Max Graf' : fleurs simples, rose-lilas à étamines jaune d'or, de juin à juillet. Hauteur : 0,6 m.

'J.F. Grootendorst' : fleurs en forme d'œillet mignardise, rouges. Hauteur : 1,2 m.

'Pink Grootendorst' : fleurs roses ressemblant à un œillet. Hauteur : 1,2 m.

Rosa pimpinellifolia : Rosier Pimprenelle. Fleurs simples ivoire en juin-juillet. Hauteur : 1 m.

'Golden Wings' : fleurs simples jaune d'or, parfumées, de juin à septembre. Hauteur : 2 à 3 m.

'Stanwell Perpetual' : fleurs doubles, roses, parfumées, de juin à novembre. Hauteur : 1,5 m.

Rosa pimpinellifolia subsp. *spinosissima :* Rosier d'Ecosse. Fleurs blanches ou jaune pâle, s'épanouissant en mai-juin.

Rosa X portlandica : Rosier de Portland. Fleurs roses ou rouges, très parfumées, s'épanouissant en juin. Hauteur : 3 m.

Rosa X portlandica 'Jacques Cartier' : fleurs rose foncé, parfumées, de juin à octobre. Hauteur : 1,5 à 2 m.

Rosa X portlandica 'Comte de Chambord' : fleurs rose foncé, très parfumées, de juin à septembre. Hauteur : 1,5 m.

Rosiers de Parc

Les Rosiers de Parc sont des variétés remontantes, ayant pour origine les Rosiers botaniques, sélectionnées, hybridées et cultivées par les rosiéristes-obtenteurs.

Aujourd'hui ces végétaux sont utilisés dans les jardins au même titre que les arbustes d'ornement pour l'intérêt de leur floraison.

'Anne de Bretagne' : fleurs rose foncé, très florifère et vigoureux. Hauteur : 2 m.

'Benvenuto' : fleurs rouges. Hauteur : 2 m.

'Chinatown' : fleurs jaune pur, parfumées. Hauteur : 1,5 m.

'Clair Matin' : fleurs semi-doubles, rose-saumon. Hauteur : 1,5 à 2 m.

'Cocktail' : fleurs rouge géranium à cœur jaune. Hauteur : 1,5 à 2 m.

'Händel' : fleurs rose carmin. Hauteur : 2 m.

'Montbatten' : fleurs jaune mimosa. Hauteur : 1,5 à 2 m.

'Mozart' : fleurs rouge clair à cœur blanc. Hauteur : 1,5 m.

'Marguerite Hilling' : fleurs rose carmin, très vigoureux. Hauteur : 2 m.

'Nevada' : fleurs semi-doubles, blanc crème. Hauteur : 2,5 m.

'Schneewittchen' : fleurs blanc pur. Hauteur : 2 m.

'Shalom' : fleurs rouge vif et parfumées. Hauteur : 1,5 m.

● LES ROSIERS BOTANIQUES NON-REMONTANTS

Rosa X alba : Rosier d'York. Fleurs simples ou doubles, blanc rosé, parfumées, s'épanouissant en juin-juillet. Hauteur : 1 à 2 m.

'Cuisse de Nymphe' : fleurs rose clair à cœur rose foncé, de juin à juillet. Hauteur : 1,5 m.

'Cuisse de Nymphe Emue' : fleurs rose foncé, parfumées, de juin à juillet. Hauteur : 1,5 m.

'Félicité Parmentier' : boutons jaunes, fleurs rose clair, en juin-juillet. Hauteur : 1,5 m.

'Petite Cuisse de Nymphe' : fleurs roses puis blanches, en juin-juillet. Hauteur : 1 m.

Rosa X alba var. *suaveolens* : variété cultivée pour la fabrication de l'essence de rose.

Rosa canina : fleurs simples, blanches, s'épanouissant en juin-juillet. Espèce cultivée comme porte-greffe pour les variétés greffées.

Rosa X centifolia : Rosier Cent Feuilles. Fleurs doubles, roses, parfumées, s'épanouissant en juin. Hauteur : 1 à 2 m.

Rosa chinensis : Rosier de Chine. Fleurs blanches ou cramoisies, solitaires ou réunies en grappes, s'épanouissant en juin. Hauteur : 4 à 6 m.

Rosa chinensis var. *mutabilis* : fleurs jaune soufre devenant orange à maturité, en juin. Hauteur : 1 à 2 m.

Rosa X damascena : Rosier de Damas. Fleurs rose bleuté à rouges réunies en corymbes s'épanouissant en juin-juillet. Hauteur : 1,5 m.

'Oeillet Parfait' : fleurs roses rayées de lilas, de pourpre et de blanc en juin-juillet. Hauteur : 1,5 m.

'Ispahan' : fleurs rose clair, parfumées, en juin-juillet. Hauteur : 1 à 1,5 m.

Rosa foetida : Rosier jaune de Perse. Fleurs jaune foncé plus grandes que *R. hugonis*, s'épanouissant de mai à juin. Hauteur : 2 m.

Rosa gallica : Rosier de France, Rosier gallique. Fleurs rouges ou cramoisies, s'épanouissant en juin. Hauteur : 1 m.

Rosa gallica 'Agatha' : fleurs doubles, rose foncé, parfumées, en juin. Hauteur : 1 m.

Rosa gallica 'Agatha Rose' : fleurs doubles, rose clair, parfumées, en juin.

Rosa gallica 'Cardinal de Richelieu' : fleurs doubles, formant un demi-globe, violacées et parfumées. Hauteur : 1,5 m.

Rosa gallica 'Commandant Beaurepaire' : fleurs doubles, rose vif à étamines jaunes en juin. Hauteur : 1,5 m.

Rosa gallica 'Gros Provins Panaché' : fleurs doubles, rose clair, se teintant de blanc à maturité. Hauteur : 1,5 à 2 m.

Rosa gallica 'Versicolor' : fleurs semi-doubles, blanches rayées de rouge, en juin.

Rosa hugonis : fleurs jaune pâle, simples, d'avril à juin. Hauteur : 1,5 m à 2 m.

Rosa moyesii : grandes fleurs rouge foncé, en juin. Hauteur : 3 à 4 m.

Rosa moyesii 'Marguerite Hilling' : fleurs roses de juin à juillet, avec une légère floraison en automne. Hauteur : 2,5 à 3 m.

Rosa muscosa : Rosier mousseux. Fleurs doubles, roses, blanches ou rouges, recouvertes d'une mousse verte ou brune et odorante. Hauteur : 1,5 à 2 m.

Rosa muscosa 'Deuil de Paul Fontaine' : fleurs rouge-pourpre, parfumées, en juin-juillet. Hauteur : 1,5 m.

Rosa muscosa 'Eugénie Guinoisseau' : fleurs rouge cerise, très parfumées, de juin à août-septembre. Hauteur : 2 m.

Rosa muscosa 'Gabrielle Noyelle' : fleurs rose-saumon, parfumées, de juin à juillet. Hauteur : 2 m.

Rosa muscosa 'Salet' : fleurs rose pâle, très parfumées, mai-août. Hauteur : 2 m.

Rosa muscosa 'William Lobb' : fleurs rose clair, parfumées, en juin-juillet. Hauteur : 2 à 3 m.

Rosa multiflora : Rosier multiflore. Fleurs blanches, roses ou rouges, réunies en corymbes très denses, s'épanouissant en juin-juillet. Hauteur : 5 à 6 m.

Rosa multiflora 'Ghislaine de Féligonde' : fleurs jaune pâle, parfumées, en juin-juillet. Hauteur : 2 à 3 m.

Rosa multiflora 'Turner's Crimsom Rambler' : fleurs rouge foncé réunies en grappes denses, en juin. Hauteur : 3 à 4 m.

Rosa multiflora 'Seagull' : fleurs semi-doubles, blanches, parfumées en juin-juillet. Hauteur : 5 à 6 m.

Rosa multiflora 'Roby' : fleurs simples, rouges à taches jaune orangé, en juin. Hauteur : 2 à 3 m.

Rosa sempervirens : Rosier toujours vert. Fleurs blanches, légèrement parfumées, s'épanouissant en juillet. Hauteur : 3 m.

Rosa sempervirens 'Felicité Perpétue' : fleurs rondes, blanches, très parfumées, en juillet. Hauteur : 5 m.

Rosa sempervirens 'Spectabilis' : fleurs blanches en juillet-août. Hauteur : 2,5 m.

Rosa sericea pteracantha : Rosier de l'Himalaya. Fleurs simples, blanches, portées par des tiges aux aiguillons larges et rouge vif au printemps. Hauteur : 2 m.

Rosa - Hybrides wichuriana : Rosiers hybrides de Wichuriana. Fleurs blanches, parfumées, en juillet-août. Hauteur : 3 à 5 m.

Rosa - H. wichuriana 'New Dawn' : fleurs rose clair, parfumées, en juillet. Hauteur : 4 à 5 m.

Rosa - H. wichuriana 'Renée Danielle' : fleurs jaunes, parfumées, en juin-juillet. Hauteur : 2 à 3 m.

Rosa - H. wichuriana 'May Queen' : fleurs rouge lilas à orangé, parfumées, en juillet. Hauteur : 5 m.

LES ROSIERS HORTICOLES

● LES ROSIERS BUISSONS A GRANDES FLEURS

Considérablement améliorés au XVIIIe et au XIXe siècles, les rosiers à grandes fleurs ne cessent, aujourd'hui encore, de faire l'objet de recherches de la part des rosiéristes-obtenteurs. De nouveaux tons apparaissent, hier des jaunes et des rouge brique, aujourd'hui des mauves et peut-être des bleus demain.

Les résistances aux maladies et aux parasites s'améliorent également. Leur floraison est remontante, de mai-juin jusqu'aux gelées.

Chaque année de nouvelles Roses arrivent sur le marché et leur nombre ne cesse de croître.

Les rosiéristes possèdent leurs propres catalogues qui regroupent l'ensemble de leurs productions.

Il est difficile d'établir un inventaire précis des variétés, aussi il est préférable de consulter directement ces catalogues qui sont pour la plupart gracieusement fournis par correspondance. Ils sont actualisés chaque année et recèlent en plus de nombreux conseils pratiques.

'Daniel Gélin'

'Ingrid Bergman'

'Peer Gynt'

'Paul Ricard'   'Belle de Londres'

● LES ROSIERS BUISSONS A PETITES FLEURS

Les fleurs de cette catégorie de rosiers sont toujours réunies en grappes. Très florifères, ils s'épanouissent de juin aux gelées d'automne.

Il est conseillé de les utiliser en groupe, en plate-bande, afin de bénéficier d'un meilleur effet décoratif.

On distingue les Rosiers *polyantha,* les *floribunda* et les miniatures.

● Les rosiers *polyantha*

Les roses de *polyantha* sont très fournies et forment une belle masse colorée.

● Les rosiers *floribunda*

Cette catégorie de rosiers est intermédiaire entre les rosiers buissons à grandes fleurs et les *polyantha*. Elle possède des inflorescences très denses issues des *polyantha* et la forme des fleurs est semblable à celle des rosiers à grandes fleurs à la seule différence qu'elles sont plus petites.

> *La diversité des variétés est telle qu'il est difficile d'en dresser une liste complète. Comme pour les rosiers buissons à grandes fleurs, il vaut mieux se reporter aux catalogues des rosiéristes.*

● LES ROSIERS MINIATURES

De petite taille, comme leur nom l'indique, les rosiers miniatures n'ont pas seulement une forme réduite, leurs fleurs et leur feuillage le sont également. Cette particularité fait qu'ils sont très recherchés pour décorer un petit jardin, une terrasse ou le rebord d'une fenêtre. Ils ne mesurent pas plus de 30 à 40 cm.

> *Moins nombreux que les variétés précédentes, ils sont disponibles dans tous les catalogues. Les plus connus sont certainement ceux de la race Meillandina qui offrent le plus de choix dans les coloris.*

● **LES ROSIERS GRIMPANTS**

Cette catégorie regroupe les rosiers dont les rameaux atteignant plusieurs mètres nécessitent la présence d'un support : treillage, colonne ou pergola. Leur floraison est moyennement remontante.

A nouveau, on peut en distinguer 2 catégories : les rosiers sarmenteux et les rosiers remontants.

● **Les rosiers sarmenteux ou non-remontants**

Ils puisent leurs origines dans les Rosiers botaniques. Leur floraison de courte durée et leur faible résistance aux maladies font qu'ils sont de plus en plus remplacés par les rosiers remontants.

Il reste cependant quelques variétés qui méritent d'être cultivées.

● **Les rosiers remontants**

Cette catégorie de rosiers grimpants comprend deux groupes : l'un regroupant les rosiers dit 'Climbing' et l'autre regroupant les rosiers issus de semis.

Les rosiers 'Climbing', reconnaissables à leur abréviation 'Cl.', sont des mutations naturelles de Rosiers buissons à grandes fleurs. En effet, dans un environnement bien particulier et inexplicable, certains rosiers émettent subitement un rameau plus vigoureux que les autres. Cette modificaton intervient uniquement sur le mode de développement et n'a aucune incidence sur les fleurs ou le feuillage.

Découverte, puis multipliée par des rosiéristes, cette pousse vigoureuse est le point de départ d'une nouvelle variété de rosier grimpant.

Les rosiers issus de semis sont obtenus après hybridation de deux variétés grimpantes ou en semant des graines de rosiers grimpants.

● **LES ROSIERS RAMPANTS OU COUVRE-SOL**

Cette catégorie de rosiers est assez récente. Il s'agit de rosiers dont les rameaux sont minces et tapissants. Ils sont utiles pour décorer les talus, les rocailles ou des bacs, mais également très précieux pour couvrir un sol et devenir ainsi un véritable écrin de verdure pour les autres végétaux.

La floraison est abondante de juin à octobre.

● **LES ROSIERS TIGES ET DEMI-TIGES**

Ces formes de rosiers sont très décoratives et utilisées pour ponctuer un massif, une plate-bande ou accompagner une allée. Ce sont en fait des rosiers buissons que l'on greffe sur des tiges d'Eglantier de 1 à 1,2 m ou de 0,6 à 0,8 m. Les variétés sont identiques à celles des rosiers buissons.

● **LES ROSIERS PLEUREURS**

Il s'agit là, comme pour les rosiers tiges ou demi-tiges, de rosiers sarmenteux à rameaux souples que l'on greffe au sommet d'une tige d'Eglantier de 2 à 2,5 m. Les rameaux s'inclinent sous leur propre poids, formant ainsi une cascade de fleurs en juin-juillet.

Un support est nécessaire pour maintenir les rameaux qui croulent sous le poids des fleurs.

Des armatures en fer galvanisé ayant la forme d'un parasol sont vendues en jardinerie ; il suffit d'y palisser les rameaux.

● **LES ROSIERS PARASOLS**

Contrairement aux rosiers pleureurs, les rosiers parasols ne possèdent pas de branches retombantes. Elles se développent plus ou moins horizontalement et se couvrent de fleurs de juin à octobre.

Les variétés utilisées se caractérisent par des rameaux vigoureux, épais, qui possèdent la faculté de se maintenir horizontalement.

LES GRIMPANTES

Les plantes grimpantes sont en réalité des arbustes, que l'on différencie par leurs rameaux appelés lianes et dont la longueur peut atteindre plusieurs mètres. Ces lianes sont souples et par conséquent, incapables de se maintenir toutes seules. Elles courent sur le sol ou enlacent les arbres environnants.

Cette faculté de grimper s'explique par le fait qu'à l'origine la plupart d'entre elles se développaient dans des forêts sombres et étaient obligées de s'agripper aux arbres des alentours pour s'en aller chercher la lumière au-dessus des cimes. C'est ainsi que leurs rameaux s'allongèrent et s'enroulèrent autour des troncs et des branches, s'aidant parfois de crampons ou de vrilles.

Certaines espèces sont vivaces et rustiques. Elles ne craignent pas les hivers froids. D'autres, par contre, vivaces mais non rustiques, sont originaires de pays tropicaux et le seul moyen de les conserver d'une année à l'autre, consiste à les rentrer en hiver. Dans certaines régions, une simple protection du pied suffit.

Ailleurs, il faut les cultiver en bacs et les hiverner dans une serre ou une véranda. C'est le cas des Bougainvillées ou des *Plumbago.*

Enfin, certaines annuelles sont semées au printemps et meurent à l'automne suivant. C'est le cas des Capucines ou des Ipomées.

Les plantes grimpantes sont décoratives pour leurs floraisons, leurs feuillages ou encore leurs fructifications. Elles sont souvent associées à des supports comme les gloriettes ou les trépieds, mais c'est contre les murs et les façades qu'on les utilise le plus, en association avec des treillages.

LA MULTIPLICATION ET L'ACHAT

La multiplication des plantes grimpantes est facile à réaliser soi-même, bien que certaines variétés ne se multiplient que par le greffage. Le semis, le marcottage et le bouturage restent cependant assez faciles à réussir.

Le greffage est principalement utilisé par les professionnels pour obtenir des sujets dont la mise à fleur est rapide et pour garantir l'authenticité des variétés.

Les sujets cultivés en pots sont vendus du printemps à l'automne.

Certains producteurs spécialisés proposent aussi des plants en racines nues, conditionnés en sachet de tourbe. Ce mode de commercialisation est valable pour des plantations effectuées immédiatement après l'achat. Il est à réserver exclusivement pour des plantations à l'automne (de septembre à novembre) et au printemps (de mars à mai).

LA PLANTATION ET L'ENTRETIEN

Les meilleures périodes de plantation des plantes grimpantes sont le printemps et l'automne.

Dans les régions aux hivers rigoureux, il faut préférer le printemps qui permettra à la plante de mieux s'adapter à son nouvel environnement.

L'entretien est semblable à celui des arbustes d'ornement et est mentionné pour chaque plante dans le dictionnaire des végétaux. Une taille d'entretien est souvent nécessaire sur certaines plantes grimpantes pour obtenir une belle floraison. D'autres se contentent d'un simple nettoyage printanier.

L'UTILISATION ET LES SUPPORTS

Le choix de plantes grimpantes dans l'aménagement d'un jardin peut être motivé par des raisons fonctionnelles ou esthétiques. Dans le premier cas, il s'agit bien souvent de masquer une façade en mauvais état ou peu décorative. Il peut s'agir également de rendre plus intime une partie du jardin et de se protéger des regards indiscrets. Dans le second cas, le choix des plantes grimpantes peut être lié au fait qu'associées à un treillage, une pergola ou une gloriette, elles créent un élément décoratif du jardin, qui peut être un but de promenades ou un objet agréable au regard.

Certains arbres morts ou de simples troncs présentent des formes intéressantes qu'il est astucieux de rehausser d'une plante grimpante. Les supports construits quant à eux, regroupent les murs, pergolas, gloriettes en passant par tous les autres modes de palissage (treillages ou fils de fer).

LES SUPPORTS CLASSIQUES

- **Les fils de fer et les filets** : légers, pratiques et faciles à mettre en place, les fils de fer sont utilisés pour aider les plantes sur les premiers mètres d'un mur.
- **Les balustrades et les grillages** : un de leurs avantages réside dans le fait qu'ils existent déjà dans un jardin et qu'il suffit de planter un sujet pour qu'il parte à la conquête du support.
- **Les treillages** : de formes et de tailles variables, les treillages sont des supports en bois ou en fer. En bois, ils ont le plus souvent des motifs géométriques ou en trompe-l'œil. De nombreuses formes standards sont disponibles dans le commerce, mais il est possible de construire un véritable décor sur mesure.

En fer, les formes sont plutôt géométriques et s'intègrent plutôt dans un environnement architectural contemporain.

LES SUPPORTS DECORATIFS

- **Les arceaux et les arches** : construits en divers matériaux, les arceaux et les arches accompagnent le plus souvent une allée. Ils peuvent soit l'enjamber à la manière d'une voûte végétale, soit la suivre et s'intégrer à un massif.
- **Les pergolas et les tonnelles** : ces supports, construits en bois, en fer ou en brique et ciment, doivent s'intégrer harmonieusement au paysage. D'une surface assez importante, ils couvrent une terrasse pour créer un lieu de détente protégé du soleil ou accompagnent un chemin.
- **Les gloriettes** : plus intimes que les pergolas, les gloriettes sont aussi plus petites. Elles sont placées sous les frondaisons d'arbres ou au point culminant du jardin.
- **Les colonnes, trépieds et obélisques** : ces éléments se rencontrent le plus souvent dans les roseraies ou dans les jardins aux dessins réguliers et géométriques. Leur rôle est de ponctuer verticalement les massifs et les allées par des colonnes de fleurs.

TERMES UTILISES DANS LE DICTIONNAIRE

DESCRIPTION :
- **Description** du mode de **croissance** et des modes de **fixation.**
- **Description du feuillage**, de sa forme et de ses coloris.
- **Description des fleurs**, de leurs caractéristiques, de leurs coloris, ainsi que des époques de floraison.

EXIGENCES :
- Indications portant sur **le type de sol** dans lequel la plante se développe au mieux.

- Indications sur **les besoins en lumière** :
- Situation ensoleillée : exposition sud, est et ouest avec plus d'une demi-journée de soleil.
- Situation mi-ombragée : exposition est et ouest avec moins d'une demi-journée de soleil.
- Situation ombragée : exposition nord ou en sous-bois par exemple.

UTILISATION :
Principales utilisations conseillées.

ENTRETIEN :
Principaux soins à apporter.

CULTURE :
- **Les modes de multiplication** garantissant les meilleurs taux de réussite.
- **Distance de plantation** recommandée entre chaque plante.

PARASITES ET MALADIES :
Sensibilité particulière à l'encontre des insectes ravageurs ou des maladies nécessitant une intervention.

ESPECES ET VARIETES :
- **Descriptif du feuillage et des fleurs** des espèces et variétés les plus couramment rencontrées.
- **Indication de la longueur** des lianes.

ACTINIDIA

Kiwi

ACTINIDIACEES

Description : plante vivace à rameaux volubiles. Feuillage caduc, denté, d'aspect coriace et souvent velu. Feuilles vertes ou panachées, arrondies ou allongées. Fleurs blanches, parfumées, s'épanouissant en juin. Fruits comestibles de taille variable selon les variétés, arrivant à maturité en fin d'été.

Exigences : sol léger et frais. Supporte le calcaire. Situation ensoleillée et chaude.

Utilisation : pergola, tonnelle, treillage et haie fruitière.

Entretien : supprimer les rameaux devenant trop envahissants pendant la croissance. Rabattre les rameaux secondai-res à 2 bourgeons au printemps. Palissage conseillé au moment de la plantation pour diriger correctement les branches. Arrosage régulier en été.

Culture : bouturage de rameaux en été, repiqués dans du sable. Distance de plantation : 200 à 300 cm.

Espèces et variétés :

A. arguta : Actinidia du Japon. Feuillage caduc, vert, allongé et denté. Fleurs blanches, parfumées, en juin. Hauteur : 4 à 5 m.

A. chinensis : Actinidia de Chine. Feuillage vert, arrondi et denté. Fleurs blanches devenant brun-jaune à maturité en juin. Fruits savoureux en fin d'été. Hauteur : 8 à 10 m.

A. kolomikta : Actinidia à feuillage panaché. Feuillage vert élégamment panaché de blanc et de rose au printemps. Coloris plus ou moins prononcés selon l'intensité lumineuse. Hauteur : 2 à 4 m.

Akebia quinata

AKEBIA

LARDIZABALACEES

Description : plante vivace à rameaux volubiles. Feuillage caduc, vert, composé de 3 à 5 folioles. Fleurs violettes réunies en grappes très discrètes, s'épanouissant en mai-juin.

Exigences : sol léger et frais. Situation ensoleillée ou mi-ombragée.

Utilisation : pergola, treillage, balustrade et tonnelle.

Entretien : élagage nécessaire tous les 3 ou 4 ans pour régénérer les sujets.

Culture : bouturage de rameaux au printemps, dont la reprise est immédiate. Distance de plantation : 200 cm.

Espèces et variétés :

A. trifoliata : syn. *A. lobata*. Feuillage composé de 3 folioles. Fleurs violettes en mai. Hauteur : 8 à 10 m.

A. quinata : feuillage vert composé de 5 folioles. Nombreuses fleurs violettes en mai-juin. Hauteur : 8 à 10 m.

Actinidia chinensis

ARISTOLOCHIA
Aristoloche

ARISTOLOCHIACEES

Description : plante vivace à rameaux volubiles. Feuillage cordiforme, vert, d'aspect très ample. Fleurs jaunes en forme de saxophone en juin.

Exigences : sol léger et frais. Situation mi-ombragée ou ombragée.

Utilisation : mur, façade, pergola, arceau et tonnelle.

Entretien : supprimer les rameaux devenant trop envahissants. Arrosage régulier en été. Palissage conseillé au fur et à mesure de la croissance.

Culture : marcottage de rameaux âgés de 2 ans, en provoquant une strangulation de la partie enterrée afin de faciliter l'émission de racines. Distance de plantation : 200 à 300 cm.

Espèces et variétés :
A. durior : feuillage cordiforme, légèrement ondulé sur les bords, vert et odorant. Fleurs jaunes de juin à août. Hauteur : 10 à 12 m.

Actinidia palissé sur une pergola.

BERBERIDOPSIS

FLACOURTIACEES

Description : plante vivace à rameaux sarmenteux. Feuillage vert, persistant, dont la face inférieure est légèrement glauque. Fleurs rouges, globuleuses, réunies en grappes, s'épanouissant en juin-juillet.

Exigences : sol riche et meuble. Situation ensoleillée et chaude.

Utilisation : mur, pergola, treillage et arceau.

Entretien : supprimer les rameaux devenant trop envahissants. Arrosage conseillé en été.

Culture : bouturage de rameaux au printemps. Distance de plantation : 150 à 200 cm.

Aristolochia durior

Espèces et variétés :
B. corallina : feuillage persistant, vert et glauque. Fleurs rouges en grappes en juin-juillet. Baies rouge orangé en été. A protéger du froid dans les régions aux hivers rigoureux.

BIGNONIA
Bignone

BIGNONIACEES

Description : plante vivace à rameaux volubiles munis de vrilles. Feuillage composé de 2 folioles, semi-persistant et vert. Fleurs tubulées, jaunes, réunies en grappes, s'épanouissant en mai-juin.

Exigences : sol riche et bien drainé. Situation ensoleillée et chaude.

Utilisation : pergola, tonnelle, arceau, treillage.

Entretien : arrosage régulier en été. Taille de nettoyage au printemps. Supprimer les fleurs après la floraison. Protéger les souches avec des branches de sapin en hiver.

Culture : bouturage de rameaux au printemps, dans du sable. Distance de plantation : 150 à 200 cm.

Espèces et variétés :
B. capreolata : feuillage composé de folioles ovales et vertes. Fleurs tubulées jaunes, de juin à juillet-août. Hauteur : 3 à 4 m.

CAMPSIS
Bignone
BIGNONIACEES

Description : plante vivace à rameaux sarmenteux. Feuilles composées de plusieurs folioles vertes et dentées. Fleurs en forme de trompettes, orange, jaunes ou rouges, réunies en grappes terminales, s'épanouissant de juillet à septembre.

Exigences : sol riche, meuble et bien drainé. Situation ensoleillée.

Utilisation : pilier, balustrade, pergola, tonnelle, mur et façade.

Entretien : rabattre les rameaux secondaires à 2 ou 3 bourgeons au printemps. Palissage nécessaire au fur et à mesure de la croissance des tiges. Arrosage conseillé en été. Supprimer les fleurs fanées.

Culture : bouturage de rameaux en été, dans du sable. Bouturage de racines au printemps. Distance de plantation : 150 à 300 cm.

Parasites et maladies : pucerons et araignées rouges.

Espèces et variétés :
C. grandiflora : syn. *C. chinensis* - Bignonia de Chine à grande fleur. Feuillage composé de folioles vertes. Fleurs en forme de trompettes jaunes à l'extérieur et orange à l'intérieur, de juillet à août. Hauteur : 3 à 5 m.
C. radicans : Bignonia de Virginie, Trompette de Virginie ou Jasmin de Virginie. Rameaux munis de racines-crampons. Feuillage étroit, denté et abondant. Fleurs tubulées, rouge orangé, d'août à septembre. Hauteur : 8 à 10 m.
C. radicans 'Atropurpurea' : fleurs rouge écarlate.
C. radicans 'Flava' : fleurs jaunes.
C. radicans 'Praecox' : fleurs rouge orangé très précoces.
C. radicans 'Speciosa' : fleurs rouge orangé de forme particulière.
C. X tagliabuana : issu du croisement de *C. grandiflora* et *C. radicans*.
C. X tagliabuana 'Mme Galen' : très grandes fleurs rouge-saumon, de juillet à septembre.

Campsis grandiflora

BOUGAINVILLEA
Bougainvillée
NYCTAGINACEES

Description : plante vivace non rustique dans certaines régions, à rameaux sarmenteux. Feuillage ovale et vert, se développant sur des rameaux vigoureux munis d'épines. Fleurs jaunes, pratiquement insignifiantes, entourées de bractées vivement colorées de jaune, orange, rouge, mauve, violet ou blanc, s'épanouissant de juillet à septembre.

Exigences : sol léger et bien drainé. Situation ensoleillée et chaude.

Utilisation : mur, tonnelle, pergola, treillage et culture en bac pour véranda et jardin d'hiver.

Entretien : rabattre les rameaux secondaires à 2 ou 3 bourgeons au printemps. Supprimer les rameaux envahissants et les "gourmands". Arrosage copieux en été. Palissage nécessaire au fur et à mesure de la croissance.

Culture : bouturage de rameaux en été, dans un substrat sablonneux. Marcottage au printemps. Distance de plantation : 200 à 300 cm.

Parasites et maladies : cultivé en bac, le Bougainvillée est sensible aux pucerons, araignées rouges, cochenilles et aux excès d'eau.

Espèces et variétés :
B. glabra : feuillage vert et ovale. Fleurs simples ou doubles entourées de bractées, de divers coloris, de juin à septembre. Hauteur : 8 à 10 m.

CELASTRUS
Célastre,
Bourreau des arbres

CELASTRACEES

Description : plante vivace à rameaux volubiles et épineux. Feuillage caduc, arrondi et denté. Fleurs blanc verdâtre ou jaunes, minuscules, s'épanouissant au printemps. Baies rouges orangé ou jaunes, réunies en grappes denses en fin d'été.

Exigences : sol bien drainé et léger. Situation ensoleillée ou mi-ombragée.

Utilisation : tronc d'arbre mort, mur, treillage, pergola.

Entretien : rabattre sévèrement et régulièrement les rameaux pour limiter le développement des sujets.

Culture : bouturage de rameaux au printemps. Distance de plantation : 200 à 300 cm. Planter 1 sujet mâle avec 1 sujet femelle si l'on souhaite obtenir des baies pour *C. scandens*.

Espèces et variétés :

C. orbiculatus : feuillage arrondi et caduc. Fleurs blanc verdâtre au printemps. Baies rouge orangé en été. Espèce monoïque. Hauteur : 10 à 12 m.
C. scandens : feuillage arrondi et caduc. Fleurs jaunâtres au printemps. Baies jaunes en été. Espèce dioïque. Hauteur : 10 m.

CLEMATIS
Clématite

RANUNCULACEES

Description : plante vivace à rameaux volubiles. Feuillage caduc, composé et vert. Fleurs simples ou doubles, de taille variable, s'épanouissant au printemps ou en été. Infrutescences blanches et plumeuses en automne, persistant longtemps en hiver.

Exigences : sol léger, frais et riche. Situation ensoleillée ou mi-ombragée.

Utilisation : pilier, arceau, colonne, treillage, mur et façade, pergola, tonnelle, bac et balustrade.

Entretien : les Clématites à floraison printanière sont taillées après la floraison : supprimer les rameaux se dédoublant et équilibrer leur répartition. Les Clématites à floraison estivale sont taillées en hiver : rabattre les rameaux au ras du sol. Palisser les rameaux au fur et à mesure de leur croissance. Arrosage régulier en été. Protéger la souche en hiver avec des branches de sapin ou des feuilles mortes.

Culture : bouturage de rameaux en été. Semis pour la *C. vitalba*. Marcottage et greffage pour les variétés issues d'hybridations et de croisements. Distance de plantation : 150 à 200 cm.

Parasites et maladies : pucerons, virus et nombreux problèmes physiologiques (dessèchement du feuillage, dépérissement de rameaux, froid, excès d'eau).

Espèces et variétés :

Clématites à floraison printanière :
C. alpina : Clématite des Alpes. Feuillage gaufré, denté et caduc. Fleurs en forme de cloches, étroites et bleues, de mai à juillet. Hauteur : 2 m.
C. alpina 'Ruby' : fleurs doubles rose-lilas.
C. montana : feuillage composé de folioles ovales, épaisses et vertes, réunies par 3. Fleurs blanches en mai. Hauteur : 6 à 8 m.
C. montana 'Grandiflora' : grandes fleurs blanches de 6 à 8 cm de diamètre.
C. montana 'Rubens' : fleurs roses très abondantes en mai-juin.
C. montana 'Tetragona' : variété issue d'hybridation possédant un feuillage très ample et des fleurs roses de grande taille (10 à 12 cm de diamètre).
C. paniculata : feuillage épais, ovale, vert et caduc. Fleurs blanches, parfumées, s'épanouissant en septembre-octobre. Hauteur : 10 m.
C. tangutica : fleurs jaunes en mai-juin.

Clématites à floraison estivale :
C. durandii : fleurs bleues de juin à septembre.
C. flammula : Flammule. Fleurs blanches en juillet-août.
C. florida 'Bicolor' : fleurs doubles, blanches à centre mauve.

C. vitalba : Clématite des bois, Clématite des haies, Viorne. Feuillage composé de folioles lancéolées et légèrement duveteuses. Fleurs blanches réunies en grappes de juillet à septembre. Fructification d'aspect plumeux en automne.
C. viticella 'Plena Elegans' : petites fleurs mauves, doubles, ressemblant à des pompons.
C. viticella 'Verrosa' : grandes fleurs mauves étoilées de blanc.
C. - Hybrides : variétés très nombreuses, possédant des fleurs de grande taille (15 à 25 cm de diamètre), se succédant de juin à octobre.
C. - H. 'Bee's Jubilee' : grandes fleurs roses étoilées de rose foncé, de juin à septembre.
C. - H. 'Ernest Markham' : grandes fleurs rouge violacé, de juillet à septembre.
C. - H. 'Gipsy Queen' : grandes fleurs violettes, de juillet à septembre.
C. - H. 'Jackmanii' : grandes fleurs bleu-violet en juin-juillet.
C. - H. 'Jackmanii Superba' : grandes fleurs bleu foncé, de juillet à septembre.
C. - H. 'Madame Le Coultre' : très grandes fleurs blanches, de juin à septembre.
C. - H. 'Nelly Moser' : grandes fleurs roses étoilées de rouge-pourpre, de juin à septembre.
C. - H. 'Président' : grandes fleurs violet foncé, de juin à août.
C. - H. 'Rouge Cardinal' : grandes fleurs rouge-pourpre, de juillet à septembre.
C. - H. 'Ville de Lyon' : fleurs rouge carmin de mai à septembre.
C. - H. 'Vyvyan Penell' : grandes fleurs doubles bleues, de juillet à septembre.

Clématite 'Nelly Moser'

1 - *Clématite 'Ville de Lyon'*
2 - *Clématite 'Jackmanii Superba'*
3 - *Clématite 'Bee's Jubilee'*
4 - *Clematis viticella 'Plena Elegans'*
5 - *Clematis montana 'Tetragona'*
6 - *Clematis florida 'Bicolor'*

②

①

③

CLIANTHUS

LEGUMINEUSES

Description : plante vivace non rustique à rameaux sarmenteux. Feuillage semi-persistant, composé de folioles vertes. Fleurs caractéristiques de la famille des Légumineuses, rouges ou blanches, s'épanouissant de mai à juin.

Exigences : sol riche et léger. Situation ensoleillée et chaude.

Utilisation : pilier, pergola, tonnelle, balustrade, treillage et bac.

Entretien : taille de nettoyage au printemps. Arrosage régulier en été. Protéger la souche en hiver dans les régions méditerranéennes et cultiver les sujets en bac pour pouvoir les hiverner à l'abri du froid dans les autres régions.

Culture : semis dès la récolte des graines sous serre. Greffage et bouturage au printemps. Distance de plantation : 100 à 200 cm.

Espèces et variétés :
C. puniceus : feuillage composé de folioles vertes semi-persistantes. Fleurs rouge-pourpre de juin à juillet. Hauteur : 1,5 à 2 m.
C. puniceus 'Albus' : fleurs blanches.
C. puniceus 'Magnificus' : fleurs rouge écarlate.

COBAEA

Cobée

POLEMONIACEES

Description : plante annuelle à rameaux volubiles. Feuillage composé de folioles ovales et vertes. Fleurs en forme de cloches, roses ou mauves, à centre pourpre violacé d'août à septembre.

Exigences : sol riche et frais. Situation ensoleillée ou mi-ombragée.

Utilisation : colonne, arceau, tonnelle, pergola et treillage. Convient en bac pour des décorations estivales.

Entretien : palisser les rameaux au fur et à mesure de leur croissance. Supprimer les fleurs après leur épanouissement. Arrosage régulier en été.

Culture : semis en godet en mars sous serre. Distance de plantation : 120 à 150 cm.

Espèces et variétés :
C. scandens : feuillage composé de folioles vertes aux nervures fortement prononcées. Fleurs en forme de cloches mauves à centre violacé, dont les étamines et le pistil se développent à l'extérieur de la fleur. Hauteur : 3 à 5 m.

Cobaea scandens

CONVOLVULUS

Liseron

CONVOLVULACEES

Description : plante annuelle à rameaux volubiles. Feuillage ovale, vert, à bord légèrement pubescent. Fleurs en forme d'entonnoirs de 3 à 5 cm d'envergure, bleu violacé ou blanches, s'épanouissant de juin à septembre.

Exigences : sol léger et sablonneux. Situation ensoleillée et chaude.

Utilisation : trépied, colonne, pergola, treillage, balustrade, bac sur terrasse ou balcon.

Entretien : arrosage régulier en été. Supprimer les fleurs fanées. Pincer les jeunes pousses afin qu'elles se ramifient.

Culture : semis en mars en godet sous serre. Semis sur place en mai. Distance de plantation : 20 à 40 cm.

Parasites et maladies : oïdium et pucerons.

Espèces et variétés :
C. tricolor : grandes fleurs bleues, violacées, s'ouvrant le jour et se fermant la nuit, de juin à septembre. Hauteur : 1 à 2 m.

DOLICHOS

Dolique

LEGUMINEUSES

Description : plante annuelle à rameaux volubiles. Feuillage cordiforme, vert aux nervures prononcées. Fleurs rose violacé réunies en grappes, s'épanouissant en été. Fruits en forme de gousses rouge-pourpre en automne.

Exigences : sol riche et bien drainé. Situation ensoleillée.

Utilisation : arceau, trépied, balustrade, pergola, tonnelle, treillage et mur.

Entretien : palisser les tiges au début de leur croissance afin de leur donner une bonne direction. Arrosage régulier en été. Supprimer les fleurs fanées et les rameaux devenant trop envahissants.

Culture : semis en mars en godet sous serre et plantation en mai. Distance de plantation : 70 à 80 cm.

Espèces et variétés :
D. lablab : fleurs roses de juillet à septembre. Hauteur : 3 m.
D. lablab 'Purpureus' : fleurs rose violacé, de juillet à octobre. Gousses rouges en automne. Hauteur : 3 m.

> *Originaire d'Inde, le Dolichos lablab est cultivé dans les régions tropicales pour ses gousses comestibles, ressemblant à nos haricots mangetout.*

ECCREMOCARPUS

BIGNONIACEES

Description : plante vivace non rustique dans certaines régions, à rameaux sarmenteux munis de vrilles. Feuillage minuscule, vert brillant. Fleurs tubulées, jaune orangé, réunies en grappes, s'épanouissant de juin à octobre.

Exigences : sol riche et bien drainé. Situation ensoleillée et chaude.

Utilisation : treillage, pilier, pergola, tonnelle, colonne, trépied et bac pour décoration de véranda ou de jardin d'hiver.

Entretien : taille de nettoyage au printemps. Supprimer les fleurs fanées. Arrosage régulier en été. Protéger la souche en hiver dans les régions méditerranéennes. Hivernage d'octobre à mai sous abri dans les autres régions.

Culture : semis en mars sous serre. Distance de plantation : 150 à 200 cm.

Espèces et variétés :
E. scaber 'Aureus' : fleurs jaunes en grappes, de juin à août. Hauteur : 4 à 5 m.
E. scaber 'Roseus' : fleurs roses en grappes, de juin à août. Hauteur : 4 à 5 m.

FICUS

Figuier rampant

MORACEES

Description :
Plante vivace non rustique à rameaux volubiles munis de racines-crampons. Feuillage persistant ovale, épais, vert foncé et brillant.

Exigences :
Sol frais et bien drainé.
Situation ensoleillée ou mi-ombragée.

Utilisation :
Mur, façade et bac pour décoration de véranda ou de jardin d'hiver.

Entretien :
Taille de nettoyage au printemps.
Supprimer les rameaux devenant trop envahissants.
Arrosage régulier en été.

Culture :
Bouturage de rameaux au printemps.
Distance de plantation : 150 à 200 cm.

Espèces et variétés :
F. repens : feuillage coriace, ovale, vert et persistant. Hauteur : 3 à 5 m.
F. repens 'Variegata' : feuillage vert panaché de blanc-jaune. Hauteur : 3 à 5 m.

GLORIOSA

LILIACEES

Description : plante annuelle, à souche tubéreuse et à rameaux volubiles, souvent considérée comme une plante bulbeuse. Feuillage vert, oblong et pointu.

Fleurs jaunes, orange, rouge-pourpre aux pétales retroussés, s'épanouissant de juillet à septembre.

Exigences : sol riche, frais et bien drainé. Situation ensoleillée.

Utilisation : balustrade, trépied, arceau et treillage.

Entretien : palisser les rameaux au début de leur développement. Arrosage régulier en été. Supprimer les fleurs fanées. Hivernage des tubercules dans du sable et de la tourbe de novembre à avril.

Culture : division de souche au printemps. Semis difficile à réussir. Distance de plantation : 50 à 80 cm.

Espèces et variétés :
G. rothschildiana : nombreux coloris. Fleurs rouges, jaunes, orange et bicolores, de juillet à septembre. Hauteur : 1,5 à 2 m.

Ambiance luxuriante pour ce cabanon de jardin envahi sous le feuillage de l'Actinidia.

HEDERA
Lierre

ARALIACEES

Description : Plante vivace à rameaux sarmenteux munis de racines-crampons. Feuillage persistant, cordiforme, à lobes dentés, épais, vert brillant ou panaché. Fleurs jaunes réunis en ombelles, s'épanouissant en fin d'été, mais sans intérêt décoratif. Baies bleu-noir en hiver.

Exigences : Sol riche, frais et bien drainé. Situation ensoleillée ou mi-ombragée.

Utilisation : Mur, façade, pergola, balustrade, treillage et éléments de forme géométrique.

Entretien : Supprimer les rameaux devenant trop envahissants. Taille de nettoyage au printemps et après la pousse d'avril. Palissage des rameaux après la plantation, pour leur donner de bonnes directions. Arrosage conseillé en été.

Culture : Bouturage de rameaux en automne ou en hiver. Semis au printemps. Distance de plantation : 150 à 300 cm.

Parasites et maladies : pucerons.

Espèces et variétés :
H. canariensis 'Variegata' : feuillage ovale, vert et panaché de blanc. Variété non rustique. Hauteur : 2 à 3 m.
H. colchica : Lierre de Colchide. Feuillage cordiforme, épais et persistant, se développant sur des rameaux très vigoureux. Hauteur : 10 à 12 m.
H. colchica 'Dentatovariegata' : feuillage vert panaché de jaune.
H. helix : Lierre commun. Feuillage de petite taille, composé de 5 lobes, vert et brillant. Hauteur : 5 à 8 m. Baies vertes puis noires en hiver.
H. helix 'Aureovariegata' : feuillage vert panaché de blanc. Hauteur : 5 à 6 m.
H. helix 'Goldheart' : feuillage vert panaché de jaune. Hauteur : 3 à 4 m.
H. helix 'Hibernica' : Lierre d'Irlande. Feuillage vert à croissance rapide et très résistant au froid.
H. helix 'Sagittifolia' : lobe central plus long que les autres. Hauteur : 2 à 3 m.

Hedera helix

Hedera colchica

HUMULUS
Houblon

CANNABIDACEES

Description : plante annuelle à rameaux sarmenteux munis de vrilles. Feuillage composé de 5 lobes, à bord denté, vert et très décoratif. Fleurs réunies en panicules, remplacées par une fructification conique et pendante.

Exigences : sol frais, riche et meuble. Situation ensoleillée.

Utilisation : pilier, colonne, trépied, arceau, pergola, tonnelle, treillage et bac sur terrasse.

Entretien : supprimer les rameaux devenant trop envahissants. Arrosage régulier en été. Palissage des jeunes pousses au début de leur croissance.

Culture : semis en mars-avril en godet sous serre et plantation en mai. Distance de plantation : 100 à 150 cm.

Parasites et maladies : pucerons.

Espèces et variétés :
H. japonicus : feuillage décoratif. Fructification jaunâtre devenant brune à maturité. Hauteur : 5 m.
H. japonicus 'Variegatus' : feuillage vert panaché de blanc. Hauteur : 4 m.
H. lupulus : Houblon commun. Espèce cultivée pour ses fruits utilisés dans la fabrication de la bière.

HYDRANGEA
Hortensia grimpant

HYDRANGEACEES

Description : plante vivace à rameaux sarmenteux munis de racines-crampons. Feuillage caduc, ovale, à bord denté, vert clair au printemps, devenant plus foncé en été. Fleurs blanches réunies en corymbes, s'épanouissant en juillet.

Exigences : sol frais, riche et non calcaire. Situation ombragée ou mi-ombragée.

Utilisation : mur, treillage, balustrade, pergola, colonne et bac sur terrasse.

Entretien : taille de nettoyage, puis palissage au printemps. Arrosage régulier en été. Supprimer les fleurs fanées.

Culture : bouturage de rameaux au printemps. Marcottage en fin d'hiver ou au début du printemps. Distance de plantation : 150 à 300 cm.

Parasites et maladies : pucerons.

Espèces et variétés :

H. petiolaris : feuillage vert brillant et très décoratif se développant sur des rameaux bruns s'exfoliant en fines pellicules. Fleurs blanches en juillet. Hauteur : 5 à 6 m.

Hydrangea petiolaris

Humulus lupulus

IPOMŒA
Ipomée

CONVOLVULACEES

Description : plante annuelle à rameaux volubiles. Feuillage cordiforme, vert. Fleurs en forme de trompettes, roses, mauves, violettes ou blanches, solitaires ou regroupées par 3 ou 5, s'épanouissant de juin à octobre.

Exigences : sol riche, frais et meuble. Situation ensoleillée.

Utilisation : balustrade, pergola, tonnelle, colonne et bac sur terrasse.

Entretien : palisser les jeunes pousses au printemps. Arrosage très régulier en été. Supprimer les fleurs après la floraison.

Culture : semis de plusieurs graines en godet en avril-mai sous serre et plantation en mai-juin. Semis sur place en mai. Distance de plantation : 120 à 150 cm.

Parasites et maladies : pucerons.

Espèces et variétés :
I. purpurea : Volubilis. Feuillage cordiforme et vert. Fleurs bleues, mauves, violettes et blanches, de juin à octobre. Hauteur : 2 à 3 m.
I. tricolor : fleurs bleu pâle le matin, virant au bleu foncé en cours de journée.
I. tricolor 'Etoile Bleue' : fleurs bleues.
I. tricolor 'Perle des Portails' : fleurs blanches.
I. tricolor 'Volute Rose' : fleurs roses.

Ipomœa tricolor

Jasminum nudiflorum

JASMINUM
Jasmin

OLEACEES

Description : plante vivace à rameaux sarmenteux ou volubiles. Feuillage caduc, composé de folioles vertes. Fleurs blanches ou jaunes, s'épanouissant en hiver ou en été.

Exigences : sol léger et bien drainé. Situation ensoleillée.

Utilisation : mur, façade, pilier, pergola, treillage, tonnelle, colonne et bac pour décoration de véranda ou de jardin d'hiver.

Entretien : rabattre les rameaux qui ont fleuri l'année précédente pour assurer le départ de nouvelles tiges qui fleuriront l'année suivante. Palissage conseillé des rameaux au fur et à mesure de leur croissance. Arrosage régulier en été.

Culture : bouturage de rameaux en été, dont la reprise est facile. Distance de plantation : 200 à 300 cm.

Espèces et variétés :
J. nudiflorum : Jasmin d'hiver. Feuillage vert, caduc, composé de 3 à 5 folioles. Fleurs jaunes réunies en grappes, s'épanouissant de décembre à mars. Hauteur : 3 à 4 m.
J. officinale : Jasmin blanc, Jasmin d'été. Espèce rustique uniquement en région méditerranéenne. A protéger ou à hiverner dans les autres régions. Feuillage composé de folioles allongées et vertes. Fleurs blanches, délicatement parfumées, réunies en thyrses, s'épanouissant de juin à octobre. Hauteur : 4 à 5 m.

LATHYRUS
Gesse

LEGUMINEUSES

Description : plante vivace ou annuelle à rameaux volubiles. Feuillage composé de folioles vertes et vrillées. Fleurs caractéristiques des Légumineuses, roses, mauves, blanches, bleues ou pourpres, parfumées, s'épanouissant en grappes de juin à septembre.

Exigences : sol frais, riche et meuble. Situation ensoleillée.

Utilisation : treillage, balustrade, colonne, tonnelle et fleur coupée.

Entretien : rabattre les tiges des espèces vivaces au ras du sol. Supprimer les vrilles des fleurs annuelles afin de favoriser la formation des boutons floraux. Arrosage régulier en été. Palissage des rameaux indisciplinés.

Culture : semis en pleine terre dès la fin mai pour les espèces annuelles. Division de souche pour les espèces vivaces. Distance de plantation : 50 à 60 cm.

Parasites et maladies : charançon des Pois, Anguillule.

Espèces et variétés :
L. latifolius : Pois à bouquets, vivace. Feuillage vert, composé de 4 folioles ovales. Fleurs roses, rose-pourpre ou blanches, réunies en grappes de 8 à 12 pièces, s'épanouissant de juillet à septembre. Hauteur : 1 à 2 m.
L. odoratus : Gesse odorante, Pois de senteur. Espèce annuelle non rustique. Feuillage composé de 4 folioles à pétiole vrillé, se développant sur des tiges anguleuses. Fleurs blanches, bleu clair à foncé, pourpres, roses, jaunes ou crème, très parfumées, réunies en grappes, de juillet à septembre. Hauteur : 1 à 2 m.

Lathyrus latifolius

Lonicera caprifolium en fruit.

LONICERA
Chèvrefeuille

CAPRIFOLIACEES

Description : plante vivace à rameaux volubiles. Feuillage elliptique, ovale ou lancéolé, semi-persistant ou caduc, vert ou panaché, prenant de belles teintes automnales. Fleurs tubulées, blanches, jaunes, pourpres, orange ou bicolores, réunies en grappes, souvent parfumées et s'épanouissant de juin à octobre.

Exigences : sol riche et frais. Situation ensoleillée ou mi-ombragée.

Utilisation : tonnelle, pergola, treillage, colonne, balustrade ou décoration de tronc d'arbre mort.

Entretien : taille régulière au printemps, en conservant les branches charpentières. Palisser les jeunes rameaux pour leur donner de bonnes directions. Arrosa-ge régulier en été. Supprimer les fleurs fanées après la floraison.

Culture : bouturage de rameaux en septembre-octobre, dans du sable. Distance de plantation : 2 à 3 m.

Parasites et maladies : pucerons.

Espèces et variétés :

L. brownii 'Dropmore Scarlet Trumpet' : feuillage elliptique, caduc, vert à reflets bleutés. Fleurs tubulées, rouge vif, de juin à octobre. Hauteur : 3 à 4 m.

L. caprifolium : Chèvrefeuille des Jardins. Feuillage ovale, caduc et vert. Fleurs blanc jaunâtre, très parfumées, réunies en grappes de mai à juin. Baies rouge orangé en automne. Hauteur : 3 à 4 m.

L. X heckrotti : feuillage elliptique, caduc, vert à reflets bleutés sur la face inférieure des feuilles. Fleurs tubulées, jaunes et rouges, réunies en épis, s'épanouissant de juin à septembre. Hauteur : 2 à 3 m.

L. X heckrotti 'Goldflamme' : fleurs jaune intense.

L. henryi : feuillage lancéolé, vert et semi-persistant. Fleurs jaunes et rouges, de juin à juillet. Hauteur : 5 à 6 m.

L. japonica 'Aureoreticulata' : feuillage aux nervures colorées de jaune.

L. japonica 'Halliana' : fleurs blanches puis jaunâtres à maturié.

L. periclymenum : Chèvrefeuille des bois. Feuillage ovale, caduc, légèrement pubescent devenant lisse avec l'âge. Fleurs blanches et roses, très fines et très parfumées, s'épanouissant en juin-juillet. Baies rouge vif en automne. Hauteur : 4 à 5 m.

L. periclymenum 'Aurea' : feuillage vert panaché de jaune.

L. periclymenum 'Belgica' : fleurs pourpres virant au jaune.

L. periclymenum 'Serotina' : floraison tardive, rouge et blanc crème.

L. tellmanniana : feuillage allongé, caduc, vert et légèrement pubescent à la face inférieure des feuilles. Fleurs jaune orangé de juin à juillet. Hauteur : 5 à 8 m.

Lonicera caprifolium

Lonicera periclymenum

MAURANDIA

SCROPHULARIACEES

Description : plante vivace cultivée comme annuelle, à rameaux volubiles. Feuillage vert clair, d'aspect tendre et au bord élégamment denté. Fleurs tubulées, roses, blanches ou pourpres, réunies en grappes, s'épanouissant de juillet à septembre.

Exigences : sol léger et frais. Situation ensoleillée.

Utilisation : trépied, colonne, balustrade, bac sur terrasse.

Entretien : palisser les rameaux au début de leur croissance. Arrosage régulier en été. Supprimer les fleurs fanées.

Culture : semis sous serre en mars, repiquage en godet en avril et plantation en mai. Distance de plantation : 100 à 120 cm.

Espèces et variétés :

M. barclaiana : feuillage vert, élégamment denté. Fleurs tubulées roses, pourpres ou blanches, de juillet à septembre.
M. atrosanguinea : syn. *Rodochiton*. Fleurs rouge-pourpre.

MENISPERMUM

MENISPERMACEES

Description : plante vivace à rameaux volubiles. Feuillage cordiforme, légèrement pubescent et vert. Fleurs minuscules, blanc verdâtre, s'épanouissant en été. Baies noires en fin d'été.

Exigences : sol frais et riche. Situation ensoleillée ou mi-ombragée.

Utilisation : mur, treillage, pergola, tonnelle, balustrade et bac.

Entretien : arrosage régulier en été. Protecton hivernale conseillée de novembre à mai.

Culture : bouturage de rameaux et division de souche au printemps. Distance de plantation : 100 à 200 cm.

Espèces et variétés :

M. canadense : feuillage arrondi ou cordiforme. Fleurs minuscules verdâtres réunies en grappes. Hauteur : 2 à 3 m.

PARTHENOCISSUS
Vigne vierge

VITACEES

Description : plante vivace à rameaux sarmenteux munis de vrilles et de ventouses. Feuillage composé, profondément découpé ou lobé, vert, pourpre, brillant ou mat. Très belles teintes automnales. Fleurs insignifiantes. Baies bleues ou noires en automne.

Exigences : sol meuble et léger. Situation ensoleillée ou mi-ombragée.

Utilisation : mur, façade, pergola, tonnelle, balustrade, colonne et bac sur terrasse.

Entretien : supprimer les rameaux devenant trop envahissants. Taille de nettoyage au printemps. Arrosage régulier en été.

Culture : semis au printemps pour la plupart des espèces. Bouturage de rameaux et greffage au printemps. Distance de plantation : 3 à 4 m.

Parasites et maladies : pucerons et araignées rouges.

Espèces et variétés :

P. henryana : feuillage composé de 5 lobes, lancéolé, pourpre et vert, à nervures rougeâtres. Hauteur : 5 à 6 m.
P. quinquefolia : syn. *Vitis quinquefolia*. Vigne vierge vraie, Vigne du Canada. Feuillage composé de 5 folioles, dentées, pointues, se développant à l'extrémité d'un long pétiole. Très belles teintes rouge vif puis orangées en automne.
P. quinquefolia 'Engelmanii' : feuillage composé de folioles prenant des teintes orangées en automne. Très grande facilité à s'accrocher au mur. Hauteur : 10 à 12 m.
P. tricuspidata : Vigne du Japon, Vigne vierge. Feuillage caduc, composé de 3 lobes terminés en pointe. Les feuilles âgées sont plus gandes que les feuilles récentes. Belles teintes jaunes, puis rouge écarlate en automne. Baies noires de septembre à novembre. Hauteur : 8 à 10 m.
P. tricuspidata 'Atropurpurea' et 'Purpurea' : feuillage pourpre très décoratif.
P. tricuspidata 'Lowii' : feuillage très découpé, irrégulier et denté, vert brillant.
P. tricuspidata 'Veitchii' : Vigne du Japon à petite feuille. Feuillage lisse, sans bord denté, vert à reflets bleutés. Belles teintes écarlates en automne. Hauteur : 8 à 10 m.

Parthenocissus quinquefolia.

PASSIFLORA
Passiflore,
Fleur de la Passion

PASSIFLORACEES

Description : plante vivace non rustique dans certaines régions, à rameaux sarmenteux munis de vrilles. Feuillage semi-persistant, palmé, composé de 5 lobes verts. Fleurs munies de 5 pétales et 5 sépales blanc crème sur lesquels s'épanouissent de fins filaments mauves, blancs puis bleus. Au centre de la fleur, apparaissent les anthères et les stigmates en forme de clous et de marteaux. Fruits ovales, à chair pulpeuse, jaune orangé et comestibles.

Exigences : sol riche, léger et bien drainé. Situation ensoleillée et chaude.

Utilisation : treillage, colonne, mur et bac pour décoration de véranda et jardin d'hiver.

Entretien : rabattre court les rameaux au printemps. Arrosage régulier en été. Palisser les jeunes rameaux au début de leur croissance pour les aider à prendre une bonne direction. Hivernage d'octobre à mai sous abri dans les régions à hiver froid.

Culture : bouturage de rameaux en été sous serre. Marcottage ou greffage au printemps. Distance de plantation : 300 à 400 cm.

Espèces et variétés :
P. caerulea : fleurs mauves et blanches de juillet à septembre. Hauteur : 5 à 6 m.

Passiflora caerulea

Phaseolus coccineus

PHASEOLUS
Haricot d'Espagne

LEGUMINEUSES

Description : plante annuelle à rameaux volubiles. Feuillage composé de folioles vertes. Fleurs rouges, roses ou blanches réunies en grappes, s'épanouissant de juin à septembre. Fruit en forme de gousse à grains roses marbrés de pourpre.

Exigences : sol riche, meuble et bien drainé. Situation ensoleillée.

Utilisation : balustrade, treillage, colonne, tonnelle, pergola, décoration de terrasse cultivé en bac.

Entretien : supprimer les fleurs après la floraison. Arrosage régulier en été.

Culture : semis en avril sous serre, en poquets de 3 à 4 graines par godet. Distance de plantation : 150 à 200 cm.

Parasites et maladies : pucerons, mildiou du Pois, anthracnose, mosaïque.

Espèces et variétés :
P. coccineus : syn. *P. multiflorus.* Fleurs rouges en grappes, de juin à septembre. Hauteur : 3 à 4 m.
P. coccineus 'Albus' : fleurs blanches.
P. coccineus 'Roseus' : fleurs roses.

édaillon : Parthenocissus tricuspidata.

Polygonum aubertii

POLYGONUM

Renouée

POLYGONACEES

Description : plante vivace à rameaux volubiles. Feuillage ovale ou lancéolé, vert prenant de très belles teintes orangées en automne. Fleurs blanches ou blanc rosé, minuscules, réunies en grappes ou en panicules, s'épanouissant de juillet à octobre. Fruits en forme d'ailettes, rosés, en automne.

Exigences : sol meuble et frais. Situation ensoleillée, mi-ombragée ou ombragée.

Utilisation : mur, façade, pergola, tonnelle, treillage, pilier, colonne, balustrade, ou vieux tronc d'arbre.

Entretien : taille régulière au printemps. Rabattre les rameaux vigoureux et palisser les autres en fonction de la surface à garnir. Arrosage conseillé en été.

Culture : bouturage de rameaux en été ou en hiver, dans un mélange sablonneux. Distance de plantation : 300 cm.

Parasites et maladies : pucerons.

Espèces et variétés :
P. aubertii : feuillage ovale ou lancéolé, vert. Fleurs blanc verdâtre, d'août à octobre. Hauteur : 6 à 8 m.
P. baldschuanicum : feuillage ovale et étroit prenant des teintes jaune orangé en automne. Fleurs blanc rosé en panicules, de juillet à septembre. Fruits ailés et roses succédant aux fleurs, persistant longtemps en hiver. Hauteur : 6 à 8 m.

RUBUS
Ronce d'ornement, Ronce à baie

ROSACEES

Description : plante vivace à rameaux sarmenteux munis d'épines. Feuillage composé de folioles vertes, simples ou découpées. Fleurs blanches, simples, réunies en panicules de juin à juillet. Baies noires, savoureuses et comestibles.

Exigences : sol frais et riche. Situation ensoleillée, mi-ombragée ou ombragée.

Utilisation : balustrade, colonne, haie fruitière.

Entretien : au printemps, rabattre à 2 bourgeons les branches ayant porté des fruits. Supprimer les rameaux âgés et ne conserver que les rameaux récents. Palisser les tiges au fur et à mesure de leur croissance.

Culture : bouturage de racines au printemps. Marcottage et division de souche au printemps. Semis de graines récoltées en été. Distance de plantation : 200 cm.

Parasites et maladies : virus et maladies bactériennes.

Rubus fruticosus

Espèces et variétés :
R. chamaemorus : Ronce mûrier. Feuillage arrondi, se développant sur des rameaux épineux, atteignant 2 à 3 m. Fleurs blanches en juillet. Baies orange comestibles.
R. fruticosus : Ronce commune, Mûre. Feuillage composé de 3 à 5 folioles vertes et caduques. Fleurs blanc rosé en juillet. Baies noires comestibles et savoureuses.
R. fruticosus 'Laciniatus' : feuillage finement découpé et très décoratif. Belles teintes automnales. Hauteur : 3 à 4 m.

Rubus fruticosus

Rubus fruticosus

SCHISANDRA

SCHISANDRACEES

Description : plante vivace à rameaux volubiles. Feuillage caduc ou persistant, ovale et vert. Fleurs blanches, rouges ou roses en avril-mai. Baies rouge vif en automne.

Exigences : sol riche et frais. Situation ensoleillée ou mi-ombragée.

Utilisation : colonne, pergola, treillage.

Entretien : taille de nettoyage au printemps. Arrosage régulier en été.

Culture : bouturage de rameaux au printemps, sous serre. Distance de plantation : 200 cm.

Espèces et variétés :
S. chinensis : feuillage caduc. Fleurs roses ou blanches, parfumées, d'avril à mai. Hauteur : 5 à 6 m.
S. rubriflora : feuillage ovale et persistant. Fleurs rouges en avril-mai. Baies rouge vif en automne. Hauteur : 5 à 6 m.

SCHIZOPHRAGMA

HYDRANGEACEES

Description : plante vivace à rameaux sarmenteux munis de racines aériennes. Feuillage ample, caduc et vert, porté par des pétioles rougeâtres. Fleurs blanches, entourées de bractées blanc crème très décoratives, de juillet à septembre.

Exigences : sol riche, frais et meuble. Situation mi-ombragée.

Utilisation : mur, treillage, pergola, colonne et pilier.

Entretien : taille de nettoyage au printemps. Supprimer les fleurs après leur floraison. Arrosage régulier en été.

Culture : marcottage ou bouturage de rameaux au printemps. Distance de plantation : 150 à 200 cm.

Espèces et variétés :
S. hydrangeoides : rameaux vigoureux atteignant 10 à 12 m. Feuillage vert et caduc. Bractées blanc crème en juillet-août.
S. integrifolium : feuillage très ample et volumineux. Grandes bractées blanc crème, de juillet à septembre. Hauteur : 6 à 8 m.

SOLANUM

SOLANACEES

Description : plante vivace à rameaux sarmenteux. Feuillage lancéolé, caduc et vert. Fleurs bleu-mauve ou blanches, réunies en grappes denses, s'épanouissant de juin à octobre.

Exigences : sol riche et bien drainé. Situation ensoleillée et chaude.

Utilisation : mur, treillage, colonne, pilier et pergola.

Entretien : taille de nettoyage au printemps. Palissage des rameaux au fur et à mesure de leur croissance. Arrosage régulier en été. Protéger la souche en hiver dans les régions froides avec des feuilles ou des branches de sapin.

Culture : bouturage de rameaux en été. Distance de plantation : 150 à 200 cm.

Espèces et variétés :
S. crispum : fleurs bleu-mauve en grappes denses, de juin à octobre. Hauteur : 5 à 6 m.
S. jasminoides : fleurs blanches.

SOLLYA

PITTOSPORACEES

Description : plante vivace à rameaux volubiles, non rustique dans certaines régions. Feuillage persistant, étroit ou oblong. Fleurs bleues en forme de clochettes, s'épanouissant en été.

Exigences : sol riche et bien drainé. Situation ensoleillée et chaude.

Utilisation : tonnelle, treillage, arceau, pergola et mur.

Entretien : supprimer les rameaux devenant trop envahissants. Taille de nettoyage au printemps. Arrosage régulier en été.

Culture : bouturage de rameaux au printemps, sous serre. Distance de plantation : 200 à 300 cm.

Espèces et variétés :
S. heterophylla : syn. *Billardiera fusiformis*. Feuillage oblong et persistant. Fleurs bleues en juillet. Hauteur : 1,5 à 2 m.

Schizophragma hydrangeoides

THUNBERGIA

Thunbergie

ACANTHACEES

Description : plante vivace à rameaux volubiles non rustique dans certaines régions. Feuillage vert, terminé en pointe. Fleurs orange, blanches ou jaunes à centre foncé, s'épanouissant de juin à octobre.

Exigences : sol riche et bien drainé. Situation ensoleillée.

Utilisation : tonnelle, pergola, balustrade, pilier, colonne, treillage et bac sur terrasse.

Entretien : palisser les rameaux au début de leur croissance. Arrosage régulier en été.

Culture : semis sur place en juin. Semis en godet en avril sous serre, et plantation en mai sur place. Distance de plantation : 150 à 200 cm.

Parasites et maladies : araignées rouges.

Espèces et variétés :
T. alata : fleurs jaunes à centre brun, de juin à octobre. Hauteur : 1,5 à 2 m.
T. alata 'Alba' : fleurs blanches à centre pourpre.
T. alata 'Aurantiaca' : fleurs orange à centre noir.

TROPÆOLUM

Capucine grimpante

TROPÆOLACEES

Description : plante annuelle à rameaux volubiles. Feuillage pelté et vert. Fleurs simples ou doubles, jaunes, orange, rouges ou brunes, de juillet à octobre.

Exigences : sol meuble et frais. Situation ensoleillée ou mi-ombragée.

Utilisation : tonnelle, pergola, colonne, balustrade, treillage et bac pour la décoration de terrasse.

Entretien : pincer les jeunes pousses au printemps pour qu'elles se ramifient. Palisser les jeunes rameaux. Arrosage conseillé en été.

Culture : semis de 2 ou 3 graines en godet sous serre en avril-mai. Plantation en mai-juin. Semis directement sur place en juin. Distance de plantation : 150-250 cm.

Parasites et maladies : très sensible aux pucerons et aux limaces.

Espèces et variétés :
T. majus : Grande Capucine. Fleurs solitaires, simples ou doubles, jaunes, orange, rouges ou brunes, de juin à octobre. Hauteur : 2 à 3 m.
T. peregrinum : syn. *T. canariense* - Capucine des Canaries. Fleurs à pétales laciniés. Coloris variés. Hauteur : 2 à 3 m.

TRACHELO-SPERMUM

Jasmin étoilé

APOCYNACEES

Description : plante vivace non rustique, à rameaux volubiles. Feuillage ovale, vert foncé et persistant. Fleurs blanches, très parfumées, s'épanouissant de juin à octobre.

Exigences : sol riche et bien drainé. Situation ensoleillée et chaude.

Utilisation : treillage, colonne, pilier, bac sur terrasse et décoration de véranda ou jardin d'hiver.

Entretien : taille de nettoyage au printemps. Arrosage régulier en été. Supprimer les fleurs fanées. Hivernage de novembre à mai sous abri, en situation lumineuse et peu chauffée (5 °C).

Culture : bouturage ou marcottage de rameaux au printemps. Distance de plantation : 150 à 200 cm.

Espèces et variétés :
T. jasminoides : feuillage persistant, vert foncé et brillant. Fleurs blanches, étoilées, très parfumées, de juin à octobre. Hauteur : 3 à 4 m.

Thunbergia alata

Tropæolum majus

VITIS
Vigne d'ornement,
Vigne à raisin

VITACEES

Description : plante vivace à rameaux sarmenteux munis de vrilles. Feuillage arrondi ou très découpé, caduc, vert ou pourpre, prenant de très belles teintes jaune orangé en automne. Fleurs jaunes insignifiantes réunies en grappes, en été. Baies comestibles bleues, blanches ou noires, réunies en grappes, en automne.

Exigences : sol meuble et bien drainé. Situation ensoleillée ou mi-ombragée.

Utilisation : mur, façade, tonnelle, pergola, treillage et haie fruitière.

Entretien : rabattre les rameaux secondaires à 2 ou 3 bourgeons au printemps. Supprimer les rameaux âgés et privilégier les plus récents afin de régénérer les souches. Palisser les jeunes pousses et attacher la végétation au fur et à mesure de son développement.

Culture : greffage, semis ou bouturage. Distance de plantation : 150 à 200 cm.

Parasites et maladies : maladies virales et bactériennes.

Espèces et variétés :
V. coignetiae : feuillage caduc arrondi ou ovale, d'aspect rugueux et gaufré, tomenteux à la face inférieure. De couleur verte, il prend de très belles teintes rouge-pourpre puis orange-jaune en automne. Hauteur : 3 à 4 m.
V. vinifera : Vigne à raisin. Nombreuses variétés à grains blancs, noirs ou rouge foncé, intéressantes pour les qualités gustatives de leurs fruits et leur rendement. Hauteur : 10 à 12 m.
V. vinifera 'Purpurea' : feuillage très découpé, caduc, rouge-pourpre pendant l'été. Hauteur : 3 à 4 m.

Dans la famille des Vitacées, l'Ampelopsis était autrefois associé au genre Vitis. Aujourd'hui, c'est un genre à part. Plante vivace à rameaux volubiles munis de vrilles, appréciant les situations ensoleillées, il s'accommode de tous les types de sols. Ses baies, bleues ou jaune orangé, sont ponctuées de brun et persistent longtemps après la chute des feuilles. Il en existe plusieurs espèces dont :
- *A. aconitifolia :* feuillage caduc très découpé et décoratif. Hauteur : 8 m.
- *A. brevipedunculata :* feuillage composé de 3 lobes fortement découpés aux belles teintes automnales. Hauteur : 10 m.
- *A. brevipedunculata* 'Elegans' : feuillage vert panaché de blanc.
- *A. megalophylla :* feuillage très ample dont les feuilles peuvent atteindre 50 cm d'envergure. Hauteur : 8 à 10 m.

WISTERIA
Glycine

LEGUMINEUSES

Description : Plante vivace à rameaux volubiles. Feuillage caduc, composé de folioles vertes, légèrement pubescent, prenant de très belles teintes jaune orangé en automne. Fleurs simples ou doubles, bleues, mauves, roses ou blanches, réunies en longues grappes pendantes, s'épanouissant au printemps ou en été.

Exigences : Sol riche, léger et bien drainé. Situation ensoleillée.

Utilisation : Mur, façade, pergola, tonnelle, pilier, colonne, balustrade et bac sur terrasse.

Entretien : Taille variable selon les espèces :
- Les Glycines du Japon : taille après la floraison des rameaux ayant fleuri. Rabattre à 2 ou 3 bourgeons.
- Les Glycines de Chine : rabattre au cours de l'été les rameaux et ne conserver que 20 ou 30 cm. Ces branches appelées dards porteront les fleurs l'année suivante. Eclaircir la plante en supprimant les branches trop âgées ou se dédoublant.
Supprimer les fleurs fanées. Palisser les rameaux au cours de la végétation.

Culture : Semis, greffage ou marcottage au printemps. Distance de plantation : 150 à 300 cm.

Parasites et maladies : araignées rouges.

Espèces et variétés :
W. floribunda : Glycine du Japon. Rameaux volubiles atteignant 15 à 20 m. Feuillage caduc et vert. Fleurs violet pâle en grappes de 50 à 80 cm, de mai à juin.
W. floribunda 'Alba' : fleurs blanches.
W. floribunda 'Macrobotrys' : Glycine à longues grappes. Fleurs blanches en longues grappes pouvant atteindre 80 à 100 cm.
W. floribunda 'Rosea' : fleurs roses.
W. floribunda 'Violacea Plena' : fleurs doubles mauves.
W. sinensis : Glycine de Chine. Rameaux volubiles atteignant 10 à 15 m. Feuillage caduc composé de folioles vertes. Fleurs bleues réunies en grappes denses de 15 à 30 cm de long.

LES DIFFERENTS MODES DE FIXATION DES PLANTES GRIMPANTES

Les plantes grimpantes se caractérisent par leur croissance le long d'un support. Elles possèdent des rameaux sarmenteux qu'il est nécessaire de palisser, ou des rameaux volubiles qui s'enroulent d'eux-même autour du support.

Mais certaines d'entre elles sont équipées d'organes de fixation qui les aident à mieux s'agripper.

Rameaux volubiles de la Glycine.

LES VRILLES

Les vrilles sont des organes de fixation qui se développent indépendamment des feuilles. Elles s'enroulent vigoureusement autour du support. D'abord tendres et herbacées, elles se lignifient par la suite pour devenir très difficiles à enlever.

LES PETIOLES VRILLES

Certaines plantes grimpantes possèdent la faculté d'adapter leur mode de fixation selon le support sur lequel elles se développent. Ainsi, les Clématites modifient la forme de leurs pétioles pour s'agripper. Ceux-ci, le plus souvent normaux, se transforment en vrilles à proximité d'un fil de fer.

LES RACINES-CRAMPONS

Il s'agit de racines aériennes qui se développent sur les rameaux et qui possèdent la faculté de s'accrocher solidement au support ou à la paroi. Il n'est donc pas nécessaire d'installer un treillage ou des fils de fer car la plante part d'elle-même à l'assaut des façades.

Cependant certains revêtements muraux sont lisses et offrent une mauvaise adhérence. Il vaut mieux à ce moment-là poser un support qui aidera la plante à croître sur les premiers mètres. L'action de ses racines-crampons peut provoquer le décollage par plaque du revêtement mural.

LES VENTOUSES

Certaines plantes grimpantes, comme la Vigne-vierge par exemple, possèdent des ramilles munies de ventouses. Il s'agit de petites carapaces se développant par groupes et pouvant se fixer très solidement à la paroi.

Contrairement aux racines-crampons, les ventouses peuvent s'adapter avec beaucoup plus de facilité aux surfaces lisses.

LES EPINES ET LES AIGUILLONS

Les Rosiers, les Ronces et les Bougainvillées possèdent des épines qui, si elles présentent une gêne par l'homme, sont bien utiles à la plante. Disposées de part et d'autre du rameau en nombre important, elles s'agrippent aux branches des végétaux environnants et souvent même entre elles.

LES RÉSINEUX

Les résineux regroupent l'ensemble des conifères reconnaissables pour la plupart par leur feuillage en forme d'aiguilles, persistant ou exceptionnellement caduc. De taille importante, ils peuplent nos forêts et de nombreuses espèces ont permis de produire des variétés que l'on utilise dans les jardins. Ainsi, le port nain de certains se prête à l'aménagement d'une rocaille, alors que la vigueur des autres est intéressante pour créer une haie ou un brise-vent.

Les résineux fleurissent très discrètement, avant de donner naissance à des fruits appelés couramment "pommes de pin". C'est donc principalement pour leur feuillage décoratif que l'on utilise les conifères. Diversement coloré, il est attractif tout au long de l'année.

Les ports des résineux sont souvent assez réguliers et peuvent être classés en quatre catégories :

- Les ports coniques

Les conifères coniques ont une base plus ou moins large, ce qui les fait ressembler parfois à des poires. Ils sont utilisés pour donner de l'élan à un massif. Lorsqu'ils sont âgés, certains résineux se dégarnissent à la base et se développent au sommet du tronc, à la manière des feuillus.

- Les ports globuleux ou arrondis

Dès leur plus jeune âge, les conifères de ces formes-là sont réguliers, denses et le restent pendant toute leur vie. Avec les années, certains d'entre eux s'aplatissent ou s'élargissent sans pour autant perdre leur forme arrondie. Ils sont très utilisés en bac, en rocaille mais également isolé ou en massif.

- Les ports rampants ou tapissants

Les rameaux de certains résineux ne s'élèvent pas, ils courent sur le sol et retombent le long d'un rocher ou dans le vide. Cette catégorie est intéressante à utiliser comme couvre-sol, en talus ou en bac.

- Les ports colonnaires

Certains résineux ont un port colonnaire, très régulier et étroit. Ce sont les seuls végétaux à se développer de cette manière sans l'intervention de l'homme. Ils sont très appréciés pour marquer les angles d'un jardin, atténuer l'austérité d'une façade, ou créer un élément vertical dans un massif.

LA MULTIPLICATION ET L'ACHAT

La multiplication des résineux est assez délicate à réussir. Le semis est entrepris à la récolte des graines ou en mars-avril. La croissance des jeunes pousses est très lente et le repiquage ne pourra être effectué que la deuxième année.

Le bouturage est réalisé en août-septembre. Il est conseillé de choisir des rameaux suffisamment aoûtés.

Le marcottage peut donner de bons résultats *(Chamaecyparis, Cryptomeria, Thuja* ou *Thuyopsis).*

Le greffage est employé pour les variétés horticoles. Il se fait avant l'entrée en végétation (janvier-mars) ou en août-septembre.

Les résineux sont cultivés en pleine terre ou en conteneurs. La culture en conteneurs convient essentiellement aux jeunes plantes destinées aux haies ou aux rocailles. Les sujets plus âgés supportent moins bien ce mode de culture. La période d'arrachage et par conséquent de commercialisation des conifères se situe en septembre-octobre et en mars-avril.

Les conifères sont toujours arrachés avec une motte qui permet de conserver le maximum de radicelles proches du collet afin de garantir la reprise du sujet.

LA PLANTATION ET L'ENTRETIEN

La plantation des résineux s'entreprend en automne, de septembre à début novembre et au printemps de fin mars à avril. Les sujets volumineux et ceux plantés en haie sont tuteurés avec un tuteur placé à l'oblique afin de ne pas transpercer la motte. Arroser copieusement avant d'attacher le tronc au tuteur, car la plante risque de s'affaisser avant de prendre sa place définitive.

L'entretien des conifères se limite à un arrosage régulier si ceux-ci sont plantés en bacs ou en sol sec. Le nettoyage de l'intérieur des couronnes est effectué à la fin de l'été. Il s'agit d'éliminer les aiguilles de 3 ans et plus qui jaunissent au centre de la plante.

Les haies sont taillées en avril ou en août et les végétaux cultivés en art topiaire le sont en juin-juillet puis en septembre.

Surveiller l'apparition de parasites ou de maladies et intervenir rapidement dès les premiers symptômes. Apporter un engrais complet au printemps pour aider la plante à se régénérer.

L'UTILISATION

ISOLE, ECRAN ET ENVIRONNEMENT NATUREL

Les sujets à moyen et à grand développement dont le port est particulièrement décoratif méritent d'être placés en isolé. Mais certaines essences apprécient la culture en groupe inspirée des forêts.

LES ROCAILLES ET LES BACS

Les espèces à petit développement sont utilisées pour l'aménagement de rocailles, en association avec les plantes vivaces. Ces mêmes variétés à développement réduit sont adaptées aux dimensions des balcons et des terrasses où on les rencontre fréquemment.

LES ASSOCIATIONS AVEC LES ARBUSTES

Les résineux sont souvent associés aux arbustes, arbrisseaux et arbres d'ornement pour la persistance et les coloris de leur feuillage.

LES HAIES

La majorité des conifères, facile d'entretien, permet de créer des haies à croissance rapide et souvent décoratives.

TERMES UTILISES DANS LE DICTIONNAIRE

DESCRIPTION :
- **Description du port de la plante**
- **Description du feuillage**, de sa forme et de ses coloris.
- **Description des fruits** et de leur forme.

EXIGENCES :
- Indications portant sur **le type de sol** dans lequel la plante se développe au mieux.
- Indications sur **les besoins en lumière** :
- Situation ensoleillée : exposition sud, est et ouest avec plus d'une demi-journée de soleil.
- Situation mi-ombragée : exposition est et ouest avec moins d'une demi-journée de soleil.
- Situation ombragée : exposition nord ou en sous-bois par exemple.

UTILISATION :
Principales utilisations conseillées.

ENTRETIEN :
Principaux soins à apporter.

CULTURE :
- **Les modes de multiplication** garantissant les meilleurs taux de réussite.
- **Distance de plantation**. Cette mention n'est apportée que pour les sujets à petit ou moyen développement sachant que les sujets à grand développement sont plantés en isolé.

PARASITES ET MALADIES :
Sensibilité particulière à l'encontre des insectes ou des maladies nécessitant une intervention.

ESPECES ET VARIETES :
- **Descriptif du feuillage** des espèces et variétés les plus couramment rencontrées.
- **Indication de la hauteur**. Cette donnée varie en fonction du sol et de la région où est cultivé le sujet.
- **Indication du diamètre** de développement des résineux rampants.

ABIES
Sapin

PINACEES

Description : conifère conique et régulier à grand développement. Feuillage persistant, linéaire, en forme d'aiguilles allongées et aplaties, vertes ou gris-bleu, généralement munies de 2 bandes blanches au-dessous. Cônes dressés, s'écaillant à maturité et laissant apparaître l'axe central.

Exigences : sol riche et profond. Supporte l'humidité. Craint le calcaire et les sols sablonneux. Situation ensoleillée ou mi-ombragée.

Utilisation : isolé, groupe, environnement naturel, parc et jardin d'altitude.

Entretien : tuteurage nécessaire les premières années de culture. Arrosage régulier en situation sèche.

Culture : semis ou greffage.

Parasites et maladies : insectes ravageurs du bois.

Espèces et variétés :

A. alba : syn. *A. pectinata* - Sapin blanc, Sapin pectiné, Sapin commun. Feuillage distique et plat, vert brillant, possédant aux faces inférieures 2 bandes blanches. Hauteur : 40 à 50 m.

A. alba 'Pendula' : port pleureur. Hauteur : 10 à 15 m.

A. balsamea var. *hudsonia* 'Nana' : Sapin baumier nain. Feuillage vert bleuté, étroit et souvent cassant. Port dense et compact. Hauteur : 0,5 à 0,8 m.

A. concolor : Sapin bleu du Colorado. Feuillage vert bleuté, long (6 à 8 cm), ne possédant pas de bandes blanches aux faces inférieures. Hauteur : 15 m.

A. concolor 'Compacta' : feuillage vert bleuté. Port irrégulier et compact. Hauteur : 1 à 2 m.

A. concolor 'Violacea' : feuillage bleu vif particulièrement décoratif. Cônes vert bleuté.

A. koreana : Sapin de Corée. Feuillage court, vert brillant au-dessus et blanchâtre au-dessous. Cônes violet-pourpre, très nombreux et dressés. Hauteur : 6 à 8 m.

Abies nordmanniana

Abies koreana

A. lasiocarpa : syn. *A. subalpina.* Feuillage vert grisâtre. Hauteur : 20 m.

A. lasiocarpa 'Compacta' : feuillage dense, vert bleuté argenté. Hauteur : 1,5 à 2 m.

A. nordmanniana : Sapin du Caucase. Feuillage dense et ample, disposé en brosse autour du rameau, vert foncé à reflets argentés. Hauteur : 15 à 20 m.

A. nordmanniana 'Pendula' : port pleureur. Hauteur : 3 à 4 m.

A. pinsapo : Sapin d'Espagne. Feuillage rigide, piquant et vert bleuté. Port trapu et dense. Hauteur : 8 à 10 m.

A. pinsapo 'Glauca' : Feuillage vert bleuté. Hauteur : 10 m.

A. procera : syn. *A. nobilis* - Sapin noble. Feuillage épais, disposé en brosse, vert glauque. Cônes atteignant 25 à 30 cm, violet à maturité. Hauteur : 50 à 60 m.

A. procera 'Glauca' : feuillage épais, vert bleuté à revers blancs. Hauteur : 15 m.

Abies concolor

ARAUCARIA

ARAUCARIACEES

Description : conifère de forme globuleuse et caractéristique. Feuillage persistant en forme d'écailles, réparties le long des rameaux. De couleur verte, elles sont extrêmement acérées. Cônes globuleux atteignant 20 à 30 cm de diamètre.

Exigences : sol riche et bien drainé. Craint le calcaire. Situation ensoleillée ou mi-ombragée.

Utilisation : isolé. A utiliser en situation protégée.

Entretien : tuteurage nécessaire pendant les premières années de culture. Supprimer les branches mortes, souvent situées au bas du tronc.

Culture : greffage et semis.

Espèces et variétés :
A. araucana : Désespoir des Singes, Pin du Chili. Feuillage vert foncé, brillant, assez large et acéré. Hauteur : 8 à 15 m.

Araucaria araucana

Libocedrus decurrens 'Aureovariegata'

CALOCEDRUS

CUPRESSACEES

Description : conifère colonnaire et régulier. Feuillage persistant, squamiforme, rêche au toucher, vert brillant ou panaché, ressemblant à celui du *Thuja plicata*. Cônes oblongs dès la fin de l'été.

Exigences : sol bien drainé et meuble. Situation ensoleillée.

Utilisation : isolé et groupe de 3 ou 5 pièces.

Entretien : tuteurage nécessaire en début de croissance. Arrosage conseillé en été.

Culture : semis naturel. Bouturage en été ou greffage à la fin de l'hiver.

Espèces et variétés :
C. decurrens : syn. *Libocedrus decurrens* - Cèdre rouge, Cèdre à crayons. Ecorce rougeâtre et bois jaune servant à la fabrication des crayons à papier. Feuillage vert foncé et brillant. Fleurs jaunes réunies en chatons et cônes oblongs et brunâtres. Hauteur : 15 à 20 m.
C. decurrens 'Aureovariegata' : feuillage vert et jaune vif. Hauteur : 10 à 15 m.
C. decurrens 'Columnaris' : port colonnaire très étroit. Hauteur : 10 à 15 m.

CEDRUS
Cèdre

PINACEES

Description : conifère dressé à grand développement. Feuillage persistant, circulaire, vert, gris bleuté ou doré disposé en spirale ou en rosette. Cônes dressés sur des rameaux tabulaires, verts la première année et bruns la seconde. Ils s'écaillent à maturité pour ne laisser que l'axe central.

Exigences : sol meuble, riche et bien drainé. Craint les excès d'eau. Situation ensoleillée ou mi-ombragée.

Utilisation : isolé, groupe, parc et bac pour les espèces à petit développement.

Entretien : tuteurage nécessaire les premières années de culture. Arrosage régulier en été pour les sujets cultivés en bac. Débarrasser les rameaux des amas de neige qui se forment en hiver.

Culture : greffage sur semis à la fin de l'hiver.

Parasites et maladies : insectes ravageurs du bois.

Espèces et variétés :

C. atlantica : Cèdre de l'Atlas. Feuillage piquant, vert-bleu, se développant sur des rameaux larges, ascendants puis devenant tabulaires. Cônes de 6 à 8 cm, verts. Hauteur : 30 à 40 m. Cette espèce est à l'origine de nombreuses variétés.

C. atlantica 'Aurea' : feuillage vert et doré au printemps. Port pyramidal. Hauteur : 3 à 4 m.

C. atlantica 'Glauca' : remarquable feuillage bleuté tout au long de l'année. Port dressé, très dense et serré. Hauteur : 15 à 25 m.

C. atlantica 'Glauca Pendula' : feuillage bleuté se développant sur des rameaux pleureurs. A tuteurer au fur et à mesure de sa croissance. Hauteur : 2 à 4 m. Largeur : 8 à 10 m.

C. atlantica 'Fastigiata' : feuillage bleuté se développant sur des rameaux particulièrement dressés, presque verticaux. Port pyramidal et étroit. Hauteur : 15 à 20 m.

C. deodara : Cèdre de l'Himalaya. Feuillage vert grisâtre et souple se développant sur des branches horizontales terminées par un rameau souple et retombant. Cônes vert bleuté, ovoïdes, de 6 à 8 cm. Hauteur : 40 à 50 m.

Cedrus atlantica 'Glauca'

C. deodara 'Aurea' : remarquable feuillage jaune d'or au printemps, devenant jaune verdâtre par la suite. Très beau port majestueux. Hauteur : 4 à 5 m.

C. deodara 'Pendula' : feuillage vert se développant sur des rameaux pleureurs. Tuteurage nécessaire et remarquable effet décoratif (par exemple en bord de bassin). Hauteur : 4 à 5 m.

C. libani : Cèdre du Liban. Feuillage vert foncé, court, piquant et raide, se développant sur des rameaux tabulaires et parfaitement horizontaux. Port caractéristique d'une grande valeur décorative. Hauteur : 25 à 30 m.

C. libani 'Aurea' : feuillage blanc doré, très court. Hauteur : 3 à 4 m.

C. libani 'Pendula' : feuillage vert foncé, se développant sur des rameaux retombants, à partir d'un tronc de 2 à 4 m. Hauteur : 4 m.

C. libani 'Sargentii' : feuillage vert se développant sur des rameaux retombants et courant sur le sol. Port étalé. Diamètre : 0,5 à 1 m.

Cedrus atlantica 'Glauca Pendula'

Cedrus atlantica

Cedrus deodara

CEPHALOTAXUS

TAXINEES

Description : conifère buissonnant à moyen développement. Feuillage persistant, long, large, distique et vert foncé. Fruits ovoïdes, de la taille d'une olive, jaune verdâtre, non comestibles.

Exigences : sol meuble, riche et bien drainé. Supporte le calcaire. Situation ensoleillée ou mi-ombragée.

Utilisation : isolé, association avec des conifères, bac et rocaille.

Entretien : supporte une taille régulière pour maintenir la forme souhaitée. A planter en situation protégée du vent.

Culture : semis au printemps et bouturage en fin d'été.

Espèces et variétés :
C. harringtonia : feuillage vert clair au printemps, devenant vert foncé, non piquant au toucher. Hauteur : 5 à 6 m.
C. harringtonia 'Fastigiata' : feuillage vert se développant sur des rameaux ascendants. Port colonnaire très décoratif. Hauteur : 5 m.
C. fortunei : feuillage plus long, vert, légèrement recourbé aux extrémités. Hauteur : 3 à 5 m.

CHAMÆCYPARIS
Faux-Cyprès

CUPRESSACEES

Description : conifère de forme variable, à moyen développement. Feuillage persistant, squamiforme, vert, bleuté ou doré. Végétation souple au printemps, dense et régulière. Fleurs en forme de chatons jaunes ou rouges. Cônes globuleux, minuscules, réunis en grappes, verts puis bruns à maturité.

Exigences : sol léger, meuble et bien drainé. Craint les sols lourds et argileux. Situation ensoleillée et fraîche.

Utilisation : isolé, groupe, bac, rocaille, haie naturelle ou taillée et association avec des arbustes d'ornement.

Entretien : supporte très bien une taille au printemps pour parfaire sa forme. En haie, tailler en avril et en août. En juillet-août, débarrasser l'intérieur de la plante des feuilles sèches dont la chute est normale.

Culture : bouturage de rameaux sous serre en fin d'été.

Parasites et maladies : insectes ravageurs du bois et maladies cryptogamiques *(Phytophtora).*

Espèces et variétés :
C. lawsoniana : Cyprès de Lawson. Feuillage squamiforme à ramules imbriqués les uns dans les autres. De couleur verte, bleutée ou dorée, il possède l'inconvénient de jaunir et de sécher à l'intérieur des couronnes en été par manque de lumière. Fleurs mâles rougeâtres et cônes de 1 cm. Hauteur : 15 à 20 m.
C. lawsoniana 'Albovariegata' : feuillage vert à taches blanc jaunâtre. Coloris irréguliers et instables. Hauteur : 2 m.
C. lawsoniana 'Alumigold' : feuillage bleu à extrémités jaune d'or. Port conique très régulier et croissance plus faible que la variété 'Alumii'. Hauteur : 3 à 4 m.
C. lawsoniana 'Alumii' : feuillage bleu. port conique et compact. Hauteur : 8 à 10 m.
C. lawsoniana 'Blue Ribbon' : feuillage bleu à reflets argentés. Hauteur : 4 à 5 m.
C. lawsoniana 'Columnaris' : feuillage vert bleuté, très régulier et dense. Port colonnaire et étroit. Hauteur : 8 à 10 m.
C. lawsoniana 'Ellwoodii' : feuillage fin, vert bleuté d'un bel effet décoratif. Port conique à plusieurs flèches. Très sensible au *Phytophtora.* Hauteur : 4 à 5 m.
C. lawsoniana 'Ellwood's Gold' : feuillage fin, vert bleuté, aux extrémités jaune d'or au printemps, puis plus pâles. Port conique et très régulier. Hauteur : 2 à 3 m.
C. lawsoniana 'Ellwood's Pillar' : feuillage fin et vert bleuté à croissance lente, compacte et régulière. Hauteur : 2 m.
C. lawsoniana 'Erecta Viridis' : feuillage vert brillant dont les ramilles sont verticales. Port conique, régulier. Hauteur : 3-6 m.
C. lawsoniana 'Fletcheri' : feuillage fin et vert grisâtre ressemblant à celui des 'Ellwoodii'. Port conique à plusieurs flèches. Hauteur : 5 à 6 m.
C. lawsoniana 'Forsteckensis' : feuillage vert à reflets bleutés. Port arrondi et bas. Hauteur : 1 m.
C. lawsoniana 'Green Pillar' : feuillage vert clair et ramilles verticales. Port conique et régulier. Hauteur : 8 à 10 m.
C. lawsoniana 'Golden Wonder' : feuillage vert à panachures jaune vif particulièrement marquées au printemps et en situation très lumineuse. Teintes rousses en hiver. Port conique. Hauteur : 5 à 6 m.
C. lawsoniana 'Lane' : remarquable feuillage vert et jaune d'or toute l'année. Port conique et régulier. Hauteur : 5 à 6 m.

Chamæcyparis obtusa

Fruits des Chamæcyparis.

Chamæcyparis pisifera 'Filifera Aurea'

Chamæcyparis lawsoniana 'Fletcheri'

Chamæcyparis lawsoniana 'Columnaris'

C. lawsoniana 'Minima Aurea' : feuillage compact et serré, vert, aux extrémités jaune d'or très vif. Port arrondi et bas. Excellent conifère pour rocaille. Hauteur : 1,5 m.

C. lawsoniana 'Minima Glauca' : feuillage vert à reflets bleutés, très dense et serré. Port arrondi et irrégulier. Hauteur : 1,5 m.

C. lawsoniana 'Minima Nana' : feuillage identique à la variété précédente mais de taille très réduite. Hauteur : 0,5 à 0,6 m.

C. lawsoniana 'Pembury Blue' : feuillage bleu argenté léger et fin. Port conique. Hauteur : 7 à 10 m.

C. lawsoniana 'Pottenii' : feuillage vert gris clair, doux et léger au toucher. Port conique et régulier. Hauteur : 8 à 10 m.

C. lawsoniana 'Stardust' : feuillage jaune soufre d'aspect plumeux. Port conique. Hauteur : 4 à 5 m.

C. lawsoniana 'Stewartii' : feuillage vert jaunâtre à jaune d'or suivant la situation. Port conique. Hauteur : 6 à 8 m.

C. lawsoniana 'Tharandtensis Caesia' : feuillage vert clair à reflets bleutés et pruineux. Port nain et conique. Hauteur : 2 m.

C. lawsoniana 'Wisselii' : feuillage vert foncé se développant sur des rameaux étroits ressemblant aux feuilles des Fougères. Port colonnaire. Hauteur : 3 à 4 m.

C. nootkatensis : Cyprès de Nootka. Feuillage vert foncé et rêche au toucher, dégageant une forte odeur. Hauteur : 15 à 20 m.

C. nootkatensis 'Compacta' : feuillage vert foncé, riche et odorant. Port conique et compact. Hauteur : 2 à 3 m.

C. nootkatensis 'Glauca' : feuillage vert glauque ressemblant à celui des Cyprès de Leyland. Port conique et régulier. Hauteur : 7 à 10 m.

C. nootkatensis 'Pendula' : feuillage vert foncé et retombant, se développant sur des rameaux horizontaux. Port pleureur et très décoratif. Hauteur : 8 à 10 m.

C. obtusa : Cyprès du Japon. Feuillage comprimé, vert sombre. Port caractéristique et décoratif. Convient particulièrement bien pour l'aménagement de jardins japonais et la culture de Bonsaïs. Hauteur : 1 à 2 m.

C. obtusa 'Crippsii' : feuillage jaune d'or. Hauteur : 2 à 3 m.

C. obtusa 'Gracilis' : feuillage vert foncé réparti en forme de coquille. Port conique à base large. Hauteur : 2 m.

C. obtusa 'Nana Aurea' : feuillage identique à celui de la variété précédente, mais de taille plus réduite et doré. Hauteur : 1 m.

C. obtusa 'Nana Gracilis' : feuillage identique à celui de la variété précédente mais entièrement vert. Hauteur : 0,8 à 1 m.

C. obtusa 'Tetragona Aurea' : feuillage vert aux extrémités jaune d'or au printemps et en été. Rameaux érigés. Port irrégulier. Hauteur : 2 à 3 m.

C. pisifera : feuillage vert grisâtre, grêle et pendant. Hauteur : 1,5 à 3 m.

C. pisifera 'Boulevard' : feuillage bleu à reflets argentés, doux au toucher. Port conique et régulier. Très sensible aux excès d'eau. Hauteur : 1,5 à 2 m.

C. pisifera 'Filifera' : feuillage filiforme, retombant, vert, d'aspect très gracieux et original. Hauteur : 2 à 3 m.

C. pisifera 'Filifera Aurea' : feuillage filiforme, retombant gracieusement, jaune d'or prenant des teintes rousses en hiver. Hauteur : 0,8 à 1,2 m.

C. pisifera 'Filifera Sungold' : feuillage filiforme jaune d'or toute l'année. Port arrondi et bas. Hauteur : 1,5 m.

C. pisifera 'Nana' : feuillage vert clair, très dense et compact. Port régulier en boule. Hauteur : 0,3 à 0,4 m.

C. pisifera 'Plumosa Aurea' : feuillage doré d'aspect soyeux, devenant jaune verdâtre en été et bronze en hiver. Port irrégulier. Hauteur : 1 à 3 m.

C. pisifera 'Plumosa Aurea Nana' : feuillage doré, doux au toucher, soyeux, gardant sa teinte toute l'année. Port conique à base très large. Hauteur : 1 à 1,5 m.

C. pisifera 'Squarrosa Lombart's' : feuillage aciculaire, bleu acier puis vert bleuté. Hauteur : 1 à 1,5 m.

C. thyoides 'Andeleyensis' : feuillage bleuvert se développant sur des rameaux érigés. Port cylindrique et dense. Hauteur : 2 à 3 m.

Chamæcyparis nootkatensis

Chamæcyparis nootkatensis 'Pendula'

CRYPTOMERIA

TAXODIACEES

Description : conifère conique à moyen développement. Feuillage persistant, linéaire, arrondi et pointu mais non piquant. De couleur vert glauque, il prend des teintes rouge-brun cuivré en hiver. Cônes globuleux, verts puis bruns, possédant des écailles à pointes retournées.

Exigences : sol léger, frais et meuble. Situation ensoleillée et protégée.

Utilisation : isolé, groupe, bac en situation chaude et feuillage pour bouquet.

Entretien : supprimer les rameaux secs de l'intérieur de la couronne. Supporte la taille au printemps. Arrosage régulier en été.

Culture : greffage et semis au printemps, bouturage de rameaux en fin d'été.

Espèces et variétés :

C. japonica 'Bandai' : feuillage linéaire bleu-vert prenant des teintes rougeâtres en hiver. Port compact et nain. Hauteur : 1,5 m.

C. japonica 'Elegans' : feuillage linéaire, vert glauque, prenant des teintes rougeâtres dès les premières gelées. Port irrégulier et très décoratif. Hauteur : 3 à 5 m.

C. japonica 'Globosa Nana' : feuillage vert-jaune au printemps et vert bleuté en hiver. Port globuleux, compact et nain. Hauteur : 1,5 m.

C. japonica 'Spiralis : feuillage vert, linéaire, court et fin, disposé en spirale le long de rameaux érigés. Port buissonnant et original. Hauteur : 1,5 à 2 m.

Cryptomeria japonica 'Globosa Nana'

(X) CUPRESSOCY-PARIS

CUPRESSACEES

Hybride issu du croisement entre un *Chamaecyparis* et un *Cupressus*.

Description : conifère conique ou colonnaire à moyen développement et à croissance très rapide. Feuillage persistant, squamiforme et imbriqué. De couleur vert foncé, bleuté ou doré, les ramilles sont souples et se développent sur des branches disposées de manière irrégulière. Cônes de 2 cm de diamètre.

Exigences : s'accommode de tous les types de sol. Supporte la sécheresse. Situation ensoleillée.

Utilisation : isolé, haie taillée, écran végétal, brise-vent en région maritime.

Entretien : taille en avril et en août des sujets plantés en haie. Tuteurage conseillé pendant les premières années de culture dans les régions exposées aux vents.

Culture : bouturage de rameaux. Distance de plantation en haie : 80 à 120 cm. Planter des sujets jeunes dont la reprise est meilleure.

Espèces et variétés :

C. leylandii : Cyprès de Leyland (*Cupressus macrocarpa X Chamaecyparis nootkatensis*). Feuillage vert grisâtre se développant sur des rameaux épars. Croissance très rapide et vigueur exceptionnelle. Port colonnaire. Hauteur : 8 à 10 m.

C. leylandii 'Castlewellan Gold' : feuillage vert et jeunes pousses dorées. Végétation dense et rapide. Hauteur : 5 à 6 m.

C. leylandii 'Leighton Green' : feuillage vert clair. Port large et conique. Hauteur : 8 à 15 m.

C. leylandii 'Naylor's Blue' : feuillage gris-bleu. Port colonnaire. Hauteur : 8 à 10 m.

C. leylandii 'Yellow Mellow' : feuillage doré. Croissance rapide. Port colonnaire. Hauteur : 5 à 6 m.

> *La croissance du Cupressocyparis leylandii est particulièrement vigoureuse. Ce conifère permet de former très rapidement une haie dense et haute qui demande à être taillée régulièrement.*

CUPRESSUS
Cyprès
CUPRESSACEES

Description : conifère conique ou colonnaire à moyen développement. Feuillage persistant, squamiforme et imbriqué. De couleur vert foncé ou gris-bleu, il dégage une forte odeur lorsqu'on le froisse ou après une journée de soleil. Cônes globuleux, verts puis bruns à maturité atteignant 4 à 5 cm de diamètre et réunis le long des rameaux par paquets de 8 à 15 pièces.

Exigences : sol sablonneux, léger, bien drainé. Situation ensoleillée et chaude.

Utilisation : isolé, groupe, haie taillée, écran végétal, brise-vent et bac.

Entretien : tuteurage conseillé pendant les premières années de culture. Taille en avril et en août des sujets plantés en haie. Arrosage conseillé en été des sujets plantés en bac. Attacher les branches en hiver pour éviter que les rameaux ne s'inclinent sous le poids de la neige. Protection hivernale recommandée en région froide.

Culture : bouturage de rameaux. Semis et greffage. Distance de plantation en haie : 80 à 100 cm.

Espèces et variétés :
C. arizonica : Cyprès de l'Arizona. Feuillage gris-bleu, se développant sur des rameaux rougeâtres. Port conique. Hauteur : 8 à 10 m.
C. arizonica 'Aurea' : feuillage gris-bleu dont les pousses sont dorées au printemps. Hauteur : 6 m.
C. arizonica 'Fastigiata' : feuillage gris argenté. Port colonnaire très étroit. Hauteur : 8 m.
C. arizonica 'Glauca' : feuillage particulièrement gris-bleu toute l'année. Hauteur : 8 m.
C. macrocarpa : Cyprès de Lambert. Feuillage vert franc. Port conique puis devenant plus large et plat avec l'âge. Hauteur : 15 à 20 m.
C. macrocarpa 'Goldcrest' : feuillage doré. Port étroit et colonnaire. Hauteur : 6 à 8 m.
C. sempervirens : Cyprès de Provence, Cyprès d'Italie. Feuillage vert foncé, rêche au toucher, à forte odeur. Cônes verts puis bruns, s'écaillant à maturité. Croissance rapide. Port colonnaire et très étroit caractéristique des régions méditerranéennes. Hauteur : 15 à 20 m.

Cupressus sempervirens

C. sempervirens 'Stricta' : feuillage vert foncé. Port particulièrement étroit et effilé. Hauteur : 10 à 15 m.

GINKGO
Arbre aux quarante écus
GINKGOACEES

Description : conifère dioïque dont la couronne se rapproche plus de celle des arbres que des résineux. Feuillage caduc, pédonculé, en forme d'éventail. Il s'agit en fait d'aiguilles qui se sont soudées les unes aux autres, pour former une véritable feuille. De couleur verte, le feuillage prend des teintes jaune d'or en automne. Il existe des plantes femelles qui portent des fruits globuleux à l'odeur nauséabonde. Les plantes mâles sont indispensables pour la fécondation des fleurs.

Exigences : sol riche et bien drainé. Essence particulièrement résistante à la pollution atmosphérique. Situation ensoleillée ou mi-ombragée.

Utilisation : isolé et association avec des arbres et conifères d'ornement.

Entretien : taille de nettoyage tous les 3 ou 4 ans.

Culture : semis, bouturage ou greffage.

Espèces et variétés :
G. biloba : feuillage vert composé de 2 lobes prenant des teintes jaunes en autonme. Hauteur : 15 à 25 m.

> *Le Ginkgo est certainement l'un des plus anciens arbres dont on puisse dater l'apparition sur Terre : l'Ere primaire.*

Ginkgo biloba

Tronc du Ginkgo

JUNIPERUS
Genévrier

CUPRESSACEES

Conifère rampant ou buissonnant très répandu dans les montagnes et dans les jardins.
Il existe d'innombrables variétés aux ports et aux coloris très divers.
Pour mieux les classer, les botanistes ont distingués 3 groupes.

Le groupe CARYOCEDRUS

Description : représenté par une seule espèce dans nos régions, qui se caractérise par un feuillage lancéolé, long, piquant et vert grisâtre. Fruits brun rougeâtre, décoratifs, contenant des graines dures.

Exigences : sol léger et bien drainé. Situation ensoleillée et chaude.

Utilisation : isolé, association avec des arbustes d'ornement et bac.

Entretien : taille de nettoyage au printemps. Nettoyer l'intérieur de la couronne en été après le jaunissement des feuilles les plus âgées.

Culture : semis ou bouturage.

Espèces et variétés :
J. drupacea : Genévrier de Syrie. Hauteur : 10 à 15 m.

Le groupe OXYCEDRUS

Description : les espèces de ce groupe sont peu nombreuses, mais sont cependant à l'origine d'une multitude de variétés très décoratives et couramment utilisées dans les jardins. Feuillage persistant, aciculaire et très piquant. Fruits globuleux, noirs, comestibles et recherchés pour leur arôme.

Exigences : sol léger et bien drainé. Supporte le sec. Situation ensoleillée ou mi-ombragée.

Utilisation : couvre-sol, talus, rocaille, massif, isolé et bac.

Entretien : taille de nettoyage au printemps. Arrosage conseillé en été pour les sujets plantés en bac.

Culture : semis, bouturage et greffage.

Espèces et variétés :

J. communis : Genévrier commun. Feuillage vert-gris à reflets argentés, très piquant. Baies de 3 à 4 mm, vertes puis noires à maturité. Elles sont recherchées pour accompagner des plats culinaires, pour être distillées (Gin) ou pour être macérées dans l'alcool de Blé *(Genever)*. Les ports sont très variables d'une plante à l'autre, souvent colonnaires, ils peuvent également être buissonnants ou rampants. Hauteur : de 0,4 à 5 m.

Il existe de nombreuses variétés :

J. communis 'Compressa' : feuillage piquant, vert grisâtre à reflets argentés. Croissance lente. Port colonnaire et étroit. Hauteur : 1 m.

J. communis 'Depressa Aurea' : feuillage piquant, doré prenant des teintes bronze en hiver. Port étalé et rampant. Hauteur : 0,3 à 0,5 m. Diamètre : 2 à 3 m.

J. communis 'Depressed Star' : feuillage piquant, vert clair, d'aspect très fin et décoratif. Teintes rousses en hiver. Port étalé et rampant. Hauteur : 0,4 m. Diamètre : 1 à 2 m.

J. communis 'Hibernica' : feuillage piquant vert-gris à reflets argentés. Port colonnaire, très régulier et étroit. Hauteur : 3 à 4 m.

J. communis 'Hornibrookii' : feuillage piquant, vert clair prenant des teintes rousses en hiver. Port rampant et tapissant. Hauteur : 0,2 m. Diamètre : 1,5 m.

J. communis 'Repanda' : feuillage piquant, vert aux faces inférieures et blanchâtre aux faces supérieures. Croissance lente et compacte. Port tapissant. Hauteur : 0,15 m. Diamètre : 0,8 à 1 m.

J. communis 'Sentinel' : feuillage et port identiques au *J. communis* 'Hibernica'. Il possède cependant une végétation très dense qui lui permet de mieux résister à l'écartement des rameaux en hiver sous le poids de la neige. Hauteur : 2 à 3 m.

J. communis 'Suecica' : Genévrier de Suède. Feuillage piquant vert bleuté. Port colonnaire. Hauteur : 4 à 5 m.

J. squamata : Genévrier écailleux. Feuillage vert bleuté, en forme d'écaille et piquant. Fruits noirs. Port buissonnant et évasé. Hauteur : 2 à 3 m.

J. squamata 'Blue Carpet' : feuillage gris-bleu très lumineux. Port tapissant. Hauteur : 0,2 m. Diamètre : 1 à 2 m.

J. squamata 'Blue Star' : feuillage gris-bleu. Port en boule régulière. Hauteur : 0,4 à 0,6 m.

J. squamata 'Holger' : feuillage gris-bleu dont les jeunes pousses sont jaune d'or au printemps. Port évasé. Hauteur : 0,4 à 0,5 m. Diamètre : 1,5 m.

J. squamata 'Loderi' : feuillage vert clair et piquant, port conique à base large. Hauteur : 1 à 2 m.

J. squamata 'Meyeri' : feuillage bleu argenté et piquant, se développant sur des rameaux inclinés aux extrémités. Port évasé. Hauteur : 1,5 à 2 m.

J. procumbens : feuillage vert bleuté devenant vert grisâtre. Port tapissant. Hauteur : 0,3 à 0,5 m. Diamètre : 1 à 2 m.

J. procumbens 'Nana' : feuillage vert, très dense et compact. Port tapissant. Hauteur : 0,3 m. Diamètre : 1,5 m.

Juniperus communis 'Hibernica'

Le groupe SABINA

Description : il s'agit là du groupe le plus important des *Juniperus.* Il est également celui qui possède le plus d'espèces et de variétés, et par conséquent un choix plus vaste en matière de coloris et de formes. Feuillage persistant aciculaire puis devenant squamiforme avec l'âge. Fruits gobuleux, s'écaillant à maturité.

Exigences : sol léger et bien drainé. Situation ensoleillée ou mi-ombragée.

Utilisation : couvre-sol, talus, rocaille, bac, jardinière et association avec des arbres d'ornement ou d'autres conifères.

Entretien : taille de nettoyage au printemps. Supprimer les feuilles jaunes et sèches de l'intérieur de la couronne en été.

Culture : semis, bouturage de rameaux et greffage.

Parasites et maladies : champignons des racines et des rameaux *(Gymnosporangium)* provoquant des rouilles (surtout sur *J. communis* et *J. sabina*) et des tumeurs.

Espèces et variétés :

J. chinensis : Genévrier de Chine. Feuillage squamiforme devenant piquant et aciculaire avec l'âge. Coloris très variés. Fruits ovoïdes, bruns puis noirs et pruineux. Il existe de nombreuses variétés.

J. chinensis 'Blue Alps' : feuillage aciculaire vert bleuté. Port évasé et buissonnant. Hauteur : 1 à 2 m.

J. chinensis 'Monarch' : feuillage vert bleuté. Port conique et étroit. Hauteur : 3 m.

J. horizontalis : feuillage aciculaire, non piquant, se développant sur des rameaux courant sur le sol. Coloris variés. Port tapissant. Hauteur : 0,2 m. Diamètre : 2 à 3 m. Il existe de nombreuses variétés.

J. horizontalis 'Emerald Speader' : feuillage dense, vert émeraude. Port tapissant. Hauteur : 0,3 m. Diamètre : 1,5 à 2 m.

J. horizontalis 'Glauca' : feuillage bleuté devenant violacé en hiver. Port tapissant. Hauteur : 0,2 m. Diamètre : 1,5 à 2 m.

J. horizontalis 'Prince of Wales' : feuillage vert-gris, très dense et ramifié. Port tapissant. Hauteur : 0,2-0,3 m. Diamètre : 1 m.

J. horizontalis 'Turquoise Speader' : feuillage vert-bleu dense et ramifié. Port tapissant. Hauteur : 0,2-0,3 m. Diamètre : 1,5 m.

J. horizontalis 'Wiltonii' : feuillage bleuté très dense et ramifié. Port tapissant. Hauteur : 0,15 à 0,2 m. Diamètre : 1 à 1,5 m.

J. X media (J. chinensis X J. Sabina) : espèce très proche et souvent confondue avec *J. chinensis.*

Juniperus X media 'Pfitzerana Aurea'

J. X media 'Blaauw' : feuillage bleu-gris. Port buissonnant, touffu et évasé. Hauteur : 1,2 à 1,5 m.

J. X media 'Gold Coast' : feuillage jaune d'or toute l'année. Port rampant. Hauteur : 0,5 à 0,6 m. Diamètre : 2 à 3 m.

J. X media 'Hetzii' : feuillage vert bleuté à écailles squamiformes sur les jeunes pousses et aciculaire sur les rameaux âgés. Port rampant. Hauteur : 0,5 à 0,8 m. Diamètre : 2 à 3 m.

J. X media 'Mint Julep' : feuillage vert franc très décoratif. Port étalé. Hauteur : 0,6 à 0,8 m. Diamètre : 2 m.

J. X media 'Old Gold' : feuillage jaune d'or au printemps devenant jaune bronze le reste de l'année. Port rampant. Hauteur : 0,4 à 0,5 m. Diamètre : 1,5 à 2 m.

J. X media 'Pfitzerana' : feuillage vert clair et piquant. Rameaux obliques aux extrémités retombantes. Vigueur importante. Port étalé et large. Hauteur : 1,2 à 1,5 m. Diamètre : 2 à 3 m.

J. X media 'Pfitzerana Aurea' : feuillage vert dont les jeunes pousses sont dorées. Hauteur : 1,5 m. Diamètre : 2 à 3 m.

J. X media 'Pfitzerana Glauca' : feuillage gris-bleu. Port étalé et large. Hauteur : 1,5 m. Diamètre : 2 à 3 m.

J. X media 'Plumosa Aurea' : feuillage squamiforme, d'aspect plumeux, doux au toucher, vert à jeunes pousses dorées. Port évasé et buissonnant. Hauteur : 2 à 3 m.

J. scopulorum : feuillage squamiforme aux coloris variés. Port étroit et colonnaire. Hauteur : 4 à 5 m.

J. sabina : feuillage vert brillant composé de ramilles dressées se développant sur des rameaux obliques, presque horizontaux. Port étalé et rampant. Hauteur : 0,5 à 0,8 m. Diamètre : 1 à 2 m.

J. sabina 'Blue Danube' : feuillage gris-bleu. Port étalé. Hauteur : 0,5 à 0,6 m. Diamètre : 1,5 à 2 m.

J. sabina 'Hicksii' : feuillage gris-bleu, d'aspect plumeux, prenant des teintes rousses en hiver. Hauteur : 0,4 à 0,6 m. Diamètre : 1,5 à 2 m.

J. sabina 'Tamariscifolia' : feuillage vert clair et dense. Port tapissant. Hauteur : 0,15 à 0,2 m. Diamètre : 2 m.

J. scopulorum 'Blue Heaven' : feuillage vert bleuté très dense. Port élancé et colonnaire. Hauteur : 3 à 4 m.

J. scopulorum 'Sky Rocket' : feuillage bleu argent. Port colonnaire et étroit, ressemblant au Cyprès de Provence. Hauteur : 3 à 4 m.

J. scopulorum 'Wichita Blue' : feuillage bleu argent très lumineux. Port étroit et colonnaire. Hauteur : 2 à 3 m.

J. virginiana : Genévrier de Virginie. Feuillage squamiforme, vert ou bleuté. Port conique ou rampant. Hauteur : 10 à 15 m.

J. virginiana 'Burkii' : feuillage gris-bleu prenant des teintes pourpres en hiver. Port conique. Hauteur : 3 à 4 m.

J. virginiana 'Canaertii' : feuillage vert foncé. Port conique. Hauteur : 4 à 5 m.

J. virginiana 'Grey Owl' : feuillage fin, gris-bleu. Port étalé et rampant. Hauteur : 0,8 à 1 m. Diamètre : 1 à 2 m.

Juniperus X media 'Old Gold'

Juniperus horizontalis 'Glauca'

369

LARIX
Mélèze

PINACEES

Description : conifère conique à grand développement. Feuillage caduc, linéaire, vert tendre, disposé en rosettes se développant sur des ramilles retombantes. Teintes jaune d'or en automne. Fleurs rouges. Cônes composés d'écailles.

Exigences : sol frais et bien drainé. Situation ensoleillée.

Utilisation : isolé, groupe, environnement naturel en altitude.

Entretien : arrosage conseillé pendant les premières années de plantation. Taille de nettoyage tous les 2 ou 3 ans.

Culture : semis ou greffage.

Parasites et maladies : très sensible aux invasions d'un lépidoptère : *Tinea laricella* (jaunissement des feuilles au printemps). Pucerons.

Espèces et variétés :
L. decidua : syn. *L. europaea* - Mélèze d'Europe. Feuillage vert clair, caduc, devenant jaune en automne, se développant sur des rameaux gris. Cônes de 2 à 3 cm. Port conique puis s'arrondissant avec l'âge. Hauteur : 25 à 30 m.
L. decidua 'Compacta' : feuillage vert clair. Port compact et très régulier. Hauteur : 5 à 8 m.
L. decidua 'Pendula' : feuillage vert clair se développant sur des rameaux retombants. A greffer sur une tige de 2,5 m pour obtenir un effet décoratif original.

L. leptolepis : syn. *L. kaempferi* - Mélèze du Japon. Feuillage caduc, vert bleuté sur des pousses rougeâtres. Teintes jaune grisâtre en automne. Hauteur : 15 à 20 m.
L. leptolepis 'Pendula' : Port pleureur. Hauteur : 8 m.

METASEQUOIA

TAXODIACEES

Description : conifère conique à grand développement. Feuillage caduc, fin, plat et souple, disposé de manière régulière de part et d'autre des rameaux. Teintes beiges en automne. Cônes arrondis ou oblongs de 2 cm.

Exigences : sol frais, humide et riche. Supporte le calcaire. Situation ensoleillée ou mi-ombragée.

Utilisation : isolé, groupe.

Entretien : taille de nettoyage tous les 2 ou 3 ans. Supporte bien la taille.

Culture : bouturage de rameaux en août.

Espèces et variétés :
M. glyptostroboïdes : feuillage caduc, vert clair au printemps puis vert foncé par la suite. Teintes beiges en automne. Hauteur : 15 à 25 m.

MICROBIOTA

CUPRESSACEES

Description : conifère tapissant. Feuillage persistant squamiforme, vert clair et brillant prenant des teintes brunes en hiver dès les premières gelées. Cônes de petites tailles se développant aux extrémités des rameaux.

Exigences : peu exigeant quant à la qualité du sol. Situation ensoleillée ou mi-ombragée.

Utilisation : isolé, couvre-sol, rocaille, talus et bac.

Entretien : taille de nettoyage tous les 2 ou 3 ans. Supprimer les rameaux devenant trop envahissants. Arrosage régulier en été pour les sujets cultivés en bac.

Culture : marcottage de rameaux au printemps. Distance de plantation : 60 à 80 cm.

Espèces et variétés :
M. decussata : feuillage vert clair, dense et plumeux se parant de teintes bronze en hiver. Hauteur : 0,4 m. Diamètre : 1 à 1,5 m.

PICEA
Epicéa, Sapinette

PINACEES

Description : conifère conique à grand développement. Feuillage persistant, linéaire, quadrangulaire ou aplati, vert foncé et épais. Cônes pendants, composés d'écailles brunes, se détachant de la branche à maturité.

Exigences : sol riche, frais et humide. Craint le sec. Situation ensoleillée ou mi-ombragée.

Utilisation : isolé, groupe, environnement naturel en altitude. Rocaille, bac et massif pour les espèces à petit développement.

Entretien : arrosage régulier en été pour les sujets plantés en bac.

Culture : semis en avril, bouturage et greffage.

Parasites et maladies : insectes ravageurs du bois, pucerons chermès, maladies cryptogamiques sur les racines. Accidents physiologiques (manque d'eau, pollution atmosphérique).

Espèces et variétés :

P. abies : syn. *P. excelsa* - Epicéa commun, Sapin rouge. Feuillage vert, piquant et aciculaire. Cônes verts devenant bruns à maturité. Port conique et élancé. Rameaux dressés s'inclinant avec l'âge. Hauteur : 25 à 30 m. De nombreuses variétés sont issues de cette espèce :

P. abies 'Acrocona' : cônes rougeâtres se développant dès le printemps et dès les premières années de la plante. Port large et rameaux retombants. Hauteur : 3 à 4 m.

P. abies 'Aurea' : feuillage vert clair dont les jeunes pousses au printemps sont jaune d'or. Effet décoratif uniquement au printemps. Port conique. Hauteur : 5 à 8 m.

P. abies 'Clanbrassiliana' : feuillage vert clair et bourgeons coniques bruns. Port compact et arrondi. Hauteur : 0,8 à 1,5 m.

P. abies 'Inversa' : feuillage vert foncé et piquant. Rameaux retombants. Port pleureur. Hauteur : 1 à 2 m.

P. abies 'Little Gem' : feuillage très fin, vert foncé à croissance lente. Port aplati et évasé en forme de nid. Hauteur : 0,2 à 0,3 m. Diamètre : 0,4 à 0,5 m.

P. abies 'Maxwellii' : feuillage court et vert foncé. Port nain et arrondi. Hauteur : 0,6 à 0,8 m.

Picea abies 'Nidiformis'

Picea breweriana

P. abies 'Nidiformis' : feuillage dense et vert clair. Port arrondi et aplati en forme de nid. Hauteur : 0,5 à 0,6 m. Diamètre : 1,2 à 1,5 m.

P. abies 'Ohlendorffii' : feuillage court, vert foncé, possédant des bourgeons beiges. Port conique à base large. Hauteur : 1,5 m.

P. abies 'Pendula' : feuillage vert foncé se développant sur des rameaux retombants dont les extrémités sont presque horizontales. Port pleureur à grand développement. Hauteur : 10 à 12 m.

P. abies 'Pumila' : feuillage plat et vert-gris. Port aplati et irrégulier. Hauteur : 1 m.

P. abies 'Repens' : feuillage vert clair, se développant sur des rameaux qui courent sur le sol. Port tapissant. Hauteur : 0,15 à 0,3 m. Diamètre : 0,5 à 0,6 m.

P. breweriana : Epicéa pleureur de l'Orégon. Feuillage vert bleuté, marqué de 2 bandes grises au-dessous. Les rameaux principaux sont horizontaux et les secondaires retombent gracieusement. Port conique d'un remarquable effet décoratif. Hauteur : 6 à 8 m.

P. engelmannii : Epinette des Montagnes. Feuillage bleu acier devenant vert glauque en vieillissant. Cônes rougeâtres devenant brun clair à maturité. Port conique. Hauteur : 8 à 10 m.

P. glauca : syn. *P. alba* - Epinette blanche, Epicéa blanc, Sapinette blanche. Feuillage vert à forte odeur lorsqu'on le froisse. Cônes réunis en grappes. Port pyramidal. Hauteur : 8 à 10 m.

Picea glauca

P. glauca 'Conica' : feuillage vert clair, piquant, très fin et dense. Port conique et très régulier. Hauteur : 1 à 2 m.

P. glauca 'Alberta Globe' : feuillage identique au *P. glauca* 'Conica'. Port nain et globulaire. Hauteur : 0,2 m.

P. glauca 'Echiniformis' : feuillage vert à reflets argentés. Port nain. Hauteur : 0,2 à 0,3 m.

P. omorika : Epicéa de Serbie. Feuillage plat, vert foncé à reflets argentés. Rameaux courts à ramilles pendantes. Port élancé et étroit. Hauteur : 25 à 30 m.

Picea glauca 'Conica'

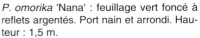

P. omorika 'Nana' : feuillage vert foncé à reflets argentés. Port nain et arrondi. Hauteur : 1,5 m.

P. omorika 'Pendula' : port très étroit à rameaux retombants. Hauteur : 8 à 10 m.

P. orientalis : Sapinette d'Orient. Feuillage court, vert foncé, d'aspect très gracieux. Cônes pourpre violacé devenant bruns à maturité. Port conique. Hauteur : 25-30 m.

P. orientalis 'Atrovirens' : feuillage vert très sombre. Port conique et régulier. Hauteur : 10 à 15 m.

P. orientalis 'Aurea' : feuillage vert foncé possédant des jeunes pousses jaune d'or au printemps. La couleur jaune s'estompe avec le temps pour devenir vert clair. Port conique. Hauteur : 8 m.

P. pungens : Epicéa du Colorado. Feuillage piquant, vert bleuté. Port conique. Hauteur : 10 à 12 m.

Ce sont surtout les variétés que l'on rencontre dans les jardins et notamment celles au feuillage bleuté appelées "Sapin bleu".

P. pungens 'Glauca' : feuillage bleu devenant vert bleuté en vieillissant. Port conique. Hauteur : 8 à 10 m.

P. pungens 'Globosa' : feuillage bleu, très piquant. Port nain en forme de boule aplatie. Hauteur : 1,2 à 1,5 m.

P. pungens 'Koster' : feuillage bleu intense dont le coloris ne change pas en vieillissant. Port conique et régulier. Hauteur : 8 à 10 m.

P. pungens 'Oldenburg' : feuillage bleu acier et pousses printanières brun jaunâtre. Port régulier et conique. Hauteur : 6 à 8 m.

Picea pungens

Picea pungens 'Globosa'

PINUS

Pin

PINACEES

Description : conifère à grand développement ou nain. Feuillage persistant, composé de 2, 3 ou 5 aiguilles vertes, glauques, grises, à reflets argentés ou dorés. Cônes verts, devenant bruns et s'écaillant à maturité.

Exigences : sol bien drainé. Craint l'excès d'humidité. Supporte les sols pauvres et secs. Situation ensoleillée ou mi-ombragée.

Utilisation : isolé, groupe, environnement naturel en montagne. Rocaille, massif, association avec les plantes de terre de bruyère, bac et jardinière pour les espèces et les variétés à petit développement.

Entretien : supprimer les aiguilles sèches en juillet-août à l'intérieur de la couronne. Taille de nettoyage tous les 2 ou 3 ans (supprimer les branches mortes, équilibrer les sujets).

Culture : semis en avril-mai et greffage.

Parasites et maladies : insectes ravageurs du bois, maladies cryptogamiques sur les racines et les rameaux. Tordeuse des pousses du Pin, chenille processionnaire du Pin, acariens et cochenilles.

Espèces et variétés :

P. cembra : Pin Cembro, Arolle, Pin des Alpes. Feuillage composé d'aiguilles courtes, fines et vert foncé. Cônes dressés, violacés puis bruns à graines comestibles. Port conique et régulier. Hauteur : 8 à 10 m.

P. densiflora : feuillage composé d'aiguilles fines, souples et vert clair. Cônes étroits et très décoratifs. Port arrondi devenant irrégulier avec l'âge. Hauteur : 15 à 20 m.

P. densiflora 'Aurea' : feuillage doré en hiver. Croissance lente.

P. densiflora 'Umbraculifera' : feuillage vert argenté, très décoratif. Croissance lente. Port buissonnant à plusieurs tiges. Hauteur : 3 à 4 m.

P. griffithii : syn. *P. excelsa, P. wallichiana* - Pin pleureur de l'Himalaya. Feuillage composé d'aiguilles très fines, bleutées et pendantes le long des branches. Aspect très gracieux et très décoratif. Cônes étroits, allongés et pendants. Port large et régulier. Hauteur : 10 à 15 m.

P. leucodermis : Pin de Bosnie. Feuillage composé d'aiguilles rigides, vert foncé,

piquantes et brillantes. Port régulier et conique à base étroite. Hauteur : 5 à 6 m.

P. mugo : syn. *P. montana* - Pin de Montagne. Feuillage composé d'aiguilles raides et vert foncé. Cônes verts puis bruns de petite taille. Port irrégulier, buissonnant, souvent composé de plusieurs cimes. Hauteur : 2 à 3 m.

P. mugo 'Gnom' : feuillage vert clair à croissance lente. Port compact en forme de boule. Hauteur : 1 à 1,5 m.

P. mugo 'Humpy' : feuillage vert foncé et bourgeons rougeâtres. Hauteur : 0,5 à 0,6 m.

P. mugo 'Mops' : feuillage vert foncé. Hauteur : 0,5 à 0,7 m.

P. mugo var. *mughus :* Pin nain. Feuillage composé d'aiguilles vertes, courtes et raides. Port irrégulier, souvent plus large que haut. Hauteur : 1,5 à 2 m.

P. mugo var. *pumilio :* feuillage à croissance très lente. Port nain, compact et irrégulier. Hauteur : 1,5 à 2 m.

P. nigra 'Nana' : Pin noir nain. Feuillage composé d'aiguilles longues, piquantes et vert foncé. Port buissonnant. Hauteur : 1,5 à 2 m.

P. nigra ssp. *nigra :* syn. *P. nigra* var. *austriaca* - Pin noir d'Autriche. Feuillage composé d'aiguilles, raides, piquantes et vert foncé. Port conique. Hauteur : 20 à 25 m.

Pinus nigra var. austriaca

Pinus mugo var. mughus

P. parviflora 'Glauca' : feuillage composé d'aiguilles vert bleuté à reflets argentés, non piquantes et très décoratives. Rameaux épars. Cônes bruns nombreux. Port irrégulier et lâche. Hauteur : 3 à 4 m.

P. pinaster : syn. *P. maritima* - Pin maritime ou Pin des Landes. Feuillage composé d'aiguilles vert clair de 15-20 cm de long. Port irrégulier composé d'un tronc dégarni et d'une couronne au sommet de l'arbre. Hauteur : 15 à 20 m.

P. pinea : Pin Pignon, Pin Parasol. Feuillage composé d'aiguilles vrillées, raides, piquantes et vert foncé. Cônes verts puis bruns laissant échapper des graines dont le contenu est comestible : le pignon. Port conique qui s'étale avec l'âge pour prendre la forme d'un parasol. Hauteur : 10 à 15 m.

P. pumila : feuillage composé d'aiguilles vertes au-dessus et glauques au-dessous. Port buissonnant. Hauteur : 3 m.

P. strobus : Pin de Weymouth. Feuillage ressemblant au *P. griffithii*, mais plus court. Aspect très décoratif. Port arrondi. Hauteur : 15 à 20 m.

P. strobus 'Umbraculifera' : feuillage vert bleuté. Port dense, régulier et arrondi. Hauteur : 2 à 2,5 m.

P. sylvestris : Pin sylvestre. Feuillage composé d'aiguilles courtes, raides et bleu verdâtre. Port irrégulier. Hauteur : 20-25 m.

P. sylvestris 'Aurea' : feuillage composé d'aiguilles dorées au printemps, devenant vert grisâtre par la suite. Port buissonnant. Hauteur : 5 m.

P. sylvestris 'Beuvronensis' : feuillage composé d'aiguilles courtes vert bleuté. Port globuleux et compact. Hauteur : 1,5 à 2 m.

P. sylvestris 'Fastigiata' : feuillage vert bleuté. Port colonnaire et étroit. Hauteur : 3 à 4 m.

P. sylvestris 'Repanda' : feuillage vert grisâtre. Port étalé et rampant. Hauteur : 1 m. Diamètre : 2 m.

P. sylvestris 'Watereri' : feuillage composé d'aiguilles bleutées, d'un remarquable effet décoratif. Port ovoïde et régulier. Hauteur : 3 à 4 m.

Pseudotsuga menziesii

Pinus strobus

Pinus griffitii

PODOCARPUS

PODOCARPACEES

Description : conifère non rustique en région froide. Feuillage persistant, composé d'aiguilles courtes larges, épaisses et vert foncé ressemblant à celles des *Taxus*.

Exigences : sol bien drainé, meuble et frais. Situation ensoleillée et chaude. A protéger du froid dans les régions aux hivers rigoureux.

Utilisation : isolé, rocaille et bac.

Entretien : taille de nettoyage au printemps. Arrosage conseillé en été pour les sujets cultivés en bac. Hivernage sous abri en dehors des régions méditerranéennes.

Culture : semis et bouturage en août.

Espèces et variétés :
P. nivalis : feuillage vert foncé et brillant. Port compact et arrondi. Hauteur : 1 à 1,5 m.

Pinus sylvestris

PSEUDOTSUGA

Sapin de Douglas, Douglas

PINACEES

Description : conifère à grand développement. Feuillage persistant, composé d'aiguilles souples, vert clair, dégageant une odeur de térébenthine lorsqu'on le froisse. Cônes de 5 à 8 cm à bractées.

Exigences : sol bien drainé et meuble. Craint les sols secs et calcaires. Situation ensoleillée et abritée des vents.

Utilisation : isolé, groupe et environnement naturel.

Entretien : tuteurage conseillé durant les premières années de culture. Son enracinement est faible et résiste difficilement aux vents. Arrosage conseillé en été pendant les périodes chaudes.

Culture : semis en avril.

Espèces et variétés :
P. menziesii : Pin d'Orégon, syn. *P. taxifolia*, *P. douglasii*. Feuillage d'aspect souple et doux au toucher. Cônes pendants à bractées. Port conique. Hauteur : 25 à 30 m.
P. menziesii 'Blue Wonder' : feuillage bleu foncé s'atténuant en cours de saison.
P. menziesii 'Fletcherii' : feuillage vert bleuté. Port buissonnant. Hauteur : 2 à 3 m.
P. menziesii 'Pendula Glauca' : rameaux grêles retombant le long du tronc. Hauteur : 4 à 6 m.

SCIADOPITYS

TAXODIACEES

Description : conifère à moyen développement. Feuillage composé de cladodes vert foncé, qui sont en fait des tiges aplaties faisant office de feuilles ressemblant aux aiguilles du Pin. Cônes cylindriques composés d'écailles brunâtres.

Exigences : sol frais, riche et non calcaire. Situation ensoleillée ou mi-ombragée.

Utilisation : isolé et bac.

Entretien : supprimer les rameaux secs à l'intérieur de la couronne. Arrosage très régulier en été. Attacher les rameaux entre eux en hiver pour éviter qu'ils ne s'in-

Sciadopitys verticillata

clinent sous le poids de la neige. Protection hivernale conseillée en région froide.

Culture : semis, bouturage et marcottage.

Espèces et variétés :
S. verticillata : feuillage vert brillant prenant des teintes rousses en hiver. Port régulier et pyramidal. Hauteur : 3 à 6 m.

SEQUOIA

TAXODIACEES

Description : conifère à grand développement. Feuillage persistant, plat et linéaire. De couleur vert foncé, il prend des teintes rougeâtres en hiver. Cônes arrondis de 2 cm.

Exigences : sol frais et humide. Situation ensoleillée et chaude.

Utilisation : isolé et groupe.

Entretien : taille de nettoyage tous les 2 ou 3 ans. Arrosage très régulier en été si le terrain est drainant.

Culture : bouturage de rameaux en août-septembre. Marcottage.

Espèces et variétés :
S. sempervirens : feuillage vert brillant ressemblant à celui des *Taxus*. Rameaux et bois rouges. Port irrégulier pendant les premières années de culture, devenant conique et étroit avec l'âge. Hauteur : 40 à 50 m.
S. sempervirens 'Adpressa' : feuillage composé d'aiguilles plus courtes, vert clair. Port irrégulier à parfaire par une taille régulière. Hauteur : 6 à 8 m.

SEQUOIADENDRON

TAXODIACEES

Description : conifère à grand développement. Feuillage persistant composé d'écailles allongées, vertes ou glauques, souvent piquantes et odorantes. Cônes ovoïdes, verts, réunis au sommet de l'arbre.

Exigences : sol riche et frais. Situation ensoleillée.

Utilisation : isolé.

Entretien : nettoyage de l'intérieur de la couronne tous les 3 ou 4 ans afin de débarrasser la plante des branches et brindilles sèches.

Culture : semis et marcottage.

Espèces et variétés :
S. giganteum : Séquoia géant. Feuillage épais, vert, composé d'écailles imbriquées les unes dans les autres. Tronc profondément crevassé et gris-brun. Port conique à base étroite, aspect majestueux. Hauteur : 50 à 80 m.
S. giganteum 'Glaucum' : feuillage glauque identique à l'espèce type. Hauteur : 25 à 30 m.
S. giganteum 'Pendulum' : tronc tortueux portant des rameaux retombants de plusieurs mètres. Hauteur : 6 à 8 m.

Sequoiadendron giganteum

TAXODIUM
Cyprès chauve

TAXODIACEES

Description : conifère à grand développement. Feuillage caduc composé de feuilles étroites, plates, linéaires et vert clair, prenant des teintes jaunes en automne. Cônes ovoïdes et bruns en automne. En terrain marécageux et humide, le Cyprès chauve émet des pneumatophores à partir de ses racines. Ces protubérances cylindriques peuvent atteindre 0,8 à 1 m et dépasser ainsi le niveau d'eau. Ce sont des organes destinés à aider la plante à respirer en cas d'immersion totale des racines.

Exigences : sol humide, frais et riche. Supporte les sols marécageux et craint le calcaire. Situation ensoleillée.

Utilisation : isolé en zone humide et marécageuse.

Entretien : taille de nettoyage tous les 3 ans. Arrosage très régulier en été en terrain drainant.

Culture : semis en avril sous serre.

Espèces et variétés :
T. distichum : Cyprès des marécages. Feuillage vert clair aux teintes automnales rouge-brun. Port régulier et conique. Hauteur : 25 à 30 m.

TAXUS
If

TAXACEES

Description : conifère colonnaire, rampant ou buissonnant à moyen développement. Feuillage persistant, plat, linéaire, vert foncé, vert clair ou doré. Baies rouges ou jaunes à chair comestible mais dont la graine est toxique.

Exigences : sol riche, frais et bien drainé. Supporte le calcaire. Situation ensoleillée ou mi-ombragée.

Utilisation : isolé, rocaille, haie naturelle ou taillée, art topiaire, massif, association avec les arbustes d'ornement et bac.

Entretien : taille de nettoyage tous les 2 ou 3 ans. Tailler en avril et en août les sujets plantés en haie et ceux conduits en art topiaire. Arrosage conseillé en été des plants cultivés en bac.

Culture : semis en automne et bouturage en fin d'été.

Espèces et variétés :
T. baccata : If commun. Feuillage composé d'aiguilles non piquantes, vert foncé, ressemblant à celles des Sapins. Baies rouges en été. Port irrégulier à plusieurs tiges. Supporte très bien la taille, même sévère. Hauteur : 6 à 8 m.
T. baccata 'Adpressa' : feuillage composé d'aiguilles très courtes, vert foncé. Port diffus et irrégulier. Hauteur : 1,5 m.
T. baccata 'Adpressa Aurea' : feuillage vert foncé et doré au printemps, devenant jaune pâle par la suite. Hauteur : 1,5 m.
T. baccata 'Dovastoniana' : feuillage vert foncé se développant sur des rameaux verticaux s'inclinant avec l'âge. Port évasé. Hauteur : 3 à 4 m.
T. baccata 'Dovastoniana Aurea' : feuillage vert foncé aux extrémités dorées. Port évasé. Hauteur : 3 m.
T. baccata 'Fastigiata' : If d'Irlande, If fastigié. Feuillage composé d'aiguilles vert foncé se développant sur des rameaux parfaitement verticaux. Port colonnaire et cylindrique. Hauteur : 3 à 4 m.
T. baccata 'Fastigiata Aurea' : feuillage vert foncé aux extrémités dorées au printemps devenant jaune pâle par la suite. Port colonnaire et cylindrique. Hauteur : 3 à 4 m.
T. baccata 'Fastigiata Robusta' : rameaux verticaux et port très étroit rappelant celui du Cyprès de Provence. Hauteur : 3 à 4 m.

T. baccata 'Repandens' : feuillage vert foncé et brillant. Rameaux presque horizontaux. Port étalé et rampant. Hauteur : 0,5 m. Diamètre : 1,5 m.

T. baccata 'Standishii' : feuillage vert doré particulièrement prononcé en hiver. Port nain et étroit. Hauteur : 1 m.

T. baccata 'Summergold' : feuillage composé d'aiguilles vertes à bords jaunes. Teintes dorées particulièrement prononcées en été. Port étalé et rampant. Hauteur : 0,5 m. Diamètre : de 1,5 à 2 m.

T. baccata 'Washingtonii' : feuillage vert doré. Port étalé et large. Hauteur : 1,5 à 2 m.

T. cuspidata : If du Japon. Feuillage composé d'aiguilles épaisses, courtes, vert jaunâtre au printemps, puis vert foncé par la suite. Port conique et irrégulier. Hauteur : 2 à 3 m.

Thuja occidentalis

THUJA
Thuya

CUPRESSACEES

Description : conifère à moyen développement. Feuillage persistant, squamiforme, vert clair ou foncé, doré, prenant des teintes rousses en hiver. Cônes oblongs, verts puis bruns à maturité.

Exigences : sol frais et meuble. Craint le sol sec. Situation ensoleillée.

Utilisation : isolé, rocaille, massif, association avec des arbustes d'ornement, haie naturelle ou taillée, écran végétal et bac.

Entretien : taille de nettoyage tous les 2 ou 3 ans. Supprimer les ramilles sèches en été se trouvant à l'intérieur de la couronne. Tailler en avril et en août les sujets plantés en haie. Arrosage indispensable en été pour les plants cultivés en bac.

Culture : semis en avril sous serre. Bouturage de rameaux en été.

Parasites et maladies : insectes ravageurs du bois et maladies cryptogamiques (Phytophtora).

Espèces et variétés :

T. occidentalis : Thuya du Canada. Feuillage squamiforme, vert mat prenant des teintes rousses en hiver. Cônes verts puis bruns très nombreux dès l'automne. Port conique. Hauteur : 8 à 10 m.

T. occidentalis 'Danica' : feuillage vert clair se parant de teintes bronze en hiver. Port en boule régulière et dense. Hauteur : 1 m.

T. occidentalis 'Emeraude' : syn. *T. occidentalis* 'Smaragd'. Feuillage vert émeraude, brillant toute l'année. Port en cône étroit et très décoratif. Hauteur : 2 à 3 m.

T. occidentalis 'Fastigiata' : feuillage vert mat. Port colonnaire et cylindrique. Hauteur : 6 à 8 m.

T. occidentalis 'Golden Globe' : feuillage vert aux extrémités dorées au printemps, s'atténuant par la suite. Port en boule dense et régulière. Hauteur : 1 à 1,5 m.

T. occidentalis 'Holmstrup' : feuillage vert clair toute l'année. Port conique à base étroite. Hauteur : 2 à 3 m.

T. occidentalis 'Pyramidalis Compacta' : feuillage vert clair prenant des teintes rousses en hiver. Port colonnaire. Hauteur : 1 à 2 m.

T. occidentalis 'Rheingold' : feuillage d'aspect très fin, jaune d'or devenant jaune cuivré en hiver. Port conique à base large. Hauteur : 2,5 m.

T. occidentalis 'Sunkist' : feuillage jaune d'or toute l'année. Port conique et dense. Hauteur : 2 à 3 m.

T. occidentalis 'Tiny Tim' : feuillage vert clair. Port en forme de boule compacte et naine. Hauteur : 0,5 à 0,8 m.

T. occidentalis 'Woodwardii' : feuillage vert foncé et dense. Port en forme de boule très régulière. Hauteur : 1,5 à 2 m.

T. orientalis : syn. *Biota orientalis* - Thuya d'Orient. Feuillage fin, squamiforme et réuni en éventail sur des branches verticales. De couleur vert ou doré, il prend des teintes bronze en hiver. Port conique. Hauteur : 3 à 5 m.

T. orientalis 'Aurea Nana' : feuillage fin et doré prenant des teintes jaune bronze en hiver. Port ovoïde. Hauteur : 2 m.

Taxus baccata

T. cuspidata 'Nana' : feuillage identique à l'espèce précédente. Port plus compact et dense. Hauteur : 1 m. Diamètre : 2 m.

T. X media : ces *Taxus* sont le résultat d'hybridations entre les *T. baccata* et *T. cuspidata.*

Les variétés sont de plus en plus nombreuses et appréciées pour leur rusticité.

T. X media 'Hicksii' : feuillage vert foncé. Port colonnaire, vigoureux et étroit. Convient très bien en haie. Hauteur : 2 à 3 m.

T. X media 'Stenit Hedge' : feuillage vert foncé. Rameaux verticaux et nombreux. Excellente plante pour haie. Hauteur : 2 à 3 m.

T. orientalis 'Pyramidalis Aurea' : feuillage fin, vert clair à l'intérieur de la couronne, doré à l'extérieur. Port conique devenant colonnaire avec l'âge. Hauteur : 3 m.

T. plicata : syn. *T. gigantea* - Thuya géant. Feuillage composé de petites écailles vert foncé et brillantes, dégageant une odeur caractéristique lorsqu'on le froisse. Port conique à croissance rapide très employé en haie taillée. Hauteur : 8 à 10 m.

T. plicata 'Atrovirens' : feuillage vert foncé, brillant, ne changeant pratiquement pas de couleur en hiver. Port conique, dense et régulier. Excellente plante pour haie. Hauteur : 8 à 10 m.

T. plicata 'Dura' : feuillage vert luisant. Port étroit et conique. Hauteur : 5 à 8 m.

T. plicata 'Zebrina' : syn. *T. plicata* 'Variegata'. Feuillage vert brillant strié de jaune vif au printemps, devenant blanc crème par la suite. Port conique à base large. Hauteur : 5 à 6 m.

Thuja occidentalis taillé.

Thuja plicata 'Atrovirens'

Thuja occidentalis 'Danica'

Thuja orientalis

THUJOPSIS

CUPRESSACEES

Description : conifère à moyen développement. Feuillage persistant, composé d'écailles larges, vert clair et brillantes. Cônes globuleux de 1 à 2 cm.

Exigences : sol frais, humide et meuble. Situation ensoleillée, mi-ombragée ou ombragée.

Utilisation : isolé, rocaille et bac.

Entretien : taille de nettoyage au printemps. Arrosage régulier en été.

Culture : bouturage de rameaux en fin d'été et marcottage.

Espèces et variétés :
T. dolabrata : feuillage vert foncé au-dessus et blanc argenté au-dessous. Port pyramidal à base large. Hauteur : 6 à 8 m.
T. dolabrata 'Nana' : feuillage identique à l'espèce précédente. Port compact et étalé. Hauteur : 1 m. Diamètre : 1,5 m.
T. dolabrata 'Variegata' : feuillage vert à panachures jaunes. Hauteur : 5 à 6 m.

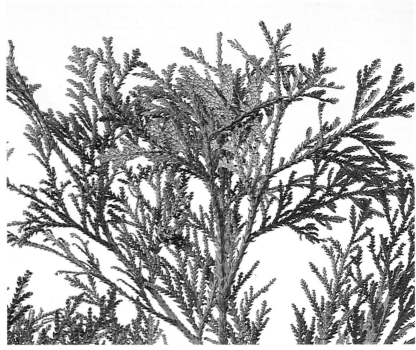
Thujopsis dolabrata

TORREYA

TAXACEES

Description : conifère à moyen développement. Feuillage persistant, allongé, épais, rigide et très piquant.

Exigences : sol frais et meuble. Situation ensoleillée ou mi-ombragée.

Utilisation : isolé.

Entretien : taille de nettoyage au printemps.

Culture : semis ou bouturage. Greffage sur *Taxus*.

Espèces et variétés :
T. californica : Muscadier de Californie. Feuillage très allongé, vert brillant et piquant. Rameaux rougeâtres. Port conique. Hauteur : 7 à 10 m.
T. nucifera : feuillage moins allongé que l'espèce précédente, vert foncé brillant, possédant des bandes blanches aux faces inférieures des feuilles. Hauteur : 7 à 15 m.

TSUGA

PINACEES

Description : conifère à moyen développement. Feuillage persistant, composé d'aiguilles fines, courtes et plates, vert brillant au-dessus et argenté au-dessous. Cônes pendants, composés d'écailles brunâtres.

Exigences : sol frais et meuble. Supporte l'humidité. Situation ensoleillée ou mi-ombragée.

Utilisation : isolé, groupe, association avec des arbustes d'ornement, haie naturelle, écran végétal et bac.

Entretien : taille de nettoyage au printemps. Arrosage régulier en été pour les sujets plantés en bac.

Culture : semis en avril sous serre. Bouturage de rameaux en fin d'été.

Espèces et variétés :
T. canadensis : Tsuga du Canada, Pruche de l'Est. Feuillage fin se développant sur des rameaux souples et retombants. Port conique d'aspect très gracieux et décoratif. Hauteur : 10 à 12 m.
T. canadensis 'Jeddeloh' : feuillage vert clair se développant sur des rameaux presque horizontaux. Port nain en forme de nid. Hauteur : 0,3 à 0,4 m. Diamètre : 0,7 à 0,8 m.
T. canadensis 'Pendula' : feuillage vert se développant sur des rameaux retombants. Port pleureur. Hauteur : 2 m.
T. heterophylla : Pruche de l'Ouest. Feuillage large, linéaire, vert clair à marge vert foncé. Port conique et régulier. Hauteur : 30 m.

LES ARBRES

Les arbres se distinguent par leur taille qui peut atteindre plusieurs dizaines de mètres. Végétaux ligneux, ils sont composés d'un tronc et de branches avec leurs feuilles, leurs fleurs et leurs fruits. La forme des arbres varie selon la manière de les cultiver et de les former.

Le baliveau est un terme utilisé pour désigner les sujets encore jeunes et cultivés en pépinière.

Le buisson est un arbre dont l'axe possède des branches depuis sa base.

La cépée est un arbre rassemblant plusieurs tiges régulièrement réparties et issues de la même souche. Par extension, ce terme désigne également plusieurs sujets plantés très proches les uns des autres.

Les arbres "tige" possèdent un tronc dégagé sur plusieurs mètres au-delà duquel se développe la couronne de branches.

Certains arbres, décrits dans ce dictionnaire, possèdent des espèces à faible développement que l'on associe aux arbustes ou aux arbrisseaux d'ornement. Ainsi certains *Acer, Crataegus, Aesculus, Betula, Robinia, Salix* ou *Ulmus* possèdent des espèces arbustives qui sont répertoriées sous leur nom d'arbre.

LA MULTIPLICATION ET L'ACHAT

Certaines espèces sont très faciles à multiplier par le semis ou par le bouturage, mais l'ensemble des variétés horticoles sont issues du greffage, plus délicat à entreprendre.

Dans la plupart des cas, ce n'est pas l'obtention des arbres qui est difficile, mais leur culture. La conduite des sujets en pépinière demande des connaissances quant à leur taille de formation et à leur entretien (tronc droit et enracinement satisfaisant).

L'arrachage des jeunes arbres s'effectue au printemps, avant le démarrage de la végétation, et en automne après la chute des feuilles. Ils sont ensuite conditionnés en racines nues et exceptionnellement en mottes *(Aesculus, Betula, Aulnus...)* afin de garantir une meilleure reprise. Les sujets de taille plus importante sont conditionnés en bacs en bois construits sur le lieu de l'arrachage. La culture en conteneurs est aussi largement diffusée et permet d'étendre la période de plantation.

LA PLANTATION ET L'ENTRETIEN

Les époques de plantation correspondent aux périodes d'arrachage des sujets. Il peut s'agir du printemps, dès que le sol n'est plus gelé, et de l'automne, après la chute des feuilles. La préparation du terrain est importante pour assurer un bon développement des racines. Il est conseillé d'améliorer les sols de mauvaise qualité avec du terreau ou de la tourbe. Après la plantation, il est indispensable de tuteurer les arbres, ceci au moyen d'un tuteur en bois ou de fils de fer placés à la manière d'un trépied : dans ce dernier cas, il s'agit de l'haubanage.

La protection du tronc contre les rayons du soleil est parfois nécessaire, surtout si le sujet a été cultivé en pépinière et que les couronnes des arbres environnants l'ombrageaient.

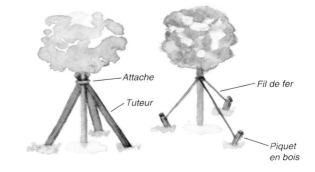

Attache

Tuteur

Fil de fer

Piquet en bois

La taille est l'un des soins à entreprendre régulièrement tout au long de la vie d'un arbre. Il s'agit, dans les premières années, d'une taille de formation qui consiste à préparer les branches charpentières et à les répartir régulièrement autour du tronc. Par la suite, la taille d'entretien se limite à supprimer les branches en surnombre, ou celles trop âgées et risquant de céder.

L'élagage ou le rabattage des sujets âgés consiste à raccourcir sévèrement les branches charpentières afin de réduire le volume de la couronne et de maintenir une certaine harmonie entre les branches. Il est entrepris pendant le repos de la végétation ou en août-septembre. Il est conseillé de faire appel à des entreprises spécialisées qui offrent des prestations de qualité garantissant la pérennité de l'arbre.

L'UTILISATION

Les utilisations sont multiples, de l'association avec d'autres végétaux d'ornement, à l'écran végétal ou l'utilisation en isolé. Dans tous les cas, il faut savoir qu'un arbre risque de prendre des proportions importantes et qu'une fois en terre, il est souvent difficile de l'éliminer sans dégât. Aussi, la plantation d'un arbre doit être réfléchie et toutes les conséquences de son développement doivent être envisagées.

TERMES UTILISES DANS LE DICTIONNAIRE

DESCRIPTION :
- **Description du port de la plante**
- Arbre à petit développement : hauteur 8 à 10 m.
- Arbre à moyen développement : hauteur 10 à 25 m.
- Arbre à grand développement : hauteur + de 25 m.
- **Description du feuillage**, **des fleurs, des fruits** et des caractéristiques **des écorces**.

EXIGENCES :
- Indications portant sur **le type de sol** dans lequel la plante se développe au mieux.
- Indications sur **les besoins en lumière** :

- Situation ensoleillée : exposition sud, est et ouest avec plus d'une demi-journée de soleil.
- Situation mi-ombragée : exposition est et ouest avec moins d'une demi-journée de soleil.
- Situation ombragée : exposition nord ou en sous-bois par exemple.

UTILISATION :
Principales utilisations conseillées.

ENTRETIEN :
Principaux soins à apporter.

CULTURE :
- **Les modes de multiplication** garantissant les meilleurs taux de reprise.

- **Distance de plantation** recommandée entre chaque plante, bien que les arbres soient plus souvent utilisés en isolé.

PARASITES ET MALADIES :
Sensibilité particulière à l'encontre des insectes ou des maladies nécessitant une intervention.

ESPECES ET VARIETES :
- **Descriptif du feuillage et des fleurs** des espèces et variétés les plus couramment rencontrées.
- **Hauteur des sujets** cultivés dans des conditions normales. Ces dimensions peuvent varier selon les régions.

ACER

Erable

ACERACEES

Description : arbre à petit ou moyen développement. Feuillage caduc, lobé ou composé, vert, pourpre, jaune ou panaché, prenant de belles teintes en automne. Fleurs de petite taille, jaunes ou rouges, réunies en corymbes, s'épanouissant au printemps, souvent avant les feuilles. Fruits ailés appelés samares, réunis par deux sur le même pédoncule et souvent rassemblés par grappes.

Fruits de l'Acer : les samares.

Exigences : sol riche, meuble et frais. Situation ensoleillée ou mi-ombragée.

Utilisation : isolé, groupe, haie et écran végétal, reboisement, environnement naturel, bac et en alignement.

Entretien : taille de nettoyage tous les 5 à 6 ans visant à rajeunir la couronne. Tuteurage conseillé pendant les premières années de culture.

Culture : semis à la récolte des graines. Marcottage ou greffage pour les variétés.

Parasites et maladies : insectes ravageurs du bois et maladies cryptogamiques.

Espèces et variétés :

A. campestre : Erable champêtre. Feuillage lobé, de petite taille, vert clair prenant des teintes jaune or en automne. Fleurs verdâtres, réunies en corymbes, s'épanouissant dès l'apparition des feuilles. Port buissonnant à plusieurs tiges ou sur tronc. Hauteur : 8 à 12 m.

A. cappadocicum : Erable de Colchide. Feuillage lobé, proche de l'*A. platanoides,* rougeâtre au printemps puis vert par la suite. Très belles teintes jaune or en automne. Hauteur : 10 m.

A. cappadocicum 'Rubrum' : jeunes pousses particulièrement rouges au printemps,

se développant sur des rameaux rouges à stries blanches. Hauteur : 15 m.

A. monspessulanum : Erable de Montpellier. Feuillage lobé, de petite taille, épais, vert clair au-dessus et blanchâtre au-dessous. Très belles teintes jaunes en automne. Fleurs jaunes en corymbes au printemps. Fruits à ailettes courtes. Hauteur : 10 m.

A. negundo : Erable négundo. Feuillage composé, vert, se développant sur des rameaux verts et pruineux. Fleurs mâles rougeâtres et fleurs femelles jaune verdâtre, s'épanouissant en avril. Hauteur : 15 m.

A. negundo 'Aureomarginatum' : feuillage vert clair panaché de jaune or devenant jaune crème par la suite. Hauteur : 5 à 6 m.

A. negundo 'Flamingo' : feuillage vert clair, panaché de rose et de blanc crème au printemps. Par la suite seule la couleur blanc crème persiste. A tailler sévèrement en hiver pour bénéficier des teintes roses. Hauteur : 4 à 5 m.

A. negundo 'Variegatum' : feuillage vert panaché de blanc crème. Port buissonnant et peu vigoureux. Hauteur : 5 m.

A. opalus : Erable à feuilles d'obier. Feuillage vert et glauque, lobé, se parant de belles teintes jaunes ou rouges en automne. Hauteur : 10 à 12 m.

Acer campestre

A. *platanoides* : Erable plane. Feuillage lisse, plat, vert, fortement denté et ressemblant à celui du Platane. Fleurs jaune verdâtre, réunies en corymbes s'épanouissant au printemps. Hauteur : 25 à 30 m.

A. *platanoides* 'Cleveland' : feuillage vert soutenu. Port régulier et dense. Hauteur : 15 à 25 m.

A. *platanoides* 'Crimson King' : syn. A. *platanoides* 'Schwedleri Nigra' - Erable plane à feuilles pourpres. Feuillage brunpourpre presque noir du printemps à l'automne. Teintes cuivrées en novembre avant la chute des feuilles. Hauteur : 10 m.

A. *platanoides* 'Drummondii' : feuillage vert clair élégamment panaché de jaune crème. Hauteur : 10 m.

A. *platanoides* 'Globosum' : feuillage vert et dense, formant une couronne parfaitement ronde. Hauteur : 4 à 5 m.

A. *platanoides* 'Schwedleri' : feuillage rouge-pourpre au printemps, devenant vert au courant de l'été. Hauteur : 10 m.

A. *pseudoplatanus* : Erable sycomore. Feuillage large, de grande taille, lobé, vert foncé au-dessus et glauque au-dessous. Très belles teintes jaune orangé en automne. Fleurs jaunâtres, réunies en grappes, s'épanouissant après les feuilles. Fruits ailés en été. Se distingue de l'*Acer platanoides* par ses bourgeons détachés des rameaux. Hauteur : 15 m.

A. *pseudoplatanus* 'Atropurpureum' : syn. A. *pseudoplatanus* 'Purpurascens'. Feuillage rouge lie-de-vin au-dessous, alors que le dessus reste vert foncé. Hauteur : 10 m.

A. *pseudoplatanus* 'Leopoldii' : feuillage vert marbré de jaune et de blanc.

A. *pseudoplatanus* 'Pyramidale' : feuillage vert, dense formant une couronne de forme conique. Hauteur : 8 m.

A. *rubrum* : Erable rouge. Feuillage vert foncé aux faces supérieures et glauques aux faces inférieures, prenant des teintes jaune orangé à rouge en automne. Fleurs rouges, réunies en ombelles, s'épanouissant en mars. Hauteur : 20 à 30 m.

A. *rubrum* 'Globosum' : feuillage vert formant une couronne dense et arrondie. Hauteur : 6 à 8 m.

A. *rufinerve* : feuillage vert foncé, lobé, se parant de teintes rouges et rouge carmin en automne. Rameaux particulièrement décoratifs pour leurs rayures blanchâtres. Hauteur : 7 à 8 m.

A. *saccharinum* : Erable argenté, Erable de Virginie. Feuillage très découpé, à dents aiguës, vert clair au-dessus et blanchâtre au-dessous. Belles teintes jaunes en automne. Fleurs jaunes, réunies en

Acer negundo sur tige.

Acer pseudoplatanus

Acer saccharinum

corymbes, s'épanouissant en mars. Hauteur : 15 à 20 cm.

A. *saccharinum* 'Pyramidale' : feuillage vert et blanchâtre aux belles teintes automnales. Port régulier et pyramidal. Hauteur : 15 à 20 m.

A. *saccharinum* 'Wieri' : syn. A. *saccharinum* 'Laciniatum Wieri'. Feuillage vert audessus et argenté au-dessous, finement lacinié et très décoratif. Rameaux souples et retombants. Hauteur : 25 m.

A. *saccharum* : Erable à Sucre. Feuillage proche de l'espèce précédente mais moins découpée, prenant des teintes rouges en automne. Fleurs jaune verdâtre. Hauteur : 25 m.

AESCULUS

Marronnier

HIPPOCASTANACEES

Description : arbre à moyen développement ou arbuste. Feuillage caduc, digité, composé de 5 à 7 folioles vertes aux nervures prononcées. Teintes jaune orangé en automne. Fleurs blanches, jaunes ou rouges, réunies en thyrses dressés, s'épanouissant au printemps. Fruits épineux et verts comprenant une graine lisse, brun foncé et brillante : le Marron.

Exigences : sol frais, meuble et profond. Situation ensoleillée ou mi-ombragée.

Utilisation : isolé, groupe, alignement pouvant être taillé de manière géométrique et régulière.

Entretien : taille tous les 5 à 6 ans. Supporte d'être rabattu tous les ans à la manière des "têtes de Saule". Arrosage conseillé pendant les premières années de culture.

Culture : semis, marcottage et greffage.

Parasites et maladies : maladie cryptogamique (tavelure) sur le feuillage. Chute prématurée des feuilles en sol sec.

Espèces et variétés :

A. X carnea : Marronnier rouge. Feuillage caduc, digité, composé de folioles vert foncé. Fleurs rouge carmin au printemps. Fruits peu épineux et peu nombreux. Hauteur : 15 m.

A. X carnea 'Briotii' : Marronnier issu d'une greffe. Fleurs rouge violacé, réunies en thyrses volumineux. Hauteur : 8 à 10 m.

A. flava : syn. *A. octandra* - Marronnier jaune. Feuillage composé de folioles allongées et vert foncé. Fleurs jaunes à stries pourpres, réunies en thyrses. Hauteur : 10 à 15 m.

A. hippocastanum : Marronnier commun. Se distingue de *A. X carnea* 'Briotii' par ses bourgeons bruns et collants. Feuillage très ample, composé de folioles vert foncé. Fleurs blanches, réunies en thyrses dressés, en mai. Fruits très épineux, contenant une graine brun clair et brillante. Hauteur : 25 m.

A. hippocastanum 'Baumannii' : variété à fleurs doubles blanches et stériles. Hauteur : 15 à 20 m.

A. parviflora : syn. *A. macrostachya, Pavia macrostachya* - Pavier blanc. Arbuste à feuillage caduc, composé de longues folioles vertes. Fleurs blanches, réunies en longs épis, s'épanouissant de juillet à août. Port étalé et drageonnant. Hauteur : 2 à 3 m.

A. pavia : Pavia rouge. Variété américaine sélectionnée pour la petite taille des sujets. Feuillage vert, glabre et fleurs rouges. Hauteur : 8 à 10 m.

AILANTHUS
Ailante

SIMAROUBACEES

Description : arbre à moyen développement. Feuillage caduc, composé de 15 à 25 folioles vertes, glabres et terminées en pointes. Fleurs jaunes, réunies en épis, s'épanouissant en mai.

Exigences : s'accommode de tous les types de sol. Situation ensoleillée ou mi-ombragée.

Utilisation : isolé et groupe.

Entretien : supporte une taille sévère et régulière, pour contenir la végétation qui est très vigoureuse.

Culture : semis, bouturage de racines et récupération de drageons.

Parasites et maladies : maladie cryptogamique *(Verticillium)*.

Espèces et variétés :
A. altissima : Faux vernis du Japon. Feuillage composé de nombreuses folioles pouvant atteindre 1 m, caractérisé par une odeur désagréable. Fleurs jaunes en mai. Fruits ailés, rouge-brun en automne. Hauteur : 20 m.
A. vilmoriana : feuillage très ample composé d'un nombre encore plus important de folioles. Rameaux pubescents presque épineux. Hauteur : 15 m.

Ailanthus altissima

ALBIZIA
Acacia de Constantinople, Arbre de soie

LEGUMINEUSES

Description : arbre à petit développement, non rustique à l'exception des régions méditerranéennes. Feuillage caduc, composé de minuscules folioles vert clair, d'aspect très élégant. Fleurs roses possédant des étamines réunies en glomérules et s'épanouissant en juin-juillet. Fruits en forme de gousses pendantes, plates et longues.

Exigences : sol bien drainé, meuble et riche. Situation ensoleillée et chaude.

Utilisation : isolé et bac.

Entretien : taille de nettoyage au printemps. Tuteurage conseillé pour maintenir le tronc souvent fragile et peu épais. Arrosage conseillé en été. Hivernage sous abri, en situation lumineuse et fraîche (0 à 3 °C).

Culture : semis.

Espèces et variétés :
A. julibrissin : feuillage vert clair, composé de minuscules folioles. Fleurs roses très gracieuses et élégantes. Port étalé. Hauteur : 3 à 5 m, exceptionnellement à 10 m selon la région.
A. julibrissin 'Rosea' : fleurs rose carmin, très nombreuses et plus florifères. Hauteur : 3 à 5 m.

ALNUS
Aune, Aulne

BETULACEES

Description : arbre à moyen développement. Feuillage caduc, simple ou découpé, cordiforme ou arrondi, fortement veiné et vert. Fleurs jaunes, réunies en grappes pendantes (chatons), s'épanouissant en mars-avril. Fruits ovales, réunis en grappes, s'écaillant à maturité.

Exigences : sol humide, frais et pauvre. Situation ensoleillée ou mi-ombragée.

Utilisation : isolé, groupe, écran végétal, environnement naturel et proximité d'étang.

Alnus glutinosa

Entretien : supporte la taille. Culture en cépée très fréquente. Arrosage conseillé en été pendant les premières années de culture.

Culture : semis, bouturage de rameaux, marcottage et greffage.

Espèces et variétés :
A. cordata : Aune de Corse. Feuillage épais, cordiforme, finement denté, vert foncé au-dessus et vert glauque au-dessous. Fleurs jaunes au printemps. Fruits noirs en forme de cône. Hauteur : 10 à 20 m. Croissance rapide.
A. glutinosa : Aune glutineux, Aune noir, Verne. Feuillage ovale, denté, veiné, vert foncé dessus et vert clair dessous. Fleurs jaunes réunies en grappes étroites (chatons) au printemps. Fruits noirs en forme de cônes, en automne et en hiver. Hauteur : 20 à 25 m.
A. glutinosa 'Aurea' : feuillage jaune vif au printemps, devenant vert clair par la suite. Chatons rougeâtres en hiver.
A. glutinosa 'Imperialis' : feuillage profondément incisé.
A. glutinosa 'Laciniata' : feuillage très découpé se développant sur des rameaux souples.
A. glutinosa 'Pendula' : Aune pleureur. Feuillage vert se développant sur des rameaux retombants.
A. incana : Aune blanc. Feuillage ovale, denté, vert au-dessus et blanchâtre au-dessous, se développant sur des rameaux pubescents et argentés. Fruits en forme de gros cônes noirs. Hauteur : 5 à 10 m.
A. viridis : Aune vert. Arbuste à feuillage ovale, vert foncé, se développant sur des rameaux n'atteignant pas plus de 2-3 m. Se plaît en sol humide et marécageux.

Fruits du Betula pendula

BETULA
Bouleau
BETULACEES

Description : arbre à petit, moyen ou grand développement. Feuillage caduc, arrondi, denté, vert ou doré. Ecorce blanche s'exfoliant en pellicules. Fleurs jaunes, réunies en grappes pendantes formant des chatons, s'épanouissant en mars-avril.

Exigences : s'accommode de tous les types de sol. Supporte aussi bien l'humidité que le sec. Situation ensoleillée ou mi-ombragée.

Utilisation : isolé, groupe, écran végétal, reboisement et environnement naturel, alignement et bac.

Entretien : taille de nettoyage tous les 3 ou 4 ans. Supporte une taille sévère de temps en temps pour rajeunir la couronne. Arrosage conseillé en été pour les sujets plantés en bac.

Culture : semis au printemps ou en automne. Greffage et écussonnage.

Espèces et variétés :

Bouleaux à petit développement :

B. fruticosa : Bouleau arbustif. Arbuste à feuillage ovale et denté, prenant de belles teintes jaunes en automne. Hauteur : 1 à 2 m.

B. humilis : arbuste à feuillage elliptique, vert brillant, se développant sur des rameaux brun-noir. Chatons dressés au printemps. Hauteur : 2 m.

B. nana : Bouleau nain. Arbuste à feuillage rond, denté et minuscule, se développant sur des rameaux fins et rampants. Hauteur : 0,5 à 0,8 m.

Bouleaux à moyen ou grand développement :

B. maximowicziana : feuillage vert foncé, denté prenant des teintes jaune or en automne. Rameaux rougeâtres et écorce blanc orangé. Hauteur : 30 m.

B. nigra : Bouleau noir, Bouleau des marais. Feuillage allongé, pubescent et blanchâtre au-dessous. Ecorce rose-saumon devenant rouge grisâtre par la suite. Hauteur : 8 à 10 m.

Betula nigra

B. papyrifera : Bouleau à papier. Feuillage ovoïde, denté, vert foncé et légèrement pubescent le long de la nervure centrale. Belles teintes en automne. Ecorce blanche s'exfoliant en fines lamelles. Hauteur : 20 à 25 m.

B. pendula : syn. *B. verrucosa, B. alba* - Bouleau blanc, Bouleau verruqueux. Feuillage en forme de losange, denté, glabre, vert se parant de teintes jaune or en automne. Ecorce blanche s'exfoliant. Rameaux souples, retombant gracieusement

le long des branches. Chatons beiges, diffusant une grande quantité de graines. Hauteur : 20 à 25 m.

B. pendula 'Dalecarlica' : syn. *B. laciniata* - Bouleau lacinié. Feuillage très finement lacinié et découpé se développant sur des rameaux retombants. Hauteur : 15 m.

B. pendula 'Fastigiata' : Bouleau fastigié. Feuillage en forme de losange, vert, se développant sur des rameaux érigés. Port colonnaire et étroit. Hauteur : 15 m.

B. pendula 'Golden Cloud' : feuillage exceptionnel, jaune d'or, du printemps à l'automne. Hauteur : 3 à 4 m.

B. pendula 'Purpurea' : Bouleau pourpre. Feuillage pourpre au printemps devenant pourpre foncé presque noir en été. Hauteur : 15 m.

B. pendula 'Tristis' : feuillage identique au *B. pendula,* se développant sur des rameaux retombants. Hauteur : 15 à 20 m.

B. pendula 'Trost's Darf' : feuillage vert clair finement découpé rappelant celui de l'Erable japonais. Port nain et étalé. Hauteur : 0,5 à 0,6 m.

B. pendula 'Youngii' : Bouleau pleureur. Feuillage identique au B. pendula. Port pleureur en forme de parasol. Hauteur : 3 à 4 m.

B. utilis : Bouleau de l'Himalaya. Feuillage vert foncé, terminé en pointe et se parant de teintes jaune or en automne. Ecorce blanc crème se détachant en lanières. Hauteur : 8 à 10 m.

Betula pendula 'Youngii'

Carpinus betulus

C. betulus 'Quercifolia' : feuillage vert foncé, lobé, d'un bel effet décoratif.
C. betulus 'Variegata' : feuillage vert à panachures blanc crème.
C. caroliniana : feuillage ovale et plus allongé que C. betulus. Belles teintes rouges en automne. Hauteur : 10 m.
C. japonica : feuillage allongé, très denté et étroit, rappelant celui du Châtaignier. Jeunes pousses rougeâtres. Hauteur : 15 m.

> Des plants de C. betulus *taillés régulièrement et cultivés en haie forment une charmille. Le même plant laissé sans intervention deviendra un Charme commun.*

CARPINUS

BETULACEES

Description : arbre à petit développement. Feuillage caduc, ovale, à nervures prononcées, vert et marcescent. Fruits munis de bractées trifides vert puis brun clair.

Exigences : s'accommode de tous les types de sol, même sec. Situation ensoleillée ou mi-ombragée.

Utilisation : isolé, massif, haie naturelle ou taillée, écran végétal, environnement naturel, bac et art topiaire.

Entretien : taille de nettoyage au printemps. Tailler en avril et en août les sujets plantés en haie. Supporte un rabattage sévère pour régénérer les souches.

Culture : semis en automne. Greffage.

Espèces et variétés :

C. betulus : Charme commun. Feuillage ovale, denté et fortement nervuré, vert clair prenant des teintes jaune or en automne avant de brunir. Les feuilles sont marcescentes, c'est-à-dire qu'elles restent sur l'arbre en hiver. Fruits ailés réunis en grappes. Hauteur : 8 à 15 m.
C. betulus 'Fastigiata' : syn. C. betulus 'Pyramidalis' - Charme pyramidal. Feuillage vert foncé de forme identique à l'espèce précédente. Port ovoïde et très régulier. Hauteur : 8 à 10 m.
C. betulus 'Pendula' : port pleureur. Hauteur : 4 à 6 m.
C. betulus 'Purpurea' : feuillage vert foncé à reflet pourpre au printemps, ayant tendance à s'atténuer en été.

CASTANEA
Châtaignier

FAGACEES

Description : arbre à moyen développement. Feuillage caduc, allongé, denté, vert brillant se parant de teintes jaune-beige en automne. Fruits très épineux, verts, brunissant à maturité et contenant 2 à 5 graines comestibles appelées "châtaignes" ou faussement "marrons".

Exigences : sol meuble, frais et riche. Ne supporte pas le calcaire. Situation ensoleillée et protégée.

Utilisation : isolé, groupe, reboisement, écran végétal et culture pour les fruits.

Entretien : taille de nettoyage tous les 2 ou 3 ans. Arrosage conseillé en été pour obtenir des fruits plus volumineux.

Culture : semis de graines stratifiées au printemps. Greffage des variétés cultivées pour les fruits.

Parasites et maladies : maladie de l'encre *(Phytophtera cambinara)* se développant sur les racines et dans le bois. Balanin et Carpocapse dans les fruits.

Espèces et variétés :

C. sativa : syn. C. vulgaris. Feuillage allongé, denté et vert brillant. Port buissonnant ou en boule sur tige. Hauteur : 15 à 20 m.

C. sativa 'Heterophylla' : feuillage lacinié vert foncé.
C. sativa 'Variegata' : feuillage vert à panachures jaunes et blanches.
Les C. sativa sont utilisés comme portegreffe des variétés cultivées pour leurs fruits.

Catalpa bignonioides

Catalpa bignonioides

CATALPA

BIGNONIACEES

Description : arbre à petit ou moyen développement. Feuillage caduc, cordiforme, ample et vert foncé. Fleurs blanches à macules pourpres, réunies en panicules dressées, s'épanouissant en juillet. Fruits en forme de gousses vertes puis brunes atteignant 30 à 40 cm.

Exigences : sol meuble, frais et riche. Situation ensoleillée et chaude.

Utilisation : isolé, groupe, alignement et grands bacs.

Entretien : taille de nettoyage tous les 3 à 4 ans. Arrosage conseillé en été.

Culture : semis en mars-avril. Bouturage de racines et greffage.

Espèces et variétés :

C. bignonioides : Catalpa commun. Feuillage cordiforme, terminé en pointe, vert foncé et légèrement pubescent. Fleurs blanches à taches pourpres et jaunes réunies en thyrses dressés en juillet-août. Hauteur : 10 à 15 m.

C. bignonioides 'Aurea' : feuillage cordiforme jaune vif au printemps, devenant jaune verdâtre. Hauteur : 5 à 6 m.

C. bignonioides 'Nana' : syn. *C. Bungei.* Feuillage ovale, vert foncé, se développant sur des rameaux courts formant une couronne compacte et dense. Largeur de la couronne : 2 à 3 m.

C. bignonioides 'Purpurea' : feuillage pourpre au printemps, devenant vert par la suite. Hauteur : 6 à 8 m.

C. speciosa : feuillage très ample de 30 à 40 cm, terminé en pointe et vert foncé.

Fruits du Catalpa.

Fleurs blanches, plus grandes et plus nombreuses que celles du *C. bignonioides,* réunies en thyrses, s'épanouissant en juin. Hauteur : 30 à 40 m.

Fleurs du Catalpa.

CEDRELA
Cèdre bâtard
MELACEES

Description : arbre à petit développement. Feuillage caduc, composé de folioles vertes, se caractérisant par une odeur forte lorsqu'on le froisse. Les jeunes pousses sont brunes et pubescentes. Fleurs blanches réunies en panicules et s'épanouissant en juin. Fruits bruns en forme de capsules.

Exigences : s'accommode de tous les types de sol. Situation ensoleillée.

Utilisation : isolé, alignement et groupe.

Entretien : taille de nettoyage au printemps.

Culture : bouturage de racines et récupération de drageons.

Espèces et variétés :
C. sinensis : feuillage composé de folioles vertes réunies au sommet des rameaux. Fleurs blanchâtres en juin. Fruits bruns. Racines rouges et désagréablement odorantes. Hauteur : 10 à 15 m.
C. sinensis 'Flamingo' : feuillage rose au printemps, devenant vert par la suite. Hauteur : 5 à 8 m.

CELTIS
Micocoulier
ULMACEES

Description : arbre à petit ou moyen développement. Feuillage caduc, simple, souvent trinervé et vert, à reflets grisâtres. Fleurs discrètes et sans intérêt décoratif. Fruits arrondis, sans chair, contenant une graine.

Exigences : sol bien drainé, caillouteux et pauvre. Situation ensoleillée et chaude.

Utilisation : isolé, alignement et groupe.

Entretien : taille de nettoyage tous les 5 à 6 ans.

Culture : semis en automne.

Espèces et variétés :
C. australis : Micocoulier de Provence. Arbre non rustique en dehors des régions méditerranéennes. Feuillage ovale, denté et pubescent. Baies rouge foncé presque noires. Hauteur : 8 à 10 m.
C. occidentalis : Micocoulier de Virginie. Feuillage ovale, denté et glabre se parant de belles teintes jaunes en automne. Fruits ovoïdes, rouge-poupre, de plus grande taille que ceux des *C. australis*. Hauteur : 15 à 20 m.

CERCIDIPHYLLUM
CERCIDIPHYLLACEES

Description : arbre à moyen développement. Feuillage caduc, arrondi, brun violacé au printemps, devenant vert par la suite. Remarquables teintes jaune clair en automne.

Exigences : sol léger, frais et riche. Situation ensoleillée ou mi-ombragée.

Utilisation : isolé, groupe, association avec les Erables ou des plantes de terre de bruyère, bac.

Entretien : taille de nettoyage au printemps. Arrosage conseillé en été en terrain sec.

Culture : semis ou bouturage en été.

Espèces et variétés :
C. japonicum : Arbre à caramel. Feuillage arrondi, vert grisâtre, prenant de belles teintes jaune or et jaune orangé en automne, avec un délicat parfum de caramel. Port ovoïde composé de nombreux rameaux presque verticaux. Hauteur : 15 à 20 m.
C. magnificum : feuillage plus ample que celui de l'espèce précédente, brunâtre au printemps, devenant vert glauque par la suite. Hauteur : 20 à 25 m.

CLADRASTRIS
Virgilier
LEGUMINEUSES

Description : arbre à petit développement. Feuillage caduc, composé de folioles ovales et vert clair prenant des teintes jaune d'or en automne. Fleurs blanches, réunies en grappes pendantes, en juin. Fruits en forme de gousse.

Exigences : sol riche, frais et profond. Situation ensoleillée.

Utilisation : isolé et groupe.

Entretien : taille de nettoyage tous les 5 à 6 ans.

Culture : semis, marcottage et greffage.

Espèces et variétés :
C. lutea : Virgilier. Feuillage composé de folioles ovales et vertes. Rameaux brun-rouge. Fleurs blanches à taches jaunâtres, parfumées, s'épanouissant en juin-juillet. Hauteur : 8 à 10 m.

Cedrela sinensis

CRATÆGUS
Aubépine
ROSACEES

Description : arbrisseau et arbre à petit développement. Feuillage caduc, denté, lobé, vert foncé et brillant. Fleurs blanches, roses ou rouges, simples ou doubles, réunies en corymbes s'épanouissant en mai-juin. Baies non toxiques rouges, noires ou jaunes en automne.

Exigences : sol profond, meuble et frais. Situation ensoleillée ou mi-ombragée.

Utilisation : isolé, alignement, massif d'arbustes, haie naturelle ou taillée, écran végétal, environnement naturel.

Entretien : taille de nettoyage après la floraison : rabattre de moitié les rameaux ayant fleuri. Tailler en avril et en mai, les sujets plantés en haie.

Culture : semis de graines stratifiées au printemps. Greffage ou écussonnage.

Parasites et maladies : feu bactérien, oïdium, rouille et Piéride de l'Aubépine.

Espèces et variétés :
C. crus-galli : Epine ergot-de-coq. Feuillage obovale, vert brillant et luisant, se parant de belles teintes rouges en automne. Rameaux munis d'épines acérées de 6 à 8 cm de long. Fleurs blanches en mai. Baies globuleuses, rouges et comestibles. Hauteur : 5 m.
C. lævigata : Aubépine épineuse. Feuillage lobé, vert, se développant sur des rameaux fortement épineux. Fleurs blanches en mai-juin, délicatement parfumées. Baies rouges de petite taille. Hauteur : 5 m.
'Alba plena' : fleurs doubles, blanches.
'Coccinea plena' : fleurs doubles, rouges.
'Paul's Scarlet' : fleurs doubles, rouge vif.
'Rosea' : fleurs roses.
'Rosea plena' : fleurs doubles, roses.
'Rubra' : fleurs rouges.
C. X lavallei : feuillage lobé, denté, vert et luisant se développant sur des rameaux épineux. Belles teintes automnales. Fleurs blanches à reflets roses, s'épanouissant en mai. Baies rouge vif, persistant longtemps en hiver. Hauteur : 6 à 8 m.
C. monogyna : Epine Blanche. Feuillage de petite taille, profondément découpé, vert. Fleurs blanches en mai. Baies rouges. Hauteur : 8 à 10 m.
'Alba plena' : fleurs doubles blanches.
'Eriocarpa' : gros fruits rouge-pourpre et pubescents.
'Rubra plena' : fleurs doubles rouges.

Cratægus lævigata

Fruits du Cratægus monogyna.

DAVIDIA
Arbre aux pochettes, Arbre aux mouchoirs
NYSSACEES

Description : arbre à moyen développement. Feuillage caduc, cordiforme, vert clair au-dessus et duveteux au-dessous. Fleurs globuleuses entourées de bractées blanches, s'épanouissant en mai-juin.

Exigences : sol frais, meuble et bien drainé. Situation ensoleillée ou mi-ombragée.

Utilisation : isolé et bac.

Entretien : taille de nettoyage tous les 2 ou 3 ans.

Culture : semis ou bouturage de rameaux.

Espèces et variétés :
D. involucrata : Arbre aux pochettes. Feuillage vert clair à revers velus, prenant des teintes jaune orangé en automne. Fleurs en forme de glomérules enveloppées dans 2 bractées blanc rosé de forme irrégulière et souvent pendantes. Hauteur : 10 à 15 m.

FAGUS
Hêtre

FAGACEES

Description : arbre à moyen ou grand développement. Feuillage caduc, large, cilié, vert brillant, pourpre ou panaché, prenant de très belles teintes jaune or puis rouges en automne. Fleurs groupées en chatons, peu décoratives. Fruits oblongs, appelés faines, comprenant une coque piquante et une graine dont on extrait une huile précieuse.

Exigences : sol frais, riche et meuble. Supporte le calcaire. Situation ensoleillée.

Utilisation : isolé, groupe, environnement naturel, reboisement, écran végétal et grand bac.

Entretien : taille de nettoyage tous les 2 ou 3 ans.

Culture : semis en automne. Greffage pour les variétés.

Espèces et variétés :

F. sylvatica : Hêtre commun, Fayard, Fouteau, Fau. Feuillage vert clair et cilié au printemps, devenant vert foncé et brillant par la suite. Superbes teintes jaune or puis orangé en automne. Hauteur : 25 à 30 m. Cette espèce est à l'origine de nombreuses variétés au feuillage diversement coloré et à forme variable.

F. sylvatica 'Asplenifolia' : feuillage profondément incisé et découpé en lanières étroites.

F. sylvatica 'Atropunicea' : syn. *F. sylvatica* 'Purpurea' - Hêtre pourpre. Feuillage rouge au printemps, devenant pourpre foncé pour terminer vert en fin de saison. Hauteur : 25 m.

F. sylvatica 'Fastigiata' : feuillage vert et brillant se développant sur des rameaux érigés presque verticaux. Hauteur : 10 à 15 m.

F. sylvatica 'Pendula' : feuillage vert se développant sur des rameaux retombants. Port pleureur et majestueux. Hauteur : 15 à 25 m.

F. sylvatica 'Purpurea pendula' : feuillage de couleur pourpre s'atténuant en fin de saison, se développant sur des rameaux retombants. Port pleureur. Hauteur : 15 à 20 m.

F. sylvatica 'Rohanii' : feuillage étroit ondulé, découpé, de couleur rouge-pourpre. Hauteur : 10 à 15 m.

Fruits du Fagus sylvatica : les faines.

Fagus sylvatica 'Atropunicea'

Fagus sylvatica 'Pendula'

F. sylvatica 'Swat Magret' : feuillage pourpre du printemps jusqu'à la chute des feuilles. Hauteur : 15 à 25 m.
F. sylvatica 'Tortuosa' : Hêtre tortillard.
F. sylvatica 'Tricolor' : feuillage étroit, pourpre à macules roses et blanc crème.
F. sylvatica 'Variegata' : feuillage vert clair panaché de blanc.
F. sylvatica 'Zlatia' : feuillage jaune soufre du printemps à l'été, s'atténuant en automne.

FRAXINUS
Frêne

OLEACEES

Description : arbre à petit ou moyen développement. Feuillage caduc, composé de folioles dentées, ovales et vertes. Fleurs blanc crème, réunies en panicules, s'épanouissant en mai-juin (uniquement sur *F. ornus*). Fruits ailés en automne.

Exigences : sol riche, profond, meuble et frais. Situation mi-ombragée.

Utilisation : isolé, groupe, reboisement, écran végétal, environnement naturel et alignement.

Entretien : taille de nettoyage tous les 5 à 6 ans.

Culture : semis à maturité des graines. Greffage.

Parasites et maladies : très sensible aux pucerons et aux cochenilles.

Espèces et variétés :
F. excelsior : Frêne commun. Feuillage composé de folioles vertes se parant de teintes jaunes en automne. Gros bourgeons noirs. Hauteur : 20 à 30 m.
F. excelsior 'Aurea pendula' : rameaux jaunes et retombants. Port pleureur. Hauteur : 8 à 10 m.
F. excelsior 'Pendula' : feuillage vert se développant sur des rameaux retombants. Port en forme de parasol. Convient également en tonnelle.
F. excelsior 'Westhof's Glorie' : feuillage vert foncé particulièrement résistant aux pollutions atmosphériques. Hauteur : 20 à 25 m.
F. ornus : Frêne à fleurs, Frêne à manne, Orne. Feuillage vert foncé et brillant se développant sur des rameaux reconnaissables en hiver à leurs bourgeons grisâtres. Fleurs blanches, parfumées, réunies en panicules très décoratives en mai-juin. Hauteur : 10 à 15 m.
F. oxycarpa 'Wallestonii' : feuillage composé de folioles vertes très fines, prenant des teintes rouges en automne. Très bel effet décoratif. Hauteur : 7 à 8 m.

Gleditsia triacanthos

GLEDITSIA
Févier d'Amérique

LEGUMINEUSES

Description : arbre à petit ou grand développement. Feuillage caduc, composé de minuscules folioles, rondes et vertes se développant sur des rameaux munis de longues épines ou inermes. Fleurs verdâtres s'épanouissant en juin-juillet. Fruits en forme de gousses tortueuses et allongées, brun foncé, persistant sur l'arbre jusqu'à l'année suivante.

Exigences : sol bien drainé, meuble et léger. Situation ensoleillée.

Utilisation : isolé, groupe et alignement.

Entretien : taille de nettoyage tous les 3 ou 4 ans.

Culture : semis et greffage au printemps.

Espèces et variétés :
G. triacanthos : feuillage composé de folioles arrondies, minuscules, vert brillant se parant de teintes jaune or en automne. Tronc muni d'innombrables épines simples ou ramifiées pouvant être dangereuses. Hauteur : 20 à 30 m.

Fraxinus excelsior

Gleditsia triacanthos

G. triacanthos 'Elegantissima' : feuillage composé de petites folioles, vertes et brillantes se développant sur des rameaux inermes, érigés. Port étroit et dressé. Hauteur : 5 à 6 m.

G. triacanthos 'Inermis' : rameaux sans épine. Feuillage identique à l'espèce type. Hauteur : 15 m.

G. triacanthos 'Rubylace' : feuillage composé de folioles pourpres au printemps prenant des teintes bronze par la suite. Port diffus. Hauteur : 2 à 5 m.

G. triacanthos 'Sunburst' : feuillage composé de folioles jaune d'or au printemps, devenant vert clair ensuite. Hauteur : 8 à 10 m.

G. triacanthos 'Variegata' : feuillage vert panaché de blanc crème.

GYMNOCLADUS
Chicot du Canada

LEGUMINEUSES

Description : arbre à moyen développement. Feuillage caduc composé de folioles ovales, vertes, se développant sur des rameaux de formes tourmentées. Fleurs blanches, réunies en grappes, s'épanouissant en juin. Fruits en forme de gousses atteignant 20 à 25 cm.

Exigences : sol frais et profond. Situation ensoleillée.

Utilisation : isolé.

Entretien : taille de nettoyage au printemps.

Culture : semis et bouturage de racines.

Espèces et variétés :
G. dioica : Arbre à café du Kentucky. Feuillage très ample, composé de folioles vertes se parant de teintes jaunes en automne. Fleurs blanchâtres en juin-juillet. Hauteur : 15 à 20 m.

JUGLANS
Noyer

JUGLANDACEES

Description : arbre à moyen ou grand développement. Feuillage caduc, composé de folioles épaisses, souvent pubescentes et vertes. Fruits ovoïdes verts puis bruns, contenant une noix.

Exigences : sol riche, frais et meuble. Supporte le calcaire. Situation ensoleillée.

Utilisation : isolé et culture fruitière.

Entretien : taille de nettoyage tous les 3 ou 4 ans. Arrosage régulier après la plantation.

Culture : semis et greffage pour les variétés à fruits.

Espèces et variétés :
J. cordiformis : syn. *J. sieboldiana* - Noyer du Japon. Feuillage très ample, composé de folioles larges et pubescentes. Fruits ovoïdes, regroupés en grappes pendantes. Hauteur : 15 à 20 m.

J. nigra : Noyer noir. Feuillage composé de nombreuses folioles, ovales et lancéolées, épaisses et vertes. Teintes jaune or en automne. Fruits ronds et gros, contenant une noix dure non comestible. Hauteur : 20 à 30 m.

J. regia : Noyer royal, Noyer commun. Feuillage composé de folioles vertes prenant des teintes jaune or en automne. Fruits ovoïdes contenant une noix comestible. Hauteur : 15 à 20 m.

De nombreuses variétés ont été sélectionnées à partir de cette espèce pour la qualité gustative de leurs fruits et leur rendement. La multiplication s'effectue uniquement par le greffage.

Juglans regia

Liquidambar styraciflua

LIQUIDAMBAR

HAMAMELIDACEES

Description : arbre à grand développement. Feuillage caduc, palmatilobé rappelant celui de l'Erable, vert foncé prenant de remarquables teintes jaunes ou rouges en automne. Ecorce liégeuse et crevassée. Fruits ronds et hérissés rappelant ceux du Platane.

Exigences : sol frais, meuble et riche. Craint le calcaire. Situation ensoleillée.

Utilisation : isolé, groupe, scène de bords d'eau.

Entretien : taille de nettoyage tous les 5 à 6 ans.

Culture : semis ou marcottage avec incision au printemps.

Espèces et variétés :
L. styraciflua : Copalme d'Amérique. Feuillage palmatilobé, denté, vert foncé et brillant, d'un très bel effet décoratif. Superbes teintes automnales, jaune orangé, rouges et pourpres. Hauteur : 30 à 40 m.

LIRIODENDRON
Tulipier, Arbre aux Lis

MAGNOLIACEES

Description : arbre à moyen ou grand développement. Feuillage caduc de forme curieuse, lobé, épais et vert glauque. Fleurs blanc verdâtre, rappelant celles des Tulipes, s'épanouissant en juin-juillet sur des sujets âgés de 25 à 30 ans. Fruits en forme de cônes.

Exigences : sol riche, frais et meuble. Craint le calcaire et supporte l'humidité. Situation ensoleillée.

Utilisation : isolé, groupe et alignement.

Entretien : taille de nettoyage tous les 5 à 6 ans.

Culture : semis en automne.

Espèces et variétés :
L. tulipifera : Tulipier de Virginie. Feuillage lobé, vert grisâtre se parant de superbes teintes jaune orangé en automne. Fleurs blanc verdâtre à centre orangé, parfumées en été. Hauteur : 30 m.
L. tulipifera 'Aureo-marginatum' : feuillage vert à panachures jaunes. Hauteur : 10 à 15 m.

Fleurs du Liriodendron tulipifera.

Liriodendron tulipifera

MACLURA
Oranger des Osages

MORACEES

Description : arbre à moyen développement. Feuillage caduc, ovale, terminé et pointe, vert foncé et brillant. Fruits volumineux non comestibles, de forme irrégulière, ressemblant à des pamplemousses.

Exigences : s'accommode de tous les types de sol. Situation ensoleillée et chaude.

Utilisation : isolé, groupe, écran végétal en région méditerranéenne.

Entretien : taille de nettoyage tous les 3 à 4 ans. Supporte une taille régulière et sévère.

Culture : semis ou bouturage de racines.

Espèces et variétés :
M. pomifera : syn. *M. aurantiaca* - Bois d'arc. Feuillage vert foncé se développant sur des rameaux épineux. Fruits bosselés et granuleux, jaune clair. Hauteur : 10 à 15 m.

NOTHOFAGUS
Hêtre austral

FAGACEES

Description : arbre à petit développement. Feuillage caduc ou semi-persistant selon les rigueurs du climat, arrondi, ondulé, denté et vert foncé. Rameaux brun foncé, de forme irrégulière et diffuse.

Exigences : sol léger, bien drainé et riche. Situation ensoleillée ou mi-ombragée.

Utilisation : isolé, groupe et écran végétal.

Entretien : taille de nettoyage tous les 3 ou 4 ans. Tuteurage conseillé au moment de la plantation pour former les branches charpentières souvent indisciplinées.

Culture : bouturage et marcottage.

Espèces et variétés :
N. antartica : feuillage minuscule, vert foncé et très décoratif, se développant sur des rameaux ponctués de blanc. Belle silhouette en hiver. Hauteur : 8 à 10 m.

PARROTIA

HAMAMELIDACEES

Description : arbre à petit développement. Feuillage caduc, oblong, vert devenant jaune orangé ou rouge écarlate en automne. Fleurs discrètes, rouges, s'épanouissant en mars.

Exigences : sol riche, frais et meuble. Situation ensoleillée ou mi-ombragée.

Utilisation : isolé, écran végétal et bac.

Entretien : taille de nettoyage au printemps. Arrosage régulier en été.

Culture : semis ou bouturage de rameaux en été.

Espèces et variétés :
P. persica : Parrotia de Perse. Feuillage caduc, vert prenant de remarquables teintes jaunes, orange ou rouges en automne. Hauteur : 8 à 10 m.

PAULOWNIA

BIGNONIACEES

Description : arbre à moyen développement. Feuillage caduc, de très grande taille, vert clair et fortement pubescent. Fleurs bleu violacé, réunies en panicules de 30 à 40 cm, s'épanouissant en avril-mai. Fruits en forme de capsules, réunies en thyrses dressés persistant longtemps en hiver.

Exigences : sol léger et frais. Situation ensoleillée et chaude.

Utilisation : isolé, groupe, aspect exotique des tiges et du feuillage lorsqu'on rabat chaque année les rameaux au ras du sol.

Entretien : taille de nettoyage tous les 3 ou 4 ans. Supporte d'être rabattu sévèrement à la manière des "têtes de Saule" ou au ras du sol.

Culture : semis au printemps. Bouturage de racines.

Parasites et maladies : insectes ravageurs du bois.

Paulownia tomentosa

Espèces et variétés :
P. lilacina : syn. *P. fargersii :* fleurs blanches teintées de bleu lavande. Hauteur : 20 m.
P. tomentosa : feuillage très ample et décoratif, pouvant atteindre 40 à 50 cm d'envergure. Fleurs bleu violacé s'épanouissant avant les feuilles et transformant l'arbre en une véritable boule de fleurs. Hauteur : 10 à 15 m.

PLATANUS

Platane

PLATANACEES

Description : arbre à moyen ou grand développement. Feuillage caduc, palmatilobé, denté, pubescent au printemps, devenant glabre par la suite. De couleur verte, il prend des teintes jaune or en automne, souvent bien après les autres essences. Fruits globuleux, munis de poils rigides et suspendus aux pédoncules.

Exigences : sol profond, riche, meuble et frais. S'accommode des terrains secs. Situation ensoleillée.

Utilisation : isolé, groupe, alignement et parasol végétal.

Entretien : supporte une taille annuelle pour former des croûtes de verdure ou des alignements de forme géométrique.

Culture : bouturage en automne. Semis ou marcottage.

Parasites et maladies : sensible à l'anthracnose et à divers chancres bactériens.

Espèces et variétés :

P. X acerifolia : Platane à feuilles d'Erable. Issu d'un croisement entre *P. occidentalis* et *P. orientalis*. Feuillage palmatilobé, denté, vert et légèrement pubescent au printemps. Teintes jaune d'or en automne. Ecorce se détachant en plaques. Fruits globuleux, hérissés, persistant sur l'arbre jusqu'en hiver. Hauteur : 25 à 30 m.

A. orientalis : Platane d'Orient. Feuillage de taille plus petite, profondément découpé, possédant deux petites folioles à la base des feuilles. Hauteur : 15 à 20 m.

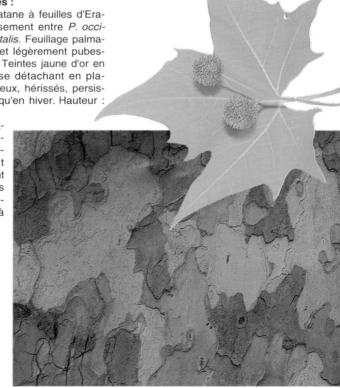

POPULUS
Peuplier

SALICACEES

Description : arbre à moyen ou grand développement. Feuillage caduc, de forme variable selon les espèces, denté, vert foncé et glauque ou argenté. Fleurs en forme de chatons, au printemps. Graines enveloppées dans une membrane cotonneuse gênante en zone urbaine.

Exigences : sol riche et humide. Situation ensoleillée.

Utilisation : isolé, reboisement, écran végétal et alignement.

Entretien : supporte très bien une taille régulière et sévère.

Culture : bouturage de rameaux en automne ou au printemps.

Espèces et variétés :

P. alba : Peuplier blanc. Feuillage vert foncé au-dessus, blanc et cotonneux au-dessous. Rameaux gris et tomenteux. Hauteur : 30 à 35 m.

P. alba 'Nivea' : syn. *P. alba* 'Argentea' - Peuplier argenté. Feuillage découpé et profondément lobé, vert foncé, brillant au-dessus et blanc argenté au-dessous. Rameaux blanchâtres. Très bel effet décoratif. Hauteur : 25 à 30 m.

P. alba 'Pyramidalis' : feuillage identique à l'espèce précédente. Port pyramidal. Hauteur : 20 à 25 m.

P. alba 'Raket' : port érigé. Chatons ne diffusant pas de graines cotonneuses. Hauteur : 25 m.

P. balsamifera : feuillage lancéolé, vert clair et brillant. Rameaux bruns et bourgeons recouverts d'une matière visqueuse. Hauteur : 30 m.

P. X euramericana : syn. *P. X canadensis* - Peuplier hybride euraméricain. Feuillage cordiforme à croissance rapide. Hauteur : 20 à 30 m.

P. candicans 'Aurora' : remarquable feuillage blanc marbré de vert et de rose au printemps, devenant vert en cours de saison. A cultiver en buisson et à tailler sévèrement tous les printemps.

P. lasiocarpa : feuilles arrondies, de très grande taille, atteignant entre 30 et 40 cm de long, portées par des pétioles rouges. Hauteur : 12 à 15 m.

P. nigra : Peuplier noir. Feuillage triangulaire, vert. Port pyramidal. Haut. : 25- 30 m.

P. nigra var. *italica :* Peuplier d'Italie. Feuillage identique à l'espèce type. Port très étroit et fastigié. Hauteur : 25 m.

Populus lasiocarpa

P. simonii : feuillage obovale denté, vert foncé et épais. Port régulier et décoratif. Hauteur : 25 cm.

P. simonii 'Fastigiata' : feuillage légèrement plus petit que l'espèce type. Port étroit et colonnaire. Hauteur : 20 à 25 m.

P. simonii 'Pendula' : rameaux secondaires retombants. Aspect gracieux. Hauteur : 25 m.

P. tremula : Tremble, Peuplier tremble. Feuillage arrondi, denté, vert au-dessus et argenté au-dessous, se développant à l'extrémité d'un long pétiole aplati. Belles teintes rouge sang en automne. Reflets argentés et changeants en période de vent. Hauteur : 20 m.

P. tremula 'Erecta' : feuillage vert foncé à revers blanchâtre, décoratif lorsqu'il est agité par le vent. Port colonnaire et fastigié. Hauteur : 5 à 8 m.

P. tremula 'Pendula' : Tremble pleureur. Feuillage vert foncé à revers argenté. Port plus compact que l'espèce type et rameaux retombants. Hauteur : 10 à 12 m.

Populus alba

PTEROCARYA

JUGLANDACEES

Description : arbre à moyen développement. Feuillage caduc, composé de folioles lancéolées, dentées et vertes. Fleurs réunies en longs chatons. Fruits ailés, réunis en longues grappes pendantes de 30 à 40 cm.

Exigences : s'accommode de tous les types de sol. Situation ensoleillée.

Utilisation : isolé et groupe.

Entretien : taille de nettoyage tous les 3 à 4 ans.

Culture : semis, bouturage de racine et marcottage.

Espèces et variétés :

P. fraxinifolia : syn. *P. caucasica* - Faux Noyer du Caucase. Feuillage composé de folioles vertes et brillantes, tombant tardivement en automne. Fleurs jaunâtres réunies en chatons de 30 à 40 cm. Fruits bruns contenant une noix non comestible. Hauteur : 15 à 20 m.

QUERCUS
Chêne

FAGACEES

Description : arbre à petit, moyen ou grand développement. Feuillage caduc ou persistant, de forme variable, vert foncé prenant des teintes rouges, jaunes ou brunes en automne. Fruits comprenant une cupule hérissée et une graine à épiderme lisse : le gland.

Exigences : sol riche, profond, meuble et frais. Situation ensoleillée.

Utilisation : isolé, écran végétal, environnement naturel et reboisement.

Entretien : taille de nettoyage tous les 3 ou 4 ans. Arrosage en été des sujets récemment plantés.

Culture : semis de graines stratifiées (glands) au printemps et greffage.

Parasites et maladies : pucerons, chenilles et oïdium en fin d'été.

Espèces et variétés :

Q. cerris : Chêne chevelu, Chêne de Bourgogne. Feuillage très découpé, vert foncé et brillant. La cupule des glands est munie de longs poils raides formant une touffe enchevêtrée. Hauteur : 15 à 20 m.
Q. coccinea : Chêne cocciné, Chêne écarlate. Feuillage très découpé vert brillant devenant rouge écarlate en automne. Hauteur : 25 m.
Q. frainetto : syn. *Q. conferta* - Chêne de Hongrie, Chêne d'Italie. Feuillage de grande taille (20 cm), découpé et large. Le limbe est vert brillant, évasé et festonné. Hauteur : 25 à 30 m.
Q. ilex : Chêne vert. Feuillage persistant, épais, coriace, épineux, vert foncé à revers blanchâtre et tomenteux. Hauteur : 10 à 15 m.
Q. palustris : Chêne des Marais. Feuillage découpé, vert pâle se parant de teintes rouge écarlate en automne. Rameaux secondaires retombants. Hauteur : 15-20 m.
Q. robur : syn. *Q. pedunculata* - Chêne pédonculé, Chêne commun. Feuillage découpé, évasé, vert prenant des teintes jaunes en automne et souvent marcescent. Fruits très nombreux en automne. Hauteur : 25 à 30 m.
Q. robur 'Fastigiata' : feuillage identique à l'espèce type. Port fastigié et colonnaire. Hauteur : 20 m.
Q. rubra : syn. *Q. borealis* - Chêne rouge d'Amérique. Feuillage très découpé, denté, évasé, vert foncé prenant de superbes teintes rouge orangé puis brunâtres en automne. Hauteur : 25 m.
Q. suber : Chêne-liège. Feuillage ovale, ondulé, découpé, vert clair aux revers grisâtres. Ecorce crevassée et spongieuse, faisant l'objet d'une industrie importante : la fabrication d'objets en liège. Espèce méditerranéenne non rustique dans les régions froides. Hauteur : 5 à 8 m.
Q. petrea : syn. *Q. sessilis* - Chêne rouvre. Feuillage lobé, large en son centre, coriace, vert foncé et glauque. Fruits ne possédant pratiquement pas de pédoncule. Hauteur : 8 à 10 m.

Quercus robur

Quercus robur

Quercus rubra

ROBINIA
Robinier

LEGUMINEUSES

Description : arbrisseau et arbre à petit ou moyen développement. Feuillage caduc, composé de folioles ovales, vertes prenant des teintes jaune d'or en automne, se développant sur des rameaux épineux. Fleurs blanches, roses ou pourpres, réunies en grappes pendantes, parfumées, s'épanouissant en mai-juin. Fruits en forme de gousses en fin d'été.

Exigences : sol sablonneux, léger et bien drainé. Situation ensoleillée.

Utilisation : isolé, groupe, écran végétal, reboisement et alignement.

Entretien : taille de nettoyage au printemps. Supporte un rabattage sévère au ras du sol.

Culture : semis au printemps et greffage.

Espèces et variétés :
R. X 'Casque rouge' : fleurs rouge-pourpre en mai-juin. Hauteur : 5 à 8 m.
R. hispida : arbrisseau à feuillage composé de folioles ovales, vert clair, d'aspect très gracieux. Rameaux fortement épineux. Fleurs rose violacé, réunies en longues grappes pendantes en mai-juin. Hauteur : 4 m.
R. hispida 'Fertilis' : fleurs rose vif.
R. hispida 'Monument' : fleurs rose pâle. Hauteur : 5 m.
R. kelseyi : feuillage composé se développant sur des rameaux munis de poils piquants. Fleurs rose carmin en avril-mai. Hauteur : 5 à 6 m.
R. pseudoacacia : Faux Acacia. Feuillage composé de folioles ovales, vert glauque. Fleurs blanches, très parfumées, réunies en grappes en juin. Rameaux très épineux souvent disposés par paire. Hauteur : 15 à 20 m. Cette espèce a produit de nombreuses variétés décoratives pour leur port ou leur feuillage.
R. pseudoacacia 'Bessoniana' : feuillage composé formant une boule dense et régulière. Circonférence de la couronne : 3 m.
R. pseudoacacia 'Decaisneana' : feuillage composé se développant sur des rameaux peu épineux. Fleurs très nombreuses, rose clair, réunies en grappes denses, juin à août. Hauteur : 8 à 10 m.
R. pseudoacacia 'Frisia' : feuillage composé de folioles jaune d'or au printemps et en été, devenant jaune orangé en automne. Hauteur : 5 à 6 m.

Robinia pseudoacacia 'Pyramidalis'

R. pseudoacacia 'Pyramidalis' : feuillage composé se développant sur des rameaux fastigiés, non épineux. Port étroit et colonnaire. Hauteur : 8 à 15 m.
R. pseudoacacia 'Tortuosa' : feuillage pendant, porté par des rameaux torsadés. Tronc tortueux, très décoratif en hiver. Hauteur : 8 à 10 m.
R. pseudoacacia 'Umbraculifera' : Robinier boule. Couronne ronde et régulière, plus large que l'*A. pseudoacacia* 'Bessoniana'. Circonférence de la couronne : 6 à 8 m.
R. pseudoacacia 'Unifoliola' : feuillage composé de 3 folioles formant une couronne élancée et conique. Hauteur : 10 à 15 m.
R. viscosa : Robinier visqueux. Feuillage composé, se développant sur des rameaux rougeâtres et visqueux au printemps. Epines courtes. Fleurs blanc rosé en juin et en août. Hauteur : 8 à 10 m.

Robinia hispida

Robinia pseudoacacia

401

Salix matsudana 'Tortuosa'

Salix caprea

Salix alba 'Tristis'

SALIX
Saule

SALICACEES

Description : arbuste, arbrisseau et arbre à moyen ou grand développement. Feuillage caduc, de forme variable, vert, argenté, pourpre ou panaché. Rameaux lisses, jaunes, verts ou pourpres, décoratifs en hiver. Fleurs réunies en chatons soyeux ou colorés au printemps.

Exigences : sol frais et humide. Supporte les terrains lourds de mauvaise qualité. Situation ensoleillée ou mi-ombragée.

Utilisation : isolé, groupe, bord d'eau, écran végétal et environnement naturel pour les espèces à petit et moyen développements. Massif et bac pour les arbrisseaux. Rameaux pour art floral.

Entretien : supporte très bien la taille même sévère, dite "tête de saule". Il s'agit de rabattre tous les rameaux au ras du tronc qui s'épaissit au fil des années, formant ainsi des protubérances volumineuses et arrondies. Arrosage conseillé en été des sujets plantés en bac.

Culture : bouturage de rameaux au printemps.

Parasites et maladies : maladies cryptogamiques (Tavelure) et pucerons.

Espèces et variétés :

S. alba : Saule blanc, Saule vivier, Aubier. Arbre à moyen développement. Feuillage lancéolé, terminé en pointe, de 6 à 12 cm de long, vert clair à revers argenté. Chatons jaunâtres au printemps. Bois jaune. Hauteur : 15 à 20 m.

S. alba 'Chermesina' : feuillage identique à l'espèce type. Rameaux très décoratifs rouge orangé. Hauteur : 15 m.

S. alba 'Sericea' : syn. *S. alba argentea* - Saule blanc royal. Feuillage vert recouvert d'un duvet argenté sur les 2 faces. Hauteur : 15 à 20 m.

S. alba 'Tristis' : syn. *S. alba* 'Vitellina Pendula', syn. *S. X chrysocoma* - Saule pleureur. Feuillage allongé, terminé en pointe, vert clair, se développant sur des rameaux retombants et fins. Port pleureur et caractéristique. Hauteur : 15 m.

S. alba 'Vitellina' : Osier jaune. Feuillage lancéolé, vert clair se développant sur des rameaux fins et jaune orangé. Port gracieux et souple. Hauteur : 15 à 20 m.

S. babylonica : Vrai Saule pleureur. Arbre à grand développement. Feuillage lancéolé, large et vert vif se développant sur de longs rameaux fins et retombants. Port pleureur et gracieux. Hauteur : 10 à 15 m.

S. babylonica 'Crispa' : feuillage enroulé sur lui-même. Aspect original. Hauteur : 10 à 12 m.

S. caprea : Saule Marsault, Saule à chatons. Arbuste et arbrisseau vigoureux. Feuillage ovale, vert foncé à revers argenté et tomenteux. Gros chatons soyeux et argentés tôt au printemps. Hauteur : 4 à 6 m.

S. caprea 'Pendula' : feuillage identique à celui de l'espèce précédente se développant sur de longs rameaux retombants. Très bel effet au printemps, lorsque les chatons s'épanouissent. Hauteur : 2 à 3 m.

S. cinerea 'Tricolor' : arbuste à feuillage oblong, d'aspect rugueux, vert à panachures blanc crème. Port buissonnant. Hauteur : 2 à 3 m.

S. daphnoides : syn. *S. acutifolia* : arbrisseau à bois décoratif. Rameaux recouverts d'une pruine bleutée. Hauteur : 5 m.

S. elæagnos : syn. *S. incana* - Saule drapé. Feuillage lancéolé à bord légèrement enroulé, vert foncé et à revers argenté. Hauteur : 2 à 3 m.

S. elæagnos 'Angustifolia' : arbuste à feuillage étroit, vert foncé à revers argenté. Chatons argentés et fins au printemps. Hauteur : 5 m.

S. erythroflexuosa : Saule tortueux. Arbuste à feuillage lancéolé, vert clair et ondulé. Rameaux tortueux, jaune orangé particulièrement décoratif en hiver. Hauteur : 2 m.

S. gimme : arbuste à feuillage vert brillant, se développant sur des rameaux jaune verdâtre. Chatons blancs très décoratifs. Hauteur : 3 à 4 m.

S. gracilistyla : feuillage très fin, étroit, oblong et vert clair. Rameaux très fins et verts. Chatons soyeux, fins et argentés. Hauteur : 1 à 2 m.

S. helvetica : Saule helvétique, Saule suisse. Arbuste à feuillage ovale, grisâtre et tomenteux. Chatons volumineux, soyeux et argentés. Hauteur : 0,5 à 0,8 m.

S. integra 'Hakuro Nishiki' : feuillage lancéolé, de petite taille, vert et blanc crème à panachures roses au printemps. Aspect très lumineux et décoratif. Hauteur : 1,5 m.

S. kurome : arbuste à feuillage vert. Chatons rouges puis noirs au printemps. Hauteur : 2 m.

S. matsudana 'Tortuosa' : arbrisseau à feuillage lancéolé, ondulé, vert clair, se développant sur des rameaux tortueux, jaune orangé. Port érigé au bois décoratif en hiver. Hauteur : 6 à 8 m.

S. matsudana 'Pendula' : feuillage identique à celui de l'espèce précédente se développant sur des rameaux retombants. Port pleureur. Hauteur : 3 à 4 m.

S. moupinensis : arbuste à feuilles larges, longues et fortement nervurées. De couleur vert-pourpre au printemps, il devient vert foncé par la suite. Rameaux rouge-brun et lisses. Hauteur : 1 m.

S. purpurea 'Nana' : syn. *S. purpurea* 'Gracilis' - Osier rouge nain. Arbuste à feuillage étroit, lancéolé, vert grisâtre se développant sur des rameaux souples et rouge-brun. Hauteur : 1 à 1,5 m.

S. repens : Saule rampant.

S. repens 'Argentea' : Saule argenté. Arbuste à feuillage arrondi, de petite taille, vert à revers blanchâtres. Port étalé. Hauteur : 0,8 à 1 m.

S. repens 'Rosmarinifolia' : arbuste à feuillage fin, linéaire et argenté. Hauteur : 1,5 m.

S. repens 'Voorthuizen' : arbuste à feuillage gris. Port rampant et étalé. Hauteur : 0,4 à 0,6 m.

S. setsuka : syn. *S. sachalinensis* 'Sekka' (var. d'Osier blanc). Arbuste à rameaux fasciés, aplatis, brun foncé, d'un effet très original en hiver. Chatons gris argenté. Hauteur : 2 à 3 m.

S. X smithiana : arbrisseau à feuillage lancéolé, vert foncé et tomenteux au-dessous. Chatons argentés puis jaunes, au printemps. Hauteur : 5 à 6 m.

Sophora japonica

SOPHORA

LEGUMINEUSES

Description : arbuste, arbrisseau et arbre à moyen développement. Feuillage caduc, composé de folioles ovales et vertes. Fleurs blanc crème, réunies en panicules s'épanouissant en août. Fruits en forme de gousses charnues ressemblant à des cacahuètes.

Exigences : sol meuble, bien drainé et riche. Situation ensoleillée ou mi-ombragée.

Utilisation : isolé, groupe et alignement.

Entretien : taille de nettoyage tous les 3 ou 4 ans.

Culture : semis en avril et greffage de la variété 'Pendula".

Espèces et variétés :

S. davidii : syn. *S. viciifolia.* Feuillage composé de petites folioles vertes, se développant sur des rameaux épineux. Fleurs bleu violacé ou blanchâtres, s'épanouissant de juin à août. Hauteur : 4 m.

S. japonica : Sophora du Japon. Feuillage composé de folioles ovales et vertes se développant sur des rameaux verts, lisses et lenticellés. Fleurs blanc crème, réunies en panicules pendantes en juillet-août. Fruits en forme de gousses. Hauteur : 15 à 20 m.

S. japonica 'Pendula' : feuillage composé se développant sur des rameaux lisses, verts et retombants. Port pleureur et très décoratif. Hauteur : 4 à 8 m.

S. japonica 'Variegata' : feuillage composé de folioles vertes ponctuées de gris-blanc.

S. microphylla : arbuste à feuillage composé de petites folioles vert glauque. Rameaux sinueux et très décoratifs en hiver. Fleurs jaunes au printemps. Hauteur : 2 à 3 m.

SORBUS
Sorbier

ROSACEES

Description : arbre à petit développement et arbrisseau. Feuillage caduc simple ou composé de folioles ovales, dentées, se parant de teintes jaune orangé en automne. Fleurs blanches ou roses, réunies en corymbes, en juin. Baies non toxiques de taille variable, arrondies, rouge vif, jaunes ou orange, persistant sur l'arbre jusqu'à la fin de l'été.

Exigences : sol bien drainé, meuble et frais. Situation ensoleillée ou mi-ombragée.

Utilisation : isolé, groupe, haie naturelle, écran végétal, environnement naturel, bac et alignement.

Entretien : taille de nettoyage au printemps.

Culture : Semis et greffage.

Parasites et maladies : feu bactérien.

Espèces et variétés :

S. aria : Alisier blanc, Alouchier. Arbre à feuillage ovale, ondulé, denté, vert foncé au-dessus et blanchâtre au-dessous. Fleurs blanches, tomenteuses en mai-juin. Baies rouge orangé, comestibles en été. Hauteur : 8 à 10 m.

Sorbus aucuparia

Sorbus intermedia

S. aria 'Gigantea' : feuillage plus allongé que celui de l'espèce type. Fleurs blanches et fruits jaune orangé. Hauteur : 8 à 10 m.

S. aucuparia : Sorbier des oiseaux. Feuillage composé de folioles dentées, fines, ovales, vertes, se développant sur des rameaux pubescents. Belles teintes automnales. Fleurs blanches en juin. Baies globuleuses, réunies en grappes pendantes, rouge vif. Hauteur : 8 à 10 m.

S. aucuparia 'Albâtre' : fruits blancs.

S. aucuparia 'Apricot Queen' : fruits orange.

S. aucuparia 'Asplenifolia' : feuillage fortement incisé et tomenteux aux faces inférieures.

S. aucuparia 'Fastigiata' : rameaux érigés. Port colonnaire et étroit.

S. aucuparia 'Golden Wonder' : fruits jaunes.

S. aucuparia 'Pendula' : rameaux retombants. Port pleureur et gracieux.

S. hybrida : feuillage ovale, vert foncé et tomenteux au-dessous. Fleurs blanches à pédoncule duveteux, en mai-juin. Baies rouges en septembre.

S. hybrida 'Gibbsii' : fruits rouge corail.

S. hybrida 'Fastigiata' : rameaux érigés. Port fastigié et étroit.

S. intermedia : feuillage elliptique, denté, vert et gris tomenteux aux faces inférieures. Fleurs blanches en juin. Baies rouge orangé. Hauteur : 8 m.

S. vilmorinii : feuillage fin, composé de folioles vertes à revers grisâtre. Fleurs blanches en juin. Baies roses devenant rouges par la suite. Hauteur : 5 à 6 m.

TILIA
Tilleul

TILIACEES

Description : arbre à moyen ou grand développement. Feuillage caduc, cordiforme, souvent denté, vert clair, vert foncé ou tomenteux, se parant de teintes jaune or en automne. Fleurs verdâtres, parfumées, munies d'une bractée membraneuse, s'épanouissant de juin à août. Fruits sphériques et durs, en automne.

Exigences : sol frais, meuble et bien drainé. Situation ensoleillée ou mi-ombragée.

Utilisation : isolé, groupe et alignement.

Entretien : taille de nettoyage tous les 3 à 4 ans. Supporte d'être rabattu sévèrement à la manière des "Têtes de Saule".

Culture : semis et greffage.

Parasites et maladies : sensible aux araignées rouges en situation sèche.

Tilia cordata

Espèces et variétés :

T. americana : syn. T. glabra, T. nigra. Feuillage très ample, vert foncé au-dessus et vert clair au-dessous. Rameaux fortement tomenteux et marbrés de rouge. Hauteur : 25 à 30 m.

T. cordata : syn. T. parvifolia ou T. sylvestris - Tilleul à petites feuilles. Feuillage cordiforme, de petite taille, vert foncé au-dessus, glabre et clair au-dessous. Fleurs blanches en juillet (excellentes en infusion). Fruits bruns en automne. Hauteur : 10 à 15 m.

T. cordata 'Greenspire' : feuillage vert clair. Port pyramidal. Hauteur : 15 m.

T. X euchlora : T. dasystyla - Tilleul de Crimée. Feuillage cordiforme vert foncé et brillant, du printemps à l'automne. Variété résistante en ville. Hauteur : 10 à 15 m.

T. petiolaris : syn. T. alba. Feuillage cordiforme, à pétiole allongé, vert argenté se développant sur des rameaux gris et retombants. Hauteur : 10 à 15 m.

T. platyphyllos : syn. T. grandifolia - Tilleul à grandes feuilles. Feuillage très large et ample, vert, tomenteux et rêche au-dessous. Fleurs blanc jaunâtre en juin. Hauteur : 15 à 20 m.

T. platyphyllos 'Fastigiata" : port pyramidal.

T. platyphyllos 'Laciniata" : feuillage lacinié.

ULMUS
Orme

ULMACEES

Description : arbuste, arbre à petit, moyen ou grand développement. Feuillage caduc, elliptique, denté et fortement nervuré. Fleurs de petite taille, rougeâtres, s'épanouissant en mars-avril avant les feuilles. Fruits munis d'une aile membraneuse en mai-juin.

Exigences : sol riche, frais, meuble et profond. Situation ensoleillée.

Utilisation : isolé, groupe, haie naturelle, écran végétal, reboisement, bac et alignement.

Entretien : supporte une taille régulière. Arrosage régulier en été des sujets plantés en bac.

Culture : semis, greffage et écussonnage.

Parasites et maladies : galerisque et graphiose de l'Orme.

Espèces et variétés :

U. carpinifolia : arbre à feuillage elliptique, vert vif et brillant. Rameaux gris, grêles et glabres. Fleurs jaune orangé en mars. Fruits elliptiques en juillet. Hauteur : 25 à 30 m.

U. carpinifolia 'Geisha' : feuillage joliment coloré de blanc crème au printemps, devenant vert par la suite. Hauteur : 3 à 4 m.

U. carpinifolia 'Sarniensis' : port étroit et élancé.

U. carpinifolia 'Variegata' : feuillage dense, vert panaché de blanc.

U. carpinifolia 'Wredei' : feuillage doré d'un remarquable effet décoratif, se développant sur des rameaux érigés. Port fastigié. Hauteur : 5 à 8 m.

U. glabra : Orme blanc, Orme des montagnes. Feuillage de forme irrégulière, vert, ample, atteignant 10 à 15 cm. Il est rêche au toucher, denté et se développe sur des rameaux recouverts de poils bruns. Feuilles de l'extrémité munies souvent de 3 pointes caractéristiques. Hauteur : 20 à 40 m.

U. glabra 'Atropurpurea' : feuillage pourpre s'atténuant en cours d'été.

Ulmus glabra

U. glabra 'Camperdownii' : feuillage fortement pubescent aux faces inférieures se développant sur des rameaux robustes, dressés puis retombants.

U. glabra 'Exoniensis' : feuillage ovale se développant sur des rameaux fastigiés. Port dressé et colonnaire.

U. glabra 'Pendula' : Orme pleureur. Branches principales horizontales, à partir desquelles se développent des rameaux retombants.

U. X hollandica 'Commelin' : Orme résistant à la graphiose. Hauteur : 2 à 4 m.

U. X hollandica 'Jacqueline Hillier' : feuillage de très petite taille, rêche, denté et vert, se parant de très belles teintes en automne. Port dense et très ramifié. Hauteur : 1 à 1,5 m.

U. parvifolia : feuillage de forme dissymétrique terminé en pointe, vert au revers pubescent. Résistant à la graphiose. Hauteur : 5 à 10 m.

U. procera : syn. *U. campestris* - Orme champêtre, Orme rouge. Feuillage de petite taille, vert foncé, rugueux à revers pubescent. Hauteur : 8 à 10 m.

U. procera 'Aurea' : feuillage vert teinté de doré.

U. procera 'Purpurea' : feuillage à rayures pourpres.

U. procera 'Nitens' : feuillage vert et brillant, glabre au-dessous.

Ulmus glabra

T. platyphyllos 'Rubra" : rameaux rouges particulièrement décoratifs en hiver.

T. tomentosa : syn. *T. argentea, T. alba* - Tilleul argenté. Feuillage cordiforme, vert à revers blanchâtre et cotonneux lui donnant un aspect argenté. Fleurs blanches réunies en grappes denses, très parfumées en juillet-août. Hauteur : 15 m.

LE POTAGER

Le potager ne cesse de connaître des phases d'évolution. Omniprésent, et occupant une grande partie du jardin du temps de nos grands-parents, il a été réduit au strict minimum ces dernières années, pour connaître à nouveau un engouement certain.

Si la priorité n'est plus accordée à la rentabilité, bien que ce facteur est loin d'être négligeable, le travail au potager apporte d'une part la joie de l'exercice physique, et d'autre part, la satisfaction de redécouvrir la nature, avec ses rythmes et ses saisons.

LES CONDITIONS DE REUSSITE

Un potager doit être conçu de façon pratique et logique, pour être utilisable sans contrainte. Les allées ont une largeur suffisante pour manœuvrer facilement, si besoin est, avec un motoculteur ou tout au moins une brouette. Les plates-bandes sont orientées nord-sud, leur largeur ne dépassant pas 1 m pour qu'il soit aisé de es travailler ou de récolter sans être obligé de les piétiner. Elle sont parallèles les unes aux autres et séparées par un petit chemin tassé, de 25 cm de large, le passe-pied. A l'avant et à l'arrière, passe une large allée de circulation. Pour ne pas avoir trop de travaux de désherbage, les allées peuvent être engazonnées, sablées, couvertes de gravier, ou encore dallées.

La luminosité est également un facteur de réussite important. Il faut éviter toute proximité d'arbres trop importants, ce qui provoquerait des zones d'ombre.

Le sol doit être fertile et meuble. Cela implique des travaux d'ameublissement (bêchage, sarclage, etc.), des amendements et des apports d'engrais.

Il convient aussi de s'équiper pour travailler efficacement et surtout dans des conditions agréables. Achetez des outils de bonne qualité, conçus pour durer longtemps. Prévoyez aussi une installation d'eau, avec des robinets à proximité des plates-bandes.

Enfin, optez pour des variétés potagères performantes, bien adaptées aux conditions climatiques de votre région. Prenez soin d'établir un plan de culture en fonction de vos besoins. Un jardin potager de 500 m², peut nourrir toute l'année une famille de 4 personnes.

L'ORGANISATION DES PARCELLES, SELON LE PRINCIPE DE ROTATION DES CULTURES

La rotation des cultures a pour buts principaux d'éviter le déséquilibre du terrain et son appauvrissement, ainsi que l'implantation de parasites typiques à certaines familles cultivées.

Les légumes sont sommairement divisés en trois catégories : les légumes-racines, les légumes-feuilles et les légumes-fruits (et graines). Certaines plates-bandes sont cependant occupées par des cultures vivaces (Fraisier, Rhubarbe, Raifort, plantes aromatiques, etc.).

La rotation consiste à cultiver chaque année sur une même parcelle une catégorie différente de légumes, dans l'ordre du tableau ci-contre.

Exemple : 1ère année : carotte,
2e année : tomate,
3e année : choux pommés (verts et rouges).

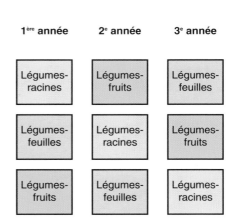

	1ère année	2e année	3e année
	Légumes-racines	Légumes-fruits	Légumes-feuilles
	Légumes-feuilles	Légumes-racines	Légumes-fruits
	Légumes-fruits	Légumes-feuilles	Légumes-racines

L'ASSOCIATION DES VEGETAUX

Le jardinage biologique préconise l'association des cultures, pratiquée déjà dans des temps reculés. Basée sur la logique, elle apporte des avantages certains : les plantes rampantes couvrent le sol et le gardent plus longtemps humide, d'autres, plus hautes, apportent un ombrage bienvenu lors de fortes chaleurs, etc.

Selon des expériences, certaines plantes ont donc des actions favorables ou non, vis-à-vis des autres. En voici quelques-unes prises dans le large éventail des végétaux du potager :

	Associations favorables	Associations défavorables
AIL	BETTERAVE, FRAISIER, CAROTTE, TOMATE, CONCOMBRE, LAITUE	HARICOT, POIS.
AUBERGINE	HARICOT	Sans effet.
ASPERGE	TOMATE, LAITUE, PERSIL, CHOU-RAVE	Sans effet.
BETTERAVE	HARICOT, OIGNON, CHOU-RAVE, AIL, CONCOMBRE	POMME DE TER-RE, POIREAU.
BETTE	RADIS	POMME DE TER-RE, POIREAU.
CAROTTE	RADIS, BETTE, POIREAU, AIL, TOMATE	Sans effet.
CHICOREE	HARICOT A RAMES, CAROTTE, FENOUIL, LAITUE	Sans effet.
CHOU	BETTERAVE, CELERI, EPINARD, LAITUE, HARI-COT, POIS, POMME DE TERRE, CONCOMBRE	OIGNON, AIL, PERSIL, FRAISIER.
CONCOMBRE	HARICOT, BETTERAVE, CHOU, RADIS, AIL, MAÏS	POMME DE TERRE.
COURGE, POTIRON	MAÏS	Sans effet.
EPINARD	FRAISIER, TOMATE, HA-RICOT, RADIS, CELERI	CELERI, TOMATE.
FEVE	MAÏS	Sans effet.
FENOUIL	POIS, LAITUE, CHICO-REE, CONCOMBRE	TOMATE, HARICOT.

	Associations favorables	Associations défavorables
FRAISIER	HARICOT, EPINARD, OIGNON, RADIS, BETTERAVE, POIREAU, AIL	Sans effet.
HARICOT	POMME DE TERRE, LAITUE, BETTERAVE, RADIS, CONCOMBRE, CHOU	OIGNON, POIREAU, AIL.
LAITUE	FRAISIER, HARICOT, POIS, RADIS, TOMATE, MAÏS, POIREAU, CONCOMBRE, COURGE	Sans effet.
MAÏS	TOMATE, LAITUE	BETTERAVE.
NAVET	POIS	Sans effet.
OIGNON	BETTERAVE, FRAISIER, CONCOMBRE, LAITUE, CAROTTE	HARICOT.
POIREAU	CAROTTE, CELERI, OIGNON, TOMATE, LAITUE, FRAISIER	HARICOT.
POIS	NAVET, RADIS, LAITUE, CAROTTE, MAÏS	TOMATE, HARICOT, POIREAU.
POMME DE TERRE	HARICOT, EPINARD	CELERI, TOMATE, BETTERAVE.
RADIS	PERSIL, LAITUE, FRAISIER, EPINARD, AIL, CAROTTE, POIS, HARICOT	POMME DE TERRE.
TOMATE	OIGNON, AIL, EPINARD, PERSIL, RADIS, LAITUE, CONCOMBRE	POMME DE TERRE.

AIL

Allium sativum

LILIACEES

C'est une plante bulbeuse vivace dont la partie souterraine est caractérisée par une forte saveur. Elle est composée d'une tige mesurant près de 50 cm de haut et d'un bulbe (ou tête) comprenant généralement 8 caïeux (ou gousses).

Sous nos climats, l'Ail ne fleurit pas et sa multiplication se fait uniquement en plantant des gousses, en choisissant celles du pourtour plutôt que les centrales se développant plus modestement. Chaque caïeu formera à son tour un bulbe.

L'Ail s'accommode de tous les types de terrain, à condition toutefois que ce sol soit suffisamment drainé et qu'il n'ait pas été fumé ou enrichi d'engrais organiques (cela depuis au moins 2 ans).

Culture :

Pour la plantation, choisissez de l'Ail de semence certifié (portant la mention du service officiel de contrôle), garantissant un rendement supérieur et un végétal indemne de nématodes et de maladies virales. En effet, l'ail forain ou de consommation, trop souvent commercialisé comme "ail à planter", peut provoquer de graves préjudices sanitaires compromettant cette culture pendant plus de 5 ans.

Ameublissez superficiellement le sol, et s'il est tant soit peu argileux, au lieu de tracer des sillons, formez des billons hauts de 15 cm, espacés les uns des autres d'au moins 20 cm sur lesquels vous piquerez les gousses, également tous les 20 cm, en les enfonçant avec les doigts. On disait autrefois que "l'Ail doit voir le chapeau du jardinier", ce qui signifie qu'il ne faut pas l'enfoncer profondément. Entretenez votre culture en binant un minimum, pour enlever les mauvaises herbes.

Il est souvent conseillé de nouer le sommet des tiges pour hâter la maturité du bulbe. Cette pratique courante ne sert pourtant pas à grand chose. L'Ail peut être récolté lorsque le tiers du feuillage supérieur est sec. On le déterre alors à l'aide d'une fourche-bêche, par beau temps, puis on le laisse sécher quelques jours sur le terrain, en protégeant les têtes de l'ardeur du soleil, en les recouvrant simultanément de leurs fanes. Ensuite, il sera mis en botte ou tressé, puis stocké dans un local aéré.

Variétés :

On trouve différentes variétés dont certaines se plantent à l'automne, telles le violet 'Germidour' et le blanc 'Thermidrome' et d'autres au printemps, comme le rose 'Printanor', à vrai dire très pâle ou presque blanc, mais excellent.

Les premiers, certes très rustiques au froid, craignent l'humidité excessive et préfèrent un sol léger. La plantation débute fin septembre pour être terminée avant Noël et la récolte a lieu en juin ou au début du mois de juillet. Les variétés mises en place en février-mars seront récoltées en juillet-août

Parasites et maladies :

Symptômes	Causes	Remèdes
Présence d'asticots et pourriture	Mouche	Incorporez à la préparation un granulé insecticide.
Pourriture du bulbe	Botrytis	Poudrez préventivement les bulbes avec un fongicide (Rovral).

Variétés	J	F	M	A	M	J	J	A	S	O	N	D
'Germidour'					▓	▓			▓	▓		
'Thermidrome'					▓	▓			▓	▓		
'Printanor'		▓	▓			▓	▓					

▓ Plantation   ▓ Récolte

ARTICHAUT

Cynara scolymus

COMPOSEES

Ce légume vivace a un côté décoratif non négligeable, grâce à ces feuilles amples et découpées, de couleur vert grisâtre. L'inflorescence est consommée lorsqu'elle est entièrement formée, avant son plein épanouissement.

Culture :

L'Artichaut affectionne un sol riche en humus, assez frais sans être trop humide (s'il est trop humide, surélevez vos plantations sur des petits dômes). Préparez la plate-bande à l'automne précédant la plantation, en la bêchant, puis en épendant une fumure organique complète additionnée d'engrais minéraux à dominante potassique. Semez en février dans des petits godets en tourbe (diamètre 12 cm), en enfonçant dans chacun d'eux 3 graines à 1 cm de profondeur, puis installez votre préparaton dans un local clair et tempéré (serre). Lorsque les plantules ont 2 feuilles, éclaircissez en laissant le plus beau pied par pot, et gardez-les à l'abri en les arrosant régulièrement jusqu'à la plantation qui a lieu en avril-mai, à bonne exposition. Disposez les plants par 2 ou 3, en les espaçant de 20 cm les uns des autres et chaque groupe de 1 m.

Un autre moyen de multiplication consiste à prélever des rejets que l'on détache délicatement avec une serpette, après avoir dégagé la base d'anciens pieds. Ces œilletons sont également com-mercialisés au début du printemps, quelquefois en godets, mais aussi en arrachis. Dès réception et juste avant la plantation, rafraîchissez les tiges et l'extrémité des racines, que vous pralinerez un instant dans de l'eau boueuse, puis installez-les comme c'est indiqué précédemment.

Pour faciliter l'entretien de la plate-bande, et surtout pour ne pas devoir désherber régulièrement entre les rangs, repiquez quelques laitues qui occuperont la place, en même temps qu'elles maintiendront le sol humide.

La récolte a lieu en été, lorsque les têtes sont encore serrées ou à peine entrouvertes et la première année, ne cueillez pas plus de 3 têtes par plant. Dès la seconde année de culture, récoltez une première fois en juin-juillet, puis une seconde fois en fin d'été. Coupez les tiges ayant porté une fleur et supprimez les feuilles fanées. En automne, raccourcissez les tiges à 40 cm de haut, puis couvrez le sol d'une bonne couche de compost. Avant les froids, buttez les pieds avec de la paille, facile à enlever par temps plus doux, pour éviter l'excès d'humidité.

Une telle culture reste en place 3 ans et, chaque printemps, enlevez les œilletons, en conservant 3 belles pousses par pieds.

Variétés :

'Camus de Bretagne' : têtes arrondies et bien serrées (pour l'Ouest et le Centre).

'Gros vert de Laon' : têtes larges (pour les régions plus fraîches).

'Violet de Provence' : têtes allongées.

Parasites et maladies :

Symptômes	Causes	Remèdes
Dépérissement	Pucerons des racines	Arrosage de roténone.
Insectes visibles	Pucerons sur feuilles ou fleurs	Pulvérisation de roténone.
Dépérissement	Mulot	Piège ou granulés empoisonnés.
Taches brunes	Graisse (maladie bactérienne)	Pulvérisation cuprique.

ASPERGE

Asparagus officinalis

LILIACEES

Plante vivace grâce à ses racines désignées sous le nom de griffes, d'où partent au printemps les tiges appelées "turions". Ces derniers sont récoltés rapidement comme légumes, sinon ils se développent jusqu'à 1,30 m et portent alors un feuillage très léger, des fleurs insignifiantes de couleur jaune verdâtre en été, suivies d'une fructification de baies rouge vif.

Culture :

L'Asperge peut être reproduite par le semis qui a lieu de mars à juin, en lignes, en posant une graine tous les 5 cm. L'année suivante, les griffes seront mises en place.

Mais la méthode la plus pratique consiste à planter des griffes de 2 ans (ou de 3 ans, pour remplacer des plants manquants sur une culture établie), dès les mois de mars-avril. Avant la mise en place, rafraîchissez le bout des racines.

Cette culture nécessite un sol perméable et une bonne exposition. Choisissez une parcelle où il n'y a pas eu de culture d'Asperges depuis quelques années.

Incorporez à la terre, avant la plantation, du fumier bien décomposé, à raison de 200 g/m². Creusez une ou plusieurs tranchées de 20 cm de profondeur, pour 40 cm de large. Disposez au fond, tous les 50 cm, un petit monticule de terreau sur lequel vous étalez une griffe. Enfoncez un tuteur-repère à côté de chacune d'elles, puis rebouchez la tranchée de terre, et tassez légèrement.

Cette culture restera ainsi les 2 premières années. Pendant ce temps, pour éviter de désherber entre les lignes, semez des carottes, des pois, des haricots ou plantez quelques laitues.

Dès la troisième année, en avril, recouvrez les griffes d'une butte de 30 cm de haut et procédez à une mini-récolte en mai, en ne prélevant que 2 ou 3 turions par plant. Pour cela, servez-vous d'une gouge bien affûtée, dégagez délicatement les turions dépassant de terre et cassez-les à la base dans un mouvement de bascule. L'année suivante, la récolte se poursuit pendant un mois, et par la suite durant 2 mois. Les asperges ont une meilleure saveur si vous ne les exposez pas au soleil après la cueillette.

Chaque automne, aplanissez les buttes, coupez les tiges, puis faites un apport d'engrais organique.

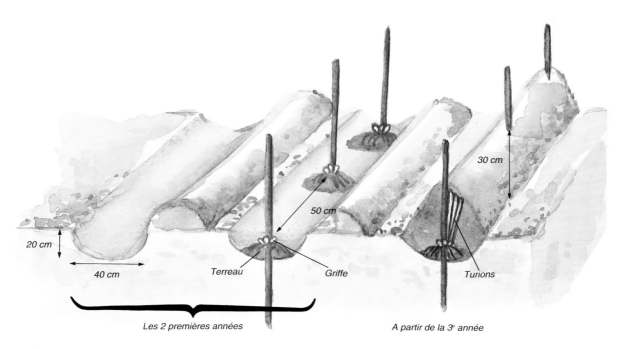

20 cm

40 cm

50 cm

30 cm

Terreau Griffe Turions

Les 2 premières années A partir de la 3ᵉ année

Variétés :

L' 'Argenteuil', certes ancienne, reste sans doute une variété très performante, tant par sa production que par la saveur des turions. Il existe cependant de nombreux hybrides, tel 'Cito' ou 'Larac', légèrement plus précoces et formant des turions plus volumineux. L'Asperge 'Verdi' a, par contre, la particularité de produire des turions verts et tendres, sans qu'il soit utile de la butter. Elle se prête plus facilement au petit jardin.

Parasites et maladies :

Symptômes	Causes	Remèdes
Galeries dans les turions	Mouche (larves)	Insecticide à base de diméthoate.
Pustules orange sur tiges	Rouille	Fongicide à base de manèbe.
Feuilles grignotées	Criocères	Insecticide à base de pyréthrine.

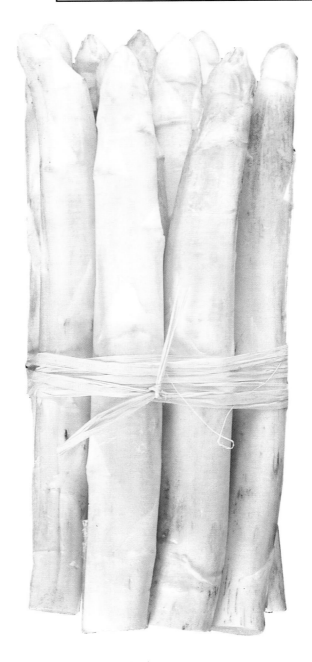

AUBERGINE
syn. **Albergine, Marignan, Mélongène, Mérinjeane**

Solanum melongena

SOLANACEES

Plante annuelle dont la tige de plus de 70 cm de haut porte des feuilles oblongues, de couleur vert grisâtre. Les fleurs apparaissent, à l'aisselle des branches et sont suivies de fruits ovoïdes ou allongés, à peau brillante, le plus souvent de couleur violacée, mais quelquefois blanche ou jaunâtre.

Cultivées depuis longtemps dans le Midi, les Aubergines le sont aujourd'hui dans toutes les régions. L'hybridation a sans doute apporté quelques avantages, en particulier pour la précocité, ce qui prolonge les récoltes dans les régions situées au nord de la Loire, tout en augmentant la quantité et la qualité gustative des productions.

Culture :

Semez au chaud dès février, dans une mini-serre bien exposée à la lumière. Garnissez-la de terreau à semis (désinfecté pour éviter la fonte du semis) que vous tasserez ensuite avec une planchette. Disposez les graines en les espaçant

de 3 cm et recouvrez-les d'une fine pellicule de terre. Retassez et arrosez doucement.

Au bout d'un mois, rempotez individuellement les jeunes plants et stockez-les sous une couche vitrée, qu'il conviendra d'aérer par beau temps.

La plantation en pleine terre a lieu en même temps que celle des tomates, c'est-à-dire dès qu'il n'y a plus aucun risque de gelée (en mai). Choisissez-leur un bon emplacement, ensoleillé et abrité du vent, dans une plate-bande préalablement enrichie d'un engrais organique complet. Installez les plants profondément, pour favoriser l'émission de racines à la base des tiges, en laissant un intervalle de 50 cm entre chacun d'eux. Les Aubergines se prêtent volontiers à la culture en serre et en tunnel, mais dans tous les cas, il est bon de les tuteurer.

Supprimez les tiges secondaires se développant sur le collet, en gardant la tige principale qui est ensuite pincée au-dessus de la deuxième inflorescence. Conservez un seul fruit par étage. Les branches secondaires sont pincées à leur tour, après la deuxième fleur.

Variétés :

L'Aubergine commune est la 'Violette longue de Barbentane', mais les hybrides, comme 'Baren' ou 'Solara' sont plus productifs et vigoureux.

Parasites et maladies :

Symptômes	Causes	Remèdes
Mouches blanches	Aleurodes	Pyréthrine.
Taches brunâtres	Mildiou de la tomate	Manèbe.
Feuilles dévorées	Doryphores, Araignées rouges	Roténone.

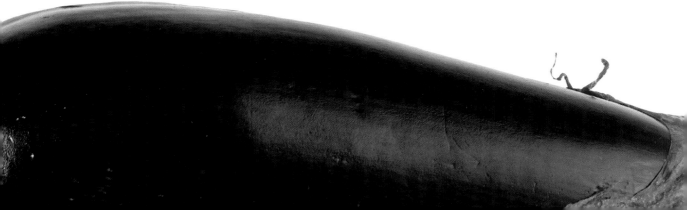

BETTERAVE

Beta vulgaris
sous-espèce *esculenta*

CHENOPODIACEES

La Betterave est un légume-racine bisannuel cultivé comme annuel. Elle forme une racine charnue, plate, ronde ou cylindrique selon les variétés, surmontée de feuilles ovales, nervurées et cloquées.

Culture :

Ne semez pas la Betterave dans une terre trop riche ou fraîchement fumée : cela rendrait les feuilles trop grandes et les racines fourchues. Au printemps, ameublissez le sol en bêchant puis en l'affinant avec une griffe et incorporez éventuellement un engrais phospho-potassique, à raison de 30 g/m^2.

Semez en terre suffisamment réchauffée sur lignes distantes de 40 cm et profondes de 3 cm. Ces graines sont des glomérules, c'est-à-dire des agglomérats de plusieurs graines. Espacez-les suffisamment, le mieux étant d'utiliser un petit semoir. Recouvrez-les de terre, plombez et arrosez.

Les semis trop hâtifs provoquent en général une montée en graines, sauf si l'on prend soin de choisir des variétés à croissance rapide recommandées dans ce cas.

Entretenez votre culture en binant pour nettoyer la plate-bande et évitez la formation d'une croûte solide en surface. Dès que les pousses ont 2 ou 3 feuilles, éclaircissez à 15 cm (vous pouvez repiquer les plants prélevés sur une autre ligne).

Par la suite, en cours de récolte, prélevez les racines çà et là sur le rang, pour laisser davantage de place aux restantes qui continuent de se développer.

Avant les premières gelées, déterrez-les toutes, puis séchez-les à l'air libre avant de couper l'extrémité des racines, et les feuilles au-dessus du collet. Ensuite mettez-les en jauge en cave, dans du sable humide, ou dans un silo, protégées par de la paille.

Betterave 'Rouge de Détroit race Rubicus' (Royal Sluis).

← 40 cm →

Semis en pleine terre. Profondeur : 3 cm. Eclaircissage à 15 cm.

Variétés :

'Plate d'Egypte' : ronde et applatie, chair presque noire.

'Rouge de Détroit race Rubicus' : bonne résistance à la montée en graines (convient pour des semis hâtifs), forme ronde, chair rouge foncée.

'Forono' : forme cylindrique, chair tendre, sucrée et foncée.

'Ronde Blanche race Véréduna', ronde, chair blanche : idéale pour les salades mélangées car son jus ne tache pas.

Parasites et maladies :

Symptômes	Causes	Remèdes
Semis dévorés	Taupins, vers gris	Insecticide du sol en granulés.
Feuillage taché	Cercosporiose	Manèbe.
Racines crevassées	Carence	Engrais avec bore.

Betterave 'Plate d'Egypte' (Royal Sluis).

CARDON
syn. **Chardonnerette**

Cyrana cardunculus

COMPOSEES

Légume vivace, cultivé comme annuel, le Cardon ressemble à l'Artichaut, mais dans son cas ce sont les feuilles qui sont développées, offrant une végétation plus vigoureuse. Celles-ci ont des côtes charnues et comestibles. Le Cardon se plaît en sol meuble et fertil, enrichi au début du printemps d'un engrais organique complet, et apprécie des arrosages bimensuels d'engrais soluble en cours de végétation.

Culture :

Semez en pot et à l'abri dès le mois d'avril, pour une plantation un mois plus tard, ou directement en place début mai, en sillons profonds de 2 cm, espacés de 1 m, en poquets de 3 graines, distants également de 1 m. Après la levée, éclaircissez et conservez à chaque fois le plus beau plant. Durant les fortes chaleurs, paillez le sol et arrosez régulièrement pour maintenir l'humidité.

Dès la fin septembre, procédez à l'étiolement du cœur, afin d'attendrir les côtes. Pour ce faire, entourez les feuilles d'un papier kraft, maintenu par 2 ficelles, et ramenez de la terre autour des pieds en formant une butte. Ce blanchiment dure 2 à 3 semaines et s'opère progressivement selon vos récoltes. A la fin du mois d'octobre, mettez les cardons restants en cave, après les avoir déterrés avec leur motte, et continuez à les blanchir de la même manière.

Variété :

'Plein blanc inerme' : côtes très développées et sans épines.

Carotte 'Tango' F1 (Royal Sluis).

CAROTTE
syn. **Girouille, Pastonade**

Daucus carota

OMBELLIFERES

Les Carottes sont des légumes-racines bisannuels cultivés comme annuels. Elles prospèrent en sol léger, riche en matière humifère. En automne, épandez en surface une fumure décomposée, du compost ou du fumier frais. Au printemps, avant le semis, incorporez par léger griffage un engrais phospho-potassique, à raison de 30 g/m². Cette culture est à éviter en terre fraîchement labourée, ou trop compacte, ou caillouteuse : il en résulte en général des racines tordues. La meilleure méthode consiste à semer sur un terrain légèrement humide et de ne pas arroser aussitôt. Si par contre, elles sont fendues, cela est dû à un problème d'eau : un été trop sec, un automne pluvieux...

Parasites et maladies :

Symptômes	Causes	Remèdes
Galeries dans racines	Mouches	Chlorfenvinfos.

Culture :

Semez en janvier-février les variétés à forcer, sur couche chauffée, puis dès le mois suivant, les hâtives ou primeurs en pleine terre. Semez en lignes plutôt qu'à la volée, car cela facilite l'éclaircissage. On peut, pour les premiers semis sous abri, mélanger des graines de radis ronds à celles de carottes : les radis se développeront plus rapidement, sans gêner les carottes, et laisseront un bel espace après leur récolte.

En pleine terre, semez en lignes profondes d'1,5 cm et espacées de 25 cm. Recouvrez les semences, puis plombez. Installez des appâts anti-limaces, c'est quelquefois plus prudent. Eclaircissez après la levée, en laissant 5 cm entre chaque pousse ; binez et sarclez régulièrement.

Les semis précoces sont les plus faciles à réussir : les graines confiées au sol germeront sans problème, dès que la température leur sera favorable. Il est souvent déconseillé de semer au mois de mai, ceci parce que la mouche sévit à cette période. Rappelez-vous cependant que cet insecte n'aime pas l'odeur des poireaux et vous prendrez soin d'alterner les rangs de Carotte avec du Poireau. En juin, semez les variétés tardives, sans le moindre risque.

Pratiquez la récolte-éclaircissage qui consiste à en puiser çà et là, permettant aux restantes de continuer à se développer.

Avant l'hiver, stockez-les en cave ou en silo, après les avoir nettoyées et débarrassées de leurs fanes ; quelques variétés, et notamment certains hybrides, peuvent rester en terre durant l'hiver, protégées par un lit de paille, évitant surtout à la terre de geler et permettant de prolonger les récoltes.

Variétés :

Semis sous abri : 'Tamba', 'Amsterdam race Minicor', 'Hâtive de Hollande', 'Buror' F1.

Semis de primeur en plein terre : 'Nantaise', 'Nanco' F1, 'Buror' F1, 'Nandor' F1, 'Tango' F1.

Semis de saison : 'Nantaise', 'Canio' F1, 'Nandor' F1, 'Nanco' F1.

Tardives : 'Tardive de Colmar', 'Sytan', 'Tardive de Meaux', 'Scarla', 'Berlicum', 'Nandor' F1, 'Tamino' F1.

Les fourragères destinées plus spécialement à l'alimentation des lapins, sont néanmoins délicieuses et très riches en vitamines : 'Jaune obtuse du Doubs' et 'Blanche à collet vert'.

Carotte 'Tamino' hybride F1 (Royal Sluis).

Profondeur du semis : 1,5 cm.
Ecartement des rangs : 25-30 cm.
Eclaircissage : 5 cm.

Plomber (= tasser)

Variétés	J	F	M	A	M	J	J	A	S	O	N	D
Sous abri		▓	▓	▓	▓							
Primeurs			▓	▓	▓	▓	▓					
De saison				▓	▓	▓	▓	▓	▓			
Tardives	▓	▓	▓			▓	▓			▓	▓	▓

░ Semis   ▓ Récolte

CELERI
syn. **Ache douce**

Apium graveolens

OMBELLIFERES

Qu'ils soient à côtes ou à pommes, les Céleris, légumes bisannuels cultivés en annuels, demandent une attention particulière concernant l'époque de semis, de repiquage, la fumure, l'arrosage, etc.

LE CELERI-RAVE

Il se plaît dans une plate-bande bien fumée. Lors de la préparation printanière, enfouissez un engrais minéral phospho-potassique, à raison de 20 g/m². Par la suite, en cours de végétation, étalez autour de chaque plant un paillis riche en fumier, qui, tout en conservant l'humidité, apporte des éléments fertilisants complémentaires.

Semez en mars-avril, sur couche chaude ou en caissette, en enterrant les racines à 1 cm. Maintenez le terreau toujours humide ; pour une levée correcte, la température doit être de 18 °C.

Lorsque les plants ont 2 à 3 feuilles, repiquez-les individuellement en godet, en les maintenant toujours à bonne température. En effet, le moindre coup de froid, ou à plus forte raison une petite gelée, provoquerait une montée en graines.

Semis en couche.
Ecartement des rangs : 10 cm.
Repiquage en godet.

18 °C

Couche chaude

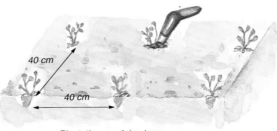

Plantation en pleine terre

40 cm

40 cm

Plantez-les en mai-juin, à 40-50 cm de distance en tous sens. A ce moment, pincez l'extrémité des racines pivotantes, pour favoriser l'émission de nouvelles radicelles secondaires, et évitez d'enfoncer trop profondément les plants dans le sol. Durant les nuits fraîches, recouvrez-les d'un voile de protection. Binez et arrosez fréquemment, étalez un paillis durant l'été.

La récolte commence dès le mois d'août, au fur et à mesure des besoins, jusqu'aux gelées. Avant l'hiver, déterrez les derniers céleris pour les conserver en jauge ou en silo recouvert de paille.

Variétés :

'Boule de Marbre' : racines à chair très blanche, variété résistante à la rouille.

'Mantor' : très vigoureuse et de bonne conservation.

LE CELERI A COTES

En ce qui concerne le sol, le Céleri à côtes a les mêmes exigences que le Céleri-rave.

Semez dès mars en couche chaude (18 à 20 °C), en ligne ou à la volée. Recouvrez légèrement les graines, puis tassez. La température doit être constante et la levée rapide (21 jours), pour éviter ultérieurement la montée en graines. Enfin, lorsque les plantules présentent 2 ou 3 feuilles, repiquez-les en godets, que vous stockerez en couche.

Il est également possible d'en semer d'avril à juin en couche ou en pépinière bien exposée, et d'éclaircir pour améliorer le développement du plant. Le repiquage en godets de tourbe évite cependant, au moment de la plantation, les chocs de transplantation.

Ne hâtez pas la mise en place : elle a lieu en général de la fin-mai à la fin-juillet, en distançant les plants de 40 cm en tous sens. Binez et arrosez souvent, en évitant de mouiller le feuillage.

Variétés :

'Branche d'Elne' : côtes rondes, charnues et lisses.

'Branche grand doré amélioré race Blancato' : côtes longues et volumineuses.

'Grand doré amélioré' : facile à blanchir, côtes larges et feuillage ample.

'A couper de Dinant' : idéal en potage.

Parasites et maladies :

Symptômes	Causes	Remèdes
Taches sur feuilles	Septoriose	Manèbe.
Pourriture	Sclerotinia	Rovral.

CHICOREES SCAROLE et FRISEE

Cichorium endiva

COMPOSEES

Ces légumes-feuilles sont cultivés comme annuels. Les Scaroles ont un feuillage ample et ondulé, alors que les Frisées ont des feuilles finement dentelées.

Culture :

Quelle qu'en soit l'époque, le mode de semis de ces deux Chicorées est identique ; seules les variétés changent. Semez à la volée en pépinière (ou sous couche chaude dans le cas des premiers semis), en prenant soin de maintenir la chaleur et l'humidité pour que la germination soit rapide (nous vous conseillons de recouvrir le semis d'un sac humide durant 2 jours, ensuite enlevez-le et ombrez si besoin). Lorsque les plants ont 3 feuilles, repiquez-les en place, en prenant soin de les "habiller" (en raccourcissant l'extrémité des tiges et des racines) et en les distançant de 40 cm en tous sens. Ne les enfoncez pas trop profondément : le plant doit être "flottant". Arrosez au goulot pour leur assurer une bonne reprise et, par la suite, binez régulièrement.

Pour attendrir les feuilles, faites blanchir le cœur en le recouvrant d'une cloche opaque durant les 8 jours précédant la récolte, mais il est vrai que les obtentions récentes blanchissent naturellement.

Variétés :

pour semis de février à mars (sous couche), plantation avril-mai et récolte juin-juillet :
- Scaroles : 'Batavia améliorée', supporte bien la culture sous tunnel et la chaleur ; 'Ronde verte à cœur plein race Brévo', au cœur bien serré.
- Frisées : 'Maraîchère race Nina', très fine, précoce ; 'Pavia', bonne résistance à la montée en graines ; 'Grosse pommant seule race Isola', cœur jaune d'or.

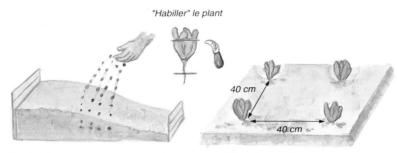

"Habiller" le plant

Semis à 1 cm de profondeur en couche *Plantation en pleine terre*

pour semis en mai-juin, plantation juillet-août et récolte septembre-octobre :
- Scaroles : 'Elna', forme une pomme volumineuse ; 'Géante maraîchère Samy', facilité au blanchiment ; 'Grosse bouclée race Malan', croissance rapide, cœur doré ; 'Cornet de la Loire', de forme allongée.
- Frisées : 'Frisée de Meaux', volumineuse ; 'Pavia', feuillage fin, résistante à la montée en graines ; 'Très fine maraîchère race Coquette', tête serrée.

pour semis en juillet-août, plantation en septembre-octobre et récolte en novembre, puis durant l'hiver (en cave ou sous tunnel) :
- Scaroles : 'Ronde verte à cœur plein', très rustique ; 'Cornet de Bordeaux', au feuillage long et ample ; 'Géante maraîchère race Maral', feuilles volumineuses et tendres.

- Frisées : 'Wallonne race Ilda', rustique, qui blanchit facilement ; 'Frisée de Ruffec', très bouclée ; 'Wallonne race Frisan', cœur doré bien serré, supporte l'humidité et les gelées nocturnes.

Parasites et maladies :

Symptômes	Causes	Remèdes
Feuilles extérieures jaunes et tombantes	Botrytis	Rovral.
Insectes sous les feuilles ou à la base du collet	Pucerons	Roténone.

CHICOREES SAUVAGES

Cichorium intybus

COMPOSEES

Il y a diverses Chicorées sauvages, à feuillage rouge ou vert, teintées d'une douce amertume. Leur semis s'étale tout au long de la saison.

Culture :

Semez les Chicorées sauvages directement en pleine terre, en lignes écartées de 40 cm. Dès que les plantules ont 2 feuilles, éclaircissez à 40 cm et repiquez les plants ainsi prélevés, sauf toutefois s'il s'agit de Chicorée 'Pain de sucre' ou de 'Rouge de Vérone', dont la reprise est délicate.

Binez et surtout arrosez souvent vos plantations. Il est important d'éviter que les Chicorées se touchent entre elles à maturité et par conséquent, "aérez" bien les cultures pour éviter les pourritures.

- La Chicorée sauvage '**Barbe de Capucin**' se sème d'avril à juin. On récolte les feuilles encore vertes durant la saison ; dès novembre, les racines sont rentrées en cave, avec les feuilles coupées à 1 cm au-dessus du collet. Enjaugez-les dans du sable ; maintenez l'obscurité et l'humidité. Au bout de quelques semaines, récoltez les nouvelles feuilles blanches et tendres bien au-dessus du collet, de façon à pouvoir en couper une deuxième fois, un peu plus tard.

- La variété '**Améliorée blonde**', à semer de mai à août, produit un feuillage très large et aéré. Elle se récolte dès le mois d'août et jusqu'au printemps suivant, en la consevant durant l'hiver sous tunnel.

- Semez la Chicorée '**Pain de Sucre**' de juin à août, pour la récolter à partir d'octobre. Rentrez-la en cave avant l'hiver, en enfouissant les racines dans du sable, mais il est possible de la conserver au potager sous un tunnel, à condition que les températures ne soient pas trop basses. Dans les régions à climat plus doux, semez-la en août et récoltez les "pommes" au printemps, dès qu'elles sont bien formées.

- De juin à août, semez la Chicorée '**Rouge de Vérone**'. Elle passe l'hiver en pleine terre. En automne, coupez son feuillage et protégez-la d'un paillis. Ce dernier sera retiré dès les premières douceurs printanières, lorsque des petites rosettes de feuilles rougeâtres se forment.

- La '**Chioggia race Livrette**', semée en mai et juin, forme rapidement une pomme volumineuse, ressemblant à un chou rouge. Elle doit être récoltée en automne, avant les gelées qu'elle ne supporte pas.

Chicorée 'Chioggia race Livrette'

Parasites et maladies :

Symptômes	Causes	Remèdes
Attaque des racines	Pucerons	Roténone.
Feuilles grignotées	Limaces	Méthaldeïde.

Variétés	J	F	M	A	M	J	J	A	S	O	N	D
'Barbe de Capucin'												
'Améliorée blonde'												
'Pain de Sucre'												
'Rouge de Vérone'												
'Chioggia race Livrette'												
Chicorée Witloof (Endives)												

Semis   Forçage   Récolte

CHICOREE WITLOOF ou ENDIVE

Ce type de Chicorée sauvage, dont la culture particulière est originaire de Belgique, préfère les terres profondes, dépourvues de fumure fraîche.

Culture :

Bêchez profondément la plate-bande avant le semis, puis affinez-la à la griffe. Semez en rayons espacés de 30 à 40 cm, profonds de 3 cm.

Choisissez les semences en fonction du mode de culture choisi, sachant que certaines variétés se forcent par la suite sous couverture de terre, et d'autres sans. Le semis a lieu de la mi-mai jusqu'à la fin juin (attention, un semis trop précoce peut provoquer la montée en graines). Utilisez un petit semoir, pour laisser suffisamment d'espace entre chaque graine. Lorsque les pousses ont 3 feuilles, éclaircissez sur 15 cm. En octobre-novembre, arrachez les racines pour les forcer ou les mettre en jauge en attendant leur remise en culture, selon vos besoins.

Forçage des racines :

Déterrez les racines, puis laissez-les sécher durant une dizaine de jours dans un endroit ombragé et aéré. Sélectionnez les plus grosses racines et égalisez-les à 18 ou 20 cm. Ensuite, "habillez"-les en coupant les feuilles à 3 cm au-dessus du collet.

- Le forçage sans couverture de terre :

Prenez un bac (bois, plastique, etc.) profond d'au moins 25 cm, et muni à la base d'un écoulement. Garnissez-le de tourbe enrichie bien humide, puis alignez les racines les unes à côté des autres, en évitant cependant qu'elles se touchent et en laissant dépasser le collet hors de la tourbe. Recouvrez votre préparation d'un film de plastique noir, maintenant l'obscurité en même temps que la chaleur nécessaire (ce film très léger se soulèvera en même temps que les chicons se développeront). Arrosez de temps en temps, sans mouiller les endives, et veillez à ce que la température ambiante soit maintenue entre 16 °C et 18 °C ce qui est mieux). La récolte s'effectue au bout d'un mois de forçage.

- Le forçage avec couverture de terre :

Ce mode de culture peut se dérouler en jauge, sous couche, en pleine terre ou en cave. Comme précédemment, préparez les racines et alignez-les dans une tranchée de 30 cm de profondeur. Comblez avec de la terre les espaces entre les racines, puis arrosez. Laissez ainsi le tout pendant une dizaine de jours, puis recouvrez d'une couche épaisse de 20 cm de terre légère ou de sable. Si la culture se déroule en pleine terre, rajoutez une couverture protectrice de paille, elle-même recouverte d'un film plastique. La récolte débute après 2 à 4 mois, selon la température et l'endroit où a lieu le forçage.

Parasites et maladies :

Symptômes	Causes	Remèdes
Asticots et galeries	Mouche	Pyréthrine.

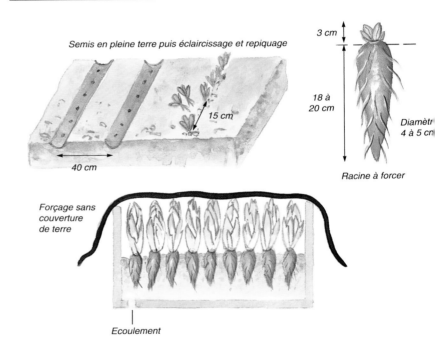

Semis en pleine terre puis éclaircissage et repiquage

40 cm

15 cm

3 cm

18 à 20 cm

Diamètr 4 à 5 cm

Racine à forcer

Forçage sans couverture de terre

Ecoulement

CHOU

Brassica oleracea

CRUCIFERES

Le jardinier, le plus souvent doublé d'un fin gastronome, cultive dans son potager de nombreuses variétés de Chou : Chou cabus, Chou de Milan ou de Bruxelles, Brocolis, Chou-fleur, Chou-navet, ou encore Chou de Chine.

Parasites et maladies :

Symptômes	Causes	Remèdes
Destruction des jeunes plants	Altises	Roténone.
Feuilles grignotées	Chenilles	Pyréthrine.
Feuilles desséchées	Mouche	Chlorofenvinfos.
Feuilles enroulées	Pucerons	Roténone.
Renflement du collet	Hernie du Chou	Quintozène.
Mouches blanches	Aleurodes	Pyrétrhine.
Taches blanc jaunâtre sur les feuilles	Mildiou	Manèbe.

LE CHOU-FLEUR
B. oleracea var. *botrytis*

Culture :

Une culture forcée consiste à semer du Chou-fleur dès le mois de janvier ou février sur couche chaude. Au bout d'un mois, les plants sont repiqués en pépinière, pour être enfin mis en place dès le début du mois d'avril.

Il est recommandé de semer les variétés tardives en avril-mai, en pépinière, puis de les planter un mois plus tard en pleine terre. Mais si d'habitude, vous manquez un tant soit peu vos cultures de Chou-fleur, semez vers la mi-juin une variété toute saison. Ensuite, repiquez les plants tout petits en godet, pour leur épargner tout choc de transplantation. Dès que la reprise est assurée, installez-les à leur place.

Dans tous les cas, évitez de faire "souffrir" les plants au repiquage : la reprise doit être parfaite et rapide, faute de quoi, le Chou monte prématurément en fleur, laquelle restera malheureusement trop petite. Si la reprise est bonne, la plante émettra de nombreuses racines, alimentant ensuite une pomme bien volumineuse.

Choisissez une plate-bande bien exposée, profondément ameublie et enrichie à l'automne de fumier décomposé. Au printemps, ajoutez un engrais complet riche en azote.

A la plantation, enfoncez les plants profondément, en les distançant de 60 à 80 cm en tous sens. Formez autour de chaque pied une petite cuvette, destinée à concentrer l'eau d'arrosage au niveau des racines.

Entretenez cette culture en binant le sol, puis en étalant un mulching pour conserver l'humidité. Faites régulièrement des apports d'engrais soluble. Pour que la fleur soit bien blanche, ombrez-la en la couvrant de feuilles vertes prises sur la plante (photo ci-dessous).

Variétés :

Pour les cultures forcée et de saison : 'Islandia', 'Merveille de toutes saisons' et 'Siria' F1.

Variétés tardives : 'Géant d'automne Magis', 'Ravella' F1, Cervina.

Semis en pépinière puis repiquage en godet

Plantation en pleine terre en formant une cuvette autour du plant

Chou-fleur 'Ravella' F1 (Royal Sluis).

Précautions :

Pratiquez une bonne rotation de culture, pour atténuer les attaques souvent massives d'altises, d'aleurodes et de chenilles. Fixez préventivement au milieu des choux, des plaques jaunes enduites de glu (cette couleur attire les mouches blanches, les aleurodes, et la glu les retient).

Au cas où ces parasites sévissent malgré cela, combattez-les en pulvérisant un insecticide à base de pyréthrine, additionné d'un mouillant pour mieux adhérer aux feuilles.

Variétés	J	F	M	A	M	J	J	A	S	O	N	D
En culture forcée												
En culture de saison												
Tardives												

▨ Semis ▨ Plantation ▨ Récolte

LES CHOUX CABUS OU POMMES
B. oleracea var. *capitata*

Il n'est pas évident de différencier les choux cabus et de savoir lesquels sont hâtifs ou tardifs. Tâchons d'être clairs : les variétés hâtives sont semées en fin de saison pour être récoltées l'année suivante. Celles de moyenne saison se sèment au printemps, pour une récolte estivale ou automnale. Enfin, les variétés d'hiver se développent plus lentement car semées au printemps, leur récolte a lieu dès l'automne, puis se poursuit en hiver jusqu'au début du printemps, lorsque l'on prend soin d'incliner leurs têtes vers le nord.

Quelle que soit la période de culture, le mode de culture des choux cabus reste identique : préparez d'abord le terrain l'automne précédent, en bêchant en profondeur et en épandant soit du fumier bien décomposé, soit, si le terrain est acide, de la chaux additionnée par la suite d'un engrais de fond. La chaux favorise la pousse, puis la formation des pommes.

Tous les choux cabus sont semés en pépinière, en lignes espacées de 10 cm, ou à la rigueur, à la volée. Dès que les plantules ont 3 feuilles, repiquez-les en godet ou en pépinière à 15 cm, en enterrant bien les tiges. Plantez-les en terre au bout d'un mois, à 50 cm de distance en tous sens, dans des trous assez profonds, pour leur assurer une bonne tenue ultérieure. Les hâtifs exigent, pour mieux pommer, des arrosages fréquents. Entretenez vos plantations en binant, puis en bornant, c'est-à-dire, en tassant la terre autour des pieds. 6 semaines après la plantation, faites un apport d'engrais azoté (20 g/m²).

Semis en couche en lignes espacées de 10 cm. Repiquage à 15 cm en pépinière ou en godet.

Plantation en pleine terre en bornant les plants.

Variétés :

Choux cabus hâtifs (semis en septembre, plantation d'octobre au printemps, ce qui signifie que les plants peuvent être conservés en couche durant l'hiver) : 'Clause Premier', pomme rapidement ; 'Précoce de Louviers de Drageons Isa', pomme très régulière résistant très longtemps à l'éclatement et à la montée en graines ; 'Mignon' F1, peu volumineux, mais pomme bien serrée.

Choux cabus de moyenne saison (semis de mars à juin, plantation, juin-juillet) : 'Brunswik Atol', bonne amélioration du Brunswik, très volumineux et à gros rendement, excellent chou à choucroute ; 'Tête de Pierre' F1, pomme très serrée et régulière ; 'Minicole' F1, chou à tête moyenne, pouvant rester longtemps en place sans éclater, une des meilleures variétés pour amateur ; 'Delphi' F1, bonne résistance à l'éclatement ; 'Rinda' F1, vigoureux et grosse pomme, bonne résistance à l'éclatement et à la pourriture.

Choux cabus d'hiver (semis en mai-juin, plantation juin-juillet) : 'Vaugirad Frost', supporte bien le froid, pomme bleutée et rouge ; 'Sphinx' F1, très rustique.

Chou cabus 'Sphinx' F1 (Royal Sluis).

Variétés	J	F	M	A	M	J	J	A	S	O	N	D
Hâtives		▓	▓		▓	▓				▓	▓	
De moyenne saison						▓	▓	▓	▓			
D'hiver		▓	▓			▓	▓				▓	▓

▓ Semis   ▓ Plantation   ▓ Récolte

LE CHOU VERT FRISE
B. oleracea var. *acephala*

Il se cultive comme les choux pommés d'hiver. C'est un excellent légume, très résistant au froid, qui se récolte en automne, durant l'hiver et jusqu'au printemps. Semis en mai-juin en pépinière et plantation en juin-juillet, à 50-60 cm en tous sens.

Variétés :

'Grand du Nord' : pied haut de 1 à 1,5 m.

'Arsis' F1 : feuillage finement découpé.

LE CHOU DE BRUXELLES
B. oleracea var. *gemmifera*

Les Choux de Bruxelles affectionnent les sols peu fumés, mais néanmoins fertils. Epandez à l'automne des scories potassiques (30 g/m²) et en fin d'été, une toute petite dose d'engrais azoté (10 g/m²).

Semez en mars-avril, en pépinière, repiquez ensuite les plants à nouveau en pépinière et, enfin, plantez-les profondément en pleine terre, en laissant 70 cm d'espace entre chacun d'eux. Arrosez au goulot, pour favoriser la reprise et stimuler le développement racinaire. Binez 2 ou 3 fois en cours de saison.

Comme tous les autres choux, ils sont souvent sujets aux attaques de chenilles et d'aleurodes ; traitez en conséquence (pyréthrine).

Semis en couche ou pépinière.
Profondeur : 1,5 cm.
En rangs espacés de 10 cm.
Repiquage : distance 30 cm entre les plants.

Si votre jardin n'est pas grand, vu la lente croissance des Choux de Bruxelles, occupez le terrain entre les rangs en y plantant quelques laitues. La récolte a lieu dès l'automne et les petites rosettes sont encore meilleures lorsqu'elles ont subi une petite gelée.

Variétés :

'Jade Cross' F1 : productif, à récolter impérativement à l'automne car il ne résiste pas au froid.

'Anagor' : plus rustique et peu sensible au botrytis.

'Rampart' F1 : pommes assez grosses et peu serrées, à récolter avant les grands froids.

Repiquage en pleine terre.
Profondeur de plantation : 15 cm.
Espacement : 70 cm entre les plants.

LES CHOUX ROUGES
(var. de moyenne saison)

'Tête de nègre' : pomme serrée de couleur rouge foncé.

'Sagared' F1 : plus précoce, pomme lourde très serrée.

'Roxy' F1 : pomme ronde et bien colorée, variété tardive et vigoureuse, se conservant bien.

CHOU BROCOLI A JET
B. oleracea var. *italica*

Ce chou, originaire d'Italie, se cultive aujourd'hui dans toutes les régions de l'hexagone. A l'automne précédant la plantation, bêchez la plate-bande, puis faites un apport d'engrais de fond, de fumier ou de compost. En cours de végétation, un peu d'engrais azoté serait le bienvenu.

Semez le Brocoli à jet en pépinière en mai-juin. Repiquez les plants en godets, au bout de 3 à 4 semaines. Puis 1 mois plus tard, plantez-les à 60 cm d'intervalle les uns des autres. Comme pour les choux cabus, enfoncez les plants profondément, en les bornant à l'aide d'un plantoir : c'est une culture facile. Récoltez les jets (petites pommes vertes) en automne régulièrement pour éviter qu'ils ne montent en graines.

Variétés :

'Grenne duke' F1 : saveur fine et végétation régulière.

'Corvet' F1 : variété vigoureuse, à pommes volumineuses.

LE CHOU-RAVE
B. oleracea var. *gongyloides*

Contrairement à la plupart des autres choux, on consomme la tige renflée du Chou-rave et non les feuilles, à moins de les cueillir toutes jeunes. Semez de mars à juillet, en pépinière. Installez les plants en place un mois plus tard, en terre enrichie d'un engrais complet. Distancez alors les plants de près de 50 cm les uns des autres, mais sans trop les enterrer. Binez et arrosez souvent. La récolte se déroule de mai à octobre. Dans les régions plus fraîches, couvrez-les en automne d'un voile de protection, atténuant les écarts de température.

Variétés :

'Hâtif de Vienne' : blanc ou violet, de bon goût, tendre et se conservant bien.

'Violet Grand tendre' : produit davantage et semble plus rustique.

Brocoli 'Corvet' F1
(Royal Sluis).

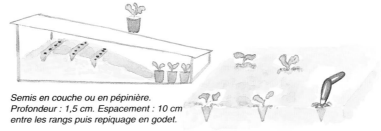

Semis en couche ou en pépinière.
Profondeur : 1,5 cm. Espacement : 10 cm
entre les rangs puis repiquage en godet.

Plantation à 60 cm d'intervalle, profondément,
en bornant les plants.

LE CHOU DE MILAN
B. oleracea var. *sabauda*

On distingue trois époques de production des Choux de Milan : l'été, l'automne et l'hiver. Les précoces, semés de février à avril, sont plantés dès mars et récoltés en juin-juillet. Les variétés d'automne sont semées de mars à mai, repiquées en pépinière 1 mois plus tard et enfin plantées au bout de 4 à 5 semaines. Leur récolte a lieu à partir d'août et jusqu'aux gelées. Restent les choux de Milan d'hiver, semés d'avril à juin et mis en place de juin à juillet, ils sont cueillis dès la fin de l'automne et pendant l'hiver (en prenant soin d'incliner leurs têtes au nord ou de les mettre en jauge dans une couche vide, en recouvrant les racines d'une butte de terre).

Leur mode de culture consiste à les semer en pépinière bien exposée, les repiquer au stade de 3 feuilles, puis les planter profondément, en les distançant en tous sens de 50 cm.

Entretenez votre culture en binant et en buttant les pieds. Les Choux de Milan ne sont pas particulièrement exigeants côté terrain, cela ne vous empêche pas d'apporter un peu d'engrais azoté en cours de végétation.

En cas d'attaque d'aleurodes, pulvérisez 3 fois à 8 jours d'intervalle un insecticide à base de pyréthrine, additionné d'un mouillant.

> Si vous conservez ces choux à l'intérieur, entreposez-les dans un local aéré, frais et sec.

Variétés :

Précoces (ou d'été) : 'Salarite' F1, pour sa rusticité ; 'Sapala' F1, à cycle rapide, feuillage peu cloqué.

D'automne : 'Hâtif d'Aubervilliers race Eco', pomme régulière, bon rendement ; 'Gros des Vertus', très volumineux, bien ferme et très rustique.

D'hiver : 'Pointu d'hiver', excellente qualité gustative ; 'Celsa' F1, pomme ferme et lisse ; 'Pontoise race de Cergy', pomme bleutée légèrement rougeâtre.

Chou de Milan 'Sapala' F1 (Royal Sluis).

Variétés	J	F	M	A	M	J	J	A	S	O	N	D
Précoces (ou d'été)		▒	▒	▒	▓	▒	▒					
D'automne			▒	▒	▒	▓		▒	▒	▒	▒	
D'hiver	▒			▒	▒	▒	▓				▒	▒

▒ Semis   ▓ Plantation   ▒ Récolte

LE CHOU CHINOIS OU PE-TSAI
B. campestris var. *pekinensis*

C'est un légume sensationnel, de plus en plus cultivé dans tous les potagers.

Dès le début juillet et jusqu'au 15 août, faites des semis échelonnés en pleine terre, sur lignes espacées de 40 cm. Arrosez régulièrement et, après la levée, éclaircissez à 25 cm. Vous pouvez aussi semer en pépinière en juillet et planter en pleine terre dès septembre à 25 cm de distance.

Entretenez votre culture par des arrosages réguliers mais modérés et des binages assez fréquents. Commencez à récolter les pommes dès leur formation.

En région plus froide, limitez vos semis au 15 juillet, ou alors protégez les choux en automne sous un tunnel.

Variété :

'Tip-Top' F1 : pomme ovoïde très fournie, espèce vigoureuse, à bon rendement.

LE CHOU-NAVET OU RUTABAGA
B. napus

Semis de mars à juin, plantation d'avril à août, en distançant les plants de 35 cm en tous sens. Récolte de juillet à octobre.

Variétés :

'Champion à collet violet' : de taille moyenne, chair jaune.
'Champion à collet vert' : bien vigoureux.

CHOU ET CHOUCROUTE

Si le chou quintal blanc à tête aplatie est le plus utilisé actuellement pour la fabrication de la choucroute, cela n'a pas toujours été le cas. Le surissement était un moyen de conservation largement répandu pour de nombreux légumes, choux rouges, choux blancs, navets... qui permettait de les conserver tout l'hiver en préservant leur qualité diététique (vitamines, minéraux).

La fabrication de la choucroute par les particuliers n'est plus guère de mise de nos jours. Par curiosité, voici le mode de préparation : après avoir enlevé les feuilles vertes du chou - ne garder que le blanc -, il faut le détrognonner puis le couper en très fines lamelles, à l'aide d'un rabot à choucroute. Le tout est ensuite déposé dans un saloir, épicé, salé, surmonté d'une planchette et d'un poids. La fermentation commence. Elle doit durer 3 à 4 semaines, au frais, mais à l'abri du gel.

Si cela vous tente, pourquoi ne pas essayer ? Plantez quelques choux de la variété 'Quintal d'Alsace' dans votre potager. A l'automne, préparez-les. Le saloir que vous utiliserez peut être un petit tonneau voire un simple seau en plastique muni d'un couvercle que vous conserverez dans votre cave ou tout autre endroit frais. Vous prélèverez la choucroute au fur et à mesure de vos besoins en rajoutant de l'eau à chaque fois.

CONCOMBRE et CORNICHON

Cucumis sativus

CUCURBITACEES

Ces légumes annuels rampants sont dotés de vrilles leur permettant de grimper sur un support grillagé. Le mode de culture est le même pour l'un ou l'autre.

Culture :

Semez en mars-avril, en poquets de 3 ou 4 graines dans des godets remplis de terreau à semis. Entreposez-les dans une couche ou une mini-serre chaude et humide. Après la levée, éclaircissez et choisissez le plus beau plant par pot. Plus tard, pincez-le au-dessus de la deuxième feuille. Installez les replants en pleine terre début mai, en les distançant d'1 m les uns des autres et en les protégeant d'un tunnel ou de simples cloches en plastique transparent, jusqu'à la fin du mois. Creusez ensuite une petite cuvette autour de chaque plant, pour mieux retenir l'eau d'arrosage.

Entretenez en arrosant et en sarclant, puis, dès la fructification, coupez la tige après la première feuille suivant le fruit (sur Concombre uniquement). Pour un meilleur développpement, ne conservez que quelques fruits par plant (également pour le Concombre).

Un autre mode de culture consiste à semer début mai en pleine terre, sous tunnel ou sous voile de protection. Préparez tout d'abord les emplacements, distants d'1 m en tous sens : creusez un trou profond et large de 40 cm au fond duquel vous disposerez une couche bien tassée de 20 cm de fumier frais. Puis, recouvrez-le d'un bon terreau. (Notez cependant que, si votre sol est suffisamment fertile, il n'est pas nécessaire d'entreprendre toutes ces préparations). Semez en poquet de 5 graines dans chaque emplacement, puis couvrez d'une cloche transparente pour hâter la germination. Comme précédemment, éclaircissez après la levée, en conservant à nouveau les plus beaux plants par poquets, puis procédez aux pincements et à l'entretien.

CULTURE HATEE

Semis en godet sous couche

Eclaircissage puis pincement des plants au-dessus de la 2ᵉ feuille

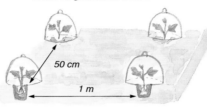

Plantation en pleine terre

Protection à l'aide d'une cloche

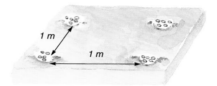

CULTURE EN PLEINE TERRE

Semis en poquets. Profondeur : 2 cm.

La récolte a lieu environ 8 semaines après le semis.

Les Cornichons peuvent être cultivés sur des filets à ramer.

Lorsque l'année est chaude et humide, les Concombres et Cornichons sont sujets à l'oïdium. Traitez préventivement avec un fongicide (soufre ou manèbe). Ils sont également sensibles aux courants d'air : cultivez-les au milieu de légumes ou plantes plus grandes, faisant office de coupe-vent.

Variétés :

- de Concombre : 'Vert long de Chine', bon goût et excellent rendement ; 'Mesa' F1, très bonne production, demi-long et bien vert ; 'Marketer', fruit demi-long très vigoureux ; 'Marenka' F1, fruits courts à chair ferme bien croquante.

- de Cornichon : 'Ceto' F1, grosse production de petits fruits jusqu'aux gelées ; 'Wilma' F1, fruits vert foncé et lisses, fermes et croquants, variété résistante à l'oïdium.

Parasites et maladies :

Symptômes	Causes	Remèdes
Pourriture du fruit	Botrytis	Manèbe.
Feutrage blanc	Oïdium	Bénomil ou soufre.
Feuilles crispées	Pucerons	Roténone.

COURGE
syn. **Courge d'été, Courgette, Pâtisson, Citrouille**

Cucurbita pepo

CUCURBITACEES

Plante annuelle, prospérant dans des endroits ensoleillés, en terrain bien fumé, perméable et riche en compost.

Culture :

En mars, semez en godets des poquets de 3 graines et entreposez-les sous couche. Plantez-les en mai, dans des trous préalablement remplis de terreau additionné de compost, distants d'un mètre en tous sens. Binez, arrosez et maintenez le sol humide en le paillant.

Vous pouvez également semer directement en mai, lorsque le sol est suffisamment réchauffé. Enfoncez alors les graines par groupe de 3 ou 4 dans des trous préparés et distancés comme précédemment. Récoltez les courgettes dès juillet et jusqu'en automne.

> *Si vous avez un grand tas de compost, plantez-y quelques pieds de Courgette qui trouveront là une quantité de nourriture assurant une très belle production.*

Variétés :

'Tarmino' F1 : bonne production de fruits réguliers.

'Diamant' F1 : variété précoce.

'Ghada' F1 : fruits au goût très fin, réguliers, vert clair.

'Acceste' F1 : variété précoce, fruits longs, vert foncé.

'Vegetable Spaghetti' : fruits allongés, jaunâtres (ils se récoltent à maturité complète ; plongez-le dans de l'eau bouillante salée pendant 20 minutes, puis coupez-le en deux pour extraire la chair fibreuse.

'Rodéo' et 'Patty' F1 : fruits blanchâtres, ronds et plats, au goût très fin (récoltez-les tout petits pour les confire au vinaigre, ou avant complète maturité pour les manger comme les Courgettes).

PATISSON : fruits aplatis à chair ferme.

CITROUILLE : fruits ovoïdes lisses ou verruqueux.

Courgette 'Ghada' F1 (Royal Sluis).

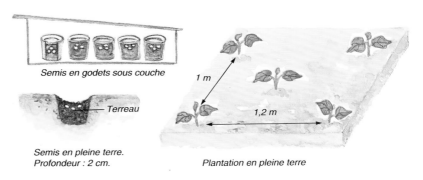

Semis en godets sous couche

Terreau

*Semis en pleine terre.
Profondeur : 2 cm.*

1 m

1,2 m

Plantation en pleine terre

CRESSON ALENOIS

Lepidum sativum

CRUCIFERES

Annuel et de culture facile, le Cresson alénois se développe rapidement. Les feuilles sont petites, perchées sur une courte tige et elles ont une saveur agréablement piquante.

Culture :

Dès janvier, si vous disposez d'une couche tiède ou si le temps est exceptionnellement doux, faites quelques semis, à dix jours d'intervalle pour vous assurer des récoltes échelonnées. Enfin, en pleine terre, dès mars jusqu'à octobre, semez du Cresson en ligne ou à la volée : maintenez toujours le sol humide et préférez un coin abrité au printemps et ombragé en été. Coupez les feuilles avec des ciseaux, car une même culture peut être récoltée généralement deux fois.

En hiver, disposez simplement quelques graines sur un buvard maintenu humide, ou mieux dans une assiette à soupe, ce qui permet de l'arroser fréquemment. Au bout de quinze jours, vous aurez une bonne petite salade.

Variétés :

Alénois commun : feuillage découpé, disposé en rosettes.

Alénois frisé : petites feuilles à saveur plus douce.

CRESSON DE FONTAINE
syn. **Cresson d'eau, Cresson de ruisseau**

Nasturtium officinale

CRUCIFERES

Ce type de Cresson, vivace, à longues tiges et feuilles arrondies, pousse dans les lieux très humides, comme les bords de ruisseaux.

Sa culture est plus compliquée que celle du Cresson des jardins qui est parfaitement terrien, que nous vous recommandons plus particulièrement (leur saveur est identique).

Culture :

Semez-en à la volée en mars-avril, en couche ou en pépinière, puis arrosez copieusement sans négliger l'aération. Lorsque les plants ont environ 5 cm de haut, soit environ un mois après le semis, repiquez-les en place, dans un sol bien enrichi en compost (à 10 cm d'écartement environ) et arrosez journalièrement.

CRESSONNETTE
syn. **Cresson de terre**

Barbarea praecox

CRUCIFERES

Bisannuel, ce cresson forme une rosette volumineuse de feuilles brillantes, vert foncé, de saveur piquante et de texture assez dure.

Culture :

Semez-le à la volée, en pleine terre, dès le début du printemps et jusqu'en septembre. Choisissez une exposition fraîche, supprimez les hampes florales dès leur apparition. Arrosez régulièrement et luttez contre les limaces. Récolte de juillet à novembre.

> *Semez la Cressonnette au pied des Groseilliers. Bien ombrée, cette place lui conviendra parfaitement et cela vous évitera de désherber.*

CRESSON ALENOIS

Semis en couche tiède à la volée

Semis en pleine terre en lignes espacées de 5 cm ou à la volée

CRESSON DE FONTAINE

Semis à la volée en couche

5 cm

Plant à repiquer

*Repiquage en pleine terre.
Espacement : 10 cm.
Arrosage copieux tous les jours.*

ECHALOTE
syn. **Chalote**

Allium cepa
var. *aggregatum*
syn. *A. escalonicum*

LILIACEES

Botaniquement vivace, l'Echalote se multiplie en donnant naissance à une couronne de bulbilles. Elle préfère une terre perméable et surtout non fumée.

Culture :

Les bulbilles doivent être plantées de préférence sur des petits monticules hauts de 10 cm pour éviter les stagnations d'eau et donc la pourriture. Enfoncez-les à la main tous les 20 cm en lignes elles-mêmes espacées de 30 cm. L'arrosage est superflu et évitez de biner entre les lignes. Déterrez les échalotes lorsque le feuillage est jauni et laissez-les sécher en plein air avant de les stocker dans un endroit bien sec et aéré.

Pour éviter tout risque de botrytis, épluchez-les superficiellement et faites-les tremper 24 heures avant la plantation dans une solution à base de rovral.

Variétés :

Les variétés printanières se plantent dès février-mars. Selon vos goûts, choisissez l' 'Echalote de Jersey', ronde, de bonne conservation (que vous pouvez également planter en automne), la 'Cuisse de poulet', formant de gros bulbes oblongs ou l' 'Echalote russe', grosse et ronde, d'excellente conservation. Récoltées dès juillet, elles se gardent parfaitement durant tout l'hiver et même jusqu'au mois de juin suivant.

En automne, d'octobre à mi-décembre, plantez impérativement la délicieuse 'Echalote grise'. Récoltée en fin de printemps, elle doit être consommée avant la fin de l'année ou éventuellement conservée au congélateur.

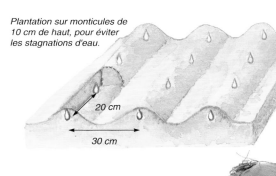

Plantation sur monticules de 10 cm de haut, pour éviter les stagnations d'eau.

20 cm

30 cm

Parasites et maladies :

Symptômes	Causes	Remèdes
Larve dans le bulbe	Mouche	Chlorofenvinfos.
Pourriture des bulbes	Botrytis	Rovral avant plantation.

Variétés	J	F	M	A	M	J	J	A	S	O	N	D
Printanières		▬	▬			▬	▬					
Automnales					▬	▬	▬			▬	▬	

▬ Plantation   ▬ Récolte

EPINARD

Spinacia oleracea

CHENOPODIACEES

Légume-feuille annuel ou cultivé comme bisannuel (Epinard d'hiver), il forme une touffe à feuillage ample et épais.

Culture :

L'Epinard a une pousse rapide et il serait plus sage de le cultiver au printemps ou en fin d'été, afin d'éviter la montée prématurée en graines qui serait due aux fortes chaleurs. Heureusement, les nouvelles variétés sont plus résistantes à ce phénomène. Choisissez une plate-bande bien fraîche, humifère, enrichie à l'automne d'un engrais organique de fond mélangé à du compost, à raison de 10 kg/are. En saison, faites, si vous le jugez nécessaire, un léger apport d'engrais azoté (20 g/m²).

Semez dès le mois de mars, en pleine terre, à bonne exposition ou sous tunnel. D'avril à août, préférez les variétés hybrides F1 et un endroit plutôt ombragé. En-

fin, de fin août à octobre, semez les variétés d'hiver et abritez-les sous un tunnel durant les froids. Quelle que soit l'époque, le semis se fait en ligne, profondes de 1 à 2 cm et espacées de 30 cm (plus facile à désherber) dans un sol simplement allégé par un griffage. Plombez et maintenez le terrain bien humide, éventuellement en le recouvrant d'un sac, pour hâter la germination. Une dizaine de jours après la levée, éclaircissez à 10 cm, sur rang et n'oubliez pas les limaces, en leur installant des appâts. La cueillette est échelonnée : prenez soin de ménager le cœur de l'Epinard et profitez-en pour désherber. Entretenez votre culture en maintenant le sol humide, en binant et en arrosant régulièrement.

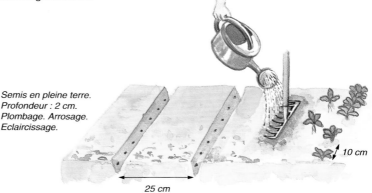

Semis en pleine terre. Profondeur : 2 cm. Plombage. Arrosage. Eclaircissage.

10 cm

25 cm

Parasites et maladies :

Symptômes	Causes	Remèdes
Feuilles dévorées	Limaces	Appâts.
Feuilles déformées	Pucerons	Roténone.
Taches brunâtres	Mildiou	Manèbe.

L'Epinard est aussi un engrais vert. Dans ce cas, semez en automne une variété d'hiver, à raison de 3 g/m², enfouissez la graine au râteau et plomber.

Variétés	J	F	M	A	M	J	J	A	S	O	N	D
'Lagos' F1			▩		▩							
'Polka' F1			▩		▩							
'Symphony' F1				▩	▩	▩	▩					
'Samos' F1		▩	▩	▩				▩	▩		▩	
'Hiverna'		▩	▩	▩				▩	▩		▩	

▩ Plantation   ▩ Récolte

Epinard 'Symphony' F1 (Royal Sluis).

Variétés :

Semez en mars pour récolter en mai (après les variétés d'hiver), 'Lagos' hybride F1, très productive, 'Polka' F1, vigoureuse et résistante au mildiou ou 'Symphony' F1, lente à monter en graines. Elles conviennent aussi au semis d'avril à juillet, pour une récolte de juin à septembre.

D'août à octobre, semez les variétés d'hiver : deux récoltes sont possibles avant l'hiver et reprennent successivement de février à avril. Choisissez 'Samos' F1 qui repousse très bien après une cueillette et qui est lent "à monter" au printemps et 'Hiverna', très rustique, qui repousse parfaitement au printemps, ou encore le 'Géant d'hiver'.

Epinard 'Hiverna' (Royal Sluis).

FENOUIL
syn. **Fenouil doux**

Foeniculum vulgare var. *dulce*

OMBELLIFERES

Le Fenouil est un légume vivace, mais cultivé comme annuel. La base de ses feuilles grossit pour former une pomme blanchâtre, qui a l'odeur de l'anis.

Culture :

Choisissez un emplacement bien ensoleillé, un sol ameubli et enrichi au printemps d'engrais organique (50 g/m^2).

Semez directement en place, de mai à juillet, dans la moitié nord du pays et jusqu'au mois d'août pour la moitié sud du pays, en lignes profondes de 1 cm et espacées de 40 cm. Après la levée, éclaircissez à 20 cm. Le Fenouil aime les arrosages très réguliers. Dès que les pétioles commencent à s'épaissir, buttez très légèrement (ce travail n'est pas impératif). La récolte peut être échelonnée de juillet jusqu'aux gelées et même au-delà, si vous prenez soin de couvrir la culture d'un tunnel.

Variétés :

Dans le nord de la France, choisissez le Fenouil 'Mantoue race Solar', formant de gros bulbes. Dans le sud, préférez le 'Latina', de bon rendement, pour consommation hivernale. Il existe une autre variété, valable dans toutes les régions : 'Zefa Fino', très résistante à la montée en graines, à grosses pommes bien plates et blanches.

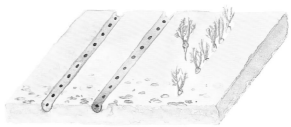

Semis en pleine terre.
Profondeur : 1 cm. Eclaircissage des plants à 15-20 cm.

FEVE
syn. **Gorgane, Fayot**

Vicia faba

LEGUMINEUSES

C'est une plante annuelle, à fort développement.

Autrefois, les fèves servaient à désigner les monarques, d'où la traditionnelle galette des rois. Brillat Savarin les avait surnommées : "manger des dieux". Consommez-les crues en hors-d'œuvre et cuites en purée, sautées ou en potage.

Culture :

Les semis débutent en février et en avril, à l'exception du Midi où l'on commence bien souvent dès les mois d'octobre et novembre. Avant cela, préparez une plate-bande bien exposée et incorporez-y du fumier décomposé ou du compost, ou mieux encore, un engrais organi-que (50 g/m²). Semez en lignes écartées de 50 cm, en poquets de 5 graines, distants de 20 cm. Buttez les pieds dès qu'ils ont 30 cm de haut. Au moment de la floraison, faites une estimation et prévoyez la quantité de gousses souhaitées, après quoi, pincez le sommet des tiges pour favoriser la formation des fèves et pour éliminer un bon nombre de pucerons agglutinés sur ces extrémités (tolérez-les quelques jours avant de les détruire). Si ces pincements sont insuffisants pour réduire leur nombre, faites une pulvérisation de roténone. Durant le grossissement des fruits, arrosez régulièrement. La récolte a lieu dès que les graines sont entièrement formées, c'est-à-dire en juillet-août (et en juin pour les semis d'automne en région méditerranéenne).

Variétés :

Choisissez la 'Fève d'Aguadulce race Claudia' à très longues cosses, pour son rendement exceptionnel, ainsi que la 'Fève de Séville', un peu plus hâtive.

Parasites et maladies :

Symptômes	Causes	Remèdes
Insectes agglutinés	Pucerons noirs	Pincements ou roténone.

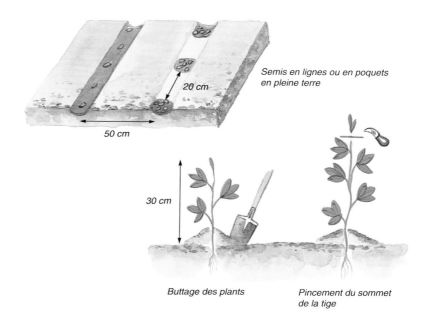

Semis en lignes ou en poquets en pleine terre

20 cm

50 cm

30 cm

Buttage des plants

Pincement du sommet de la tige

FRAISIER

Fragaria

ROSACEES

Plante vivace réputée pour ses fruits rouges et sucrés. Les feuilles, formées de 3 folioles, sont portées par une courte tige et forment une touffe.

Culture :

Le Fraisier préfère un endroit ensoleillé et un sol riche, frais, perméable, ni trop calcaire, ni trop humifère. Enrichissez-le à l'automne de fumier bien décomposé. Au printemps, c'est-à-dire dès le départ de la végétation, incorporez par griffage, un engrais minéral du type 12.7.14.+Mg, à raison de 30 g/m².

Plantez vos fraisiers de mars à mai et à nouveau en août-septembre. Les plants doivent être garantis par le service officiel de contrôle (S.O.C.) et, ce de fait, munis d'une petite étiquette bleue. Ils sont commercialisés en godets ou en "arrachis" frais, pourvus de belles racines. Prévoyez une durée de culture de trois ans et pratiquez une rotation de rajeunissement, qui consiste à renouveler annuellement un tiers de la culture.

Les Fraisiers à gros fruits sont soit remontants, soit non-remontants. Dans le premier cas, ils produisent plusieurs fois de façon échelonnée, en général, en mai-juin, puis en août-septembre (et même jusqu'aux gelées). Quant aux non-remontants, les variétés hâtives fructifient en mai, les autres en juin ou en juillet. Leur production groupée est très importante et les fruits sont destinés à être mangés frais, mais surtout pour faire de la confiture ou, suivant le cas, pour la congélation.

Préparez des plates-bandes de 1 m de large au maximum, bordées de part et d'autre d'un chemin d'accès, de façon à pouvoir cueillir sans être obligé de mettre un pied sur la culture. Comptez 9 plants au m², ainsi la distance minimum entre chacun d'eux sera d'environ 30 cm.

Au moment de la plantation, faites des trous suffisamment profonds en vous servant d'une houlette pour ne pas abîmer les racines et veillez à ce que le collet soit posé au niveau du sol. Ensuite, arrosez copieusement pour assurer la reprise. Lorsqu'il s'agit de plantation de fin d'été, supprimez les fleurs et les stolons pour ne pas affaiblir les plants. Binez et

désherbez pour maintenir le sol toujours frais et propre.

En automne, faites un nettoyage qui consiste à supprimer les feuilles jaunies et le paillis.

Le paillage

Etalez de la paille sous les plants, pour garder le sol humide et les fruits propres.

- La culture sur film plastique noir :

Les films de plastique noir maintiennent le sol humide, évitent la pousse des mauvaises herbes et gardent les fruits propres. La planche de culture aura la même largeur que précédemment, c'est-à-dire 1 m. Creusez tout autour une petite tranchée. Etalez le film de plastique de façon à ce qu'il déborde sur les tranchées. Rebouchez celles-ci afin de maintenir le film noir par un monticule de terre. Découpez l'emplacement de chaque plant de Fraisier, en incisant en croix avec une lame de rasoir.

- La culture des Fraisiers "quatre saisons" à petits fruits :

Semez-les en pépinière d'avril à juin, puis repiquez-les dès qu'ils ont 5 cm de haut, toujours en pépinière, en les distançant de 20 à 25 cm sans oublier de les ombrer. Lorsqu'ils sont bien développés, en août-septembre ou de préférence au printemps suivant, plantez-les en place à 20 ou 30 cm de distance.

Les Fraisiers à petits fruits sont d'excellentes plantes couvre-sol pour les coins ombragés.

Variétés :

Fraisiers remontants (production échelonnée) :

'Ostara' : gros fruits très sucrés.

'Rabunda' : belle récolte de fruits moyens.

'Hummi Gento' : gros fruits de qualité et en quantité.

'Mara des bois' : gros fruits à saveur de fraises des bois.

Fraisiers non-remontants (production groupée) :

'Elvira' : hâtive à gros fruits.

'Belrubi' : fruits fermes et coniques, spécial surgélation.

'Darstar' : très bon rendement.

'Korona' : gros fruits bien juteux.

Fraisiers à petits fruits :

'Sweet Heart' F1 : très parfumée.

'Reine des Vallées' : très productive.

Parasites et maladies :

Symptômes	Causes	Remèdes
Dépérissement du plant	Vers blancs	Granulés insecticides.
Taches brunes sur les feuilles	Maladies des taches pourpres	Manèbe.
Feuilles grises	Acariens	Dicofol.
Feutrage blanc	Oïdium	Soufre.
Pourriture des fruits	Botrytis	Rovral.

HARICOT

Phaseolus vulgaris

LEGUMINEUSES

Cette plante annuelle se développe rapidement, en formant des gousses remplies de graines. Ses tiges minces sont plus ou moins volubiles.

Il est important ici de bien choisir les variétés. En effet, les haricots "filets", à récolter jeunes, prennent du fil en grandissant et deviennent immangeables. Les "mangetout" (comme le 'Contender'), au contraire, se développement sans fil, mais sont plus charnus. Fort heureusement, un excellent compromis existe ; les "filet-mangetout" ou "mangetout sans-fil", selon les appellations des maisons grainetières, allient la saveur des plus fins aux avantages des autres, si bien qu'il n'est plus nécessaire de les prélever quotidiennement, et même, longs de 17 à 20 cm, ils restent fermes, droits et fins et surtout sans fil. Quel que soit votre choix, le mode de culture est le même.

Culture :

Les haricots germent bien dans un sol suffisamment réchauffé (10 °C mini-

mum) et enrichi à l'automne de compost ou de fumier décomposé. Evitez par conséquent les semis trop hâtifs, voués en général à l'échec. Attendez fin avril, suivant les régions, et arrêtez-vous fin juillet, quoique les variétés hâtives, comme 'Prélude' et 'Saxa', peuvent être semées jusqu'au 15 août. Il s'agit là de haricots nains, car les ramants, au développement plus lent, seront semés avant la fin juin ou du moins tout au début de juillet.

Les haricots nains sont semés en lignes, toutes les trois à quatre semaines : distancez les rangs de 50 cm et chaque grain de 4 cm.

Pour les ramants, préférez les poquets de 7 graines, distants de 50 cm, sur deux lignes, de façon à pouvoir placer des rames hautes de 2,50 m de chaque côté des chemins d'accès. Si vous souhaitez les palisser sur un filet à ramer, semez plutôt en ligne.

Binez vos plantations une première fois après la levée, puis à nouveau après 20 jours, lorsque les deux premières feuilles sont bien développées, en formant un petit monticule autour de chaque pied. Arrosez par temps sec, en prenant soin de ne pas mouiller le feuillage. Ayez toujours une poudreuse remplie d'insecticide à base de roténone pour traiter, le matin, en cas d'attaque de pucerons.

Tenez compte du temps nécessaire à vos semis pour arriver à maturité, de façon à ne pas être en vacances au moment de la cueillette. Enfin, si votre jardin est petit et que vous manquez de place, plantez des laitues à l'ombre de vos haricots à rames.

Variétés :

- Les haricots verts "filet-mangetout" et "mangetout" : 'Argus', maturité 65 jours, haricot délicieux, filet-mangetout, long et sans fil, production importante, apte à la surgélation ; 'Janus', filet-mangetout, 65 jours, du même type, supportant la chaleur, apte à la surgélation ; 'Constant', mangetout, donc légèrement charnu, 65 jours, surgélation ; 'Contender', mangetout, 65 jours, un grand classique toujours d'actualité, productif, à manger frais ; 'Cordoba', filet-mangetout, 60 jours, longues gousses, très bonne production ; 'Tavéra', filet-mangetout, 65 jours, gousses plus petites mais bien fines ; 'Armor', mangetout, 65 jours, à cueillir en une seule fois et à congeler ; 'Prélude' et 'Saxa', mangetouts, 55 jours, des valeurs sûres et rapides.

Haricots nains : *semis en lignes*

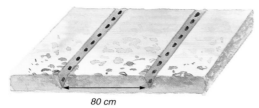

*Profondeur : 3 cm.
Distance : 4 à 5 cm
entre chaque graine.*

80 cm

Haricots à rames : *semis en poquets*

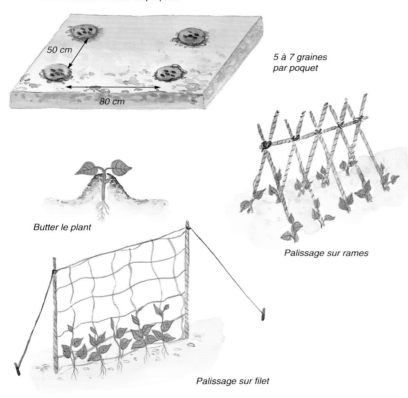

50 cm

*5 à 7 graines
par poquet*

80 cm

Butter le plant

Palissage sur rames

Palissage sur filet

- Les haricots verts "filets" : 'Farcybel', 60 jours, productif ; 'Morgane', 65 jours, très productif, à saveur excellente, surgélation ; 'Fin de Bagnols', satisfaisant ; 'Obélisque', 65 jours, gousses marbrées, surgélation.

- Les haricots jaunes (ou beurres) : 'Constanza', mangetout, 65 jours, à grains blancs, gousses mi-longues ; 'Beurre de Rocquencourt', productif, mangetout à grains noirs, 65 jours, bon rendement ; 'Findor', 65 jours, très fin, grains noirs ; 'Fréor', 65 jours, très productif, grains blancs, très fin, surgélation.

- Les haricots à rames : 'Phénomène', longues gousses vertes utilisables en frais ou sec ; 'Or du Rhin', gousses jaunes plates, très bonne production ; 'Parade', très productif, gousses violettes plates de plus de 20 cm de long, gros rendement, facile à cueillir, devient vert à la cuisson.

- Les haricots nains à écosser : 'Flajanor', 85 jours, flageolets blancs, bon à congeler, récolte en grains frais ; 'Flavéol', 90 jours, belles gousses bien remplies, idéal pour la conserve ; 'Vernor', 80 jours, flageolets verts, apte à la congélation, très productif. 'Candide', 85 jours, beaux grains bien blancs.

- Les cocos : 'Coco blanc', variété naine sans fil, à consommer en vert ou en grains ; 'Coco de Prague' à rames, cueilli jeune, il peut être mangé avec sa cosse, gros grains à écosser frais.

> *Les variétés que vous destinez à la consommation en grains secs seront arrachées avec le pied et mises à sécher dans un lieu bien aéré ou au soleil.*

Parasites et maladies :

Symptômes	Causes	Remèdes
Présence d'insectes sur les tiges	Pucerons	Roténone.
Taches noires et brunes sur feuilles et gousses	Anthracnose	Cuivre ou manèbe.
Pustules sous les feuilles	Rouille	Manèbe.
Pourriture grise	Botrytis	Rovral.

LES HARICOTS

Variétés	Type	Classement	Caractéristiques	Gous-ses	Matu-rité	Congé-lation
ARGUS	nain	filet-mangetout	long, très productif	vertes	65 jours	oui
ARMOR	nain	mangetout	cueillette groupée	vertes	65 jours	oui
BEURRE DE ROCQUEN-COURT	nain	mangetout	productif	jaunes	65 jours	non
CANDIDE	nain	à écosser	grains blancs	vert clair	85 jours	oui
COCO BLANC	nain	frais ou grains secs	grains ronds, blancs	marbrées	75 jours	oui
COCO DE PRAGUES	ramant	frais, à écosser	gousses jeunes consommables, gros grains	panachées	80 jours	conserve
CONSTANT	nain	mangetout	excellent, un peu plus charnu	vertes	65 jours	oui
CONSTANZA	nain	mangetout	mi-long, grains blancs	jaunes	65 jours	oui
CONTENDER	nain	mangetout	sans fil, productif	vertes	65 jours	non
CORDOBA	nain	filet-mangetout	long, fin, très productif	vertes	60 jours	oui
FARCYBEL	nain	filet	saveur excellente, productif	vertes	60 jours	oui
FIN DE BAGNOLS	nain	filet	satisfaisant	vertes	65 jours	non
FINDOR	nain	mangetout	très fin, grains noirs	jaunes	65 jours	oui
FLAJANOR	nain	à écosser	flageolets blancs	vert clair	85 jours	oui
FLAVEOL	nain	à écosser	à gousses bien garnies	vert clair	90 jours	conserve
FREOR	nain	mangetout	très productif, grains blancs	jaunes	65 jours	oui
JANUS	nain	filet-mangetout	supporte la chaleur	vertes	65 jours	oui
MORGANE	nain	filet	rendement, bon goût	vertes	65 jours	oui
OBELISQUE	nain	filet	gousse marbrée	vertes	65 jours	oui
OR DU RHIN	ramant	frais	à gousses plates, productif	jaunes	70 jours	passable
PARADE	ramant	frais	à gousses très longues	violettes*	75 jours	non
PHENOMENE	ramant	frais et sec	longues gousses	vertes	75 jours	passable
PRELUDE	nain	mangetout	court et fin, hâtif	vertes	55 jours	oui
SAXA	nain	mangetout	productif, hâtif	vertes	55 jours	non
TAVERA	nain	filet-mangetout	gousses plus courtes, fines	vertes	65 jours	oui
VERNOR	nain	à écosser	flageolets verts	vert clair	80 jours	oui

* Deviennent vertes à la cuisson.

LAITUE

Lactuca sativa

COMPOSEES

"A chaque saison, sa laitue", devrait-on dire, quand on voit le choix proposé. Cette plante annuelle, cultivée parfois comme bisannuelle (laitue d'hiver), produit des feuilles lisses dans le cas des pommées ou cloquées lorsqu'il s'agit de batavia. Sa culture est facile, agréable et ses récoltes variées.

Culture :

Semez les laitues d'abord en couche ou en pépinière et après la levée, éclaircissez-les ou repiquez-les sous abri ou en pleine terre, en fonction de la saison. Le repiquage se pratique en "plants flottants", c'est-à-dire, sans trop enfoncer les jeunes replants et éviter ainsi la pourriture du collet : distancez-les de 40 cm environ.

En été ou en automne, semez les variétés adéquates, de préférence en pleine terre, et éclaircissez par la suite. Le plant ainsi obtenu est plus résistant à la sécheresse, ses racines n'ayant pas été endommagées par une transplantation. Semez les laitues à couper du printemps jusqu'en septembre à la volée en couche et durant la bonne saison, en pleine terre sur rayons distants de 15 cm. Récoltez en coupant tout simplement les feuilles à 4 cm au-dessus du collet, puis arrosez généreusement.

Variétés : (exemple de plan de culture)

- Les laitues à forcer ('Reine de Mai', 'Goutte jaune d'or' et 'Appia') :

Semez-les en février-mars sur couche chaude. Eclaircissez ou repiquez, toujours à l'abri, à 30 cm de distance. Récoltez d'avril à mai.

- Les laitues de printemps :

Semis en mars-avril sur couche, puis repiquage en pleine terre à 40 cm d'intervalle entre chaque plant. Choisissez en laitues pommées 'Appia', pour sa bonne tenue ; 'Aurélia', bien dorée ; la 'Reine de Mai' de pleine terre (différente de la variété à forcer) ; l' 'Oresto', résistante à la montée en graines ; la 'Merveille des quatre saisons', feuilles rougeâtres, pomme volumineuse.

Côté batavia, à feuillage plus épais et délicieusement croquant, essayez l'excellente 'Batavia dorée de printemps', la 'Rossia', légèrment rouge et lente à monter en graine et la 'Beaujolaise', la 'Rouge grenobloise' à feuilles rouges finement cloquées.

Enfin pour les romaines, à forme érigée et à feuillage épais, la 'Grise maraîchère', volumineuse ; la 'Corsica', productive. Récolte mai-juin.

- Les laitues à couper :

A semer de mars à septembre en pépinière ou en pleine terre, à la volée ou en rayons distants de 15 cm. Choisissez la 'Bowl' rouge ('Rebosa') ou verte ('Carthago'), repoussant bien après la coupe, et la toute frisée 'Lollo Rossa', particulièrement savoureuse.

Laitue à couper 'Bowl' rouge.

Parasites et maladies :

Symptômes	Causes	Remèdes
Insectes sur le collet	Pucerons des racines	Roténone.
Plants et feuilles dévorées	Limaces	Appâts.
Pourriture du collet	Botrytis	Rovral.
Feutrage blanc	Oïdium	Soufre.

Il est bon d'arroser après la plantation, aux pieds des laitues avec une solution à base de roténone, contre d'éventuels pucerons des racines et aussi pour lutter efficacement contre les limaces.

- Les laitues d'été :

Semées en mai-juin en pépinière ou pleine terre, elles seront repiquées ou éclaircies à 40 cm et récoltées de juillet à septembre. Choisissez des variétés sélectionées pour leur résistance à la montée en graine durant les fortes chaleurs.

Les pommées : 'Patience', classique et toujours valable ; 'Augusta', formant des pommes très grandes à feuillage très fin ; 'Toria' et 'Esméralda', deux 'Kagraner' améliorées.

Les batavias : 'Rossia' et 'Rouge grenobloise', supportant les chaleurs, sauf dans le Midi.

Les romaines : 'Roméa' et 'Corsica'.

- Les laitues d'automne :

Semis en juillet-août, en pépinière ou pleine terre. Repiquage ou éclaircissage à 40 cm. Récolte en septembre-octobre. Vous retrouvez l' 'Appia', l' 'Oresto', mais surtout la 'Verpia', laitue pommée spéciale automne.

La 'Rossia' nous accompagne toute la saison, et poursuivez les semis de batavias 'Rouge grenobloise' et 'Reine des Glaces'.

- Les laitues d'hiver :

Semez-les en août-septembre et repiquez-les en octobre, à 40 cm d'espace. Ou alors, semez-les en octobre, repiquez-les sous abri à 30 cm de distance et en pleine terre dès février-mars.

En Laitue pommée, choisissez la 'Merveille d'hiver', la 'Brune d'hiver', légèrement teintée rouge, la 'Passion blonde' et surtout la 'Val d'Orge', pour sa belle tenue au printemps.

En Laitue romaine, semez la 'Verte d'hiver' et, en batavia, retrouvez la 'Reine des Glaces' pour une récolte de mars à mai.

Variétés	J	F	M	A	M	J	J	A	S	O	N	D
A forcer												
De printemps												
A couper												
D'été												
D'automne												
D'hiver												

Semis   Plantation   Récolte

MACHE
syn. **Doucette, Boursette, Rampon, Orillette, Poule grasse, Salade royale**

Valerianella locusta

VALERIANEES

Les espèces cultivées sont bisannuelles et forment des plantes basses, en petites touffes de feuilles arrondies.

Culture :

La Mâche n'est pas très exigeante et se sème de juillet à octobre. Il est inutile d'incorporer un engrais dans le sol avant le semis. Par contre, et c'est même très important, elle exige un terrain ferme : surtout ne bêchez pas et contentez-vous de le préparer en ratissant très superficiellement.

Plutôt que de semer à la volée, tracez des rayons profonds de 1 cm, espacés de 15 cm, dans lesquels vous disperserez les graines que vous couvrirez ensuite de terreau avant de plomber le sol en vous servant d'une planchette. Arrosez et, surtout, maintenez l'humidité en recouvrant le semis d'un sac de toile de jute bien mouillé. Après la levée, entretenez votre culture en binant et en sarclant ; l'automne, vous récolterez les plus belles feuilles en les coupant au-dessus du collet.

Variétés :

'Coquille de Louviers' : délicieuses feuilles en rosette, très rustiques au froid.

'Mâche de Hollande' : feuilles amples et volumineuses, à consommer de préférence avant les fortes gelées.

'Cambrai' : feuilles bien vertes, larges et trapues.

'Vertes d'Etampes' : feuillage vert foncé et ondulé.

'Jade' : recommandée pour sa rusticité et sa résistance au mildiou.

Parasites et maladies :

Symptômes	Causes	Remèdes
Feutrage blanc	Oïdium	Soufre.
Taches brunes	Mildiou	Manèbe.

MAÏS DOUX
syn. **Blé de Turquie, Froment des Indes**

Zea mays

GRAMINEES

Plante annuelle cultivée de plus en plus dans les potagers. Sa tige droite, de 1,80 m de haut, est garnie de feuilles et terminée par une inflorescence mâle. Les épis (inflorescences femelles) sont fixés sur cette tige à l'aisselle des feuilles. Le maïs potager est doux et légèrement sucré.

Culture :

A l'automne précédant la plantation, étalez sur la planche de culture du fumier ou du compost, puis au printemps, avant le semis, incorporez par simple griffage, un engrais organique complet (engrais universel 50 g/m²). Enfin, au début et en cours de végétation, faites un apport d'engrais azoté (30 g/m²).

Dans les régions plus froides, semez le Maïs en mars-avril, dans des pots placés sous abri pour hâter la culture. Ailleurs, semez en pleine terre dès que le sol a une température de 10 °C, en général en avril-mai. Faites des poquets de 3 graines, distants les uns des autres de 50 cm ; après la levée, éclaircissez pour ne laisser qu'un plant par poquet. Entretenez vos plantations en binant et en buttant légèrement le pied. Lorsque la tige atteint 30 cm de hauteur, évitez de travailler le sol et contentez-vous de simples arrosages, plus copieux pendant la floraison et la formation des épis.

Pour conserver les petits épis de maïs dans le vinaigre, cueillez-les lorsqu'ils ont environ 8 cm de long. Ensuite la récolte a lieu lorsque les épis, de près de 20 cm de long, sont encore bien tendres, en général de mi-août à septembre.

Pour faire du pop-corn, à l'inverse, les épis doivent être cueillis mûrs, lorsque les grains sont secs, c'est-à-dire en septembre-octobre.

Nous vous conseillons de choisir pour cette culture une plate-bande bien exposée et d'utiliser ces hautes tiges comme coupe-vent pour protéger des légumes plus sensibles.

Variétés :

- Maïs légume : 'Milor', 'Rondor' et 'Trophy', trois hybrides F1, vigoureux, productifs et aptes à la surgélation.
- Maïs à pop-corn : 'Pop-Corn' F1.

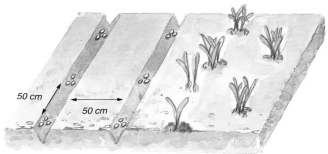

Semis en lignes (poquets). Profondeur : 3 cm. Espacement : 50 cm entre les plants. Eclaircissage et buttage du plant restant.

50 cm

50 cm

MELON

Cucumis melo

CUCURBITACEES

Plante annuelle, formant des sarments grimpants ou rampants, pourvues de feuilles rondes et rugueuses. Les fruits ont une chair délicieusement sucrée de couleur orange ou rougeâtre, quelquefois vert clair.

Culture :

Les premiers semis, en mars-avril, se font à l'intérieur, en serre ou sur couche chauffée. Prenez des pots en tourbe, remplis de terreau à semis et plantez-y à chaque fois 3 graines de Melon. Il est important que la température reste constante (18 à 20 °C) et l'arrosage mesuré. Après la levée, certains jardiniers éclaircissent et ne laissent qu'un plant par godet. On peut cependant en conserver deux, voire trois, car en cas "d'incident", il garantiront une réserve. Plantez-les au courant du mois de mai, dans une terre préalablement enrichie d'engrais phospho-potassique (30 g/m²) et, suivant les régions, protégez vos replants d'un tunnel. La récolte débutera dès le mois de juillet.

Un autre mode de culture consiste à attendre la fin mai pour semer directement en pleine terre, en poquet de 5 à 6 graines. Après la levée, l'éclaircissage est nécessaire en laissant les trois plus beaux plants par poquet. La plate-bande doit être bien exposée.

Nous allons voir comment tailler les plants de Melon, dès qu'ils ont quatre feuilles. Néanmoins certains hybrides, comme 'Jivaro', résistent à la plupart des maladies et ne nécessitent aucune taille pour fructifier abondamment. Mais la plu-

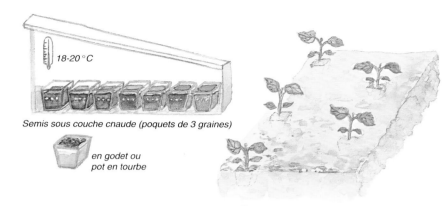

18-20 °C

Semis sous couche cnaude (poquets de 3 graines)

en godet ou pot en tourbe

Plantation en quinconce

LA TAILLE DU MELON

1. Pincer au-dessus de la 2ᵉ feuille

2. Pincer au-dessus de la 3ᵉ feuille

3. Chaque rameau est pincé au-dessus de la 3ᵉ feuille

4. Après le fruit, tailler sur 2 feuilles.

Parasites et maladies :

Symptômes	Causes	Remèdes
Taches brunes	Anthracnose	Manèbe.
Feutrage blanc	Oïdium	Bénomyl.
Feuilles desséchées	Acariens	Dicolfol.
Feuilles recroquevillées	Pucerons	Roténone.

part des autres variétés devront être taillées quatre fois :

- 1ère taille : le plant a quatre feuilles, pincez au-dessus de la 2e feuille.
- 2e taille : deux rameaux se sont développés et sont respectivement pincés au-dessus de la 3e feuille.
- 3e taille : sur la tige se développent trois rameaux, qui sont à leur tour taillés au-dessus de la 3e feuille.
- 4e taille : ne laissez que deux feuilles après chaque fruit.

Pour finir, placez une planchette sous chaque fruit pour éviter qu'il ne pourrisse.

Récoltez lorsque les fruits sont bien mûrs, c'est-à-dire quand ils dégagent une bonne odeur et que vous constatez un ramollissement, puis une rupture de la peau près de la tige.

> *Pour étaler la cueillette, couvrez successivement votre culture d'un petit tunnel de 1 m de long et ainsi vous activerez la maturation de quelques plants par rapport aux autres.*

Variétés :

'Jivaro' F1 : type charentais, un seul pincement à 2 feuilles suffit, bon rendement.

'Durine' F1 : assez volumineux.

'Galia' F1 : fruit à chair vert clair, ferme et croquante.

Melon 'Galia' F1 (Royal Sluis).

NAVET
syn. **Grosse Rave, Rabiole, Turnip**

Brassica campestris var. *rapifera*

CRUCIFERES

Ce légume cultivé comme annuel, est à l'origine une plante bisannuelle. Il forme des racines rondes ou aplaties et charnues, surmontées d'une touffe de feuilles.

Culture :

Préparez le terrain, léger et frais, en apportant à l'automne une fumure bien décomposée (200 g/m²). Au printemps, ajoutez un engrais complet à dominante phospho-potassique (50 g/m²). Dans les régions plus chaudes, le semis se fait hâtivement, c'est-à-dire dès le mois de janvier, en couche ou sous tunnel. Ailleurs, semez en pleine terre, en mars-avril, puis juillet-août.

Semez en rayons espacés de 20 cm et profonds de 1 cm, plombez et arrosez. Eclaircissez une première fois lorsque les plantules ont 2 feuilles, ensuite, pratiquez systématiquement la "cueillette-éclaircissage", pour faciliter le développement des racines restant en terre. Si vous avez le temps et que vous aimez les gros navets, semez en avril-mai, en pépinière, en ligne ou à la volée et repiquez les plants lorsqu'ils ont 10 cm de hauteur, à bon écartement (20 cm). Les Navets aiment les arrosages fréquents et abondants, mais redoutent le binage. S'ils sont parasités par des altises, luttez avec un insecticide à base de roténone.

> *Un conseil à propos des navets d'automne : laissez-les le plus longtemps possible en terre avant de les ensiler en cave dans du sable. Nettoyez-les correctement, puis couper les feuilles au-dessus du collet. Recouvrez d'un tapis de feuilles mortes ceux qui restent en place.*

Variétés :

Suivant les époques de semis, choisissez les variétés les mieux adaptées. Par exemple, pour les semis hâtifs sous abri, le 'Navet de Milan rouge race Scala' de forme plate et le demi-long à forcer 'Nantais race Candia' de couleur blanche, sont conseillés. Retrouvez ces deux variétés au printemps, en rajoutant le 'Navet de Croissy', demi-long et plus résistant à la chaleur et 'Stanis', précoce, blanc et de forme aplatie. Les semis très précoces produisent de mars à mai, les semis printaniers de mai à début juillet, et enfin, les semis d'été de septembre à décembre, pour l'ensilage ou le confisage. On retrouve dans ce dernier cas, le demi-long 'Candia' (qui nous accompagne tout au long de la saison), le 'Stanis', le 'Bency' aplati et à chair bien ferme, le 'Boule d'or' jaune et tout rond, le 'Blanc dur d'hiver' qui d'ailleurs se conserve en place, et enfin, le Navet 'Fourrager d'Auvergne', très rentable.

Parasites et maladies :

Symptômes	Causes	Remèdes
Attaque de feuillage	Altise	Roténone.
Galeries dans les racines	Mouche	Chlorofenvinfos.

Navet de Milan 'Rouge race Scala' (Royal Sluis).

Variétés	J	F	M	A	M	J	J	A	S	O	N	D
Précoces												
Printanières												
D'été												

Semis ▒ Récolte

OIGNON

Allium cepa

LILIACEES

Botaniquement bisannuel, il se cultive selon la variété et l'époque comme annuel. Il forme un bulbe oblong, rond ou aplati, jaune, blanc ou rouge.

Culture selon les variétés :

Rappelez-vous que l'Oignon n'aime pas les terres riches, ou fraîchement fumées, ni celles trop humides.

Distinguons la culture des oignons blancs et celle des oignons de couleur, le semis et la plantation de bulbilles.

Les oignons blancs

. Le semis :

Les oignons blancs sont généralement consommés frais et rapidement, à l'exception de ceux destinés à être confis dans du vinaigre, qui sont alors semés de février à avril, directement en place et en rangs larges, puis récoltés tout petits.

Les oignons blancs d'hiver sont semés de la mi-août à la mi-septembre en pépinière, puis repiqués en place à l'automne ou éventuellement au printemps. Faites suivre vos semis en pépinière d'un plombage et d'arrosages réguliers. Gardez quelques plants en réserve : ils serviront à remplacer d'éventuels manquants au printemps. Au repiquage, servez-vous d'un plantoir et bornez les plants. Récoltez-les au fur et à mesure de vos besoins, d'avril à juin (avant les oignons de couleur).

. Plantation de bulbilles :

Les oignons blancs sont également disponibles en bulbilles durant tout l'automne. Installez-les directement en place, en les distançant de 10 à 15 cm sur lignes écartées de 25 cm.

. Variétés :

- Oignons blancs d'hiver : 'Elody', résistant à la montée en graines ; 'Malakoff', plus hâtif et 'Vaugirard', plus tardif mais plus gros, et enfin 'Blanc de Paris', très résistant au froid.

- Oignons blancs de printemps à confire : 'Barletta'.

Les oignons de couleur

. Plantation de bulbilles :

Plantation en lignes distantes de 25 cm, en espaçant les bulbes de 15 à 20 cm les uns des autres.

Les "printaniers" se plantent le plus tôt possible, dès février, et se récoltent en juillet.

En automne, de septembre à novembre, plantez de la même manière les bulbilles d'oignons d'hiver.

. Le semis :

Il débute au printemps et se pratique en lignes distantes de 20 cm et profondes de 1 cm environ. Enterrez la graine au râteau, plombez et arrosez. Eclaircissez plus tard à 8 ou 15 cm selon que vous désirez avoir de petits ou de gros oignons. On sème aussi en mars-avril les oignons jaunes, qu'il ne faut pas éclaircir afin d'obtenir des bulbes à conserver en hiver et à repiquer au début du printemps suivant.

Dans ce cas, procurez-vous des semences d'oignons en "culture de trois ans".

"Habillage" du plant

Repiquage en pleine terre des plants semés. Ecartement : 20 cm. Distance : 10 à 15 cm.

. Les variétés :

- Oignons rouges 'Romy' et jaunes 'Presco', excellents de par leur rendement, leur résistance à la montée en graines et leur conservation exceptionnelle puisqu'ils peuvent rester en terre jusqu'en septembre.

- Oignons jaunes : l' 'Oignon de Mulhouse', l' 'Auxonne', le 'Rijnsburger Oporto' qui se conservent très bien et le 'Gros Jaune Paille des vertus'.

- Oignons rouges : l' 'Oignon de Brunswick', très foncé et, surtout, le 'Rouge de Florence', au goût excellent, assez doux, qui fait l'usage aussi bien en oignon de printemps (à semer en mars-avril pour une récolte d'août à

septembre) qu'en oignon d'hiver (à semer en août et consommable de mai à septembre). Il diffère aussi par sa vie végétative : en effet, traditionnellement, les oignons grossissent uniquement pendant les jours croissants, leur végétation s'arrête alors au solstice d'été, mais l' 'Oignon de Florence' continue à grossir sans se soucier du calendrier et peut rester ainsi plus longtemps en place.

Récolte :

Elle a lieu par beau temps, lorsque le feuillage est bien jaune. Laissez sécher les bulbes au soleil avant de les stocker dans un local bien aéré.

Parasites et maladies :

Symptômes	Causes	Remèdes
Feuilles ou bulbes abimés	Mouches	Chlorfenvinfos.
Pourriture en culture	Sclérotiniose	Rovral.
Pourriture lors de la conservation	Botrytis	Rovral.

Variétés	J	F	M	A	M	J	J	A	S	O	N	D
'Barletta' (conserves au vinaigre)												
'Elody', 'Malakoff', 'Blanc de Paris'												
'Blanc de Paris' (bulbilles)												
Jaunes et 'Rouge de Florence'												
Oignon 'Rouge de Florence'												
'Mulhouse' et 'Auxonne' (bulbilles)												
'Romy' et 'Presco' (bulbilles)												

Semis   Plantation de bulbilles   Récolte

453

PANAIS
syn. **Grand Chervis cultivé, Pastenade blanche**

Pastinaca sativa

OMBELLIFERES

Légume-racine bisannuel très rustique, se plaisant en terre ameublie et enrichie d'un engrais organique complet. Consommé cuit, il peut accompagner un pot-au-feu ou un couscous.

Culture :

Semez de mars à mai en lignes profondes de 1 cm et écartées de 30 cm, en disposant les graines tous les 2 cm. Plombez et arrosez. Après la levée, éclaircissez à 15 cm et maintenez la planche de culture propre en binant de temps en temps.

La récolte débute en automne et se poursuit durant l'hiver, jusqu'au début du printemps suivant. Sa saveur s'affine après les premières gelées. S'il reste en terre durant l'hiver, couvrez la plate-bande d'une couche de feuilles mortes, pour éviter que la terre ne gèle trop. Il est également possible de tout déterrer en automne et d'ensiler les racines en cave.

Variété :

'Panais demi-long de Guernesey' : volumineux et productif.

PASTEQUE
syn. **Melon d'eau, Citrouille pastèque, Melon de Moscovie**

Citrullus ranatus

CUCURBITACEES

Plante annuelle des régions méditerranéennes, à rameaux rampants. Fruits volumineux, à chair rouge et à peau vert foncé, très désaltérants.

Culture :

Ce légume se cultive de la même façon que le Melon, sans qu'il soit utile d'effectuer une taille.

Il est acclimaté à toutes les régions, alors qu'il y a peu de temps encore, il était l'exclusivité du Sud.

Variété :

'Sugar Baby' : vigoureuse, à chair très fondante.

Pastèque 'Sugar Baby' (Royal Sluis).

PIMENT
Piment doux ou POIVRON

Capsicum annuum

SOLANACEES

Cette plante annuelle, cultivée dans toutes les régions, affectionne la chaleur. Ses fruits, composés d'une enveloppe charnue, creux à l'intérieur, diffèrent selon les variétés. Tout d'abord verts, ils se colorent de jaune ou de rouge en devenant mûrs.

Culture :

Semez en caissette, au chaud, dès le mois de février et jusqu'en avril. Dès que les plants ont 10 cm de haut, repiquez-les individuellement en pot de tourbe (10 cm de diamètre) et maintenez-les à l'abri. A partir du mois de mai plantez-les à bonne exposition, en les distançant de 50 cm. Lors de la formation des fruits, conservez-en une dizaine par pied. La récolte se poursuit d'août à novembre.

Les piments fins et allongés ont une saveur brûlante et s'emploient frais ou séchés. Les plus gros, que l'on appelle Poivrons, sont plus doux et se consomment verts ou colorés.

Variétés :

- Piment fort de Cayenne : fruits de 15 cm de long, très pointus, au goût piquant.
- Piment doux ou Poivron : 'Kerala' F1, fruits carrés et volumineux, chair épaisse, vert devenant jaune à maturité ; 'Sonar' F1, fruits gros et allongés, devenant rouges ; 'Doux long des Landes', fruit plus étroit et recourbé, chair douce.

PISSENLIT
syn. **Dent de lion, Chiroux**

Taraxacum officinale
syn. *T. dens-leonis*

COMPOSEES

Plante vivace au feuillage étalé composé de lobes triangulaires.

Culture :

Semez de mars à juin en pépinière (la meilleure époque est encore le temps où les variétés sauvages sont en graines). Lorsque les plants ont 5 à 6 feuilles, repiquez-les en place à 30 cm de distance sur ligne, en prenant soin de les habiller, c'est-à-dire, de raccourcir légèrement les feuilles et les racines. Arrosez pour leur assurer une bonne reprise.

Il est aussi possible de semer directement en place, sur des rangs espacés de 30 cm. Enterrez légèrement les graines et plombez. La levée est rapide : 8 jours environ. Eclaircissez à 40 cm et entretenez votre culture en arrosant et en binant.

Les feuilles de Pissenlit sont plus tendres lorsqu'elles sont étiolées, d'autant plus que les variétés cultivées sont bien meilleures et plus productives que les espèces sauvages, poussant en plein champ ou sur votre pelouse. Pour ce faire, commencez par nettoyer les plants, en supprimant toutes les feuilles jaunâtres. Ensuite nouez avec un brin de ra-

phia la touffe centrale, et recouvrez-la d'un pot de fleur renversé (posez si nécessaire quelques granulés anti-limaces, lesquelles pourraient profiter de cet abri improvisé pour grignoter en toute tranquillité).

Le blanchiment :

Blanchissez les pissenlits au fur et à mesure de vos besoins, en couvrant à chaque fois une dizaine de plants durant une quinzaine de jours, puis couchez les pots successivement sur d'autres plants. Lors de la récolte, coupez le feuillage au-dessus du collet, afin que la production se poursuive l'année suivante. Ce procédé est pratique lorsque le sol est léger et surtout bien drainé, par contre en terre argileuse et humide, les risques de pourriture sont fréquents. Il est alors préférable de déterrer toute la plantation et de la forcer en cave, comme les endives et la Barbe de Capucin.

Le forçage :

Préparez les racines, en coupant les feuilles à 2 cm au-dessus du collet, puis entreposez-les dans du sable, dans une pièce fraîche ou une couche vide en attendant le forçage. Celui-ci a lieu en cave sombre et tempérée. Repiquez quelques racines dans une caissette garnie de tourbe humide et attendez 2 à 3 semaines pour récolter les pétioles blancs, garnis de petites feuilles dentées jaune pâle.

Variété :

'Pissenlit à cœur plein amélioré' : vigoureux et volumineux, à cœur bien compact, blanchit plus facilement.

POIREAU
syn. **Poirette, Porreau**

Allium ampeloprasum
var. *porrum*

LILIACEES

Légume bisannuel, dont la tige se limite à un simple plateau surmonté de feuilles : le fût, de largeur et de longueur variables selon les variétés.

Culture :

Préparez votre plate-bande en épandant après le bêchage d'automne, une fumure bien décomposée, complétée d'un apport d'engrais azoté en cours de saison à raison de 30 g/m². Semez les différentes variétés de février à mai en choisissant tardivement des espèces plus rustiques. La plantation en pleine terre a lieu de mai à juillet.

Semez en pépinière ou sur couche tiède (lors de semis hâtifs), en aérant lorsque le temps le permet. Faites suivre d'un plombage et maintenez la terre humide. Lorsque les plants ont la grosseur d'un crayon, déterrez-les avec une houlette sans endommager les racines. Secouez-les légèrement pour faire tomber la terre et "habillez-les" en raccourcissant les bouts des tiges et des racines. Plantez-les en lignes, en les enfonçant assez profondément, puis en les bornant avant de les arroser individuellement. Plus tard, sarclez et binez tout en ramenant progressivement la terre autour du fût pour le faire blanchir. En cours de végétation, arrosez souvent.

Luttez contre le ver du poireau en pulvérisant, à trois reprises, de fin mai à fin juillet, un insecticide à base de pyréthrine. Méfiez-vous tout de même des attaques qui ont lieu à nouveau en septembre. Si malgré ces précautions, les poireaux sont véreux, coupez les feuilles et le fût, tant que vous constaterez des galeries creusées par le ver, même jusqu'au ras du sol, si nécessaire. Ensuite, traitez à nouveau et arrosez copieusement pour leur assurer une bonne reprise.

> *La pyréthrine n'est pas toxique et elle est utilisable jusqu'à la récolte.*

Récoltez dès septembre, pendant l'hiver et jusqu'au printemps, selon la date du semis. Vous pouvez récolter des poireaux encore très jeunes, gros comme un doigt et les consommer comme des asperges. Les variétés d'hiver seront mises en jauge dans une couche vide, les fûts serrés les uns contre les autres, les pieds recouverts de terre.

Variétés :

'Bleu de Solaize' : long fût bleuté, résistant au froid.

'Malabare' : gros fût à végétation rapide.

'Poireau de Liège Sainte-Catherine' : très résistant au froid, idéal pour les semis tardifs.

'Poireau de Genevilliers race Abel' : fût très long et blanc.

'Armor' : très résistant au froid.

'Gros long d'été' : fût long, de formation rapide, très cultivé dans le Midi.

'Acadia' : feuillage bleu, pour l'hiver.

Parasites et maladies :

Symptômes	Causes	Remèdes
Pustules orange	Rouille	Manèbe.
Taches blanches	Mildiou	Manèbe.
Feuillage abimé et pourriture	Teigne du Poireau	Pyréthrine.

Dégâts du ver de la teigne.

"Habillage" du plant

Bornage

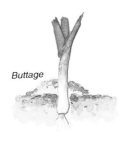

Buttage

Variétés	J	F	M	A	M	J	J	A	S	O	N	D
'Bleu de Solaize'												
'Malabare'												
'Poireau de Liège Ste-Catherine'												
'Poireau de Genevilliers race Abel'												
'Gros long d'été'												
'Acadia'												

Semis   Récolte

POIREE
syn. **Bette, Blette**

Beta vulgaris
sous-espèce *cicla*

CHENOPODIACEES

Plante bisannuelle cultivée comme annuelle. Proche cousine de la Betterave potagère, mais à l'inverse de celle-ci, ce sont ses feuilles amples et ses cardes qui sont développées et que l'on consomme.

Culture :

Préparez la plate-bande en l'ameublissant en surface et en incorporant un engrais organique (50 g/m²). Tracez ensuite des rayons profonds de 2 cm et écartés de 40 cm. Semez de mars jusqu'à la fin juin. Arrosez pour maintenir le sol frais et, après la levée, éclaircissez en plusieurs étapes, pour laisser un intervalle de 40 cm entre chaque plant. Entretenez votre culture en sarclant et en arrosant. La récolte débute en juillet et se poursuit jusqu'aux premières gelées.

Deux autres modes de culture sont couramment employés. Le premier consiste à semer d'abord en pépinière et repiquer les plants lorsqu'ils ont 4 feuilles. Le second préconise le semis en poquets de 4 graines, espacés de 40 cm en tous sens, suivi d'un éclaircissage, pour ne conserver que le plus vigoureux à chaque fois.

Variétés :

'Poirée verte à cardes blanches' : côtes blanches et feuilles vert foncé.

'Blonde de Lyon' : supporte bien la chaleur, feuilles longues, cardes charnues.

'Verte à couper' ou 'Bette Epinard' : plus petite, mais à feuillage ample, elle se consomme comme les Epinards.

Parasites et maladies :

Symptômes	Causes	Remèdes
Taches circulaires sur les feuilles	Cercosporiose	Manèbe.
Feuillage miné	Asticot (pégomyie)	Dimethoate.

POIS ET PETITS POIS

Pisum sativum

LEGUMINEUSES

Plante annuelle, néanmoins cultivée comme bisannuelle dans les régions à climat doux. Elle a des tiges creuses mesurant de 0,40 à plus de 1,50 m de long. Les feuilles se terminent par des vrilles qui lui permettent de se fixer à un support et les pois sont contenus dans des gousses.

Culture :

Avant de choisir et de semer des petits pois, souvenez-vous que les variétés à grains lisses tolèrent les fraîcheurs printanières et les pois à grains ridés, qui préfèrent la chaleur, ont une saveur plus sucrée et leur récolte se prolonge davantage.

Semez les hâtifs en février et en avril, directement en lignes profondes de 3 cm et distantes de 40 cm pour les nains, et de 60 cm pour les demi-hauts et les ramants. Pour faciliter le démarrage, couvrez votre semis d'un voile de protection. Soutenez les pois nains par des branchages piqués en terre. Tendez un filet à ramer entre deux piquets après avoir semé des variétés demi-naines et ramantes.

Lorsque les Pois ont 20 cm de haut, binez et buttez les pieds pour les maintenir davantage. Arrosez les plantations, mais avec modération. Ne faites jamais d'apport d'engrais azoté (les Pois sont des Légumineuses qui fixent l'azote de l'air). Comptez 80 à 100 jours pour récolter les pois nains et un peu plus de 100 jours pour les ramants. Mangez-les frais ou conservez-les au congélateur.

Cueillez-les deux ou trois fois par semaine, lorsque les cosses sont bien remplies.

Les pois n'aiment pas la sécheresse ; il vaut mieux les cultiver au printemps, dans une terre bien préparée. Dans les régions à climat doux, ressemez des varités hâtives à grains lisses de la mi-octobre à la fin novembre.

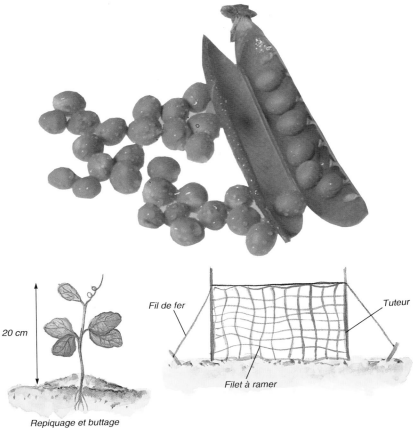

20 cm

Repiquage et buttage

Fil de fer *Tuteur*

Filet à ramer

Plantation des pois nains avec soutien de branchage

Parasites et maladies :

Symptômes	Causes	Remèdes
Présence d'insectes	Pucerons	Roténone.
Chenilles dans les gousses	Tordeuses	Pyréthrine, après floraison.
Taches sur les feuilles	Anthracnose	Manèbe.

Variétés :

- Les Pois à grains lisses :

. Nains : 'Kalife', hauteur 60 cm, très précoce, adapté à la surgélation. 'Proval', hauteur 60 cm, très précoce, bon rendement, apte à la congélation. 'Tardisem', hauteur 70 cm, amélioration du 'Plein le panier'. 'Atiroy', hauteur 70 cm, grains tendres et homogènes. 'Petit Provençal', hauteur 60 cm, grains de gros calibre.

. Ramants : 'Caractacus', hauteur 1 m, très productif. 'Express' : hauteur 1,20 m, longues gousses. 'Roi des conserves', hauteur 1,40 m, très bon rendement.

- Les Pois à grains ridés :

. Nains : 'Merveille de Kelvedon', hauteur 50 cm, productif et de très bon goût. 'Sénateur' et 'Centurion', hauteur 60-70 cm, très longues gousses. 'Myzard', hauteur 60-70 cm, bonne saveur, spécial congélation. 'Arkel', hauteur 70 cm, amélioration du 'Kelvedon', apte à la congélation. 'Frostiroy', hauteur 60 cm, gousses de 8 cm de long. 'Triton', hauteur 65 cm, longues gousses, pois savoureux et sucrés. 'Giroy', hauteur 80 cm, grains moyens. 'Tarpeia', hauteur 60 cm, très bonne production, conserve. 'Bayard', hauteur 70 cm, variété ne nécessitant pas de tuteurage : en effet, les feuilles sont remplacées par des vrilles qui se soutiennent mutuellement, excellente qualité et bon rendement, apte à la congélation.

. Ramants : 'Téléphone', hauteur 1,50 m, gousses de grande taille bien garnies.

Pois 'Bikini' (Royal Sluis).

- Les Pois "mangetout" :

Semez-les de février à avril à raison d'une ou deux rangées à la fois, puis recommencez une quinzaine de jours plus tard, de façon à ce que la récolte soit bien échelonnée, ce qui vous permet de cueillir et consommer des gousses encore jeunes, avant que les grains soient formés.

Variétés : 'Carouby de Maussane', hauteur 1,10 m. 'Crispi', hauteur 90 cm, gousses rondes de 9 cm, saveur sucrée. 'Corne de Bélier', hauteur de plus de 1,50 m, gousses plates et longues.

POIS CHICHE

Cicer arietinum

LEGUMINEUSES

Plante annuelle mesurant une cinquantaine de centimètres de haut, formant des petites gousses garnies de gros grains.

Culture :

Bêchez le sol en profondeur en mars-avril, affinez-le à la griffe, puis tracez des sillons profonds de 2 à 3 cm et distants d'au moins 40 cm. Dispersez les graines, puis recouvrez-les et arrosez. Après la levée, éclaircissez sur 20 cm.

Les Pois chiches sont récoltés lorsque les gousses sont sèches.

Variété :

'Pois chiche blanc'.

LES POIS

Nom	Hauteur	Classement	Caractéristiques	Maturité	Congélation
ARKEL	50 cm	grains ridés	vigoureux, bon rendement	70 jours	oui
ATIROY	70 cm	grains ronds	très fin	90 jours	conserve
BAYARD	70 cm	grains ridés	sans tuteurage	70 jours	oui
CARACTACUS	80 cm	grains ronds	cosses bien droites	65 jours	conserve
CAROUBY DE MAUSSANE	110 cm	mangetout	longues cosses	100 jours	conserve
CORNE DE BELIER	150 cm	mangetout	vigoureux, graines plates	100 jours	conserve
CRISPI	90 cm	mangetout	bien sucré	95 jours	conserve
EXPRESS	90 cm	grains ronds	longues cosses	70 jours	oui
FROSTIROY	60 cm	grains ridés	bonne production	95 jours	oui
GIROY	80 cm	grains ridés	grains moyens	100 jours	oui
KALIFE	50 cm	grains ronds	précoce, bon rendement	60 jours	oui
MERVEILLE DE KELVEDON	50 cm	grains ridés	savoureux	70 jours	oui
MYZARD	70 cm	grains ridés	très bon goût	65 jours	oui
PETIT PROVENÇAL	40 cm	grains ronds	rustique	70 jours	conserve
PROVAL	60 cm	grains ronds	vigoureux	65 jours	oui
ROI DES CONSERVES	130 cm	grains ronds	productif	80 jours	conserve
SENATEUR	65 cm	grains ridés	très longues cosses	70 jours	conserve
TARDISEM	65 cm	grains ronds	productif	80 jours	conserve
TARPEIA	60 cm	grains ridés	gros rendement	70 jours	conserve
TELEPHONE	150 cm	grains ridés	bonne production	80 jours	conserve
TRITON	65 cm	grains ridés	grains gros et sucrés	100 jours	oui

Pois 'Frostiroy' (Royal Sluis).

461

POMME DE TERRE
syn. **Parmentière, Patate des jardins, Trufelle, Morelle**

Solanum tuberosum

SOLANACEES

Elle se cultive annuellement, bien qu'elle soit vivace par ses tubercules souterrains. Ses tiges mesurent environ 50 cm de haut et sont garnies de feuilles composées. Les fleurs, très jolies, sont roses ou blanches.

Culture :

A l'automne, épandez sur un sol bien labouré, du fumier ou un engrais de fond à dominante potassique. A la plantation et au buttage, refaites un apport d'engrais phospho-potassique (4.10.18) à raison de 50 g/m².

Lors de l'achat des plants, optez impérativement pour des semences prégermées et garanties par le Service Officiel de Contrôle (S.O.C.). Ces plants, ainsi préparés, sont plus coûteux, mais garants d'une meilleure production. Faites vos achats dès le mois de février et stockez-les dans un local frais, bien éclairé, en les dressant pour faciliter la formation d'un germe trapu au sommet du tubercule.

Plantez les pommes de terre dans des trous individuels, profonds de 15 à 20 cm et distants de 40 cm, en orientant le plus beau germe vers le haut. Rebouchez le trou sans tasser. Les pousses apparaissent au bout de trois semaines. S'il y a risque de gelée, recouvrez-les d'une petite butte de terre. Un mois plus tard, lorsque le feuillage a 20 cm de haut, buttez chaque pied en vous servant d'une houe. Binez régulièrement et surveillez les attaques de doryphores ou de mildiou.

Dix jours avant la récolte, coupez le feuillage jauni, pour éviter (en particulier en cas de mildiou) que la maladie n'atteigne le tubercule. Les variétés primeurs sont récoltées au fur et à mesure des besoins. Servez-vous d'un croc à deux dents et laissez sécher votre récolte quelques heures sur le terrain avant de l'entreposer en cave bien aérée, en évitant de faire des tas trop importants. Contrôlez régulièrement les tubercules : supprimez les germes et ceux qui seraient gâtés. Déterrez les variétés très précoces à la mi-juillet, les précoces en août, les demi-précoces en août-septembre et les tardives à la fin septembre.

Variétés :

Pour vous aider, voici une petite sélection :

> *Achetez des petites clayettes de 60 tubercules de variétés différentes, par exemple : une pomme de terre primeur et une demi-tardive, ou une variété à chair farineuse (frites, purée) et une autre à chair ferme (sautées, salade).*

Variétés	Rendements	Utilisations	Particularités
Très précoces :			
- Eersterling	Bon.	Purée, frites.	
- Belle de Fontenay	Moyen.	Vapeur, sautées.	Goût excellent.
Précoces :			
- Sirtema	Très bon.	Purée, frites.	
- Résy	Très bon.	Vapeur, salade.	Gros tubercule.
- Apollo	Très bon.	Purée, frites.	
- Primura	Très bon.	Purée, frites.	
- Pépita	Très bon.	Vapeur, sautées.	
- Rosabelle	Bon.	Vapeur, salade.	Peau rouge.
Demi-précoces :			
- Charlotte	Excellent.	Tous usages.	Très bonne conservation.
- BF 15	Très bon.	Vapeur, salade.	
- Claustar	Très bon.	Purée, frites.	Très bonne conservation.
- Bintje	Excellent.	Purée, frites.	
- Lola	Excellent.	Vapeur, sautées.	
- Spunta	Excellent.	Tous usages.	
- Viola	Très bon.	Tous usages.	Très bonne saveur.
- Stella	Bon.	Tous usages.	
- José	Très bon.	Sautées, purée.	Productive.
Demi-tardives :			
- Urgenta	Très bon.	Purée, frites.	Peau rouge.
- Ratte	Moyen.	Vapeur, sautées, salade.	Goût excellent.
- Désirée	Très bon.	Purée, frites.	Peau rouge.
- Roseval	Très bon.	Vapeur, sautées, salade.	Peau rouge.
Tardive :			
- Kerpondy	Très bon.	Purée, frites.	Bonne conservation.

Parasites et maladies :

Symptômes	Causes	Remèdes
Taches et jaunissement du feuillage	Mildiou	Manèbe.
Feuillage rongé	Doryphores	Roténone.

(1) *Charlotte*

(2) *Ratte*

(3) *Petites Rattes (ou quenelles)*

(4) *Urgenta*

(5) *Résy*

(6) *Sirtema*

(7) *Roseval*

(8) *Primura*

(9) *Belle de Fontenay*

(10) *José*

(11) *Bintje*

(12) *BF 15*

(13) *Désirée*

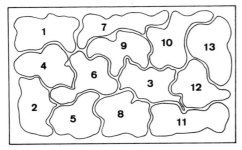

POTIRON

Cucurbita maxima

CUCURBITACEES

Plante annuelle à gros fruits côtelés.

Culture :

Semez en mars-avril, sous abri, en enterrant quatre à cinq graines dans des godets en tourbe de 10 cm de diamètre. Arrosez, puis après la levée, éclaircissez en ne laissant que deux plants par pot. Plantez-les en pleine terre en mai, dans un sol riche et suffisamment réchauffé. Paillez pour maintenir le sol humide.

En mai, semez directement en poquets de 5 graines, dans les trous remplis de compost et distants d'au moins 2 m. Arrosez copieusement et après levée, éclaircissez pour ne laisser qu'un plant par emplacement. Arrosez au pied et épandez un paillis.

Dès que la plante est bien développée, pincez la tige au-dessus des deux premières feuilles pour faciliter le développement de deux tiges poussant de part et d'autre. Après la formation des fruits, comptez deux feuilles après chacun d'eux et coupez la tige. L'éclaircissage des fruits consiste à conserver un à six fruits par pied, suivant la grosseur souhaitée. Récoltez les potirons à maturité, avant les gelées pour les stocker en cave, de préférence sur des étagères en bois.

Variétés :

'Rouge vif d'Etampes' : se conserve remarquablement.

'Jaune gros de Paris' : produit un fruit très volumineux.

POURPIER

syn. **Porcellane, Porcelin**

Portulaca oleracea

PORTULACACEES

Légume-feuille annuel à petites feuilles rondes et charnues. On les consomme crues en salade ou cuites en potage.

Culture :

De janvier à mars, semez du Pourpier en pépinière abritée (couche), en rangs profonds de près de 1 cm et espacés de 25 cm. Après levée, éclaircissez à 15 cm. Même mode de semis, mais en pleine terre dès le mois de mai et jusqu'en août. Conservez le sol humide, en arrosant ou en paillant entre les rangs après la levée.

Variété :

'Doré à large feuille' : nombreuses feuilles vert clair, plante compacte productive.

RADIS
syn. **Rave, Petite Rave, Ravonet**

Raphanus sativus

CRUCIFERES

Légume annuel, à racine charnue surmontée de feuilles veloutées plus ou moins grandes. Les Radis sont toujours appréciés et très faciles à cultiver. Un choix énorme de variétés s'offre à vous, à semer du début du printemps jusqu'à la fin de l'été.

Culture :

Pour avoir de beaux radis, notez ces trois règles :
- la profondeur du semis varie selon les espèces : en surface pour les petits ronds et entre 1,5 et 3 cm de profondeur pour les demi-longs et les longs,
- l'éclaircissage est impératif pour l'obtention de belles racines,
- prenez la précaution de semer à exposition chaude au printemps et à l'ombre en été.

La culture forcée :
En janvier et février, semez sous couche chaude, en ligne ou à la volée, plombez et arrosez fréquemment. Eclaircissez puis récoltez au bout de trois semaines.

La culture hâtée :
Semez de manière identique les mêmes variétés que précédemment, sous couche froide ou sous tunnel, de février à mars, suivant les régions.

> *Pour ces deux modes de culture (en particulier s'il s'agit de culture forcée), nous vous conseillons de mélanger aux graines de radis des semences de carottes hâtives, lesquelles se trouveront éclaircies naturellement à la récolte des radis.*
>
> *Utilisez systématiquement un petit semoir, en couche ou en pleine terre, car il facilite le semis et l'éclaircissage.*

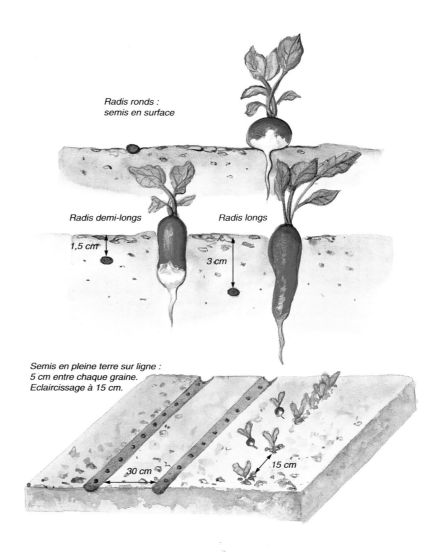

Radis ronds : semis en surface

Radis demi-longs   1,5 cm

Radis longs   3 cm

Semis en pleine terre sur ligne : 5 cm entre chaque graine. Eclaircissage à 15 cm.

30 cm   15 cm

La culture en pleine terre :
Préparez la plate-bande en enfouissant au début du printemps un engrais organique complet (20 g/m²). Semez en lignes distantes de 30 cm ; plombez et maintenez humide, surtout en période chaude, vous éviterez ainsi d'avoir des radis piquants. Pratiquez la récolte "éclaircissage", qui permet aux radis restant en terre de continuer à se développer.

Parasites et maladies :

Symptômes	Causes	Remèdes
Feuillage troué	Altise	Roténone.

Radis 'Chery Belle' (Royal Sluis).

Radis écarlate race Briquet' (Royal Sluis).

Variétés :

- Variétés dites "à forcer", produisant un petit feuillage :
'Saxa' et 'Chery Belle' : ronds et rouges.
'Gaudry' : rond, rouge à bout blanc.
'Riesenbutter' : plus gros et rouge.
'Bamba' : demi-long, à bout blanc.

- Radis de tous les mois semés de mars à septembre, tous les 10 à 15 jours et récoltés au bout de 3 semaines :
'Fakir' : rond, rouge et blanc, ne creusant pas.
'Bamba' : demi-long à bout blanc, ne creusant pas.
'Kiwa' : demi-long, rose à bout blanc, goût excellent.
'French breakfast Lanquette' : petit, bout blanc, non piquant.
'Briquet' : demi-long, à bout blanc, lent à creuser.
'Flamboyant' : '18 jours' amélioré, saveur douce.
'Riesenbutter' : rouge, volumineux, très tendre.
'Rond écarlate' : petit, rouge, savoureux.
'Jolly' : rouge vif, ne creusant pas.

- Radis d'été et d'automne, semés de mai à la mi-août, récoltés après six semaines :
'Glaçon' : blanc, très croquant.
'Poids d'Horloge race Néro' : long (20 cm) à peau noire, conservation exceptionnelle.
'Minovase Summer Cross' F1 : blanc, très long (40 cm et plus pour un diamètre de 4 cm), lisse et cylindrique.
'Cinq semaines roses' (Ostergruss) : semi-long, chair blanche et peau rose.

- Radis d'hiver semés de juin à fin août et récoltés après 7 ou 8 semaines :
'Rose de Chine' : long (15 à 20 cm) à bout arrondi, très tendre.
'Violet de Gournay' : long, à chair bien blanche et non piquante.
'Gros long d'hiver de Paris' : peau noire, chair blanche, ferme et agréablement piquante.

Variétés	J	F	M	A	M	J	J	A	S	O	N	D
A forcer												
Hâtives												
De tous les mois												
D'été et d'automne												
D'hiver												

Semis   Récolte

RHUBARBE

Rheum rhabarbarum
syn. *R. rhaponticum*

POLYGONACEES

Plante vivace à grandes feuilles ondulées portées par des pétioles longs et charnus.

Culture :

Plantez la rhubarbe au printemps et en automne. Si vous possédez une belle touffe de Rhubarbe, divisez-la et replantez les éclats à bonne distance, mais il y a des risques de pourriture.

La Rhubarbe peut être multipliée facilement par semis : dès avril-mai, semez ses graines en pépinière. Lorsque les plantules ont 3 feuilles, repiquez-les individuellement en godets ou à nouveau en pépinière, en les distançant de 20 à 25 cm les unes des autres. Abritez-les durant l'hiver, en les entreprosant sous des couches vitrées recouvertes d'un paillasson. Dès le printemps suivant, plantez-les au jardin, à 1 m d'intervalle, dans une terre riche en matières organiques. La récolte débutera l'année suivante.

Vous pouvez aussi semer la Rhubarbe, en mai-juin, directement en pot, puis la stocker pendant l'hiver en couche et la planter au printemps suivant. Gardez le terrain propre en binant autour des plants. Supprimez les hampes florales dès leur apparition. A l'automne, épandez autour de chaque Rhubarbe du bon compost.

Variété :

'Queen Victoria' : gros pétioles rouges, de saveur excellente.

Parasites et maladies :

Symptômes	Causes	Remèdes
Insectes sous les feuilles	Pucerons	Roténone.

ROQUETTE

Eruca vesicaria
syn. *E. sativa*

CRUCIFERES

C'est une plante annuelle dont les feuilles oblongues sont un peu épaisses, mais délicieuses en salade.

Culture :

Semez en lignes profondes de 1 cm et espacées de 25 cm, de mars à fin juillet. Lorsqu'il fait chaud, arrosez fréquemment pour éviter la montée en graines et améliorer la qualité gustative des feuilles. Celles-ci sont récoltées au bout de 2 mois suivant la date de semis puis elles repoussent assez vite.

Variété :

Roquette 'Feuille de navet' : bien rustique.

SALSIFIS
syn. **Barbe-de-bouc, Barberon**

Tragopogon porrifolius

COMPOSEES

Plante bisannuelle à longue racine pivotante de couleur blanche, que l'on consomme dès la première année de culture. Le feuillage est dressé et étroit.

Culture :

Si la culture du Salsifis ne nécessite pas d'apport de fertilisant durant la saison, incorporez un engrais organique bien décomposé à l'automne.

Semez au mois de mai en place, sur rayons espacés de 30 cm. Plombez après le semis, arrosez et maintenez le sol toujours bien humide. Après la levée, éclaircissez à 10 ou 15 cm. Binez et sarclez périodiquement. Supprimez les hampes florales dès leur apparition.

La récolte commence en octobre et peut se poursuivre jusqu'en mars, à condition de couvrir, dès le début de l'hiver, la plate-bande d'une couche de feuilles mortes qui formera une couverture facile à soulever. L'extraction des racines de Salsifis est assez laborieuse. Elle sera facilitée en creusant une tranchée juste à côté de la ligne de culture et en prélevant les racines latéralement en vous servant d'une fourche-bêche.

Variété :

'Mammouth' : produit de grosses racines, d'excellente qualité.

> En cas de floraison, la racine du Salsifis devient inconsommable.

SCORSONERE
syn. **Ecorce noire, Corcionnaire, Salsifis d'Espagne**

Scorzonera hispanica

COMPOSEES

La Scorsonère, vivace mais cultivée comme annuelle ou bisannuelle, se différencie du Salsifis par la couleur de sa racine, beaucoup plus foncée et son feuillage plus ample.

Culture :

Préparez le terrain en bêchant profondément et en incorporant, soit à l'automne, soit au pirntemps, un engrais organique à raison de 30 g/m². Tracez des rangs distants de 30 cm et profonds de 2 cm. Disposez les graines à 3 cm d'écartement, plombez et arrosez. Après la levée, éclaircissez à 10 cm. Maintenez le sol humide, surtout en été.

Le semis peut avoir lieu en mars pour une récolte en octobre-novembre, en avril-mai pour une récolte hivernale se poursuivant en mars et en avril, ou encore en août pour récolter durant tout le printemps suivant.

Variétés :

'Donia' : l'amélioration du 'Géant de Russie' à racine plus longue et plus lisse.

'Duplex' : très résistant à la montée en graines, ces racines mesurent au moins 25 cm.

TETRAGONE
syn. **Epinard de Nouvelle Zélande**

Tetragonia expansa

AIZOACEES

Plante annuelle, basse et étalée, à longues tiges pourvues de feuilles charnues.

Culture :

Avant le semis, trempez les graines dans un peu d'eau pendant 24 heures, ce qui vous laisse le temps de préparer la plate-bande, en l'ameublissant puis en incorporant un engrais organique à raison de 100 g/m². Creusez ensuite des trous profonds de 2 à 3 cm, espacés de 70 cm en tous sens. Au fond de chacun d'eux, mettez 3 graines, que vous recouvrez de bon terreau puis tassez délicatement. Arrosez de façon très régulière pour favoriser le développement du feuillage et ralentir la formation des fleurs. N'éclaircissez pas, mais par contre, pincez l'extrémité des tiges et surtout des hampes florales dès leur apparition, afin que les plantes se ramifient correctement. Au sol, étalez un paillage pour maintenir l'humidité et éviter les sarclages et binages. Dès le mois d'août et jusqu'à la fin octobre, prélevez les feuilles en les pinçant avec les ongles, selon vos besoins : cuisinez-les comme les épinards.

> La Tétragone est un excellent couvre-sol, qui apporte un peu de fraîcheur aux pieds de légumes comme la Tomate, et pour ce faire, n'hésitez pas à en semer autour des plantations.

Variété :

Le panel des variétés est réduit à sa plus simple expression, puisqu'en fait, il n'en existe qu'une : c'est la Tétragone appelée également Epinard de Nouvelle Zélande. Son principal intérêt est de remplacer l'Epinard durant les périodes estivales, où celui-ci monte en graines, mais il convient toutefois de souligner que les récentes sélections (d'Epinard) ont nettement amélioré ces problèmes de culture.

TOMATE
syn. **Pomme d'or,
Pomme du Pérou,
Pomme d'Amour**

Lycopersicon esculentum
syn. *Solanum lycopersicum*

SOLANACEES

Légume-fruit, annuel, à tige devant
être tuteurée. Les feuilles sont dentées et
ovales, les fruits charnus réunis en grappes.

Culture :

Si vous êtes un tant soit peu bien
équipé et que vous possédiez un local
tempéré et clair, qui permette de garder
les plants en attendant le plantation,
commencez à semer vos tomates dès le
mois de février. Sinon, attendez le mois
de mars. En tout cas, utilisez une caissette ou une mini-serre remplie de terreau à
semis, maintenue au chaud et à la lumière pour éviter l'étiolement des pousses.
Semez en lignes, sur le terreau préalablement tassé, en vous servant d'un petit semoir. Puis, recouvrez légèrement la semence et tassez à nouveau. Arrosez finement. Lorsque les plants ont 3 feuilles,
repiquez-les individuellement (tout en les
enfonçant davantage) en godets de tourbe de 8 cm de diamètre et maintenez-les
toujours à l'abri. Un mois avant la plantation, placez-les par beau temps à l'extérieur, pendant un moment pour les en-
durcir.

Lorsque les gelées ne sont plus à
craindre, plantez-les en pleine terre en
les distançant de 60 cm sur ligne et de
80 cm entre les rangs. Incorporez au sol
un engrais organique (30 g/m²), puis placez les supports. Préférez les tuteurs torsadés, qui vous éviteront par la suite, de
longs travaux de palissage.

> *Plantez les pieds de Tomate
obliquement pour que la partie enterrée de la tige émette de nouvelles racines, favorisant ainsi l'alimentation de la plante.*

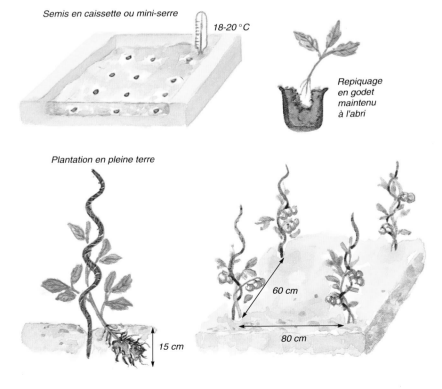

Semis en caissette ou mini-serre

18-20 °C

*Repiquage
en godet
maintenu
à l'abri*

Plantation en pleine terre

15 cm

60 cm

80 cm

Au départ, si les nuits sont fraîches et par la suite pour hâter le mûrissement des fruits, enfilez sur vos pieds de Tomate une housse de protection, coupée à la bonne longueur et attachée au sommet du tuteur. Cette housse sera enlevée durant la bonne saison et remise en fin d'été pour prolonger la récolte. Tuteurez les plants au fur et à mesure de leur croissance, ou plus simplement, guidez-les dans les courbes du tuteur torsadé.

Pincez les pousses qui se développent à l'aisselle des feuilles et lorsque les boutons floraux sont formés, coupez la tige au-dessus de la feuille suivant le cinquième bouquet. Arrosez régulièrement le pied sans toucher le feuillage et faites des apports réguliers d'engrais spécifique. N'utilisez jamais d'engrais azoté, qui favoriserait la pousse des feuilles au détriment des fruits.

Enlevez les feuilles du bas, plus soumises aux projections de boue lors de l'arrosage. Maintenez le sol humide en épandant un mulching entre les rangs. N'enlevez pas les feuilles pour faciliter la coloration des fruits, sauf, éventuellement, en fin de saison.

Variétés :

Les jardiniers choisissent de plus en plus des variétés hybrides plus productives, mais surtout plus résistantes ou du moins tolérantes aux maladies.

- Les hâtives sont consommables du 14 juillet jusqu'à la fin septembre. La 'Tirana' F1 et la 'Fournaise' F1 ont des fruits de 100 g à chair ferme et les 'Trésor' F1 et 'Narita' F1 des fruits plus volumineux.

- Variétés de pleine saison (fin juillet) : 'Fandango' F1 et 'Pyros' F1, fruits de 130 à 150 g, de très bonne saveur ; 'Robin' F1, gros fruits de 180 g, fermes.

Vous pouvez aussi opter pour de bonnes variétés classiques comme la 'Marmande Claudia', la 'Grosse Saint-Pierre' résistant bien à l'éclatement, la 'Roma', plus allongée, pour les sauces, et enfin pour l'apéritif et la décoration des plats, la 'Petite Cerise'. Si vous redoutez l'acidité des tomates, choisissez la 'Golden Königin' à chair jaune et très douce.

> *Les deux hybrides 'Fandango' et 'Pyros' sont parmi les rares variétés tolérantes au mildiou (maladie la plus répandue).*

Parasites et maladies :

Symptômes	Causes	Remèdes
Dessèchement de la base des tiges	Pied noir	Manèbe.
Taches brunes sur les fruits et flétrissement du feuillage	Mildiou	Manèbe.
Insectes	Moucherons	Pyréthrine.
Base du fruit brunâtre	Excès d'eau	Ralentir l'arrosage.

Mildiou

LES PLANTES AROMATIQUES

Dessin C. STAEBLER

Thym — Armoise — menthe — Aspérule — Gentiane — persil — mélisse — Bourrache — valériane — sauge — Hysope — saponaire — angéli

ABSINTHE
syn. **Artémise amère**

Artemisia absinthium

COMPOSEES

L'Absinthe est une plante vivace qui dépasse 1 m de haut. Ses feuilles vert pâle sont très découpées.

Culture : préparer son emplacement en incorporant 200 g d'engrais organique/m². Semer en mars-avril, en pépinière bien abritée, sans trop enterrer les graines et arroser régulièrement. Planter les jeunes plants en septembre-octobre en les espaçant à chaque fois de 50 cm. Ou alors, acheter des plants en mars-avril. Renouveler les plants tous les 7 ans. Récolter les feuilles, au moment de la floraison, et les faire sécher à l'ombre.

ACHE DE MONTAGNE
syn. **Livèche, Céleri vivace, Céleri perpétuel, Céleri bâtard**

Levisticum officinale

OMBELLIFERES

Plante vivace, mesurant 2 m de haut, à tiges creuses et grandes feuilles. Les fleurs sont jaunes et disposées en ombelles.

Culture : semer l'Ache de montagne en pépinière en mars-avril et repiquer les plants en septembre, dans un terrain bien travaillé et ensoleillé, en les distançant d'au moins 50 cm les uns des autres. Au printemps, et surtout en été, elle est très souvent la proie des pucerons : lutter contre ces insectes en pulvérisant une solution à base de roténone. Entretenir la culture en gardant le sol propre et avant l'hiver, rabattre la plante à 10 cm du sol.

ANETH

syn. **Fenouil bâtard**

Anethum graveolens

OMBELLIFERES

Plante condimentaire annuelle à tiges creuses, mesurant près de 0,8 m de haut. Ses feuilles sont très découpées. Leur saveur ressemble à celle du fenouil.

Culture : semer l'Aneth en pleine terre, à bonne exposition, en avril-mai. Tracer des rayons profonds d'1 cm et écartés de 20 cm les uns des autres. Plus tard, éclaircir plusieurs fois pour laisser 25 cm de distance entre chaque plant. Maintenir le sol propre et aéré, en binant de temps en temps. La récolte des graines a lieu en septembre.

ANGELIQUE

syn. **Angélique de Bohême, Herbe-aux-anges, Archangélique**

Angelica archangelica

OMBELLIFERES

Plante vivace pourvue de tiges creuses allant jusqu'à 3 m de haut, terminées par des ombelles de petites fleurs. Les feuilles forment une large touffe.

Culture : il y a deux époques pour semer de l'Angélique : la première consiste à semer en pépinière dès mars-avril, en prenant soin de recouvrir à peine les semences. Au bout de sept à huit semaines, repiquer les plants en pépinière, puis, au mois de septembre, les planter en place à 70 cm de distance en tous sens. Au cours de la deuxième et troisième année de culture et jusqu'à la floraison, récolter les pétioles et les tiges. Après quoi, supprimer totalement les plants. La deuxième époque de semis se situe en juillet-août, en pépinière, suivie d'un repiquage en pépinière et une mise en place au début du printemps. Dans ces deux cas, maintenir comme de coutume, le sol propre en binant de temps en temps.

ANIS VERT

Pimpinella anisum

OMBELLIFERES

Plante annuelle, haute de 40 cm, à feuilles découpées comme celles du Céleri.

Culture : l'Anis se plaît dans un endroit bien ensoleillé. Travailler le sol : bêcher, émietter, puis incorporer du fumier décomposé à raison de 100 à 150 g au m². Semer directement en place, fin avril - début mai, sur lignes distantes de 40 cm. Après la levée, éclaircir en laissant 20 cm d'espace entre chaque plant, ce qui permettra de garder le sol facilement propre, en saison, par des binages réguliers. L'Anis pousse très rapidement et atteint 40 cm de hauteur à condition de l'arroser souvent par temps sec. Il est bon de butter légèrement les pieds. La récolte a lieu en août-septembre, lorsque les graines sont brunies et bien mûres. Faire sécher les tiges à l'ombre et récupérer les graines par battage.

Angélique

BASILIC

syn. **Herbe royale**

Ocinum basilicum

LABIEES

Plante condimentaire annuelle, de 30 cm de haut, pourvue de feuilles ovales, plus ou moins grandes selon les variétés.

Basilic

Culture : le Basilic pousse dans les endroits très ensoleillés. Le 'Grand vert' a des feuilles assez larges. Le 'Fin vert', très parfumé, a un feuillage plus petit. Il existe également une variété à feuilles pourpres employée autant comme condiment que pour son aspect très décoratif, convenant parfaitement dans les massifs fleuris. Les semer en pépinière (bac ou couche) en mars-avril. Dès que les plants ont 3 ou 4 cm de hauteur, les repiquer en pot en tourbe et les entreposer à l'abri. Les planter en pleine terre au mois de mai, en distançant chaque plant de 25 cm. Si vous n'êtes pas équipé pour semer, achetez vers le 20 avril, des plants chez votre fournisseur. Les Basilics se cultivent facilement en pot (deux plants pour un pot de 16 cm). La récolte débute en mai et il est important de prendre soin de pincer les hampes florales pour que les plants restent bien ramifiés et qu'ils produisent du feuillage. En septembre, couper les tiges à 10 cm du sol et les conserver bien sèches dans des bocaux.

CAMOMILLE ROMAINE

Anthemis nobilis
COMPOSEES

Plante vivace de 30 à 50 cm de haut, à port dressé et feuilles divisées. Les fleurs ressemblent à des petites marguerites de 1,5 à 2,5 cm de diamètre.

Culture : la Camomille romaine ne se sème pas : acheter des plants dans le commerce dès le début du printemps. Plus tard, diviser les touffes au mois d'avril et planter les éclats dans une terre légère et chaude en les distançant de 50 cm en tous sens. La Camomille annuelle existe en graines à semer directement en place au mois d'avril, à bonne exposition. Eclaircir après levée, puis plusieurs fois, pour ne laisser en fin de compte que 50 cm d'espace entre chaque plant. Maintenir le sol propre et aéré, en sarclant régulièrement. Récolter les fleurs avant qu'elles ne soient totalement épanouies, de juillet à septembre. Les faire sécher à l'ombre.

CERFEUIL

Anthricus cerefolium
OMBELLIFERES

Plante annuelle à feuillage très découpé, mesurant près de 30 cm de haut.

Culture : le Cerfeuil se plaît dans les endroits bien frais et ombragés. Travailler superficiellement le sol et incorporer par griffage 50 g/m^2 d'engrais organique. Qu'il soit simple ou frisé, sa saveur est la même. Le semer au début du printemps, dès que la température du sol est suffisante, et durant toute la saison, jusqu'en octobre, sur rayons espacés de 20 cm. Enterrer très légèrement la graine en plombant le sol, mais il est aussi facile d'en semer à la volée, en dispersant régulièrement quatre à cinq grammes de semence au m^2. Maintenir le sol propre, frais et humide. Eclaircir si nécessaire et échelonner les semis toutes les deux ou trois semaines. En effet, le Cerfeuil monte rapidement en graines, ce qui n'est pas bien grave car il est consommable quatre à six semaines après le semis, dès qu'il a atteint 10 cm de haut. Poursuivre les semis sous couche chaude, durant les mois d'hiver et les tout premiers mois de l'année, sans oublier à ce moment, d'arroser par beau temps. Il arrive quelquefois que le Cerfeuil soit malade (mildiou et septoriose). De deux choses l'une, ou on arrache les plants, ou on pulvérise le feuillage avec un fongicide à base de manèbe.

Cerfeuil

CIBOULE

Allium fistulosum
LILIACEES

La Ciboule est une vivace, cultivée comme annuelle ou bisannuelle, botaniquement proche de l'Oignon, mais elle ne forme pas de bulbe à proprement parler, celui-ci étant remplacé par un renflement allongé à la base des tiges. Les feuilles sont dressées, fines et longues de plus de 25 cm.

Culture : la Ciboule redoute les sols fumés trop récemment ou trop riches en compost. La semer en place de février à mai, en rayons distants de 25 cm, plomber et arroser généreusement. Après la levée, éclaircir à 5 cm et récolter au bout de trois mois. Il est aussi possible d'en semer au printemps et même en été en pépinière, puis, de la repiquer en bouquet en automne ou au printemps suivant. Dans ce cas, en profiter pour faire des bordures taillées style "jardin à la française". Pour ce, planter une touffe tous les 20 cm.

CIBOULETTE

syn. **Civette, Cive, Brelette**

Allium schœnoprasum
LILIACEES

Plante vivace formant des touffes denses de feuilles tubuleuses très fines, vert foncé. Les tiges florales, plus hautes, sont coiffées de fleurs violacées.

Culture : le semis a lieu au printemps, de février à avril, en lignes profondes de 1 cm et écartées de 25 cm. Plomber puis arroser. Récolter en coupant les feuilles dès le mois d'avril et jusqu'en novembre. Par la suite, on peut diviser les touffes en mars-avril, puis replanter les éclats en les espaçant de 15 cm.

CORIANDRE

Coriandrum sativum
OMBELLIFERES

Plante annuelle haute de 70 cm, à feuillage denté et très découpé. Les fleurs en ombelle sont petites et blanches. La Coriandre préfère les terrains plutôt calcaires et les situations bien exposées.

Culture : la semer en mars-avril sous abri ou directement en place. Repiquer les plants issus de pépinière dès qu'ils mesurent 10 cm, à 30 cm d'écartement les uns des autres. Dans le cas du semis en pleine terre, éclaircir après levée une première fois à 15 cm, puis une seconde fois à 30 cm. Récolter le feuillage et les fruits lorsqu'ils ont une couleur jaune brunâtre, de juin à août. Couper, en matinée, les ombelles, puis les faire sécher à l'ombre, avant de les battre pour en extraire les graines.

ESTRAGON

syn. **Dragonne, Serpentine, Fargon**

Artemisia dracunculus
COMPOSEES

Cette plante vivace, haute de plus de 60 cm, à nombreuses tiges formant une touffe, pourvues de feuilles fines et lancéolées, se plaît dans les endroits plutôt ensoleillés. Elle craint néanmoins une terre trop humide qui nuirait à sa survie.

Culture : planter l'Estragon dans un sol perméable et léger ou faire en sorte en ajoutant de la tourbe et du sable. L'apport d'engrais n'est pas nécessaire. L'Estragon ne se sème pas : les semences existantes et à la rigueur vendues dans certains commerces, produisent une plante similaire à l'Estragon, mais sans la moindre saveur. Acheter quelques plants au printemps et les planter en les séparant de 30 à 40 cm. Les arroser régulièrement et les rajeunir en divisant les touffes tous les trois ou quatre ans. Enfin, les protéger en hiver, en coupant les tiges au ras du sol, puis les recouvrir de feuilles mortes.

Coriandre

Ciboulette

LAURIER-SAUCE
syn. **Laurier noble**
Laurier d'Apollon, Laurier commun
Laurus
LAURACEES

Le Laurier-sauce, à feuillage persistant, est vivace, mais peu rustique. C'est un arbuste touffu, formant un cône, ses feuilles sont allongées, épaisses et vert foncé.

Culture : il peut atteindre 5 m de haut dans les régions à climat doux où il pousse en pleine terre. Ailleurs, il est cultivé en pot ou en bac, afin de le mettre à l'abri durant l'hiver : au mois d'octobre, installer le Laurier dans une pièce claire, hors gel, en réduisant progressivement les arrosages durant cette période de repos. En saison, le Laurier peut être taillé, même en forme de cône ou de boule. Acheter les nouveaux plants au début du printemps, c'est-à-dire mars-avril. Les transplanter dans un terreau très léger et les installer au soleil. Faire des apports hebdomadaires d'engrais soluble enrichi d'algues marines.

MARJOLAINE
syn. **Origan**
Origanum majorana
LABIEES

Il s'agit là de l'espèce vivace, néanmoins cultivée comme annuelle. Elle forme une touffe de près de 50 cm de haut, composée de tiges dressées garnies de feuilles rondes, vert grisâtre. Les fleurs, réunies en bouquets, sont petites et blanches.

Culture : semer la Marjolaine d'avril à mai en pépinière. Repiquer les plants en place quatre à six semaines plus tard, par groupe de trois, en laissant un écartement de 15 cm entre chacun d'eux (ceci peut se faire sur lignes distantes de 30 cm). Elle préfère les sols riches en humus, légers et bien exposés, et craint l'excès d'humidité. Il est également possible d'en semer directement en place dès le mois d'avril, puis d'éclaircir à 15 cm lorsque les plants ont 5 cm de haut, ou à défaut, d'acheter des plants déjà bien développés.

MELISSE OFFICINALE
syn. **Mélisse citronnelle**
Melissa officinalis
LABIEES

Plante vivace touffue, composée de tiges dressées, portant des feuilles ovales et vertes. Les fleurs se regroupent en bouquets. La Mélisse mesure près de 50 cm de haut.

Culture : elle n'est pas très exigeante côté terrain, mais préfère toutefois les sols meubles, légers et humifères, ainsi qu'une exposition plutôt ensoleillée, tout en se contentant d'un sol caillouteux. La semer en pépinière d'avril à juin, la repiquer lorsqu'elle a 3 à 4 cm de haut tout en la maintenant sous abri. Enfin, planter en place de juin à septembre, en distançant les plants de 40 cm les uns des autres. Elle se multiplie également par division de touffes, en fin d'été. On trouve des plants dans le commerce, dès le printemps. Il est bon de renouveler votre plantation de Mélisse tous les 4 ou 5 ans et de la protéger durant l'hiver par une butte de terre ou de feuilles. Récolter les feuilles de Mélisse dès l'apparition des boutons floraux. Les sécher à l'ombre, puis mettre en bocaux hermétiques le plus rapidement possible, pour éviter l'évaporation de l'huile essentielle. Cependant, même traitée de cette façon, la Mélisse ne garde pas toute son efficacité jusqu'à la récolte suivante. Sachez aussi que c'est une plante mellifère par excellence, d'où son nom du grec : mélissa, voulant dire "abeille".

MENTHE VERTE
Mentha viridis
LABIEES

Plante vivace, à tiges dressées et souches rampantes. Les feuilles sont lancéolées et dentelées. Les fleurs en épis sont de couleur rose ou mauve clair.

Culture : voir Menthe poivrée.

MENTHE POIVREE

Mentha piperita
LABIEES

Plante vivace, dont les tiges rampantes s'enracinent rapidement. Les feuilles sont allongées et les fleurs, en épis, sont violacées.

Culture : la Menthe se cultive en pot, sur un balcon ou en pleine terre dans le jardin, mais toujours dans un endroit chaud, quoique semi-ombragé. Au début du printemps, acheter des plants en godet. Ainsi, on en bénéficie immédiatement. Ou alors, en semer en mars-avril en pépinière. Lorsque les plants ont 10 à 15 cm de haut, les repiquer en place en les distançant de 30 cm à chaque fois. La Menthe ne demande aucun entretien particulier, si ce n'est l'arrosage. Récolter les feuilles et les sommités fleuries de mai à septembre (les feuilles seront séchées à l'ombre). Renouveler tous les quatre ans les plantations tout en contrôlant la formation des stotons souvent trop envahissants.

PERSIL

Carum petroselinum
OMBELLIFERES

Le Persil est une plante bisannuelle, formant de petites touffes arrondies et très fournies. Les feuilles sont simples et dentées ou frisées, mais toujours bien vertes.

Culture : le Persil frisé est la plante condimentaire la plus semée dans nos jardins, mais le Persil simple ou commun est nettement plus parfumé et très vitaminé. Le Persil racine, moins répandu, a une saveur particulière et il a sa place dans tout bon pot-au-feu.

Préparer la plate-bande en incorporant à l'automne du compost bien décomposé. Eviter le fumier frais qui provoque la rouille des racines. Au printemps et en cours de végétation, compléter les arrosages avec un engrais organique soluble.

Semer du Persil du printemps jusqu'en été : les semis printaniers s'effectuent à exposition chaude et les semis estivaux à l'ombre. Il est également possible d'acheter en avril-mai des petites mottes de Persil et de les planter en pleine terre ou en jardinière. Semer en ligne plutôt qu'à la volée à l'aide d'un petit semoir. La levée est assez lente, activer la germination en trempant les graines dans de l'eau quelques heures avant le semis. La semence humide est en général collante et difficile à semer. La mélanger à du marc de café ou du sable au moment du semis. Entretenir en maintenant le sol très humide. Le Persil doit être éclairci après la levée à 10 cm. Son semis se pratique uniquement au printemps et sa récolte en fin d'été. Semer le Persil frisé race 'Frison' ou 'Triplex' d'un beau vert foncé qui repousse très bien après la cueillette et le Persil simple 'Géant d'Italie', variété très parfumée.

En hiver, protéger les cultures par un tunnel de manière à prolonger les récoltes. Semer du Persil ou en repiquer dans un pot installé dans la cuisine, à portée de la main.

Eviter le jaunissement du Persil en pratiquant un assolement rigoureux. Dès les premiers symptômes, arroser la planche de culture avec une solution de roténone pour éliminer les pucerons des racines.

Persil

RAIFORT

syn. **Moutarde des capucins, Radis à cheval, Rave de campagne, Médérick**

Cochlearia armoracia
CRUCIFERES

Plante vivace à racine cylindrique, à chair blanche et peau jaunâtre, dont la saveur est brûlante. Les feuilles sont grandes, lancéolées, dentées, de couleur verte. Le Raifort est un condiment couramment utilisé dans l'est de la France pour accompagner le pot-au-feu. Il donne également un goût extraordinaire lorsqu'on en ajoute aux crudités.

Culture : acheter des plants en mars-avril et les installer en sol léger, plutôt humide et fumé à l'automne. Les distancer de 30 cm sur rangs et 50 cm entre les rangs. Entretenir la culture en binant de temps en temps. La récolte débute la deuxième année, au mois de novembre et jusqu'au printemps suivant. Prélever les racines en les extirpant avec une fourche-bêche. En automne, bêcher entre les rangs et faire un apport de fumier. On peut ensuite mutliplier les plants, en divisant les racines au début du printemps. En cuisine, la racine de Raifort est très finement râpée et mélangée à de la crème fraîche.

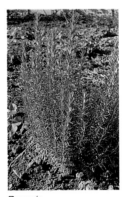
Romarin

ROMARIN
syn. **Herbe aux couronnes, Encensoir**
Rosmarinus officinalis
LABIEES

Il y a un petit accent de Provence dans ce petit arbrisseau, en touffe de rameaux dressés, pourvus de feuilles obtuses. Vivace, il redoute tout de même les hivers rigoureux, surtout dans les régions de l'Est, où on lui réservera un endroit bien abrité.

Culture : pour avoir du Romarin dans un jardin ou une jardinière, il y a plusieurs solutions : la première c'est l'achat d'un plant au printemps, la deuxième consiste à en semer en pépinière ou en place à exposition chaude d'avril à juin. Enfin, la troisième solution consiste à diviser les touffes (mais là, il faut déjà avoir un beau plant), au début du printemps ou en automne et de replanter les éclats. Le Romarin est très décoratif : son feuillage argenté au-dessous et vert au-dessus, agrémente une rocaille, une haie ou des bordures. Il peut être taillé et formé sans problème et même très bas, pour faire office de couvre-sol. Il fleurit en mai. Cueillir les feuilles de Romarin tout au long de la saison, suivant les besoins.

SARRIETTE VIVACE
syn. **Sarriette des montagnes**
Satureia montana
LABIEES

Plante étalée, mesurant tout de même près de 40 cm de haut. Ses feuilles sont étroites et linéaires, et ses fleurs blanches, roses ou lilas.

Culture : semer la Sarriette annuelle sous châssis en mars-avril et la planter en place au mois de mai, en distançant les plants de 20 cm les uns des autres.
La Sarriette vivace est semée en place à la même époque, sur rayons distants de 40 cm, puis éclaircie à 20 cm. Ou alors la semer en septembre sous couche, pour une mise en place au mois d'avril suivant. On peut bien sûr, acheter des plants. Si on craint les hivers rigoureux, protéger la Sarriette vivace par un paillis et rabattre les tiges à 10 cm du sol au printemps. Mars-avril sera le temps de la multiplication par

division des touffes et chaque éclat est ensuite planté aux distances conseillées précédemment. Récolter les feuilles et les jeunes pousses de juin à octobre.

SAUGE OFFICINALE
syn. **Herbe sacrée, Grande Sauge**
Salvia officinalis
LABIEES

Plante vivace touffue, à tiges ligneuses, mesurant près de 40 cm et quelquefois davantage. Ses feuilles ovales et dentées sont vert clair, et ses fleurs lilas, ou plus rarement roses ou blanches, disposées en grappes.

Culture : la Sauge officinale préfère les emplacements chauds, les terres légères et bien drainées. Renouveler régulièrement les plantations de Sauge tous les trois ou quatre ans. En mars, diviser les touffes qui ont pris trop d'importance et en profiter pour les replanter. Le semis s'opère en avril-mai et la plantation en septembre-octobre, en espaçant les plants de 40 cm les uns des autres ou semer au mois de septembre sous châssis pour une plantation en place au printemps suivant. Dans les régions plus froides, couper les tiges en automne et recouvrir chaque pied d'un tas de feuilles ou de tourbe. On peut trouver des plants de Sauge officinale à feuillage gris-vert ainsi que d'autres variétés plus décoratives, aux teintes pourpres ou panachées. Récolter avant la floraison les feuilles et les sommités fleuries. D'ailleurs, le fait de couper les sommités fleuries facilite la repousse du feuillage et améliore la production.

Sauge

THYM ORDINAIRE
syn. **Farigoule, Pouilleux, Pouillu**

Thymus vulgaris

LABIEES

Petit buisson à tiges ligneuses, garnies de feuilles menues, odorantes et lancéolées, vertes au-dessus et grises au-dessous, à fleurs en bouquets terminaux.

Culture : vivace, le Thym fait partie intégrante du "coin condimentaire". Il est possible de le semer directement en place, mais nous conseillons les plants achetés, plus vigoureux et plus faciles à repiquer.

Semer en pépinière (de mars à juin), plomber, arroser finement et régulièrement. Repiquer en pleine terre au mois de juillet, en espaçant de 10 cm. On peut bouturer le Thym au mois de juillet. Dans ce cas, prélever des boutures à ta-

lon et les piquer en godets remplis de terre mélangée à du sable. Bien tasser la terre autour de la bouture, maintenir l'arrosage et disposer les pots durant l'hiver dans un châssis froid. La plantation aura lieu au début du printemps suivant. Autre moyen de multiplication : lorsque le Thym est suffisamment volumineux, diviser les touffes, au mois de mars et planter chaque éclat à 10 ou 15 cm de distance les uns des autres. Ne pas hésiter à planter du Thym en pot ou en jardinière, en prenant cependant des précautions durant l'hiver, soit en enterrant le récipient dans le jardin, soit en le stockant dans un endroit éclairé et hors gel. Renouveler les plantations de Thym tous les trois ans.

On trouve des semences de Thym vivace ordinaire et, au début du printemps, des plants en godet, ainsi que du Thym citron, très parfumé et qui, paraît-il, repousse les insectes du jardin, et du Thym serpolet, à feuilles ovales et fleurs violettes ou roses.

LE VERGER

LA PLANTATION

Cette phase est essentielle dans la conception du verger. Un mauvais choix ou des erreurs de conception peuvent être lourds de conséquences.

QUE PLANTER ?

Les choix de l'espèce et surtout de la variété répondent à des critères géographiques, pédologiques, de surface disponible et aux désirs de l'arboriculteur. Avant toute décision d'achat, la surface de terrain libre doit être définie. Planter des arbres ou des arbustes trop serrés engendre :
- un retard dans la mise à fruits,
- des formes confuses,
- une mauvaise exposition des fruits à la lumière,
- une sensibilité accrue aux problèmes phytosanitaires,
- des difficultés de conduite (taille, traitement, cueillette).

Cet état d'asphyxie du verger condamne les arbres. La seule solution est de supprimer quelques arbres et de restructurer le verger. Pour éviter ce désagrément, des distances de plantation doivent être respectées. D'une manière générale :
- pour les formes de plein vent (gobelet) : 7 x 7 m,
- pour un Noyer, un Châtaignier : 10 x 10 m ou 12 x 12 m,
- pour une conduite en axe (Pommier, Poirier) : 1,2-2 m x 3-4 m,
- pour les petits fruits : 1,5 m sur le rang.

A la plantation, le verger paraîtra vide, mais à partir de la 4e année vous apprécierez d'avoir respecté les distances de plantation. Votre verger produira dans une harmonie de verdure, avec un entretien facile.

En résumé, votre plantation doit être raisonnée et raisonnable.

Pour les espèces nécessitant des pollinisateurs, n'oubliez pas de leur prévoir une place, car les arbres du voisinage ne suffisent pas toujours à assurer une bonne pollinisation.

Le choix des espèces et des variétés peut être affiné en observant les vergers voisins, car les adaptations sont différentes suivant les secteurs géographiques.

OU ACHETER ?

L'arbre ou l'arbuste acheté doit IMPERATIVEMENT être :
- indemne de virus (étiquette "VIRUS FREE"),
- vigoureux,
- sain,
- avec un chevelu racinaire abondant,
- de la variété désirée.

Afin de réunir la plupart de ces caractéristiques, les pépiniéristes homologués proposent des plants certifiés par le CTIFL.

L'arboriculteur peut faire lui-même ces plants fruitiers en greffant, en marcottant ou en divisant. Pour obtenir des plants sains, il est logique qu'il faudra prélever des greffons, des marcottes ou des boutures sur des pieds mères sains et indemnes de viroses et surtout ayant toutes les caractéristiques optimales de la variété désirée. Il est préférable d'acheter des portegreffes sains que de greffer sur du "n'importe quoi". Cette dépense minime sera largement compensée par une production régulière, rapide et de bonne qualité.

LA PREPARATION DU TERRAIN

La préparation du terrain se fait l'année qui précède la plantation : elle a pour but de corriger les facteurs défavorables et d'ameublir le sol.

Quelques recommandations

- Ne pas mélanger les couches supérieures et les couches profondes du sol.
- Apporter de la matière organique (exemple : fumier 60 T/ha).
- Si le terrain est trop humide, drainer ou planter sur des buttes.
- La fumure de fond prend en considération les besoins de l'espèce plantée (ne pas confondre avec la fumure d'entretien qui rééquilibre chaque année la proportion d'éléments dans le sol et qui, au fur et à mesure de la croissance de l'arbre, sera déposée sur un cercle de plus en plus large autour du tronc).

LE PIQUETAGE

Cette opération permet de déterminer exactement l'emplacement des arbres et d'avoir une vision d'ensemble du verger avant plantation. Un bon alignement et des angles droits respectés rendent le verger plus facile à exploiter.
- **Obtention d'un alignement** : planter 2 piquets à chaque extrémité et aligner le 3e par visée par rapport aux 2 autres.
- **Obtention d'un angle droit** : prenez 3 points A, B, C. L'angle est supposé droit en B, si AB = 3 m et BC = 4 m alors AC = 5 m. Si ces mesures fictives sont respectées, on obtient un angle droit en B.

LA PREPARATION DES PLANTS

Rafraîchissement des plants

- Ne pas tailler la partie aérienne avant la plantation.
- Diminuer le chevelu racinaire.
- Limiter en longueur la racine principale par une section dirigée vers l'extérieur afin de faciliter le départ des radicelles.
- Eliminer les racines malades et abîmées.

Pralinage

Cette technique augmente les chances de reprise des plants.
Préparation du pralin : dans un énorme récipient, mettre de la terre non compacte, puis ajouter de l'eau. Remuer avec une fourche-bêche jusqu'à l'obtention d'une mixture de consistance crémeuse.

Etiquetage

L'étiquetage des plants avec le nom de la variété et du portegreffe permet un meilleur suivi de son verger.

NE PAS TROP SERRER LE LIEN DE L'ETIQUETTE A CAUSE DES RISQUES D'ETRANGLEMENT.

LA PERIODE DE PLANTATION

Elle se situe d'octobre à mars.

COMMENT PLANTER UN ARBRE ?

- Creuser un trou afin que les racines se positionnent librement.
- Plonger les racines dans la cuve à pralinage.
- Déposer le plant dans le trou.
- Recouvrir de terre fine, secouer l'arbre de manière à bien faire adhérer la terre autour des racines.
- Recouvrir de terre plus grossière.
- Ne pas tasser avec le pied pour éviter le compactage.
- Laisser dépasser le point de greffe afin d'éviter l'affranchissement (émission de racines au-dessus du point de greffe).

LES SUPPORTS

Certaines conduites nécessitent un support :

FIXATION DU TUTEUR

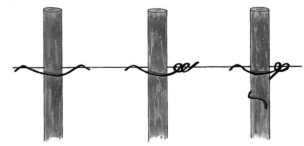

- **Les formes libres** : pendant la phase d'enracinement et suivant les conditions d'exposition au vent, un piquet peut être conseillé.
- **Les formes palissées ou tuteurées** : les piquets et les tuteurs sont placés à vie. Les modes de palissage varient par leur taille, par le nombre de rangées de fils de fer, mais ils sont tous élaborés sur les mêmes bases.

FORME PALISSEE

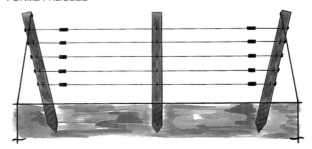

LE RECOUVREMENT DU SOL

Deux solutions s'offrent à l'arboriculteur :

	Sol nu travaillé	Enherbement avec désherbage sur le rang
Avantages	- pas de concurrence pour l'eau entre l'arbre et l'herbe	- verger plus propre - facilite les déplacements et les travaux.
Inconvénients	- nécessite le travail du sol - passage difficile en cas de pluie	- contrainte de la tonte - plus grande sensibilité aux gelées - concurrence de l'eau.

L'amateur préfère souvent l'enherbement en raison de son côté esthétique.

LES LIENS

- LIENS PLASTIQUES → normaux réutilisables
  → "nouilles" coupées à la longueur voulue
- CORDELETTES.

LA TAILLE

L'OUTILLAGE

- Un sécateur court,
- un sécateur long pour les branches de diamètre supérieur,
- une scie à lame pivotante pour faciliter les coupes nettes dans des positions difficiles.

LES PERIODES DE TAILLE

La taille est possible toute l'année, avec des périodes plus favorables :
- Arbres à fruits à pépins : pendant le repos végétatif.
- Arbres à fruits à noyau : après la récolte (excepté le Pêcher).
- Pêcher : juste avant ou pendant la floraison.

LES TAILLES DE FORMATION ET DE FRUCTIFICATION

Quelle que soit la conduite choisie, ces deux phases existent. La taille de formation confère une forme à l'arbre (axe, gobelet, palmette,...). La taille de fructification privilégie la production de fruits. Cette dernière est qualifiée d'entretien sur les conduites en fort volume, car elle est moins méticuleuse que sur la conduite en axe par exemple. Avec les formes modernes, la durée de la taille de formation a été considérablement diminuée et se limite à 4/5 ans (voire plus de 15 ans pour certaines formes savantes).

PRINCIPES GENERAUX DE TAILLE

- La coupe doit être nette, franche et décalée par rapport à l'œil.
- L'air et la lumière favorisent la croissance des rameaux, le repercement, la formation des boutons floraux, la quantité, la qualité des fruits et améliorent la protection phytosanitaire.
- Plus le rameau est incliné vers le bas, plus la vigueur est limitée et la mise à fruits accélérée (perte de la dominance de l'œil terminal).
- Le maintien de l'œil terminal réduit les pousses verticales et favorise des ramifications à angle ouvert (principe de la conduite en axe).

- Limiter le nombre d'organes fructifères permet d'augmenter le calibre des fruits.
- La sève a un débit plus fort dans les branches charpentières. Si son parcours est freiné par des bifurcations, la qualité du fruit est moindre.
- Les organes fruitiers portés sur du jeune bois produisent les plus beaux fruits.
- Les tailles sévères favorisent la production de bois, limitent et retardent la mise à fruit.
- La taille d'été accentue la vigueur des rameaux laissés (taille de formation) et assure un meilleur éclairement (coloration des fruits).

RECAPITULATIF DES FORMES FRUITIERES

Formes savantes

❏ **Les cordons**

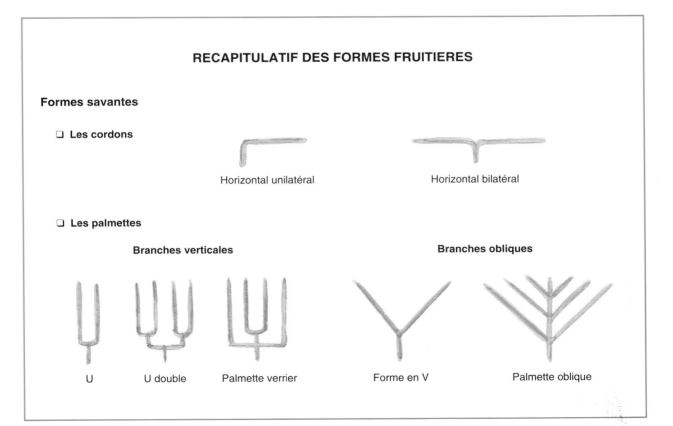

Horizontal unilatéral

Horizontal bilatéral

❏ **Les palmettes**

Branches verticales

Branches obliques

U

U double

Palmette verrier

Forme en V

Palmette oblique

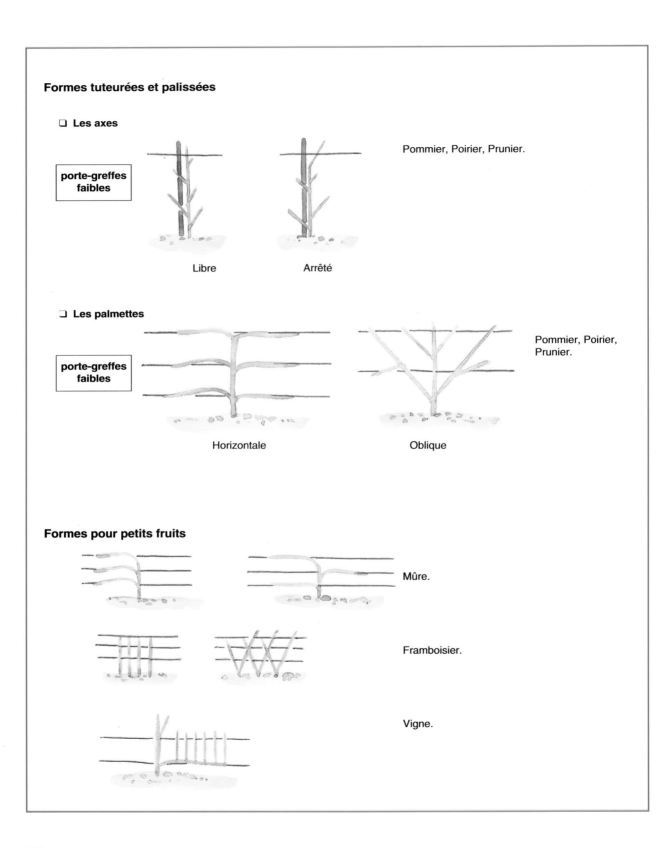

Formes tuteurées et palissées

❏ **Les axes**

porte-greffes faibles

Pommier, Poirier, Prunier.

Libre   Arrêté

❏ **Les palmettes**

porte-greffes faibles

Pommier, Poirier, Prunier.

Horizontale   Oblique

Formes pour petits fruits

Mûre.

Framboisier.

Vigne.

Formes de "plein vent"

Ces formes dites de "plein vent" ont généralement un fort développement.

❏ Les gobelets

porte-greffes moyens

Pommier, Poirier,
Cerisier, Prunier,
Abricotier, Cognassier,
Noisetier, Noyer,
Amandier, Châtaignier,
Groseillier, Cassissier,
Agrumes, Olivier,
Pêcher.

Normal   Différé   Renaud
(classique)

❏ Les formes "pyramidales"

porte-greffes forts

Pommier.

❏ La touffe

pas de porte-greffes

Grand développement : Noisetier, Figuier.

Faible développement : Myrtillier, Groseillier,
Cassissier.

489

LA LUTTE PHYTOSANITAIRE

L'utilisation des produits de traitement peut devenir pour l'amateur un réel problème et en général, il préfère ne pas traiter. Or, produire correctement sans lutte phytosanitaire semble difficile. Il est vrai que certaines espèces, voire certaines variétés, demandent peu de traitements. Faire une lutte phytosanitaire ne veut pas dire traiter à outrance. La tendance actuelle va vers une lutte raisonnée. Les traitements abusifs éliminent les auxiliaires de l'arboriculteur et sélectionnent des souches de prédateurs résistantes aux produits trop massivement utilisés. Les interventions doivent donc être des actes réfléchis.

La lutte phytosanitaire se résume en 3 phases : connaître le parasite, mesurer le risque et choisir le traitement si nécessaire.

- **Connaître le parasite** : cette connaissance s'acquiert avec l'observation de son verger. L'apparition d'un nouveau parasite doit susciter la curiosité.

- **Mesurer le risque** : cette détermination du risque résulte de la visite quotidienne de son verger. Prenons un exemple concret : est-ce que l'attaque d'une seule branche par des pucerons doit susciter un traitement de l'ensemble ? Dans ce cas, il est peut-être préférable d'éliminer le foyer en détruisant mécaniquement ou chimiquement les pucerons de cette branche. Pour certains champignons, le risque est plus difficilement appréciable sans appareil de mesure perfectionné. Les stations d'avertissement agricole émettent des bulletins d'avertissement qui renseignent les arboriculteurs sur les risques possibles et les interventions à effectuer. Ces stations puisent leurs renseignements aux différents sites de piégeage et de mesures climatiques. L'amateur peut se procurer ces pièges, par exemple celui du carpocapse de la Pomme, afin d'apprécier le risque d'attaque, mais ce piégeage ne suffit pas à protéger son verger.

- **Le traitement** (si nécessaire) : l'acte de traiter répond à quelques règles en vue de protéger le milieu, le consommateur et l'arboriculteur qui traite.

. N'utiliser que des produits homologués.

. Eviter "les produits bons pour tout" qui détruisent tout.

. Respecter les doses préconisées.

. Respecter les délais avant récolte (dans le cas contraire, les fruits sont impropres à la consommation).

. Utiliser un appareil de traitement bien réglé.

. Si possible, ne pas utiliser le même appareil pour le désherbage et le traitement.

. Se protéger EFFICACEMENT : l'aspersion est désagréable mais peu dangereuse à côté de l'inhalation de poudre lors de la préparation de la mixture. L'utilisation de produits de traitement liquides est plutôt conseillée. La plus grande attention doit être portée aux enfants et aux animaux.

PROGRAMMES DE TRAITEMENT GENERAUX

Il existe 3 types de produits : les insecticides, les acaricides et les fongicides. Leur composition varie d'une marque à une autre et l'avis d'un spécialiste peut être nécessaire (se munir dans ce cas d'un rameau malade ou parasité).

Un certain nombre d'ennemis sont communs à tous les arbres fruitiers :

Les insectes

- Mineuses (mines de différentes formes)
  → insecticide.

- Cossus, scolyte, xylébore (insectes creusant des galeries dans le bois)
  → éliminer les parties attaquées,
  → traitement insecticide.

- Chenilles défoliatrices (destruction des feuilles)
  → insecticide.

Les acariens

Araignées rouges
  → acaricide.

Les champignons

- Plomb parasitaire (aspect plombé du feuillage)
  → éliminer les sujets atteints,
  → désinfecter les outils de taille,
  → peinture fongique sur les grosses plaies.

- Moniliose
  → éliminer les branches attaquées,
  → secouer les arbres après récolte pour faire tomber les fruits restants,
  → fongicide.

- Pourridié des racines
  → éliminer les arbres infestés,
  → éviter de replanter au même endroit,
  → utiliser un porte-greffe résistant.

- Chancres (tumeur sur les branches et les troncs)
  → éliminer les branches fortement atteintes,
  → gratter les chancres à la brosse métallique,

→ appliquer une protection cicatrisante (mastic),
→ désinfecter les instruments de taille.

- Tout champignon attaquant les racines
  → éliminer les sujets atteints,
  → ne pas replanter au même endroit,
  → utiliser un porte-greffe résistant.

- Tavelure (taches huileuses sur feuilles, taches craquelées sur fruits, ...)
  → traitement fongicide.

- Oïdium (feutrage blanc)
  → éliminer les parties infestées,
  → éviter les excès d'azote,
  → traitement.

Les bactéries

- Crown Gall (tumeur des racines)
  → éliminer les plants atteints,
  → désinfecter les outils.

En règle générale, éviter d'utiliser de manière répétitive les mêmes produits de traitement, car des souches résistantes naissent, rendant la lutte plus difficile.

ABRICOTIER

Prunus armeniaca

ROSACEES

DESCRIPTION :

La morphologie du système racinaire dépend du porte-greffe. Les productions de l'Abricotier sont : le bouquet de mai, la chiffonne et le rameau mixte.

Les fleurs sont le plus souvent isolées, de couleur blanc rosé.

L'abricot est une drupe, le noyau est libre.

PHASES DE SA VIE :

La floraison de l'Abricotier est précoce, donc sensible aux gelées printanières. La plupart des variétés ne nécessitent pas de pollinisateur.

La croissance du fruit se divise en 3 phases : formation du noyau, durcissement du noyau et formation de l'amande avec grandissement des cellules engendrant l'accroissement rapide du volume.

Les pousses ont une croissance rapide au printemps : une seule période de croissance dans les zones à tendance continentale, deux périodes dans les zones à climat méditerranéen (les boutons de la 2e période ont souvent des bourgeons mal formés).

EXIGENCES :

Le sol doit être perméable et bien structuré. Le calcaire engendre une meilleure fermeté du fruit.

L'Abricotier demande une forte intensité lumineuse et de la chaleur.

MULTIPLICATION ET PORTE-GREFFE :

La multiplication s'effectue par écussonnage. Les cas d'incompatibilité sont fréquents.

Quatre types de porte-greffes sont utilisés.

- ABRICOTIER FRANC : vigoureux, bonne affinité avec les variétés saines, mise à fruit rapide, très sensible à l'asphyxie radiculaire, au pourridié, à la verticilliose, résistance à la sécheresse et à la chlorose. Production excessive (petits fruits).

- PECHER FRANC : vigoureux, mise à fruit rapide (3 ans), très sensible à l'asphyxie radiculaire et au pourridié, résiste assez bien à la sécheresse.

- MIROBOLANS : vigoureux, bonne reprise, mise à fruit rapide, bonne résistance à l'asphyxie radiculaire, fruits nombreux :
. INRA MYROBOLAN GF31,
. INRA MARIANA GF8-1.

- PRUNIERS DOMESTIQUES : vigoureux, bonne reprise, mise à fruit assez rapide, bonne résistance à l'asphyxie radiculaire, production plus faible (gros fruits).
. INRA REINE CLAUDE 1380,
. BROMPTON VT.

CONDUITE :

Distance de plantation : 7 x 7 m.

Plantation : planter le scion et le rabattre à 80 cm.

Eté 1 : sélectionner 5 charpentières bien placées, pincer les autres.

Hiver 2 : ne garder que 4 charpentières et couper les pousses trop basses.

Eté 2 :
- effiler les pointes sans les rabattre (si le sujet manque de vigueur, couper 1/3 de la pousse),
- dégager le centre de l'arbre.

Hiver 3 : dégager le centre de l'arbre en éliminant les pousses rentrant vers l'intérieur.

Les années suivantes :
- continuer d'effiler les pointes,
- établir 1 à 2 étages de sous-charpentières.

Taille d'entretien :
- effiler les pointes,
- aérer le centre de l'arbre,
- limiter la longueur des sous-charpentières.

FERTILISATION :

- Fumure organique : fumier 30 à 40 T/ha/3 ans.
- Azote : janvier-février : 70 kg/ha ; après la nouaison : 70 kg/ha ; dans la jeunesse de l'arbre (jusqu'à 6 ans), prévoir des doses plus faibles, avec un accroissement régulier jusqu'à 140 kg/ha.
- Phosphore : 70 kg/ha en février.
- Potassium : 150 kg/ha en février.

RAVAGEURS ET MALADIES :

VERTICILLIOSE : jaunissement des feuilles, dessèchement des brindilles.

MONILIOSE : chancres sur rameaux, dessèchement des bourgeons, destruction des fleurs, pourriture des fruits.
MALADIE DU PLOMB : feuilles d'aspect plombé.
MALADIE CRIBLEE : criblures des feuilles, dessèchement des rameaux.
ENROULEMENT CHLOROTIQUE : feuillaison anticipée en fin d'hiver, petits fruits à maturité avancée.
CHENILLES DEFOLIATRICES : dégâts sur feuilles.
VIRUS DE LA SHARKA : anneaux pâles sur fruit et anneaux blancs sur noyau.

VARIETES :

BERGERON : vigueur moyenne, port semi-érigé, fruit gros et ferme, floraison mi-mars, maturité 3e décade de juillet, assez bonne productivité, assez sensible à la moniliose sur fleurs.
ROUGE DE FOURNES : vigueur moyenne, port érigé, gros fruit ferme, floraison 1ère décade de mars, maturité début juillet, productivité moyenne.
ROUGE DE RIVESALTES : très bonne vigueur, port semi-érigé, très gros fruit, très bonne qualité, floraison 1ère décade de mars, maturité mi-juillet, bonne productivité, bonne résistance des fleurs au gel.
ROUGE DU ROUSSILLON : bonne vigueur, port semi-érigé, fruit moyen, ferme, floraison 1ère décade de mars, maturité mi-juillet, très bonne productivité, assez sensible à la moniliose sur fleurs, très bonne résistance des jeunes fruits au gel, assez tolérant au sharka.
OUARDI : vigueur moyenne, port semi-érigé, assez gros fruit, ferme, assez bonne qualité, floraison début mars, maturité 1ère décade de juin, bonne productivité, assez bonne résistance à la moniliose sur fleurs.
POLONAIS : vigueur moyenne, port semi-étalé, fruit gros, ferme, assez bonne qualité, floraison mi-mars, maturité 3e décade de juillet, bonne productivité, assez bonne tolérance à la moniliose sur fleurs.
LUIZET : faible vigueur, gros fruit, fermeté moyenne, assez bonne qualité, floraison mi-mars, maturité 2e décade de juillet, faible productivité, peu sensible à la moniliose sur fleurs.
HATIF COLOMER : bonne vigueur, port semi-érigé, fruit moyen, bonne fermeté, qualité médiocre, floraison 1ère décade de mars, maturité début juillet, très bonne productivité, sensible à la sharka, faible sensibilité à la moniliose.
SAYEB : bonne vigueur, gros fruit, bonne fermeté, qualité moyenne, floraison demi-précoce, maturité mi-juin, bonne productivité, résistance à la moniliose sur fleurs.

ROYAL : faible vigueur, port semi-érigé, fruit moyen, fermeté moyenne, floraison 1ère décade de mars, maturité mi-juillet, mauvaise productivité, très forte sensibilité des jeunes fruits au gel.

Programme de traitement :

Epoques	Maladies	Remèdes
Stade B	Coryneum Bactériose	Cuivre. Cuivre.
Stade C	Coryneum Bactériose Moniliose	Cuivre. Cuivre. Cuivre.
Stades D, E, F, G, H	Moniliose	Fongicide.
Stade H	Oïdium	Fongicide.
B à mi-juin	Coryneum Tavelure	Fongicide. Fongicide.
Chute des feuilles	Maladies bactériennes	Cuivre.

A. Bourgeon d'hiver

B. Bourgeon gonflé

C. Apparition du calice
(pointe rouge foncé)

D. Apparition de la
corolle blanche

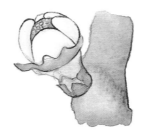

E. Apparition des étamines :
le bouton s'ouvre

F. Pleine floraison

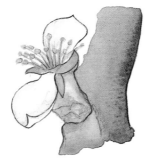

G. Chute des pétales et
fécondation de la fleur

H. Nouaison : apparition
du fruit noué

I. Jeune fruit

ACTINIDIER

Actinidia chinensis

ACTINIDIACEES

DESCRIPTION :

Le système racinaire est superficiel. L'Actinidier est une plante sarmenteuse. Les fleurs sont blanches puis jaunâtres. Les fleurs mâles et les fleurs femelles n'apparaissent pas sur le même pied. Elles sont à la base des 7 à 8 premières fleurs des pousses de l'année.
Les fruits sont des baies (kiwis).
La floraison a lieu mi-mai/mi-juin. Etant donné la présence des fleurs mâles et femelles sur des pieds différents, 1 pied mâle suffit pour 8 pieds femelles.

EXIGENCES :

L'Actinidier est sensible aux vents forts et aux gelées printanières. Il préfère les sols riches en matières organiques.

MULTIPLICATION :

Il est préférable d'acheter les pieds.

CONDUITE EN CORDON SIMPLE :

Distance de plantation : 6 x 4 m.

Palissage :
- disposer des piquets de 2 m de haut, espacés de 6 m,
- tendre des fils de fer, au nombre de 4.

Plantation : planter les pieds tous les 6 m, en respectant un pied mâle pour 8 pieds femelles.

Année 1 :
- conserver le rameau le plus vigoureux, tuteuré sur un bambou,
- supprimer les pousses latérales,
- en hiver, raccourcir le rameau principal s'il est faible.

Année 2 :
- palisser horizontalement ce rameau,
- sélectionner un deuxième rameau et le palisser horizontalement à l'opposé.

Les années suivantes :
- former de nouveaux étages,
- poursuivre l'allongement des charpentières.

La taille consiste à tailler les rameaux fructifères à 4 yeux après le pédoncule du dernier fruit. Sous le poids des fruits une arcure naturelle se produit et favorise le repercement à la base. Tous les 3 ans, les vieux rameaux sont éliminés en faveur des rameaux de remplacement.

FERTILISATION :

Fumure de fond	Fumure d'entretien (adulte)
Fumier : 90 T/ha	Fumier : 30 T/ha/3 ans
P : 350 kg/ha	N : 200 kg/ha/an
K : 300 kg/ha	P : 125 kg/ha/an
	K : 200 kg/ha/an.

RAVAGEURS ET MALADIES :

POURRITURE DU COLLET : aspect souffreteux entraînant le dessèchement de la plante).
BOTRYTIS : chute des fleurs et des jeunes fruits.
ARAIGNEES ROUGES : multitude de piqûres sur le feuillage.
COCHENILLES : encroûtements gris-blanc entraînant le dessèchement de la plante.

VARIETES :

Variétés femelles :
HAYWARD : vigueur moyenne, mise à fruit tardive, gros fruits, bonne qualité gustative.
MONTY : grande vigueur, fruit petit calibre, grande productivité.
ABBOT : vigoureux, calibre moyen, productif.

Variétés mâles :
HATUA : floraison abondante, très vigoureux, pour variétés femelles précoces.
TOMURI : très vigoureux, variétés femelles plus tardives.

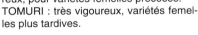

AGRUMES

Citrus

RUTACEES

Les Agrumes regroupent un certain nombre d'espèces fruitières appartenant au genre *Citrus*.

DESCRIPTION :

Fleurs blanches à pétales plus ou moins grands sur :

C. aurantium : ORANGER AMER ou BIGARADIER. Tige épineuse, fruit rouge orangé, plus ou moins verruqueux.

C. sinensis : ORANGER. Tige peu ou pas épineuse, fruit orangé lisse.

C. reticulata : MANDARINIER, avec 'Clémentine', 'Satsumas'. Fruit orangé, lisse.

C. grandis : PAMPLEMOUSSIER. Grosse tige peu épineuse, fruit amer non comestible.

C. paradisi : POMELO. Fruit rouge rosé.

Fleurs blanches, rose violacé en dehors sur :

C. limon : CITRONNIER. Tige plus ou moins épineuse, gros fruit lisse.

C. medica : CEDRATIER. Tige plus ou moins épineuse, très gros fruit, chair épaisse, plus ou moins verruqueuse).

C. aurantifolia : LIMETIER. Petit fruit vert → CITRON VERT).

EXIGENCES :

Les Agrumes sont très sensibles aux gelées (à - 8 °C, les rameaux sont détruits). Ils préfèrent les terres légères en surface. L'excès d'eau est néfaste.

MULTIPLICATION ET PORTE-GREFFE :

La méthode de multiplication est l'écussonnage.

L'utilisation d'un porte-greffe est conditionnée par l'extension de la gommose et du phytophtora.

- BIGARADIER pour l'ORANGER,
- PONCIRUS TRIFOLIATA pour le CLEMENTINIER

CONDUITE EN GOBELET :

Distance de plantation : 6 x 7 m.

Plantation : planter le scion et le rabattre à 60 cm.

Juin : sélectionner 4 pousses, pincer les autres.

Printemps 2 :
- rabattre les charpentières de moitié,
- éliminer les branches en excès.

Les années suivantes :
- établir les sous-charpentières tous les 40 cm,
- pincer l'extrémité des charpentières.

La taille d'entretien consiste à aérer le centre de l'arbre et à favoriser les parties basses de l'arbre. Le rabattage des charpentières favorise le repercement surtout si l'arbre produit moins.

FERTILISATION :

Fumure de fond	Fumure d'entretien
Fumier : 40 T/ha	Fumier : 40 T/ha/3 ans
P : 400 kg/ha	N : 100 kg/ha/an
K : 400 kg/ha	dont 1/2 en mars,
	1/4 mai-juin,
	1/4 juillet
	P : 40 kg/ha/an
	K : 70 kg/ha/an.

RAVAGEURS ET MALADIES :

GOMMOSE : craquelure de l'écorce du collet avec écoulement de gomme entraînant la mort du sujet.

MAL SEC : dessèchement des rameaux avec brunissement de l'écorce, flétrissement des feuilles.

PUCERON NOIR : recroquevillement des feuilles.

TEIGNE DES FLEURS : fleurs dévorées.

MOUCHE DES FRUITS : surface des fruits attaquée.

AMANDIER

Prunus dulcis

ROSACEES

DESCRIPTION :

Greffé, le système racinaire de l'Amandier dépend du porte-greffe. En comparaison avec d'autres espèces de la famille des Rosacées, l'Amandier a différentes productions :
- le gourmand : rameau de plus de 50 cm,
- le rameau mixte (30 à 50 cm) : comprenant des bourgeons végétatifs et à fleurs,
- la brindille (5 à 30 cm) : comprenant 1 ou 2 boutons à fleurs,
- le bouquet de mai : pousse très courte possédant un nombre important de boutons à fleurs.

Les boutons floraux sont en importance variable sur les parties jeunes et âgées suivant les variétés. La fleur est blanche ou rose. Le fruit est une drupe.

EXIGENCES :

L'Amandier craint les longues périodes de pluie, supporte de très basses températures hivernales et des températures estivales élevées, et demande beaucoup de lumière. Il est très sensible aux gelées printanières. L'Amandier préfère les sols profonds et aérés ; l'humidité excessive lui est néfaste.

MULTIPLICATION ET PORTE-GREFFE :

La multiplication de l'Amandier est le greffage (couronne, fente, écussonnage, ...). Suivant les conditions de conduite, le choix du porte-greffe adapté est important.

Liste des différents porte-greffes :

- AMANDIER : résistance à la sécheresse, au calcaire, mais mise à fruit lente, mauvaise reprise à la replantation, sensible à l'excès d'eau, au pourridié et à la verticilliose.

- PECHER : croissance forte les premières années, mise à fruit rapide, meilleure résistance à l'asphyxie radiculaire, mais sensibilité à la sécheresse, au calcaire.

- HYBRIDE PECHER X AMANDIER (GF 977) : résistance à la sécheresse et au calcaire, bonne reprise, meilleure résistance à l'asphyxie radiculaire, mais sensibilité au pourridié.

- PRUNIERS (MARIANNA, MYRABI, MYRAN) : meilleure résistance à l'asphyxie radiculaire, mais sensibilité à la chlorose.

CONDUITE EN GOBELET PLEIN VENT :

Distance de plantation : 7 x 6 m.

Plantation :
- rabattre le scion à 80 cm,
- tailler à 2 yeux les anticipés de la partie supérieure.

Eté 1 : sélectionner 5 à 6 charpentières, les autres pousses sont pincées.

Hiver 2 :
- ne garder que 4 charpentières,
- les tailler aux 2/3 de leur longueur.

Hiver 3 :
- poursuivre l'installation des charpentières (selon la vigueur, rabattre aux 2/3 la pousse de l'année ou ne rien faire),
- éliminer les gourmands et les pousses qui concurrencent les charpentières.

Les années suivantes : poursuivre l'installation des charpentières et des sous-charpentières.

La taille de fructification consiste à favoriser l'éclairement, à dégager les prolongements et supprimer les structures gênantes. Ne pas tailler sévèrement favorise la mise à fruit.

FERTILISATION :

Fumure de fond

Fumier : 40 T/ha
P : 300 kg/ha
K : 600 kg/ha

RAVAGEURS ET MALADIES :

MONILIOSE : dessèchement des rameaux et des boutons.
ARAIGNEES ROUGES : aspect plombé des feuilles.
PUCERON FARINEUX, PUCERON VERT, PUCERON NOIR : recroquevillement des feuilles.

TAVELURE : taches noires sur fruit.
TORDEUSE ORIENTALE DU PECHER : pousses recourbées en crosse.

VARIETES :

AI : vigueur assez faible, fructification sur jeune bois, petit fruit, maturité fin septembre, mise à fruit assez rapide, forte productivité, sensible à la tavelure, bonne résistance à la moniliose.
FERRAGNES : forte vigueur, fructification sur bouquet de mai, assez gros fruit, maturité mi-septembre, mise à fruit assez rapide, forte productivité, bonne résistance à la moniliose.
FERRADUEL : vigueur moyenne, fructification sur rameau et sur bouquet de mai, assez gros fruit, maturité début septembre, mise à fruit assez rapide, forte productivité, bonne résistance à la moniliose.
MARCONA : vigueur moyenne, fructification sur bois d'1 an et 2 ans, calibre moyen, maturité début octobre. Mise à fruit très rapide (2e année), très forte vigueur, sensible à la moniliose, moyennement sensible à la tavelure.

Variétés \ Pollinisateurs	Ai	Ferragnes	Tuono	Drake	Cristomorto	Ferraduel	Cristar	Marcona	Texas	Non pareil	Arderchoise	Thompson
Ai		X	X	X	X	X						
Ferragnes	X					X	X					
Ferraduel	X	X										
Arderchoise								X				
Marcona									X	X	X	
Non pareil								X	X			X
Texas	X							X		X		
Thompson	X									X		
Princesse 103											X	

X : Variétés bonnes pollinisatrices.

CASSISSIER

Ribes nigrum

GROSSULARIACEES

DESCRIPTION :

L'enracinement est superficiel. Les tiges s'allongent d'année en année. Le rajeunissement des pousses est assuré par un fort repercement de la souche. Les boutons floraux sont situés à la base et à la partie médiane du bois d'1 an. Sur le bois de 2 ans, il existe des pousses courtes. Les fleurs violacées forment des grappes. 6 à 8 baies noires constituent la grappe. Le Cassissier est reconnaissable à une forte odeur que dégagent toutes les parties du végétal.

La floraison a lieu en avril-mai. Le Cassissier nécessite des pollinisateurs.

EXIGENCES :

Le Cassissier préfère les zones tempérées. Il est sensible aux gelées printanières et à la sécheresse. Il préfère les sols riches en humus, un peu acides, mais il est sensible aux excès d'humidité.

MULTIPLICATION PAR BOUTURAGE LIGNEUX :

Prélever en décembre sur les pousses de l'année des tronçons de 20 cm bien vigoureux puis les mettre en jauge. Les planter au printemps.

CONDUITE :

Plantation en touffe

Distance de plantation : 0,8-2 m x 2,5 m.

Année 1 : plantation des boutures racinées en enterrant le collet et les premières ramifications (ne rien rabattre).

Année 2 : rabattre au ras du sol, pour favoriser le repercement.

La taille de fructification consiste à supprimer les vieilles structures de plus de 2 ans.

Conduite sur tige

Distance de plantation : 0,4-0,8 m x 2 m. Le prélèvement des boutures s'opère comme ci-dessus, mais leur longueur doit être supérieure à 60 cm et l'œil terminal con-

servé (ébourgeonner sur 60 cm à partir de la base).

Année 1 :
- préparer un palissage léger,
- planter la pousse racinée au premier fil.

Années 2 à 4 : aucune intervention de taille (la végétation est maintenue entre 2 fils parallèles).

Année 5 : élagage du vieux bois.

L'élagage consiste à éliminer le vieux bois tous les 3 ans en faisant une coupe à 45° vers l'extérieur du rang.

FERTILISATION :

Fumure de fond	Fumure d'entretien
Fumier : 70 T/ha	Fumier : 30 T/ha/3 ans
P : 300 kg/ha	N : 40 kg/ha/an
K : 250 kg/ha	dont 1/3 en mars
M : 60 kg/ha	1/3 apr. floraison
	1/3 après récolte
	P : 70 kg/ha/an
	K : 150 kg/ha/an.

RAVAGEURS ET MALADIES :

ROUILLE : taches jaunâtres à la face supérieure, fructification orangée à la face inférieure entraînant une défoliation.
PHYTOPTE : grossissement anormal des bourgeons entraînant une floraison nulle.
SESIE : dépérissement des cannes.
OÏDIUM : feutrage blanc sur feuilles.
PUCERONS JAUNE et VERT : feuilles enroulées.
PHALENE : feuilles dévorées par chenille blanc jaunâtre.
INCURVARIA CAPITELIA : dépérissement des tiges dû à une chenille rose.

VARIETES :

GEANT DE BOSKOOP : très vigoureux, productivité moyenne.
NOIR DE BOURGOGNE : vigoureux et productif.
SILVER GLETER : vigoureux.
WELLINGTON : vigoureux, productif.
MALVERN CROSS : vigueur moyenne, production assez faible.
MENDIP CROSS : vigueur moyenne.

CONDUITE EN TOUFFE

Plantation   *Eté 1*   *Hiver 2*   *Eté 3*

CONDUITE SUR TIGE

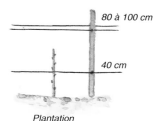 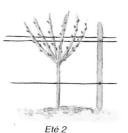 

80 à 100 cm

40 cm

Plantation   *Eté 2*   *Elagage du vieux bois*

Pollinisateurs \ Variétés	Amos Black	Baldwin	Davison' Seight	Géant de Boskoop	Goliath	Malvern Cross	Noir de Bourgogne	Roodknop	Rosenthal	Royal de Naples	Silvergeter	Tenah	Tor Cross	Tsema	Wellington Précoce	Wellington XXX
Amos Black	X			X					X		X					
Baldwin		X														
Davison' Seight		X	X			X						X				
Géant de Boskoop	X	X		O	X	X	X		O	X	O				X	X
Goliath					O											
Malvern Cross		X	X			O				O		X		X	X	X
Noir de Bourgogne		X		X	X	X	O		X	X	X				X	
Roodknop								X								
Rosenthal		X		X	X	X	X	O	O						X	X
Royal de Naples		X		X	X	X	X		X	O	X				X	X
Silvergeter	X			O		X	X		X	X	O				X	X
Tenah			X	X	X	X	X		X		X	X	X		X	
Tor Cross													O			
Tsema		X	O			X				O		X		X	X	X
Wellington Précoce			X			X						X	X	X	O	X
Wellington XXX		X	X			X				X		X	X	X	X	X

X : Variétés bonnes pollinisatrices
O : Mauvaises pollinisatrices.

Programme de traitement :

Epoques	Maladies	Remèdes
Stade A	Oïdium	Huile.
Stade B		
Stade C	Pucerons Chenilles	Insecticide. Insecticide.
Stade D	Phytopte Pucerons	Acaricide. Insecticide.
Stade E	Phytopte Pucerons Oïdium	Acaricide. Insecticide. Fongicide.
Stade F2	Pucerons Oïdium	Insecticide. Fongicide.
Stade G	Phytopte Pucerons Oïdium	Acaricide. Insecticide. Fongicide.
Stade H	Phytopte Oïdium	Acaricide. Fongicide.
Stade I	Phytopte Oïdium	Acaricide. Fongicide.
Avant récolte	Oïdium	Fongicide.
Après récolte	Anthracnose Oïdium	Fongicide. Fongicide.

CASSEILLE

Hybride entre le Groseillier à maquereau et le Cassissier, ce buisson est vigoureux (jusqu'à 1,80 m de hauteur). Le fruit, ressemblant au cassis, est noir, gros et acidulé. Le stade de maturité se situe entre juin et octobre.

La taille consiste à éliminer les vieilles structures afin de favoriser le renouvellement des branches.

L'entretien et la lutte phytosanitaire sont comparables au Cassissier.
Variétés : SHAFTA.

A.

B1.

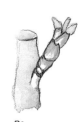

B2.

C1. *1ère feuille dépliée.*

C3. *3 feuilles dépliées.*

D. *Inflorescence visible en dôme compact.*

E1. *1er bouton dégagé.*

E2. *Tous les boutons sont libres.*

F1. *1ère fleur ouverte.*

F2. *La moitié des fleurs sont ouvertes.*

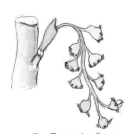

F3. *Toutes les fleurs sont ouvertes.*

I1. *1er fruit noué.*

I2. *La moitié des fruits sont noués.*

I3. *Tous les fruits sont noués.*

CERISIER

Prunus cerasus (Cerisier acide) - *Prunus avium* (Merisier des Oiseaux)
ROSACEES

DESCRIPTION :

L'enracinement dépend du porte-greffe utilisé, car la conduite du Cerisier nécessite obligatoirement un porte-greffe.

La description de la partie aérienne dépend de l'origine de la variété (voir tableau page 506).

Les productions peuvent toutes exister, mais en proportions différentes suivant l'origine de la variété :

- rameau à bois (pousse de 30 à 50 cm) avec à la base des boutons à fleurs,

- rameau mixte : boutons à bois et boutons à fleurs sont présents,

- chiffonne : pousse courte couverte de boutons à fleurs (Cerisier acide),

- bouquet de mai : pousse très courte sur bois de 2 ans et plus, dont la durée de vie peut être comprise entre 8 et 12 ans (surtout cerises douces).

La floraison se déroule de mi-mars à mi-avril suivant les variétés, selon leur origine. Les pollinisateurs sont ou ne sont pas nécessaires. Toutefois, dans tous les cas, la fécondation croisée améliore la production et la qualité des fruits.

EXIGENCES :

Le Cerisier convient bien dans toutes les régions de la zone tempérée. Il déteste l'excès d'humidité. Il préfère les sols profonds et filtrants.

MULTIPLICATION ET PORTE-GREFFE :

Le Cerisier se multiplie par greffage (en fente, en couronne, en incrustation, à l'anglaise, en écusson).

Il existe toute une gamme de porte-greffes. La tendance actuelle prône l'utilisation d'un porte-greffe très faible qui diminue le volume de l'arbre.

- MERISIER (F12-1) : grande vigueur, bonne affinité avec la plupart des variétés, mise à fruit lente, bonne résistance au chancre bactérien, sensible aux sols calcaires, secs et pauvres.

- SAINTE-LUCIE (SL64) : bonne vigueur, mauvaise affinité avec les variétés à cerises acides, mise à fruit plus rapide, supporte bien les sols secs et pauvres, sensible au chancre du collet, au pourridié et à l'asphyxie radiculaire.

- COLT : vigueur moyenne, mise à fruit précoce, drageonne peu, supporte mieux

les sols humides, sensible à la sécheresse, à la chlorose et au crown-gall.

- MAXMA 14 : vigueur de 20 à 40 % plus faible que F12-1, pas de drageonnement, entrée en production en 4e feuille.

- VLADIMIR (LV30) : vigueur de 20 à 40 % plus faible que SL64, ancrage médiocre nécessitant un tuteurage, bonne compatibilité avec la plupart des variétés, fort drageonnement.

- EDABRIZ : vigueur de 40-60 % inférieure à F12-1, bon ancrage, bonne compatibilité, entrée en production en 3e/4e feuille.

CONDUITE EN GOBELET DIFFERE :

Distance de plantation : 4-7 m x 4-5 m suivant la vigueur.

Plantation : planter le scion, puis le rabattre à 70 cm.

Eté 1 : sélectionner 5 rameaux et pincer les rameaux inutiles.

Hiver 2 :
- ne garder que 3 ou 4 rameaux bien espacés et régulièrement répartis,
- éliminer les rameaux inutiles,
- ne pas rabattre les charpentières.

Eté 2 :
- effiler les charpentières,
- éliminer les branches rentrant vers l'intérieur du gobelet.

Hiver 3 : choisir un étage de sous-charpentières à 1,2 m du sol.

Les années suivantes :
- effiler les charpentières,
- constituer de nouveaux étages de sous-charpentières tous les 70 à 80 cm, une fois à droite, puis une fois à gauche si possible.

Pour les variétés à port très érigé, il est possible dès la 2e année de rabattre les charpentières pour favoriser le départ des sous-charpentières.

La taille d'entretien consiste à effiler les charpentières, à éliminer toutes les pousses rentrant à l'intérieur de l'arbre, à sélectionner les différents étages de sous-charpentières et à éviter les superpositions.

Il est toujours possible avec le vieillissement de l'arbre, de rabattre la hauteur des axes sur une branche dirigée vers l'extérieur. Cette opération favorisera le repercement de nouveaux rameaux.

FERTILISATION :

Fumure de fond	Fumure d'entretien
Fumier : 60 T/ha	Fumier : 30 T/ha/3 ans
	N : 150 kg/ha/an
	à l'âge adulte
	dont 2/3 avant le
	débourrement
	1/3 après récolte
	P : 100 kg/ha/an
	K : 160 kg/ha/an.

RAVAGEURS ET MALADIES :

CHANCRE BACTERIEN : dépérissement des branches au printemps.

CROWN GALL : tumeurs sur les racines.

MONILIOSE : destruction des fleurs, des rameaux avec écoulement de gomme entraînant la mort de l'arbre.

ANTHRACNOSE : petites taches anguleuses de couleur lie-de-vin sur les feuilles entraînant la chute des feuilles.

PLOMB PARASITAIRE : apparence plombée des feuilles.

PUCERON NOIR : déformation des extrémités des rameaux.

ACARIEN : piqûres multiples sur feuilles.

MINEUSES DIVERSES : sur feuilles.

MOUCHE DE LA CERISE : asticot blanc dans le fruit.

VARIETES :

BIGARREAU HATIF BURLAT : grande vigueur, assez gros calibre, savoureux pour une variété précoce, mise à fruit précoce, très bonne productivité. Sensible à l'éclatement.

B. GEANT D'EDELFINGEN : vigueur moyenne, gros calibre, parfumé et ferme, très bonne productivité, maturité tardive.

B. GUILLAUME : vigueur moyenne, gros calibre, assez sucré et parfumé, bonne productivité, maturité 10 jours après Burlat.

B. STARK HARDY GIANT : bonne vigueur, gros calibre, bien sucré et ferme, bonne productivité, mise à fruit rapide, maturité 12 jours après Burlat.

B. VAN : vigueur moyenne, calibre gros devenant souvent petit à cause de virus, ferme et très bon, mise à fruit précoce, bonne productivité, maturité 2 semaines après Burlat.

B. NAPOLEON (variété jaune) : bonne vigueur, calibre gros, sucré, très grande productivité, maturité comme Van.

CERISE DE MONTMORENCY : bonne vigueur, calibre moyen, saveur acide, très bonne productivité, maturité comme Van.

	PRUNUS AVIUM		PRUNUS ACIDA	PRUNUS CERASUS	
Fruits	Cerises douces		Cerises	Cerises acides	
	Bigarreaux	Guignes	Cerises anglaises	Amarelles	Griottes
Port	Erigé	Erigé	Erigé	Buissonnant	Buissonnant
Développement	Grand	Grand	Moyen	Petit	Petit
Feuilles	Avec glandes, longues, pendantes		Grandes, dressées	Petites, arrondies, dressées, sans glandes	
Rameaux	Trapus		Intermédiaire	Grêles	
Boutons	Sur bouquets de mai, rameaux mixtes		Intermédiaire	Sur chiffonnes	
Fleurs	Grandes		Grandes	Petites	
Fécondation	Autoincompatible		Autoincompatible	Autocompatible	
Calibre des fruits	Gros		Moyen	Petit	
Chair	Ferme, sucrée	Molle, sucrée	Molle, sucrée, acidulée	Molle, acidulée	Molle, acidulée
Jus	Incolore	Coloré	Incolore à peu coloré	Incolore	Coloré
Pédoncule	Long	Long	Long	Court	Court

Pollinisateurs / Variétés	Marmotte	Moreau	Précoce Bernard	Sue	Burlat	Rainier	Van	Stark Hardy Giant	Napoléon	Edelfingen	Ulster	Guillaume	Tardif de Vignola	Reverchon	Viva	Vittoria	Stella	Tragana d'Edessa	Noire de Schneider	Sunburst	Fercer	Summit	Montmorency
Marmotte	O	X			X		X		O								X						
Moreau	X	O	O		O		X		X								X						
Précoce Bernard		O	O		O			X	X	X	X	X					X						
Sue				O	X		X		X								X						
Burlat	X	O	O	X	O	X	X	X	X	X			X				X						
Rainier					X	O	X	X	X		X						X						
Van	X	X		X	X	X	O	X	X	X			X				X					X	
Stark Hardy Giant		X			X		X	O	X	X	X						X						
Napoléon	O	X	X	X	X	X	X	X	O	X	X	X	X				X						
Edelfingen		X			X		X	X	X	O	X	X	X				X					X	
Ulster		X				X		X	X	X	O	X					X						
Guillaume		X						X	X			O	X				X						
Tardif de Vignola					X				X			X	O				X						
Reverchon							X		X			X		O			X						
Viva					X			X	X	X	X				O	X	X	X				X	
Vittoria							X	X	X	X	X					O	X						
Stella																	X						
Tragana d'Edessa									X	X	X	X					X	O			X	X	
Noire de Schneider																	X		O				
Sunburst																	X			O			
Fercer					X	X	X	X	X	X	X						X	X			O		
Summit							X		X								X	X				O	
Montmorency																	X						O

X : Variétés bonnes pollinisatrices
O : Mauvaises pollinisatrices.

Programme de traitement :

Epoques	Maladies	Remèdes
Avant Stade C	Chancre bactérien Moniliose Coryneum	Cuivre. Cuivre. Cuivre.
Stades E, F	Moniliose	Fongicide.
Stades E, E2	Chenilles défoliatrices Pucerons	Insecticide. Insecticide.
Stade G	Coryneum	Fongicide.
Mai	Pucerons noirs	Insecticide.
Juin	Gnomonia Coryneum	Fongicide. Insecticide.
10 jours avant la récolte	Mouche de la cerise Moniliose sur fruit	Insecticide. Fongicide.
Juillet-Août	Cylindrosporiose	Fongicide.
Chute des feuilles	Chancres bactériens Coryneum	Fongicide. Fongicide.

STADES REPERES DU CERISIER

A. Bourgeon d'hiver.

B. Bourgeon gonflé.

C. Apparitions de boutons rassemblés.

D. Séparation des boutons (apparition de la pointe blanche de la corolle).

E. Apparition des étamines.

F. Pleine floraison.

G. Chute des pétales.

H. Nouaison : tous les pétales sont tombés et la base du calice grossit.

I. Le calice tombe : le petit fruit est né.

J. Jeunes fruits.

CHATAIGNIER

Castanea

FAGACEES

La plupart des variétés dérivent de *Castanea sativa*.

DESCRIPTION :

L'enracinement est pivotant, puissant et atteint de grandes profondeurs.

Le port est dressé. Les jeunes pousses sont brun rougeâtre. Les bourgeons végétatifs donnent des rameaux et les bourgeons mixtes donnent des pousses fertiles. Les bourgeons terminaux avortent. Les pousses de l'année fructifient.

Les fleurs mâles et femelles sont distinctes. Les fleurs mâles sont jaunâtres et s'épanouissent sur les chatons mâles et les chatons androgynes. Les fleurs femelles se trouvent à la base des chatons mâles androgynes.

Si un seul ovule a été fécondé, le fruit est un marron (à ne pas confondre avec le fruit du marronnier).

Si plusieurs ovules ont été fécondés, le fruit est cloisonné : c'est une châtaigne. Les fruits sont regroupés dans une bogue. La période de jeunesse est longue (5 à 8 ans) et sa durée de vie peut atteindre quelques siècles.

Les besoins en froid sont faibles. Les chatons mâles fleurissent avant les chatons androgynes. Les pollinisateurs sont indispensables.

EXIGENCES :

Le Châtaignier résiste aux froids vigoureux et craint les gelées printanières, les fortes chaleurs, les sécheresses persistantes et le vent. Un sol léger perméable et acide lui convient au mieux.

MULTIPLICATION ET PORTE-GREFFE :

- Le marcottage.
- Le greffage : fente, couronne, anglaise, placage, écussonnage.

CONDUITE EN GOBELET avec 1 tronc à 1 m :

Distance de plantation : 10 x 10 m.

Plantation : mise en place du scion.

Année 1 : pincer les pousses latérales en été.

Année 2 :
- rabattre l'axe à 1,2 m en février,
- supprimer les pousses latérales,
- en été, choisir 4 rameaux bien ouverts et les épointer.

Année 3 :
- rabattre les rameaux aux 2/3 sur un œil extérieur pour favoriser la formation des sous-charpentières,
- en été, épointer les prolongements des charpentières et des sous-charpentières.

La taille d'entretien consiste à aérer le centre de l'arbre et à éliminer les branches gênantes.

FERTILISATION :

Fumure de fond	Fumure d'entretien
Fumier : 50 T/ha	Fumier : 30 T/ha/3 ans
P : 200 kg/ha	N : 50 kg/an/arbre jusqu'à la 5e feuille + 80 kg/ha/an ensuite au printemps
K : 300 kg/ha	P : 80 kg/ha/an
	K : 100 kg/ha/an jusqu'à la 5e feuille + 300 kg/ha/3 ans ensuite.

RAVAGEURS ET MALADIES :

MALADIE DE L'ENCRE : écoulement de sève au niveau des racines entraînant un dessèchement progressif de l'arbre. L'arbre est condamné.

POURRIDIE AGARIC : mycélium blanchâtre sur l'écorce du collet et des racines entraînant le dépérissement de l'arbre.

CARPOCAPSE : chute des bogues avec chenille à l'intérieur.

BALANIN DES CHATAIGNES : trou circulaire dans le fruit dû à une larve dodue et blanche.

PERITELE GRIS : bourgeons détruits en avril-mai.

ROUILLE DES FEUILLES : petites taches anguleuses entraînant la chute des feuilles.

VARIETES :

MARIGOULE : très grande vigueur, gros fruit, maturité fin septembre - première quinzaine d'octobre, mise à fruit rapide, productivité moyenne, sensible aux froids printaniers et à l'asphyxie radiculaire, résistant à la rouille et à la maladie de l'encre.

MARRON D'OLARGUES : grande vigueur à moyenne, calibre moyen, maturité 2e et 3e semaines d'octobre, mise à fruit rapide, bonne productivité, sensible à la rouille et à la maladie de l'encre.

MARRON COMBALLE : vigueur moyenne, assez gros fruit, maturité fin novembre, mise à fruit rapide, bonne productivité, sensible à la rouille.

BELLE EPINE : très forte vigueur, très gros fruit, maturité 2e décade d'octobre, mise à fruit rapide, très bonne productivité, résiste à la rouille.

Pollinisateurs \ Variétés	Belle Epine	Marigoule	Marsol	Précoce Migoule	Portaloune	Bournette	Camberoune	Marron de Gouj.	Bouscasses
Belle Epine		X	X		X				
Marigoule	X		X	X	X	X		X	
Marsol	X	X		X		X			
Précoce Migoule	X	X	X			X			
Portaloune	X					X			
Bournette	X	X	X	X					
Camberoune	X					X			
Marron de Goujounac		X							
Marron Comballe									X
Marron d'Olargues									X

X : Variétés bonnes pollinisatrices.

COGNASSIER

Cydonia vulgaris

ROSACEES

DESCRIPTION :

Le Cognassier est un arbuste buissonnant. Ses fleurs sont blanc rosé, solitaires et de très grande taille.

Ses fruits, les coings, sont jaunes et recouverts d'un fin duvet.

La floraison, très tardive, échappe aux gelées printanières.

EXIGENCES :

Le Cognassier s'adapte à de nombreuses régions, mais il craint la sécheresse.

Un fort taux de calcaire engendre des fruits de mauvaise qualité.

MULTIPLICATION ET PORTE-GREFFE :

La multiplication des Cognassiers se fait par écussonnage.

Le porte-greffe principalement utilisé est le Cognassier de Provence (BA29).

CONDUITE EN GOBELET DIFFERE :

Distance de plantation : 6 x 6 m.

Plantation : planter le scion et le rabattre à 80 cm.

Eté 1 : sélectionner 4 à 5 charpentières, pincer les branches vigoureuses.

Hiver 2 :

- raccourcir aux 2/3 ou à moitié la pousse des charpentières,

- éliminer les branches dirigées vers le centre et concurrençant les charpentières.

La taille d'entretien consiste à supprimer les branches poussant vers l'intérieur et à effiler les charpentières.

FERTILISATION :

Fumure de fond	Fumure d'entretien
Fumier : 50 T/ha	Fumier : 30 T/ha/3 ans
P : 300 kg/ha	N : 100 kg/ha/an
K : 600 kg/ha	P : 80 kg/ha/2 ans
	K : 150 kg/ha/2 ans.

RAVAGEURS ET MALADIES :

OÏDIUM : feuilles recouvertes d'une fine poussière blanche.

SCLEROTINIOSE : fruits desséchés.

MONILIOSE : fruits avec des taches de pourriture auréolées de pustules blanches.

CARPOCAPSE : chenille à l'intérieur du fruit.

Programme de traitement : voir Pommier (p. 538).

VARIETES :

COGNASSIER COMMUN : arbre rustique, moyennement vigoureux.

COGNASSIER CHAMPION : arbre vigoureux, gros fruits.

COGNASSIER MONSTRUEUX DE VRANJA : arbre vigoureux, gros fruits.

FIGUIER

Ficus carica

MORACEES

DESCRIPTION :
Dans les régions du sud de la France, le Figuier peut être volumineux.
Les fleurs sont enfermées dans un sycone. Il peut être hermaphrodite ou mâle ou femelle. Le Figuier fructifie sur son bois de l'année. Le fruit est constitué par le sycone qui est devenu charnu.

EXIGENCES :
Il affectionne tous les terrains, mais souffre des hivers rigoureux.

MULTIPLICATION :
- Bouturage avec œil terminal. La partie enterrée est du bois de 2 ans.
- En novembre : prélever les rameaux, puis les faire stratifier jusqu'en mars (mettre les rameaux à plat et les couvrir de sable).
- En mars : mise en place, puis au courant de l'année, éliminer les pousses latérales.

CONDUITE EN TOUFFE :
La taille d'entretien consiste à aérer la touffe.

FERTILISATION :

Fumure de fond	Fumure d'entretien
Fumier : 60 T/ha	Fumier : 30 T/ha/3 ans
P : 300 kg/ha	N : 40 kg/ha
K : 600 kg/ha	P : 500 kg/arbre/an
	K : 500 kg/arbre/an.

RAVAGEURS ET MALADIES :
MOUCHE DE LA FIGUE : fleurs détruites, fruits tombant avant maturité.
PUCERONS : enroulement des feuilles.
PSYLLES : perforation des bourgeons.

VARIETES :
LA PARISIENNE, MARSEILLAISE, BELLONE, ROUGE D'ARGENTEUIL, VIOLETTE DAUPHINE : toutes ces variétés ont de gros fruits.

FRAMBOISIER

Rubus idæus

ROSACEES

DESCRIPTION :

Le système racinaire est superficiel et très vigoureux. Le cycle est bisannuel ou annuel :

- pour les variétés non remontantes : les pousses se développent la 1ère année et fleurissent en mai la 2e année,
- pour les variétés remontantes : les pousses se développent et fleurissent la même année.

EXIGENCES :

Le Framboisier préfère les zones ensoleillées. Il est sensible aux sols lourds, compacts et humides.

MULTIPLICATION :

Par division de souche (prendre des souches saines).

CONDUITE :

Variétés non remontantes :

Le PALISSAGE VERTICAL DOUBLE.

Les caractéristiques de ce palissage sont les suivantes : les cannes sont coincées entre 2 fils ramenés par des crochets. Les nouvelles cannes sont ramenées vers le palissage en tendant un fil. Une fois la récolte achevée, celles ayant produit sont éliminées. Il suffit de décrocher les fils, de les tirer et de les raccrocher en ramenant les nouvelles cannes.

Plantation : en novembre, planter les pieds à 50 cm de distance.

Année 1 :
- tailler les plants à 20 cm,
- enlever les fructifications.

Année 2 :
- supprimer les pousses initiales,
- conserver quelques rejets.

Année 3 :
- Taille d'élagage : supprimer les cannes desséchées au ras du sol.
- Taille de sélection : conserver les cannes les plus fortes et les plus saines tous les 10 à 15 cm selon la vigueur des variétés.

- Taille de fructification : diminuer la longueur des rejets.

Printemps. Croissance de nouvelles pousses. — Eté — Fin d'été

Variétés remontantes :

Une fois la récolte terminée, les touffes sont coupées au ras du sol. Les nouvelles pousses peuvent être maintenues entre 2 fils.

Printemps — Eté — Automne

FERTILISATION :

Fumure de fond	Fumure d'entretien
Fumier : 50 T/ha	Fumier : 30 T/ha/an
P : 200 kg/ha	N : 80 kg/ha/an
K : 300 kg/ha	dont 40 kg fin d'hiver
	40 kg après flo-
	raison
	P : 150 kg/ha/an
	K : 250 kg/ha/an.

RAVAGEURS ET MALADIES :

CECIDOMYIE DE L'ECORCE : flétrissement des cannes, le bas des tiges présente des taches violacées autour d'une fente.

DIDYMELLA : dessèchement des tiges avec apparition de zones pourpres autour des bourgeons.

SESIE DU FRAMBOISIER : dépérissement des cannes au moment de la floraison.

PUCERON VERT : feuilles terminales regroupées en paquet.

OÏDIUM : feuilles recouvertes d'une poudre blanche.

VER DE LA FRAMBOISE : fruits véreux.

POURRITURE GRISE : fruits recouverts d'un duvet gris.

BOTRYTIS : pourriture des fruits.

CROWN GALL : tumeurs au niveau des racines.

VARIETES :

Non remontantes :

MALLING PROMISE : forte vigueur, fort drageonnement, fruit assez gros, maturité très précoce (15 juin), très productive, sensible au didymella, au botrytis et à l'humidité, peu sensible à la sécheresse.

MALLING EXPLOIT : forte vigueur, fort drageonnement, gros fruit, bonne saveur, maturité précoce, bonne productivité, sensible au didymella, au botrytis et à l'humidité, peu sensible à la sécheresse. Pousse bien en altitude.

LLOYD GEORGES : vigueur moyenne, fort drageonnement, calibre moyen, très aromatique, maturité demi-précoce, productivité moyenne, sensible au botrytis, à l'humidité et à la sécheresse, peu sensible au didymella. S'adapte bien en altitude.

GRADINA : forte vigueur, drageonnement moyen, calibre moyen, excellente saveur, maturité demi-précoce, très productive, très sensible à l'humidité, bonne résistance à la sécheresse.

WILLAMETTE : vigueur moyenne, fort drageonnement, fruit assez gros, bonne saveur, maturité en pleine saison, productivité moyenne, sensible à la sécheresse, supporte bien l'humidité et le froid, résistante au Crown Gall.

MEEKER : forte vigueur, drageonnement moyen, calibre moyen, bonne saveur, maturité tardive, productivité moyenne, peu sensible à l'humidité.

HIMBOSTAR : vigueur moyenne, drageonnement moyen, assez gros fruit, aromatique, maturité tardive, très forte productivité.

RADBOUD : forte vigueur, gros fruit, maturité moyennement précoce, très forte productivité, bonne résistance au froid.

SCHOENEMANN : vigueur moyenne, faible drageonnement, gros calibre, maturité tardive, forte productivité, très sensible à l'humidité, sensible à la sécheresse, peu sensible au botrytis et au didymella.

Remontantes :

HERITAGE : vigueur moyenne, drageonnement moyen, fruit petit, maturité en septembre, bonne productivité, sensible au botrytis et à l'humidité.

SEPTEMBER : vigueur moyenne, fort drageonnement, calibre moyen, maturité septembre-octobre, bonne productivité, peu sensible au didymella, résiste à l'humidité et à la sécheresse.

ZEVA REMONTANTE : vigueur moyenne, drageonnement moyen, gros fruits, maturité août-septembre, bonne productivité, très sensible à la sécheresse, sensible à l'humidité et au botrytis.

BARON DE WAVRE : vigueur moyenne, drageonnement moyen, gros fruit, maturité d'octobre aux premiers gels, bonne productivité, sensible à la sécheresse.

Programme de traitement :

Epoques	Maladies	Remèdes
Stade B	Didymella	Cuivre.
Stade D	Didymella Anthracnose	Fongicide. Fongicide.
Stades D, E	Cécidomyie écorce	Insecticide.
Stade E	Didymella Anthracnose Rouille	Fongicide. Fongicide. Fongicide.
Stade E2	Didymella Anthracnose Ver	Fongicide. Fongicide. Insecticide.
Stade F	Pucerons Botrytis Oïdium	Insecticide. Fongicide. Fongidide.
Chutes des pétales	Botrytis Didymella Pucerons	Fongicide. Fongicide. Insecticide.
Juin, juillet, août	Sesie	Insecticide.
Mi-juin	Botrytis	Fongicide.
Après récolte		Fongicide.
Automne	Didymella	Cuivre.

LOGANBERRY

Rubus hybrida

ROSACEES

Le Loganberry, issu du croisement entre R. ursinus et R. idæus (Framboisier) et obtenu par M. Logan en 1881, a des rameaux très longs comme la Ronce. Son cycle est bisannuel : la 1ère année, la souche émet de longues pousses, la 2e année, ces pousses fructifient puis se dessèchent.
Ses fruits rouge foncé adhèrent au réceptacle.
Il ne nécessite pas de pollinisateur.

LES AUTRES CROISEMENTS

BOYSENBERRY : grande vigueur, très gros fruit noir.
YOUNGBERRY : très vigoureux, très gros fruit noir.
AURORA : peu vigoureux, petit fruit.
MARION : très vigoureux, petit fruit.
SMOOTHSTEM : très vigoureux, fruit moyen, sans épine.

A. Bourgeon d'hiver.

B. Bourgeon gonflé.

C. Apparition d'une pointe verte...

D. ... puis des jeunes feuilles.

E. Boutons fermés.

E2. Ouverture des boutons floraux.

G. Chute des premiers pétales...

H. ... puis des derniers.

I. Nouaison : apparition des fruits noués.

J. Jeunes fruits.

GROSEILLIER A GRAPPES

Ribes rubrum

GROSSULARIACEES

DESCRIPTION :

L'enracinement est traçant. Les tiges s'allongent d'année en année. Les repercements de la souche assurent son rajeunissement. Les boutons floraux sont sur les brindilles et les lambourdes des bois de 2 ans. Les fleurs verdâtres sont en grappes. 12 à 30 baies forment la fructification.

La floraison a lieu fin avril - début mai. Le Groseillier à grappes ne nécessite pas de pollinisateur, mais la présence d'autres variétés améliore la nouaison.

EXIGENCES :

Le Groseillier supporte mal la sécheresse et la chaleur. Il s'adapte à de nombreux terrains.

MULTIPLICATION :

Bouturage ligneux : prélever des boutures de 20 cm en décembre, les mettre en jauge. Au printemps, les mettre en place pour l'enracinement.

CONDUITE EN TOUFFE :

Distance de plantation : 1-1,5 m x 2,5 m.

Année 1 : plantation des pousses racinées, sans les rabattre.

Année 2 : tailler sur le 1er œil des pousses de l'année.

La taille de fructification consiste à éliminer les branches âgées de 4 à 5 ans étant donné la fructification sur bois de 2 et 3 ans (éviter l'excès de branches).

FERTILISATION :

Fumure de fond	Fumure d'entretien
Fumier : 60 T/ha	Fumier : 30 T/ha/3 ans
P : 300 kg/ha	N : 150 kg/ha/an
K : 250 kg/ha	dont 1/3 avant débour-
M : 50 kg/ha	rement
	1/3 apr. nouaison
	1/3 en automne
	P : 90 kg/ha/an
	K : 160 kg/ha/an.

RAVAGEURS ET MALADIES :

ROUILLE : taches jaunâtres à la face supérieure, fructification orangée à la face inférieure entraînant une défoliation.
PHYTOPTE : grossissement anormal des bourgeons entraînant une floraison nulle.
SESIE : dépérissement des cannes.
OÏDIUM : feutrage blanc sur feuilles.
PUCERONS JAUNE ET VERT : feuilles enroulées.
PHALENE : feuilles dévorées par chenilles blanc jaunâtre.

Programme de traitement : voir Cassissier (p. 502).

VARIETES :

JONKHEER VON TETS : forte vigueur, fruit rouge ; chair acide, juteuse et très parfumée ; maturité très précoce, bonne productivité, sensible aux gelées printanières.
JUNIFER : forte vigueur, fruit de très bonne qualité, maturité précoce, très bonne productivité, sensible au puceron jaune et aux gelées printanières.
RED LAKE : vigueur moyenne, fruit de très bonne qualité, maturité précoce, bonne productivité, sensible à l'oïdium.
STANZA : bonne vigueur, fruit d'excellente qualité, maturité en moyenne saison, bonne productivité.
DELTIR : bonne vigueur, fruit rouge de qualité moyenne, maturité fin juillet - début août, très bonne productivité.

CONDUITE EN TOUFFE

Plantation   Eté 1   Hiver 2   Eté 2

GROSEILLIER A MAQUEREAU ou GROSEILLIER EPINEUX

Ribes uva-crispa syn. *R. grossularia*

GROSSULARIACEES

DESCRIPTION :

Comme son nom l'indique, les rameaux du Groseillier épineux sont piquants. Le renouvellement se fait à partir de la souche. Les yeux sont mixtes : à bois et à fleurs. Les boutons floraux apparaissent sur les parties jeunes. Les fruits peuvent être de différentes couleurs.

La floraison est très printanière. La plantation d'un pollinisateur n'est pas nécessaire, mais la fécondation croisée améliore les rendements.

EXIGENCES :

Sensible aux gelées printanières, à l'excès d'humidité et à la sécheresse, il préfère le nord de la France, mais tous les terrains lui conviennent.

MULTIPLICATION :

- Marcottage par couchage et marcottage en butte : les techniques les plus usitées.
- Bouturage ligneux : prélever les boutures de 20 cm en décembre, les mettre en jauge. Au printemps, le mettre en place pour l'enracinement.

CONDUITE EN TOUFFE :

Distance de plantation : 1-1,2 m x 2,5 m.

Année 1 : plantation des boutures racinées sans rabattage.

Année 2 : tailler sur le 1er œil toutes les pousses.

La taille de fructification consiste à éliminer les vieilles structures et à sélectionner les nouvelles pousses.

FERTILISATION :

Fumure de fond	Fumure d'entretien
Fumier : 60 T/ha	Fumier : 30 T/ha/3 ans
P : 300 kg/ha	N : 150 kg/ha/an
K : 250 kg/ha	dont 1/3 avant débourrement
M : 50 kg/ha	1/3 apr. nouaison
	1/3 en automne
	P : 90 kg/ha/an
	K : 160 kg/ha/an.

RAVAGEURS ET MALADIES :

ROUILLE : taches jaunâtres à la face supérieure, fructifications orangées à la face inférieure entraînant une défoliation.

PUCERONS JAUNE ET VERT : feuilles enroulées.

GRIS DU GROSEILLIER : rameaux, feuilles, fruits couverts d'une couche blanchâtre puis grise.

VARIETES :

Variétés rouges : DANES MISTAKE, CROWN BOB, LONDON.
Variétés blanches : WHITE SMITH, RESISTENTA (résistante à l'oïdium).
Variétés jaunes : LEADER, EARLY SULPHUR.

MYRTILLIER

Vaccinium myrtillus

ERICACEES

Les variétés cultivées actuellement proviennent presque toutes de croisements de *C. myrtillus* et d'autres variétés (exemple : *C. corymbosum*).

DESCRIPTION :

Le Myrtillier est une plante pérenne au système racinaire important. Au printemps, les bourgeons à fleurs donnent un rameau court garni de 5 à 10 fleurs blanc rosé. La myrtille est une baie noire ou bleu clair.

La floraison a lieu en mai-juin. Le Myrtillier ne nécessite pas de pollinisateur, mais la fécondation croisée améliore ses rendements.

EXIGENCES :

Le Myrtillier est une plante de soleil et de lumière. Il préfère les climats à influence maritime. Sa culture peut s'étendre jusqu'à 1 000 m d'altitude.

Le Myrtillier pousse sur des terrains acides. Des terrains très pauvres peuvent lui convenir.

MULTIPLICATION :

Il est préférable d'acheter des plants racinés.

CONDUITE :

Distance de plantation : 1,5-2 m x 2,5 m.

Plantation : creuser des trous de 35 cm x 30 cm. Apporter 15 litres de **tourbe brune** (une partie autour de la motte, l'autre partie mélangée à la terre de manière à faire une légère butte). Pailler avec de l'écorce broyée.

Année 1 : éliminer les fleurs. Ne pas tailler.

Année 2 : idem.

La taille de fructification consiste à éliminer le vieux bois qui a déjà donné 2 récoltes. Aérer le centre de la touffe.

FERTILISATION :

Fumure de fond

Fumier : 40 T/ha
P : 350 kg/ha
K : 600 kg/ha.

RAVAGEURS ET MALADIES :

Le Myrtillier est pour l'instant peu sensible aux ravageurs et aux maladies, si ce n'est quelques attaques de pucerons.

VARIETES :

BLUETTA : vigueur moyenne, calibre moyen, maturité précoce, forte productivité.

PATRIOT : vigoureux, très gros fruits, maturité semi-précoce, production régulière.

SPARTAN : vigoureux, gros fruits, maturité semi-précoce, bonne productivité.

BLUECROP : vigoureux, gros fruits, maturité tardive, très productive.

NEFLIER

Mespilus germanica

ROSACEES

DESCRIPTION :

Le Néflier est un arbuste aux branches tortueuses. La fleur est blanchâtre à position terminale. Le fruit est la nèfle.

EXIGENCES :

Le Néflier se rencontre dans différentes régions. Sensible à l'excès d'humidité, il préfère les sols légers et perméables.

MULTIPLICATION ET PORTE-GREFFE :

Le Néflier se multiplie par greffage (greffes en fente, couronnées et en écusson), sur plusieurs porte-greffes :
- Cognassier : en terrain peu calcaire,
- Aubépinier : porte-greffe faible.

CONDUITE EN GOBELET :

Distance de plantation : 4-3 m x 3-4 m.

Plantation : planter le scion et le rabattre à 80 cm.

Eté 1 :
- sélectionner 5 charpentières,
- pincer les autres.

Hiver 2 : ne garder que 4 charpentières.

Les années suivantes : continuer d'établir les charpentières.

La taille d'entretien consiste à maintenir les charpentières équilibrées et à éliminer les branches poussant vers l'intérieur.

FERTILISATION :

Fumure de fond	Fumure d'entretien
Fumier : 50 T/ha	Fumier : 30 T/ha/3 ans
P : 300 kg/ha	N : 100 kg/ha/an
K : 600 kg/ha	P : 80 kg/ha/2 ans
	K : 150 kg/ha/2 ans.

RAVAGEURS ET MALADIES :

Les ennemis du Néflier sont les mêmes que ceux du Pommier, mais leurs attaques sont moins importantes.

NOISETIER

Corylus avellana

BETULACEES

DESCRIPTION :

Le système racinaire traçant engendre un fort drageonnement dans son jeune âge. Cette tendance se perd avec l'âge. Les rameaux proviennent des bourgeons végétatifs ou des glomérules. Le bourgeon terminal avorte ou se met à fruit. Les fleurs mâles forment les chatons. Les fleurs femelles forment les glomérules. Ces inflorescences sont situées sur le bois d'1 an.
Le fruit est à péricarpe ligneux renfermé dans un involucre.

EXIGENCES :

Le Noisetier peut se planter partout et s'adapte à de nombreux sols. Il craint les excès d'humidité et de calcaire.

MULTIPLICATION :

Marcottage par étranglement (le greffage est rare).

CONDUITE :

En touffe

Cette conduite demande peu d'entretien. Afin de favoriser la mise à fruit, il est indispensable d'aérer la touffe en éliminant les vieilles structures au ras du sol.

Sur tige en forme de gobelet

Distance de plantation : 5 x 3 m.

Plantation :
- planter la marcotte en supprimant les yeux de la base,
- la rabattre à 1 m et tailler à 2 yeux les latérales,
- supprimer les ramifications en dessous de 60 cm.

Hiver 2 :
- sélectionner 5 charpentières,
- supprimer les ramifications trop basses et les repercements de la base (si le nombre des charpentières est insuffisant, tailler à 2 yeux toutes les pousses).

Les hivers suivants :
- respecter et équilibrer les charpentières en éliminant les branches concurrentes,
- éliminer les gourmands et les pousses dirigées vers le centre.

La taille d'entretien consiste à aérer le centre, à éliminer les branches en excès et malades. Au bout de 15 ans, un élagage très sévère est obligatoire pour rétablir de bons rendements.

FERTILISATION :

Fumure de fond	Fumure d'entretien
Fumier : 50 T/ha P : 150 kg/ha K : 300 kg/ha	Fumier : 30 T/ha/3 ans N : 150 kg/ha/an, en février-mars (à l'état adulte) P : 60 kg/ha/an K : 120 kg/ha/an.

RAVAGEURS ET MALADIES :

GLOESPORIUM CORYLI : dessèchement des bourgeons, nécrose des chatons.
TENTHREDE : limbes dévorés.
PUCERON VERT : attaques des extrémités des pousses.
BALANIN DES NOISETTES : larve dans les fruits.
MONILIOSE : pourriture brune sur fruits.
BACTERIOSE : dessèchement des rameaux.
PHYTOPTE : bourgeons hypertrophiés avec écailles rouges entraînant leur avortement.

VARIETES :

FERTILE DE COUTARD : vigoureux, drageonnement important, gros fruit, maturité mi-septembre, mise à fruit rapide, très bonne productivité, sensible aux gelées printanières et à la bactériose.
SEGORNE : vigoureux, faible drageonnement, calibre moyen, maturité assez tardive, mise à fruit rapide, productivité très élevée, sensible au phytopte, peu sensible au balanin, à la bactériose, au gloesporium et aux gelées printanières (conduite sur tige conseillée).

Variétés \ Pollinisateurs	Ronde du Piémont	Tonda di Giffoni	Fertile de Coutard	Grossal	Ennis	Daviana	Longue d'Espagne	Impératr. Eugénie	Cosford	Gunslebert	Butler	Merv. de Bolwiller	Negret	Segorne
Ronde du Piémont	O	O	X	X		X			X	X		X	X	X
Tonda di Giffoni	X	O	X	X		X			X	X			X	X
Fertile de Coutard	X	O	O	O	O	X	X		X	X	X	X	X	X
Grossal	X		O	O		X				X			X	X
Ennis					O	X			X		X	X		
Daviana						O	O	O	O		O	X		
Longue d'Espagne						X	O	X	X	X		X		
Impératrice Eugénie						O	O	O	O	X		X		
Cosford						O	X	O	O	X	O	X		
Gunslebert						X	X	X	X	O		X		
Butler						X					O	X		
Merveille de Bolwiller						X	X	X	X	X	O	O		
Negret	X	X	X	X		X			X	X		X	O	X
Segorne			X	X	X	X	X	X	X	X	X	X	X	O

X : Variétés bonnes pollinisatrices   O : Mauvaises pollinisatrices.

ENNIS : faible vigueur, drageonnement variable, très gros fruit, maturité tardive, mise à fruit rapide, très bonne productivité, peu sensible au balanin et à la bactériose (conduite sur tige déconseillée).

BUTLER : vigoureux, drageonnement faible, fruit assez gros, maturité assez précoce, mise à fruit très rapide, très bonne productivité, sensible au phytopte. Conseillé pour les régions à hivers rigoureux étant donné sa floraison tardive.

NEGRET : faible vigueur, assez drageonnant, petit fruit, maturité tardive, mise à fruit précoce, productivité élevée, sensible aux gelées printanières, au phytopte, peu sensible au balanin (conduite en touffe conseillée).

Programme de traitement :

Epoques	Maladies	Remèdes
Prédébourrement	Bactériose Phytopte	Cuivre. Acaricide.
Fin mars - début avril	Phytopte	Acaricide.
Fin avril	Phytopte Balanin	Acaricide. Insecticide.
Mi-mai - fin mai	Balanin	Insecticide.
En végétation	Pucerons	Insecticide.
Avant récolte	Bactériose	Cuivre.
Chute des feuilles	Bactériose	Cuivre.

NOYER

Juglans regia

JUGLANDACEES

DESCRIPTION :

Le système racinaire est puissant. Le port est érigé et la cime plus arrondie avec l'âge. La fructification a lieu sur le bois de l'année. Les fleurs mâles sont regroupées en chatons situés à la base des pousses de l'année précédente. Les fleurs femelles isolées ou groupées par 2 ou 3 apparaissent au printemps. La noix est une drupe. La floraison mâle dure de fin avril à fin mai, la floraison femelle de début mai à fin mai. Cette discordance de floraison nécessite la plantation de pollinisateurs.

EXIGENCES :

Le Noyer supporte bien toutes les zones climatiques de France. Il préfère les sols profonds, perméables et riches en humus.

MULTIPLICATION ET PORTE-GREFFE :

Les variétés sont multipliées par greffage. Les porte-greffes utilisés sont *J. regia* et *J. nigra*. Le choix de ce dernier est déterminé par sa résistance au pourridié et à la maladie de l'encre.
- JUGLANS REGIA : très vigoureux, bonne résistance à la sécheresse, supporte les sols calcaires, sensible à l'humidité, très sensible à la maladie de l'encre et au pourrridié. **Ne pas l'utiliser en replantation.**
- JUGLANS NIGRA : moins vigoureux, moins sensible à l'humidité, bonne résistance à la maladie de l'encre, au pourridié, sensible à la sécheresse et au calcaire.

CONDUITE EN GOBELET DIFFERE A TROIS CHARPENTIERES :

- en haute tige (si vente du tronc),
- en basse tige.

Distance de plantation : 10 x 7 m avec *J. nigra*, 10 x 12 m avec *J. regia*.

Plantation :
- planter un scion de 2 ans et le rabattre à 1,2 m,
- éliminer les yeux principaux.

Eté 1 :
- sélectionner 3 ou 4 pousses,
- pincer les autres.

Hiver 2 :
- ne garder que 3 charpentières et supprimer 1/3 de leur pousse.

Eté 2 : supprimer les pousses vigoureuses.

Hiver 3 :
- supprimer 1/3 à 1/4 de la pousse des charpentières,
- former un premier étage de sous-charpentières (les rabattre de 1/3 si manque de vigueur),
- éliminer les branches concurrentes des charpentières et celles rentrant vers l'intérieur.

Eté 3 : pincer les pousses trop vigoureuses.

Hiver 4 :
- supprimer 1/3 de la pousse des charpentières,
- former un 2e étage de sous-charpentières si la vigueur le permet (sinon attendre),
- éliminer les branches concurrentes des charpentières et celles rentrant vers l'intérieur.

Hiver 5 : ne plus tailler les charpentières si la vigueur le permet.

La taille d'entretien consiste à aérer le centre, à éliminer les branches en excès et concurrentes des charpentières.

FERTILISATION :

Fumure de fond	Fumure d'entretien
Fumier : 50 T/ha	Fumier : 30 T/ha/3 ans
P : 200 kg/ha	N : 80 kg/ha/an
K : 300 kg/ha	dont 2/3 au débourrement
	1/3 en mai
	P : 70 kg/ha/an
	K : 100 kg/ha/an.

RAVAGEURS ET MALADIES :

MALADIE DE L'ENCRE : dessèchement des grosses charpentières, suintement d'un liquide noir au niveau des racines entraînant la mort de l'arbre.

POURRIDIE : noircissement de l'écorce des racines avec en-dessous un mycélium blanc, feuilles jaunissantes entraînant le dépérissement de l'arbre.

BACTERIOSE : brunissement d'une partie des chatons, craquelure en surface des rameaux, taches noires sur folioles, taches noires entourées d'une auréole huileuse sur le fruit.

ERINOSE : boursouflures de 1 cm² sur le dessus des feuilles.

VER DE LA NOIX : noix tombant avant maturité avec un ver à l'intérieur du fruit.

PUCERON DU NOYER : enroulement des feuilles.

ANTHRACNOSE : petites taches circulaires, d'abord jaunes puis brun foncé, sur feuilles, taches brunes sur le brou.

Programme de traitement :

Epoques	Maladies	Remèdes
Débourrement	Acariens Bactériose Anthracnose	Huile. Cuivre. Cuivre.
Floraison	Bactériose Anthracnose	Cuivre. Cuivre.
Juin	Carpocapse Pucerons Bactériose Anthracnose	Insecticide. Insecticide. Cuivre. Cuivre.
Juillet	Carpocapse Acarien Bactériose Anthracnose	Insecticide. Acaricide. Cuivre. Cuivre.
Août	Bactériose Anthracnose	Cuivre. Cuivre.
Chute des feuilles	Bactériose Anthracnose	Cuivre. Cuivre.

VARIETES :

CORNE : très bonne vigueur, calibre moyen, maturité en octobre, mise à fruit lente, bonne productivité, sensible à l'anthracnose.

PARISIENNE : très bonne vigueur, gros calibre, maturité mi-octobre, bonne productivité, peu sensible à la bactériose et à l'anthracnose, moins sensible aux gelées.

MARBOT : vigueur moyenne, fruit assez gros, maturité fin septembre - début octobre, bonne productivité, mise à fruit rapide, assez sensible à l'anthracnose et à la bactériose, sensible aux gelées printanières.

FRANQUETTE : vigueur moyenne, gros fruit, maturité mi-octobre, mise à fruit rapide, bonne productivité, peu sensible à l'anthracnose, assez sensible à la bactériose, échappe aux gelées printanières.

LARA : vigueur assez faible, gros fruit, maturité fin septembre - début octobre, mise à fruit très rapide, très bonne productivité, sensible à la bactériose.

MAYETTE : forte vigueur, gros fruit, maturité 2e semaine d'octobre, mise à fruit assez lente, productivité moyenne, sensible à la bactériose et à l'anthracnose.

Variétés \ Pollinisateurs	Ronde Montignac	Franquette	Meylannaise
Corne	X		X
Parisienne	X		X
Marbot		X	
Franquette	X		X
Lara		X	
Grandjean		X	
Mayette		X	

X : Variétés bonnes pollinisatrices.

PECHER

Prunus persica

ROSACEES

Ce chapitre sur le Pêcher traitera aussi la culture de la pavie, de la nectarine et du brugnon.

CLASSIFICATION :

Fruits	Epiderme	Noyau	Chair	Couleur de la chair
Pêche	Duveteux	Libre ou semi-libre	Tendre	Blanche Jaune Rouge
Pavie		Adhérent	Ferme	
Nectarine	Lisse	Libre ou semi-libre	Tendre	Blanche Jaune Rouge
Brugnon		Adhérent	Ferme	

DESCRIPTION :

L'enracinement dépend de celui du porte-greffe. Le port du Pêcher est arrondi. La ramification est très importante. L'œil terminal de la pousse est végétatif.

Les productions du Pêcher :
- gourmand : ne portant que des yeux à bois,
- rameau à bois : production assez rare,
- rameau mixte : garni de boutons à bois et à fleurs,
- chiffonne (10 à 20 cm) : boutons à fleurs latéraux, œil terminal à bois,
- bouquet de mai : quelques boutons à fleurs.

Il existe deux types de fleurs :
- rosacées : pétales de grandes dimensions, rose pâle, et stigmates protégés jusqu'à l'ouverture complète des fleurs.
- campanulées : petites fleurs, rose foncé, et stigmates visibles avant l'ouverture des fleurs.

Le fruit est une drupe.

La floraison est précoce (mars-avril), d'où une sensibilité aux gelées printanières. Les pollinisateurs ne sont pas nécessaires, mais la fécondation croisée est conseillée.

EXIGENCES :

La culture est limitée par une sensibilité aux gelées printanières. Le nombre important des porte-greffes facilite la plantation dans des sols bien différents.

MULTIPLICATION ET PORTE-GREFFE :

Le mode de multiplication est le greffage et notamment l'écussonnage.

Voici quelques porte-greffes :
- PECHER GF305 : vigoureux, très bonne compatibilité, mise à fruit rapide, très sensible à l'asphyxie radiculaire, sensible au pourridié, assez tolérant à la chlorose.
- MONCLAR : vigoureux, un des moins sensibles à la chlorose.
- PRUNIER GF655-2 : très bonne compatibilité, vigueur moyenne, mise à fruit précoce, drageonnant, résiste mieux à l'asphyxie radiculaire.
- PRUNIER BROMPTON : vigoureux, meilleure résistance à la chlorose, assez sensible à l'asphyxie radiculaire.
- PRUNIER GF43 : vigoureux, ne drageonne pas, mise à fruit lente, très résistant à l'asphyxie radiculaire.
- HYBRIDE PECHER X AMANDIER (GF677) : bonne vigueur, mise à fruit lente, très résistant à la chlorose.

CONDUITE :

Gobelet différé

Distance de plantation : 5-6 m x 4-6 m.

Plantation : planter le scion puis le rabattre à 80 cm.

Eté 1 : sélectionner 5 charpentières.

Hiver 2 :
- effiler les pointes sans les rabattre,
- aérer le centre de l'arbre.

Les années suivantes : établir des sous-charpentières à 1 m du sol, puis les suivantes à 70 cm des premières.

La taille de fructification consiste à :
- aérer le centre de l'arbre,
- effiler les pointes,
- sur les sous-charpentières, ne conserver des rameaux mixtes que tous les 20 cm, préférer les rameaux horizontaux aux rameaux verticaux.

Axe vertical

Distance de plantation : 1,5 x 4 m.

Plantation : planter le scion sans le rabattre.

Eté 1 : sélectionner 4 charpentières qui formeront la structure de base, pincer les autres.

Hiver 2 : effiler la pointe.

Eté 2 : éliminer les pousses concurrençant l'axe et celles en excès.

Les années suivantes :
- établir les charpentières,
- effiler la pointe.

La taille de fructification consiste à obtenir des rameaux mixtes en nombre :
- rabattre les rameaux ayant fructifié sur le premier rameau de repercement,
- conserver les rameaux horizontaux espacés de 20 à 40 cm.

FERTILISATION :

Fumure de fond	Fumure d'entretien
Fumier : 40 T/ha	Fumier : 40 T/ha/3 ans
P : 300 kg/ha	N : 150 kg/ha/an
K : 600 kg/ha	dont 2/3 avant le débourrement
	1/3 à la nouaison
	P : 100 kg/ha/an
	K : 150 kg/ha/an.

VARIETES :

SPRINGCREST (pêche jaune) : bonne vigueur, calibre moyen, bonne qualité, très bonne productivité, maturité 20 jours avant Redhaven.

REDHAVEN (pêche jaune) : bonne vigueur, excellente qualité, très bonne productivité, maturité mi-juillet.

GENADIX 7 (pêche blanche) : très bonne vigueur, très bonne qualité, bonne productivité, maturité 7 jours après Redhaven.

SUNCREST (pêche jaune) : vigueur moyenne, très bonne qualité, très bonne productivité, maturité 25 jours après Redhaven.

ARMKING (nectarine jaune) : très bonne vigueur, qualité moyenne, bonne productivité, maturité 22 jours avant Redhaven.

REDJUNE (nectarine jaune) : bonne vigueur, bonne qualité, bonne productivité, maturité 15 jours avant Redhaven.

EARLY SUNGRAND (nectarine jaune) : bonne vigueur, bonne qualité, bonne productivité, maturité comme Redhaven.

RAVAGEURS ET MALADIES :

MONILIOSE : dessèchement des rameaux avec écoulement de gomme, pourriture des fruits.

CLOQUE : jeunes feuilles décolorées, puis boursouflées, épaisses et rougeâtres.

MALADIE CRIBLEE : petites taches arrondies bordées de rouge entraînant une criblure des feuilles.

OÏDIUM : feutrage blanc des feuilles.

CHANCRE A FUSICOCCUM : dessèchement des boutons avec nécrose brunâtre.

PUCERON VERT : feuilles recroquevillées.

TORDEUSE ORIENTALE : galeries dans les jeunes pousses.

Programme de traitement :

Epoques	Maladies	Remèdes
Repos végétatif	Cochenilles	Huile.
Débourrement	Araignées rouges	Acaricide.
Stade B	Cloque	Fongicide.
Après Stade B	Cloque	Fongicide.
Stade C	Pucerons	Insecticide.
Stade D	Pucerons	Insecticide.
Stade E	Moniliose	Fongicide.
Stade E2	Fusicoccum	Fongicide.
Fin mars	Tordeuse orientale	Insecticide.
Stade G	Moniliose	Fongicide.
Stade GH	Oïdium Moniliose	Fongicide. Fongicide.
Mi-mars	Araignées rouges	Acaricide.
Début mai	Pucerons verts	Insecticide.
Mi-juin - Récolte	Tordeuse orientale Oïdium Araignées rouges	Insecticide. Fongicide. Acaricide.

A. Bourgeon d'hiver.

C. Bourgeon gonflé.

*C. Apparition du calice
(pointe blanche).*

*D. Apparition de la
corolle rose...*

E. ... puis des étamines.

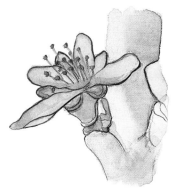

F. Pleine floraison.

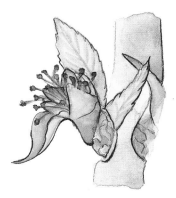

*G. Chute des pétales et
fécondation de la fleur.*

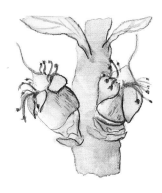

*H. Nouaison : apparition
du fruit noué.*

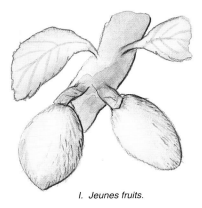

I. Jeunes fruits.

POIRIER

Pirus communis

ROSACEES

DESCRIPTION :

Le système racinaire dépend du porte-greffe utilisé. En général, le Poirier a un port pyramidal très érigé.

Les productions du Poirier sont :
- l'œil à bois (qui se transformera en rameau, en dard ou en bouton à fleur),
- le bouton à fleur,

- le dard : bourgeon très pointu,
- la brindille (10 à 30 cm) : comportant des bourgeons à bois,
- la brindille couronnée : brindille avec bourgeons à bois et bouton à fleur à l'extrémité,
- le rameau à bois (25 à 50 cm),
- le gourmand.

La bourse, née après la fructification, est porteuse de dards et de brindilles qui engendreront une nouvelle fructification.

La fleur est blanche. Le fruit est un faux fruit qui peut présenter des cellules pierreuses.

La floraison est précoce. Les pollinisateurs sont nécessaires.

Le fruit peut se former même s'il n'y a pas de fécondation : **parthénocarpie**. Cette tendance est variable suivant les variétés.

Les floraisons au courant de l'été sont possibles.

EXIGENCES :

Le Poirier est sensible aux gelées printanières. Il s'adapte à de nombreuses régions. Il préfère des sols limoneux, sains, aérés et profonds.

MULTIPLICATION ET PORTE-GREFFE :

La multiplication des variétés s'effectue par greffage (écussonnage, greffe en fente, en incrustation).

Pour l'obtention des hautes tiges, la variété "Beurré Hardy" peut être utilisée comme intermédiaire.

La gamme des porte-greffes du Poirier est réduite :
- POIRIER FRANC (FIEUDIERE) : très forte vigueur, mise à fruit lente, bonne affinité de greffage, supporte le calcaire.
- COGNASSIER D'ANGERS (EMA, SYDO) : vigueur moyenne, mise à fruit plus

rapide, affinité variable, sensible à la chlorose.
- COGNASSIER DE PROVENCE (BA29) : forte vigueur, meilleure affinité, sensible à la chlorose, assez utilisé.

CONDUITE :

En gobelet

Distance de plantation : 7 x 7 m.

Plantation : scion rabattu à 80 cm.

Eté 1 : sélectionner 5 charpentières, pincer les autres.

Hiver 1 : ne conserver que 3 charpentières (pour les variétés faibles, rabattre les charpentières d'1/3, sinon ne pas intervenir).

Eté 2 : continuer d'établir les charpentières en les épointant, en éliminant les rameaux vigoureux.

Hiver 2 : selon la vigueur, rabattre la pousse annuelle d'1/3.

Les années suivantes :
- une fois les charpentières établies, ne plus les rabattre,
- effiler les pointes,
- éliminer toutes les branches poussant vers le centre,
- établir les sous-charpentières tous les 60 à 80 cm,
- éviter la superposition de branches.

La taille de fructification consiste à :
- aérer le centre de l'arbre,
- maintenir à l'horizontale les sous-charpentières,
- éliminer les vieilles structures.

En axe vertical

Cette conduite nécessite la plantation de variétés plus faibles.

Distance de plantation : 2 x 4 m.

Plantation : planter le scion sans le rabattre.

Eté 1 : éliminer les branches concurrentes de l'axe.

Hiver 1 :
- effiler la pointe,
- sélectionner les charpentières formant la base,
- éliminer les branches trop basses.

Les années suivantes :
- continuer d'établir les charpentières de la base,
- faire un 2ᵉ étage de charpentières,
- épointer l'axe,
- éliminer les branches trop vigoureuses et trop droites.

La taille de fructification est une taille de renouvellement où les rameaux d'1 an non rabattus se couvrent de boutons et de brindilles.
Leur arcure naturelle va s'accentuer avec le poids des fruits : maintenir le rameau à l'horizontale en éliminant la partie retombante.
Au bout de 3-4 ans, le rameau est rabattu sur un œil à bois ou sur un repercement.

La hauteur de l'axe peut être limitée, en rabattant la pointe sur un nouveau départ qui prendra le rôle d'axe : **ne conserver qu'une seule pointe**.

FERTILISATION :

Fumure de fond	Fumure d'entretien
Fumier : 50 T/ha	Fumier : 30 T/ha/3 ans
P : 400 kg/ha	N : 100 kg/ha/an
K : 600 kg/ha	dont 1/2 en février
	1/2 après la nouaison
	(50 kg/ha/an dans le jeune âge)
	P : 100 kg/ha/an
	K : 150 kg/ha/an.

RAVAGEURS ET MALADIES :

Le Poirier est très sensible au FEU BACTERIEN qui provoque un dessèchement des branches entraînant la mort du sujet.

OÏDIUM : aspect farineux des pousses.

TAVELURE : taches brunâtres sur les fruits et les feuilles.

PHYTOPTE : excroissances à la face inférieure des feuilles.

PSYLLES : jeunes pousses couvertes de miellat.

CEPHE : extrémité des pousses flétrie en forme de crosse.

MINEUSES : mines diverses sur les feuilles.

CARPOCAPSE : fruits véreux.

HOPLOCAMPE : jeunes fruits tombant au sol avec la larve.

CECYDOMYIE DES POIRETTES : jeunes fruits grossissant anormalement, puis tombant au sol avec de nombreuses larves à l'intérieur.

ARAIGNEES ROUGES : multitude de piqûres sur les feuilles.

PUCERONS VERT ET MAUVE : enroulement des feuilles.

VARIETES :

BEURRE HARDY : très forte vigueur, calibre moyen, fruit très savoureux, récolte fin août - début septembre, mise à fruit longue, forte productivité, consommation jusqu'à début octobre et plus en chambre froide. Moyennement sensible à la tavelure sur feuilles.

PIERRE CORNEILLE : bonne vigueur, calibre moyen, fruit très sucré, récolte 2ᵉ quinzaine de septembre, mise à fruit précoce, bonne productivité, consommation courant octobre - début novembre, jusqu'en décembre en chambre froide. Sensible à la tavelure sur feuilles et sur fruits.

PACKHAM'S TRIUMPH : vigueur moyenne, gros calibre, fruit juteux peu sucré, récolte en septembre, mise à fruit assez précoce, productivité forte après un certain temps, consommation en octobre, jusqu'en janvier en chambre froide. Sensible à la tavelure sur feuilles et fruits.

BEURRE CLAIRGEAU : vigueur moyenne à faible, gros calibre, récolte fin septembre - début octobre, mise à fruit rapide, forte productivité, consommation en octobre-novembre, jusqu'en février en chambre froide.

WILLIAM'S : bonne vigueur, calibre moyen, fruit très sucré et très parfumé, récolte en août, mise à fruit précoce, bonne productivité, consommation août-septembre, jusqu'en octobre en chambre froide. Sensible à la tavelure sur fruits.

PASSE-CRASSANE : vigueur moyenne, gros calibre, fruit très savoureux, récolte fin octobre, mise à fruit lente, bonne productivité, consommation en décembre, jusqu'en avril en chambre froide.

DOYENNE DU COMICE : bonne vigueur, très gros calibre, récolte fin septembre - début octobre, mise à fruit tardive, productivité moyenne, consommation jusqu'en novembre, voire en janvier en chambre froide. Très sensible à la tavelure.

CONFERENCE : vigueur moyenne, calibre moyen, chair fondante, récolte en octobre, mise à fruit assez précoce, bonne productivité, consommation d'octobre à novembre et jusqu'en février en chambre froide.

DOCTEUR JULES GUYOT : vigueur moyenne, assez gros calibre, récolte fin juillet - début août, mise à fruit rapide, bonne productivité, consommation courant août.

'Beurre Hardy'

Programme de traitement :

Epoques	Maladies	Remèdes
Stades A, B	Mousses Lichens Cochenilles rouges Psylles	Huile. Huile. Huile. Insecticide.
Stade BC	Tavelure Feu bactérien	Cuivre. Cuivre.
Stade C	Araignées rouges	Acaricide.
Stade D	Tavelure Feu bactérien Araignées rouges	Cuivre. Cuivre. Acaricide.
Stade D3	Tavelure Cécydomyie des poirettes	Cuivre. Insecticide.
Stade E	Tavelure Cochenilles rouges	Cuivre. Insecticide.
Stade E2	Tavelure	Fongicide.
Stades F, G	Feu bactérien	Fongicide.
Stades G, H	Tavelure Pucerons Chenilles Cécydomyie des feuilles Araignées rouges	Fongicide. Insecticide. Insecticide. Insecticide. Acaricide.

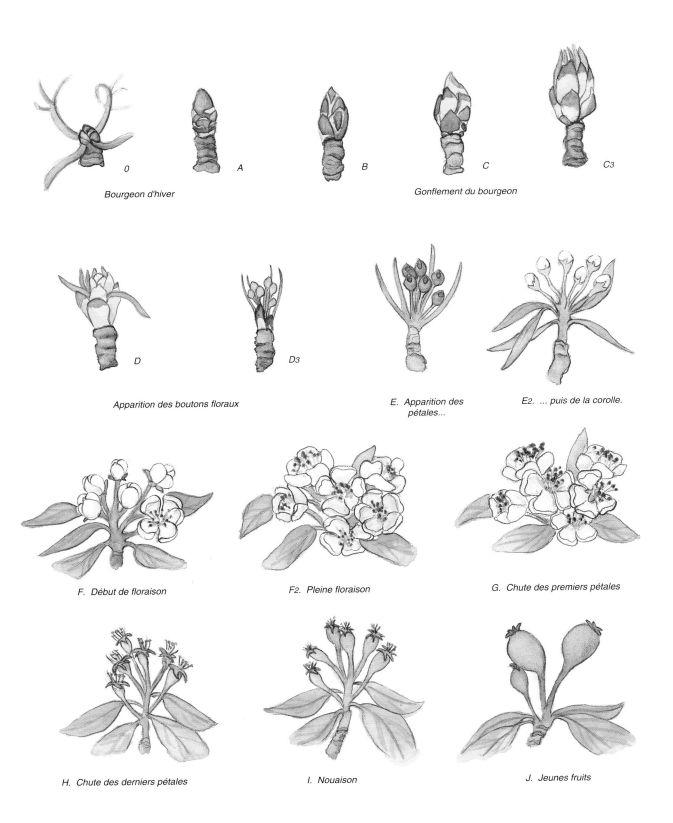

Bourgeon d'hiver — 0, A

Gonflement du bourgeon — B, C, C3

Apparition des boutons floraux — D, D3

E. *Apparition des pétales...*

E2. *... puis de la corolle.*

F. *Début de floraison*

F2. *Pleine floraison*

G. *Chute des premiers pétales*

H. *Chute des derniers pétales*

I. *Nouaison*

J. *Jeunes fruits*

Pollinisateurs / Variétés	Beurre d'Anjou	Comtesse de Paris	Louise Bonne	Cure	Beurre Diel	André Desporte	Président Drouard	Beurre Clairgeau	Alexandr. Douillard	Beurre Alex. Lucas	Beurre Hardy	Madame Ballet	Epine du Mas	Passe Crassane	Packam's Triumph	Pierre Corneille	Bergam. Esperen	William's	Conférence	Highland	Général Leclerc	Doyenné d. Comice	Dr. Jules Guyot
Beurre d'Anjou														X									
Comtesse de Paris			X																				
Louise Bonne	X	X				X		X			X												
Cure			X			X					X												
Beurre Diel			X					X			X			X									
André Desporte			X																				
Président Drouard								X			X	X											
Beurre Clairgeau			X								X			X	X								
Alexandr. Douillard											X			X									
Beurre Alex. Lucas			X					X			X			X									
Beurre Hardy			X					X	X	X			X	X		X							
Madame Ballet																			X				
Epine du Mas								X			X							X	X				
Passe Crassane								X	X	X	X	X			X	X	X	X	X		X		
Packam's Triumph																		X					
Pierre Corneille														X				X				X	
Bergam. Esperen														X				X					X
William's											X	X	X	X					X		X	X	X
Conférence														X				X				X	X
Highland																		X	X		X	X	X
Général Leclerc														X				X	X			X	
Doyenné d. Comice																		X	X	X	X		X
Dr. Jules Guyot																		X	X				

X : Variétés bonnes pollinisatrices
Les variétés sont classées par dates de floraison.

'Beurre Clairgeau'

'Conférence'

'William's'

'Beurre Alexandre Lucas'

'Dr. Jules Guyot'

POMMIER

Malus pumila

ROSACEES

DESCRIPTION :

Le système racinaire dépend du porte-greffe utilisé.

Les organes du Pommier sont :
- l'œil à bois accompagné d'yeux stipulaires,
- le gourmand : pousse supérieure à 40 cm,
- le rameau à bois (30 à 40 cm),
- la brindille (20 cm) : si le bourgeon terminal est à fleur, la brindille est dite couronnée,
- la lambourde : transformation d'un bourgeon à bois en bourgeon à fruit en passant par le stade de dard,
- le bourgeon à fruit : plus gros et plus arrondi que l'œil à bois.

La fleur est blanche et rose.

La pomme est un faux fruit pommacé ou PIRIDION.

Le Pommier nécessite des pollinisateurs.

EXIGENCES :

Le Pommier pousse dans toutes les régions. Il préfère un sol équilibré, pas trop calcaire et ne retenant pas une trop forte humidité.

MULTIPLICATION ET PORTE-GREFFE :

La multiplication des variétés se fait par greffage. Toutes les techniques de greffage sont utilisables sur Pommier :
- pour l'obtention d'un scion : écussonnage, greffe à l'anglaise,
- pour le surgreffage et l'obtention de hautes tiges : greffe en fente, en couronne (ci-contre munie d'un perchoir) et en incrustation.

Les porte-greffes du Pommier :
- MM 111 : vigoureux, résiste au puceron lanigère, à la sécheresse et à l'humidité.
- MM 106 : vigueur moyenne, résiste au puceron lanigère et à l'asphyxie radiculaire.
- M 26 : vigueur moyennement faible.
- M 9 : faible vigueur, mise à fruit rapide, fruit de bonne qualité.
- M 27 : vigueur très faible, mise à fruit rapide, ne drageonne pas.

CONDUITE :

Les formes utilisées pour le Pommier sont nombreuses ; en voici deux principales : l'axe vertical et le gobelet.

En gobelet différé

Distance de plantation : 7 x 7 m.
Porte-greffe : MM 106 (MM 111 pour les variétés faibles).

Plantation : planter un scion puis le rabattre à hauteur de ceinture.

Eté 1 : sélectionner au moins 3 branches à angles ouverts et pincer les autres.

Hiver 2 :
- ne pas rabattre les charpentières,
- éliminer les branches trop basses et ne garder que 3 ou 4 charpentières.

Eté 2 :
- éliminer les branches concurrentes des charpentières,
- couper toutes les pousses rentrant vers l'intérieur de l'arbre.

Les années suivantes :
- former les étages de sous-charpentières,
- éliminer les branches concurrentes des charpentières,
- effiler les pointes des charpentières sans les rabattre.

La taille d'entretien consiste à favoriser l'inclinaison des charpentières en éliminant les pousses rentrant vers l'intérieur de l'arbre. Epointer les charpentières sans les rabattre active la mise à fruit. Toutes les branches en excès ou superposant des pousses mieux placées sont à éliminer.

Si pour une raison quelconque la hauteur des charpentières doit être abaissée, la pointe est à couper sur un départ extérieur qui reprendra le rôle de l'axe.

L'affaissement des charpentières au bout d'un certain nombre d'années peut être corrigé en rabattant la pointe sur un départ intérieur.

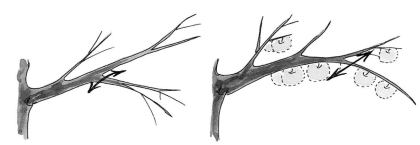

Elimination des branches en excès ou concurrençant la pointe de l'axe.

Formation d'une branche charpentière : taille de renouvellement.

Restructuration d'une charpentière après affaissement.

En axe vertical libre

Distance de plantation : 1,2-2 x 4 m.
Porte-greffes utilisables : M 27, M 9, M 26.
Tuteurage : fil de fer à 2 m + tuteur à chaque arbre.

Plantation : planter le scion sans le rabattre (si présence de plusieurs pousses anticipées bien placées, les garder, sinon les rabattre).

Eté 1 : pincer les rameaux dressés, trop vigoureux, et ceux concurrençant la pointe de l'axe.

Hiver 2 : éliminer les pousses en excès et celles concurrentes.

Eté 2 :
- établir correctement les charpentières de la base,
- éliminer les branches en excès, les pousses trop dressées et celles concurrençant la pointe.

Les années suivantes : poursuivre avec les mêmes principes.

La taille de fructification sur l'axe est plus méticuleuse. Celle employée est la "taille longue" ou de "renouvellement".
Le principe est le suivant :
- Année 1 : une pousse
- Année 2 : cette pousse se couvre de boutons à fruits.
- Année 3 : sous le poids des fruits, la pousse fléchit et devient donc moins vigoureuse. Cette position oblique puis horizontale de la branche va favoriser le repercement de pousses. Ces pousses assureront le renouvellement de la branche et ainsi de suite.
En suivant ce principe, les charpentières pendant leur formation ne sont pas rabattues. Une fois à l'horizontale, elles sont limitées en longueur et les pousses du dessous sont supprimées.
Conduite à tenir pour la pointe : l'axe vertical libre a une pointe qui n'est pas taillée.
Une fois le développement de l'arbre ralenti, la pointe se couvre de fruits entraînant son fléchissement. La pousse en hauteur est stoppée naturellement.
Avec les années un repercement reprendra le rôle du sommet, l'ancienne pointe inclinée sera rabattue au fur et à mesure.

Déjections du carpocapse.

Pucerons lanigères.

Piège à carpocapse.

FERTILISATION :

Fumure de fond

Fumier : 50 T/ha
P : 300 kg/ha
K : 600 kg/ha

Fumure d'entretien

Fumier : 30 T/ha/3 ans
N : 100 kg/ha/an
adulte
dont 2/3 à la fin de
l'hiver
1/3 à la nouaison
P : 80 kg/ha/2 ans
K : 150 kg/ha/2 ans.

RAVAGEURS ET MALADIES :

OÏDIUM : extrémité des pousses couverte d'un feutrage blanc.
TAVELURE : taches brunes sur feuilles, taches noires craquelées sur fruits.

CHANCRE EUROPEEN : tache brunâtre autour d'un point d'infection avec fendillement de la zone malade.
PUCERON CENDRE, VERT : feuilles recroquevillées.
PUCERON LANIGERE : amas cotonneux formés par la colonie de pucerons sur branches.
ACARIENS : aspect plombé du feuillage dû à une multitude de piqûres.
CARPOCAPSE : fruits véreux à cause de la larve.
CHEIMATOBIE : fleurs dévorées par chenilles vert-jaune.
MINEUSES DIVERSES : mines sur feuilles.

Programme de traitement :

Epoques	Maladies	Remèdes
Janvier	Araignées rouges	Acaricide.
Stades C, C3	Tavelure Oïdium	Fongicide. Fongicide.
Stades C, D	Araignées rouges	Acaricide.
Stade D	Oïdium Pucerons Chenilles Araignées rouges	Fongicide. Insecticide. Insecticide. Acaricide.
Stades E, E2	Pucerons Chenilles	Insecticide. Insecticide.
Stade F	Tavelure Oïdium	Fongicide. Fongicide.
Stade G	Tavelure Oïdium	Fongicide. Fongicide.
Stade H	Araignées rouges	Acaricide.
Mai	Pucerons Carpocapses	Insecticide. Insecticide.
Juin	Araignées rouges	Acaricide.

A. Bourgeon d'hiver

B. Début de gonflement

C

C3

Gonflement apparent

D. Apparition des boutons floraux

E. Les sépales laissent voir les pétales

F. Début de floraison

F2. Pleine floraison

G. Chute des premiers pétales

H. Chute des derniers pétales

I. Nouaison

J. Jeunes fruits

VARIETES :

JERSEYMAC : vigueur moyenne à forte, calibre moyen, bon pour un fruit précoce, bonne productivité, cueillette 15 juillet - 15 août, consommation fin août, sensible à l'oïdium et à la tavelure.

AKANE : faible vigueur, petit calibre, très parfumé, productivité moyenne, cueillette fin août, consommation de suite à 4 mois.

GALA : vigueur moyenne, petit calibre, parfumé, forte productivité, cueillette 10 jours avant Golden, consommation septembre à mars. Mutants : ROYAL GALA - GALA MUST.

REINE DES REINETTES : forte vigueur, calibre moyen, productivité moyenne, cueillette 1 à 2 semaines avant Golden, consommation mi-août à décembre. Mutants : BELRENE.

ELSTAR : vigueur moyenne, calibre moyen, bonne productivité, cueillette 10 jours avant Golden, consommation jusqu'en mars.

JONAGOLD : forte vigueur, gros calibre, très bon fruit, forte productivité, comme Golden, consommation d'octobre à avril.

GOLDEN : vigueur moyenne, calibre moyen, très bonne qualité, forte productivité, cueillette 2e semaine de septembre, consommation jusqu'en avril.

MELROSE : vigueur moyenne, calibre moyen à gros, très bonne qualité, productivité moyenne, cueillette comme pour Golden, consommation jusqu'en mars.

REINETTE BLANCHE et REINETTE GRISE DU CANADA : très forte vigueur, gros calibre, très bonne qualité, productivité moyenne, cueillette 10 à 15 jours après Golden, consommation jusqu'en mars. Sensibilité à la moniliose, au chancre et au carpocapse.

IDARED : vigueur faible, calibre moyen à gros, bonne qualité, forte productivité, cueillette 1 à 2 semaines après Golden, consommation jusqu'en avril. Sensible à l'oïdium.

BOSKOOP ROUGE : très forte vigueur, gros calibre, très bonne qualité, productivité moyenne, cueillette 1ère quinzaine d'octobre, consommation jusqu'en mars. Sensible à l'oïdium.

GRANNY SMITH : forte vigueur, calibre moyen, très bonne qualité, productivité assez forte, cueillette 7 semaines après Golden, consommation de décembre à mai. Sensible à l'oïdium.

'Golden'

'Granny Smith'

'Boskoop' rouge

'Jonagold'

'Jerseymac'

'Golden'

'Akane'

'Royal Gala'

'Idared'

'Melrose'

Pollinisateurs / Variétés	Akane	Boskoop	Calville Blanc	Calville Rouge	Cardinal	Chantecler	Charden	Cloden	Cox Orange	Delcorf	Delicious Rouge	Florina	Golden	Gloster 69	Granny Smith	Gravenstein	Idared	Improved
Akane											X		X	X	X		X	
Boskoop											X		O				X	
Calville Blanc									X		X		X					
Calville Rouge													X					
Cardinal																	X	
Chantecler						X					X		X		X			
Charden						O		O			X		O		X		X	
Cloden						X					X		X		X			
Cox Orange			X								X		X					
Delcorf											X		X				X	
Delicious Rouge	X		X			X		X	X			X	X	X	X		X	
Florina											X		X		X			
Golden	X	O	X			X		X	X		X	X		X	X		X	
Gloster 69	X										X		X		X			
Granny Smith	X					X		X			X	X	X	X			X	
Gravenstein																	X	
Idared	X			X							X		X		X			
Improved											X		X					
James Grieve																	X	
Jerseymac											X		X		X		X	
Jonagold											X		O		X			
Jonnée									X		X		X				X	

X : Variétés bonnes pollinisatrices
O : Mauvaises pollinisatrices.

Jonagold	Jonnée	Jonathan	Mac Intosh	Maigold	Melrose	Mutsu	Ontario	Prima	Reine d. Reinettes	Reinette Grise	Reinette Clochard	Transp. Croncels	Winter Banana
									X				
									X		X		X
					X				X				
									X				
									X				
					X				X		O		
									X				
		X											
		X	X	X	O				X				
								X	X				
		X		O	X				X		X		
					X				X				
					X				X				
												X	
		X	X	X					X				X
		X	X						X				X
									X				
					X				X				
			X						X				

Pollinisateurs / Variétés	Akane	Boskoop	Calville Blanc	Calville Rouge	Cardinal	Chantecler	Charden	Cloden	Cox Orange	Delcorf	Delicious Rouge	Florina	Golden	Gloster 69	Granny Smith	Gravenstein	Idared	Improved
Jonathan									X		X		X				X	
Mac Intosh											X		X				X	
Maigold											X		O				X	
Melrose			X								O		X	X	X		X	
Mutsu											X		O		X			
Ontario									X									
Prima												X						
Reine des Reinettes	X		X	X		X		X	X		X	X	X	X	X		X	
Reinette Grise									X		X		X		X		X	
Reinette Clochard											X		X					
Transp. de Croncels																		
Winter Banana																	X	

'Gravenstein' rouge

X : Variétés bonnes pollinisatrices
O : Mauvaises pollinisatrices.

Jonagold	Jonnée	Jonathan	Mac Intosh	Maigold	Melrose	Mutsu	Ontario	Prima	Reine d. Reinettes	Reinette Grise	Reinette Clochard	Transp. Croncels	Winter Banana
			X						X				
		X											X
									X				
									X				
		X		X	X						X		
		X					X		X		X		
									X				
													X
		X										X	

PRUNIER

Prunus

ROSACEES

Sous le genre *Prunus,* sont regroupées plusieurs espèces fruitières :
- *Prunus domestica* : PRUNIER, REINE-CLAUDE, QUETSCHIER, MIRABELLIER, PRUNE D'ENTE.
- *Prunus insititia* : PRUNIER SAUVAGE, ancêtre des MIRABELLIERS, PRUNIERS DE DAMAS et SAINT-JULIEN.
- *Prunus cerasifera* : PRUNIER MYROBOLAN.
- *Prunus salicina* : ancêtre des PRUNIERS JAPONAIS et de *P. domestica.*

DESCRIPTION :

La conduite du Prunier sur ses propres racines est rare ; l'enracinement dépend du porte-greffe utilisé.

Les productions du Prunier sont, en proportions, différentes suivant les espèces et les variétés :
- rameaux à bois : souvent nombreux,
- rameaux mixtes : boutons à bois et à fleur,
- brindilles : couvertes de bouquets de mai dès la 2ᵉ année.
- dard : pousse courte,
- chiffonne : surtout des boutons à fleur.
La fleur est blanche.

La floraison se produit de mars à avril. La nécessité des pollinisateurs diffère suivant les espèces ou les variétés :
- Variétés autocompatibles : Quetsche, Mirabelle, Reine-Claude d'Oullins, Reine-Claude de Bavay.
- Variétés partiellement autocompatibles : Prune d'Ente, Reine-Claude violette.
- Variétés autoincompatibles : Reine-Claude verte ou dorée, Reine-Claude d'Althan, Pruniers japonais.

EXIGENCES :

Le Prunier pousse partout, mais craint les gelées printanières. Il préfère les sols frais et profonds. Le nombre important de porte-greffes permet sa plantation sur de nombreux sols.

MULTIPLICATION ET PORTE-GREFFE :

La multiplication du Prunier se fait par greffage et notamment par écussonnage.

Les porte-greffes du Prunier sont multiples :

- BROMPTON : assez bonne vigueur, bonne compatibilité, peu de drageons.

- MYROBOLAN B : très forte vigueur, bonne compatibilité, pas de drageons, supporte les sols humides et calcaires.

- MYROBOLAN GF31 : forte vigueur, incompatibilité avec les Reines-Claudes.

- MARIANNA GF8-1 : très vigoureux, incompatible avec les Reines-Claudes, pas de drageons, bonne résistance à l'asphyxie radiculaire.

CONDUITE EN GOBELET DIFFERE :

Distance de plantation : 6-8 m x 7 m.

Plantation : après plantation, rabattre le scion à 80 cm.

Eté 1 :
- choisir 4 pousses dont un tire-sève (pour limiter l'excès de vigueur),
- épointer le tire-sève,
- couper les autres pousses non sélectionnées à 15 cm,
- éliminer celles placées trop bas.

Hiver 2 :
- rabattre les charpentières à 70 cm,
- tailler le tire-sève aux 2/3 de la longueur des charpentières,
- supprimer les rameaux trop vigoureux.

Eté 2 :
- sélectionner un prolongement par charpentière,
- éliminer les pousses rentrant vers l'intérieur et les pousses vigoureuses.

Hiver 3 :
- sélectionner une sous-charpentière le plus bas possible,
- tailler le prolongement des charpentières à 60 cm et celui du tire-sève à 50 cm.

Eté 3 :
- ne garder qu'un seul prolongement par charpentière,
- éliminer les pousses rentrant vers l'intérieur de l'arbre.

Hiver 4 :
- supprimer le tire-sève,
- établir un nouvel étage de sous-charpentières (à 70 cm du 1ᵉʳ étage),
- tailler le prolongement des charpentières à 80 cm.

Les années suivantes :
- établir un nouvel étage de sous-charpentières,
- allonger les charpentières de 80 cm/an jusqu'au total développement.

La taille d'entretien consiste à aérer le milieu de l'arbre, éliminer les gourmands, dégager les prolongements des charpentières et des sous-charpentières sur 50 cm en éliminant les pousses à bois, conserver les rameaux horizontaux et supprimer les branches cassées et malades.

CONDUITE EN GOBELET

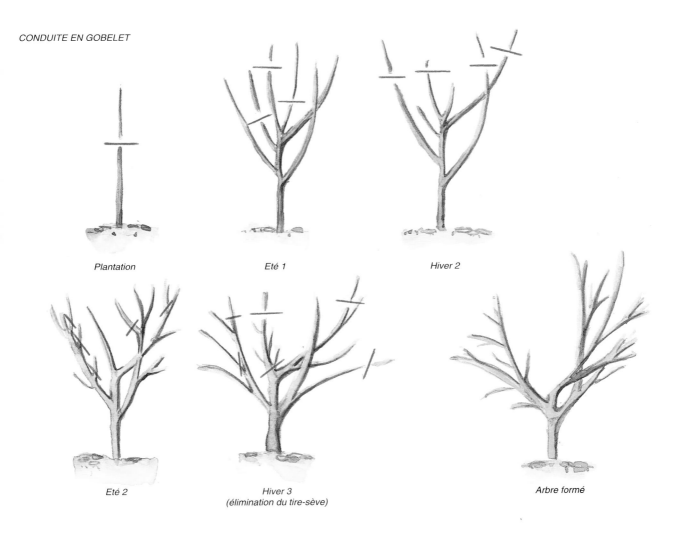

| Plantation | Eté 1 | Hiver 2 |

| Eté 2 | Hiver 3 (élimination du tire-sève) | Arbre formé |

FERTILISATION :

Fumure de fond	Fumure d'entretien
Fumier : 40 T/ha	Fumier : 40 T/ha/3 ans
P : 300 kg/ha	N : 120 kg/ha/an à
K : 600 kg/ha	l'âge adulte
	dont 1/3 avant débour-
	rement
	1/3 apr. floraison
	1/3 nouaison
	P : 90 kg/ha/an
	K : 170 kg/ha/an.

RAVAGEURS ET MALADIES :

MONILIOSE : dessèchement des fleurs et des bourgeons, pourriture des fruits entraînant le dessèchement des charpentières.
CRIBLURE : taches orangées à pourpres laissant un petit trou.
TAVELURE : taches arrondies vert olive puis noires, sur fruits.

CARPOCAPSE DU PRUNIER : galeries superficielles avec écoulements gommeux sur le fruit.
PUCERON VERT : déformation du feuillage.

VARIETES :

PRUNE D'ENTE : très bonne vigueur, gros fruit de bonne qualité, bonne productivité, peu alternante, maturité 3e décade d'août. Assez sensible à la moniliose.
MIRABELLE DE METZ : bonne vigueur, très bonne qualité, bonne productivité, alternante, maturité 1ère décade d'août. Sensible à la moniliose sur rameau.
PRESIDENT : bonne vigueur, très gros fruit, de qualité moyenne, bonne productivité, mise à fruit rapide, pas sensible à l'alternance, maturité début septembre. Très sensible à la moniliose sur fleur.

REINE-CLAUDE VERTE ou DOREE : bonne vigueur, calibre moyen, fruit d'excellente qualité, bonne productivité, mise à fruit lente, très alternante, maturité 1ère décade d'août.
STANLEY : très bonne vigueur, assez gros fruit d'assez bonne qualité, bonne productivité, mise à fruit très rapide, maturité fin août.
QUETSCHE D'ALSACE : sous le nom "quetsches d'Alsace" est regroupé un nombre important de clones. En général, bonne vigueur, fruit moyen, bonne qualité, bonne productivité souvent alternante, maturité septembre.
BEAUTY : arbre vigoureux, fruit assez gros de bonne qualité, production élevée, mise à fruit rapide, maturité fin juin (Prune japonaise).

Quetsches

Programme de traitement :

Epoques	Maladies	Remèdes
Décembre, Janvier	Cochenilles rouges Mousses Lichens	Huile. Huile. Huile.
Stades C, C3	Cochenilles rouges Pucerons	Insecticide. Insecticide.
Stades D, E	Araignées rouges	Acaricide.
Stades D, E (20 % boutons blancs)	Moniliose	Fongicide.
Stade F (20 % fleurs ouvertes)	Moniliose	Fongicide.
Stades F, G	Hoplocampe	Insecticide.
Début mai	Araignées rouges	Acaricide.
Mai	Chenilles défoliatrices Pucerons verts Rouille	Insecticide. Insecticide. Fongicide.
Mai-Août	Carpocapse	Insecticide.
Juillet	Araignées rouges	Acaricide.

Mirabelles

Reines-Claudes

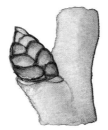

A. Bourgeon d'hiver

B. Bourgeon gonflé

C. Apparition des boutons

*D. Apparition de la corolle
(pointe blanche)*

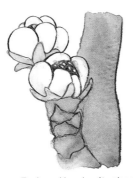

E. Apparition des étamines

F. Pleine floraison

G. Chute des pétales

H. Nouaison

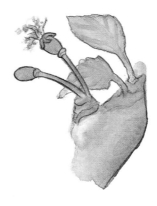

I. Chute du calice desséché

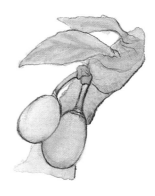

J. Jeunes fruits.

Pollinisateurs / Variétés	Bonne de Bry	Coes Golden Drop	Double Robe	De Montfort	Early Laxton	Prune d'Ente	Hackman	Jefferson	Mirabelle	Président	Prune de Vars	Quetsche d'Italie	Reine-Claude	R.-Claude d'Althan	R.-Claude Bavay	R.-Claude Oullins	R.-Claude Violette	Stanley	Quetsche d'Alsace
Bonne de Bry	X							X					X						
Coes Golden Drop	X	O			X	X				X				X	X				
Double Robe			X									X							
De Montfort				A															
Early Laxton					A														
Prune d'Ente						A													
Hackman					X	O	X							X	X	X			
Jefferson	X	X			X			O		X				X		X			
Mirabelle									X					X	X	X			
Président		X						X		O				X					
Prune de Vars											A								
Quetsche d'Italie					X							X		X		X			
Reine-Claude		X			X	X							O	X	X	X			X
R.-Claude d'Althan					X			X		X			X	O		X	X		X
R.-Claude Bavay															A				
R.-Claude Oullins																A			
R.-Claude Violette					X								X	X		X	O		
Stanley																		A	
Quetsche d'Alsace																			A

X : Variétés bonnes pollinisatrices
O : Mauvaises pollinisatrices
A : Autofertile.

RONCE

Rubus fruticosus

ROSACEES

DESCRIPTION :

Les rameaux de la Ronce sont longs, avec ou sans épines. Le cycle est bisannuel : la 1ère année, la souche émet de longues pousses, la 2e année, les rameaux fructifient, puis se dessèchent.
La Ronce est autofertile, elle peut être plantée seule.

EXIGENCES :

La Ronce préfère la chaleur et déteste l'humidité. Elle se développe bien sur terrain pauvre et sec.

MULTIPLICATION :

Marcottage des jeunes rameaux : mettre les extrémités des jeunes pousses au contact du sol.

CONDUITE :

Le PALISSAGE SUR FILS DE FER.

Distance de plantation : 2-3 m x 2,5 m.

Plantation des pousses racinées en les rabattant à 20 cm.

Plantation   Hiver 1

PALISSAGE DE LA RONCE

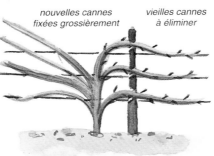

nouvelles cannes   vieilles cannes
fixées grossièrement   à éliminer

Printemps n   Fin été n

Printemps n + 1

(*Palissage intéressant pour le Loganberry, page 516*).

Les années suivantes, au printemps, les pousses sont palissées sur des fils de fer. Puis les pousses secondaires sont rabattues à 10 cm, au courant de l'été. Les pousses de l'année sont palissées grossièrement sur la partie opposée. Une fois la récolte terminée, les anciennes pousses sont coupées au ras du sol.

Au printemps, les nouvelles pousses sont palissées soigneusement.

FERTILISATION :

Fumure de fond	Fumure d'entretien
Fumier : 80 T/ha	Fumier : 30 T/ha/3 ans
P : 200 kg/ha	N : 70 kg/ha/an
K : 300 kg/ha	dont 40 kg début vé-
M : 60 kg/ha	gétation
	30 kg après flo-
	raison
	Début végétation :
	P : 90 kg/ha/an +
	K : 150 kg/ha/an.

RAVAGEURS ET MALADIES :

Les ravageurs et maladies de la Ronce sont les mêmes que ceux du Framboisier (page 515).

VARIETES :

Il existe des variétés à épines et d'autres sans épines.

MURIER

Murus nigra

MORACEES

La croissance du Mûrier est lente. Ses fruits sont comestibles et rappellent le goût des mûres sauvages.

Le Mûrier aime les sols profonds et fertiles.

Multiplication par semis et par bouturage.

La conduite : en respectant les règles générales de la taille, c'est-à-dire : aération avec un maximum de lumière, pour obtenir un arbre équilibré.

Les ennemis : le Mûrier n'a pas une grande sensibilité aux maladies, ni aux ravageurs.

VIGNE

Vitis vinefera

AMPELIDACEES

DESCRIPTION :

La Vigne est une plante grimpante dont les principales parties sont :
- le cep : tronc et charpentières plus ou moins noueux,
- les rameaux : s'ils sont herbacés : pampres ; après aoûtement : sarments.
- les vrilles : situées au niveau de certains nœuds,
- les yeux : bourgeons axillaires et stipulaires à l'aisselle des feuilles, bourrillons et yeux latents.

Les fleurs sont nombreuses et de teinte verdâtre.

Les fruits, baies contenant 1 à 4 pépins, constituent la grappe.

La floraison a lieu fin mai - début juin. Les pollinisateurs ne sont pas nécessaires, mais la fécondation croisée est favorable.

EXIGENCES :

La Vigne est sensible aux gelées printanières et préfère les étés chauds et secs. Elle craint les terrains imperméables.

MULTIPLICATION ET PORTE-GREFFE :

La méthode de multiplication est la greffe anglaise.

En raison de l'invasion du phylloxera, les variétés de raisin de table doivent être greffées sur des porte-greffes d'origine américaine.

Pour une raison de facilité, il est préférable d'acheter les plants déjà greffés.

CONDUITE :

En gobelet

Plantation : tailler à 2 yeux le plant raciné.

Hiver 2 : tailler à 2 yeux les 2 sarments.

Eté 2 : palisser sur un cercle les 4 pousses.

Hiver 3 : éliminer 1 des 4 sarments, les 3 autres sont taillés à 2 yeux.

Hiver 4 : conserver 3 ou 4 sarments, puis les tailler à 2 yeux :
- l'œil supérieur donnera le fructifère,
- l'œil inférieur donnera le remplaçant.
Le palissage se fait sur un cercle servant d'armature.

La taille de fructification consiste à effectuer la même opération qu'en Hiver 4 tous les ans.

En cordon

Distance de plantation : 1,2 à 1,5 m sur le rang.

Plantation : tailler à 2 yeux le plant raciné.

Eté 1 : palisser obliquement les 2 sarments sur le 1er fil de fer.

Hiver 2 : tailler à 6 yeux le sarment supérieur et le mettre en position horizontale, et à 2 yeux le sarment inférieur.

Eté 2 :
- le sarment inférieur pincé à 2 yeux donne 2 remplaçants à pincer à 1,5 m,
- le sarment supérieur pincé à 6 yeux donne les rameaux fructifères palissés sur le fil supérieur. Ces rameaux sont pincés au-dessus de la 2e feuille au-dessus de la 2e grappe.

Hiver 3 :
- le sarment ayant porté les fruits est supprimé,
- 2 sarments sont conservés : l'un est palissé horizontalement et rabattu à 6 yeux, l'autre à 2 yeux.

La taille de fructification consiste à répéter l'opération (Hiver 3) tous les ans.

FERTILISATION :

Fumure de fond	Fumure d'entretien
Fumier : 60 T/ha	Fumier : 15 T/ha/3 ans
P : 400 kg/ha	N : 50 kg/ha/an
K : 500 kg/ha	P : 40 kg/ha/an
	K : 150 kg/ha/an

RAVAGEURS ET MALADIES :

MILDIOU : taches huileuses en avril sur feuilles, attaque sur grappes à la préfloraison puis plus tard entraînant le dessèchement des grappes.

OÏDIUM : feutrage blanc sur les pousses.

POURRITURE GRISE : pourriture des raisins à partir du stade de la véraison.

POURRIDIE : attaque du système radiculaire entraînant le dépérissement du cep.

PHYLLOXERA : galles sur feuilles et sur racines entraînant le dépérissement des souches.

VER DE LA GRAPPE : chenilles se développant à l'intérieur des grappes.

VARIETES :

Raisins noirs : ALPHONSE LAVALLEE, MUSCAT DE HAMBOURG, RIBOL, LIVAL.

Raisins blancs : CHASSELAS, DANLAS.

Programme de traitement :

Epoques	Maladies	Remèdes
Stade A	Esca Excoriose Eutypiose	Arsénite de soude. Arsénite de soude. Fongicide.
Stades C, D	Acariose Erinose Noctuelles	Acaricide. Acaricide. Insecticide.
Début Stade D	Excoriose Black rot Mildiou	Fongicide. Fongicide. Fongicide.
Début Stade E	Excoriose Black rot Mildiou	Fongicide. Fongicide. Fongicide.
Stade B à 5ᵉ feuille étalée	Oïdium	Soufre.
Stade préfloral	Vers de la grappe Mildiou	Insecticide. Fongicide.
Après floraison	Vers de la grappe Oïdium Mildiou	Insecticide. Fongicide. Fongicide.
Fin floraison	Botrytis	Fongicide.

A. Bourgeon d'hiver

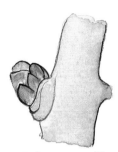

B. Bourgeon gonflé

C. Apparition d'une pointe verte

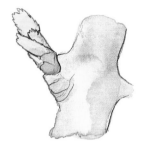

D. Apparition de petites feuilles

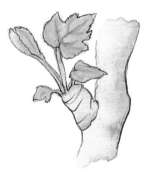

E. Déroulement des feuilles

F. Apparition de grappes rudimentaires

G. Allongement des grappes de boutons fermés

H. Apparition de fleurs en grappe

I. Pleine floraison : ouverture des corolles, apparition des étamines, puis chute des corolles.

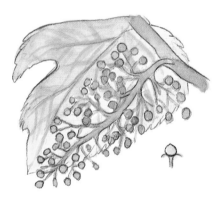

J. Nouaison et formation des grains

LEXIQUE

Aciculaire : en forme d'aiguille.

Alternance : phénomène observé sur les arbres fruitiers et plus rarement sur les arbustes à fleurs. Après une ou plusieurs années de récoltes abondantes, un végétal peut se mettre en repos de fructification. Il fleurira moins et sa production de fruit sera pratiquement inexistante. Ceci ne l'empêchera pas de fructifier à nouveau l'année suivante.

Amendement : cette pratique consiste à incorporer une substance ou un matériau dans un sol afin d'en modifier sa texture. On apportera du sable pour alléger un sol compact par exemple.

Aoûtement : en fin d'été, les rameaux acquièrent leur structure définitive. Ils passent ainsi du stade herbacé au stade ligneux.

Bouquet de mai : ce terme, utilisé en arboriculture fruitière, désigne un petit rameau court portant des boutons à fleurs chez les arbres à noyau (durée de vie de 1 à 12 ans).

Bourillon : œil situé sur l'empattement (partie élargie à la naissance d'une branche) d'un rameau de Vigne.

Bractée : feuille colorée située à proximité des fleurs que l'on apparente très souvent et faussement aux pétales.

Brindille couronnée : rameau mince et court terminé par un bouton à fleur. Lorsqu'il est terminé par un bourgeon, il s'agit d'une brindille.

Canaliculé : possédant une rainure longitudinale semblable à une gouttière.

Capitule : ensemble de fleurs rassemblées sur un réceptacle commun donnant l'impression d'une fleur unique.

Chiffonne : petite branche des arbres fruitiers à noyau, chargée de boutons à fleurs et ne possédant pas de bourgeon à bois. Son renouvellement n'est donc pas possible l'année suivante.

Cilié : bordé de poils à la manière des cils d'une paupière.

Cladode : petit rameau de forme aplatie, souvent semblable à une feuille (son action chlorophyllienne est identique).

Clone : ensemble d'individus issus d'un végétal unique que l'on multiplie par voie végétative. Les végétaux obtenus à partir d'un clone sont tous semblables.

Collerette : ensemble de bractées disposées à la base et autour d'une fleur.

Cordiforme : en forme de cœur.

Corymbe : ensemble de fleurs arrivant presque au même niveau, mais dont les pédoncules sont issus de niveaux différents.

Cuprique : se dit d'un traitement à base de cuivre.

Cupule : organe en forme de coupe, composé généralement d'écailles soudées entre elles, enveloppant partiellement ou totalement la base du fruit.

Cyme : inflorescence composée d'un axe et terminée par une seule fleur. Au-dessous de cette fleur se développe un autre axe terminé par une seule fleur et ainsi de suite.

Dard : rameau court terminé par un œil pouvant devenir fructifère l'année suivante.

Débourrement : phase durant laquelle le bourgeon s'ouvre et laisse apparaître les premières feuilles.

Dioïque : les fleurs mâles et les fleurs femelles se développent sur des sujets distincts.

Distique : se dit de bourgeons, de rameaux ou de feuilles, lorsqu'ils sont disposés sur un même plant de part et d'autre d'un axe.

Duveteux : recouvert d'un duvet composé de poils très nombreux, court et doux au toucher.

Elliptique : en forme d'ellipse.

Engainant : se dit d'une feuille dont une partie embrasse la tige.

Filiforme : en forme de fil très fin et allongé.

Foliole : division du limbe d'une feuille composée.

Gaufré : feuille dont la surface est composée de saillies et de replis irrégulièrement répartis.

Glabre : dépourvu de poils.

Glauque : vert bleuâtre.

Globuleux : de forme arrondie ou presque.

Glomérule : inflorescence possédant des axes très courts lui donnant l'aspect d'une boule de fleurs très dense.

Hampe : axe dépourvu ou muni de quelques feuilles se développant plus ou moins haut et portant une ou plusieurs fleurs.

Infrutescence : ensemble de fruits.

Lacinié : organe possédant des découpures étroites semblables à des lanières.

Lambourde : rameau très court, épais, terminé par un bourgeon à fleurs (principalement rencontré sur Poirier).

Lancéolé : en forme de pointe de lance, c'est-à-dire plus long que large et rétréci progressivement aux deux extrémités.

Linéaire : très étroit, à bords parallèles.

Lobé : à découpures plus ou moins prononcées et arrondies.

Macule : tache de couleur.

Marcescente : feuilles sèches qui restent fixées aux rameaux pendant une partie de l'hiver.

Mellifère : végétaux particulièrement appréciés des abeilles pour butiner.

Monoïque : les fleurs mâles et les fleurs femelles se développent sur le même sujet.

Mulch : mot anglais signifiant paille.

Mulching : action de pailler. Cette technique était pratiquée à l'origine avec de la paille. Par extension, ce terme désigne le fait de recouvrir le sol d'un matériau. Aujourd'hui, on utilise plus fréquemment des copeaux ou des écorces broyées.

Nouaison : stade où le fruit se forme et commence à grossir.

Oblong : feuille ou fruit plus large que long et arrondis aux deux extrémités.

Œil à bois : bourgeon étroit et pointu qui se forme à l'aisselle des feuilles.

Œil stipulaire : bourgeon situé de part et d'autre d'un bourgeon principal.

Ombelle : ensemble de fleurs formant un parasol et dont les pédoncules partent tous du même point.

Ovoïde : dont la forme se rapproche de l'ovale.

Palmatilobé : se dit d'une feuille découpée, mais dont les découpures n'atteignent pas le milieu de la feuille.

Palmée : se dit d'une feuille composée de folioles divergentes.

Panicule : grappe de fleurs dont les pédoncules de la base sont plus longs que ceux du sommet, ce qui lui donne l'aspect d'une pyramide.

Pédoncule : axe ou tige portant une ou plusieurs fleurs ou fruits.

Pelté : se dit d'une feuille dont le pétiole arrive au milieu de celle-ci.

Pennatiséqué : feuille dont les folioles sont disposées des deux côtés du pétiole et divisées jusqu'à la nervure centrale.

Pubescent : recouvert de poils courts et fins.

Quadrangulaire : muni de 4 angles.

Race : population qui, au sein d'une espèce, possède des particularités qui lui sont propres et qui la différencient des autres populations de la même espèce.

Radiculaire : relatif à la racine. Système radiculaire : ensemble des racines.

Rameau à bois : désigne une branche portant uniquement des bourgeons à bois.

Rameau mixte : désigne une branche portant à la fois des bourgeons à feuille et des boutons floraux.

Ramule : désigne la pousse de l'année chez les conifères.

Rosette : réunion de feuilles étalées et regroupées en cercle le plus souvent au bas d'une tige ou autour d'un bourgeon.

Rubané : feuille en forme de ruban.

Sagitté : feuille de forme triangulaire dont la base est échancrée, rappelant le fer d'une flèche.

Scion : jeune tige de une année, non ramifiée, et verticale.

Spadice : épi portant des fleurs et enveloppé par une spathe.

Spathe : bractée membraneuse enveloppant le spadice.

Squamiforme : en forme d'écaille.

Symbiose : association de deux êtres qui tirent partie l'un de l'autre pour vivre.

Tabulaire : en forme de table ou de plateau, c'est-à-dire dont la surface est horizontale.

Thyrse : inflorescence dont les pédoncules du milieu sont plus longs que ceux des bords.

Tomenteux : muni de poils serrés et souples.

Traçant : à développement horizontal, le plus souvent au niveau du sol.

Trifolié : feuille composée de trois folioles.

Trilobé : feuille composée de trois lobes.

Tubéreux : qui se renfle comme un tubercule.

Tubulaire : en forme de tube.

Verticille : ensemble d'organes, le plus souvent 3, qui sont disposés autour d'un axe.

Vésiculeux : en forme de vessie gonflée.

Vrillé : enroulé en spirale.

Dans cet index, les végétaux d'ornement sont répertoriés et décrits sous leur nom latin qui est la seule appellation valable en botanique. Il est donc naturel que l'index latin soit pour eux l'index de référence de ce livre.

L'index des noms français regroupe quant à lui les noms latins francisés ou les noms français des plantes d'ornement, potagères et fruitières.

Les chiffres en caractères gras renvoient aux pages où la culture de la plante est décrite, les chiffres en caractères normaux aux pages où la plante est citée.

INDEX LATIN

INDEX FRANÇAIS

TABLE DES

MATIERES

DESSINS : **S.A.E.P.** / Nathalie SCHOTT, sauf :
HUBERT M.L. : pages 13 à 30. NESSMANN P. : pages 68, 69, 184.

CREDIT PHOTOGRAPHIQUE :

Photos **S.A.E.P.** / BRENOT D., DUMOULIN C., SYREN J.L., sauf :

BRENOT D. : pages 8, 233 droite, 284 haut, 290 gauche bas, 296 (médaillon), 299 milieu haut, 342 (médaillon), 343 bas, 360 (médaillon), 368 gauche, 370 haut, 375 droite, 385 haut, 389 gauche, 393 haut, 394 gauche, 395 gauche haut, 396 droite, 400 droite bas, 405 droite haut, 551.

CHARTON E. : page 510.

FRITSCH R. : pages 92 milieu et droite haut, 127 gauche, 167 bas, 235 bas, 298 droite milieu.

KLEIN-HUBERT. : pages 20, 21, 161 bas, 520 haut.

MICHEL C. : pages 142 droite, 213 gauche, 300 droite, 336 gauche, 497 haut.

MICHEL G. : page 97 gauche.

NARDIN C. : pages 158 haut, 212 bas.

NESSMANN J.D. : page 129.

NESSMANN P. : pages 32, 33 droite, 35 droite, 36, 37, 38 droite, 44 gauche, 45 gauche, 65, 66, 73, 75 gauche, 81 gauche milieu et bas, 81 droite, 85 gauche, 86 droite, 89, 91 gauche et bas, 94, 95 droite bas, 97 droite bas, 98, 104 bas, 105 milieu et bas, 109, 110, 111 gauche, 113 gauche, 114 droite, 115, 117 droite et bas, 120, 121, 122 milieu, 124 haut, 126 gauche, 127 milieu, 128 gauche, 131 gauche, 133 droite bas, 137, 140, 143, 145 bas, 149, 152, 156, 159, 160 gauche et droite haut, 162, 163 droite, 165 haut, 166, 167 haut, 168, 169, 170, 177 bas, 178, 179 bas, 186, 192 bas, 194 gauche, 199 droite haut et bas, 203 droite, 204 droite, 205, 208 haut, 209 bas, 211 milieu à droite, 218, 223 droite, 224 haut, 233 gauche et milieu, 234 haut gauche, 235 haut, 240, 241, 244 gauche bas, 245 droite bas et gauche haut, 247 haut, 249 haut et milieu, 255, 260, 262 haut et bas droite, 264 droite, 267, 270 haut milieu, 271 bas gauche et droite, 272 haut gauche et droite, 274, 276, 278 bas, 279, 280 milieu, 281 haut, 282, 283, 286, 287 haut, 288, 290 droite milieu, 291 bas, 293 droite haut, 296, 297 gauche, 298 droite bas, 299 gauche, 304 gauche, 305 droite, 307 haut droite, milieu centre et bas, 308 haut, 309, 310, 311, 314 droite, 315 bas, 316 (sauf médaillon), 318 milieu et bas, 320, 321 gauche haut et bas, 329 bas droite, 334 droite, 335 droite, 337, 338 milieu et bas, 339 gauche haut et droite milieu, 340, 343 haut, 344 droite bas, 347, 349, 350 gauche, 352 droite haut, gauche bas, 353 gauche haut, 362 bas, 369 gauche bas, 373 droite, 376 (médaillon), 392 haut.

ROYAL SLUIS : pages 415 haut, 416 droite, 418 bas, 419 haut, 426 droite, 427, 429 milieu, 430, 433 haut, 437 gauche, 450, 451 gauche, 454 gauche, 460 gauche, 461, 468.

SAUR M. : pages 40, 41 bas, 82 haut, 116 milieu, 135 haut, 265, 280 gauche, 298 gauche et droite haut, 303, 304 droite, 305 gauche, 358 gauche, 359 droite, 366 milieu, 378 gauche bas et droite bas, 497 bas.

SYREN J.L. : pages 87 gauche, 95 gauche, 101 gauche haut, 130 milieu, 133, 158 bas, 236, 237 droite haut, 238, 251 haut droite, 273 bas, 302 bas, 312 droite, 313, 318 haut, 339 droite haut, 352 gauche haut, 370 bas, 386 haut droite, 440 gauche, 512.